Joseph Alexander Helfert

Königin Karolina im Kampfe gegen die französische Weltherrschaft

Weltherrschaft

Joseph Alexander Helfert

Königin Karolina im Kampfe gegen die französische Weltherrschaft

ISBN/EAN: 9783743302495

Hergestellt in Europa, USA, Kanada, Australien, Japan

Cover: Foto ©ninafisch / pixelio.de

Manufactured and distributed by brebook publishing software
(www.brebook.com)

Joseph Alexander Helfert

Königin Karolina im Kampfe gegen die französische

Weltherrschaft

𝕎ien 1878

𝕎ilhelm 𝔹raumüller
k. k. Hof= und Univerſitätsbuchhändler.

Die Entstehung des vorliegenden Werkes knüpft sich, wie jene meiner „Maria Louise", an die seit langen Jahren geplante Geschichte des Wiener Congresses zu deren Vollendung ich, vor lauter Studien und Vorarbeiten dazu, vielleicht niemals kommen werde. Denn ich hatte, da das Hinscheiden der Königin Karolina hart vor den Beginn jener großen Monarchen- und Minister-Zusammenkunft fiel, anfangs nur eine Darstellung ihres Scheidens aus Sicilien, ihrer Reise in die Heimat, ihres Weilens in Wien und Hetzendorf vor ihrem Lebensende im Sinne, mußte aber, theils wegen des Zusammenhanges mit den vorausgegangenen Ereignissen und Zuständen, theils von dem Vorwurfe selbst mehr und mehr gefesselt und angeregt, in der Zeit immer weiter zurückschreiten, erst bis 1810, dann bis 1806, bald darnach bis 1803, zuletzt bis 1790.

Auf diese Art, ruckweise einen stets größern Abstand zum Auslaufen nehmend, gestaltete sich mir aus einer beabsichtigten Monographie über die letzten Schicksale der vielgeprüften Tochter Maria Theresiens zuletzt eine vollständige Geschichte von Neapel und Sicilien zur Zeit der französischen Revolution und des ersten Kaiserreichs, die, wie ich mir ohne unbescheidene Einbildung zu sagen getraue, trotz Botta und Colletta in solcher Weise bisher nicht geschrieben worden ist.

Die Möglichkeit diese beiden bei ihren Landsleuten nicht ohne Grund im Nimbus der Classicität stehenden Historiker stofflich zu überbieten, in Klar- und Richtigstellung der Thatsachen, des zeitlichen und ursächlichen Zusammenhanges und Aufeinanderwirkens derselben, lieferten nicht blos die großen und ungemein reichhaltigen Sammelwerke der Correspondenz Napoleon I., Joseph Buonaparte's, Castlereagh's, dann die handschriftliche Ferdinand's und Maria Karolinens mit dem öster-

reichischen Herrscherpaare, sondern in ganz vorzüglichem Grade die öster=
reichischen Gesandtschaftsberichte sowohl aus Neapel als aus Palermo.
Von ausnehmender Wichtigkeit sind in dieser Hinsicht die Depeschen der
Grafen Kaunitz und Mier, vorzüglich darum weil diese beiden Staats=
männer bei den Monarchen bei welchen sie beglaubigt waren eine Art
mehr oder minder persönlicher Vertrauensstellung einnahmen, wie sich
derselben ihre andersstaatlichen Collegen nicht immer erfreuten. In
geringerem Grade war dies allerdings bei Baron Crosceri der Fall,
woran auch seine mindere diplomatische Rangstufe ihren Antheil haben
mochte, wie er auch seinem Cabinete gegenüber keinen Chiffren=Schlüssel
besessen zu haben scheint; mindestens ist mir eine chiffrirte Depesche,
die von ihm ausgegangen wäre, nicht zu Gesicht gekommen. Immerhin
sind aber auch die Crosceri'schen Schriftstücke von großem Werth und
läßt sich manche zeitweise Unterbrechung derselben, bei dem von Sicilien
aus so sehr gefährdeten Verkehr, höchlichst bedauern.

Auch was die wenngleich theilweise mitunter ältere Reise= und
Memoiren-Literatur betrifft, war es mir vergönnt über Werke zu ver=
fügen deren vielfach interessanter Inhalt bis zur Stunde für Zwecke
italienischer Geschichtschreibung nur wenig oder gar nicht verwerthet
worden ist. Namentlich gilt dies von der ziemlich vielseitigen englischen
Literatur aus der Zeit der britischen Militair=Herrschaft auf Sicilien,
1806—1814. Wenn ich nicht geradezu alles benutzen konnte von
dessen Existenz ich auf diesem oder jenem Wege Kenntnis erlangte, so
war keine Saumseligkeit von meiner Seite Schuld daran, da ich es an
Nachforschungen den bezüglichen Behelfen auf die Spur zu kommen gewiß
nicht fehlen lassen. Doch „ad impossibilia nemo tenetur". Uebrigens
kann mir dadurch, bei der Fülle anderweitigen Materials, nichts wesent=
liches entgangen sein.

Wien, am letzten Jahrestage 1877.

Helfert.

Chronologische Uebersicht.

(Zugleich Inhalts-Verzeichnis.)

a*

— ⚹ — —

Erstes Buch.

Der Frieden von Florenz.

---

1. Das neapolitanische Königshaus und die französische Revolution.

1790 bis Januar 1799.

Im Hochsommer 1790 gab es von Wien bis Neapel viel ge=
schäftiges Treiben. Die Hofzeitungen aller europäischen Länder hatten
in jeder Numer von Courieren und hohen Reisenden, von feierlicher
Einholung, von Aufwartungen und Empfängen, von Vorbereitungen
aller Art zu berichten. In Neapel war der Brautschatz der könig=
lichen Prinzessinen Theresia und Ludovica durch mehrere Tage des
Monats Juli zur öffentlichen Schau ausgestellt, in Wien wurde jener
für die Erzherzogin Clementine in Stand gesetzt: der ersteren beiden
warteten hier die königlichen Prinzen von „Hungarn und Böheim"
Franz und Ferdinand, letzterer seit kurzem Großherzog von Toscana;
Clementinens harrte dort der Erbprinz Franz. Im Hafen von Man=
fredonia sammelte sich ein Theil der neapolitanischen Kriegsflotte: die
Fregatten Cerere Pallade und Sibilla, die Corvetten Galatea Aurora
Fortuna, zwei Schebecken und zwei Galeotten, alle unter den Befehlen
des Cavaliere Forteguerri, der einige Schiffe mittleren Ranges in die
Gewässer von Fiume ausgesandt hatte um die dortigen Küsten und
Hafeneinfahrten zu untersuchen. Am 6. August traf Fürst Ruspoli
als außerordentlicher Botschafter, für die hohe Mission von seinem
Monarchen jüngst mit dem goldenen Vließe begnadigt, aus Wien in

Neapel ein. Nachdem am 7. und 8. zwischen ihm und dem ersten dortigen Minister General Acton geziemende Besuche gewechselt worden, hielt am 12. der Fürst, vom Principe della Torrella und Cavaliere Macedonio eingeholt, in zwei sechsspännigen königlichen Prunkwagen mit zahlreichem Gefolge von Laufern Lakaien Portieren, alles in höchster Gala, mit zehn Paaren von Reitknechten geführter prächtigst aufgezäumter Rosse, begleitet von zweiundfünfzig sechsspännigen Car= rossen des hohen Adels, seinen feierlichen Einzug in Neapel. Am 14. fand vor versammeltem Hofstaat das Ansuchen um die Hand der beiden Prinzessinnen statt, am 15. wurde die Trauung durch den Cardinal= Erzbischof vorgenommen, wobei Kronprinz Franz die Stelle der ab= wesenden erzherzoglichen Bräutigame vertrat. Vier Tage später verließ der „Graf", am Morgen darauf die „Gräfin von Castellamare", unter diesem Namen reisten der König und die Königin, letztere mit den zwei Prinzessinnen, die Stadt und gingen in Barletta, wo sich inzwischen das königliche Geschwader gesammelt hatte, zur Fahrt in den Quarnero an Bord. Am 28. abends lief man unter dem Donner aller Geschütze im Hafen von Fiume ein, wo der König von Ungarn und Böhmen, Erzherzog Alexander Leopold und Erzherzogin Maria Elisabeth, ältere Schwester des Königs, die Ankommenden empfingen: „die türkische Musik, das Freudengeschrei, die herrliche Beleuchtung der ganzen Stadt, des Fiumaner Hafens und einiger Pyramiden waren die Bewillkommnung" [1]).

Es würde ermüden alle die Festlichkeiten aufzuzählen die jetzt folgten, sowohl auf der Landreise nach Wien als in der Reichshaupt= stadt selbst. Erinnert möchte nur daran werden daß der König von Neapel ein gewaltiger Jäger war vor dem Herrn — es war das eigentlich die Hauptbeschäftigung seines ganzen Lebens — und daß es damals in seinem Lande einen eigenen Dianen=Orden gab der in fünf Zungen auch diesseits der Alpen verbreitet war [2]). Da nun Ferdinand von Fiume seiner Familie vorausreiste und den Umweg über Triest

---

[1]) „Wiener Zeitung" 1790 Nr. 73 vom 11. September.
[2]) Ueber den Diana=Orden österreichischer Zunge s. „Heimat" 1876 S. 419 f. 1877 S. 63.

nahm, so war dafür gesorgt daß es für ihn an edlem Waidwerk
sowohl zu Land als zu Wasser nicht fehlte: so am 31. Jagd bei Lippa
wo sich alle Herren im Jägerkleide des Dianen-Ordens einfanden;
am 2. September Fischfang bei St. Bartholomä; am 3. wieder Jagd
unweit Cornial wo auch die berühmte Grotte besichtigt wurde. Am
8. endlich, wo sich die ganze Reisegesellschaft in Grätz zusammenfand,
„hatten die daselbst anwesenden Mitglieder des Dianen-Ordens von
der Görzischen Loge, mehr als zwanzig an der Zahl, bei dem Könige
von Beiden Sicilien als ihrem Großmeister Audienz: sowohl Se. Sicilische Majestät als sämmtliche Mitglieder waren in der gewöhnlichen
Uniform dieses Ordens". In Bruck an der Mur von der Königin
von Ungarn und Böhmen mit den Prinzen Franz und Ferdinand
und der Erzherzogin Maria Clementine erwartet, kam man am 14.
und 15. nach Wien, wo zwei Tage später der neapolitanische Botschafter Marchese di Gallo für seinen Kronprinzen dieselbe Rolle
spielte die in Neapel der Fürst Ruspoli für die beiden Erzherzoge übernommen hatte. Am 19. fand dann in der kaiserlichen Hofburg-Capelle
das seltene Schauspiel einer dreifachen Vermählung statt: zuerst der
Erzherzogin Clementine mit dem Kronprinzen von Neapel der durch
den Erzherzog Karl vertreten wurde, dann unseres Kronprinzen mit
der Prinzessin Theresia, zuletzt des Großherzogs von Toscana mit der
Prinzessin Louise. Vielfältiger konnten die verwandt- und schwäger-
schaftlichen Bande zwischen den beiden Dynastien, der habsburgisch-
lothringischen und der sicilisch-bourbonischen, kaum geknüpft werden,
wie sich denn Karolina in ihren Briefen an den Erzherzog, nachmals
Kaiser Franz häufig seine Schwiegermutter und „dreifache Tante" zu
nennen liebte. Graf und Gräfin Castellamare blieben mehrere Monate
am kaiserlichen Hoflager, wohnten am 9. October der Kaiserkrönung
Leopold II. zu Frankfurt am Main, am 15. November der Königskrönung desselben in Presburg bei und brachten noch den Fasching
1791 in Wien zu, das sie am 11. und 12. März in südlicher Richtung verließen.

Es war die Zeit der ersten Begeisterung bei den Einen, der
ersten Besorgnisse bei den Andern, über die Dinge in Frankreich welche

1*

auf die alten Höfe und was mit ihnen zusammenhing einen ganz
unbeschreiblichen Eindruck machten. Stand doch, was aus der Groß-
stadt an der Seine herübertönte, mit all ihren seit Jahrhunderten
überlieferten Anschauungen und Sitten, Gewohnheiten und Weisen in
so grellem Widerspruch daß sich ein Uebergang von dem einen zu dem
andern, ein versöhnend=vermittelndes Band zwischen ihnen gar nicht
finden ließ. „In unsern Tagen", sagt der Marchese Ulloa in seiner
Geschichte der Königin Karolina, „wo sich die ganze Staats-Raison in
Abstimmungen und Mehrheiten zuspitzt, kann man sich kaum einen
richtigen Begriff machen was zu damaliger Zeit ein italienischer Fürst
war, der keine Verantwortlichkeit kannte außer vor Gott und seinem
Gewissen, der im Frieden und ruhig auf seinem Throne saß, geliebt
von seinem Volke, umgeben von einem glänzenden Hofe, von Künsten
und Vergnügungen". Schon erhob in Frankreich selbst eine ansehnliche
Partei Einsprache gegen das neue Wesen in ihrem Lande; schon wußte
man von Solchen die über die Gränzen ihrer Heimat geflohen waren
oder auswärts beschäftigt dahin nicht zurückkehren wollten, in denen
die Vertheidiger des Hergebrachten in allen Ländern ihre natürlichen
Bundesgenossen erblickten. Als Ferdinand und Karolina auf ihrer
Heimreise durch Venedig kamen machte gerade der Schritt des Grafen
Bombelles viel von sich reden der, bisher an verschiedenen auswärtigen Höfen verwendet, sich entschieden weigerte den von den constitutionellen Gewalten Frankreichs, obwohl im Namen und unter der
Autorität des Königs, geforderten Diensteid auf die neuen Staats-
gesetze zu leisten. Königin Karolina schrieb ihm einen anerkennungs-
vollen Brief, beglückwünschte ihn zu seinem Muthe und setzte ihm ein
Jahresgehalt von 1000 Stück Ducaten aus, das auch seiner Frau
und seinen Kindern bleiben sollte.

Am 27. April 1791 war das Königspaar in Neapel zurück. An
allen europäischen Höfen ging man nun schon mit vollem Eifer daran
dem Umsichgreifen des Pariser Treibens zu steuern. Im Juli kam
Kaiser Leopold mit dem Könige von Preußen und dem Kurfürsten
von Sachsen in Pillnitz zusammen um gemeinsame Schritte zu verabreden. Katharina von Rußland trug den französischen Ausgewanderten

ihre Hilfe an, der ritterliche König von Schweden erbot sich die Heere der Verbündeten gegen Paris zu führen. Der Einmarsch kam zustande, obwohl nicht unter dem Banner Gustav's sondern gemeinschaftlich von Oesterreich und Preußen, und fand mit dem Rückzuge der Verbündeten ein rasches Ende was den unheilvollen Lauf der Dinge in Frankreich nur förderte: am 22. September 1792 erklärte der Pariser National-Convent das Königthum für abgeschafft, Ludwig XVI. stand das Verhängnis Karl I. von England bevor. Der Riß zwischen den alten Cabineten Europas und dem Neu-Frankenthum war vollzogen. Der König von Sardinien jagte den französischen Gesandten Sémonville von seinem Hofe, der dann für den Posten in Constantinopel bestimmt, allein dort gleichfalls nicht anerkannt und angenommen wurde. Letzteres schrieb man in Paris dem Einflusse des Generals Acton zu, und beschloß ihm und seiner Regierung eine Lehre zu geben. Am 17./18. December erschien unversehens der Contre-Admiral Latouche-Tréville mit einem Geschwader von neun Linienschiffen und vier Fregatten in den tyrrhenischen Gewässern und begehrte in herausfordernden Ausdrücken vom Hofe und von dem Minister: Genugthuung für den dem französischen Gesandten in Stambul widerfahrenen Schimpf und Anerkennung der französischen Republik. Es blieb nichts übrig als sich der Gewalt zu fügen. Acton sandte dem Admiral ein entschuldigendes Schreiben; der König ließ die Officiere der französischen Escadre einladen an's Land zu kommen; aber diese „als wahre Republicaner", wie der Grenadier Belleville nachmals dem Pariser National-Convent berichtete, wiesen jede Annäherung mit einem der „Despoten Italiens" von der Hand [1]).

Eine Demüthigung solcher Art und die von Beleidigungen strotzende Sprache welche sich die neuen Machthaber Frankreichs einem der ältesten europäischen Höfe gegenüber erlaubten verletzten den Stolz der Königin Karolina auf's tiefste, wozu noch andere Wahrnehmungen kamen zu denen das Erscheinen der neumodischen Franzosen Anlaß gegeben hatte. Wie fast in allen größern europäischen Städten so gab

---

[1]) Sérieys Hist. de Marie-Charlotte. S. 31—39.

es auch in Neapel eine Anzahl von Brauseköpfen und Phantasten die von allem was an der Seine vorging nur die prunkende Außenseite erfaßten, und begeistert für die Ideen schwärmten die von Paris mit pomphaften Phrasen in alle Welt hinausgetragen wurden [1]). Schon im Januar 1791, also während der Abwesenheit des Königspaares, hatte ein gewisser Carlo Laubert eine Verschwörung angezettelt an deren geheimen Zusammenkünften auch Männer von Reichthum und Ansehen sollen theilgenommen haben. Den größeren Theil aber bildeten Advocaten Abati junge Kaufleute, deren Zahl in demselben Maße zunahm in welchem die neapolitanische Hofzeitung jenen „Haufen von Thoren den man uneigentlich die französische Nation nennt", jene „Bande von Räubern oder Enthusiasten die, man weiß nicht wie, zu dem Namen National-Versammlung gekommen ist" [2]), herabzusetzen und der öffentlichen Verachtung preiszugeben suchte. Als daher der Grenadier Belleville, den Latouche allein als Ueberbringer seines Ultimatums an's Land geschickt hatte, in der Hauptstadt erschien verbreitete sich mit Blitzesschnelle die Kunde davon, eine ungewöhnliche Aufregung erfüllte die Straßen und erhitzte Leute drängten sich mit Zuruf an ihn heran: „Muth, ihr braven Franzosen, fahrt so fort, es sind 50000 Menschen die auf eurer Seite stehen!" Vorgänge solcher Art stachelten den andern Theil aus seiner lässigen Besitzesfreudigkeit auf, und am 26. Januar 1793 überreichte eine Deputation der Bürgerschaft von Neapel dem Könige eine Adresse worin die Bitte gestellt wurde nicht länger säumen und Frankreich den Krieg erklären zu wollen.

Bei der Königin Karolina, deren Persönlichkeit und Wirken von da an stärker in den Vordergrund trat, war es nicht blos der

---

[1]) Nach Pepe Memorie I S. 9 f. (Paris Baudry 1847) waren es die Freimaurer die, schon lang, jedenfalls in der ersten Hälfte des 18. Jahrhunderts im Neapolitanischen verbreitet, nach Ausbruch der französischen Revolution auf die Republik losarbeiteten und ihre Logen in politische Clubs umwandelten; von sich selbst sagt I S. 15 der damals noch sehr jugendliche Verfasser: „divenni repubblicano fino quasi a delirarne".

[2]) Die „Fragmente über Italien" 1798 bringen II S. 107 f. die auszugsweise Uebersetzung eines Artikels v. Juli 1791 der obige Stellen entlehnt sind.

natürliche Widerwille gegen die Doctrinen womit die französische
Staatsumwälzung sich einführte: schon war das Haupt des Königs von
Frankreich auf dem Platze Louis XV. gefallen (21. Januar), dessen Ge=
mahlin, ihrer eigenen geliebten Schwester, drohte das gleiche unerhörte
Schicksal. Aber Karolinens eigene Person war bereits in das Getriebe
der politischen Leidenschaften hineingezogen. Denn zur selben Zeit war
von demselben Frankreich ein Werk über die Höfe und Regierungen
Italiens ausgegangen, worin besonders sie zur Zielscheibe von Schimpf
und Unglimpf unsäglicher Art ausersehen war. Karolina hat aller=
dings in späteren Jahren über jenes Buch, das Werk eines gebornen
Mailänder Grafen Gorani, mit einer gewissen geringschätzenden Ruhe
gesprochen; allein es ist nicht recht glaublich daß eine Frau von ihrer
Lebendigkeit und Erregbarkeit, auch damals da der Streich zuerst fiel,
gleichgiltig geblieben sei. Alles deutet vielmehr darauf hin daß Ab=
scheu vor solch ehrenrührigem Beginnen, Schrecken und Entsetzen über
die Gräuelthaten einer in verbrecherischen Wahnsinn versetzten Nation
sie mit einem Hasse gegen alles erfüllten was den französischen Namen
trug oder vielmehr mißbrauchte, daß sie den Wortführern des ver=
ruchten Neu=Frankenthums den Krieg auf's Messer schwur.

*   *   *

Am 12. Juli 1793 schlossen General Acton, die Marchesi Santo=
Marco und Circello im Namen Neapels mit dem britischen Gesandten
Sir Hamilton einen Bündnisvertrag, wie ähnliches von Seite Eng=
lands mit Rußland Sardinien Spanien und Portugal, mit Preußen,
mit dem Könige von Ungarn und Böhmen bereits geschehen war oder
nun geschah: es war die erste große europäische Coalition gegen das
revolutionaire Frankreich.

Gleichzeitig suchte man in Neapel den innern Feind zu bekämpfen.
Die „Patrioti", wie sich die italienischen Neuerungssüchtigen nannten,
gegen die man vordem mehr auf polizeilichem Wege eingeschritten war,
mit Mahnung und Warnung, mit Verbot der Zusammenkünfte, Aus=
weisung aus der Hauptstadt, traf von jetzt an erbitterte Verfolgung,
Haft und Strafe. Der geringfügigste Umstand, Besitz eines von der

Regierung verbotenen Buches oder Zeitungsblattes, Umgang mit fran=
zösischen Fremden u. dgl. wurde zum Verdacht; überall witterten die
Behörden geheime Verschwörungen denen man mit der ganzen Strenge
des Gesetzes begegnen müsse. Einige, darunter Laubert, fanden bei=
zeiten den Weg nach Frankreich, nach Genua Mailand Florenz
Venedig, eine täglich wachsende Zahl aber fiel den Spähern und
Sbirren in die Hände. Eine Giunta di Stato, bestehend aus dem
Fürsten Castelcicala, dem Marchese Vanni und dem gewesenen Pro=
curator von Teramo Guidobaldi, wurde niedergesetzt die sich in ihrer
Arbeit nicht lässig zeigte. Ein überspannter Jüngling Emanuele de
Deo war der erste der seine hochverrätherischen Pläne mit dem Leben
büßte, zwei andere junge Leute Vincenzo Vitaliano und Vincenzo
Galiani traf das gleiche Schicksal, 19. September bis 3. October 1794;
drei wurden zur Galeere verurtheilt, zwanzig landesverwiesen, dreizehn
kamen mit geringeren Strafen davon, zehn wurden freigesprochen.
Allein daran hatte Vanni, der verbissenste unter den Strafrichtern, nicht
genug: Stadt und Land wimmle von verkappten Republicanern, sagte
er; mindestens zwanzigtausend müßten vor Gericht gestellt werden.
Und nun begann eine Jacobiner=Riecherei die sich in die engsten
Familien=Verhältnisse eindrängte, ein System von Angeberei und Ver=
dächtigung das aus den unverfänglichsten Reden oder Handlungen
Anzeichen verbrecherischen Einverständnisses machte, eine Massen=Ver=
folgung die alle Gefängnisse des Königreichs überfüllte und die süd=
ländischen Phantasien mit Schreckbildern beschäftigte die sie sich und
andern als buchstäbliche Wahrheit einredeten[1]). In den drei Jahren

---

[1]) Göthe=Hackert (Ausgabe 1840 XXX) S. 217: „P. H. sah wohl daß
das Ganze schief ging, aber er durfte sich's nicht merken lassen; denn alle Wohl=
gesinnten die nicht in den Ton stimmten den Haß und Parteigeist angegeben hatten,
sondern vernünftig und ohne Leidenschaft urtheilten, waren augenblicklich im Ver=
dacht und in Gefahr ohne Verhör Jahre lang im Gefängnis zu schmachten".
S. auch Kotzebue Erinnerungen III S. 217 wo er „zwei schreckliche aber leider
wahre Anekdoten" einschaltet die ihm „sehr glaubwürdige Augenzeugen erzählten":
wie nämlich, „um jeden Argwohn von sich abzulehnen, ein Bruder am Tage der
Hinrichtung seines Bruders ein glänzendes Souper gab, und ein Vater, während
sein Sohn unter dem Henkerbeil blutete, ich schaudere es hinzuschreiben, am offenen

1792 bis 1794 wollte man von 813 abgehandelten Processen wissen von denen die wenigsten mit der Lossprechung der Angeschuldigten geendet hätten. Im Februar darauf wurde eine neue Verschwörung entdeckt, was eine Anzahl von mehr als dreißig Gliedern der ersten Familien Neapels, darunter Frauen, und einige hundert andere Personen in Untersuchungshaft brachte.

Am 18. October 1794 war die Kriegserklärung Neapels an Frankreich erfolgt. Zwei Cavalerie-Regimenter unter General Federici stießen zu den oberitalischen Verbündeten, wo sie sich durch die Bravour ihrer Attaquen auf das rühmlichste bekannt machten; einer ihrer Rittmeister war der junge Fürst von Moliterno den der König zum Lohn für seine Tapferkeit zum Kammerherrn ernannte. Allein im großen Ganzen wendete sich rasch das Glück von den Fahnen der Coalirten, von denen bald einer nach dem andern abfiel. Im Mai 1796 sandte Neapel den Fürsten Belmonte-Pignatelli nach dem Norden um dem französischen Oberfeldherrn Waffenstillstand und Frieden anzubieten. Buonaparte wies ihn wegen des letztern nach Paris an das Directorium; erstern bewilligte er, Mailand 5. Juni, gegen dem daß ihm die neapolitanischen Reiter, 2400 Mann, als Geiseln bleiben sollten die er bei dem ersten widrigen Anlasse zu Gefangenen erklären würde. Am 10. October kam der Friede zustande worin sich Neapel zu einer bedeutenden Kriegsentschädigung herbeifand und außerdem verpflichtete

---

Fenster die Guitarre spielte!" Rehfues Gemählde von Neapel I S. 100 in dem Capitel „Grausamkeit" schmilzt die zwei Geschichten von der Bewirthung und von der Laute in eine zusammen und will den betreffenden Mann sogar „gesehen" haben! Vielleicht liegt hier ein Misverständnis mit dem zu Grunde was Botta Storia d'Italia (Capolago 1833) V S. 29 oratorisch von dem schrecklichen Hausen der Lazzaroni im Juni 1799 erzählt, womit ich natürlich nicht gemeint haben will als ob die beiden Erstgenannten aus dem viel spätern Botta selbst geschöpft hätten: „Vidersi fratelli chiuder le porte ai fratelli, spose a sposi, padri a figliuoli. Fuovi un padre il quale per dimostrare il suo amore pel re scoperse e diè in mano il proprio figliuolo alla furibonda plebe, comprando in tal modo la salute propia col sangue della sua creatura". Ueberhaupt ist bei all diesen Geschichten nicht aus dem Auge zu verlieren daß die thatsächlichen Angaben an arger Uebertreibung leiden und die Ziffern der behaupteten Verhaftungen Landesverweisungen Hinrichtungen nirgends amtlich beglaubigt sind.

den Feinden Frankreichs jede Hilfe zu entziehen, seine Häfen allen
Schiffen der kriegführenden Nationen zu verschließen. Die letztere
Bestimmung war gegen England gezielt, in welchem Buonaparte
den gefährlichsten und hartnäckigsten Feind des Neu-Frankenthums
erkannte.

Das Königreich Neapel stand zu dieser Zeit auf der Höhe seiner
Macht und seines politischen Ansehens. Die Bedingungen, die es
Frankreich gegenüber eingegangen, waren ungleich schonendere und
ehrenvollere als jene die andere Staaten sich gefallen lassen mußten.
Es hatte keinen Fußbreit Landes verloren, und General Buonaparte
schien einen Werth darauf zu legen mit dem italienischen Südstaate
in gute Beziehungen zu treten. Neapel besaß eine Kriegsflotte von
40 Segeln mit 1093 Kanonen, darunter 6 Linienschiffe 9 Fregatten
5 Corvetten 2c., seine Landmacht, Berufs-Soldaten und Milizen,
zählte 60000 Mann. Die Feldtüchtigkeit der neapolitanischen Cavalerie
hatte die Blicke aller militairischen Kreise Europas auf sich gezogen[1]),
dem jugendlichen Oberfeldherrn Frankreichs eine hohe Meinung eingeflößt: stand es mit dem dortigen Fußvolk eben so gut, so konnte
er sich Glück wünschen durch einen Separat-Frieden mit Neapel sich
den Rücken gedeckt zu haben. Buonaparte und der Hof von Neapel
waren voll Aufmerksamkeiten für einander; Karolina sandte ersterem
eine kostbare Dose mit ihrem Bildnis. Als es zu den Friedensverhandlungen mit dem deutschen Reiche und dem Könige von Ungarn
und Böhmen kam, die in dem Vertrag von Campoformio ihren Abschluß fanden, 17. October 1797, war es Marchese Gallo, der neapolitanische Gesandte, der an der Seite der kaiserlichen Bevollmächtigten
Cobenzl und Merveldt eine Art Vermittlerrolle spielte.

Mit diesem Glanz und Einfluß nach außen stand freilich das
Bild welches die inneren Zustände des Königreichs boten gar wenig in
Einklang. Der Krieg lastete schwer auf den Finanzen die überhaupt

---

[1]) „Fragmente" II S. 105 f.: „Ich zweifle ob das beste preußische Kürassier-
Regiment trotz seiner mehrern Uebung mit seinen mecklenburgischen und holsteini-
nischen Pferden unter übrigens gleichen Umständen den Choc eines um hundert
Mann schwächern neapolitanischen Regiments aushält".

in dem letzten Decennium durch die Staatshilfen nach dem fürchter=
lichen Erdbeben von 1783, durch die kostspielige Reise des Grafen
und der Gräfin Castellamare so wie durch die Dreiheirat im königs=
lichen Hause stark in's Mitleiden gezogen worden waren. Mit der
allgemeinen Stimmung, besonders in der Hauptstadt, sah es traurig
aus. Die Processe aus Anlaß des letzten Complotts waren noch nicht
abgeführt und neue kamen dazu; die Schergen des schrecklichen Banni
ertödteten alle Freude gesellschaftlichen Lebens und Verkehrs. „Furcht
und Argwohn beherrschen alle Gemüther", schrieb eine deutsche Reisende
anfangs Juni 1796; „die Unterhaltung, sobald sie von mehr als vier
Augen bewacht wird, ist ängstlich und gespannt; keiner traut dem
andern, und jeder nicht einmal den Wänden die, zumal in den Gast=
höfen, häufig Ohren haben. Bald wird man gute Gesellschaft nur
in den Staatsgefängnissen zu suchen haben, sagte mir ein Freund" [1]).
Im März 1797 fanden abermals Massen=Verhaftungen statt, in der
Hauptstadt allein mehr als 120 Personen, darunter zwei Prinzen
Belmonte=Pignatelli, ein Herzog von Biario. Wessen sie eigentlich
beschuldigt waren erfuhr man in den seltensten Fällen, da Gefangen=
nahme und Untersuchung in allem Geheimnis vorgenommen wurden.
Viele der Verurtheilten brachte man in festen Schlössern, Festungen,
auf der Insel Pantellaria, in der berüchtigten Grube (fossa) von
Maritimo u. dgl. unter; über der Mehrzahl schwebte noch der Richter=
spruch, mitunter seit Jahren. Die Zahl aller in Haft Gehaltenen be=
rechneten Mißvergnügte bis zum Schlusse 1797 mit 2800 Köpfen [2]).

* * *

Der Friede von Campoformio, den der kaiserliche Minister Thugut
gleich anfangs als einen faulen bezeichnete, hatte nicht blos die italie=
nischen Gebietsverhältnisse auf eine wesentlich andere Grundlage gestellt:
auch die dort herrschenden Gewalten hatten gewechselt oder waren zu
der neu=französischen Macht in ein Verhältnis getreten das den alten

---

[1]) Friederike Brun Prosaische Schriften IV S. 326 f.
[2]) „Fragmente" II S. 55, 300—316. Siehe oben meine Endbemerkung
Anm. S. 9. — Ueber die „fossa" von Maritimo s. Pope I S. 113 f.

Cabineten ernste Besorgnisse einflößte. Venedig und die Terraferma waren an das Haus Oesterreich gekommen, aus der Lombardie Mantua und angränzenden Theilen war die cisalpinische, aus dem Territorium von Genua die ligurische Republik entstanden, der päpstliche Staat hatte die Legationen verloren die von französischen Generalen und Commissairen verwaltet wurden. Letzteres war auch im Herzogthum Parma und im Königreich Sardinien der Fall, deren Herrscher zwar ihren Besitzstand gerettet hatten, thatsächlich aber unter dem Gebote des Siegers standen. Im Februar 1798 wurde Rom vom General Berthier besetzt, der Papst seiner weltlichen Herrschaft entkleidet und in französische Gefangenschaft abgeführt, die römische Republik aus= gerufen. Bald darauf büßte die cisalpinische Republik ihre Selb= ständigkeit ein und wurde, auf Grund eines mit Frankreich eingegangenen Bundes= und Handels=Vertrages, thatsächlich an letzteres ausgeliefert, Mai 1798, während im benachbarten Piemont muthwillig angeregte Händel den Pariser Machthabern Vorwand boten, vom Könige die Einräumung der Citadelle und eines Thores von Turin bis zum Ab= schluß des allgemeinen Friedens zu verlangen, 28. Juni. Von da an war General Brune, der französische Oberfeldherr, thatsächlicher Ge= bieter in Ober=Italien. Am leidlichsten ging es in Toscana her dessen Großherzog das Directorium, aus Rücksicht für Oesterreich das man nicht geradezu reizen wollte, einige Schonung angedeihen ließ.

Das Königreich Neapel war nach außen wie im Innern unan= getastet geblieben, ja es hatte aus den letzten Vorgängen im Kirchen= staate sogar Vortheil für sich gezogen, indem es, wenn nicht zufolge förmlichen Vertrages doch in vollem Einverständnisse mit der fran= zösischen Republik, die päpstlichen Enclaven Benevent und Pontecorvo in Besitz genommen und sich von dessen Einwohnern den Treueid leisten lassen, 17. April 1798. So stand man scheinbar mit den Ge= walthabern an der Seine auf bestem Fuße und erfuhr Garat, der gegen Ende April als Gesandter Frankreichs am neapolitanischen Hofe eintraf, bei König und Königin zuvorkommende Aufnahme [1]. In

---

[1] Die Ansprachen Garat's an Ferdinand und Karolina bei Sérieys S. 46—49.

Wahrheit befand sich Neapel in geheimem Einverständnis mit den
großen Höfen, besonders mit Oesterreich das laute Klage über Ver=
letzung des letzten Friedens erhob, und unterzeichnete am 19. Mai
der Herzog von Campochiaro mit dem Minister Thugut zu Wien ein
Kriegsbündnis dessen Bestätigung sich allerdings bis in den Juli hin=
zog, wo man französischerseits über diese verdeckten Abmachungen nicht
mehr scheint im Zweifel gewesen zu sein. Mindestens schlug Garat
jetzt einen andern Ton an, verlangte Garantien aufrichtiger Gesinnung,
Fernhalten der Engländer von allen Seeplätzen Beider Sicilien, Ueber=
gabe des Hafens von Messina in französische Botmäßigkeit, schließlich
Beendigung der Hochverraths=Processe deren Opfer zum Theil seit
vier Jahren in den Gefängnissen schmachteten, 24. Juli. Nur der
letztern Bitte wurde willfahrt, wozu wohl auch andere Erwägungen
drängten. Man schien bei Hofe die ganze Sache vergessen zu haben,
bis sich die Herzogin von Cassano und die Mutter Colonna mit einer
Vorstellung an die Königin wandten. Nun wurde die große Staats=
Giunta zusammenberufen und mit der Wiederaufnahme und Ueber=
prüfung des eingeleiteten Strafverfahrens betraut. Sie entwickelte
eine rasche Thätigkeit, und es folgten fast eben so viel Lossprüche und
Freilassungen als ein paar Jahre früher Anklagen und Gefangen=
nahmen; nur der geringste Theil wurde schuldig befunden und zu
Freiheitsstrafen oder Verbannung verurtheilt. Der außerordentliche
Gerichtshof wurde aufgelöst, Marchese Vanni seiner Stelle enthoben
der sich, jetzt eine Zielscheibe des allgemeinen Hasses wie zuvor ein
Gegenstand des allgemeinen Schreckens, aus der Hauptstadt in eine
abgelegene Gegend zurückzog.

In allen übrigen Punkten war das Cabinet von Neapel weit
entfernt nachzugeben. Was den Hafen von Messina betraf zeigte
man durchaus keine Lust das Beispiel des eingeschüchterten Königs
Karl Emanuel mit der Veste von Turin nachzuahmen, und zur Aus=
schließung Englands von den sicilischen Häfen war man so wenig
geneigt daß man vielmehr den Sieger von Abukir, um die von manchen
seiner Schiffe erlittenen Schäden auszubessern, ohne Anstand im Hafen
von Syracus einlaufen ließ.

Alles gewann ein kriegerisches Aussehen. Für die Führung der
Landtruppen erbat sich der Hof einen österreichischen General, Ende
August. Die Wahl fiel in Wien auf den damals als Reorganisator
„von Grund aus" und als genialer Stratege gefeierten Feldmarschall=
Lieutenant Freiherrn von Mack. Noch bevor dieser am Orte seiner
neuen Bestimmung anlangte erschien Horatio Nelson 22. September im
Golf von Neapel der, von der schönen und vielkünstigen Lady Hamilton
mit den überschwänglichsten Gefühlsergüssen, von den beiden Majestäten
mit allen erdenklichen Ehren und Auszeichnungen empfangen, die Kriegs=
begeisterung, die Siegeszuversicht auf den höchsten Gipfel schraubte. Sein
Geburtstag am 29. wurde wie eine Nationalfeier begangen, wochenlang
reichte eine Festlichkeit, eine Ueberraschung der andern die Hand, überall
die verführerische Hamilton im Vordergrund die den tapfern See=
helden bald ganz in ihren Netzen hatte. Inmitten dieses Taumels von
Freuden und Huldigungen war in der Person des französischen Ge=
sandten ein Wechsel vor sich gegangen: Garat war durch Lacombe
Saint=Michel abgelöst worden, einen derjenigen die für den Tod
Ludwig XVI. gestimmt hatten, dessen Gegenwart die republicanischen
Elemente in Neapel mit neuer Zuversicht erfüllte und die Thätigkeit
der geheimen Clubs belebte. Am 2. October überreichte Lacombe in
feierlicher Audienz seine Beglaubigungsschreiben. In diplomatischen
Kreisen sprach man von allerhand Forderungen die der neue Gesandte
der Republik zu stellen beauftragt sei: Entfernung und Verbannung
Acton's, Auslieferung des Hafen=Commandanten von Syracus in
Ketten, Einstellung der Rüstungen und Herabsetzung des Truppen=
standes auf 10000 Mann. Einige wollten wissen Lacombe habe diese
Punkte dem Hofe bereits zukommen lassen, der König aber Antwort
darauf verweigert. Thatsächlich wurde die Truppenaushebung eifrigst
fortgesetzt; man legte außerordentliche Steuern auf, man gebot bei
Strafe der Confiscation Auslieferung von Silber und Gold gegen Bank=
zettel die nicht die Hälfte dessen werth waren was sie vorstellten[1]). Aus
der Theilnahme an der Coalition wurde kaum mehr ein Hehl gemacht.

---

[1]) Vgl. Göthe=Hackert S. 218 f. mit Orlov-Duval Mémoires sur
le Royaume de Naples II S. 180.

Am 5. October 1798 kam ein Uebereinkommen zwischen Neapel und England zustande laut dessen der britischen Seemacht alle Häfen des Königreichs offen sein sollten. Am 9. stellte sich Mack in Caserta den sicilischen Majestäten vor. Er fand dieselben, trotz aller Gegenvor= stellungen die er sich erlaubte, zu unverzüglichem Losschlagen entschlossen: die Freunde im Römischen bäten darum weil sonst zu fürchten sei daß der gute Wille, der in den meisten Provinzen den Neapolitanern ent= gegenbracht werde, erkalte; auch vom toscanischen Hofe kämen täglich Nachrichten. die das Großherzogthum bei längerem Zaudern der augen= scheinlichsten Gefahr ausgesetzt erscheinen ließen; endlich dürfe man den aufrührerischen Geist, der durch die Anwesenheit eines „Königsmörders" neue Nahrung erhalten, bei thatenlosem Hinhalten nicht fortwuchern lassen. Auch war letzteres kein bloser Vorwand. Einzelne Hitzköpfe flohen in's Lager der Franzosen die sie zum Einmarsch in das König= reich bereit glaubten [1]).

Am 12. October wurde in Caserta Kriegsrath gehalten, dem auch Nelson und der britische Gesandte beiwohnten; alles was Mack erreichen konnte war Aufschub von einigen Wochen um sich in den neuen Verhältnissen einigermaßen zurechtzufinden. Mehr als die Andern war die Königin zu einem raschen Vorgehen entschlossen. „Glauben Sie mir", wurde sie nicht müde Mack zu sagen, „wir müssen der Sache den Schwung geben. Der Kaiser will daß wir die Kriegserklärung abwarten; die wird aber von französischer Seite nicht eher erfolgen als bis man sich in die beste Verfassung gesetzt hat uns aufzuspeisen. Unterliegen wir so kann das den großen Mächten keinen so erheblichen Unterschied machen; retten wir uns so wird dies der allgemeinen Sache zum Vortheil dienen. Jeder Tag den wir zögern kommt unsern Feinden zu gute". Mack inspicirte die in der Nähe befindlichen

---

[1]) **Pepe I** S. 15 f. nennt Ettore Ruvo, der im Castel Sant Elmo ge= fangen gesessen, und einen Lieutenant Fernando Aprile; letzterer wurde gefangen und zum Tode verurtheilt, aber vom König zu lebenslänglicher Gefangenschaft in der Fossa von Maritimo verurtheilt; Ruvo entkam, freilich um später einem um so grausameren Schicksale zu verfallen.

Regimenter; nach dem äußern Anschein mußte er zugeben daß sie geschult und kriegstüchtig seien; mit den andern stehe es noch besser, wurde ihm gesagt. So erfolgte denn der Befehl zum Aufbruch. Am 24. November ohne vorausgegangene Kriegserklärung wurde in fünf Colonnen die Gränze überschritten, am 29. von der Haupttruppe, bei der sich der König in Person befand, Rom besetzt. Am selben Tage kam im fernen St. Petersburg, vom neapolitanischen Gesandten Herzog von Serra-Capriola unterzeichnet, ein Kriegsbündnis mit Rußland zustande, am 1. December gingen in Neapel Gallo und Hamilton die vertragsmäßige Verpflichtung ein im Kriege gegen Frankreich gemeinschaftliche Sache zu machen.

Championnet, der im Römischen commandirte, war auf einen Angriff nicht gefaßt; auch fühlte er sich zu schwach und zog sich in eine feste Stellung gegen Ancona und Civita-Castellana zurück um vorerst die Verstärkungen zu erwarten die ihm Joubert zuführen sollte. Directorium und Kammer in Paris säumten nicht ihre Anstalten zu treffen. Kaum war die Kunde von den Vorgängen in Mittel-Italien dahin gelangt als der Convent die Kriegserklärung beschloß, nicht nur gegen den König von Neapel, sondern auch gegen den von Sardinien „weil er im geheimen Einverständnis mit den Feinden der Republik stehe", 7. und 8. December. Doch war das leere Förmlichkeit; denn schon am 9. December, also zu einer Zeit wo der Convents-Beschluß noch nicht nach Turin gelangt sein konnte, wurde die sardinische Armee entwaffnet und König Karl Emanuel gezwungen sein festländisches Gebiet an Frankreich abzutreten; man entließ ihn nach Livorno wohin er sich für's erste begeben wollte. Mit Mack's Kriegsglück war es um diese Zeit schon vorbei. Mancherlei Misgeschick, mehr als dies aber Unverstand Feigheit Verrath, wirkten zusammen um das so kühn geplante Unternehmen scheitern zu machen. Eine der neapolitanischen Colonnen nach der andern wurde geschlagen oder in Verwirrung gebracht; die einzige glänzende Waffenthat des ganzen Feldzugs, die des Generals Roger Damas war ein muthvoll und geschickt ausgeführter — Rückzug, und der einzige Erfolg, von demselben Damas vor seiner Einschiffung nach Neapel errungen, war die Organisirung des

Landsturms in Civitavecchia der nachher den Platz fast drei Monate lang gegen die Franzosen behauptete. Am 10. December verließ der König Rom in fluchtähnlicher Eile, ja, wie Einige wollen, in den Kleidern seines Kammerherrn Herzogs von Ascoli, kam am folgenden Abend in Caserta an und begab sich von da in seine Hauptstadt zur Königin. Am 22. war auch Mack zurück in Capua wo er aus den Resten der auseinandergestobenen Armee zu machen suchte was er konnte. In der Hauptstadt herrschte Verwirrung: Patriotismus Muth und Entschlossenheit zeigten nur die Lazzaroni die darnach lechzten mit dem Feinde handgemein zu werden. Denn nun brach in der Menge mit unbändiger Gewalt der Gallierhaß hervor. Banden gemeinen Volkes drangen in die Häuser wo sie Franzosen zu finden glaubten. Was von Fremden in der Stadt war suchte Verstecke auf; doch fand der Pöbel viele heraus, beschimpfte mishandelte sie, wobei es an Raub und Diebstahl nicht fehlte. Der Cabinets-Courier Ferreri wurde auf dem Wege aus der Stadt zum Hafen, wo er sich mit Depeschen auf ein britisches Schiff begeben wollte und in französischer Sprache nach einem Boote fragte, von der Meute ergriffen, in jämmerlicher Weise niedergemacht, die Leiche unter die Fenster des königlichen Palastes geschleppt. Entsetzt floh der Hof auf die Schiffe Nelson's: die Schreckensherrschaft der Nachkommen Masaniello's und der Einzug der französischen Königs-Guillotinirer, eines oder das andere wenn man blieb! In Eile wurde auf britische und portugiesische Schiffe gepackt was sich fortschaffen ließ: das werthvollste von der Einrichtung der königlichen Schlösser zu Neapel und Caserta, die Kron-Diamanten, der Schatz des heiligen Januarius — mehrere Millionen an gemünztem Geld, dann Gold und Silber in Barren —; selbst die Kunstgegenstände von Herculanum blieben nicht vergessen. Die königliche Familie, Acton, die Hamiltons u. a. bestiegen den Vanguard, das Admiralschiff Nelson's, 31. December 1798, wurden aber durch widrige Winde im Hafen aufgehalten und waren noch Zeugen jenes furchtbar schönen Schauspiels das einen großen Theil der Arbeiten und Kosten eines Vierteljahrhunderts vernichtete. Um nämlich dem Feinde nicht taugliches Material in die Hände zu spielen, wurde an alles

was von der königlichen Marine nicht fortgeschafft oder in's Schlepptau
genommen werden konnte Feuer gelegt: ein schönes Kriegsschiff von
74 Geschützen, bei hundert Kanonen-Barken im Hafen von Neapel
und an der Küste von Posilipo, die Magazine des Arsenals von
Castellamare beleuchteten am ersten Tage des Jahres 1799 mit einem
grellen Brande die Stadt und weithin die Umgegend und das Meer,
in dessen Fluthen mehr als tausend Centner Pulver geschüttet wurden.
Schrecken und Angst ergriff die Bevölkerung die den König beschwören
wollte, nicht durch sein Scheiden die allgemeine Bestürzung zu ver=
mehren: allein die Deputation wurde von den Engländern nicht weiter
gelassen.   Am 2. Januar lichtete man in der Richtung von Palermo
die Anker.   Die Ueberfahrt war eine so gefahrvolle daß die Schiffe
tagelang auf den Wogen umhergeworfen wurden, was einem der
Prinzen, dem siebenjährigen Alberto, auf dessen zarten Organismus
körperliches Ungemach und Seelenangst einstürmten, das Leben kostete;
er verschied in den Armen seiner schon so schwer geprüften Mutter.
Selbst als man schon im Angesicht von Palermo war hatte man noch
mit dem Meere zu kämpfen bis der Fregatten-Capitain Gio. Bausan
mit einem kleinern Fahrzeug herbeisegelte und das Königsschiff glücklich
in den Hafen hineinbugsierte.

Ferdinand IV. hatte den Fürsten Pignatelli-Strongoli mit aus=
gedehnten Vollmachten als seinen Stellvertreter zurückgelassen, während
Mack die militairischen Angelegenheiten leiten sollte. Armee hatten sie
allerdings keine mehr zur Verfügung, es. waren nur Bruchtheile einer
solchen die erst gesammelt werden mußten: dafür erstand ihnen in
letzter Stunde ein Kämpe, wild und unbändig, grausam und rach=
gierig, aber von einer Entschlossenheit, von einer Hingebung und Todes=
verachtung die den Feind erzittern machte.

Wenn nicht vom Augenschein an Ort und Stelle, wer kennt
ihn nicht aus Geschichte und Sage, aus Reisebeschreibungen und
Bildern, jenen ausgiebigen Bestandtheil der neapolitanischen Bevölke=
rung dessen Eigenthümlichkeit und Anzahl, wie Neuere versichern, mehr
und mehr in Abnahme begriffen ist, den man aber damals, wohl

etwas übertrieben, auf nicht weniger als 40000 Köpfe anschlug? „Fruges consumere nati", nur der „proles" wegen da die sie in die Welt setzten, geboren sich zu nähren und Kinder zu zeugen wie der alte Römer sagte, gehören die Lazzaroni in ruhigen Zeitläuften zu den genügsamsten harmlosesten und darum glücklichsten Geschöpfen jenes bezaubernden Himmelsstriches. „Sie haben nichts zu hoffen und nichts zu fürchten von der Zukunft", schreibt ein gleichzeitiger Beob= achter, „darum freuen sie sich des Augenblicks. Keine der Leiden= schaften die uns quälen trübt ihre Ruhe. Sie säen nicht und kein Miswachs raubt ihnen ihre Ernte. Sie streben nicht nach Glanz und Ehre: eine neue Münze befriedigt ihre Eitelkeit. Mit einigen Volksliedern sind die Forderungen ihres Geistes erfüllt, ihre Liebes= pein dauert fünf Minuten. Zum Schlafe brauchen sie keine Mohn= stengel, sie haben keine Thüre zu schließen als ihre Augen. Worauf sich Diogenes so viel zu gute that haben sie mit geringerer Mühe gefunden: sie sind so weise als er, nur bilden sie sich weniger darauf ein. Fragt man mich wo denn die Lazzaroni eigentlich ihr Wesen treiben, so antworte ich am kürzesten: Zur Zeit der Hitze im Schatten, zur Zeit der Kälte in der Sonne" ... Man hat ihnen eine eigene Organisation und ein ständiges Oberhaupt, „Eletto del popolo" oder „Capo Lazzaro", angedichtet was aber, mindestens in der Zeit von der hier gehandelt wird, nicht der Fall war. Zu sorglos nach jeder Seite, zufrieden mit dem persönlich unangefochtenen Dasein, kam ihnen ein zusammenfassendes Gemeinwesen und ein Haupt das demselben vorstände nicht in den Sinn; was würde auch ein solcher Chef zu ordnen und zu überwachen gehabt haben? Führer wählten sie sich nur in außerordentlichen Fällen wenn allgemeine Noth drängte. In den Tagen Masaniello's 1647 war es der Kampf um das liebe Brod, jetzt sollte es der um den Schutz des bedrohten Herdes sein. Die Metapher ist strenggenommen nicht am Platze: denn hat der oft völlig obdachlose Lazzarone einen Herd? Er holt sich seine Fische und Muscheln aus dem Meere, er kauft sich für den erbettelten Kreuzer seine Pomeranzen und Kastanien, oder an der nächsten Straßenecke seine Maccaroni. Auch wäre ihm zu viel Ehre

angethan ihm Vaterlandsliebe in höherem Sinn beizumessen: aber
Neapel, dessen Meer und dessen Himmel waren ihm von jeher seine
Welt; er kennt nichts anderes und weh dem der sie ihm rauben will!
Er liebt vielleicht nicht besonders seinen Fürsten, kümmert sich wohl
nicht um ihn: aber er haßt den Fremden der sich ihm aufdrängt sei es
Deutscher oder Franzose; selbst der nicht=neapolitanische Italiener ist
ihm kein besonders werther Geselle. Und dieser Fremdenhaß konnte
sich dann zu einer Leidenschaft und Ausdauer entwickeln die dem
feurigsten Patriotismus an die Seite zu stellen ist, aber zugleich eine
Rohheit, ja unmenschliche Grausamkeit entfalten die man noch gestern
in dem kummerlosen Herumlungerer nicht gesucht hätte.

Jetzt war der Lazzarone, an List und an Stärke, zum wilden
Thiere geworden das sich auf den Feind warf wo es ihn traf. Aber
auch bei der Masse der Bevölkerung außerhalb der Hauptstadt war
das gleiche der Fall: in Terra di Lavoro, in den Abruzzen dem Sitze
der alten Samniter, überall wo sich Franzosen blicken ließen, erhob
sich das Volk, umstrickte sie im kleinen Kriege, griff sie an, erschlug
sie, kreuzigte sie, stürzte sie in Abgründe und Gewässer. Der tapfere
Macdonald berannte Capua das er nach enormen Verlusten in den
Händen der Neapolitaner lassen mußte. Täglich gab es erbitterte
Kämpfe am Volturno die meist zum Vortheile der Vertheidiger ihres
Vaterlandes ausfielen. Championnet und seine Generale hatten ihren
Untergang vor Augen wenn sie, weil Trümmer des Mack'schen Heeres
noch im Römischen waren, zugleich im Rücken angegriffen wurden.
Allein Pignatelli verlor den Muth und Mack den Kopf. Der könig=
liche Vicar sah nur die furchtbare Zügellosigkeit seiner Lazzaroni, nicht
ihre bewundernswerthe Tapferkeit, und dem österreichischen General
tönte das „Morte ai Tedeschi" als ein Mahnruf in die Ohren daß
er als Fremder hier nichts zu schaffen habe. Von ihnen gesandt
erschienen der Fürst von Miliano und der Herzog von Gesso in Calvi
nächst Capua um dem französischen Oberfeldherrn einen Waffenstill=
stand anzubieten, den derselbe unter drückenden Bedingungen gewährte,
11. Januar. Unter andern war eine Kriegsentschädigung von 10000
Tornesi bedungen, wovon die Hälfte binnen fünf, die andere binnen

weiteren zehn Tagen bezahlt werden sollte. Als aber am 14. der französische Commissair Arcambal in Neapel eintraf und die Wagen bereit gestellt wurden die das Geld aus der Stadt führen sollten, erhob sich das Volk. Wie ein Lauffeuer verbreitete sich das Losungs= wort, man sei an den Feind verrathen: die Rufe „Viva San Gen= naro! Viva la santa Fede! Viva il Re!" wechselten mit „Tod den Verräthern! Tod dem Mack! Tod dem Pignatelli!" Das Volk stürzte zum Teatro San Carlo wo man Arcambal vermuthete, stieß die Wachen nieder, durchstöberte unter entsetzlichem Treiben und Drängen, das mehreren Zuschauern das Leben kostete, alle Räume des Schauspiel= hauses dessen Vorhang eiligst niedergelassen wurde, während Arcambal sich durch einen mit der königlichen Loge in Verbindung stehenden Gang in das anstoßende Schloß rettete und von da glücklich aus der Stadt kam. Auch Pignatelli und Mack suchten ihr Heil in der Flucht, der eine nach Sicilien wo ihn der König, der den eingegangenen Waffenstillstand nicht anerkannte, auf die Veste von Girgenti bringen ließ, der andere zu den französischen Vorposten wo er als Kriegs= gefangener erklärt und nach Frankreich abgeführt wurde [1]).

In der Stadt herrschten die Lazzaroni von denen die Forts San=Elmo, Nuovo, del Carmine besetzt, die Waffen in den Zeug= häusern geplündert wurden, während von den Wällen Kanonen herab= donnerten, von allen Thürmen der Stadt und Umgegend Sturm= läuten tönte, um das Volk zum Kampf gegen den anrückenden Feind zu mahnen. Um ein nationales Haupt zu haben riefen sie den

---

[1]) Ausführliches über diesen eben so kurzen als schmählichen Feldzug, haupt= sächlich nach den eigenen Aufzeichnungen Mack's, bei Vivenot Rastadter Congreß S. LXXIX—CXVI; dann über die Gefangenschaft Mack's in Frankreich und dessen Selbst=Ranzonirung in Posselt's Annalen 1800 I S. 137—150. Mack macht über den unglücklichen Ausgang des ganzen Unternehmens die Bemerkung, „daß für jeden welcher die Treue und Tapferkeit der Officiere als die Seele einer Armee betrachtet, der Aufschluß leicht in der allzu sehr bestätigten Gewißheit zu finden sein werde, daß die Officiere ein Sechstel aus Verräthern, vier Sechstel aus feigen Memmen und nur ein Sechstel aus Männern von Ehre und Recht= schaffenheit bestand. Die Verräther schrien gleich bei jedem Anblick des Feindes ihr: Fuggi, fuggi, siamo traditi! die Feigen flohen, und die kleine Zahl der Recht= schaffenen war das unglückliche Opfer von Beiden".

Fürsten von Moliterno, denselben der sich im Feldzug von 1795 als
königlicher Officier ausgezeichnet hatte, zum General=Capitain aus,
17. Januar, und in der That schien im Innern der Stadt alles
in Ordnung ablaufen zu wollen. Das Volk lärmte wohl durch die
Straßen, feuerte Schüsse in die Luft, spielte mit den ihm neuen Waffen,
doch ohne jemand ein Leid zu thun; Streifwachen der Lazzaroni zogen
umher und benahmen sich ruhig und mit Anstand[1]). Allein schon
am 18. nahmen die Dinge eine andere Gestalt an. Gemeinere Leiden=
schaften gewannen die Oberhand, fanatische Priester und Mönche for=
derten im Talar das Crucifix in der Hand zum Rachezug gegen die
Ketzer, zur Vertilgung aller Franzosen, aller bösen Anhänger der=
selben auf. Jetzt floß das erste Bürgerblut. Der Herzog della Torre
und sein Bruder Clemente Filomarino, gelehrte kunstsinnige und all=
gemein geachtete Männer, wurden aus ihrer Wohnung gerissen und
auf einem in der Strada della Marina aufgerichteten Scheiterhaufen
lebendigen Leibes verbrannt. Der Finanz=Minister Zurlo erfuhr Miß=
handlungen; der französische Gesandte Lacombe fand in einem Ver=
steck Rettung. Kaum war jemand der einen neumodischen Rock oder
kurzgeschnittene Haare trug davor sicher für einen Freund und Begün=
stiger der Franzosen gehalten zu werden, so daß viele Leute sich in
ärmliche Kleidung warfen, theils um ihr Leben zu retten theils auch
um hinter die Pläne der Lazzaroni zu kommen und sie für ihre Zwecke
zu benützen. So beredeten sie dieselben die politischen Gefangenen zu
befreien; allein damit öffneten sich auch die Zellen der gemeinen
Verbrecher, die Galeeren=Sträflinge zerbrachen ihre Ketten, und die
Schaaren der Lazzaroni wurden durch Auswürflinge der menschlichen
Gesellschaft vermehrt die vor keiner Schandthat zurückbebten. Vergebens
sucht Moliterno im Bund mit einigen muthigen Bürgern dem Wüthen

---

[1]) Pepe I S. 23, wo er erzählt wie er Nachts von einer Lazzaroni=
Patrouille angehalten und vor deren Chef geführt worden der ihn, nach einer
Mahnung das späte Ausgehen in dieser gefährlichen Zeit bleiben zu lassen, mit
einem Piquet nach Hause schickte: „al quale avendo io offerto due piastre di
moneta d'argento del valore di 24 carlini non vi fu via nè modo a persua=
derlo che accettasse."

Einhalt zu thun; die Galgen die sie warnend errichten lassen werden niedergerissen. Dazwischen währt der Krieg wider den äußeren Feind fort. Schon beginnen die Franzosen furchtbare Wiedervergeltung zu üben. General Rey legt unter einem Blutbade der verzweifelten Vertheidiger Castelforte in Asche, Monnier thut das gleiche mit Isernia, Broussier erzwingt nach einem hartnäckigen Gemetzel die Caudinischen Pässe. Vor der Hauptstadt wird drei Tage ohne Erfolg gestritten, 20. bis 22. Januar, bis es den Generalen Lemoine und Duhesme gelingt den Neapolitanern in die rechte Flanke zu fallen, die nun in wilder Unordnung in die Stadt zurückfliehen. Dort hat Moliterno im Verein mit Roccaromana und Arcorito eine Art provisorischer Regierung gebildet; Niccolino Caracciolo, Bruder des Herzogs von Roccaromana, setzt sich mit Hintergehung der Lazzaroni in den Besitz der Forts San-Elmo und Nuovo, wo jene am andern Morgen zu ihrem Schrecken die französische Tricolore aufgepflanzt sehen. Während jetzt Moliterno diejenigen im Rücken anfällt die ihn zu ihrem Haupte ausgerufen hatten, die betrogenen Lazzaroni aber statt seiner einen Mehlhändler Paggio und einen Lastträger Michele il Pazzo an ihre Spitze rufen, bahnt sich Championnet blutigen Weg zum königlichen Palaste den er besetzt; ein anderer Theil seiner Truppen gewinnt unter furchtbarem Gemetzel die Toledo-Straße und das Schicksal der Hauptstadt ist entschieden, 23. Januar.

Tausend Franzosen hatten den Sieg mit ihrem Leben zu bezahlen; doch viermal, nach Andern zehnmal so viel Neapolitaner lagen in den Straßen ihrer Stadt deren Besitz sie mit Löwenmuth, ohne Führer, ja von jenen denen sie sich anvertraut hatten betrogen und verrathen, tagelang einem sieggewohnten Feind streitig gemacht hatten [1]).

Zum Commandanten der bezwungenen Stadt bestellte Championnet den General Rey.

----

[1]) Am ausführlichsten handelt von all diesen Vorgängen ein Anonymus B. N*** Mémoires des dernières ·révolutions de Naples (in deutscher Uebersetzung in Posselt's Annalen 1802 III. 264—288, IV. 1—29, 133—161), nur daß derselbe mit der Chronologie auf etwas gespanntem Fuße steht. Ein großer Theil der Ereignisse vom December 1798 wird consequent vom Januar 1799

2. Die Parthenopäische Republik und ihr Fall.

1799 bis 1802.

Es waren für die Mehrzahl der Bewohner von Neapel wahre Tage der Wonne die auf den Einmarsch der Franzosen folgten: bei den Einen das Gefühl unter dem Schutze der ordnenden Macht wieder leicht und ruhig athmen zu können, bei den Andern das stolze Bewußtsein im Vollbesitz jener politischen Freiheit, jener Königs=losigkeit zu sein, die sie unter jahrelangen Leiden und Bedrängnissen angestrebt und nun endlich wenn auch mit fremder Beihilfe errungen. „Noch haftet in meiner Erinnerung", schrieb ein damals jugendlicher Zeitgenosse in späten Jahren, „das Vergnügen das ich empfand uns gegenseitig mit dem süßen Namen ‚Bürger', dem Sinnbild bürger=licher Gleichheit, anreden zu hören"[1]). Denn es war die Epoche der Republicanisirung aller Gebiete welche sich die Franzosen unter=warfen: die cis= und transpadanische, dann cisalpinische, die ligurische, die römische, die batavische, die lemanische, die helvetische Republik

berichtet. S. 30—34 bewegt sich der Verfasser, wo er von den Vorfällen nach der Flucht der königlichen Familie spricht, im 10. bis 15. December, also in den Tagen vor dieser Flucht, und springt von dem Wüthen der Lazzaroni vor dem Einmarsch Championnet's S. 35, 62 f. auf den 16. bis 23. Juni 1799, um S. 80 bei der Erhebung Calabriens „à la fin de février" anzulangen. — Das Unglück der Brüder Filomarino soll das Gerücht herbeigeführt haben daß in ihrem Hause ein glänzendes Mahl zum Empfang der Franzosen bereitet würde; ihr Haus sei hierauf ausgeplündert, dann in Brand gesteckt, wobei alle ihre werth=vollen Sammlungen in Flammen aufgegangen, sie selbst aber bei langsamem Feuer hingerichtet worden; S. 49 f.: „Ainsi périrent dans le sein de l'amitié fraternelle, après trois heures des plus cruels tourments, deux chevaliers de la plus haute noblesse qui n'avaient jamais pris la moindre part aux affaires publiques, et dont le seul crime était d'avoir préparé un repas pour quelques amis, indifférents comme eux aux divers gouvernements". — Die oben S. 19 angeführte Stelle über die Lazzaroni ist aus Rehfues' Gemälde von Neapel II S. 119—127. S. auch das Capitel „Grausamkeit" ebenda I S. 99—103, geschrieben im Jahre 1804 wo also die Erinnerungen an die Gräuel von 1799, ja selbst Spuren davon, noch ziemlich frisch waren.

[1]) Pepe I S. 27; er zählte damals fünfzehn Jahre.

waren nach einander in's Leben gerufen worden, und so zog man jetzt, nachdem das süd-italische Doppelkönigreich gebeugt und unter-worfen war, den alten griechischen Namen der Stadt Neapel hervor um eine „parthenopäische" Republik zu schaffen ¹). Letztere hatte, wie es anfangs schien, mindestens das gute daß sie unter den Auspicien eines Mannes zustande kam der Tapferkeit mit Milde, Muth mit Klugheit zu vereinigen wußte. Der „rheinische Antiquarius" der als Knabe den General Championnet kennen gelernt, schrieb in später Rückerinnerung von ihm: „Nicht leicht hat jemand die edlen regelmäßigen Züge, die gracieuse und doch martialische Gestalt schauen können ohne den Mann zu lieben". Mit großer Mäßigung und mit bestem Willen dem Blutvergießen Einhalt zu thun hatte Championnet den Kampf um Neapel geführt, seinen Soldaten Beob-achtung strengster Mannszucht zum Gesetze gemacht. Als Sieger war es sein eifrigstes Bemühen sich mit der Bevölkerung, der er wider sein Gefühl und seinen Wunsch so schwere Wunden geschlagen, auf guten Fuß zu setzen, ihre Meinungen und Neigungen zu schonen, Männer ihres Vertrauens in ehrenvoller Stellung mit dem neuen Staatswesen zu befreunden. Gleich nach Besitznahme der Stadt bestellte er für San-Gennaro eine Ehrenwache, brachte auch selbst an der Spitze seiner Generale und Officiere dem Heiligen seine Huldigung und, „als sich das Wunder vor seinen Augen in kürzerer Zeit als . jemals vollzog", eine mit Gold und Gestein kostbar besetzte Mitra als Opfer dar, wodurch er mit einemmal die enthusiastische Zu-stimmung der leichtblütigen Massen von Neapel auf seiner Seite hatte. Den Volksmann Michele Pazzo zog er in seine unmittelbare Nähe indem er ihn zum Obersten beförderte, Moliterno bestellte er als Gesandten der parthenopäischen Republik bei der französischen, während

---

¹) S. bei Pepe I S. 28—31 den Bericht Championnet's an seine Regierung, datirt vom 24. Januar 1799 (5 pluviose an VII), also unmittelbar nach Bezwingung der Stadt, wo es unter anderm heißt: „La révolution est faite: un monarque de moins une république de plus, voilà l'histoire des affaires .. Le pavillon tricolore flotte sur tous les forts; l'armée prend position, je la proclame *armée de Naples:* c'est une récompense qui doit immortaliser sa gloire".

er den Adonis Roccaromana seinen entnervenden Gelüsten über=
ließ, der sich in Santo=Leucio einen Harem der schönsten Weiber von
Neapel schuf.

Die Organisation der parthenopäischen Republik begann mit der
Zerschlagung des Landes in Departements nach Art der französischen:
Departement des Garigliano, des Volturno, des Vesuvs 2c. Mario
Francesco Pagano, ein politischer Idealist, entwarf eine Verfassung,
der Hauptsache nach gleichfalls der französischen nachgebildet, aber
mit manchen phantastischen Zugaben: dem Censoren=Amte aus dem
römischen, dem Ephorate und den Archonten aus dem griechischen
Alterthum. Mit diesen utopistischen Spielereien die auf nichts weniger
paßten als auf Land und Volk von Neapel — „gleich schönen Farben
auf angefaulten Latten", wie Botta sagt[1] — trat die praktische
Wirklichkeit nur zu bald in grellen Widerspruch. Der Krieg hatte Frank=
reich Geld gekostet und das mußten die eroberten Länder aufbringen: der
Stadt Neapel wurden zweieinhalb, den Provinzen fünfzehn Millionen
auferlegt, die im Laufe der nächsten zwei Monate einzutreiben waren.
Die Durchführung dieser Kriegsauflage kam in die Hände des „Com=
missaire=Ordinateur" Faypoult, eines rücksichtslosen Ziffernmenschen
der das Gebot des Eroberers zu rohester Geltung brachte. Die neue
Verfassung erklärte alle Feudal=Rechte für abgeschafft, alle Fideicom=
misse für aufgelöst; die Aufhebung aller geistlichen Orden und Körper=
schaften sollte nicht auf sich warten lassen. Faypoult erklärte überdies
alles königliche Gut für Eigenthum der französischen Republik, ebenso
das Privat=Vermögen des Königs, das Vermögen des Malteser=
Ordens, das der öffentlichen Schulen, alles in den Banken erliegende
Gut, alle öffentlichen Cassen, selbst die verfallenen Steuern, so daß
man der Bevölkerung von der einen Seite für Bequartierung Kleidung
Verpflegung der Truppen unerschwingliche Lasten auferlegte, während
man ihr, zumal den Angeseheneren, von der andern die Mittel ver=
kürzte dieselben tragen zu können. Ja alle Kunstschätze, die Museen und

---

[1] ... „come bei colori su legni fradici"; die ganze Stelle bei Botta
IV S. 179—181 verdient im Original nachgelesen zu werden.

Bibliotheken, bis auf das was in Pompeji und Herculanum noch begraben in der Erde lag, sollte Nationalgut der allsiegenden Republik, also der französischen sein. Championnet jagte den rücksichtslosen Commissair zur Stadt hinaus; allein nicht lang darauf, März 1799, wurde er selbst aus der Mitte seines siegreichen Heeres durch Häscher herausgeholt und gefangen nach Grenoble abgeführt; mit seinem Nach=folger Macdonald kehrte Faypoult wieder zurück.

So hatte das neue französische Regiment, das seinen Einzug in Neapel unter so günstigen Bedingungen gehalten hatte, mit Ausnahme einiger unheilbarer Enthusiasten bald alle Classen der Bevölkerung wider sich, den begüterten Adel und den Clerus voran, deren Einfluß vorzüglich in den entlegeneren Gegenden eine Erbitterung der Gemüther, einen Franzosen=Haß, einen Abscheu gegen alle Neuerungen anfachte die bei dem ersten Anlasse in hellen Aufstand loszubrechen drohten. An solchem Anlaß sollte es nicht fehlen. Schon im Herbst des letzten Jahres war Admiral Uschakov mit einer russisch=türkischen Flotte im mittelländischen Meere erschienen, während Ali=Pascha von Janina im Verein mit britischen Truppen die Küste von Albanien besetzt hatte um die Eroberung der jonischen Inseln zu sichern. Am 9. war Cerigo, am 23. bis 25. October waren Zante und Kephalonia, am 16. November Santa=Maura genommen und Vorbereitungen zum Angriff auf Korfu getroffen worden. Am 23. December 1798 hatte die Pforte mit Rußland, am 2. Januar 1799 mit England Verträge abgeschlossen und war dadurch förmlich der anti=französischen Coalition beigetreten. Am 21. Januar war dann zu Constantinopel ein Bündnis zwischen dem Sultan und dem König Ferdinand zustande gekommen, vermöge dessen ersterer versprach den Frieden des Königs mit den Barbaresken=Staaten zu vermitteln und 1000 Albanesen zu dessen Truppen stoßen zu lassen. Als nun am 1. März das wichtige Korfu in die Hände der Russo=Türken fiel stand ihren Schiffen der Weg in's adriatische Meer offen, und den neapolitanischen Misvergnügten befreundete Hilfe und Beistand in Aussicht. Binnen kurzem war der ganze Süden von Italien von Aufständen und Freischaaren übersäet. Ein paar landesflüchtige Corsen in Tarent wurden, weil sich das

Gerücht verbreitete der Kronprinz von Sicilien befinde sich in ihrem
Bunde, an die Spitze einer Bewegung gehoben die sich rasch über
die Gebiete von Otranto und Bari ausbreitete; Boccheciampe dort,
Decesari hier standen als Volks-Generale an der Spitze, eifrigst unter=
stützt von den Mönchen und der Landgeistlichkeit denen der Erzbischof
Capecelatro von Tarent erfolglos das kirchliche Verbot des Waffen=
tragens vor Augen hielt. Bald wuchsen Banden und Banden=Führer
aus der Erde. Ein gewisser Sciarpa, früher Soldat, ein eben so
kühner als wilder Mensch, machte die Gegend von Salerno, ein
anderer, Gaetano Mammone, Müller von Gewerbe, Bluthund und
Unmensch von Charakter, jene von Sora zum Schauplatz ihrer oft
haarsträubenden Grausamkeiten. Auf der andern Seite des Apennin
verstärkte sich der Bandenführer Proni in den Abruzzen. Am bedenk=
lichsten schien den Franzosen der Aufstand in Apulien, jenem frucht=
baren Landstriche aus welchem die übervölkerte Hauptstadt einen großen
Theil ihrer Lebensmittel bezog. Nach heftigem Widerstand, unter
furchtbarem Gemetzel, unter Brand und Plünderung wurden von den
Franzosen San=Severo Andria Trani bezwungen, mit Verhaftungen
und Blutgerichten das Werk der Unterwerfung fortgesetzt.

Vollendet wurde es nicht. Denn schon war der allgemeinen,
nur bisher zersplitterten Erhebung ein Oberführer erstanden, um den
sich bald alle die zerstreuten Freischaaren gruppirten, auf den sie als
ihren gemeinsamen Mittelpunkt hinsteuerten, seine Macht zu verstärken
und dadurch ihre vereinzelte zu stützen. Am 2. Februar 1799 war
von Sicilien aus, mit umfassenden Vollmachten seines Königs aus=
gerüstet, Cardinal Fabrizio Ruffo in Calabria ulteriore bei Bagnara
gelandet. Ein Mann von Geist und Bildung galt er für einen der
ersten National=Oekonomen Italiens, war aber nebstbei in den ver=
schiedensten Fächern zu Hause. Man hat Schriften von ihm über
Quellen und Wasserleitungen, über die Sitten der verschiedenen Arten
Tauben, über Truppen=Bewegungen, über Ausrüstung der Reiterei.
Er war ein unruhiger Kopf, ein Neuerer, ein Plänemacher. Als er
in jungen Jahren am Hofe des Papstes Pius VI., der ihm großes
Vertrauen schenkte, sein Wesen trieb, erschien auf ihn ein Spottbild:

in der einen Hand „ordine“, in der andern „contr'ordine“, auf der
Stirn „disordine“. Aber gerade die Römer hatten ihm Einführungen
zu danken um derenwillen sein Name noch heute in bestem Angedenken
fortlebt, und überhaupt war nicht zu verkennen daß er alles was er
angriff mit seltener Willenskraft und mit einem unläugbaren Geschick
durchzuführen verstand. So begann er auch jetzt aus den Verbindungen
und Hörigkeiten die seine Familie in jenem Theile von Calabrien zahl=
reich besaß, einen Anhang um sich zu sammeln der von einem Tage
zum andern stärker anschwoll. Besonders wählerisch ging er dabei
allerdings nicht vor: außer dem Landvolk das den Hauptstamm, und
gewesenen Soldaten die den Kern seiner bewaffneten Macht bildeten,
wollte man auch von entsprungenen Gefangenen, Galeeren=Sträflingen,
von der Polizei und dem Gesetze verfolgten Uebelthätern wissen die
er, sobald sie nur auf sein Evangelium schwuren, ohne Anstand zu
Gnaden aufgenommen habe [1]). Es waren kaum einige Wochen ab=
gelaufen und Ruffo, der seinen Schaaren das Losungswort des „hei=
ligen Glaubens — santa fede“ gab, hatte eine solche Macht beisammen
daß er gleich einem Feldherrn gegen den Feind ziehen und auf Erobe=
rung ausgehen konnte. Mileto Monteleone Catanzaro brachte er in
seine Gewalt, Cosenza die Hauptstadt des vordern Calabrien fiel nach
lebhaftem Widerstand, Paola wurde genommen und in Asche gelegt.
Seine Streitschaaren gelangten bis Matera, nordwestlich von Tarent,
wo Decesari mit den Aufständischen von Bari sich ihnen anschloß,
während von der andern Seite der gefürchtete Sciarpa zu Ruffo's
Volksheere stieß. Umsonst daß Macdonald drakonische Manifeste erließ,

---

[1]) Was der in B. N*** Mémoires S. 81—83 gegebenen, ziemlich
scandaleusen Vorgeschichte des Cardinals wahres zugrunde liege bin ich außer
Stande zu beurtheilen. Ueber Ruffo's Gegner, den im Text angeführten Cape=
celatro s. Rehfues II S. 312: Zwei Mönche seien vor dem Erzbischof mit der Bitte
erschienen den Sprengel in Waffen zu rufen. Als er ihnen ihre kriegerischen
Neigungen verwies habe einer von ihnen gesagt: „Also Ihr seid auch einer von
denen? Wir werden ohne Euch handeln!“ Hierauf habe der Erzbischof sie packen,
ihnen hundert Stockprügel aufhauen lassen und sie dem Cardinal Ruffo mit dem
Beifügen zugeschickt: „So werde ich es mit jedem Geistlichen halten der sich, den
Vorschriften der Kirche zuwider, mit dem Schwert umgürten will“.

die Anhänger der Engländer und des Königs vogelfrei, ihre Güter verfallen erklärte, 4. und 9. März: schon führten Fra = Diavolo Proni Panedigrano [1]) ihre wilden Haufen dem kriegerischen Cardinal zu, der Bischof von Policastro stand zu ihm und rief die Bevölkerung der Küsten für den König in die Waffen, während Graf Roger Damas mit einem fliegenden Corps das innere Land durchstreifte und den Aufstand weitertrug. Um Apulien zu sichern wandte sich Ruffo nach Osten, eroberte mit stürmender Hand Altamura und übte dort schreckliche Vergeltung für die Gräuel von San=Severo und Andria. Gleiches Loos traf die Stadt Gravina, und der Weg zur adriatischen Küste stand dem Cardinal=General offen. In der zweiten Hälfte April setzte Usakov eine Abtheilung von Bewaffneten, meist Russen und Albanesen, unter Cavaliere Micheroux im Golf von Manfredonia an's Land; Foggia, von allen apulischen Städten allein noch in den Händen der Republicaner, wurde angegriffen und genommen. Das ganze Königreich mit Ausnahme der Hauptstadt und einiger fester Plätze war in der Macht der siegreichen Volkserhebung. Denn auch nördlich von Neapel erklärte sich Averja für die königliche Sache wodurch die Verbindung zwischen Neapel und Capua unterbrochen war. Bis unter die Wälle von Gaëta pflanzte sich der Aufstand fort, während britische Kriegsschiffe im Angesichte der Hauptstadt erschienen, ein Mahnzeichen für die Republicaner daß ihnen auch zur See der Ausweg verlegt sei. Die Insel Procida hielt der Linienschiffs=Capitain Graf Thurn in seiner Gewalt, ein gewisser Speziale übte dort unerbittliches Richteramt über alle die ihm vom festen Land als des Republicanismus verdächtig ausgeliefert wurden.

*   *

*

Mittlerweile war in Deutschland, in Ober=Italien, in der Schweiz der Krieg von neuem ausgebrochen. Nur auf dem letzteren Kriegsschauplatze waren die Franzosen anfangs glücklich, eroberte Massena Graubündten durch Ueberfall und nahm das österreichische Corps des

---

[1]) So schreibt seinen Namen P e p e I S. 50 mit dem Zusatz: „antico galeotto, e non mai prete siccome scrisse il fantastico Botta".

Generals Auffenberg gefangen, 6. 7. März. Zur selben Zeit war
Jourdan über den Rhein gegangen, aber von Erzherzog Karl bei
Ostrach, bei Liptingen und Stockach geschlagen und zurückgedrängt
worden, 21. bis 25. März. Im Veronesischen erfocht Kray bei
Legnago Ronco Magnano und Butta Pietra glänzende Siege, 26. März
bis 5. April, schloß Mantua ein und trieb die Franzosen unter
Scherer bis hinter die Abda zurück. Als dann Suvorov auf dem
Schauplatze erschien erzwangen die vereinigten Austro=Russen bei
Cassano den Uebergang über die Abda gegen Moreau, 26. 27. April,
besetzten Peschiera Pizzighetone Mailand Casale Turin, eroberten
im Süden Ferrara und drohten gegen Toscana und Rom loszu=
marschiren. Nun ließ sich Neapel von den Franzosen nicht länger
halten. Am 5. Mai brach Macdonald, nur schwache Besatzungen in
einigen festen Plätzen zurücklassend, gegen Norden auf um neuen und
schwereren Niederlagen entgegenzugehen.

Groß war der Jubel, maßlos die Begeisterung der Neuerungs=
freunde in Neapel die nun, ohne das Joch des Fremden, am Aus=
bau ihrer jungen Republik weiter arbeiten konnten. Das schon früher
beabsichtigte Censoren=Amt wurde jetzt thatsächlich eingerichtet, mit
dem Canonicus Luparelli d'Adriano an der Spitze, daneben ein
oberster Gerichtshof für Staatsverbrechen welchem der Advocat
Vincenzo Lupo vorsaß. Beide walteten streng ihres Amtes. Doch
immer nicht wirksam genug als die „patriotische Gesellschaft" es ver=
langte, ein Verein der hitzigsten Köpfe von Neapel, von Antonio
Salfo einem Bewunderer Robespierre's gegründet. Luigi Serio, einer
der gefeiertsten Improvisatoren Italiens, befand sich unter den Mit=
gliedern die bald in der Stadt das große Wort führten und vor
keinem Mittel zurückscheuten ihre Beschlüsse in Ausführung zu bringen.
Alle von den Franzosen eingesetzten Beamten mußten weichen, ächte
bewährte Neapolitaner sollten an ihre Stelle kommen. Pignatelli von
Monteleone, Bruno von Foggia die als „Aristokraten" gegen die Auf=
hebung der Feudal=Rechte gesprochen hatten, wurden aus dem gesetz=
gebenden Körper gestoßen, der Marine=Minister Doria zur Nieder=
legung seines Portefeuilles gezwungen, alles im Angesicht mit Messern

bewaffneter Schaaren die augenblicklichen Tod drohten wenn dem Willen
der „Patrioten" nicht willfahrt würde. Daneben wurden wahrhaft
kindische Mittel in Thätigkeit gesetzt um der Sache der Republik Ein=
gang und Anhang zu verschaffen. Alle die Ferdinand hießen sollten
ihren Vornamen mit einem andern vertauschen damit nichts an den
verjagten Tyrannen erinnere. Auf offener Straße wurden Stellen aus
den Tragödien Alfieri's declamirt und immer war es, wie der Histo=
riker Botta beißend bemerkt, „ganz unser Fall", mochte es sich um
Brutus oder um die Virginia oder um Timoleon handeln. Ja, um
die Lazzaroni zu gewinnen, wurden Vorlesungen unter freiem Himmel
veranstaltet, über die Menschenwürde, über die Abscheulichkeit des
Despotismus, über die Reinheit und Vortrefflichkeit der Republik ... um
deren Sache es auch im Felde vortrefflich stand; mindestens hatte der
neapolitanische „Monitore", von einer Schwärmerin Eleonora Fonseca
Pimentelli geschrieben, von nichts als von Siegen der Republicaner,
von Schlappen und Niederlagen der San=Fedisten zu berichten. Ein
Pantheon nach dem Vorbild jenes in Paris sollte errichtet werden, mit
den Namen aller die sich um das Vaterland verdient gemacht, an
der Spitze jene der Opfer des gefallenen Despotismus: de Deo
Vitaliano Galiani; ein würdiges Grabmal für Virgilius, ein Pracht=
bau für Torquato Tasso in Sorrento kam in Vorschlag u. dgl. m.
Um das gemeine Volk auch von der religiösen Seite zu packen mußte
ein Michelagnolo Ciccone das Evangelium in die neapolitanische Mund=
art übersetzen, während ein Priester Benoni am Fuße des Freiheits=
baumes christliche Brüderlichkeit und Gleichheit predigte, Christus und
die Heiligen als Demokraten, den König und dessen Anhänger als
Abtrünnige und Verfluchte hinstellte, und der Erzbischof von Neapel
Cardinal Zurlo=Capece seinen Mitbruder Ruffo als einen Bösewicht
Betrüger Feind Gottes und der Menschen feierlich in Bann that.
Selbst der Himmel war mit den Republicanern im Bunde! Denn als
sie, dem Volke ihre gerechte Sache auf das unwiderleglichste zu be=
weisen, das Wunder von San Gennaro anriefen, da währte es
keine zwei Minuten und das Blut floß so daß alles Volk rief: „Ja,
der Heilige ist mit uns!"

Zwar blieben unter diesen Spielereien und Ueberschwänglichkeiten militairische Vorkehrungen keineswegs vergessen. Zwei der angesehensten und schönsten Damen von Neapel, die Herzoginen von Cassano und von Popoli, gingen von Haus zu Haus der wohlhabenderen Einwohner um Gold und Silber, gemünzt oder als Geschmeide, einzusammeln, und der Ertrag war so groß daß drei Legionen von Veteranen auf die Beine gebracht wurden. Dazu die städtische Garde die fleißig in den Waffen geübt wurde, ein berittenes Corps 2c. Endlich eine Schaar verzweifelter Calabresen die, als Anhänger des neuen Regiments, vor den anschwellenden Haufen Ruffo's sich in die Hauptstadt geflüchtet hatten und die jetzt lieber im Kampfe unterliegen als für das Schwert des Henkers aufgespart sein wollten; einem Theile dieser „calabrischen Legion" vertraute der Kriegs-Minister Mantoné, ehemaliger Artillerie-Major, das Castell von Vigliena an, den andern ließ er in der Stadt. Allein was vermochte dies alles gegen das durch Engländer und Russen, Albanesen und Türken verstärkte Heer des Cardinals? Die drei Veteranen-Legionen unter ihren Führern zogen in's Feld hinaus: Schipani der gegen Sciarpa, Belpuzzi der gegen Ruffo kämpfen sollte, waren nach argen Schlappen und Verlusten bald in Neapel wieder zurück, Ettore di Ruvo mußte gegen Proni hinter den Mauern von Pescara Schutz suchen. Nun forderte Mantoné selbst das Kriegsglück heraus und zog mit großem und ergreifenden Schaugepräge an der Spitze aller verfügbaren Schaaren aus den Thoren der Stadt. Sein Unternehmen hatte einen kläglichen Ausgang. Ein großer Theil seiner Leute wurde aufgerieben oder zerstreut, die Cavalerie ritt geraden Weges zu den Königlichen hinüber die eben an dieser Truppengattung Mangel litten. Jetzt erschien Ruffo in der Nähe von Portici. Das Fort von Vigliena das an seinem Wege lag leistete verzweifelten Widerstand. Bald waren an mehreren Stellen Breschen geschossen und hinein ergossen sich die erbitterten Haufen der Angreifenden, als im entscheidenden Augenblicke der Commandant Antonio Toscana, ein junger Priester aus Cosenza, Feuer in das Pulver-Magazin warf, das mit einem furchtbaren Getöse in die Luft flog, Freund und Feind unter seinen Trümmern begrabend,

11. Juni [1]). In Neapel herrschte das Martial=Gesetz. Obrist Mégeant, den Macdonald mit einer kleinen Besatzung in San=Elmo zurück=gelassen hatte, drohte die Stadt zu bombardiren wenn sich die ge=ringste Bewegung für die Königlichen zeige. Ein Directorium das die oberste Gewalt in seine Hand nahm erklärte das Vaterland in Gefahr, drohte jedem mit Niederschießen der sich während des Kampfes un=bewaffnet in den Straßen blicken ließe. Zwei deutsche Kaufleute, Bacher mit Namen, des Einverständnisses mit den San=Fedisten be=schuldigt, ein älterer Bruder des Cardinals, dann Verwandte solcher von denen man wußte daß sie in Ruffo's Heere standen, im Ganzen bei 300 Köpfe, wurden festgenommen und als Geiseln in die von den Republicanern besetzten Forts Nuovo und dell' Uovo gebracht.

Die Königlichen waren bereits in unmittelbarer Nähe der Haupt=stadt. Der Cardinal=General wählte den Stadttheil der Brücke della Maddalena und den Tag des heil. Antonius von Padua, 13. Juni, zum Hauptangriff aus, während einzelne Abtheilungen nach andern Punkten entsendet wurden, mehr um Hilfeleistung von außen, besonders von Capua abzuhalten als um selbst angriffsweise vorzugehen. Am frühen Morgen wurde im Lager ein Altar errichtet, eine kurze Feld=messe abgehalten; sodann ließ der priesterliche Feldherr sein Pferd vorführen das er, in schimmernden Purpur angethan, bestieg, zog seinen Degen und gab das Zeichen zum Aufbruch. In der Stadt erhielt General Wirtz, Schweizer von Geburt und früher in königlichen Diensten, den Oberbefehl über die republicanischen Truppen die dem Cardinal entgegengeschickt wurden. Von der See hatte Fürst Francesco Caracciolo, der tüchtigste Marineur Neapels der vom Hofe zu Palermo zu den Republicanern übergangen war

---

[1]) So wird der Vorfall von allen neapolitanischen Chronisten und Geschichtschreibern erzählt. Aber wenn alles was dabei war in die Luft flog, wer blieb übrig Zeugenschaft von dem Vorfalle abzulegen?! Pepe I S. 53 beruft sich auf einen gewissen Fabiani der, „accortosi del disegno del Toscana", sich noch rechtzeitig in's Meer geworfen und durch Schwimmen nach Neapel gerettet habe. Allein auch das klingt sehr unwahrscheinlich.

und über eine Anzahl Kanonenboote und kleinere Fahrzeuge verfügte, die Unternehmung der Städtischen zu unterstützen. Als diese am Morgen auszogen ließ der Commandirende den einen der Gebrüder Bacher und vier Lazzaroni herausführen und auf offenem Platze erschießen. Die beiderseitigen Streitkräfte waren bald aneinander gerathen, der mit großer Erbitterung geführte Kampf wüthete den ganzen Tag, bis zuletzt General Wirtz todt zu Boden stürzte, ein schwerer Verlust für die Republicaner. Aber auch die San-Fedisten hatten schwere Einbußen erlitten und wurden abends vom Cardinal in ihre früheren Stellungen zurückgeführt.

Im Süden der Stadt stand von den Republicanern noch Schipani mit beiläufig 2000 Mann zwischen Castellamare und Torre dell' Annunziata von wo, weil der Weg über Land bereits verlegt war, der Admiral Caracciolo zur See die Verbindung mit Neapel aufrecht hielt. Mit Tagesgrauen am 14. Juni setzte sich Schipani in Marsch um der bedrängten Hauptstadt Hilfe zu bringen. Ihm hatte der Cardinal eine größere Abtheilung, darunter Panedigrano mit seinen Calabresen, entgegengestellt; Russen und Türken waren im Vorder-treffen. Auf diese stieß Schipani herwärts von Torre del Greco, drängte sie bis Resina zurück und hatte schon den königlichen Palast von Portici in Sicht, als sich sein Angriff an der bedeutenden Ueber-zahl der Königlichen brach. Dazu kam Verrätherei in den Reihen der Seinen von denen ein Theil zu den San-Fedisten überging; die Andern wurden niedergemacht oder versprengt. Auch ihr tapferer Führer fand nach den Einen den Tod auf dem Felde der Ehre, während Andere behaupten er sei der Gefahr entronnen, aber später gefangen und auf die Insel Procida gebracht worden wo der fürchter-liche Speziale mit ihm kurzen Proceß machte. Gegen Neapel hatte Ruffo am 14. seine Angriffe fortgesetzt und mit jeder Stunde mehr Boden gewonnen. Denn in der Stadt selbst war der Kampf zwischen Königlichen und Republicanern entbrannt; schon hatten sich die Laz-zaroni mit dem Rufe „Viva il Re!" erhoben um den Truppen Ruffo's die Hand zu bieten. Mégeant der sie von den Wällen seines Forts zu paaren treiben konnte, schien um den Ausgang besorgt zu

werden und verhielt sich ruhig. Am 15. war schon der größte Theil
von Neapel im Besitze der Königlichen.

Was nun in der unglücklichen Stadt vorging spottet jeder Beschreibung. Denn die Sieger, durch den langen Kampf, durch den
hartnäckigen Widerstand, durch die großen Verluste der Ihrigen auf's
äußerste gereizt, machten nieder was ihnen in den Wurf kam und
fügten zu dem Gemetzel jeden Canibalismus, alle Schandbarkeiten
deren Schauplatz ein mit stürmender Hand genommener Ort zu sein
pflegt. An einzelnen Punkten wurden große Scheiterhaufen errichtet
in welche man lebende Gefangene hineinwarf: es soll Wütheriche
gegeben haben die sich rühmten gebratenes Menschenfleisch gekostet zu
haben! An einer Straßenecke wo der Garkoch seinen siedenden Oel-
kessel hatte, wollte sich ein Mann einen Imbiß kaufen; als Republicaner erkannt oder für einen solchen gehalten, wurde er von der Menge
umringt und ihm der Kopf so lang in das wallende Oel getaucht bis
er hin war; „und sie aßen wieder", will uns ein Zeitgenosse glauben
machen, „aus dem schrecklichen Kessel" [1]). In den Straßen war
Menschenjagd, während ein Theil der Siegestollen in die Häuser drang
und, wo sich etwas verdächtiges fand: ein Strick oder eine Schnur —
es hatte sich das Gerücht verbreitet die Republicaner hätten geschworen
wenn sie gewännen alle Lazzaroni aufzuknüpfen —, alles erbarmungslos
niedergemacht. Herzzerreißend war es einen Trupp Gefangener zu
sehen, Männer und Weiber von allen Ständen und Altersstufen,
ihrer Kleider fast entblößt, einzelne in blutigem Hemd, auf ihrem
Leidenszuge von Unmenschen angefallen, mit Steinen beworfen, miß-
handelt, so daß mehr als einer schwer getroffen oder todt am Wege
liegen blieb!

Zwei Tage schon währten die Gräuel. Noch hielten sich die Forts;
ja die Besatzung derselben wagte einen nächtlichen Ausfall, 18./19. Juni,
der die Gegner so vollständig überraschte daß Ruffo daran dachte
die kaum eroberte Stadt zu räumen, als sich die Republicaner, ihre
Schwäche erkennend, wieder zurückzogen. Am 19. erließ Ruffo, um

---

[1]) Rehfues I S. 100 f.

der Zügellosigkeit ein Ende zu machen, eine Proclamation worin er allgemeine Amnestie verhieß. Allein dadurch brachte er die Lazzaroni der Hauptstadt und das Raubgesindel das sich ihnen anschloß gegen sich selbst auf. Sie schrien durch die Straßen der Cardinal sei Jacobiner geworden, man müsse sich ein anderes Haupt wählen. Wer von Patrioten oder von solchen die sie dafür hielten in ihre Hände fiel, den erschossen sie oder schleppten ihn zum Hafen und überlieferten ihn den britischen Schiffen wo sie aufgehängt oder im Meer ersäuft wurden. Viele von den Verfolgten warfen sich in Frauenkleider oder verkrochen sich in die Kloaken bis sie, von Hunger getrieben, doch wieder an's Licht mußten und von Auflauerern gefaßt wurden die es ihnen ersparten sich um weitere Nahrung zu kümmern. Wem es nicht an's Leben ging der wurde eingefangen, was die Kerker bald derart überfüllte daß die Gefangenen zum ersticken zusammengepfercht waren, wobei man sie Tage lang ohne Nahrung, ohne einen Tropfen Wasser ließ so daß viele meinten man wolle ihnen das entsetzliche Schicksal des Grafen Ugolino und seiner beiden Söhne bereiten. Einzelne waren vom Uebermaß des Schreckens daran den Verstand zu verlieren und begannen irre zu reden. Nicht einmal ihres Lebens waren sie in dem Gewahrsam sicher weil ihre Bezwinger bei dem geringsten Widerspruch oder rauhen Wort von der scharfen Waffe Gebrauch machten, oder die außen stehenden Wachposten in grausamem Uebermuth Kugeln hineinschossen die, von den Wänden abprallend, Einzelne verwundeten, ja tödteten [1]).

---

[1]) Als Augenzeuge und Mitleidender beschreibt diese Gräuel-Scenen Pepe I S. 57—62, 70 f., wo er wiederholt von solchen spricht die allen Anzuges entblößt waren: „gli altri del tutto ignudi", „taluni eran nudi affatto". Merkwürdig ist die Bemerkung S. 62: „Non debbo qui preterir di notare che i patimenti da noi sofferti e la nudità in cui eravamo, anziche nuocere, giovaron molto alle nostre ferite che a poco a poco guarirono". Einen Theil seiner Gesellschaft in den „Granili", den öffentlichen Schüttböden die man für diesen Zweck ausgeräumt hatte, schildert er S. 59: „Oltre il mio Vincenzo Russo con cui strinsi tosto amicizia, eranvi pure il marchese Berio chiaro per dottrina, l'abate Marino Guarano professore primario di giurisprudenza nell' università degli studj, e il venerando Jerocades che vorrei chiamar mio come il Russo, perchè in ambedue io ammirava, più che il sapere, l'imperterrita costanza.

Endlich kam durch Vermittlung Mégeant's, mit dem sich der Cardinal in Verbindung setzte, eine Capitulation zustande: die von den Patrioten besetzten Forts Nuovo und dell' Uovo sollten mit allem Kriegs-Material dem Könige zurückgegeben, dagegen der Mannschaft freier Auszug und Abfahrt in einen französischen Hafen gewährt, allen Zurückbleibenden vollkommene Sicherheit an Leib und Gut verbürgt, niemand wegen der vorangegangenen Ereignisse in irgend einer Weise zur Verantwortung gezogen werden; unter denselben Bedingungen sollte auch Ettore di Ruvo die Festung Pescara an Proni übergeben, 23. Juni. Der rechtsförmlich geschlossene Vertrag war unterschrieben: vom Cardinal und von Micheroux für den König welcher erstern mit den Vollmachten eines General-Vicars ausgestattet hatte, vom Commodore Foote im Namen Englands, von einem russischen und einem türkischen Officier, dann von Mégeant und Oronzio Massa für die Unterliegenden. Da lief Nelson in den Hafen ein; mit ihm befanden sich Lord und Lady Hamilton; ein kleines sicilisches Geschwader hatte Ferdinand IV. und Acton an Bord. Der britische Admiral erklärte den mit den Aufständischen geschlossenen Vertrag für wirkungslos so lang er nicht vom König bestätigt sei; selbst als der Cardinal, dem es um sein unter Garantie der verbündeten Mächte verpfändetes Wort zu thun war, auf dem Admirals-Schiffe persönlich erschien, war Nelson zu keinem andern Entschlusse zu bringen. Vielmehr ordnete er die Gefangennahme derjenigen an denen die Capitulation freien Abzug verheißen hatte, ließ sie zu zweien aneinandergekettet auf seine Schiffe bringen und künftiger Justiz vorbehalten [1].

V'erano parecchi monaci celestini di San Pietro a Maiella, fra quali il padre Carafa, molti uomini di lettere, e finalmente molti pazzi dell' ospedale degl' Incurabili, presi confusamente co' loro custodi". Das Hospital war nämlich, weil aus demselben von einigen Eindringlingen Schüsse auf die Königlichen gefallen waren, erstürmt worden. Einer der armen Narren, der in seiner Tollheit den wachthabenden Officier maulschellirt hatte, wurde von diesem ohne Erbarmen mit einem Säbelhieb todt zu Boden gestreckt.

[1] S. das Schreiben W. Hamilton's vom 24. Juni an Ruffo der es später mittels Steindruckes facsimiliren ließ, wovon Pepe I S. 68 f. ein Exemplar in seinen Händen gehabt haben will ... Begreiflicherweise befindet sich der

Am 5. Juli übergab Mégeant unter ehrenvollen Bedingungen für die französische Besatzung die Veste San-Elmo. Bald darauf capitulirten die schwachen Besatzungen von Capua und Gaëta, und das ganze Königreich befand sich wieder in der Gewalt seines recht=mäßigen Herrschers der einige Tage später am Bord des „Fulminante" nach Palermo zurücksegelte [1]). Dort wurde Nelson auf das überschwäng=lichste gefeiert. In einem eigens für diesen Anlaß errichteten Ruhmes=tempel setzte ihm der junge Prinz Leopold eine Lorbeerkrone auf's Haupt; der König beschenkte ihn mit einem prachtvollen Degen und ernannte ihn zum Herzog von Bronte. Auch Cardinal Ruffo empfing reiche Belohnung; doch seine Vollmachten wurden ihm entzogen, denn es wurde ihm verübelt daß er für die capitulirenden Insurgenten gesprochen. Die Partei die jetzt das große Wort führte — und Lady Hamilton, ein eitles rachsüchtiges in jeder Richtung leidenschaftliches Weib, hatte nicht die letzte Stimme in diesem Rathe — faßte als

---

Engländer, dem sein Horatio Nelson höher steht als irgend ein anderes sterbliches Wesen, diesem weder hinwegzuläugnenden noch zu beschönigenden Abschnitt in dessen Leben gegenüber in einiger Verlegenheit: „and the greatest naval hero that either England or any other country ever produced was, unaccountable fatality, persuaded to annul the capitulation. I say persuaded, for I will never be brought to believe for an instant that the magnanimous human and enlightened Lord Nelson would have committed such an act, if the officious and insidious agency of those around him had not been most improperly exerted"; Blaquiere Lettres from the Mediterranean I S. 505.

[1]) Daher ist es unrichtig was von vielen Schriftstellern behauptet wird, und was nach diesen ich selbst in meinen „Rastadter Gesandtenmord" S. 150 auf=genommen habe, daß Ferdinand und Karolina im Juli 1799 in den Gewässern von Neapel erschienen seien, oder gar daß sie von da an ihr Hoflager von Palermo nach Neapel übertragen hätten. — Vom 8. Juli „dalla Regale Squadra" datirt ein Schreiben des Königs „ai suoi fideli amati e cari popoli della Capitale e del Regno di Napoli", dessen bezeichnendste Stelle lautet: „Io sono venuto, miei cari Sudditi, che amo colla più viva Paterna tenerezza, per far cessare l'anarchia, proteggere i buoni ed assicurarli dagl' insulti e delle insidie de' malvagi ribelli, co' quali non ho mai voluto che si capitolasse, sempre avendo prescritto che ad·essi altro rifugio non rimanesse, se non quello della Mia Clemenza, che soltanto potevano e dovevano implorare". Das Schreiben wurde von dem königl. Buchdrucker Domenico Sangiacomo auf=gelegt und als Königliche Proclamation verbreitet.

nächstes Ziel nur eins in's Auge: Strafe an den Schuldigen, den
Abtrünnigen, den Hochverräthern an Krone und Reich, und zwar
exemplarische Strafe. Eine Staats-Giunta wurde in der Hauptstadt
eingesetzt: Guidobaldi und Antonio la Rossa mit drei Sicilianern
bildeten sie: Damiani Sambuti und der berüchtigte Speziale, der
schon auf der Insel Procida die Fortschritte Ruffo's mit seinem un-
erbittlichen Henkeramte begleitet hatte. Bald hatte man in der Hauptstadt allein bei dreitausend Verhaftete. Es war da jede Classe, jedes
Alter und Geschlecht vertreten; Blödsinnige die keines bösen Vorsatzes
fähig waren, junge Leute von zwölf bis fünfzehn Jahre; ja das sechs-
jährige Töchterlein eines gewissen Gonzales, wenn wir in diesem
Punkte einem allerdings stark verdächtigen Zeugen trauen dürfen [1]),
saß ein halbes Jahr in Haft. Die Gränzen des Verschuldens waren
auf das weiteste hinausgerückt: jeder der bei der Zwischenregierung
ein höheres Amt bekleidet; jeder der noch vor Ankunft der Franzosen
mit ihnen im Bunde gewesen, der ihnen in die Hände gearbeitet, der
bei der Einnahme der Stadt durch Championnet von den Forts auf
die Lazzaroni hinabgefeuert; jeder der dasselbe bei dem Einmarsch des
Cardinals Ruffo gethan oder sonst mit bewaffneter Hand sich ihm
entgegengestellt; jeder der der Aufrichtung des Freiheitsbaumes an
Stelle der niedergerissenen Statue Karl III. oder dem Feste der
Zerreissung des königlichen Banners beigewohnt hatte ꝛc. Daß
ein Schneider verurtheilt worden weil er den Franzosen Uniformen
genäht, ein Notar weil er sein Amt von dem er lebte fortbetrieben
hatte, gehört wohl zu den Uebertreibungen. Doch wer sich sonst unter
der gestürzten Regierung hatte verwenden lassen war dem Richter-
amte der Staats-Giunta verfallen, so daß sich die Armen am Geiste
glücklich priesen und Gott für ihre Unwissenheit dankten die sie davor
bewahrt hatte ein Amt anzunehmen [2]). Wo man von irgend einer

---

[1]) (Cuoco) Saggio storico III S. 3—59 in dem Capitel: „Persecuzione
de' repubblicani“.

[2]) . . . „Les honnêtes gens, opprimés par la terreur, remerciaient Dieu
de leur ignorance qui les avait préservés des emplois publics.“ B. N***
Mémoires S. 223.

ausgesuchten Grausamkeit hörte stieß man auf den Namen Speziale.
Ein gewisser Battistessa, wurde erzählt, sei noch warm vom Galgen
herabgenommen worden, er lebte noch als man ihn in die Erde
scharren wollte: „Was sollen wir mit ihm anfangen?" „Macht ihm
den Garaus!" habe Speziale befohlen. „Mein Sohn ist unschuldig",
habe eine trostlose Mutter schluchzend betheuert, worauf jener: „Nun
wenn das wahr ist, dann werden wir ihm die Ehre anthun ihn zu
allerletzt aus der Haft zu lassen". Speziale habe sich nicht gescheut
unter der Maske der Freundschaft Bekenntnisse herauszulocken die er
dann als Beweismittel für die Schuld seines Opfers benützte; so bei
Nicola Fiani, bei dem edlen und gelehrten Francesco Conforti der
durch ein langes thatenreiches Leben der Regierung früher große
Dienste geleistet. Auch andere Personen von Auszeichnung büßten ihre
zeitweilige Verirrung mit schimpflichem Tode: der berühmte, seiner
Zeit viel geehrte Mario Pagano, Verfasser der „Saggi politici",
der „Logica de' probabili" wovon er Anwendung auf zweifelhafte
Punkte des Strafrechtes machte, auch Dichter [1]); Domenico Cirillo,
den Nelson und die Hamilton, weil er ihnen in besseren Tagen als
Arzt beigestanden, retten wollten wenn er um Gnade bäte was er
jedoch ablehnte; Pasquale Baffi; der republicanische Kriegs=Minister
Mantoné, die von einem Metastasio gepriesene Schriftstellerin Eleonora
Fonseca, der tapfere Ettore di Ruvo. Der Meister der lieblichen Klänge,
der Compositeur des durch die ganze musikalische Welt gefeierten
„Matrimonio segreto" Domenico Cimarosa, hatte sich herbeigelassen
den republicanischen Hymnus eines Luigi Rossi in Musik zu setzen;
bei der Wiedereroberung von Neapel in seiner Wohnung überfallen,
wobei die rohen Sieger sein Clavier zum Fenster hinauswarfen, und
vor Gericht gestellt sah er seiner Verurtheilung entgegen als er durch
Einschreiten der Russen in Freiheit gesetzt wurde; doch starb er,
wohl an den Folgen viermonatlicher Haft, kaum ein Jahr später,

---

[1]) Einen schönen Nachruf weihte ihm Amaury Duval in den Zusätzen zu
Orlov II S. 385 f. Duval hatte in jungen Jahren Pagani's „Saggi" in's
Französische zu übersetzen angefangen; als er dessen grausames Schicksal erfuhr
unterließ er die Fortsetzung.

11. Januar 1801 in Venedig wohin er zur Aufführung einer Oper
berufen worden war. Auch zwei Schilderer dieser schreckensvollen Zeit
entgingen mit genauer Noth ihrem Verhängnisse: Vincenzo Cuoco,
geboren 1771 zu Campomarano, der nach Frankreich entkam, und
Pietro Colletta, früher in der Armee des Königs, der auf Grund
eines Krankheitszeugnisses das ihm ein befreundeter Arzt ausstellte auf
freien Fuß gesetzt, doch aus der Armee gestoßen wurde, worauf er sich
als Civil-Ingenieur fortzubringen suchte.

Wohl das meiste Aufsehen machte das Ende des Admirals
Caracciolo, sowohl wegen der Bedeutung des Mannes als auch
wegen der Grausamkeit seiner Todesart. Früher bei Hof gern gelitten,
selbst noch in der letzten Zeit — „täglich hat er in Palermo meine
Thränen gesehen", schrieb die Königin nach Wien, die übrigens um
diese Zeit von dem Schicksal des Admirals nichts gewußt zu haben
scheint —, war er eines der thätigsten Werkzeuge der republicanischen
Partei geworden, hatte sich dann nach dem Siege der königlichen
Waffen verborgen gehalten, war aber aus seinem Versteck hervorgezogen worden. Vor ein Kriegsgericht gestellt welchem Graf Thurn
vorsaß, behauptete er im Dienste der Republik nur dem Zwang gehorcht
zu haben; da er aber seine Aussage nicht beweisen konnte traf ihn
das Urtheil. Und nicht den Tod des Soldaten, wie er sich's verlangte,
sollte er sterben; an der Segelstange der „Minerva", der neapolitanischen Fregatte die er commandirt hatte, wurde er aufgeknüpft,
sodann sein Leib dem Hai zur Speise in's Meer geworfen. Der
Unglückliche, hieß es, habe die Fürbitte der Geliebten Nelson's anrufen
wollen, doch sie sei nicht zu finden gewesen; Andere wollen sogar, sie
habe dem grausamen Schauspiele vom Admiralschiffe Nelson's und
an dessen Seite zugeschaut.

Bis zum 30. Mai 1800, dem Ferdinandstage wo von Palermo
ein Act der Gnade kam, berechnete man es auf 4000 Menschenleben
die im ganzen Königreiche theils durch Henkershand — in der Hauptstadt allein 110 — theils als Opfer der Volkswuth verloren gegangen
waren. Auf weitere 4000 schätzte man die Zahl jener die zu Kerker-
strafen, zu Festungshaft, zu knechtischen Arbeiten auf der Galeere

verurtheilt oder, als die gelindeste Strafe, in gewisse Aufsichtsorte, in
Klöster confinirt, oder endlich für Lebenszeit verbannt wurden. Letztere
brachte man zumeist nach Frankreich wo Einzelne, besonders Aerzte
und Priester, bald einen anständigen Lebensunterhalt fanden, Andere
in die „italienische Legion" eintraten die sich damals unter General
Giu. Lecchi für den französischen Feldzug in Ober= und Mittel=
Italien bildete, während ein großer Theil auf Unterstützung aus den
öffentlichen Geldern der Republik angewiesen war die schwer genug
daran zu tragen hatte [1]).

*   *   *

Während dieser traurigen Ereignisse hatte der Krieg nach außen,
und Neapels zeitweilige Betheiligung daran nicht aufgehört. Zur selben
Zeit da der Kampf um die Hauptstadt der parthenopäischen Republik
wüthete hatte nördlich vom Apennin eine Reihe der entscheidendsten
Siege der Verbündeten begonnen. Vom 2. bis 4. Juni 1799 hatte
Erzherzog Karl bei Zürich die Franzosen unter Massena so hart
bedrängt daß sie durch zwei Monate an keine Erneuerung der Feind=
seligkeiten dachten. In Ober=Italien war am 21. Juli Alessandria
von dem österreichischen General Bellegarde, am 28. das noch wich=
tigere Mantua von Kray genommen, am 15. August waren Joubert
und Moreau von den Austro=Russen unter Kray und Suvorov bei Novi
auf's Haupt geschlagen worden; der Fall von Tortona, 23. August,
war die nächste Frucht dieses Sieges gewesen. Schon waren gegen
Rom, das General Garnier besetzt hielt, britische russische und tür=
kische Truppen mit einer Abtheilung Neapolitaner unter Marchese
Rodio und General Burkhard im Anmarsch; das ganze Land war mit
ihnen im Bunde, überall erhoben sich Aufstände. Garnier rückte den

---

[1]) „I proscritti italiani, al dire del generale Carnot, erano costati alla
Francia quanto sarebbe stato bastevole a mantenere un esercito; ma si dee
por mente però che una gran parte delle somme ad essi destinate vennero
dilapidate da coloro che doveano distribuirle, e che quindi coloro che se ne
arrichiarono eran Francesi"; Pepe I S. 99. Der Verfasser war einer von
jenen die sich für die „italienische Legion" anwerben ließen, was als der Aus=
gangspunkt seiner militairischen Laufbahn anzusehen ist.

neapolitanischen Coalirten entgegen und schlug sie zurück; als aber
General Fröhlich mit den Oesterreichern kam fand es jener gerathen
die ewige Stadt zu räumen, 29. September. Nur in der Schweiz
hatte sich das Kriegsglück gewandt. Während Suvorov's kühnem
Marsch über den St. Gotthart waren der tapfere Hotze und der
russische General Korsakov, der dummstolz geprahlt hatte: „Wo man
ein Bataillon Oesterreicher braucht thut es eine Compagnie Russen",
von Massena bei Zürich geschlagen worden und Hotze auf dem Felde
der Ehre geblieben, 24. bis 26. September; als Suvorov zur Stelle
kam konnte er nur die Trümmer des Korsakov'schen Corps an sich
ziehen und mußte die Schweiz räumen. In Italien dagegen gewannen
die Verbündeten immer mehr Boden. Am 4. und 5. November wurde
Championnet von den Oesterreichern unter Melas bei Savigliano und
Fossano geschlagen, am 29. Ancona von Monnier an die Austro-Russen
unter General Fröhlich übergeben und capitulirte am 3. December die
Besatzung von Coni, so daß ganz Italien mit Ausnahme des Gebietes
von Genua den kaum ein Jahr früher so siegreichen Franzosen entrissen war.

Mittlerweile war Buonaparte von seinem abenteuerlichen Zuge
nach Aegypten zurückgekehrt, der in Paris das Directorium, die Räthe
der Alten und der Fünfhundert sprengte, 9. November (18. Brumaire),
und Frankreich eine neue Regierung gab an deren Spitze er als Erster
Consul gestellt wurde. Für die französische Sache in Aegypten und
im mittelländischen Meere war sein Scheiden freilich verhängnisvoll.
Am 21. März 1800 kam zwischen Rußland und der Türkei ein Abkommen zustande laut dessen die jonischen Inseln unter der Oberhoheit
der letztern und dem Schutzrechte des erstern einen Freistaat nach Art
der Republik Ragusa bilden, die beiden Mächte aber das Recht haben
sollten in Kriegsfällen Besatzung in die festen Plätze der Inseln zu
werfen. In Aegypten hielt sich General Kleber, den Buonaparte mit
dem Oberbefehl betraut hatte, umsichtig und tapfer; als er aber im
Frühjahr 1800 durch Meuchlerhand fiel und der Oberbefehl an den
General Menou überging gewannen von der einen Seite die Briten,
von der andern die Otomanen mehr und mehr Boden. Zahlreiche

Franzosen, die einzeln oder truppweise aus Africa heimkehrten und ihren Weg durch Italien nahmen, wurden auf neapolitanischem Gebiete angefallen und getödtet oder von Regierungswegen aufgegriffen und in Haft gesetzt; letzteres geschah unter andern dem berühmten Dolomieu der seinen ägyptischen Forschungseifer in den Kerkern von Messina abbüßen mußte. Auch auf dem italienischen Kriegsschauplatze schien das Glück den Verbündeten treu bleiben zu wollen als im wieder eröff=neten Feldzug Melas, die österreichischen Siege des vorigen Jahres verfolgend, Massena in den Mauern von Genua einschloß das er von Ott belagern ließ, 18. bis 21. April, Nizza besetzte, den fran=zösischen General Suchet über den Var zurückdrängte, 12. Mai, und einen Einmarsch in das südöstliche Frankreich vorbereitete. Da ging Buonaparte gegen alle Berechnung seines Gegners über den Großen Bernhard, 16. bis 28. Mai, und zog an den Oesterreichern vorbei siegreich in Mailand ein wo die cisalpinische Republik wiederhergestellt wurde. Zwar feierten die kaiserlichen Waffen noch einen letzten Triumph als Massena nach einer mit rücksichtsloser Härte ausgestandenen Be=lagerung Genua zuletzt doch an Ott überlassen mußte, 4. Juni; aber die entscheidende Schlacht von Marengo, 14. Juni, eine der glän=zendsten Waffenthaten Buonaparte's, stellte mit einemmale wieder her was Frankreich binnen Jahresfrist in Ober=Italien eingebüßt hatte: Piemont und das kaum gewonnene ligurische Gebiet, die Lombardei mit Mantua waren verloren für die Oesterreicher die Melas hinter den Mincio zurückführte.

Schon zu Anfang des Jahres 1800 hatte sich der launenhafte Kaiser Paul von der Coalition zurückgezogen, was den Hof von Neapel in große Sorgen versetzte; denn die Russen waren es denen man hier nicht blos die ausgibigste sondern, wie man nicht ohne Grund meinte, auch die uneigennützigste Hilfe zu danken hatte. Um dieselbe Zeit wurde Horatio Nelson, der in den nördlichen Gewässern zu thun bekam, aus dem mittelländischen Meere und der britische Gesandte Hamilton von seinem Posten abberufen, die beiden vertrauten Freunde des neapolitanischen Hofes und aufrichtigen Vertreter seiner Interessen. Unter solchen Umständen entschloß sich Königin Karolina in Begleitung

ihrer vier jüngsten Kinder nach Wien zu gehen, theils um einem
Herzensdrange zu genügen: nach langem Fernsein ihre geliebte Theresia
wieder zu sehen, „die theure Mutter und all ihre liebenswürdigen
Kinder" an ihr Herz zu drücken; aber gewiß eben so sehr aus politi=
schen Gründen: am kaiserlichen Hofe und durch diesen bei den be=
freundeten Cabineten für Ausdauer im Kampfe wider den gemeinsamen
Feind zu wirken.   Das Vorhaben ihrer Reise wurde um Mitte Mai
1800 in Wien bekannt und der kaiserliche Minister des Aeußern war
darüber nichts weniger als erfreut. Thugut glaubte damals den Zeit=
punkt gekommen mit Frankreich einen dauernden Frieden zu schließen,
und die Ankunft einer Fürstin, deren Waffen eben erst dem franzö=
sischen Namen und Ruhme so empfindliche Wunden geschlagen, konnte
alles verderben.   Auch war er Karolinen von früher her nicht hold.
„Sie sei die eingefleischte Neugierde und Tactlosigkeit", hatte er schon
1795 an Colloredo geschrieben, „die sich in die Politik, in alles kleine
wie große mische; jede Kammerfrau werde ihr zu einem Fraubasen=
gespräch herhalten müssen, was sie dann mit der größten Unvorsich=
tigkeit und mit Berufung auf die Autorität des Kaisers weiter tragen
werde".   Er versuchte bei seinem Monarchen alles mögliche um durch
diesen die Königin von ihrem Entschlusse abzubringen, aus dessen Aus=
führung „sicherlich für die Angelegenheit Sr. Majestät mehr Anstände
erwachsen könnten als aus einer verlornen Schlacht"[1]). Allein wenn
es unter allen Umständen schwer war einer Mutter und Schwieger=
mutter eine Botschaft solchen Charakters zu senden, würde sich die
energische Fürstin kaum dadurch haben abhalten lassen nach Wien zu
kommen.   Auch befand sie sich bereits auf dem Wege dahin.   Am
5. Juni ging sie in Palermo unter Segel, um den 15. war sie in
Livorno wo sie Nachrichten vom Kriegsschauplatze abwarten wollte; sie
genoß hier die Gastfreundschaft ihres zweiten Schwiegersohnes, des
Großherzogs von Toscana.   Da traf die Nachricht vom Schlage von
Marengo ein, von der Ausbreitung der Franzosen über ganz Ober=

---

[1]) Thugut an Colloredo 17. Mai 1800, Vivenot Briefe Thugut's II
S. 218; vgl. ebenda I S. 235.

Italien, von der feindlichen Besetzung von Sarzana auf der einen, von Bologna auf der andern Seite. Karolina war unschlüssig ob sie umkehren oder weiter reisen sollte, schiffte sich wirklich am 9. Juli auf einem nach Messina bestimmten Schiffe ein, änderte aber doch wieder ihren Entschluß und ging nach Florenz, 12. Juli, von wo ihr der Großherzog eine berittene Escorte bis an die Gränze seiner Staaten gab. Am 18. war sie in Foligno, wandte sich dann nach Ancona, segelte am 1. August am Bord der russischen Fregatte „Navarsky" nach Triest ab und traf daselbst am folgenden Tage ein. Durch Unwohlsein aufgehalten brach sie erst am 10. nach Wien auf und war etwa acht Tage später in Schönbrunn, das ihr Kaiser Franz als Aufenthalt einräumte während er selbst sich mit seiner Familie nach Baden zog. Man besuchte sich gegenseitig, noch öfter waren die Kinder beisammen. Im übrigen schien der kaiserliche Hof aus Gründen der Politik, die Thugut nicht müde ward ihm vorzuhalten, vertrau= licheren Verkehr mit der Königin von Neapel vermeiden, mindestens keinen Anlaß geben zu wollen daß man in diplomatischen Kreisen einen solchen voraussetze.

Auf dem Kriegsschauplatze errangen die Verbündeten noch einige Erfolge, besonders im südlichen und mittlern Italien. Pius VI. war in der Gefangenschaft gestorben; am 14. März 1800 war ihm in Pius VII. ein Nachfolger erstanden der unter dem Schutze Neapels am 3. Juli in Rom einzog und, mit manchen Verbesserungen und Ertheilung einer allgemeinen Amnestie, die alte Ordnung der Dinge wieder herstellte. Auch gegen Malta, das Buonaparte auf seinem Zuge nach Aegypten im Fluge genommen hatte, sandte Neapel zwei Kriegs= schiffe und 2000 Mann die im Verein mit den Engländern, von denen die Insel seit Herbst 1798 blokirt war, den tapfern Vaubois derart bedrängten daß er am 9. September die Felsenveste La Valette übergab. Bald aber wandte sich das Kriegsglück. Die Folgen des Sieges von Marengo machten sich fühlbar. Schon war Toscana vom Feinde bedroht; der kaiserliche General Sommariva räumte Florenz, die Franzosen nahmen Arezzo mit Sturm, 15. bis 19. October, besetzten Livorno. Im December wurde der größere Theil der französischen Truppen wieder aus dem Lande gezogen weil der Oberbefehlshaber Brune sie in der Lombardei brauchte, in Mittel-Italien nur ein geringer Heerestheil unter General Miollis zurückgelassen. Zu Neapel wollte man sich diesen Umstand zunutze machen. Graf Roger Damas rückte mit beiläufig 10000 Mann durch das Römische in Toscana ein und kam bis Siena; aber da warf sich Miollis auf ihn, bahnte sich durch Einschießen der Thore den Weg in die Stadt und stürmte durch diese den Neapolitanern nach die ihr Heil im eiligen Rückzug suchten.

Schon hatte auch Oesterreich auf allen Punkten weichen müssen. Am 3. December 1800 war Erzherzog Johann bei Hohenlinden auf's Haupt geschlagen, am 25. und 26. Bellegarde von Brune hinter die Etsch zurückgedrängt worden; der Waffenstillstand zu Steyr dort, 25. December, jener zu Treviso hier, 16. Januar 1801 setzten dem weitern Vordringen der Franzosen ein Ziel, worauf am 9. Februar zu Luneville der Friede zwischen Oesterreich und Frankreich zustande kam: die cisalpinische und ligurische Republik, erstere bis an die Etsch erweitert, wurden neuerdings anerkannt, Toscana dem Großherzog Ferdinand genommen der dafür in Deutschland entschädigt werden sollte.

Neapel kam jetzt in die äußerste Gefahr. Der König rief in Eile das Corps des Generals Damas zurück, um Stadt und Land gegen die Franzosen zu schützen die unter Joachim Murat längs der Westküste des adriatischen Meeres heranrückten. Fürst Pignatelli-Belmonte wurde nach St.-Petersburg geschickt, wohin die Königin von Schönbrunn aus einen Hilferuf nach dem andern sandte. Beim Ersten Consul stand Kaiser Paul, der durch seinen Rücktritt von der Coalition Frankreich einen so großen Dienst erwiesen, damals hoch in Ehren. Nur aus Rücksicht für Rußland hatte es Buonaparte unterlassen gegen die für Frankreichs Interessen im mittelländischen und adriatischen Meere so nachtheilige Vorkehrung mit den jonischen Inseln Einsprache zu erheben. So war auch jetzt die Sendung des Grafen Lavacev, den der Zar mit der Vermittlerrolle betraute, keine vergebliche. Murat machte an der Gränze von Neapel Halt, am

18. Februar 1801 kam in Foligno seinem Haupt-Quartier ein Waffenstillstand auf dreißig Tage, von Neapels Seite durch Micheroux unterzeichnet, und einen Monat später, 18. März, zu Florenz zwischen Alquier und Marchese Gallo der Friede zustande. Murat erschien persönlich in Neapel wo er vom Kronprinzen Franz im Namen des Königs in auszeichnender Weise empfangen und bei seinem Scheiden mit einem prachtvollen Degen beschenkt wurde.

Die Bedingungen des Friedens waren diesmal bei weitem härter als vor fünf Jahren. Neapel verlor Piombino und seinen Antheil an der Insel Elba. Piombino wurde zu Toscana geschlagen und letzteres als Königreich Hetrurien dem Erbprinzen Ludwig von Parma, Gemahl der spanischen Prinzessin Maria Louise, gegeben der davon am 2. August Besitz ergriff; eine spanische Flotte die sein neues Eigen gegen die Engländer schützen sollte erschien in den Gewässern von Livorno. Die Insel Elba nahm der Erste Consul für Frankreich in Beschlag und theilte sie dem Departement des mittelländischen Meeres zu. Neapel mußte ferner drei seiner in Ancona ausgerüsteten Fregatten an Frankreich überlassen. Es verpflichtete sich, so lang der Krieg dauere, seine Häfen türkischen wie britischen Schiffen zu verschließen. Es versprach alle gefangenen Franzosen, darunter den gelehrten Dolomieu, frei zu geben so wie den verbannten Neapolitanern un- behinderte Rückkehr zu gestatten. Kraft eines geheimen Artikels endlich mußte es 12000 Franzosen, die der Erste Consul scheinbar nach Aegypten·bestimmte, auf dem Gebiete von Otranto Brindisi und Tarent bequartieren nähren kleiden und besolden, bis der allge= meine Friede und besonders der zwischen England und Frankreich geschlossen wäre.

Denn hauptsächlich zwischen diesen beiden Mächten waren die Feindseligkeiten noch nicht eingestellt, und Neapel war es das darunter zu leiden hatte. Die Besetzung seiner südöstlichen Küstenstriche durch die Franzosen war nicht blos eine schimpfliche, sondern auch für das in seinen Finanzen über seine Kräfte hergenommene Land eine überaus drückende Bedingung. Der neue französische Gesandte Alquier trug nicht dazu bei das Verhältnis zu mildern, trat vielmehr stets mit

neuen Ansprüchen hervor. Erst der Marchese Rodio, mit dem Rang
eines Obristen bekleidet, den die Regierung als ihren Vertreter an die
Seite des commandirenden Generals Soult absandte, wußte manches
Misverständnis auszugleichen, manche überspannte Forderung herab=
zustimmen, wozu die Miserfolge, von denen die französischen Waffen
auf dieser Seite des Kriegsschauplatzes, namentlich in Aegypten, der
Reihe nach heimgesucht wurden, das ihrige beitragen mochten. England
setzte 17000 Mann unter Abercromby bei Abukir an's Land; in der
Schlacht bei Ramanieh, 21. März 1801, fiel zwar der tapfere
General, allein die Franzosen wurden mit großem Verluste geschlagen;
am 19. April nahm Hutchinson den wichtigen Platz Rosette. Als jetzt
auch die Türken mit neuen Kräften aus Syrien heranzogen capitulirte
General Belliard in Kairo gegen freien Abzug seiner Garnison nach
Frankreich, 27. Juni; zwei Monate später, 30. August, that das
gleiche der Oberbefehlshaber Menou, worauf der Rest der Fran=
zosen Aegypten verließ. Zur selben Zeit wurde sowohl in der Nord=
see als im mittelländischen Meere mit wechselndem Geschicke, aber
im Durchschnitt mehr zu Ungunsten der Franzosen gekämpft, bis
der Friede von Amiens, 27. März 1802, allem fernern Streit, wie
es damals scheinen konnte, ein Ende machte und den Weltfrieden
herstellte.

Für Neapel wurde dabei die Räumung seines östlichen Küsten=
striches von den französischen Truppen ausbedungen, womit sich aber
diese einigermaßen Zeit ließen.

König Ferdinand hatte diese ganze Zeit sein Hoflager in
Palermo, die Königin mit ihren Kindern weilte noch immer in
Schönbrunn.

Karolina stand in häufigem Verkehr mit dem russischen Gesandten
in Wien Grafen Razumovskij, den sie von Neapel aus kannte wo er
in den achtziger Jahren Gesandter gewesen, und dessen Gemahlin, eine
geborne Gräfin Thun, ihr bald eine liebe Gesellschafterin und Ver=
traute wurde. Auch mit dem Vertreter Frankreichs hatte sie Umgang,
obwohl in anderem Sinne: sah sie in Rußland seit dem letzten Um=

schwung ihren mächtigen Fürsprecher und Beschützer dessen Freundschaft sie pflegte, so erkannte sie in dem Haupte der französischen Republik den übermächtigen Bedränger mit dem sie sich nicht ohne Grund verfeinden durfte. „Ihr General Buonaparte ist ein großer Mann", sagte sie eines Tages zu Champagny; „er hat mir viel Leides zugefügt, aber das hindert mich nicht sein Genie zu bewundern. Indem er bei Ihnen die Ordnung herstellte hat er uns allen einen Dienst erwiesen. Wenn er zur obersten Macht in seinem Reiche gelangte so war es weil er am würdigsten dazu war. Ich stelle ihn alle Tage den Prinzen des kaiserlichen Hauses als Vorbild hin und mahne sie diese außerordentliche Persönlichkeit zu studieren, um von ihr zu lernen wie man Nationen leitet, wie man, Genie und Ruhm zur Seite, ihnen das Joch der Autorität erträglich machen kann" [1]). Mit ihren Wiener Angehörigen stand Karolina um diese Zeit auf etwas gespanntem Fuße. Es blieb zwar der Schein verwandtschaftlicher Liebe und Herzlichkeit gewahrt, aber im Innern war zwischen Mutter und Tochter eine Erkältung eingetreten, durch allerhand Zuträgereien und, wie es scheint, durch einige Unvorsichtigkeiten der Königin herbeigeführt. Karolina hat ihrer Erstgebornen später zarte Vorwürfe darüber gemacht daß sie nicht offener gegen sie gewesen wo sich manches Misverständnis würde gelöst haben. Auf die Politik hatte übrigens dieser Zwischenfall keinen Einfluß . . .

Es kam die Zeit wo Neapel seine so lang entfernten Fürsten wieder sehen sollte. Gegen die Mitte Juni 1802 schiffte sich Ferdinand IV., nachdem er in Sicilien das Versprechen hinterlassen entweder in Person oder durch einen königlichen Stellvertreter von Zeit zu Zeit daselbst Hof zu halten, nach seiner festländischen Hauptstadt ein die er seit Ende December 1798 nicht betreten hatte. Ein britischer Reisender befand sich gerade in den Tagen der Ankunft des Königs in Neapel und es sei gestattet von seiner Schilderung dieses Ereignisses schon aus dem Grunde einige Züge hier einzuflechten weil damit zugleich eine Art Stimmungsbild gewonnen ist. Schon seit Wochen war man

---

[1]) Thiers Cons. et Emp. IV S. 4.

in der Hauptstadt mit Vorbereitungen aller Art beschäftigt: Tempel
Triumphpforten prächtige Säulenhallen Schaubühnen erhoben sich
auf dem Wege den der heimkehrende Herrscher nehmen sollte, die
Bauten meist in antikem Styl, die Inschriften darauf in byzantini-
schem: lang gedehnt schwülstig. Am 27. Juni, einem Sonntag, erschien in aller Frühe das königliche Geschwader, begleitet von der
„Medusa", Capitain Gore, und einigen britischen Schaluppen, auf der
Höhe von Capri; gegen 10 Uhr wurde bei Portici gelandet, zwischen
5 und 6 Uhr Nachmittag saß der König zu Pferde um den Einzug in
seine Hauptstadt zu halten. Dieser erfolgte sehr langsam und mit
großen Hemmungen; denn dichtes Gewühl bedeckte alle Straßen und
wie wahnsinnig geberdete sich die Menge, rief und schrie um ihrer
maßlosen Freude Ausdruck zu geben. Es war fast Sonnenuntergang
als man beim königlichen Palaste eintraf in dessen Capelle ein Dankamt abgehalten wurde. Sodann begab sich Ferdinand in den Empfangs-
saal den eine glänzende Versammlung füllte: die Spitzen der Behörden,
die obersten Würdenträger der Krone, die fremden Gesandtschaften,
der Hofadel. „Beim Eintritt des Königs", erzählt unser Gewährsmann, „stürzten die Damen auf ihn zu, ergriffen seine Hände die sie
unter Thränen und mit Ausrufen der Freude küßten, so daß er sich
einige Zeit nicht vorwärts bewegen konnte. Er nahm diese Ergüsse von
Lehenstreue und persönlicher Anhänglichkeit nicht blos mit Freundlichkeit
auf, sondern mit Rührung, und erwiederte dieselben durch manche
theilnahmsvolle Rede und Frage". Als er sodann des Vertreters von
England Drummond ansichtig wurde, der mit seinem Gesandtschafts-
Personale und mehreren landsmännischen Schutzbefohlenen eine Gruppe
bildete, trat der König auf sie zu und sagte: „Ah, das sind Engländer
und deshalb natürlich meine Freunde, ich bin sehr froh sie zu sehen
und biete ihnen allen herzliches Willkommen, in Neapel!" Erst jetzt
gewahrte er den französischen Gesandten, dessen Miene den Aerger
über Ferdinand's ausnehmende Leutseligkeit gegen die Engländer verrieth, und richtete einige gleichgiltige Fragen an ihn. Gegen halb zehn
Uhr zog sich Ferdinand in seine Gemächer zurück. Doch waren damit
die Empfangsfeierlichkeiten keineswegs geschlossen; drei Tage hindurch

gab es Volksbelustigungen verschiedener Art, abends jedesmal glänzende Stadtbeleuchtung [1]).

Mehr als zwei Monate später erfolgte die Rückkunft der Königin, ob mit gleichem Gepränge, ob in aller Stille, weiß ich nicht. Keines=falls war sie in der Stimmung wo ihr so rauschende Huldigungen Vergnügen bereiten konnten. Am 28. Juli verließ sie Schönbrunn und Wien und kehrte über Triest, 9. August, nach Neapel zurück wo sie um den 20. eintraf. Sie war betrübt bei Wahrnehmung dessen was sich seit den letzten drei Jahren hier verändert hatte. Ihr einst so schönes und angesehenes Königreich war zu einem erschöpften und ohnmächtigen Land geworden. Der Florentiner Vertrag hatte fast einen Vasallen=Staat daraus gemacht, der kaum durch den Schutz befreundeter Großmächte vor dem Verhängnis bewahrt werden konnte von dem übermächtigen Frankreich mit der Zeit eingesackt oder, wie sie sich auszudrücken pflegte, aufgespeist zu werden. Was ihr mehr als alles in die Seele schnitt war die bittere Erfahrung des Treubruchs die sie an so Vielen machen müssen die vordem mit gleißnerischer Freundlichkeit huldigend ihren Thron umstanden hatten. Tief ver=stimmt schien sie sich von den Geschäften ganz fernhalten zu wollen; sie mied den Staatsrath, erklärte sich in nichts mehr zu mischen um nicht den Schein einer Billigung dessen was mittlerweile geschehen war auf sich zu laden. Noch am 18. März 1803 schrieb sie an den Grafen Razumovskij: „Ich verwünsche den Augenblick meiner Abreise von Wien. Ich hätte nicht all den Verdruß dieser acht Monate zu ertragen, all die Schmach der Regierung zu theilen gehabt. Und doch bin ich weit entfernt Vorwürfe zu verdienen und Schuld daran zu sein; denn seit meiner Rückkehr geschieht alles ohne mich. Ich wollte alle meine Unterthanen, die ganze Welt wüßten um diese Wahrheit" [2]).

---

[1]) Eustace A Tour through Italy II S. 30—33, 39. Von den dama=ligen Festlichkeiten heißt es: „In illuminations both the French and Italians surpass us, and on this occasion the Napolitans, I thought, shewed more taste and magnificence than I had witnessed before in any country. The illu-minations were renewed for three successive nights, during which the streets were thronged with a population surpassing even that which swarms in the most frequented streets of London at the very hour of business".

[2]) Ulloa Marie-Caroline d'Autriche S. 272 f.

3. Maria Karolina von Oesterreich.

Unter den Beschuldigungen, welche Karolina von Neapel wie
kaum eine Frauengestalt der neuern Geschichte über sich ergehen lassen
mußte, findet sich auch die der Falschheit. Das ist nun, wenn ihr
persönlicher Charakter und ihre Beziehungen als Private gemeint sein
sollen, durchaus nicht der Fall gewesen. Wir treffen bei ihr überall
wahre und tiefe Empfindung, sie war eine treue anhängliche Gattin,
eine hingebende aufopfernde Mutter, und wenn die Gräfin Razu=
movska die aufrichtige und ausdauernde Freundschaft der Königin
rühmt so wissen wir, als Gegenstück dazu, von einem Falle wo sie
ihrem kaiserlichen Schwiegersohn gegenüber aus ihren verletzten Gefühlen
nichts weniger als Hehl machte, und das zu einer Zeit wo es ihr
durchaus nicht gleichgiltig sein konnte ihn ihr zugethan und gewogen
oder im Gegentheil verletzt und verstimmt zu wissen. Aber Karolina
war zugleich eifrige Politikerin und wo es sich um Interessen des
Staates oder, was nach ihrer Anschauung damit eins war, um die
ihres Hauses und ihrer Familie handelte, da legte sie allerdings ihre
Worte auf die Wagschale, that ihren Gefühlen, wo es ihr geboten
schien, einen gewissen Zwang an und sprach sich gegen Personen, bei
denen sie einen geschäftlichen Zweck im Auge hatte, nicht in derselben
Weise aus wie gegen solche die sie in ihrem rückhaltlosen Vertrauen
wußte. So mochte es auch nicht ganz buchstäblich zu nehmen sein wenn
sie gegen den Vertreter Rußlands am Wiener Hofe ihr Fernhalten von
allen Staatsgeschäften betonte; mindestens finden wir sie gleich in der
nächsten Zeit so sehr im Vordergrunde der politischen Action daß ihr
königlicher Gemahl eine wenig bedeutende Nebenrolle spielt, daß Mon=
archen und Gesandte alles wichtigere fast nur mit ihr verhandeln, die
Person Ferdinand's mehr nur der Form halber in's Spiel ziehen.
Es scheint darum am passenden Orte zu sein daß wir uns, ehe wir
den Faden der geschichtlichen Ereignisse wieder aufnehmen, eingehender
mit der Eigenart der tapfern Fürstin beschäftigen der wir fortan als
Thätiger und als Leidender so vielfach begegnen sollen.

Erzherzogin Maria Karolina, am 13. August 1752 geboren, viertletzte unter den sechzehn Kindern der Kaiserin Maria Theresia, war am 7. April 1768, noch nicht sechzehnjährig, zu Wien durch Stellvertretung, am 12. Mai darauf zu Caserta in Person dem kaum um anderthalb Jahre ältern Könige Ferdinand IV. von Neapel und Sicilien angetraut worden. Schlank hochgewachsen und schön wie alle Töchter Franz Stephan's, mit einem reichen und lebhaften Geist wie alle Kinder Theresiens, von entschiedenen Meinungen und Neigungen, von einer fast männlichen Charakterstärke und Entschlossenheit, nur nicht von jener maßvollen Umsicht und Klugheit wie ihre große Mutter, hatte die junge Königin, eine Cäsaren=Tochter, von ihrem ersten Auftreten in Neapel alle Herzen für sich gewonnen, am meisten das ihres Gemahls der sich bald in allen Dingen ihr fügte und unterordnete.

Dritter Sohn des gefeierten Königs Karl III. hatte Ferdinand 1759, als sein Vater die Krone von Spanien überkam, die Regierung von Neapel angetreten die im Namen des Minderjährigen Marchese Tanucci führte, bis der König 1767, also ein Jahr vor seiner Vermählung, selbständig wurde. Ferdinand besaß natürlichen Verstand, er nahm leicht und nicht ohne Geist und Geschmack Interesse an Gegenständen auf die man seine Aufmerksamkeit zu lenken wußte; er war gutmüthig und wohlwollend, von warmer Theilnahme, wenn selbe einmal angeregt war, für das gemeine Beste, doch sonst zu allem andern geschaffen als zu einem Monarchen, besonders in so ernsten und prüfungsvollen Zeiten wie sie über das Königspaar kommen sollten. In seiner Bildung in unverantwortlicher Weise vernachläßigt, worin die junge Königin in der ersten Zeit nur wenig nachhelfen konnte — „ma femme sait tout", pflegte er zu sagen; sie sei „eine Gelehrte" —; aufgewachsen in der Gesellschaft seiner Freunde der Lazzaroni bei denen er darum sehr beliebt war; ohne geistigen Schwung, ohne Kraft und Ausdauer in andern Dingen als in körperlichen Uebungen und in den verschiedenen Freuden des Sports [1]), verlangte er sich's gar nicht

---

[1]) Der Anekdoten aus diesen Kreisen, in denen sich Ferdinand am liebsten bewegte, sind unzählige. Gorani, dem freilich nur da etwas zu glauben ist wo nicht sein republicanischer Haß in's Spiel kommt, will Augenzeuge einer Scene

besser als ein Gemahl zur Seite zu haben das eben so die Fähigkeit
wie den Wunsch und Willen hatte sich mit den Regierungsgeschäften
zu befassen. Ließ sich dies schon in den ersten Jahren ihres ehelichen
Beisammenseins wahrnehmen wo sie erst kinderlos war, bis 1772 mit
der Entbindung von einer Prinzessin ihr überreicher Kindersegen seinen
Anfang nahm, so war es vom 6. Januar 1775, wo die Königin
durch die Geburt eines Prinzen nach der Rechtsgepflogenheit des
Landes ihren Platz im geheimen Staatsrath erhielt, in noch höherem
Grade der Fall. Schon im Jahre darauf mußte der alte Tanucci,
obwohl er meinte sich auf die Autorität König Karl's von Spanien,
seines früheren Herrn, stützen zu können, seinen Platz räumen, den

---

gewesen sein wo der König nach einem reichen Fischfang mitten unter seinen
Lazzaroni in Person seine Waare verkaufte, mit ihnen feilschte, sich von ihnen,
weil er zu hohe Preise ansetzte und baar Geld sehen wollte, ausschimpfen ließ,
I S. 50. Eines Tages habe in Caserta Berathung einer Angelegenheit von
höchster Wichtigkeit stattgefunden als sich vom Hofe drei Peitschenschnalzer, das
Zeichen zu einer unaufschiebbaren Jagd, hören ließen, worauf der König sich rasch
erhoben und zur Königin gesagt habe: „Meine Liebe, nimm meinen Platz ein
und beendige die Sache so gut du es verstehst", S. 189—192... Ueber Fer=
dinand als Jäger, über die genauen Vormerkungen die er über seine Jagdergeb=
nisse führte, über seine haushälterische Wachsamkeit bis in das Küchen=Departement
hinab s. Hackert=Göthe S. 161, 165 f.... Seine große Unwissenheit in
Dingen, die jenseits des Kreises seiner unmittelbaren Beschäftigung oder Wahr=
nehmung lagen, bestätigt u. a. Eustace II S. 33 f. der davon einige bezeich=
nende Proben gibt. Einmal war in seiner Gegenwart von den Türken die Rede,
von ihrer Verbreitung und großen Macht: „Kein Wunder", bemerkte der König,
„da vor der Geburt unseres Herrn die ganze Welt türkisch war". Ein ander=
mal wurde das Ende Ludwig XVI. berührt und jemand wies darauf hin, es sei
dies das zweitemal daß die Annalen von Europa eine solche Gräuelthat zu ver=
zeichnen hätten. „Das zweitemal?" fragte erstaunt der König. „Nun ja, in Eng=
land!" „In England wäre ein König hingerichtet worden?" „König Karl I.,
Euer Majestät!" „Nein", rief Ferdinand mit Wärme und Entrüstung aus, „nein,
mein Herr, das ist unmöglich, da sind Sie falsch unterrichtet. Die Engländer
sind ein zu loyales und braves Volk als daß sie einer so niedrigen That schuldig
sein könnten!" Und nach einer kleinen Pause: „Verlassen Sie sich darauf, das ist
eine bloße Erfindung, von den Pariser Jacobinern in die Welt gesetzt um ihr
Verbrechen durch das Beispiel einer so großen Nation wie der englischen geringer
zu machen. Es mag ihnen gelungen sein ihr eigenes Volk damit zu täuschen;
aber wir werden uns, will ich hoffen, von ihnen nicht berücken lassen!"

der Marchese della Sambucca, früher Gesandter in Wien, einnahm, wie
Karolina überhaupt mit Vorliebe Personen in ihre Nähe zog die sie von
Wien aus kannte oder die sonst mit ihrer Heimat in Beziehung standen [1]).

Auch die Berufung des französirten Briten Acton scheint mittelbar auf österreichischen Ursprung zurückgeführt werden zu müssen,
nämlich auf ihren kaiserlichen Bruder Joseph II. den sie gewiß, gleich
ihren andern Schwestern, vergötterte und den sie sich in den ersten
Jahren ihres Königthums zum Vorbild genommen zu haben scheint.
Wird doch von ihr erzählt daß sie nach seinem Muster sich den Frei-
maurern hold gezeigt habe, ja einer Frauen-Loge als Mitglied beigetreten sei [2]). Im Jahre 1769 nun hatte Kaiser Joseph seine neu
vermählte Schwester in Neapel besucht und bei dieser Gelegenheit das
Wort gesprochen: „Wenn ich König dieses Landes wäre, ich würde
mich mit wenig andern Dingen als mit dem Seewesen beschäftigen".
Diese Anregung scheint für Karolinen nicht verloren gegangen zu sein
und so war es denn, als sie mit dem Jahre 1775, wenn man so
sagen darf, zuerst an die Regierung kam, vor allem die Marine für
die sie einen fähigen Mann verlangte.

John Acton — nicht „Joseph", wie er in den meisten Biographien heißt; Joseph war der Taufname seines, wie es scheint,
jüngeren Bruders der gleichfalls in neapolitanische Dienste trat —
war am 1. October 1737 zu Besançon geboren wohin sein Vater,
ein Arzt, aus Irland übersiedelt war, wie nachmals der Sohn die
neue französische Heimat gegen toscanisch-spanischen Flottendienst vertauschte. Gleichwohl waren Vater und Sohn nicht blos durch Verwandt-

---

[1]) Sérieys S. 7 will von einem „Consiglietto", einer Art Camarilla
wissen: „il était composé de la reine qui présidait, du Comte de Wildreck"
(sic!) „Autrichien, du chevalier Vivenzio de Nole" (Sohn des ersten königlichen
Leibarztes) „et de Caroline son épouse".

[2]) „... ond è che i massoni d'oggidì continuano ne' loro banchetti a
bere alla sua memoria"; Pepe I S. 9. Als man von Spanien aus, erzählt
der Verfasser weiter, die Freimaurer unterdrücken wollen und eine ihrer Logen
in voller Thätigkeit überrascht und gesprengt hatte, wozu sich ein gewisser Pallante
hergegeben, sei dieser auf Verlangen der Königin seines Dienstes entlassen und
nie wieder zu Gnaden aufgenommen worden.

schaft sondern auch mit einem gewissen Theile ihres Vermögens fort=
während an England gefesselt, wie sie auch die britische Nationalität
und Staatsangehörigkeit nie ganz abgestreift zu haben scheinen. Eine
Unternehmung gegen die Barbaresken, wo Acton durch entschlossene
Verwendung seines Geschwaders ein Corps Spanier vom Verderben
rettete, machte ihn bei allen seefahrenden Nationen berühmt und lenkte
besonders die Aufmerksamkeit seines französischen Geburtslandes auf
ihn das ihm die Stelle eines Linienschiffs=Capitains anbot. Doch
Acton verlangte mehr, es war etwas Julisches in ihm: „Lieber in
einem italienischen Dorfe der erste als in Frankreich der zweite", und
so vertauschte er 1779, vom Minister Sambucca dem Hofe empfohlen,
den toscanischen Dienst mit dem neapolitanischen. Anfangs blos mit
der Marine=Leitung betraut gewann er binnen kurzem durch die Gunst
der Königin, die seinen thatkräftigen Charakter rasch erkannte, Einfluß
in die Finanz=Verwaltung und bald auch in andere Zweige des öffent=
lichen Dienstes, wo sich überall sein thatkräftiges Eingreifen fühlbar
machte. Die Königin und er besaßen den Ehrgeiz Neapel aus der
politisch wenig bemerkbaren Rolle, die es seit langen Zeiten gespielt,
zu einem activen Factor im europäischen Staatensystem zu erheben,
und für diesen Zweck war in der That alles so gut wie neu zu
machen. Acton schuf Neapel, was es bisher nicht besessen, eine Kriegs=
flotte von achtunggebietender Stärke, vermehrte die Landmacht des
Königreichs von 15000 auf 60000 Mann und gab ihr Einrichtungen
nach fremdem Muster, was ihm freilich, da er hiezu großentheils aus=
ländische Fachleute in's Land ziehen und verwenden mußte, vielen Ver=
druß mit den Einheimischen zuzog. Auch andere seiner Neuerungen,
die er in bester Meinung, aber mit Land und Leuten wenig vertraut
ohne gehörige Umsicht einführte, besonders seine Reformen im Steuer=
wesen[1]), stießen auf Misgunst und Widerwillen deren Förderer Acton,
gestützt auf das Vertrauen des Fürstenpaares, mit Anwendung eines
ausgedehnten Polizei= und Spionier=Systems zu verfolgen und un=
schädlich zu machen suchte.

---

[1]) (Cuoco) Saggio I S. 81—92.

Im Jahre 1783 traf das Land zu beiden Seiten des Faro ein gräßliches Unglück, ein Erdbeben das den nördlichen Küstenstrich von Sicilien, die liparischen Inseln, fast das ganze Calabrien mit einem Theile des Jonischen Meeres in seinen Bereich zog und in seiner verheerenden Wirkung dem Erdbeben des Tacitus — „duodecim celebres Asiae urbes collapsae nocturno terrae motu" — an die Seite gesetzt wurde. Zwischen Mittag und 1 Uhr am 5. Februar hatte die erste und schrecklichste Erschütterung stattgefunden, wo binnen sechs bis sieben Minuten drei Stöße einer heftiger als der andere erfolgten, in den Pausen aber der Boden in einem fortwährenden Schieben und Schwanken war wie ein von den Wogen geschaukeltes Schiff, während andere es als einen Veitstanz der Erde beschrieben wo sich alles im Wirbel herumdrehte. Eine zweite kaum minder furchtbare Erschütterung erfolgte um sieben Uhr Abends, eine dritte am Freitag halb drei Uhr Nachmittags; im Ganzen zählte man bis Samstag den 8. bei dreißig mehr oder minder starke Stöße deren äußerste Ausläufer bis in die Gegend der Hauptstadt zu verspüren waren. An manchen Orten bekam die Erde Risse, öffneten sich Schlünde die alles verschlangen was früher gelebt und festgestanden hatte, oder es brachen heiße Wasser oder Flammen hervor, welch letzteres Factum der Ritter de Fay bezweifeln wollte; „allein es sei ihm", fügte er hinzu, „die Thatsache von zu vielen Leuten bestätigt worden um selbe geradezu läugnen zu können". Da das Ereignis begonnen war der Himmel klar, die See ruhig gewesen; doch alsbald hatte sich Sturmwind erhoben, war dichter Regen losgebrochen, dazu ein erstickender Schwefelgeruch der im Aberglauben der Leute aus der Hölle kam. Bäche Flüsse änderten ihren Lauf, ergossen sich verheerend über bebaute Strecken und ließen ihr früheres Bett leer und trocken. In der Gegend von Laureana wurde ein mit Oliven und Maulbeeren reich bepflanztes Stück Land in zwei Hälften gespalten und die eine davon mit allem was darauf stand fast eine Viertelmeile weiter abgesetzt. Ganze Städte stürzten ein und begruben die Mehrzahl ihrer Bewohner, so Palmi Seminara; die Carthause von San-Stefano di Bosco, das Dominicaner-Kloster in Soriano fielen in Trümmer, so auch ein großer oder der

größte Theil von Monteleone Tropea Rosarno. Man hatte Schil=
derungen von solchen die dem Unheil entgangen oder, oft nachdem sie
eine Woche und darüber verschüttet lagen, gerettet worden waren.
Einer, den man aus dem Schutte herausgezogen hatte, sagte aus: es
sei gewesen als ob sein Haus in die Höhe gehoben würde, urplötzlich,
auf einmal, ohne daß auch nur das geringste Anzeichen vorausgegangen
wäre. Ein Bewohner von Casalnuovo befand sich im Freien auf einem
Hügel als er den Stoß verspürte, und wie er nun nach der Stelle
blickte wo einen Augenblick zuvor seine Vaterstadt gestanden, da war
jetzt eine dichte schmutzige Staubwolke welche die einstürzenden Häuser
und der aufwirbelnde zerriebene Mörtel verursachten. Der bei den
Dichtern verrufene Felsen der Scylla wurde gespalten und ein so
gewaltiges Stück, ein kleiner Berg, stürzte davon hinab daß die See
vom Grund aus aufgewühlt wurde und über die Enge hinüber zum
Faro eine Wasserfluth schoß der nichts widerstehen konnte, die alles
Lebende begrub, Boote mit sich riß, den Thurm auf der Landspitze
halb in Trümmer legte und, statt allem was früher dagewesen, beim
Zurückfließen Tausende von Fischen im Schlamme hinterließ. Der
Fürst von Scylla, ein wegen seiner Härte verrufener Dynast, hatte
sich nach der ersten Erschütterung in ein Boot geflüchtet das dann
mit ihm in die Tiefe gerissen wurde, welches Schicksal mehr als 2000
seiner Unterthanen, die auf dem Meere Rettung vor den Schrecknissen
des Landes suchten, mit ihm theilten. Denn auch zur See gab es die
seltsamsten Erscheinungen. Im Busen von Tarent blieb die Fluth
aus, während an andern Stellen die Wogen in eine nie gesehene Auf=
regung geriethen, so daß auf Kriegsschiffen Kanonen sammt ihren Laffetten
mehrere Zoll in die Höhe geschleudert wurden. Schrecklich klangen
die Nachrichten aus Messina. Der königliche und der erzbischöfliche
Palast waren großentheils Ruinen, so auch viele Männer= und Frauen=
klöster deren gerettete Bewohner in der Stadt Hilfe suchten. Da das
Erdbeben um Mittagszeit begonnen hatte wo es auf allen Herden
brannte, so entstanden Feuersbrünste die niemand bändigte, theils
wegen der Verwirrung die jeden auf eigene Rettung bedacht sein hieß,
dann aber auch weil es kein Wasser gab; denn zu all dem andern

Unheil versiegten die öffentlichen Brunnen. So gingen auch viele
Verwundete elend zu Grunde weil, trotz der herzzerreißendsten Klagen
und Hilferufe die aus dem Schutt herausklangen, keine Werkleute
aufzutreiben waren um die Trümmer hinwegzuräumen und bis zu den
Unglücklichen zu dringen. Dazu kamen Raub und Diebstahl da sich
erbarmungsloses Gesindel den allgemeinen Jammer zu Nutzen machte,
in Privathäuser und öffentliche Gebäude schlich, die Versatzämter
plünderte. Da auch die Getreidevorräthe ein Raub der Flammen
geworden waren stellte sich Mangel an Lebensmitteln ein; man legte
Beschlag auf die im Hafen liegenden Getreideschiffe, aber nun hatten
die Mühlen kein Wasser, und wo man Mehl auftrieb war keine
Bäckerei da um Brot zu backen ... Das Unglück von Messina
war nicht größer als das anderer Städte, es hatte nur wegen der
Wichtigkeit und Berühmtheit des Ortes das größte Aufsehen gemacht.
Viele calabresische Städte waren ungleich härter getroffen: Casalnuovo
wo die Fürstin Gerace-Grimaldi mit mehr als 4000 ihrer Unterthanen begraben wurde, Bagnara und Palmi wovon jedes mehr als
3000 seiner Bürger verlor. Im Ganzen ergaben die im Staats-
Secretariate zusammengestellten Listen eine Verlustziffer von 32367 Personen; da sich aber fast in allen von dem Ereignis betroffenen Städten
auch solche befanden die daselbst nicht einheimisch und darum in die
Ortsverzeichnisse nicht aufgenommen waren, so meinen einige: die
Zahl von 40000 um's Leben gekommener Menschen möchte nicht zu
hoch gegriffen sein.

Bei der Nachricht so großen Unheils kam tiefe Betrübnis über
alle Schichten der hauptstädtischen Bevölkerung. Der König gab Geld
her, die Königin ihren Schmuck. Die Fregatte, welche die erste Kunde
von dem Unglücke der Messinesen nach Neapel brachte, mußte sogleich
zurück um Fahrzeuge mit Lebensmitteln und andern Bedarfswaaren
in's Schlepptau zu nehmen. Acton entfaltete eine umfassende Thätigkeit.
Alle großen Grundbesitzer aus den von der Katastrophe heimgesuchten
Gegenden wurden aufgefordert sich auf ihre Güter zu begeben, was
einige mit großer Aufopferung thaten, wie der Marchese von San-
Giorgio der den Schutt von den Straßen räumen, an gesunden

Stellen Nothhütten für die obdachlosen Leute aufschlagen, Vorrich=
tungen zum Betriebe der Seidenzucht kommen ließ u. dgl. Der General
Marchese Pignatelli ging mit großer Begleitung am 16. unter Segel
um in Calabrien an Ort und Stelle Hilfe zu schaffen. Vom Staats=
rath wurde beschlossen die in die Hauptstadt geflüchteten Calabresen
und Sicilianer mit allem Nothwendigen zu versehen, dessen sie zum
Wiederaufbau ihrer Wohnungen bedurften. Der Hof ließ alle Car=
nevals=Belustigungen einstellen und widmete die für das Vergnügen
bestimmt gewesenen Summen wohlthätigen Zwecken [1]).

So rasch und umfassend all' diese Anstalten getroffen wurden,
so war der Verderb zu umfassend um die Hilfe nur einigermaßen
ausgibig erscheinen zu lassen. Den Anblick einzelner Orte schildert der
britische Gesandte Hamilton, der die Gegenden zu diesem Zwecke
bereiste, als einen erschütternden. „Durch eine so schöne und reiche
Gegend zu reisen", rief er aus, „und nicht ein einziges Haus aufrecht
zu finden, wo eine Ansiedlung gewesen einen Steinhaufen zu sehen,
hie und da einen verkrüppelten Mann oder ein Weib oder Kind auf
Krücken einherhinkend!"

All' das gab Böswilligen, an denen es bei solchen Gelegen=
heiten niemals fehlt, erwünschten Vorwand Haß und Mistrauen zu
säen. Von Pignatelli, den man in Neapel nicht anders als „il ciuccio"

---

[1]) Siehe Cockburn im „Appendix" II S. 247—274 wo sich die
Berichte von Sir William Hamilton, Ritter de Fay, Dolomieu finden, welche
die Erscheinungen und Folgen des Erdbebens zum Gegenstand eifrigen Studiums
gemacht hatten; dann bei Sérieys S. 10—16 der Bericht des Senats von
Messina an den König. Aus einem gleichzeitigen Privat=Schreiben ebenda ist ein
schöner Zug der Lazzaroni aufbehalten die gedungen waren die nach den Stätten
des Unglücks bestimmten Schiffe zu befrachten; als ihnen dafür Lohn angetragen
wurde antworteten sie einstimmig daß sie für solche Arbeit kein Geld annähmen und
daß sie, wenn der König ihnen schon Bezahlung zugedacht habe, Se. Majestät bäten
die Summe den armen Messinesen zukommen zu lassen. Siehe ebenda S. 15 f.
die Aufopferung der Marchesa Spapara die, ihr Kind aus dem schon bedrohten
Hause holend, mit demselben an der Brust unter den einstürzenden Trümmern
begraben wurde, und die Mittheilungen Dolomieu's bei Cockburn S. 209—273
wo es im allgemeinen heißt: „On vit dans le même temps des exemples de
tendresse paternelle et maritale portée jusqu'au dévouement, et des traits de
cruauté et d'atrocité qui font frémir."

(ciuco = Efel, Langohr) nannte, wußten sie die unsaubersten Dinge herumzutragen, wie er statt den unglücklichen Einwohnern Hilfe zu bringen sie in jeder Hinsicht ausgesaugt, ihnen mit seinen Officieren und Commissairen die letzte Habe die sie gerettet, Kleider Vorräthe und Lebensmittel, baares Geld abgepreßt, Kirchen und Klöster ihres Silbers beraubt, ihre Güter mit Beschlag belegt, die nahrungslosen Mönche ihren dürftigen Verwandten in's Haus geschickt habe 2c. Mochte nun vielleicht Pignatelli nicht der Mann gewesen sein den man für eine solche Sendung brauchte, mochten seine Beauftragten mitunter Misgriffe begangen haben, so waren jene Anschuldigungen gewiß arg übertrieben, viele wohl gar aus der Luft gegriffen, weil es sonst nicht zu begreifen wäre wie gerade die Calabresen, und unter diesen wieder die Geistlichkeit, in den Zeiten die folgten eine so fanatische Anhäng= lichkeit an ihre frühere Regierung an den Tag legen konnten. Jeden= falls hat man darin mit eines der Wahrzeichen jener tiefgehenden Abneigung zu erblicken die sich allmählig in einem Theile der neapo= litanischen Gesellschaft, besonders in den gebildeten Classen, gegen Acton ansammelte, eine Abneigung die von dem Minister dann auf die Königin, welche ihn, wie man wußte, stützte und hielt, über= tragen wurde.

Was Karolinen selbst betraf so kam ein paar Jahre später ein neuer Scheingrund des Aergernisses dazu. An ihrem Hofe war England seit 1764, also noch vier Jahre vor ihrer Ankunft, von Sir William Hamilton vertreten, einem naturkundigen und kunstliebenden Schotten, der in ersterer Richtung den Vesuv und, wie wir so eben gesehen, das calabrische Erdbeben zum Gegenstande eingehender Studien erkor, in der zweiten sich auf Schätze des Alterthums warf womit er, wie man ihm nachsagte, nebenbei ganz gute Geschäfte machte; vorzüglich seine Sammlung etruskischer und campanischer Vasen hatte nur in der des Königs auf Capo=di=Monte eine ebenbürtige Nebenbuhlerin. Im Jahre 1789 erschien Emma Lyon bei ihm, die in England durch mehrere Hände gegangen war — was sie später freilich nicht zugeben wollte —, zuletzt durch die Lord Charles Greville's eines Neffen Hamilton's der

sie, wie er ihr vorspiegelte, zur Frau nehmen wollte aber Schulden
halber nicht konnte und sie darum seinem reichen Onkel als Fürsprecherin
zusandte. Der nahezu sechzigjährige Sir aber verliebte sich selbst sterblich
in die reizende Bittwerberin und machte sie 1791 in London zu seinem
rechtmäßigen Gemahl. Die nunmehrige Lady war eine üppige Schön=
heit von den gewinnendsten Manieren, und mit Unterhaltungsgaben
ausgestattet die sie alsbald zu einem Mittelpunkte der feineren Gesell=
schaft Neapels machten; sie wußte schön vorzutragen, sie sang ent=
zückend, in mimischen Spielen und Stellungen wetteiferte sie mit
Künstlern vom Fach. In solchen Dingen glänzte sie auch in den
Kreisen der Königin die an der Frau des britischen Gesandten ein
Gefallen zeigte und ihr eine Vorliebe zuwandte welche die Gränzen
der Etikette stark überschritt. „Beide liebten es", heißt es in einer
Aufzeichnung aus jener Zeit, „bei öffentlichen Anlässen in gleichem
Schmucke zu erscheinen und thaten im Umgang sehr vertraut mit
einander". Man wollte von Soupers wissen bei denen Acton und
die Lady erschienen [1]), und wo dann die letztere in den Gemächern
Karolinens übernachtete und von den aufwartenden Damen dieselben
Aufmerksamkeiten verlangte wie ihre königliche Gebieterin; dies habe,
wird weiter erzählt, einen solchen Unmuth bei der weiblichen Aristo=
kratie erzeugt daß sich viele ganz vom Hofe zurückzogen.

Es mochte nun sein daß Karolina in ihrem Benehmen sich mit=
unter ähnliche Unvorsichtigkeiten zu Schulden kommen ließ die für
ihre unglückliche Schwester Antoinette so verhängnisvoll werden sollten,
und gewiß ist daß sie der bestrickenden Abenteuerin eine Vertraulichkeit
gestattete die ihren eigenen Ruf mehr schädigte als manches andere was
man gegen sie vorbringen konnte. Allein andrerseits war doch nicht
zu übersehen welchen Reiz für eine lebhafte und geistvolle Fürstin,
deren seinen Jagd= und Fischerei-Vergnügungen nachgehender Gemahl sie
oft wochenlang vereinsamt zurückließ, die Gesellschaft eines Wesens

---

[1]) Derartige Soupers waren, wie man nicht übersehen darf, im Hofleben
Karolinens in Uebung. So berichtet der österreichische Gesandte Graf Kaunitz am
26. Februar 1805 nach Wien: „Dernièrement j'eus l'honneur de souper avec cette
Souveraine dans Sa Loge du théâtre de S. Charles au festin en masque".

von den gewinnenden Künsten Lady Emma's haben mußte. Dazu
kam daß diese Dame anerkannte Gemahlin des Vertreters einer der
ersten europäischen Mächte war; daß ihr eheliches Verhältnis, nach
allem was darüber in Neapel bekannt war, bis zu dem spätern
Auftreten Nelson's ein von keiner Seite angetadeltes gewesen; daß
endlich England gerade in jenen Tagen sich als der nächste und mächtigste
Alliirte Neapels zu zeigen begann, und es daher auch von Seite der
Politik geboten erschien Beziehungen wie die eben besprochenen warm
zu erhalten.[1]).

Zur Zeit des Beginns der französischen Kriege traf vieles
zusammen was die Verwaltung Acton's als eine höchst unglückliche
erscheinen ließ. Noch waren die Spuren der furchtbaren Katastrophe
von 1783 nicht verwischt, während andererseits die Austrocknung der
pontinischen Sümpfe im benachbarten Römischen, aus denen frucht=
bares Land wurde, dem Getreidehandel aus Apulien einen harten
Schlag versetzte. Der Ausbruch der französischen Revolution vernichtete
die Manufacturen von Lyon und Marseille was wieder dem neapoli=
tanischen Vertrieb von Oel und Seide zum Nachtheil ausschlug, und

---

[1]) „Il n'est pas étonnant qu'une grande princesse ait honoré d'une
affection toujours croissante la femme d'un ambassadeur qui pleurait avec
elle et qui, dans l'abaissement dont elle était menacée, lui suggérait sans
cesse des motifs de consolation et d'espérance"; Dubourg Butler et
Labouderie Biogr. univ. (Michaud) XVIII Art. Emma Hamilton. —
Friederike Brun hat während ihres Aufenthaltes in Neapel 1796 die Lady
wiederholt gesehen, so wie deren Portraits im Gesandtschafts=Hotel wo sie von den
berühmtesten Künstlern als Mimin in verschiedenen Stellungen abgebildet war.
Die Reisende sagt ihr nichts nach was nur als Andeutung eines zweifelhaften
Rufes der Lady ausgelegt werden könnte; allerdings zu einer Zeit vor ihrem
spätern scandaleusen Verhältnis zu Nelson. Ueber die äußern Vorzüge derselben
heißt es: „Es ist eine prächtige Bacchantin, vollkommen in allen Formen", S. 157.
„Ihre Stimme ist voll und schön, ihre Geberden sind dem jedesmaligen Gesang
angemessen, und sie weiß mit Geschmack die gefällige Liebhaberin von der dar=
stellenden Mimin zu trennen. Ich sah sie nur einen Augenblick als solche, da sie
blitzschnell sich in die Attitude meiner Tischbeinischen Iphigenie versetzte . . . Sie
ist eine prächtig schöne Frau und wie vom Bacchanal des Sarkophag=Reliefs im
Cortile des Belvedere weggestohlen. Allein sie fängt an zu stark zu werden und
an fließenden Umrissen zu verlieren", S. 333.

als man dem thronräuberischen Frankreich durch Ausfuhrverbote von
Naturproducten eine der Lebensadern zu unterbinden vermeinte waren
Ragusa und die Levante rasch bei der Hand den Ausfall zu decken.
Während der in Folge dieser Misstände, an denen die Verwaltung
nur zum Theile Schuld trug, im Innern sich mehrenden Unzufriedenheit
stieg Acton's Einfluß immer höher, bis zuletzt der König, ohne daß
Acton für seine Person ein Portefeuille führte, ihm das Recht ein=
räumte in was immer für einem Verwaltungszweig seine Rathschläge
zu ertheilen, und an alle Behörden die Weisung ergehen ließ Acton's
Erlasse so zu achten als ob des Königs Name darunter stände. Er
hieß jetzt nicht Premierminister, allein er war es in der That, ja
mehr als dies da die vier Staats=Secretaire nicht mehr wie früher
dem König sondern ihm referirten und dadurch, wie man spöttisch
meinte, zu einer Art erster Commis wurden die im Staatsrath nicht
ihre sondern Acton's Meinung vertraten, ja nichts vorbringen durften
was er nicht zuvor gutgeheißen. Es sollen Fälle vorgekommen sein wo
Mitglieder des Staatsraths, die in ihrem Vortrage etwas einfließen
ließen wovon er nicht zuvor gewußt hatte, ihrer Stelle auf mehrere
Jahre enthoben wurden[1]). Nach außen war Neapel in der zweiten
Hälfte der neunziger Jahre angesehener als je. Man sagte damals
daß im Osten und Westen ein Thugut und Pitt, im Norden und
Süden ein Bernstorff und Acton die tonangebenden Politiker seien.
Acton galt als der Allmächtige der nicht blos Hof und Cabinet von
Neapel mit unumschränkter Macht beherrsche, sondern seinen gebieten=
den Einfluß über den ganzen romanischen Süden ausdehne, so daß in
den italienischen Ländern wie auf der pyrenäischen Halbinsel nichts ge=
schehe wozu er nicht das Losungswort ausgegeben[2]). Dabei verstand er es

---

[1]) „Fragmente" II S. 45—47, 59.

[2]) Gallet Galerie politique I S. 1 f. 4 f.: „Empiétant sur la subtilité
italienne à laquelle il joignait la profondeur de l'Anglais dans ses vues, il maîtri-
sait tout; et l'on peut avancer qu'il régna pendant tout ce temps en Italie, si
ce qui caractérise le droit de celui qui règne se trouve dans le respect qu'on
porte à sa volonté et dans son exécution". Der Verfasser trägt S. 6 kein
Bedenken „les divers meurtres de nos ambassadeurs à Rome" (?!) einzig auf
Rechnung Acton's zu schreiben.

sowohl die Interessen als die Ehre seines Adoptiv=Vaterlandes zu wahren.
Bei aller Hinneigung zu England wollte er in kein Susidien=Verhältniß
zu demselben treten, weil er dies gegen die Würde seines Königs hielt.
Auf diese Weise befand er sich, vom König zugleich zum General=
Capitain (Gran Capitano) aller Truppen zu Land und zur See ernannt,
auf dem Gipfel seiner Macht und seines Ansehens, freilich auch auf
dem der Erbitterung und des Hasses seiner zahlreichen Feinde. Werden
doch aus dieser Zeit Züge von ihm fabulirt wie von irgend einem der
alten Thrannen die durch allerhand künstliche Vorkehrungen auf ihre
persönliche Sicherheit bedacht sein mußten: er habe zwölf Schlafzimmer
gehabt, jedes mit einem besondern Schlüssel deren verschiedenartige
Anwendung nur ihm bekannt gewesen; niemand habe im vorhinein
gewußt welches der Gemächer er für die kommende Nacht benützen
werde, und dergleichen Albernheiten mehr. Kein Wunder dann wenn
der unglückliche Ausgang des Feldzugs von 1798 von der Partei der
Mißvergnügten einzig dem Verschulden Acton's und seiner hohen
Gönnerin zugeschrieben wurde, während mit triftigerem Grunde die
Mehrzahl der Officiere anzuklagen war deren Kopflosigkeit und Feigheit
weder Acton noch Mack in ihre Vorberechnung ziehen konnten.

Es folgte die Flucht der königlichen Familie nach Sicilien, die
Errichtung und das kurze Walten der parthenopäischen Republik, die
Wiedereroberung der Hauptstadt durch das Volksheer Ruffo's, die
Reise Karolinens nach und ihre Rückkehr von Wien, mit all' den
Ereignissen und Zwischenfällen die in den beiden ersten Abschnitten
erzählt worden und von denen nicht wenige, so ungegründet die Sache
war, gleichfalls auf das Schuldregister der Königin oder ihrer ver=
meintlichen Werkzeuge geschrieben wurden.

*   *   *

Es gibt sicher keine zweite Persönlichkeit der neueren Geschichte
unseres Welttheils, deren Charakter eine so durchaus verschiedene
Beurtheilung von jenen Wenigeren erfahren hat die sie aus Umgang
und unmittelbarer Beobachtung kannten, und von der großen Menge
der Fernerstehenden denen der äußere Schein und umherlaufende

Gerüchte, von berechnender Bosheit aufgegriffen und ausgenützt, zu Anhaltspunkten für ein Verdict herhalten mußten das sich zuletzt als öffentliche Meinung festsetzte und als solche noch heute den Anspruch erhebt beachtet und gelten gelassen zu werden. Was den wahren Charakter Karolinens betrifft so soll dem Urtheil des unbefangenen Lesers nicht vorgegriffen werden, er wird oft genug in die Lage kommen sie zu beobachten, ihre Aeußerungen zu vernehmen, ihre Haltung in den Wechselfällen ihres prüfungsreichen Lebens zu verfolgen. Anders ist es mit dem Schimpf und Unglimpf den geschichtliche Ueber= lieferung an ihren Namen gehängt haben, und dessen Ursprung nach= zugehen um so dringender geboten erscheint je räthselhafter sonst der Zwiespalt dastände der die Behauptungen der Einen und die tief gewurzelte Ueberzeugung der Andern scheidet.

Vor allem kommen in dieser Hinsicht die allgemeinen Verhältnisse des Hofes von Neapel in Betracht. John Galt, einer der wenigen zeit= genössischen Briten welche die neapolitanischen Persönlichkeiten und Zu= stände unbefangener beurtheilten als die Mehrzahl seiner mehr oder minder voreingenommenen Landsleute, fand es begreiflich wie unter den Staatsmännern und Hofleuten eines lange Zeit außerhalb der Strömung der Welt=Ereignisse gelegenen Reiches ein gewisser Geist von Geheim= thuerei, um ihr Wirken und Treiben wichtiger erscheinen zu lassen als es thatsächlich war, und von Ränkeschmiederei, da es einen andern Weg schneller emporzukommen nicht gab, herrschend werden konnte, was dann auch in den großen Angelegenheiten, in welche das König= reich Neapel nach dem Ausbruch der französischen Revolution hinein= gezogen wurde, seine Wirkung geäußert habe [1]). In den Mittelpunkt dieser eingelebten Umtriebe und kleinlichen Eifersüchteleien trat die jugendliche Monarchin aus Verhältnissen die in allem und jedem von ganz anderem Zuschnitt waren. An dem heiter=unbefangenen Hofe ihrer großen Mutter hatte sie wohl Sitte, aber nie Zwang und grund= sätzliches Mistrauen gelernt; sie gab sich von allem Anfang wie sie war, ohne sich träumen zu lassen daß man sie anders nehmen könne

---

[1]) Galt Voyages and Travels S. 56.

als wie sie sich zeigte. Es war mit Karolinen in Italien derselbe Fall
wie mit ihrer um ein paar Jahre jüngeren Schwester Antoinette in
Frankreich, und die Behauptung dürfte keine gewagte sein daß sich, jene
auf den Thron der Ludwige, diese auf den von Neapel gestellt, kaum in
anderer Weise würde entwickelt haben als dies bei der Schwester
stattgefunden. Beide von heiterem Sinn und lebhaftem Temperament,
von einer Arglosigkeit und Vertrauensseligkeit die nicht lang prüfte
zu wem ihre Sympathien sich hingezogen fühlten, und das in einer
Umgebung wo Kabalen von der einen Seite, erfinderische Misdeutung
von der andern zu Hause waren, so konnte es kaum anders kommen
als daß beide oft genug Unvorsichtigkeiten begingen hinter denen arg-
wöhnische Augen Unerlaubtheiten witterten. Von dem nichts weniger
als gemessenen Betragen Karolinens gegen die leichtfertige Lady
Hamilton und von den verdrießlichen Folgen die sich daraus für ihren
Ruf ergaben geschah bereits Erwähnung, und daß böse Nachrede ein
ungleich ergibigeres Feld fand wenn sie ein besonderes Wohlwollen
der Königin für einen der Herren vom Hofe herausgrübelte, lag in
der Natur der Sache [1]).

Auch eine andere eben so begreifliche als unschuldige Neigung
Karolinens trug keine guten Früchte. Es war dies der Vorzug den
sie bei Auswahl ihrer nächsten Umgebung ihren österreichischen Landsleuten oder, wie es in ihren Kreisen hieß, den „Deutschen" einräumte.
In der ersten Zeit war es der angeborne Hang einer Prinzessin die
blutjung aus dem Elternhause in ein fernes Land und ihr völlig
fremde Verhältnisse kam; später trat, mindestens was ihren weiblichen

---

[1]) Elisa von der Recke Reise durch Italien III S. 284 f.: „Die wechselnden Günstlingschaften ihrer (der Königin) Neigung haben allerdings ein nachtheiliges Licht auf ihren Lebenswandel geworfen. Auch haben sie wohl hie und
da unter den neapolitanischen Großen Leidenschaften in Bewegung gesetzt, wodurch
dann jene es sich angelegen sein ließen Uebertreibungen wirklicher Thatsachen oder
offenbare Verunglimpfungen gegen die Person der Königin in Umlauf zu bringen".
Ebenda S. 86 werden die Worte der Gräfin Razumovska angeführt: „Das giftigste
ist bei solchen Verläumdungen der Kunstgriff, nicht ganz zu läugnende Schwächen
neben das völlig Ungegründete zu stellen damit dieses eine Art von falschem Wahr-
heitsschein erhalte ꝛc."

Hofhalt betraf, kluge Vorsicht dazu so daß sie, „um keine Reibungen zwischen zwei Nationen zu haben", ihre Dienerschaft durchaus aus Oesterreicherinen zusammensetzte und auch für die männlichen Posten, wie den eines Privat-Secretairs, Landsleute wählte. Wenn durch Tod Austritt Verheiratung Lücken entstanden, ergänzte sie dieselben wieder aus Wien wobei ihr ihre kaiserliche Tochter oder die Gräfin Zichy oder die Razumovska an die Hand gehen mußten [1]). Auch für die Heranbildung ihrer Kinder und Enkelinen verschrieb sie sich gern verläßliche Personen von jenseits der Alpen. Als ihr Kronprinz in die Knabenjahre trat wandte sie sich an den Wiener Hof um einen Erzieher; vom Grafen Metternich wurde ihr Jacob Joseph Haus empfohlen den der König 1797 zum Marchese und Kammerherrn erhob. Im Jahre 1804 erbat sie sich aus Wien einen Lehrer des Deutschen und Englischen; er wurde ihr in der Person Ignaz Plener's geschickt und sie wußte sich dessen Dienste sehr zu loben; allein er war in der theresianischen Ritter-Akademie angestellt und konnte dort nicht länger als ein Jahr entbehrt werden. Auch die Gräfin Dombasle, Aja der kleinen Karolina Tochter der Erzherzogin Clementine, scheint aus Oesterreich gekommen zu sein. In solcher Ausdehnung wurde von der Königin dieses System verfolgt daß deutsche Reisende die an ihrem Hofe eingeführt wurden sich sehr verwundert zeigten, nicht nur von

---

[1]) Karolina an Theresia 1804 24. April: „Toute la couvée de femmes est arrivée en bonne santé, je les laisserai deux jours reposer et puis voir ju bienen pendant une semaine, pour ensuite commencer entièrement leur service . . ." Manche dieser Personen hielten lang im Dienste aus und diese ließ sie, wenn ihnen das Klima nicht mehr zusagte oder Sehnsucht sie in die Heimat zurücktrieb, mit schwerem Herzen von sich. Auch sah sie nicht gern neue Gesichter, und glich in dieser Eigenschaft ihrer Enkelin Maria Louise. Als ihre alte Beschließerin „l'honnête bonne, mais vieille cassée châtelaine Bartheldy" scheiden mußte war die Königin ganz trostlos: „réellement sa santé est souffrante", schrieb sie am 16. April 1804; „(elle) m'a servi pendant 20 années, et j'avoue, des visages nouveaux est pour moi une terrible chose, j'aime mieux souffrir, avoir patience ce qui a bien été mon cas . . ." Aus einem Schreiben vom 30. April 1803 an Kaiser Franz erfahren wir von ihrem Secretair Reiner: „le secrétaire à moi Reiner . . . il a si vivement désiré de retourner dans sa patrie, je suis fachée de sa perte".

der Königin selbst deutsch angesprochen zu werden sondern auch in den
Vorsälen von der Dienerschaft, den Haus=Officieren fast nichts als
Laute ihrer Muttersprache zu vernehmen, wobei sie sich kaum verhehlen
konnten daß eine so auffallende Begünstigung eines fremden Elements
die Eigenliebe der Italiener etwas unangenehm berühren müsse [1]).

Dazu kam daß sich unter den Erwählten der Königin hin und
wieder ein räudiges Schaf fand. Nicht wenige ihrer zugereisten Lands=
leute machten ihr Glück in Neapel, verheirateten sich gut und kamen
in vortheilhafte Verhältnisse die sie ihr dankten; mit andern aber
hatte sie viel Verdruß, sie mißbrauchten das Vertrauen Karolinens,
vergalten es ihr mit Falschheit und böser Nachrede. Letzteres war
namentlich mit einer Baronesse Mobersbach der Fall die in Neapel
einen Duca Giovane heiratete, dann nach der französischen Invasion
Mann und Kinder verließ und nach Oesterreich ging. Die Königin
hatte sie mit Wohlthaten überschüttet, hatte ihr mit nicht geringen
Summen wiederholt aus Geldverlegenheiten geholfen und hatte die
Thränen, die Kniefälle, die Herzensbetheuerungen, womit die leicht=
sinnige Frau bei solchen Anlässen nicht gekargt zu haben scheint, lange
Zeit für baare Münze genommen. Noch in der ersten Zeit des Schön=
brunner Aufenthalts Karolinens hatte die Giovane ihrer Wohlthäterin
Summen herausgeschwindelt, bei 60000 fl. im Ganzen, hatte sich aber
auch von andern Seiten Geld ausgeliehen wobei sie den Namen

---

[1]) Vgl. Elisa von der Recke III S. 90 zum 1. Juni 1805 mit Kotzebue
Erinnerungen II S. 175. — Ueber J. J. Haus s. Böttiger im „Vorbericht"
zum III. Bande der Recke'schen Reise S. XIX—XXVII: „er mischte sich nirgend
in öffentliche Angelegenheiten und gewann dadurch das vollste Zutrauen der
Königin". Er wurde später Ober=Intendant des königl. Farnese'schen Museums,
der Statuen=Galerie und der Antiquitäten. — Ignaz Plener war seit 7. März 1798
als englischer Sprachlehrer im Theresianum angestellt, befand sich vom 20. April 1804
bis 1. August 1805 mit Urlaub in Neapel, und kehrte dann in seine frühere Stellung
zurück in welcher er am 7. März 1821 mit Tod abging. Gefällige Mittheilung Herrn
Hofrathes Ritter von Pawlowski, derzeitigen Directors der theresianischen Akademie.
— Die Gräfin Stephan Zichy, geb. Gräfin Pálffy, Palastdame der Kaiserin
Theresia, zählte unter die vertrautesten Freundinnen Karolinens; sie blieb oft jahre=
lang in Neapel und hatte sowohl da als in Caserta und Portici ihre Wohnung
in der Nähe derselben.

Karolinens und selbst den der regierenden Kaiserin, bei welcher so wie
bei Kaiser Franz sie sich nicht minder einzuschmeicheln wußte, in arger
Weise bloßstellte, und war zuletzt mit Zurücklassung einer Schuldenlast
von nahezu 200000 Gulden vom Wiener Platz verschwunden und nach
Ungarn auf die Herrschaft einer Gräfin Reval gegangen. Sie war
auch sonst eine abgewichste Person die überall ihre Verbindungen hatte
und besonders mit den starken Geistern jener Tage in wohl berech=
netem Verkehr stand. Erst nach dem Verschwinden der Giovane aus
Wien scheint es Karolinen klar geworden zu sein welche Schlange sie
an ihrem Busen genährt, und vollends gingen ihr die Augen auf als
sie, nach Neapel zurückgekehrt, Briefe in die Hände bekam welche die
Giovane aus Wien, ja aus der eigenen Wohnung der Königin an
Acton, selbst an den König geschrieben hatte und worin sie Karolinen,
verschiedene Personen ihres Vertrauens, aber auch die Kaiserin Theresia
in der gemeinsten Weise anschwärzte. Die Zwischenträgereien der Gio=
vane waren es auch zumeist welche in der letzten Zeit von Karolinens
Weilen in Schönbrunn das Verhältnis zwischen Mutter und Tochter
getrübt hatten das erst später, nachdem die Königin längst in Neapel
zurück war, die frühere Offenheit und Herzlichkeit wieder annahm.
„Ich könnte Dir ihre Briefe schicken", schrieb Karolina damals, „um
Dir die Augen zu öffnen; doch ich verachte solche Mittel ... Aber ich
schäme mich vor mir selbst wenn ich daran denke wie ich mich von
ihr habe täuschen lassen, wie sie mich in ihrer Gewalt gehabt und
ein Ding für das andere sehen und glauben gemacht hat; mit einem
Wort sie ist eine Intrigantin ohne Scham und Gewissen" [1]).

---

[1]) An Theresia 4. u. 23. September, 15. November 1803 2c.: „Elle a volé,
trompé sous votre et mon nom partout. Je lui ai donné des sommes très-
grandes, car elle m'attendrissait, mais rien ne suffisait. Enfin c'est une grande
intriguante sans pudeur ni moral ... J'ai honte quand j'y pense combien elle
m'a mystifié, forcé, et fait voir, croire une chose pour une autre; elle est
impudente, comédienne, et doit être protégée étant Philosophe et liée avec
tous les sectateurs, hommes et femmes des actuels temps; pour moi tout en
est dit, et rien ne m'en étonne" ... Im Staats-Schematismus von 1802
erscheint die Giovane unter den Dames du Palais der Kaiserin, als die letzte
folglich jüngst ernannte, eben so in jenem von 1803. Ein weiterer Beweis wie sie

Einen zweiten Anlaß den Namen und Ruf Karolinens in Schatten zu stellen bot der Ausbruch der französischen Revolution. Ihre Hinneigung zu England, die auffallende Gunst die sie den Hamilton's und dem britischen Seehelden zuwandte, verbunden mit ihrer österreichischen Herkunft, brachte die Anhänger der neuen Ideen, deren es, wie wir sahen, in Neapel seit Anfang der neunziger Jahre insgeheim eine nicht unbedeutende Anzahl gab und deren Strebnissen sowohl Acton's Energie als Lady Emma's Einfluß und Leidenschaft im Wege standen, am meisten gegen die Königin auf, gab sie ihrem glühenden Hasse, ihren rücksichtslosen Lästerungen und Verunglimpfungen preis. Diese Partei war es von welcher mit schadenfroher Gier alles aufgegriffen und weiter getragen wurde was die Cäsaren-Tochter, die Freundin Englands, die Oesterreicherin, in der öffentlichen Meinung herabsetzen konnte. Als der scheußlichste Ausdruck dieser Bosheit muß das schon früher erwähnte Werk des französirten Mailänders Gorani angesehen werden das 1793, also zu einer Zeit wo die Kriege Frank- reichs mit den Coalirten, in erster Linie mit Oesterreich, begannen, in Paris gedruckt wurde und das wohl alles enthält was man einer Fürstin, einer Frau, einer Mutter schimpfliches, ja unfläthiges nach- sagen kann. So weit versteigt sich die Niedertracht dieses gewissenlosen Schriftstellers, der vielleicht Maria Karolina oder sonst die Dinge in Neapel mit keinem Auge gesehen, daher nur auf schriftliche Zuträgerei und Aufhetzerei hin seine dreibändige Schmähschrift zusammengestoppelt hat, daß er der Königin die teuflische Absicht unterschieben konnte: die Prinzen die sie ihrem Gemahl geboren einen nach dem andern

---

sich in das Vertrauen des österreichischen Fürstenpaares hineinzuschwindeln gewußt, ist das Concept eines Staatskanzlei-Schreibens an unsere Gesandtschaft in Neapel, datirt vom 27. Juli 1803, laut welchem die Giovane die Hilfe des Kaisers Franz angerufen hatte „pour parvenir au payement des arrérages de la pension alimentaire que son époux lui doit en vertu des arrangements pris entre eux et sanctionnés par divers decrets de S. M^te Imp." Allein die Expedition gelangte nicht an ihre Adresse, die Reinschrift liegt ununterschrieben, mit einem Riß durch den Bogen und mit der Rück-Bemerkung: „Ist nicht abgegangen" noch heute bei dem Concepte. Auch erscheint die Giovane 1804 nicht mehr unter den Palast-Damen der Kaiserin.

aus der Welt zu schaffen, um den Thron von Neapel in Erman=
gelung männlicher Erben ihrer österreichischen Familie in die Hände
zu spielen. Obwohl der Unsinn dieser Behauptung, die gleichwohl in
einem deutschen Fragmentisten („Fragmente über Italien" 2c. 1798)
einen erhitzten Vertheidiger gefunden, am offenen Tage liegt weil ja,
gesetzt Ferdinand hätte keinen Thronerben hinterlassen, die andern
Zweige der Bourbonen, nie aber der Stamm Habsburg=Lothringen an
die Reihe gekommen wären, und obwohl es andrerseits einer Versün=
digung nahe kommt eine Tochter der großen Theresia gegen Anklagen
so abscheulicher Art förmlich in Schutz zu nehmen statt dieselben mit
dem Stillschweigen der Verachtung beiseite zu lassen, so sei doch darauf
hingewiesen daß in dem ganzen so reichhaltigen Briefwechsel Karo=
linens nach Wien, sowohl mit ihrer Tochter Theresia als mit Kaiser
Franz, auch nicht die leiseste Spur sich findet die auf eine andere
Hinneigung zu Oesterreich schließen ließe als die ganz natürliche zu
ihrer Geburtsstätte und Heimat, und daß auch dieses Gefühl meist
nur in Momenten des Unglücks, an denen die spätere Zeit ihres
Lebens und ihrer Regierung so überreich sein sollte, durchbricht wo
sie Oesterreich und dessen Monarchen um Neapels, um ihres
Gemahls und ihrer Kinder willen braucht, und wo sie daher
jene alte Anhänglichkeit als ein Motiv benützt auf den Kaiser Franz
und dessen Gemahlin um so lebhafter einzuwirken. Vielleicht bei keiner
der Töchter der Kaiserin Maria Theresia war das Muttergefühl, die
Mutterliebe, der mütterliche Sinn so stark ausgeprägt als bei Karo=
linen. Wer nur einen Blick in ihren Briefwechsel gethan wird diesen
Eindruck mit sich nehmen. Eine ihrer Vertrauten, die Marchesa di San
Marco, war im Besitze einer Handzeichnung der Königin: verschieden
gestellt und beschäftigt umstehen ihre Sprößlinge einen einfachen Grab=
stein, auf welchem die Worte: „Maria Carolina madre di numerosa
famiglia qui giace". Das bezeichnet sie ganz! Ihre Tagesordnung
theilte sich zwischen den Arbeiten in ihrem Cabinet und der theilnahms=
vollen Beschäftigung mit ihren Kindern. „Bei Privataudienzen",
erzählt ein deutscher Reisender, „erscheint sie zuweilen im Halbcirkel
ihrer holden Sprößlinge wie eine Carità". Die Krankheit eines ihrer

Kinder beschäftigt, der Verlust eines derselben bekümmert sie Tag und Nacht. Als ihr während des Seesturmes 1799 auf der Ueberfahrt nach Sicilien ihr siebenjähriger Alberto dahingerafft wird ruft sie schmerzvoll: „Tutti raggiugneremo fra poco il mio figlio!“ [1])

Eine dritte Quelle der Anschwärzung Karolinens endlich ist in den gewaltsamen, vielfach grauenvollen, ja unmenschlichen Vorgängen zu suchen die sich im letzten Decennium des vorigen und im ersten des gegenwärtigen Jahrhunderts im Neapolitanischen abspielten und die eine überlegungslose Fama geradezu auf den Namen der Königin schrieb weil es bekannt war daß diese eigentlich die Zügel der Regierung in Händen hatte. Zwei Anklagen sind es vorzüglich die aus diesem Gesichtspunkte einigen Schein für sich haben, die sich aber in Wahrheit in ganz anderem Lichte darstellen: ihre angebliche wilde Grausamkeit und Rachgier, und ihre ungemessene Herrschsucht. Denn eines darf nie, will man den Charakter Karolinens nach Gebühr würdigen, aus den Augen gelassen werden: In dem wilden Kampfe der vom Ende der neunziger Jahre um den Besitz Neapels und Siciliens entbrannte, wo von beiden Seiten ein Unmaß von Gewaltthat und Unmenschlichkeit, von Tod und Verderben über das unglückliche Land verhängt wurde, in diesem immer wiederkehrenden Aufflammen und Aneinanderprallen der Leidenschaften, glühenden Hasses und ungezügelter Rachgier, war Maria Karolina die Löwin die sich um ihre Jungen wehrt. Nicht sie hatte den Krieg heraufbeschworen, nicht von ihr war der Angriff ausgegangen. Es ist keine Thatsache bekannt daß sie es auf Eroberung, auf Länderzuwachs abgesehen hatte: die durch die Umstände in der zweiten Hälfte der neunziger Jahre herbei-

---

[1]) Gerning Reise durch Italien I S. 262, 266, Kotzebue Erinnerungen II S. 174 f.: „Das wechselseitige Betragen der Kinder gegen die Mutter und der Mutter gegen die Kinder welches zu beobachten ich Gelegenheit hatte, ist so herzlich so ungekünstelt so häuslich, daß die behaglichste Empfindung sich des beobachtenden Fremdlings bemächtigen muß“. Vgl. was in meiner „Maria Louise“ S. 7 f. über den Briefwechsel zwischen Karolinen und ihrer ältesten Tochter bemerkt ist.

geführte Einverleibung von Benevent und Pontecorvo fällt kaum in's
Gewicht. Nur was ihr und den Ihrigen gehörte, ihr Eigengebiet und
ihre königliche Macht zu erhalten, zu erhalten eben so gegen die An-
maßungen und Eingriffe innerer Parteien wie nicht minder gegen den
äußern Erbfeind der es ihr und den Kindern die sie mit Schmerzen
geboren entreißen wollte, es zu schützen und zu wahren, das sah sie als
ihre Aufgabe an, davon ließ sie nicht ab solang sie Leben und Kräfte
hatte, darauf zielte und strebte sie im Wege der Güte wenn es zu
erreichen war, mit allen Mitteln der Gewalt wenn es nicht anders
sein konnte.

Gleichzeitiger Leumund, seitherige Ueberlieferung, leider auch
ernste Geschichtsschreibung haben die Person der Königin insbesondere
und ausdrücklich mit den Gräueln der Wiedereinnahme Neapels im
Juni 1799 und mit der drakonischen Härte der Strafgerichte in der
Zeit darauf nicht blos in Verbindung gebracht, sondern geradezu ver-
einerlei.   Doch wie kommt Maria Karolina dazu daß man ihr die
Schuld davon zuschieben will? War sie zu dieser Zeit an der Spitze
der Truppen oder in der eroberten Stadt? Nein, sie war in Palermo
oder in dessen Nähe, und später in Wien oder eigentlich in Schönbrunn; sie hat Neapel von den letzten December-Tagen 1798 bis zum
20. August 1802 nicht gesehen und mit keinem Fuße berührt. Wohl
ist die Aufforderung an Cardinal Fabrizio Ruffo, das Volk in Waffen
zu rufen und den Feind zu vertreiben und zu vernichten, und sind die
ihm ertheilten außerordentlichen Vollmachten vom Hofe, also ganz
besonders von der Königin ausgegangen; nur kann man das einzelne
Rohe Gewaltthätige Cannibalische was dabei vorgefallen, eben so wenig
auf ihre Rechnung schreiben als man überhaupt einen Feldherrn und
Monarchen, die zu einer Unternehmung den Gedanken im Ganzen
und Großen hergegeben, für alles verantwortlich machen kann was
Sache der Ausführung an Ort und Stelle ist. Oder man müßte auch
den edlen und liebenswürdigen Championnet als ein Scheusal hin-
stellen weil unter seiner Führung, und man kann sagen unter seinen
Augen, die Einnahme von Neapel im Januar 1799 unter kaum
weniger Blutvergießen vor sich gegangen war als ein halbes Jahr

später die Wiedereinnahme der Stadt unter den Auspicien des Car=
dinal=Generals.

Dasselbe gilt von den Verhaftungen, von den Hochverraths=
processen Verurtheilungen Verbannungen und Hinrichtungen, die in
kleinerem Maßstabe schon in den Jahren 1793 und 1795 stattgefunden
hatten und dann in größerer Zahl der Rückeroberung im Juni 1799
auf dem Fuße folgten. Ganz abgesehen davon daß, wie schon erwähnt,
im letzteren Falle Maria Karolina gar nicht in Neapel oder in dessen
Nähe war, so ist auch rücksichtlich der frühern Vorgänge kein einziges
Factum verbürgt wo die Königin persönlich auf die Verschärfung der
Procedur oder Strafe Einfluß genommen hätte: wohl aber werden
Personen genannt welche die Vermittlung der Königin in entgegen=
gesetzter Richtung, Beschleunigung der Untersuchung und Milderung
des Urtheils, nicht ohne Erfolg angerufen haben [1]). Und wenn eine
deutsche Reisende ihre Behauptung: die Königin habe „von der Zu=
stimmung zu solchen harten, leider nur zu häufigen Verurtheilungen
sich schmerzvoll zurückgezogen", dagegen „auf geheimen Wegen" wo
sie konnte Hilfe gebracht, mit den Worten bekräftigt: „Ich selbst
kenne einen Mann den sie aus der Haft des Todes durch Erkaufung
des Kerkermeisters entrinnen ließ", so wiegt e i n e solche beglaubigte
Thatsache mehr als alle in die Luft gesprochenen Tiraden und Erfin=
dungen gewissenloser Federhelden. Um noch einmal auf die Straf=
und Vergeltungs=Acte von 1799 bis 1801 zurückzukommen, so gibt es
deren die vielmehr den König dafür persönlich verantwortlich machen,
der sein früheres gutmüthiges Naturell wie abgelegt habe und bei
dem eine wilde Rachgier zum Vorschein gekommen sei deren man ihn

---

[1]) Berichtet doch selbst Colletta (Milano 1848) S. 182 die Königin
habe sich, als ihr 1798 die Cassano und die Colonna Vorstellungen machten,
erweichen lassen, „non cosi da far grazie alla reità degli accusati, ma perchè
sospettò della innocenza. Ella, inflessibile a' rei, non bramava travagliare
i giusti, diversa da' ministri suoi che dall' universale martirio traevano
grandezza e potere". In Folge dessen seien 28 Beschuldigte, die seit vier
Jahren in Untersuchungshaft gesessen, freigesprochen und freigelassen worden,
trotz aller Bemühungen Vanni's der ihnen mindestens die Folter nicht erspart
haben wollte.

vordem gar nicht fähig gehalten [1]), während die Dritten, und diese viel=
leicht mit dem meisten Grund, jene drakonische Strenge weniger den Be=
fehlen des Hofs als dem beherrschenden Einflusse Nelson's, den die schöne
Lady Emma nur noch mehr ermuntert und aufgereizt habe, zuschreiben.

Was den Vorwurf der Herrschsucht betrifft, so kann dieser
billigerweise von niemand erhoben werden der sich besinnt daß Maria
Karolina an ihrer Seite einen Gemahl hatte dessen Fahrlässigkeit die
geistvolle und willensstarke Frau gewiß oft mit stillen Stoßseufzern
sich selbst, aber nie der Welt und ihren Kindern gegenüber bekannte,
und dessen Vergnügungssucht und Mangel von geschäftsmännischer
Ausdauer fast an die Ehegatten der Amazonen erinnert, von denen es
heißt sie seien nur zum Kindermachen da gewesen und hätten in allem
Uebrigen ihren nichtigen Neigungen nachgehen dürfen.

Auch Ferdinand's Bild ist, von dem was man Geschichte nennt
und was nur zu häufig nichts als Abschreiberei und Nachbeterei ist,
vielfach verunstaltet worden, da ihn die Einen als Tyrannen aus=
schreien, die Andern als unfähig und beschränkt schildern. Letzteres ist
nun ganz entschieden in Abrede zu stellen. Ferdinand hatte als Mensch
und als Monarch seine guten Seiten. Er besaß Verstand und hatte
ein theilnahmsvolles Herz. Seine Privat=Briefe, abgesehen davon daß

---

[1]) Vgl. Elisa von der Recke III S. 286 mit dem „Vorbericht" Böt=
tiger's der gewiß vieles, was sich die Verfasserin dem Drucke zu übergeben nicht
getraute, aus deren mündlichen Mittheilungen wußte und S. VII f. geradezu „die
erste Person des Reiches" der Grausamkeit beschuldigt „die schon im Knabenalter
sich an den Verzuckungen erschlagener Thiere zu ergötzen pflegte" (??); auch leide
es keinen Zweifel daß die Königin oft Fehler ihres Gemahls auf sich genommen ꝛc.
Siehe auch Botta V S. 16 f. wo er von den republicanischen Ausschreitungen
im Winter und Frühjahr 1799 spricht: „Tutti che portavano il nome di Fer=
dinando si sbattezzavano con dire che non volevano avere in se cosa che gli
assomigliasse ad un tiranno". Von einem ähnlichen Vorgange rücksichtlich des
Namens „Karolina" erzählt er nichts. S. auch Rehfues „Italia" III S. 250:
„Der Charakter dieses Fürsten schien seit seiner Rückkehr aus Sicilien ganz anders
geworden zu sein. Vieles von den grausamen und ungerechten Handlungen welche
man gegen die Anhänger der Franzosen ausgeübt hatte wurde ihm persönlich zur
Last gelegt; wenigstens soll er dabei eine Härte und Unversöhnlichkeit gezeigt haben
die seinem Herzen eben so wenig Ehre machten wie seinem Verstand".

die Schriftzüge, obwohl etwas eigenthümlich und oft mehr zu ent=
ziffern als zu lesen, durchaus zierlich und ebenmäßig sind, zeigen mit=
unter eine Feinheit des Geistes und der Empfindung die man am
wenigsten einem so erpichten Sportsman und Nimrod zutrauen sollte.
Man beachte z. B. die Stelle in einem Schreiben an seine Tochter
die Kaiserin: „Wie sehr betrübt mich der Anlaß der den theuren
Franz zur Reise nach Prag genöthigt hat, da ich aus Erfahrung weiß
was Theuerung und Hungersnoth für einen Fürsten sind der ein Herz
hat und in seinen Unterthanen seine Kinder sieht!" Was Ferdinand
abging war Unterricht und Bildung, obwohl auch dies nicht in so
hohem Grade der Fall war, vielleicht Folge des spätern Einflusses
seiner Gemahlin, als von vielen seiner Zeitgenossen angenommen
wurde; und was ihm durch sein ganzes Leben am meisten vorzurücken
war bestand in einer unglaublichen Scheu vor ernster Arbeit, vor
allem was Amt und Geschäft war. Und zwar nicht blos als Fürst,
auch als Privatmann. Selbst seinen Briefen fühlt man die Unlust ab
womit er sich dieser Obliegenheit entledigt, auch hierin das Widerspiel
seiner Gemahlin die eine wahre Leidenschaft zum Briefschreiben hatte,
und das neben der aufopferndsten Obsorge für ihren häuslichen Kreis,
neben den gesellschaftlichen Pflichten ihrer Stellung denen sie auf das
pünktlichste nachkam, neben den Staatsgeschäften endlich die fast aus=
schließlich in ihrer Hand lagen. Von einem persönlichen Eingreifen des
Königs war, je älter er wurde und je länger er regierte, desto weniger zu
verspüren. Seine angeborne Gutmüthigkeit und das völlige Abstreifen
seiner königlichen Stellung und Würde, die er, wenn die Jahreszeit
kam, buchstäblich gegen die Rolle eines Fisch= und Wildprethändlers
vertauschte, erhielten ihn zwar beim gemeinen Volke fortwährend beliebt;
allein er eignete sich dadurch mit der Zeit auch vollständig das Aus=
sehen, die Haltung und die Manieren eines Landjunkers an dem man
es ansah daß man ihn mit allen Regierungsgeschäften, so wie mit allem
daran hängenden Pomp, Repräsentations= und Etiquette-Wesen in Ruhe
lassen möge [1]. Mit Mühe daß ihn Karolina, wenn bei gewissen

---

[1] Aus dem Jahre 1796 haben wir die Beschreibung eines Frohnleichnams=
festes in Neapel wo Friederike Brun (Prosaische Schriften IV S. 161) den

Anlässen die persönliche Gegenwart des Königs nicht zu umgehen war, in die Stadt brachte; und wie kurz that er dann ab was geschehen mußte, und wie schnell war er wieder in seinem Belvedere oder seiner Favorita zurück! Ueberhaupt sah sich in spätern Jahren das fürstliche Paar oft wochenlang kaum auf Stunden, sei es daß die Königin, wenn es ihr schon zu lang dauerte, einspannen ließ und zu ihrem Gemahl hinausfuhr oder daß dieser, wenn ihn irgend ein Anlaß nach Neapel führte, Karolinen einen kurzen Besuch abstattete, was dann mit aller königlichen Förmlichkeit, mit reicher Pagen=Begleitung und, wenn es abends war, mit vor= und nachgetragenen Fackeln geschah [1]).

König sah: „Er ist ein großer ansehnlicher Mann, seine Physiognomie ist gut= müthig; er sah sehr traurig aus und wirklich gebeugt. Guter Mann, warum wurde die Last dieser Krone auf dein redliches aber schwaches Haupt gelegt? Warum war nicht deine Bestimmung als harmloser Landjunker zu jagen und zu fischen?" So schreibt auch Admiral Collingwood (Correspondence S. 436) im Jahre 1809 seiner Lady: „The king has much the appearance and manner of a worthy honest country gentleman. Nature certainly intended him for that state: but blundering chance has cast his lot awry". — Die Gutmüthigkeit Ferdinand's charakterisirende Züge berichten John Galt S. 54 f. und Chetwode Eustace II S. 36, darunter einen aus seiner ersten Regierungszeit wo er, der Würde nach König aber an Jahren noch Kind, angefleht worden war beim Regentschaftsrath die Begnadigung eines Verurtheilten zu erwirken, was ihm jedoch nicht gelang: „upon which he went to his appartement and with a sort of boyish resentment threw open a cage of canary birds, saying: At least I will give liberty to these prisoners since I cannot free any others". Derselbe II S. 33 fand den Charakter von Gutmüthigkeit und Wohlwollen auch in Fer= dinand's Gesichtszügen ausgeprägt und bemerkt über die Erscheinung des Königs überhaupt: „His manners are easy, his conversation affable and his whole deportment (princes will pardon me if I presume to mention it as a compli- ment) that of a thorough gentleman".

[1]) Eine solche Scene beschreibt Rehfues in seiner Selbstlebensbeschreibung, „Italia" III a. a. O. Er war zur Audienz bei der Königin beschieden, mußte aber warten weil ein Besuch des Königs angesagt war, wobei ihm bemerkt wurde, der würde nicht lang dauern. Er befand sich in einem großen und hohen dabei schlecht beleuchteten Vorsaal, als sich der Vorhang der entferntesten Thüre öffnete: „Einige Pagen und Läufer traten mit langen Wachskerzen wie sie bei Processionen getragen werden ein, der Monarch folgte ihnen, und ein ähnlicher Schweif von Kerzenträgern hinter ihm. Ferdinand IV. war ein großer stattlicher Mann mit einer gewaltigen Nase; er trug sich schon etwas gebückt und ging auf ein langes spanisches Rohr gestützt einher als ob er sehr ermüdet gewesen wäre. Es hatte

In seinem Briefwechsel nach Wien ist wohl von Familien-Angelegen-
heiten und Vatergefühlen, von den Ernteaussichten der kommenden
Jahreszeit, von politischen Dingen aber fast nur soweit seine persönlichen Erregungen dabei in's Spiel kommen, die Rede, es wäre denn
daß ihn die Königin, in besonders wichtigen und folgenschweren Zeitpunkten, dazu bewog ihren eigenen Vorstellungen und Hilferufen von
seiner Seite erhöhten Nachdruck zu geben. Daß seine Frau es war
welche die Geschäfte leitete war ihm so natürlich, wie es andern
Frauen natürlich ist daß sich ihr Mann damit abgibt. „Deine
Mutter", klagte er wohl dann seiner Theresia, „hat einen recht garstigen Auftritt mit dem französischen Gesandten gehabt. Sie konnte
aus der Haut fahren vor Aerger — Mammá ha mancata di cre-
pare —, sie wird dir darüber ausführlicher selbst schreiben" . . .

In der That war es die Königin, mußte an der Seite eines
solchen Gemahls die Königin es sein, welche das politische und
häusliche Regiment führte, mit den wenig Freuden womit sich Eigenliebe und Eitelkeit unter andern Verhältnissen geschmeichelt fühlen
konnte, aber mit den unendlich mehrern Schmerzen und Leiden die
ihr klarer Blick lang früher durchschaute ehe Andere das Uebel in
seiner vollen Größe sich aufbäumen sahen. Oder war es nicht zu verwundern wenn sie zeitlich im Jahre 1797 in einem an Papst Pius VI.
gerichteten Schreiben[1] ihrer Ahnung Ausdruck lieh: „Ich befürchte,
Heiliger Vater, daß wir noch lang nicht am Ende sind, und daß jetzt
noch schlimmere Unfälle bereitet und angesponnen werden um die Stand-
haftigkeit der Völker zu erschüttern und die wenigen Regierungen zu
zerstören die noch an den äußersten Enden dieser stolzen aber unglücklichen Halbinsel übrig sind"?! Wie begründet dieses trübe Vorgefühl
war sollte sich schon im nächsten Jahre zeigen, wo man von einem
aufgefangenen Briefe Buonaparte's wissen wollte der die Phrase

---

für mich in der halben Dämmerung des großen Saales etwas schauerliches . . .
Der Besuch Sr. Majestät dauerte sehr kurz und der geisterhafte Zug kam
wieder zurück".

[1] Deutsch bei Rehsues Briefe aus Italien II S. 305—310; das
Schreiben datirte vom 22. März.

enthielt: „Man muß Neapel von einem ihm fremden Monarchen befreien und die Königin nach Venedig schicken". Zwei Jahre später am 4. Februar 1801 ließ der Erste Consul durch Talleyrand den spanischen Friedens=Fürsten wissen, man werde Neapel eintretenden Falles dem Prinzen von Parma zutheilen, und vielleicht würde sich das Schicksal des Königreiches nach den unglücklichen Feldzügen von 1799 und 1801 erfüllt haben, wenn sich nicht damals der sieges= trunkene Erste Consul durch die fürsprechende Dazwischenkunft Kaiser Paul's hätte beschwichtigen lassen [1]. Aber die Furcht vor einer solchen Katastrophe verließ Karolinen von da keinen Augenblick, und wenn sie alle ihre Kräfte anstrengte, nach jeder Seite Hilfe und Unterstützung, suchte, wenn sie vom Kampfe nicht ablassen wollte und jede Gelegenheit erspähte wo sie zu dem Ziele zu gelangen hoffte sich und die Ihrigen vom Untergang zu retten, das ihnen vorenthaltene Eigen zu schützen oder zurückzugewinnen, so war das wohl alles andere als Herrschgier zu nennen.

Karolina hat nie ein Hehl daraus gemacht daß die Last der Geschäfte auf ihr ruhe, aber sie hat dies nie auf Kosten ihres Gemahls gethan. Mit Fremden, die ohne beengendes Ceremoniell bei ihr Einlaß fanden, liebte sie es von den auswärtigen Verhältnissen zu sprechen, die Grundsätze ihres Schaltens zu entwickeln, auch über Regierungs= kunst im allgemeinen sich auszulassen. Sie legte dabei vielseitige Belesen= heit in ältern und neuern Schriftstellern an den Tag; von letztern zeigte sie große Bewunderung für Friedrich II. von Preußen, dessen Werke sie studierte und ganze Stellen daraus hersagte. Sie kannte sehr wohl ihre Feinde, sie wußte welch' böswillige Gerüchte diese über sie in

---

[1] Mit einer Leichtfertigkeit und einem Cynismus ohne gleichen heißt es bei Thiers zu Anfang des l. IX: „Sans l'intérêt témoigné par l'Empereur de Russie en faveur de cette cour, le premier consul aurait peut-être donné tout de suite à la maison de Parme le royaume de Deux-Siciles, afin d'ar- racher ce beau pays à une famille ennemie" . . . Die Weisung des Ersten Consuls an Talleyrand vom Jahre 1801 s. Corresp. Nap. VII S. 4: „Que l'ambassadeur fasse sentir au Prince de la Paix qu'au lieu de la Toscane c'est Naples même que nous pourrions donner au jeune prince de Parme, royaume sur lequel il a des droits incontestables" . . .

Umlauf festen, welcher Unthaten und Grausamkeiten sie von ihnen
beschuldigt wurde. Sie hat nie etwas gethan diese Verläumdungen vor
der Oeffentlichkeit zu widerlegen, sie hat dies unter ihrer Würde
gehalten. Sie hat es aber auch aus Pflichtgefühl da unterlassen wo
ihre Vertheidigung nur auf Kosten Anderer, denen sie Schonung
angedeihen lassen mußte, hätte geschehen können. Als sie einstmal von
ungerechten Anschuldigungen hörte die gegen sie in Umlauf waren,
die aber eigentlich ihren Mann angingen, sagte sie: „Da der König
einmal so ist, bringt es im Grunde weniger Nachtheil wenn das Volk
mit mir unzufrieden ist als mit ihm". Karolina baute auf das Urtheil
der Nachwelt: „Ich überlasse meine Rechtfertigung", schrieb sie einmal
ihrer Tochter Theresia, „der Zeit und dem Himmel — je laisse mes
justifications au temps et au ciel!" .. Nun was die Zeit betrifft,
die Nachwelt so weit sich deren Stimme in der Geschichtsschreibung ver-
körpert, so ist sie Karolinen jene Genugthuung ziemlich lang schuldig
geblieben!

*　　*　　*

Nicht bald verflochten sich bei einem Regierenden politische
Thätigkeit in solchem Grade mit den Sorgen um ihre Familie wie bei
Karolinen, die in dieser wie in manch' anderer Hinsicht das treue
Abbild der großen Theresia war.

Maria Karolina hatte ihrem königlichen Gemahl in den Jahren
1772 bis 1793 nicht weniger als achtzehn Kinder geboren, von denen
aber in der Zeit mit der wir uns zu beschäftigen anfangen nur sechs am
Leben waren. Von den drei ältesten war, wie wir wissen, Theresia
an den Kaiser Franz, Louise an den Großherzog von Toscana vermählt, der Erbprinz Franz hatte die Erzherzogin Clementine gefreit.
Letzterer war seit 15. November 1801 Witwer, im Besitze eines
Töchterleins Karolina, geb. 5. November 1798, das sich sehr hoffnungs-
voll entwickelte, gesund, voll Munterkeit und Geist, ehrliebend, dabei
gutmüthig. Nicht ganz ein Jahr darauf, 18. September 1802, war
Louise gestorben die ihrem Gemahl vier Kinder, einen Prinzen und drei
Prinzessinnen, zurückließ. Im folgenden Monat October 1802 hatte

eine Doppelheirat zwischen den neapolitanischen und spanischen Bourbons stattgefunden: der verwitwete Erbprinz Franz hatte die noch nicht vier=zehnjährige Prinzessin Maria Isabella, geb. 6. Juli 1789, Tochter König Karl IV. von Spanien, und der dortige Prinz Ferdinand von Asturien die jüngste von den lebenden Prinzessinnen von Neapel, Antoinette, im Familienkreise „Toto", geb. 14. December 1784, zum Altar geführt. Im älterlichen Hause befanden sich jetzt noch die beiden Prinzessinnen Christina, von Aeltern und Geschwistern „Mimi" geheißen — Maria, welchen Vornamen alle Prinzessinnen trugen —, und Amélie, geb. 17. Januar 1779 und 26. April 1782, dann Prinz Leopold, geb. 2. Juli 1790, auf den Karolina große Stücke setzte. Es war ihre mütterliche Freude und Genugthuung ihn körperlich gedeihen, in allen Leibesübungen gewandt und anstellig zu sehen; dabei entdeckte sie in ihm eine Menge Fähigkeiten und, was sie am höchsten anschlug, „ein großes Ehrgefühl womit man alles bei ihm ausrichten kann". Als Leopold in das Alter kam wo er die heilige Firmung empfangen sollte hielt ihn die Mutter acht Tage in ernster Vorbereitung, die drei letzten fast in gänzlicher Abgeschiedenheit, und erkor, damit sich dem Knaben die Erinnerung an diese ernste Feier um so fester ein=präge, dafür den 12. Juni als Vorabend des Gedächtnistages der Wiedereroberung des Königreiches, und Cardinal Ruffo, der glückliche Sieger von damals, mußte Pathenstelle bei dem Firmling vertreten [1].

Besonders innig war das Verhältnis zwischen Mutter und Töchtern. Die Kaiserin von Oesterreich war, wie sich denken läßt, ihr Stolz, ihre Hoffnung und Stütze, und da man in Hofkreisen und in der Hauptstadt diese Stimmung kannte so ging in Wien kein bedeu=tendes Familien=Ereignis vorüber das nicht in Neapel durch öffentliche Freudenbezeugungen, Stadtbeleuchtung u. dgl. oder im Gegentheil durch Anlegung allgemeiner Trauer theilnehmend mitbegangen wurde. Ihrer

---

[1] Karolina an Theresia 13. Juni 1805: „Cet après-dîner nous irons à St. Antoine, jour célèbre pour nous de la bataille au pont de la Madeleine et de la reconquête du Royaume; hier Léopold a été confirmé, il a été pen-dant huit jours en retraite et trois très stricte, il a été très dévot et pénétré de son devoir, notre brave Cardinal Ruffo a été son parrain".

Aeltesten gegenüber — „ma première tendresse“ nennt sie sie zu=
weilen — vergaß sie zu Zeiten selbst die Mutter und sah in Theresien
nur die so viel mächtigere Fürstin die ihr ihre „Zärtlichkeit“, ihr
„Vertrauen“ bewahren möge, „deren vollen Werth ich erkenne und
deren ich mich nie unwürdig machen werde — j'en sens tout le prix
et ne le démériterais jamais“. Auch bereitete ihr Theresia mehr
als eine ihrer andern Töchter großmütterliche Triumphe. Maria
Theresia d. Ae. hatte ihrem Gemahl sechzehn Kinder geboren, Maria
Karolina dem ihrigen um zwei mehr, und Maria Theresia d. J. schien
Mutter und Großmutter noch überbieten zu wollen: in den ersten zehn
Jahren ihrer Ehe waren nur zwei wo es keinen frischen Ankömmling
gab. Für Karolinen waren, so oft sie das schon erlebt hatte, die letzten
Wochen der Entscheidung jedesmal voll Unruhe und Aufregung. Dabei
entspann sich manchmal zwischen Mutter und Tochter ein liebender
Meinungsstreit. Einmal scheint Theresia den Wunsch ausgesprochen zu
haben, es möchte ein Mädchen sein das sie zur Welt bringe; aber Karo=
lina war entschieden für Knaben: jeder sei, meinte sie, eine Stütze für
den Thron, dabei wisse man mit Prinzen doch immer etwas anzufangen,
sie irgend wohin zu stellen, aber ein Mädchen wenn es in die Jahre
komme, welche Sorge für es eine passende Wahl zu treffen! Kam
dann endlich die lang erwartete Nachricht daß alles glücklich abgelaufen,
und war es gar ein Prinz, dann kannte sich die Königin nicht aus
vor Freude, lachte und weinte, und all die Ihrigen, ihr Hofstaat, ganz
Neapel mußten sich mit ihr freuen, mußten mit ihr jubiliren [1]).

---

[1]) Heben wir ein Beispiel heraus! Es war im Spätherbst 1802 wo in Wien
abermals eine Entbindung bevorstand. Am 28. November schreibt Karolina,
nachdem sie von den Sorgen und Kümmernissen ihrer Lage gesprochen: „J'espère
que tout me sera compensé en apprennant vos heureuses couches, et d'un beau
garçon, j'en suis bien occupée et prie et fais prier Dieu pour vous“. Vierzehn
Tage später hält sie es vor Ungeduld kaum mehr aus, 13. December: „Chaque
bruit de jour comme de nuit je crois que c'est la nouvelle de votre henreux
accouchement, et votre bon cœur serait touché de voir tout l'empressement
que moi, toute ma chère famille et maison met à votre précieuse santé et
conservation“. Endlich kam die lang ersehnte Nachricht durch einen Wiener Hof=
bediensteten Sebastian Schmidmayr; am 7. December war die Entbindung glücklich

Von den ledigen Töchtern war Karolinen die ältere, die sanfte „Mimi" an's Herz gewachsen, ein stilles anspruchloses Geschöpf das keinen Willen kannte als den ihrer Aeltern, während die jüngere Amélie, wie es scheint, durch ihr lebhaftes Wesen und eine gewisse Selbständigkeit manchmal zu schaffen machte; mit den Jahren zog sie aber von der gesetztern Mimi an, was ihrer Mutter zu großem Troste gereichte. Alle Töchter, auch wenn sie jahrelang aus dem älter= lichen Hause waren, hingen mit einer rührenden Liebe und Ehrerbietung an ihrer Mutter, was diese in vollstem Maße verdiente: sie die ihre Küchlein, auch wenn diese nicht mehr unter dem unmittelbaren Schutze ihrer Fittige waren, nicht aufhörte im Auge zu halten, die Sorgen

---

erfolgt und zwar, wie es sich die Großmutter gewünscht hatte, von einem Knaben der die Namen Franz Karl erhielt. Am 21. December meldet Karolina „l'heu- reuse arrivée de Schmidmaer" und schreibt dann: „J'en aie pleuré de con- solation, béni Dieu et en suis encore dans l'ivresse, vos chères lettres, vos charmantes recherches, attentions ont augmenté mon ivresse, tendresse, con- solation, que Dieu vous bénisse, console comme mon sincère cœur en prie Dieu, qu'il vous rende heureuse et contente, je ne puis parler que de cela, ne pensant, ne respirant que cela". Dann am 31: „Ce cher nouveau né sera, j'éspère, votre consolation, il porte un nom si cher et de bon augure et moi-même je me sens une tendresse particulière pour ce cher enfant" . . . Der Ueberbringer der frohen Botschaft wurde am Hofe von Neapel mit einer Aufmerksamkeit behandelt wie ein Prinz. Erst gab ihm Karolina einen Begleiter mit damit er sich, da er des Italienischen nicht kundig, in Neapel zurechtfinde und alle Sehenswürdigkeiten in Augenschein nehme; nachdem er dies zehn volle Tage genossen wurde er nach Caserta beschieden um ihm auch dort alles zu zeigen; dann sollte er mit der königlichen Familie nach Neapel zurück; erst um Mitte Januar wollte ihn die Königin in seine Heimat entlassen. — Am 8. Juni 1804 kam eine Erzherzogin zur Welt, Maria Anna; die Königin schreibt am 19.: „Enfin nous sommes en trois jours de grand galla, illumination, on sait com- bien vous m'êtes chère, aussi on fait à qui peut plus pour me témoigner leur attention". Eben so am 17. September 1805, nach der Geburt Johann Nepomuk's: „Enfin le plaisir fut général, galla, illuminations, contentement général, car vous êtes bien chérie et aimée." . . . Auch ihren Freundinen wünschte sie lauter Buben. Als im April 1805 die Frau des kaiserlichen Gesandten Mutter wurde berichtete sie das Ereignis nach Wien, aber in einem gewissen bemitleidenden Tone: „La pauvre Kaunitz est heureusement accouchée, mais encore d'une fille" . . . Und das war dieselbe Frau die, nach Ehren=Gorani, einen ihrer Prinzen nach dem andern aus dem Leben schaffen wollte!

der nun selbst Gattin und Mutter Gewordenen auf das lebhafteste theilte, ihnen in allen Lebenslagen mit ihren Erfahrungen, ihren Rath= schlägen zur Seite stand; sie deren Arme, wenn einer von ihnen in der rauhen Fremde hart begegnet wurde, stets offen standen sie wieder aufzunehmen und an ihre liebende Brust zu drücken! Selbst den Verkehr der abwesenden in so verschiedene Lagen versetzten Geschwister unter einander hielt die Mutter im Auge, theilte dem einen die Nach= richten des anderen mit, mahnte Theresien, wenn sich etwa „Toto" in Madrid in Besorgnis zeigte weil sie auf wiederholte Botschaften nach Wien keine Antwort erhalten, mit sanftem Vorwurf, ihre minder glückliche Schwester nicht ganz ohne Lebens= und Liebeszeichen zu lassen. Doch wie sie selbst voll Aufmerksamkeit für ihre Abwesenden war; wie sie z. B. am Ostertag einen Theil der geweihten Speisen für die Entfernten zurückließ und an deren Platz und Stelle für die= selben verzehrte um mindestens im Geiste ihre Kinder alle um sich zu haben[1]); wie sie keinen der Gedächtnistage ihrer zahlreichen Ange= hörigen je unbeachtet vorübergehen ließ, so forderte sie von ihren Kindern das gleiche, und wenn sie sich in diesem Punkte übergangen sah schützte auch der kaiserliche Rang ihre Aelteste nicht vor den Vorwürfen, ja vor den unverhohlenen Rügen womit sie ihre beleidigte Mutterwürde glaubte wahren zu müssen. Als während einer Rundreise die Kaiser Franz mit seiner Gemahlin durch Mähren und Böhmen machte, Briefe der letztern mehrere Wochen lang ausblieben, während die Königin in gewohnter Weise ein Schreiben nach dem andern an sie abgehen ließ, riß ihr zuletzt die Geduld. „Ich werde Dir", schrieb

---

[1]) 1803 12. April: „Le jour de Pâques tout en faisant mes dévotions je vous ai avec le cher Empereur et toute votre chère famille indignement recommandé à Dieu, puis au déjeuner de Pâques j'ai pris votre portion et celle de la chère Antoinette, et au moins en idée me suis réunie avec vous. Je suis comme sont les vieilles femmes tenant infiniment à toutes les usages, choses; mais tout cela est affaire du cœur et d'un cœur tendrement attaché à ses enfants". 1. April 1804: „J'ai le matin au déjeuner de Pâques mangé un petit morceau à votre place, pensant à vous, j'ose vous envoyer l'enfantise de deux œufs etc." 13. August 1805: „J'ai mis de vos cheveux et de ceux d'Antoinette pour vous avoir tous auprès de moi".

sie gegen Ende October, „jetzt noch bis in die ersten Tage November schreiben, dann aber, nachdem zwei Monate abgelaufen sind wo ich keine Zeile von Dir erhalten, gleichfalls meine Correspondenz einstellen und mich darauf beschränken für Dich zu beten." Aber selbst die erste Woche November verfloß ohne daß ein Brief kam, und nun wurde Karolina über dies „anstößige Stillschweigen — silence scandaleux" ernstlich böse: „Ich bringe es Gott zum Opfer dar daß Du sogar den Namenstag Deiner Mutter vergessen konntest, ein Umstand den ich um Deiner Ehre willen vor den Andern geheim gehalten, doch um so tiefer in meinem Innern empfunden habe" (13. November). Endlich zu Anfang December trafen zwei Schreiben auf einmal ein, und nun war schnell aller Groll vergessen, von der stärkern Mutterliebe besiegt: „Sprechen wir nicht mehr von dem langen Zwischenraum von zwei Monaten, ja mehr, die Du mich ohne Nachricht gelassen; es genügt mir daß Du einsiehst wie es mich schmerzen mußte daß Du so etwas vergessen konntest" (4. December). . . .

In der Zeit in der wir uns jetzt bewegen fing die Zukunft ihrer drei noch unversorgten Kinder Karolinen sehr zu bekümmern an. Die Wechselfälle die sie in den letzten Jahren erlebt hielten ihr unausgesetzt die Möglichkeit einer Wiederkehr derselben vor Augen, und was sollte dann aus den unverheirateten Mädchen, was aus dem unmündigen Leopold werden? Die Prinzessinen kamen allgemach in die Jahre, Mimi zählte ihrer fünfundzwanzig, Amélie zweiundzwanzig, und noch hatte sich für keine ein passender Freier gefunden. Die besorgte Mutter hatte zwar schon lang ihre Aufmerksamkeit dahin gerichtet jeder von ihnen ein Capital anzusammeln das ihnen, falls sie ledig blieben und bei einander leben oder aber jedes für sich seine Wege gehen wollten, eine sorgenfreie unabhängige Existenz sicherte. Sie hatte in solcher Richtung, wie es scheint schon während ihres Schönbrunner Aufenthaltes, die persönliche Mitwirkung ihres kaiserlichen Schwiegersohns angerufen, da sie die Zustände in Italien für viel zu schwankend und unsicher hielt um hier Gelder fruchtbringend anzulegen. Sie sparte und wirthschaftete für diesen Zweck, schränkte sich in ihrer Hofhaltung, in ihren laufenden Ausgaben ein, wie es nur irgend eine sorgsame Hausmutter zu thun vermag [1]). Allein den Ausblick nach Freiern unterließ sie dessenungeachtet nicht. Es wuchs kein Prinz an einem der befreundeten katholischen Höfe heran, es wurde kein Fürst in noch annehmbaren Jahren Witwer, wo sie nicht für eine der beiden Einsamen ihr Glück versucht hätte. Besonders lag ihr in dieser Hinsicht Ferdinand von Toscana, seit dem Luneviller Frieden Herzog und Kurfürst von Salzburg, im Sinn, dessen Gemüthsart und Charakter ihr vollends zusagte und den sie gern zum zweitenmal als Schwiegersohn gesehen hätte. Es beunruhigte sie lebhaft als sich Ferdinand 1803 längere Zeit in Sachsen aufhielt und viel davon gesprochen wurde, er habe es auf die Hand der dortigen Prinzessin Maria Augusta, Tochter des Kurfürsten Friedrich August, abgesehen, ein Project das auch Ferdinand's ehemaliger Erzieher und nunmehriger Staats-Minister Marchese Manfredini zu begünstigen schien. Diese Besorgnis erwies sich nun zwar als eitel; doch jetzt kam eine badische Prinzessin an die Reihe die man, wie Karolina sich schreiben ließ, dem jungen Witiber zuschanzen wollte. Auch damit hatte es bald seine weiten Wege, aber eine ihrer beiden Töchter heiratete Ferdinand doch nicht. Eine ähnliche Bewandtnis hatte es mit dem Erzherzog Joseph, Palatin von Ungarn, Witwer seit 16. März 1801, der eine Zeit mit einer russischen Groß-

---

[1]) An Kaiser Franz 1803 19. Januar. Sie nahm in dieser Hinsicht auch das Heiratsgut ihrer letztverstorbenen Schwiegertochter Clementine in Anspruch, „qui sont 200/m florins avec les intérêts depuis son mariage"; wenn sich die kleine Karoline dereinst vermählen werde, werde sie von Seite ihrer Aeltern das Heiratsgut sammt Interessen erhalten . . . Bei der Anlegung der verschiedenen Capitalien mußten ihr auch Gallo's Dienste behilflich sein, sie wollte alles in eine Hand bringen und dem Kaiser anvertrauen: „quand tout cela sera réuni je vous le manderai avec les facultés de tirer les capitaux et en acheter des terres, me fiant entièrement à vos soins et conseils". Um diese Zeit berechnete sie das Gesammtvermögen ihrer drei noch unversorgten Kinder auf mehr als 4000000 Gulden mit mehr als 200000 fl. Einkünften. S. auch das Schreiben vom 4. März 1804: „. . . Il faudra penser à d'autres moyens de réaliser et transporter les capitaux de mes enfants dans un pays plus sûr que celui-ci . . . Pour moi je n'ai rien et suis à chercher emprunt, moyens à avoir de quoi vivre en cas de malheur hors du pays".

fürstin in's Gerede kam, aber zuletzt weder diese noch eine andere
heiraten zu wollen schien. Auch auf den jungen Herzog Franz Joseph
von Modena warf Karolina ihre Blicke, allerdings nur unter der
Voraussetzung daß er zum Besitz seines Ländchens, das ihm die bösen
Franzosen abgenommen, wieder gelange; denn mit einem Prinzen der
nichts hatte war ihr nicht gedient.

　　In Rom weilte die sardinische Familie. Karl Emanuel kam ab
und zu nach Neapel wo er am 7. März 1802 seine Gemahlin verlor
und im Frati-Kloster bestatten ließ; er dankte zu Gunsten seines jüngern
Bruders Victor Emanuel der eine österreichische Erzherzogin zur Gattin
hatte ab, lebte von da an noch stiller und zurückgezogener als früher
und erschien in Neapel nur an den Gedächtnistagen seiner theuren
Verstorbenen. In seiner Gesellschaft befand sich dann häufig der
jüngste der Brüder, Karl Felix Herzog von Genua, der an der ältern
der beiden Prinzessinnen, der sanften Mimi, Gefallen fand und im
Herbst 1803 um ihre Hand bat. Christine hatte nichts dagegen einzuwenden: „jedenfalls sei er ihr lieber als der Herzog von Berry den
man ihr vorgeschlagen; aus seinen reifen Jahren" — er zählte damals
achtunddreißig — „und aus seinem ernsten Wesen mache sie sich nichts,
da er ihr dafür brav und vertrauenswürdig erscheine; übrigens wolle
sie sich einzig dem Wunsche ihrer Ältern fügen". Die Königin war
aber gegen diese Heirat, wohl hauptsächlich aus dem Grunde weil
der Prinz kein Vermögen besaß, sondern auf eine schmale Apanage
angewiesen war. Gesagt wurde ihm: die Zeiten seien zu unsicher,
nach hergestelltem Frieden, wenn er bis dahin seine Gesinnung nicht
geändert, möge er wieder anfragen ec.; und er zog traurigen Herzens
von dannen.

　　Wenn sich Karolina in der Auswahl ihrer Eidame jetzt schwieriger zeigte als dies vielleicht früher der Fall gewesen, so lag der
Grund wohl in den minder angenehmen Erfahrungen die sie an den
letzten beiden Heiraten in ihrer Familie gemacht hatte. Die Doppel-
Verschwägerung mit den spanischen Bourbons schlug ihr nach beiden
Seiten nichts weniger als gut an. Gegen ihre Schwiegertochter Isabella war gerade nichts einzuwenden, allein es war ihr auch, nach

Karolinens Begriffen, nichts zum Lobe nachzusagen; „sie ist gut weil sie eben nicht schlimm ist". Auch an dem Familienleben der beiden jungen Leute konnte sie nichts aussetzen: sie schienen einander zugethan; er hatte Gefallen am Landleben, stellte über alles seine Meierei wo er Landwirthschaft und Viehzucht treiben konnte, machte mit seiner Frau Spazierritte, führte sie im Fasching auf Bälle oder zu andern Vergnügungen. Isabella, fast noch ein Kind, nahm das alles hin, war halbe Tage zu Pferde, halbe Nächte beim Tanz, aber dies so wie alles andere mit einer Seelenruhe, mit einem Gleichmuth, mit einer Unempfindlichkeit konnte man sagen, die ihre Schwiegermutter mit dem Feuergeist, mit den überströmenden Gefühlen und Leidenschaften geradezu außer sich brachte. In der That, zwei einander so diametral entgegengesetzte Frauennaturen wie die stürmische fünfzigjährige Karo-lina und die regungslose fünfzehnjährige Isabella ließen sich kaum denken. Jene konnte sich gar nicht vorstellen was aus dem Haushalt ihres ältesten Sohnes werden sollte wenn dieses jetzt noch so junge Geschöpf um zwanzig dreißig Jahre älter sein werde. „Auf was ich am meisten begierig bin", schrieb sie an ihre älteste Tochter der sie die erste Schwangerschaft Isabellens mittheilte, „ist ob sie wohl für ihr Kind etwas empfinden wird; denn bis jetzt ist von einem solchen Gefühl bei ihr nichts wahrzunehmen." Als die Niederkunft heranrückte zeigte sich die junge Frau wohl nicht unempfindlich, allein in einer Richtung die ihrer Schwiegermutter abermals gegen den Strich ging. Karolina, allerdings eine alte Praktikerin, konnte es nicht begreifen wie sich eine Frau, die ihren Mann liebt und ihr künftiges Kind lieben soll, in solchem Grade vor der Niederkunft fürchten könne wie dies bei der Spanierin der Fall war. In den letzten Tagen vor der Entscheidung wollte die Prinzessin niemand um sich haben als ihre Schwiegermutter die sich ihr auch, obwohl selbst leidend und der Schonung bedürftig, in aufopfernder Weise hingab, wobei sie sich selbst durch die Ueberzeugung tröstete, es könne nur ein Knabe, ein künftiger Thronerbe sein den Isabella zur Welt bringen werde. Es war aber kein Knabe sondern ein Mädchen, das überdies seinen Eintritt in das Leben in einer Weise erkaufte welche die Geduld seiner Großmutter

auf eine harte Probe stellte: „denn da meine liebe Schwiegertochter
noch nicht wußte was eine Entbindung sei, machte sie ein Spectakel
und ein Geschrei wovon ich weder an mir noch an andern je ein
Beispiel erlebte, so daß außer dem Chirurgen und mir, die ich sah
wo das hinausging, alle Welt den Kopf verloren hatte. Obwohl
zwischen den kleinen und großen Wehen nicht mehr als fünf bis sechs
Stunden waren trieb sie es durch vierundzwanzig Stunden unauf=
hörlich fort, so daß wenig fehlte sie hätte sich um's Leben gebracht
und ihr Kind dazu, das ein schönes Kind ist" [1].

Die Gereiztheit Karolinens gegen ihre junge Schwiegertochter
hing mit jenem Misbehagen zusammen das ihr die Nachrichten von
ihrer eigenen Tochter am spanischen Hofe fortwährend bereiteten.
Ihre „Toto" fühlte sich in Madrid höchst unglücklich, verlassen, und
von Seiten ihrer nächsten Umgebung in demselben Maße mit Ränken
und Fallstricken umgeben als sie bei der Bevölkerung, vielleicht gerade
um jenes Umstandes willen, beliebt war. Erst war es die Gleichgil=
tigkeit ihres Gemahls der sie vernachläßigte, während ihr die Schwieger=
ältern Wohlwollen entgegenzubringen schienen. Aber binnen kurzem
war das Verhältnis umgekehrt: der Gatte näherte sich ihr, stand ihr
theilnehmend und treu zur Seite, und jetzt waren es jene, vor allem
die Königin, die gegen sie erkalteten, ja feindselig gegen sie auftraten.
Die junge Frau wurde in ihrer traurigen Lage, über die sie Lecture
und weibliche Arbeiten nur zeitweise hinaushoben, von einer solchen
Traurigkeit und Melancholie befallen daß sie es als ihr größtes Glück
ansah wenn sie zu ihrer Mutter hätte gehen und wieder leben können
wie vordem; „sie könne es nicht begreifen", schrieb sie, „wie ihre

---

[1] Louise Karolina, geb. 24. October 1804 ... Ueber Karolinens Stimmung gegen Isabellen siehe noch Caserta 1803 25. Januar: „Isabelle saute,
danse, mais le tout sans âme ni peine ni plaisirs". Dann 1804 27. März:
„Ma belle-fille cette nuit a due être saignée, car elle a prise tout d'un coup
et sans la moindre cause physique, car de moral elle en est insusceptible,
une violente convulsion" ꝛc. Portici 17. April, wo sie über den guten Fortgang
der Schwangerschaft Isabellens schreibt und ihr dabei das Prognostikon stellt:
„mais je crois que trois ou 4 enfants la rendront relâchée, vieille, vilaine,
voilà mon opinion vu sa structure que je me garde bien de dire".

Schwestern wünschen könnten sich zu verheiraten, wo sie sich nach nichts sehne als in die Erziehung zurückzukehren wo sie viel glücklicher und freier gewesen". Der Widerwille der Schwiegermutter ging mit der Zeit in förmlichen Haß und Verfolgung über; sie verleitete die Umgebung der Prinzessin ihr Spionendienste zu verrichten, und jagte solche die sich dazu nicht hergeben wollten vom Hofe. Da bald zwei Jahre ihrer Ehe vergangen und noch immer keine Anzeichen da waren daß Antoinette Mutter werden könnte, brachte die Königin sie in den Verruf eines garstigen Leidens das sie für immer hindere Kinder zu bekommen und ließ von einem eigens berufenen Arzte, Mescos(?) mit Namen, einen ausführlichen Befund darüber ausstellen den ihr Gemahl an König Ferdinand nach Neapel schicken mußte [1]. Da kamen wenig Wochen später dringende Anzeichen zum Vorschein daß sich die Prin= zessin in interessanten Umständen befinde. Ihre Mutter jubelte über diese Nachricht: „Das ist ein wahres Wunder der göttlichen Gerech= tigkeit und Erbarmung das all' diesen erbärmlichen Lügen und Schur= kereien ein Ende machen wird . . . Und wie muß diese Königin erröthen und in Wuth gerathen, während ich zittere vor Freuden und die ganze brave spanische Nation das größte Vergnügen darüber empfindet!" Gern wäre sie zu ihr hinübergeeilt um ihr in der bevor=

---

[1] 1803 8. Februar: „Ma chère sage et bien aimée Toto . . . est malheureuse à tout égards, mais se conduit bien. Si Dieu la fortifie, con- serve, j'espère qu' elle nous fera honneur pourvu qu'elle n'y succombe pas". 16. August: Toto müsse viel Chinin einnehmen was sie sehr herabbringe „et elle a une grande hypocondrie, mais grâce à Dieu, elle est enfin unie et la femme du prince des Asturies". 1804 21. October: „Son époux est tout pour elle, mais sa belle-mère est une vraie scélérate, j'en crains tout, n'ayant ni réligion ni mœurs ni aucun principe d'honnêteté. On ne pourra jamais croire le tripot, désordre, infamies de cette maison, ce que m'écrit ma fille et tous ceux qui en viennent". 27. October: „La vilaine Reine a chassé les deux fidèles Ochiers, fait partir la St. Teodoro avec ses enfants et ordonné au Duc am- bassadeur de ne plus venir au palais et partir au plus vite, et tout cela parce qu'ils ne lui reportent point ce que ma fille et son mari font dans leurs appartements". Vgl. Cresceri 6. November 1804 C: „La precipitosa partenza da Madrid verso Parigi della Duchessa di S. Teodoro, Ambasciatrice di Napoli, il di cui marito dipoi ricercò di poter andarsene in congedo di alcune mesi, molto esercita le menti di questi sfaccendati novellisti".

stehenden schweren Stunde zur Seite zu stehen, und noch lieber würde sie
die Tochter und den Schwiegersohn auf längere Zeit zu sich genommen
haben; doch weder das eine noch das andere ließ sich ausführen . . .
Leider sollte der Triumph Karolinens nicht lang dauern: die arme
Toto machte eine Frühgeburt, und auch ein zweitesmal, wo sie wieder
in die Hoffnung kam, war der Erfolg kein günstigerer.

Maria Karolina lebte, seit sie aus ihrem Geburtslande zurück=
gekehrt war, fast ausschließend im Schoße ihrer Familie. Wenn sie
Theater besuchte, Bälle oder musikalische Unterhaltungen veranstaltete
— in letzterer Beziehung stand Paisiello bei ihr in großer Gunst —,
Ausflüge nach Pompeji machte wo die Ausgrabungen in frischem Zuge
waren, oder den Vesuv bestieg der wieder einmal unruhig wurde, so
geschah es fast nur um ihren Kindern und ihrer Schwiegertochter einige
Zerstreuung zu verschaffen. Ihren Gemahl hatte sie selten um sich,
er war bald da bald dort auf Sport, und am eifrigsten dann wenn
es im Cabinet irgend eine verdrießliche Angelegenheit gab. Man wird
aus ihrem reichen Briefwechsel kaum ein und das andere Schreiben
herausfinden wo der König nicht auf der Jagd oder beim Fischfang
ist, oder davon herkommt oder dahin gehen will, nach Pescara am
adriatischen Meere, oder nach Persano nächst dem Golf von Salerno,
zur künstlichen Austernzucht im See von Fusaro der alljährlich vor
Weihnachten abgefischt zu werden pflegt, oder nach Venafro wo es
Eber zu tödten gibt, was den armen geplagten Mann oft wochenlang
vom Hause fernhält. Bei wichtigern Phasen, wo seine Vergnügungs=
sucht doch gar zu peinlich gegen den Ernst und die Schwierigkeit der
Lage abstach, weiß Karolina ihren Kindern gegenüber immer irgend
einen entschuldigenden Vorwand herauszufinden: entweder ist es seiner
Gesundheit wegen, oder die Sache greift ihn zu stark an, er bedarf
der Ablenkung, der Zerstreuung, oder es ist eben die günstigste Zeit
für einen gewissen Sport den man ja nicht versäumen dürfe.

Der Lieblingsaufenthalt Ferdinand's war um diese Zeit Belve=
dere; die Königin mit den Kindern hielt sich in der Favorita bei
Portici, und noch lieber in Caserta auf, in dessen Nähe der Kron=

prinz seine Meierei hatte. Ihre Hauptstadt war seit den Ereignissen
der letzten Jahre sowohl dem König als der Königin ein unangenehmer
Aufenthalt; jedes Zimmer, jeder Platz, jeder Schritt und Tritt er=
innerte sie an die Dinge die da vorgefallen waren. Neapel war Karo=
linen jetzt ein Vulcan, ein Herd unausgesetzter geheimer Anschläge und
Verschwörungen, ein Pulverfaß das nur eines hineinfallenden Funkens
bedürfe um alles in die Luft zu sprengen. Eines Morgens fanden sich
kleine Nadeln im Frühstück=Kaffee und die Königin hielt sich überzeugt
man habe dieselben absichtlich hineinzuschaffen gewußt, wie sie denn
überhaupt seit der Revolution sich und die Ihrigen von Gift und
Rache, von Mord und Wegschleppung bedroht sah; „denn von all
diesen Dingen haben wir traurige Beispiele". War man auch auf
dem Lande nicht frei von aller Gefahr, so waren es die Naturkräfte
denen man gegenüberstand und die keinen bösen Willen hatten. Um
die Mitte März 1803 schlug der Blitz in jenen Theil des Schlosses
von Caserta ein wo die Appartements der Prinzessinnen waren; doch
diese befanden sich glücklicherweise mit ihrer Mutter bei der Predigt,
und auch sonst verlief das Ereignis ohne andere Folgen als daß drei
Personen vom Hofstaat zu Boden geworfen wurden.

So kam man denn nach Neapel nur wenn man mußte, etwa
um der Töchter willen die doch etwas vom Carneval genießen sollten,
oder um einem verdienten Manne eine Aufmerksamkeit zu erweisen,
etwa Acton der, wie es scheint während seines sicilischen Aufenthaltes
1800, eine junge Verwandte zur Frau genommen hatte und bei dem
nun schon zum zweitenmal Kindstaufe war wobei der König und
die Königin Pathenstelle vertraten[1]), oder wegen einer staatlichen

---

[1]) Das erste Kind war im Herbst 1801 in Palermo geboren und von
Marchese del Vasto im Namen des Königs aus der Taufe gehoben worden; das
zweite, ein Knabe der den Namen Karl erhielt, kam am 6. März 1803 zur Welt,
und die heilige Handlung wurde mit großem Gepränge in Gegenwart des Königs
und der Königin die geflissentlich von Caserta gekommen waren, und mit vier
Engländern als Zeugen, in Neapel begangen; Cresceri 12. März 1803 A. So
angenehm diese Veranlassung war und so hoch Acton in ihrer Gunst und Dank=
barkeit stand, fühlte sie sich über den Aufenthalt in der Hauptstadt doch sehr un=
glücklich: „Je me trouve à Naples toute isolée", schreibt sie am 8. an ihre

Function z. B. feierlichen Empfangs eines Gesandten. Ferdinand ließ es sich von seiner Gemahlin jedesmal hoch anrechnen wenn sie es über ihn gewann sich aus solchem Anlasse wieder einmal in Neapel zu zeigen. Dabei mußte man noch gute Miene zum bösen Spiele machen und sich freundlich gegen Personen zeigen die man im Innern haßte und verwünschte. Das war nach der allgemeinen Amnestie, die der König 1803 an seinem Geburtsfeste ertheilte, ärger als vordem weil jetzt alles zurückkehren und sich bei Hofe zeigen durfte, ja sich zeigen mußte um nicht halsstarrig zu scheinen und neuen Verdacht zu erregen. Ueberall in der Oeffentlichkeit begegneten der König und die Königin jetzt Gesichtern, deren Träger in den letzten Jahren eine schimpfliche oder doch zweideutige Rolle gespielt hatten; davon durften aber die Majestäten nichts merken lassen, mußten sich stellen als ob sie nichts wüßten, sich an nichts erinnerten, was für eine Frau von den lebhaften Gefühlen Karolinens eine wahre Marter war [1]).

Tochter Theresia, „votre père allant à droit et à gauche je suis fine seule dans ce vilain palais que je n'aime point ... J'ai arrangé ma bibliothèque, il y a trois chambres, cela a été un grand amusement pour moi, et je la regarde comme une ressource et distraction dans les malheurs" ... Siehe auch 1803 24. Mai: „J'avoue, le séjour dans ce palais dépouillé, où chaque place fait resouvenir d'une abomination, me fait frémir" ...

[1]) 1803 15. Januar: der König habe „accordé le total oubli et permis de venir à la Cour, tous sans exception avec un paternel dépêche, tous les criminels de haute trahison" ... 19. Februar: „Cela a été une démarche nécessaire, le nombre des coupables étant trop grand et faisant trop d'inimitié contre la souveraineté que cet éloignement" ... 4. October: „Le Roi donne un grand bal à la Favorita. Ce qui m'est une rude besogne, car il faut faire compliments, cérémonies, voir tous les espèces de visages, feindre ne les pas reconnaître, enfin un grand tourment". Obwohl es von Ulloa Marie-Caroline d'Autriche etc. (Paris 1872) S. 16 bestritten wird, müssen sich nach der Amnestie vom Mai 1800 Gründe ergeben haben die Giunta di Stato neuerdings in Thätigkeit zu setzen. Irgendwo fand ich, der königliche Befehl vom 11. Januar 1803 habe gelautet: die Giunta di Stato habe die schwebenden Processe zu beschleunigen, die Urtheile zu schöpfen, dann die Acten zu verbrennen und ihre Wirksamkeit einzustellen.

Zweites Buch.

Alquier und Gouvion Saint-Cyr.

---

4. Streit um Malta — Wiederausbruch der Feindseligkeiten zwischen Frankreich und England — Französische Einquartierung im Königreiche Neapel 1803.

In den ersten Monaten 1803 fand am Hofe von Neapel mehrfacher Gesandtenwechsel statt. Der britische Minister Drummond wurde in gleicher Eigenschaft nach Constantinopel versetzt und ließ die mittlerweilige Führung der Geschäfte in den Händen des Gesandtschafts-Secretairs A'Court. Sein Nachfolger Sir Hugh Elliot traf in Neapel erst in der zweiten Hälfte Juni auf einer Fregatte ein auf welcher er sich am 20. Mai in Plymouth mit Admiral Nelson, der nun wieder den Oberbefehl über die britische Mittelmeer-Flotte übernahm, eingeschifft hatte. Von österreichischer Seite war Graf Ferdinand Colloredo-Mansfeld, Sohn des Reichs-Vice-Kanzlers Fürsten Franz, für den Posten in Neapel ausersehen, während von da Commandeur Alvaro Ruffo aus dem fürstlichen Hause de la Scaletta nach Wien bestimmt wurde. Indessen konnte Colloredo, zur Zeit kur-böhmischer Gesandter bei der Reichsversammlung zu Regensburg, „wegen der dermaligen wichtigen Verhältnisse Deutschlands" nicht sogleich nach Neapel abgehen — die Geschäfte führte inzwischen der kaiserl. Gesandtschafts-Secretair Baron Cresceri —, und auch Ruffo's Abreise nach Wien verzog sich bis in den Sommer.

v. **Helfert.** Karolina von Neapel u. Sicilien.   7

Ju Paris war Neapel durch den gewandten, seinem Hofe ergebenen und auch vom Ersten Consul geschätzten Marchese Gallo vertreten, den wir bei den Friedensverhandlungen von Campoformio kennen lernten, der darauf einige Jahre Statthalter in Sicilien, dann Gesandter bei der cisalpinischen Republik gewesen war. Vertreter Frankreichs in Neapel war seit dem Frieden von Florenz Charles Jean Marie Alquier, einer von denen die für den Tod Ludwig XVI. gestimmt hatten, obwohl nur bedingungsweise; starrer Republicaner, so schien er wenigstens damals; eitel selbstgefällig empfindlich. Die Königin hatte sich mit ihm seit ihrer Rückkunft aus Wien auf guten Fuß zu stellen gewußt; sie hatte ihre kleinen Coquetterien mit ihm und störte ihn nicht in seiner Einbildung den Hof und die Regierung von Neapel und Sicilien in seiner Tasche zu haben. Sie zeigte Bewunderung für den Gewaltigen in Paris und äußerte sich über ihn gegen Alquier in ähnlicher Weise wie sie das in Wien gegen Champagny gethan hatte: „Gewiß kann man mir es nicht übel nehmen daß ich Ihren Buonaparte nicht liebe; und doch würden mich vierhundert Lieues nicht reuen ihn zu sehen. Wenn ich es wagen dürfte mich mit diesem großen Manne zu vergleichen, würde ich sagen wir haben eine Seite miteinander gemein: die Ruhmliebe. Aber er hat sein Ziel im Großen verfolgt und erreicht, während ich den Ruhm in den Büschen suche und mir dabei nur die Fingerspitzen blutig ritze. Wenn Sie ihm schreiben sagen Sie ihm daß ich nicht aufhöre die Geschicklichkeit zu bewundern womit er eine Zeit zu benützen verstanden wo Friedrich und Katharina vom Schauplatz der Ereignisse verschwunden sind und wo auf den europäischen Thronen nur Schwächlinge sitzen"[1]). Man war am Hofe von Neapel voller Aufmerksamkeiten für den Ersten Consul, sandte ihm interessante Funde aus Pompeji, ganze Ladungen von alten Kunstwerken, kostbare Gemälde u. dgl. Leider dauerte es nicht sehr lang daß die Beziehungen der Königin Karolina zu Frankreich und dessen Vertreter so freundliche blieben, und sicher lag die Schuld nicht an ihr wenn sich jenes Verhältnis trübte.

---

[1]) Lefebvre Hist. des Cabinets II S. 40 f).

In dem Vertrage von Florenz war, wie sich der geneigte Leser erinnern wird, laut eines geheimen Artikels bedungen worden daß Neapel und Sicilien ihre Häfen den kriegführenden Parteien, also besonders England, schließen und daß zur Bürgschaft dessen französische Truppen den südöstlichen Theil des Königreichs so lang besetzt halten sollten bis dem Kriege ein Ende gemacht sein werde. Letzteres war durch den Friedenschluß von Amiens geschehen und die Franzosen hatten in Folge dessen das neapolitanische Gebiet allmählig geräumt. Gleichwohl war ein Zankapfel zurückgeblieben der den Keim neuer Feindschaft zwischen Frankreich und England barg. Es war dies die Insel Malta welche die nach Aegypten segelnden Franzosen dem Johanniter-Orden, und nachher die Engländer den Franzosen weggenommen hatten. Der Johanniter-Orden hatte sich mittlerweile die Gunst des launenhaften Kaisers Paul zu erringen gewußt, den schismatischen Fürsten sogar zu seinem Großmeister erwählt und Papst Pius VI. hatte, um der einst so vielverdienten Ritterschaft zu ihrem Eigen zu verhelfen, diese Wahl gelten lassen; es war auch erzählt worden, der heilige Vater wolle sich, falls die Insel den Maltesern zurückgegeben würde, in Person auf selbe ziehen und das Schriftwort buchstäblich wahr machen: „supra hanc petram aedificabo ecclesiam meam“. Kaiser Paul hatte damals mit dem Ersten Consul auf gutem Fuße gestanden, und so war denn im Frieden von Amiens ausgemacht worden England habe Malta seinen früheren Herren wieder einzuräumen. Inzwischen war Kaiser Paul dahingegangen, 23./24. März 1801, sein Nachfolger theilte nicht die Leidenschaft des Verstorbenen für die Johanniter, und wenn er gleich in der ersten Zeit das freundschaftliche Verhältnis mit Buonaparte fortsetzte so that sich doch bald an seinem Hofe eine Partei hervor die dem Umsichgreifen der Franzosen in den Niederlanden, in der Schweiz und ganz besonders in Italien mit mistrauischen Blicken nachging. Schon im Frühjahr 1802 hatte man in St. Petersburg gegen den österreichischen Botschaftsrath Hudelist Andeutungen fallen lassen, nur eine neue Coalition könne solchem Gebahren Schranken setzen. Zu jener Zeit war auch der Plan aufgetaucht, Malta als Ersatz für den Verlust von Elba und Piombino

7*

an Neapel abzutreten. Alle diese Umstände hatte England zum Vor=
wand genommen um mit der Herausgabe des Felseneilands zu zögern.
Dem Plane dasselbe an Neapel abzutreten zeigte es sich anfangs
nicht abgeneigt, falls ihm statt Malta die Insel Lampadosa nächst der
Nordküste von Africa abgetreten würde. Im Grunde legten aber die
Briten doch den größern Werth auf Malta, und als im Juli 1802
ein neapolitanisches Geschwader den Obersten Mirabelli mit 2000 Mann
auf die Insel brachte, zu deren Gouverneur der Fürst von Pantellaria
ernannt wurde, räumten sie jenen nichts weiter als zwei Forts ein
und behielten den Haupttheil in eigener Hand.

Die Malta=Frage nahm größere Verhältnisse an als Rußland
sich ernster mit der Weltlage, mit der Herstellung des europäischen
Gleichgewichtes zu beschäftigen anfing. „Wenn die weitern Maßnahmen
Buonaparte's die Erhaltung des Friedens unmöglich machen sollten",
äußerte Kaiser Alexander im Herbst 1802 zu Hudelist, „werde er
suchen sich mit dem Wiener Hofe in's Einverständnis zu setzen". Die
wachsende Hegemonie Frankreichs ließ ihm keine Ruhe. Sein Gesandter
in Paris Graf Markov gab Joseph Buonaparte zu verstehen, um den
Weltfrieden herzustellen hätte der Erste Consul seine Gebieterrolle in
Deutschland Italien und der Schweiz aufzugeben, worauf jener erwie=
derte: „Frankreich müßte drei große Schlachten verlieren ehe es in so
etwas willigen würde". Zur Beseitigung der wichtigsten Streitpunkte
schlug Kaiser Alexander vor: Lampadosa möge an England kommen,
Malta russische Besatzung erhalten, der König von Sardinien solle
entschädigt, Hannover an England zurückgegeben werden; unter diesen
Bedingungen wolle Rußland die andern Veränderungen die der Erste
Consul vorgenommen sich gefallen lassen. Buonaparten indessen sagte
es mehr zu, mit England unmittelbar zu verhandeln da er dieses
bezüglich Italiens und besonders Neapels nachgibiger zu finden hoffte.

Um den Besitz von Malta handelte es sich also jetzt zwischen
vier Mächten: Rußland und England, dem Johanniter=Orden und
Neapel, welche letztern beide miteinander so ziemlich einig zu sein
schienen. Den Löwenantheil hatten die Engländer schon darum weil
sie ihre Hand ob der Insel hielten. Sie hatten fortwährend die

französischen Absichten auf Aegypten im Auge wo sie ein Beobachtungs-
Corps unter General Stuart unterhielten, und für diesen Zweck war
ihnen der Besitz von Malta allerdings von unschätzbarem Werth. Im
Januar 1803 mußte der Gesandte Lord Whitworth in Paris die
Erklärung abgeben: sein Cabinet sei bereit Malta zu räumen falls
demselben Bürgschaften rücksichtlich der Pläne des Ersten Consuls auf
Aegypten gegeben würden. Als daher einige Wochen später der vom
Papst am 19. Februar ernannte Großmeister der Johanniter Giovanni
Battista de Tommasi sich anschickte seinen Anspruch auf Malta geltend
zu machen, wurde ihm britischerseits erwiedert: „Die Bedingungen des
Vertrags von Amiens seien noch nicht von allen Mächten anerkannt;
er möge die Entscheidung einstweilen in Sicilien abwarten". Das that
denn Tommasi und schlug, nachdem er vom Hofe von Neapel dazu
die Erlaubniß erhalten, mit den Baillis und Rittern die ihm geblieben,
etwa dreißig an der Zahl, seinen Sitz in Catania auf.

Es war ein munterer Herr, trotz seiner zweiundsiebenzig Jahre
schön und rüstig wie ein Fünfziger; ein ehemaliger Seeheld der auch
jetzt noch die Capitaine der maltesischen Fahrzeuge, die im Hafen von
Catania zahlreich ab- und zufuhren, mit Vorliebe in seine Gesellschaft
zog. Er hatte die Wiederherstellung der einst so glänzenden maltesischen
Seemacht vor Augen, ein Plan von welchem die ehemaligen Unterthanen des Ordens nicht ungern reden hörten; denn nach dem alten
Spruche: „unter Krummstab ist gut wohnen" hatten die Insulaner
lieber die geistlichen Herren mit dem achtspitzigen weißen Kreuz auf
dem Mantel zu ihren Gebietern als irgend eine weltliche Macht.
Auch dem Cabinete von Neapel, wenn es schon die Insel nicht für
sich behalten konnte, sagten die Johanniter mehr zu als die Russen
oder Briten, in denen es nur anspruchsvolle Nachbarn erblickte; zudem
hatte der neapolitanische Seehandel lang nicht in solchem Grade von
den Raubfahrten der Barbaresken zu leiden gehabt als seit der Vernichtung der malteser Marine[1]). Uebrigens war der Orden von seinem

---

[1]) Rehfues Neuester Zustand der Insel Sicilien (Tübingen, Cotta
1807) S. 6.

frühern Glanz und Ansehen gar sehr herabgekommen. Nicht blos daß
man die altberühmte Großmeisterwürde in der letzten Zeit an einen
Schismatiker vergeben hatte, auch bei der Verleihung des Kreuzes war
man, sobald nur irgend eine Förderung seiner weltlichen Interessen in
Aussicht stand, durchaus nicht wählerisch. Holländische Wiedertäufer,
Juden, türkische Große erhielten es, wie denn der otomanische Geschäftsträger in Neapel unter den ersten war die Tommasi zu seiner Erhebung
beglückwünschten. Schwer wurde auch vom Orden die Schmälerung
seiner Einkünfte empfunden. Zwar der neue Großmeister „in partibus“
hatte von Haus aus sein anständiges Auskommen und schlug jede
Beisteuer, die ihm von verschiedenen Seiten zur Hebung seines Hofhaltes
angeboten wurde, beharrlich aus. Aber viele seiner Ordensgenossen, die
weder eigenes Vermögen besaßen noch eine der von der Einziehung noch
unberührten Pfründen innehatten, sahen sich auf sehr schwankende Hilfsmittel angewiesen.

Gegen Mitte März 1803 kam von Marchese Gallo die Mittheilung aus Paris daß zwischen England und Frankreich ein neuer
Bruch bevorstehe und daß es sich in diesem Falle treffen könne daß
das Königreich Neapel französische Truppen werde aufnehmen müssen,
britischerseits weigere man sich Malta herauszugeben, und bevor dieses
nicht geschehen sei glaube Frankreich sich versichern zu müssen daß die
Engländer nicht von den neapolitanischen Häfen zu ihrem Vortheil und
Nutzen Gebrauch machten. Um den 28. erschien Alquier, durch eine
neue Depesche aus Paris gedrängt, beim Minister Acton und verlangte
nichts weniger als Schließung aller neapolitanischen Häfen nicht blos
für die Kriegs- sondern auch für die Handels-Schiffe Groß-Britanniens
und Irlands, eine Zumuthung die man, da ja Neapel mit England
in vollem Frieden war, unbedingt zurückweisen mußte; abgesehen von
der Einbuße die der Seehandel des Landes einem solchen Feinde wie
England gegenüber hätte erleiden müssen. Die Königin sandte einen
Hilferuf an Grafen Razumovskij in Wien, 6. April 1803, damit
Rußland, unter dessen Dazwischenkunft der Florentiner Frieden zustande
gekommen, seine Verwahrung gegen einen so offenen Vertragsbruch,

gegen eine Verletzung alles geltenden Rechtes einlege. „Die fran=
zösischen Truppen", schrieb sie, „werden unsere Häfen mit Beschlag
belegen, werden die herrischen Gebieter bei uns spielen, uns Bitter=
keiten und Demüthigungen aller Art zu verkosten geben; sie werden uns
zugrunde richten und uns dann eines schönen Tages wenn sie übler
Laune sind aus unserem Reiche jagen, wie sie es dem armen König
von Sardinien gemacht haben der jetzt in Rom ein elendes Dasein
führt und, falls ein neuer Krieg ausbräche, nicht weiß wo seine arme
Frau ihre Entbindung abwarten kann. Ich weiß nicht was uns bevor=
steht; aber, wie ich die Dinge sehe, sind wir diesmal viel sicherer und
methodischer verloren als im Jahre 1798" [1]).

Die Spannung zwischen Frankreich und England wurde von
einer Woche zur andern größer. In diplomatischen Kreisen meinte
man zwar zum äußersten werde es nicht kommen, und ein Franzose
von der Bekanntschaft Alquier's sagte anfangs April zu Cresceri:
„Die Franzosen und die Engländer fletschen auf einander die Zähne
wie die Hunde um sich gegenseitig Furcht zu machen, aber beißen
werden sie sich nicht". Allein für eine Macht zweiten Ranges, zumal
in der augenblicklichen Lage Neapels wo es den beiden großen Streit=
theilen mitten im Wege lag, war die Ungewißheit eine peinliche. Einen
Tag schien es alles werde friedlich ablaufen, den andern war die
Wahrscheinlichkeit für den Krieg, und so lebte man in einem fort=
während Schwanken zwischen Furcht und Hoffnung. „Ich bin im
äußersten Grade unruhig", schrieb Karolina an die Kaiserin Theresia,
„über die Entscheidung von Krieg oder Frieden von der unsere ganze
Existenz abhängt und die binnen wenig Tagen erfolgen muß. Ich gebe
mich falls der Krieg beschlossen würde keinerlei Täuschung hin, und diese
Ueberzeugung macht mich überdiemaßen unglücklich". Um den Ereig=
nissen näher zu sein gab die königliche Familie gegen Ende Mai den
Aufenthalt in Portici und Caserta auf und übersiedelte am 29. nach
Neapel: „Gott weiß was für Aufregungen wir dort ausgesetzt sein

---

[1]) Ulloa Marie-Caroline S. 272 ff.

werden, denn die Dinge scheinen sich in der unglücklichsten Weise zu
verwickeln, für uns ist das der Gipfel des Unheils" [1]).

In der letzten Zeit hatte Talleyrand vom Ersten Consul die
Weisung erhalten in London folgenden Vorschlag zu machen: England
möge Malta durch zehn Jahre besetzt halten, aber eben so lang Frank=
reich das Gebiet von Tarent. Daß Tarent zum Königreich Neapel
gehörte und daß dieses mit den Streitigkeiten zwischen den beiden
Großmächten nichts zu schaffen hatte, ja daß dessen Hof wiederholt
seinen Willen erkärt hatte vollkommen neutral zu bleiben, war Buona=
parte's geringste Sorge [2]). Als jener Vorschlag vom britischen Cabinet
zurückgewiesen wurde, erfolgte von Frankreichs Seite dem Königreiche
Neapel gegenüber das lang Gedrohte.

Am 31. Mai, also zwei Tage nach Ankunft der Majestäten in
ihrer Hauptstadt, trafen daselbst zwei Couriere ein. Der eine kam aus
Toscana und brachte die Botschaft daß der König von Hetrurien, der
Aufdringling im Großherzogthume ihres Schwiegersohnes, gestorben
sei, 27. Mai 1803. Karolinen war das wie ein Strafgericht des
Himmels. „Beten wir sie an", schrieb sie nach Wien, „verehren wir
in allem die Hand Gottes! Was für ein Stoff zu Betrachtungen!"
Nun war König Ludwig allerdings unerwartet gestorben und hatte
seines usurpirten Thrones nicht lang froh sein können. Doch er hatte
einen Sohn hinterlassen, den vierjährigen Prinzen Karl Ludwig, der
sein unbestrittener Nachfolger wurde [3]) und für welchen einstweilen
seine Mutter, Maria Louise Tochter König Karl IV. von Spanien,
als Königin=Witwe die Regentschaft führte.

Auch wurde die Genugthuung welche Karolina in jenem Be=
schlusse göttlicher Vorsehung zu finden glaubte, bitter durch dasjenige

---

[1]) 24. Mai 1803 aus Caserta „que nous quitterons à mon grand regret
le 30. pour passer trois terribles et chauds mois à Naples".

[2]) Ulloa S. 47 f.: „On ne prenait souci ni de la volonté du Roi de
Naples ni de l'indépendance du royaume".

[3]) Den Huldigungsact in Florenz im August 1803 schildert Rehfues in
seiner Autobiographie „Italia" a. a. O. S. 222 f.

aufgewogen was ihr von anderer Seite widerfuhr: aus Paris langte eine Depesche mit der formellen Forderung des Ersten Consuls an, einem französischen Truppen-Corps Eintritt inner die Gränzen von Neapel zu gewähren. Zehn Tage später machte Alquier dem Hofe die amtliche Anzeige daß, da der Frieden von Amiens gebrochen sei, 13000 Mann unter den Befehlen des Generals Gouvion Saint-Chr in die östlichen Gebiete des Königreichs, die sie zufolge des Vertrages von Florenz vordem inne gehabt, wieder einrücken und alle Häfen und festen Plätze von Pescara bis Brindisi besetzen würden.

* * *

Die französische Einquartierung in Neapel im Sommer 1803 war die brutalste Verhöhnung der Rechte des Schwächern durch die Willkür und den Uebermuth des Stärkern. Buonaparte berief sich auf den Friedenschluß von Florenz dessen geheime Clauseln durch die Wiederaufnahme der Feindseligkeiten seitens der Engländer zu neuer Geltung gekommen seien. Doch das war reine Rabulisterei. Die Florentiner Bedingungen hatten sich auf den damaligen Krieg bezogen der noch nicht allseits beendet war, keineswegs auf jeden künftigen Krieg der zwischen Frankreich einerseits, England Rußland oder der Türkei andrerseits ausbrechen könnte. Der Vertrag von Florenz hatte durch jenen von Amiens sein Ziel und seinen Gegenstand ver= loren, denn der Weltfriede war hergestellt und es bedurfte keiner militairischen Bürgschaften mehr. Die Verletzung des Vertrages von Amiens, von welcher Seite sie nun ausgegangen sein mochte, brachte einen neuen Krieg, nicht eine Fortsetzung des frühern für welch' letztern sich Frankreich vor zwei Jahren sicherstellen zu müssen ge= glaubt hatte [1]). Die Königin war darum in vollem Recht als sie an

---

[1]) Ulloa S. 48: „C'était une injustice flagrante d'interpréter ainsi le traité de Florence, de prétendre qu'il permettait l'occupation du royaume de Naples toutes les fois que la France serait en guerre avec l'Angleterre ou la Porte Otomane". Eben so urtheilen Koch-Schoell-Garden IX S. 62: „L'occupation du royaume de Naples par les troupes françaises en 1803 n'était pas justifiée par aucun prétexte; c'était une action du despotisme le plus prononcé et de la violence la plus révoltante" ꝛc.

Razumovskij schrieb: „Kein Gesetz und kein vernünftiger Grund als nur das Belieben des Stärkern kann eine solche Invasion, eine solche Verletzung aller Rechte zulassen. Nie, in vollem Frieden und Ruhe, haben Gewaltthätigkeit und böser Wille sich etwas ähnliches erlaubt". Und an ihre Tochter Theresia: „Die Franzosen haben gegen alles Recht und Gerechtigkeit erklärt unser Königreich heimzusuchen das mit ihnen im Frieden ist, und im Lande zu bleiben bis die Engländer Malta geräumt haben würden. Sie zwingen uns diese Truppen mit allem zu versehen dessen sie bedürfen; das macht eine Ausgabe von 300000 Gulden im Monat und ist für uns der sichere Ruin. Wir haben nichts gefehlt noch verbrochen um uns diese Geißel auf den Leib zu bringen, es ist wie wenn Straßenräuber auf offener Heer- straße einen überfallen".

Als General Acton aus dem Munde Alquier's die erste Mit- theilung über den bevorstehenden Einmarsch der Franzosen erhalten, hatte er mit Aufbietung des Landsturms gedroht. „Wir werden alle marschiren", hatte er heftig ausgerufen, „der König wird sich in Person an die Spitze seines treuen Volkes stellen!" Doch das war leichter gesagt als gethan. Man gebot über wenige nothdürftig ausgerüstete und halb entmuthigte Truppen, und was sollten bewaffnete Bauern im offenen Felde gegen eine sieggewohnte Armee! In solcher Ver- fassung stellte sich die Nachgibigkeit von selbst ein, und man hatte alle Sorgfalt nur darauf zu wenden die ungebetenen Gäste nicht nutzlos zu reizen. Noch vor der amtlichen Anzeige des Einmarsches war des- halb an alle Festungs- und Truppen-Commandanten der östlichen Küstenstriche der Befehl ergangen den Franzosen keinen Widerstand entgegenzusetzen, und hatten die Provinz-Behörden die Weisung erhalten nach jeder Richtung hin Ruhe und Ordnung aufrecht zu halten. Von Seiten des Hofes wurde die Bevölkerung durch öffentlichen Anschlag in Kenntnis gesetzt daß der König, um zwischen den kriegführenden Theilen vollste Neutralität zu beobachten, all seinen Unterthanen ver- biete weder französische noch britische Dienste zu nehmen[1]). An die

---

[1]) „Della prefissasi sua neutralità il Re volle poi rendere informato il pubblico con avere fatto affiggere per la città la seguente notificazione:

neapolitanischen Truppen in Malta endlich, um auch nach dieser Seite den Franzosen jeden Vorwand zu nehmen, erging Befehl die Insel zu räumen und sich theils nach Syracus theils nach Palermo einzuschiffen.

Am 15. Juni betraten die ersten Truppen Saint-Cyr's den neapolitanischen Boden: es waren die Division Verdier und das italienische Contingent des Generals Lecchi. Die große Schwierigkeit für Neapel war jetzt deren Verpflegung. Denn so weit trieb der französische Gewaltherrscher seinen Uebermuth daß er dem mitten im Frieden von seinen Soldaten heimgesuchten Lande auch noch das Gebot auferlegte dieselben auf eigene Kosten unterzubringen, zu verköstigen, zu bekleiden. Die finanzielle Lage des Landes war trostlos. Man hatte sich noch nicht von den Folgen der ersten französischen Einquartierung erholt, es waren erhöhte Lasten bei verminderten Einkünften zu tragen weil Engländer und Franzosen, im Streite miteinander, alle Häfen und Gestade des Königreichs überwachten wodurch der schon lang geschmälerte auswärtige Handel fast auf den Nullpunkt sank. Der frühere Finanz-Minister Zurlo hatte auf verschiedenen Wegen Abhilfe gesucht: Stempel für öffentliche Urkunden, Vermehrung der Lotto-Ziehungen von 15 auf 18 im Jahre, womit er jedoch wenig ausgerichtet und, in einer Zeit wo alle Geschäfte darniederlagen, nur gesteigerten Unwillen auf sich geladen hatte so daß der Hof, selbst erschüttert in seinem Vertrauen auf Zurlo's Ehrlichkeit und guten Willen, ihn hatte verhaften und im Castell dell' Uovo in Gewahrsam nehmen lassen, ein Vorgang der sich in der Geschichte von Neapel kaum einmal früher ereignet hatte. Zurlo's Schuldlosigkeit war bald erwiesen, man hatte ihn nach sechzehnmonatlicher Haft wieder in Freiheit gesetzt, ihm seinen rückständigen Gehalt ausgezahlt und eine Pension von 3000 Ducaten ausgeworfen. Allein auf seinen Posten durfte er doch nicht zurückkehren, den erst Cavaliere Francesco

In conseguenza della dichiarazione di guerra che ha avuto luogo tra la Repubblica Francese e S. M. il Re d' Inghilterra il Re, conservando una perfetta neutralità tra le due Potenze, ha ordinato che niuno de suoi sudditi prenda impegno o servizio presso le medesime." Cresceri 11. Juni 1803 B.

Seratti, sodann im Juni 1803, also gerade in der Zeit der neuen französischen Einquartierung, Luigi be' Medici übernahm.

Medici, aus Florenz gebürtig, hatte früher einmal wegen seiner politischen Grundsätze in peinlicher Untersuchung gesessen, war dann wegen Abgangs von Beweisen befreit worden, hatte sich, obwohl gekränkt, von der Republik kein Amt zutheilen lassen und war darum vom Hofe nachmals zu Gnaden aufgenommen worden. Er galt für ein Genie, aber zaubern konnte auch er nicht, oder es anders machen als daß die eine Hälfte der öffentlichen Einnahmen auf die Interessen der Staatsschuld, der größere Theil der andern auf die Unterhaltung der Franzosen aufging und daher für die sonstigen Bedürfnisse des Staates und des Hofes fast nichts übrig blieb[1]). Gerade in den letzten Jahren waren man= cherlei Unglücksfälle über Neapel hereingebrochen, Miswachs, in dessen Folge Hungersnoth und Theuerung, vom Vesuv gar nicht zu reden der mit neuen Verwüstungen drohte. Die Ernte von 1803 war zwar über Erwarten günstig ausgefallen, man hatte hoffen können sich finanziell zu erholen, Ausgaben und Einnahmen in's Gleichgewicht zu bringen; aber da war die unerwartete französische Landplage gekommen die alle

---

[1]) Ulloa S. 281: „Tableau des finances du royaume de Naples". — Ueber Medici berichtete Cresceri ausführlich am 2. August 1803 A: „Dopo d'esser egli per lungo tempo stato detenuto in un, Castello, ottenne la sua libertà senza essere per altro stato dichiarato innocente; non si ebbero prove certe che fosse di una tale setta, ma ne restò presso molti in sospetto. Ciònonostante, con- siderando che questo soggetto è di un talento che può dirsi un genio, dopo varie riprove che ne aveva date e specialmente per avere egli, anni sono, stato nominato Reggente della Vicaria, alle preste saputo far cessare gli spoglj di case di Napoli ch' erano assai frequenti, e gli assassinamenti per le strade che, per così dire, alla gente di notte tempo toglievano il corraggio di passeggiarle, uomo che sarà atto ad impedire segnatamente le incredibili malversazioni che, con infinito discapito dell' erario, sin qui praticarono li percettori e amministratori della dogana e di tutte le altri rendite, la Maestà Sua, anteponendo all' inclinazione Sua propria il vantaggio che crede sarà per ridondare ai suoi sudditi, sostituì al Cavagliere Seratti lo stesso Cavaglier Medici" ... Nach Pepe I S. 11 ff. wäre Medici im November 1794, damals vor= tragender Rath (reggente) bei der Vicaria, dem ältesten Gerichtshof Neapels, auf Betreiben Acton's, der in dem begabten und strebsamen jungen Manne einen künftigen Nebenbuhler gefürchtet (?!?), angeklagt und verhaftet, aber im Frühjahr 1798, da man ihm nichts unrechtes nachweisen konnte, wieder in Freiheit gesetzt worden.

tröstenden Aussichten zu nichte machte. Medici versuchte es mit einer neuen Auflage auf das Salz und forderte von allen Baronen des Reiches als einmalige Steuer die Hälfte ihrer Jahreseinkünfte, ohne Abzug der Lasten die auf ihren Gütern hafteten. Man wußte im Lande sehr wohl daß der neue Minister nicht ohne dringende Noth zu solchen Maßregeln griff, und wen die Schuld der finanziellen Bedrückung treffe unter welcher fast alle Classen der Bevölkerung zu leiden hatten. Die Königin schrieb sich die Finger wund um Razumovskij in Wien für ihre Lage zu interessiren, die Dazwischenkunft ihres kaiserlichen Schwiegersohnes anzuflehen, durch Gallo in Paris mindestens den Rückersatz der unerschwinglichen Erhaltungskosten der Besatzungstruppen zu erwirken. Doch war so etwas zu erwarten von einem Manne der nichts kannte als seine Macht und seinen Willen, seinen und seines Landes Ruhm, und nichts wünschte als die Bedeutungslosigkeit aller Andern, ihre Schwächung bis zur Ohnmacht?! ... Ferdinand machte sich's leichter. Er spielte den auf's tiefste Empörten der von nichts hören und wissen wollte. Er zog sich auf sein Belvedere zurück und war wochenlang für niemand sichtbar [1]).

Uebrigens ließ sich die fremde Einquartierung, davon abgesehen daß sie den schönsten Theil der Staatseinnahmen verschlang, in der erstem Zeit besser an als Karolina gefürchtet hatte. Die Truppen hielten gute Mannszucht und überschritten nicht die Gränzen des ihnen angewiesenen Gebietes. Ihr Befehlshaber Saint-Chr zeigte sich als ruhiger anständiger Mann mit dem man bei Hofe wohl zufrieden sein konnte; auch ging ihm der Ruf voraus daß er weniger „stehle" als dies bei den Generalen der Republik fast Regel war. Auch über Alquier hatte die Königin weiter nicht zu klagen [2]).

*　*　*

---

[1]) Die Königin an Theresia 20. Juni 1803: „étant le temps de la moisson qui a assez bien réussie, mais sera bien dévorée"; 5. Juli: (il) „est presque toujours à Belvedere"; am 19. machte Karolina ihm dort einen Besuch: „actuellement il fait son sommeil de l'après-dîner, et moi je profite à vous écrire" 2c.

[2]) Dieselbe an dieselbe 19. Juli und 4. September 1803: „Nos bien incommodes hôtes ne font aucune insolence extraordinaire jusqu'à présent que

Leider sollte es auf die Länge nicht so bleiben, und der Anstoß dazu ging, wie es scheint, nicht von den fremden Gästen aus.

Es war nur zu begreiflich daß die französische Einquartierung sowohl in der Hauptstadt als weithin im Lande, vorzüglich in den von ihr unmittelbar betroffenen Gegenden, eine böse Stimmung erzeugte. Der Franzosenhaß steckte den Neapolitanern seit Jahrhunderten im Blut und war durch das herrische Walten der Eroberer von 1799 nichts weniger als gemildert worden. Hier machten Spottlieder auf die übermüthigen Gallier die Runde, dort gab es Zänkereien und Raufhändel zwischen Fremden und Einheimischen; auch das kam vor daß vereinzelte französische Soldaten überfallen und mishandelt wurden. Die royalistischen Ultras, dann einflußreiche Emigrés am Hofe, Marquis Saint-Clair, Admiral Préville u. a. nährten diese Stimmung und schürten in franzosenfeindlichem Sinne. Aber da waren andere Elemente die, wie vor vier Jahren, auf die Franzosen ihre Hoffnungen setzten und keinen Anlaß versäumten sie gegen das bourbonische Regiment zu reizen. Seit den Friedensschlüssen von Florenz und Amiens waren viele der in den neunziger Jahren verwiesenen oder landesflüchtigen Neapolitaner zurückgekehrt, darunter Officiere die früher in den königlichen Reihen gedient, dann sich von der Republik hatten brauchen lassen und jetzt ohne Anstellung und Sold waren. Diese sprachen laut von einer neuerlichen französischen Eroberung des Landes, unterhielten unausgesetzten Verkehr mit ihren in Mailand zurückgebliebenen Schicksalsgenossen, mit den Wortführern der cisalpinischen und ligurischen Republik, mit den Jacobinern im Heere Saint-Cyr's, vor allem mit General Lecchi, zettelten wohl gar Verschwörungen zum Umsturz der bestehenden Regierung an[1]), während sie anderer-

---

de nous dévorer . . . heureusement se tenant très-tranquilles dans les postes qu'en Pouille leur sont assignés. . . Le Général en chef est un homme sage, tranquille qui tient bonne discipline et nous sommes plus tranquilles que jamais je n'aurais osé l'espérer".

[1]) Pepe I schildert S. 94 den Zustand von Neapel „ove tutti quelli che per cagioni politiche erano stati prima oppressi e straziati dal governo, andavano ora colla testa alta, posciachè il re, divenuto quasi servo della Francia, non osava punto molestare i patriotti". Ueber allerhand Anschläge und Pläne

seits nichts verabsäumten Alquier in steter Unruhe zu erhalten. Jede Wirthshausrauferei, jeder Straßen-Exceß wurde da zu einem gegen die Franzosen gerichteten Volksaufstand aufgebauscht, jede Ankunft eines Emigranten, jede Vorstellung eines Engländers bei Hofe zu einem Zeichen geheimen Einverständnisses mit dem Feinde, jede Transportirung einer Kanone oder Ausbesserung einer leck gewordenen Fregatte zu einer Kriegsrüstung gestempelt, so daß die Reclamationen des Gesandten, die Aufklärungen oder Entschuldigungen des Ministers des Aeußern kein Ende nahmen.

Alquier, der sich seiner Regierung gegenüber nicht beflissen genug zeigen konnte, berichtete all dieses zum Theil ganz nichtige Geträtsche nach Paris, und da von dorther Marchese Gallo, dessen Einfluß bei der Königin um diese Zeit gegen jenen Acton's im Steigen war, unausgesetzt mahnte und um Vorsicht bat, so wurde von Seite der neapolitanischen Regierung in der That das menschenmögliche an Selbstverläugnung und Nachgibigkeit geleistet um dem mächtigen Ersten Consul keinen Anlaß zu Verdacht und Feindschaft zu geben. Die französische Besatzung erfuhr alle denkbare Fürsorge und Aufmerksamkeit, ihre Generale wenn sie in Neapel erschienen wurden in der zuvorkommendsten Weise empfangen, alles was den übermüthigen Bedrängern ein Dorn im Auge war aus dem Wege geräumt. Ein Schriftsteller Mattei hatte eine Rede drucken lassen worin er die Ungerechtigkeit Frankreichs und das verletzende Benehmen der Vertreter desselben gegen Neapel tadelte; auf eine Beschwerde Alquier's erhielt der Verfasser den Wink sich bei Hofe nicht mehr blicken zu lassen. Noch ärgeres widerfuhr, gleichfalls aus Dienstbeflissenheit der neapolitanischen Behörden gegen die Verwahrungen Alquier's, einem gewissen Rey, der unter Ludwig XVI. einen hohen Posten in der französischen Polizei eingenommen, sich von Lyon wo er bei Ausbruch der Revolution bedienstet gewesen nach Neapel zurückgezogen hatte und da bei Hofe, namentlich bei der Königin wohl gelitten war. Da wurde im ersten

ehemals neapolitanischer Officiere, so wie über eine Verschwörung die Pepe selbst leichtsinnig anzettelte und wodurch er vielen Personen, selbst von seiner eigenen Familie, Verfolgung und Verhaftung zuzog, s. ebenda S. 94 f. 97 f. 105—111.

Drittel September 1803 seine Wohnung von einer bewaffneten Schaar überfallen, seine Schriften versiegelt und in Empfang genommen, die Zimmer verschlossen, sieben Mann als Wache hin postirt. Rey selbst sollte verhaftet werden; doch war er nicht zu finden, und man raunte sich in's Ohr, er habe von guter Seite Wind bekommen und Zeit gefunden die wichtigsten Papiere zu verbrennen. Einige Tage später stellte er sich in der Citadelle del Carmine freiwillig zum Antritt seiner Haft, wie es scheint in der sichern Ueberzeugung man werde ihm nichts nachtheiliges beweisen können [1]. Ein anderer Franzose er= hielt um dieselbe Zeit Befehl Neapel vor Monatsfrist zu verlassen wenn er sich nicht Unannehmlichkeiten aussetzen wolle.

So nachgibig, um nicht zu sagen schwach, der Hof von Neapel sich bei diesen verschiedenen Anlässen erwies, so war doch manches kaum zu vermeiden was dem nun einmal gereizten Argwohn des französischen Gesandten neue Nahrung gab. Zu Anfang des Jahres war der Erzbischof von Palermo Fürst Pignatelli, Präsident des sicilischen Rathes, mit Tode abgegangen, und der König hatte sich eine Zeit lang mit dem Gedanken getragen sich in Person auf die Insel zu begeben. Die für seine Lebensweise hochwichtige Thatsache, daß man am 25. Februar nicht weniger als 90 seiner Jagdhunde nach Palermo eingeschifft hatte, schien für den Ernst seines Entschlusses zu sprechen. Wie es scheint war es den Vorstellungen der Königin — für welche der Aufenthalt in Sicilien eben so unangenehm war wie für ihren Gemahl, vorzüglich wegen des Thun=Fanges, heiter und anregend — zuletzt gelungen ihn von seinem Vorhaben zurück= zubringen worauf man den Fürsten Cutó, einen gebornen Sicilianer, zum einstweiligen Statthalter ernannt hatte [2]. Wenige Wochen nach

---

[1] . . . „certo Monsieur Rey, in tempo del Re Luigi XVI stato luogotenente di Polizia in Lione, reso celebre per le di lui Ordonnances che quella città fece pubblicare colle stampe, emigrato sino da principio della rivoluzione della Francia, pensionato da questa corte e protetto in specie da S. M. la Regina"; Bericht Cresceri's vom 13. September 1803 C vgl. mit 23. Sep= tember C.

[2] Die Königin an Maria Theresia 12. Februar 1803: „Votre cher père désire vivement d'y retourner, ce qui n'est guère possible, vu que de laisser

Antritt seines Amtes hatten die Corsaren begonnen sowohl die sicilischen Küsten als jene von Calabrien zu bedrohen. Im Mai hatte man in Neapel von einer großartigen Unternehmung der Barbaresken ge= sprochen an deren Spitze ein neapolitanischer „Jacobiner" stehe; sie hätten 5000 Mann Landungstruppen und alle Art Belagerungszeug an Bord. In Eile waren Truppen von Palermo nach Trapani ab= gegangen wo man den ersten Angriff besorgte. Als die Bedrohung den ganzen Sommer fortdauerte ließ man die Festungswerke von Messina in Stand setzen; die Fürsten von Lampadosa, von Arcara, der Herzog von Vaticani, Conte Villarosata u. a. erhielten Befehl die Küsten zu bereisen und die Bevölkerung zur Gegenwehr aufzu= muntern; gegen Ende September wurde befohlen in den am Meere gelegenen Gegenden Calabriens die Bevölkerung zu bewaffnen [1]). Hand in Hand mit diesen Vorkehrungen gingen Maßregeln zur innern Sicherheit des Landes und vornehmlich der Hauptstadt. Es hieß, man sei einem republicanischen Club auf der Spur der mit den im Gefolge der Franzosen heimgekehrten Verbannten gefährliches Einverständnis pflege. Um die Mitte October verging kaum ein Tag wo nicht Ver= haftungen vorgenommen wurden, was viel Aufsehen machte und den geheimen Franzosenfeinden nicht geringen Schrecken einjagte [2]).

ce pays-ci ferait la révolution de nouveau"; vgl. mit Cresceri 26. Februar C: „Credo di non potere dispensarmi di notificarle altresi che jeridi il Re fece imbarcare per Palermo novanta dei suoi cani da caccia" 2c. Am 9. November meldet Cresceri die Rückkunft der 90 Hunde unter österreichischer Flagge, und knüpft daran die Schlußfolgerung daß es nunmehr mit jedem Plane des Königs nach Sicilien zu gehen ein Ende habe.

[1]) Cresceri 4. October G: „Ritornando alle cautele di difesa contro i Barbareschi il Re, giorni sono, ordinò che si dassero le armi ai Calabresi abitanti sulla spiaggia del mare".

[2]) Cresceri 18. October A wollte erst nicht recht an die Existenz eines solchen Clubs glauben, hielt das Ganze für Wichtigthuerei eines dienstwilligen Agenten; ein paar Tage später aber schrieb er, 25. October B: „Nuove carce- razioni ... si fecero e quasi giornalmente si fanno. Non sarebbe impossibile che, coll' occasione delle inquisizioni che si praticarono dalle quali non sia risultato alcun disordine serio, si fossero fatte delle altre scoperte, e queste di natura che meritassero una particolare vigilanza del Governo".

Alquier gerieth über diese Vorgänge in die größte Aufregung, oder stellte sich mindestens als ob er das ärgste befürchtete; er sah derlei Dinge immer durch ein Vergrößerungsglas. Trotz der bündigsten Versicherungen Acton's daß man nicht daran denke an der zugesagten Neutralität zu rütteln, sandte Alquier die alarmirendsten Berichte nach Paris von wo gegen Mitte November ein Courier Talleyrand's eintraf, der die peremptorische Forderung brachte daß bis längstens zum 23. der Befehl der Bewaffnung der Calabresen zurückgenommen sein müsse, widrigenfalls man alles was sich an französischen Truppen in der Romagna und in Ober=Italien befinde nach Neapel marschiren lassen werde [1]). Es war dies die erste Drohung solcher Art die von da an bei jeder Gelegenheit, wo man von französischer Seite etwas durchsetzen wollte, wiederholt zu werden pflegte. Zu gleicher Zeit nahm Talleyrand den Marchese Gallo vor und machte ihm die eindring= lichsten Vorstellungen, die der Gesandte nicht säumte an seinen Hof zu berichten.

So gab man denn in Neapel abermals nach. Die calabrische Volksbewaffnung, dieses Schreckgespenst der Franzosen die in ihren Geschichtsbüchern von einer sicilianischen Vesper gelesen hatten, wurde wieder abgesagt, zum offenbaren Nachtheil der den frechsten Anfällen der Barbaresken preisgegebenen Küstenstriche. Die Regierung, der nur die Vertheidigung zur See blieb, ließ in der ersten Hälfte März 1804 den Grafen Thurn mit einer Flottille von 1 Fregatte 1 Corvette und etwa 15 kleineren Fahrzeugen auslaufen; in Messina verstärkte er sich mit 2 Fregatten und andern Schiffen und drang bis in den Hafen von Tunis wo er nahe daran war eine vor Anker liegende Fregatte des Bey in Grund zu bohren. Näheres über diese Unternehmung wurde nicht bekannt. Thatsache ist daß die Barbaresken durch jenes kühne Wagnis zu erhöhten Anstrengungen getrieben wurden. Im Juni 1804 hatten die neapolitanischen Küstenstriche mehr wie je zu leiden.

---

[1]) Der Befehl lautete eigentlich auf „Entwaffnung" der Calabresen, wo= gegen die Königin, 22. November an Kaiser Franz, bemerkte: „Le beau de tout cela est que les Calabres n'ont jamais été armés, qu'il n'y a ni un soldat ni un canon, munitions, ni un officier de ligne".

In Calabrien nahmen die Landungen kein Ende, Menschen und Waaren wurden geraubt und fortgeschleppt. In den Wässern von Apulien wie in denen von Neapel wurden Schiffe angehalten und ausgeplündert, oder sammt Mannschaft und Waaren in's Schlepptau genommen und fortgeführt; am 12. Juni geschah das mit drei von Palermo kom= menden Barken in der Nähe von Capri, so zu sagen im Angesichte der Hauptstadt. Im October rief eine Räuberflotte von eilf Segeln, die sich in den Wässern von Sicilien drohend zeigte, neue Besorgnisse wach und es wurden neapolitanischerseits Anstalten getroffen ein größeres Geschwader in See stechen zu lassen um jene aufzusuchen und zu ver= nichten.

5. Rücktritt Acton's.

Mai 1804.

Mit der Annäherung zu Frankreich und dessen genialem Ersten Consul, die Kaiser Alexander bei Antritt seiner Regierung zur Schau getragen hatte, war es nun schon lang vorbei. Den jungen Zar und mehr noch eine einflußreiche Partei an seinem Hofe begann, wie schon früher erwähnt, die Macht und das rücksichtslose Umsichgreifen Buona= parte's lebhaft zu beunruhigen; die Idee einer neuen europäischen Coalition wider Frankreich war die natürliche Folge dieser Stimmung. Doch anfangs war es nur Großbritannien das mit Rußland ähn= liche Interessen im mittelländischen Meere zu hüten hatte und aus dem gleichen Grunde von Frankreich mit Mistrauen betrachtet wurde: jenes wegen Malta das es in seiner Gewalt hatte und wegen Aegypten auf das es seine Blicke gerichtet hielt, dieses wegen der jonischen Inseln wohin Rußland zeitweise Verstärkungen an Schiffen und Landungstruppen sandte. Oesterreich zeigte sich einem neuen Waffen= gange gründlich abhold, indem es sich in erster Linie auf seine er= schöpften Finanzen berief; Preußen verweigerte hartnäckig jedes Heraus= treten aus seiner Neutralität [1]).

---

[1]) In allem was die europäischen Händel betrifft die zum Zustandekommen der Coalition von 1805 führten, folgte ich Adolph Beer „Oesterreich und Ruß= land in den Jahren 1804 und 1805", Archiv f. österr. G. LIII S. 125—243.

Im Frühjahr 1803 hatte der Erzherzog Joseph Palatinus von Ungarn in St. Petersburg einen Besuch abgestattet, im Sommer darauf war Graf Philipp Stadion, immer zum Kriege gegen das revolutionaire Frankreich geneigt, als Gesandter dahin gekommen. Von da an hörten die Anschläge zwischen den beiden Kaiserhöfen wegen einer Schilderhebung gegen Frankreich nicht auf. Bald wurde Anstett nach Wien gesandt die dortigen Gesinnungen auszukunden, October 1803: bald versuchte es Voroncov in St. Petersburg mit dem Grafen Stadion welchem er die Stärke der russischen Streitkräfte auf 180000 Mann veranschlagte wovon 30000 an die Gränze Preußens rücken und diese Macht auf's Korn nehmen sollten. Rußland ging inzwischen selbständig vor: ein kaiserlicher Ukas gebot eine Aus= hebung von 2 Mann auf 50 Seelen, „da die europäischen Wirren es erheischten daß die Armee ergänzt und auf einen ansehnlichen Fuß ge= bracht werde". In Paris war man über die Haltung und die Absichten der andern Cabinete um so unruhiger je weniger man davon genauer unterrichtet war; nur Rußland und England gegenüber glaubte der Erste Consul nicht im Zweifel zu sein. Um dieser beiden willen war es daß er gegen alles Recht und Sitte in Neapel festen Fuß gefaßt hatte und seine militairische Stellung daselbst fortwährend zu ver= stärken suchte; denn von der adriatischen Küste aus konnte er sowohl Korfu als Malta im Auge, eintretenden Falles in Schach halten. In welchem Verhältnis zur Zeit Neapel zu diesen beiden Mächten so wie zu Oesterreich stand, welche Beziehungen, welchen Verkehr es mit den= selben unterhielt, das war es was Buonaparte unausgesetzt Sorge machte und ihm andererseits als Vorwand diente einschüchternd gegen den Hof und die Regierung daselbst aufzutreten. Er gab sich Gallo gegenüber den Schein als ob er niemand mehr fürchte als die Königin Karolina: „sie sei es die zum Krieg schüre, sie schreibe Brandbriefe an befreundete Höfe und werde von diesen selbst als Hetzerin in Verruf gebracht; man lasse dem Pariser Cabinete in amtlichem Wege wissen daß man mit den Vorschlägen und Plänen der Königin von Neapel nichts zu thun haben wolle". Unter den befreundeten Höfen, von denen Buonaparte dem zaghaften Gallo gegenüber besonders auf zwei hindeutete, konnten nur Oesterreich und Spanien gemeint sein, und gerade von diesen beiden war das Widerspiel dessen gewiß was der Erste Consul zu argwohnen vorgab. Wenn Karolina in vertrau= lichen Schreiben nach Wien oft genug ihrem Hasse, ihrem Zorn und Abscheu wider den gallischen Bedränger Luft machte, so war sie weit davon entfernt zu einem neuen Waffengang mit Frankreich zu reizen; im Gegentheil, sie fürchtete nichts mehr als einen solchen Krieg an dessen Ende sie ihren völligen Untergang sah. „Ich läugne nicht", schrieb sie im April 1804 an Kaiser Franz, „daß ich denjenigen der uns ungerechterweise ärgert und peinigt und uns von Souverainen auf die Stufe seiner Präfecte herabgebracht hat, nicht lieben kann, daß ich diesen Buonaparte verwünsche und ihn für viel gefährlicher halte als Robespierre; aber ich habe nie etwas geschrieben um zum Kriege zu reizen, denn ich glaube an keine Coalition irgend welcher Art, ich zähle darauf nicht und ich hoffe davon nichts". Ausdrücke und Ver= sicherungen ähnlicher Art wird Karolina gewiß auch ihrer Tochter in Madrid gegenüber nicht gespart haben ohne dabei irgend aggressive Politik zu treiben, was sich bei der Spannung die zwischen ihr und dem spanischen Fürstenpaar herrschte auch wohl kaum thun ließ. „Ich predige meiner Tochter unaufhörlich", versicherte sie Theresien, „sei Spanierin, nichts als Spanierin, stehe zu Deinem Manne, mische Dich nicht in Politik und all' das Getriebe und die Ränkeschmiedereien in Deiner Nähe!" Antoinette scheint allerdings diese Mahnungen nur zum Theile beachtet, insbesondere aus ihrer Mißachtung des corsischen Emporkömmlings kein Hehl gemacht zu haben, und der „Friedensfürst" dem das kronprinzliche Ehepaar seit langem ein Dorn im Auge war hatte nichts eiligeres zu thun als jede solche Kundgebung nach Paris zu berichten und dabei einfließen zu lassen, dahinter stecke niemand als die Königin Karolina, welcher er sogar schwarze Anschläge auf das Leben des Ersten Consuls zuschob und diesen um Gottes willen beschwor auf seiner Hut zu sein. Bei der lauernden Aufmerksamkeit, bei den Kunstgriffen und Kniffen aller Art die man französischerseits anwandte um hinter die Geheimnisse der andern Cabinete zu kommen, konnte es auch nicht fehlen daß eines und das andere der Schreiben

Karolinens oder ihrer Tochter unterwegs abgefangen und, statt nach
Madrid oder Neapel, an das französische Cabinet abgeliefert wurde,
wo dann wenig Gewicht auf die Betheuerungen von Friedensliebe
und den Wunsch vollkommen neutral zu bleiben, um so größeres
dagegen auf die leidenschaftlichen Ausfälle gegen den ersten Mann
Frankreichs gelegt wurde.   Daher die eindringlichen Mahnungen, die
flehentlichen Vorwürfe die Marchese Gallo nicht müde wurde seiner
königlichen Gebieterin bei jedem Anlasse zu wiederholen: „Ich kann
Euer Majestät nicht inständig genug bitten in Ihrem Briefwechsel
unendliche Vorsicht walten zu lassen. Ich hatte die Ehre Euer Majestät
von den Praktiken zu unterrichten die man seit geraumer Zeit bei
dem ganzen Postwesen, bei allen bedeutenderen Persönlichkeiten der
Emigration und der Diplomatie anwendet um dahinter zu kommen
was überall gedacht und geschrieben wird. Ich habe verläßliche Nach=
richt daß hier Anzeigen von den Beziehungen eingelaufen sind die Euer
Majestät mit verschiedenen Höfen wegen Zustandebringen einer neuen
Coalition, eines Continental=Krieges gegen Frankreich unterhalten sollen.
Man versichert mich, die Abschrift eines Briefes vom Grafen Razu=
modskij den derselbe Eurer Majestät über diesen Gegenstand geschrieben
vor Augen, Auszüge und Copien von Briefen Eurer Majestät, von
Ministern und Emigrés in Händen gehabt zu haben" [1]).

---

[1]) Gallo an die Königin 19. März 1804 bei Ulloa S. 284—289: „Tout
excite de soupçons, tout se prend dans le sens le plus sinistre. Quand même
il serait question de la chose la plus indifférente, on lui donnerait ici une
mauvaise explication. L'humeur et la défiance se manifestent ici à chaque
occasion. Quand une difficulté est surmontée, aussitôt en apparaît une autre . . .
On croit toujours deviner en nous de vues cachées" 2c. — Es verdient übrigens
bemerkt zu werden daß man auch in Wien den Hof von Neapel im Verdacht
hatte derselbe hetze zum Kriege, ja Argwohn schöpfte es möchte von jener Seite mit
Rußland und Groß=Britannien bereits ein geheimes Abkommen getroffen worden
sein. S. die von Beer a. a. O. S. 156 bezogenen aber nicht abgedruckten Wiener
Depeschen an Stadion vom 1. October 1804 Nr. XXXI 1: Eine Hauptschwierig=
keit komme „de la tendance dangereuse des vues et de projets évidemment
trop exaltés auxquels s'abandonne la Cour de Naples, d'accord en cela et
avec la Cour de Sardaigne et avec un parti très nombreux en Angleterre et
sur le Continent, s'agitant tous sans cesse pour tâcher d'entraîner les deux

Auch andere Umstände wirkten mit, Buonaparte's Unwillen gegen Karolinen aufzureizen, sein Mistrauen gegen alles was am Hofe von Neapel vorging stets von neuem anzufachen. Kurze Zeit vor Absendung der Depesche Gallo's in welcher die eben angeführte Stelle vorkam,· war man in Paris einer großen Verschwörung auf die Spur gerathen deren Fäden man nach allen Richtungen verfolgte. Schon hatte man sich der Person George Cadoudal's versichert, Pichegru und Moreau saßen in Haft; der Herzog von Enghien wurde in Ettenheim auf badischem Gebiete ergriffen, über die Gränze ge= schleppt, vor ein Kriegsgericht das Murat als Gouverneur von Paris zusammensetzte gestellt, in der Nacht vom 20. zum 21. März 1804 in den Wallgräben von Vincennes erschossen. Von allen in deren Person man Häupter des Complots vermuthete war der einzige Dumouriez unnahbar in London, und von diesem wollte man wissen er stehe mit einem Gliede der königlichen Familie von Neapel auf vertrautem Fuße, was man in Paris um so schärfer glaubte nehmen zu müssen als zur selben Zeit etwas von beabsichtigter Erhöhung des neapolitanischen Truppenstandes, von einem Plane albanesische oder britische Truppen an der Küste von Apulien landen zu lassen, von geheimen Werbungen für die Insel Malta verlautete. Die vielleicht aufrichtige, wahrscheinlicher jedoch erkünstelte Unruhe, welche alle diese Nachrichten in Paris und im französischen Haupt=Quartier in Unter= Italien hervorriefen, bekam hier bald greifbare Gestalt. Schon in den ersten Monaten des Jahres 1804 hatte die Besatzung in den adria= tischen Küstenstrichen allerhand Bewegungen vorgenommen über deren Deutung man in Neapel um so weniger im klaren war als die Fran= zosen auch zur See erhöhte Rührigkeit zeigten. Am 4. Februar war ein von Malta nach England bestimmtes Handelsgeschwader von 33 Segeln von zwei französischen Fregatten angegriffen und aus=

Cours Impériales dans leurs illusions et leur desseins imprudents. Précipiter la guerre continentale est l'unique but de leurs désirs⸴ ꝛc. Und dann 8, wo die Vermuthung ausgesprochen wird von „un engagement subsistant déjà, ou qui se négocie, entre la Cour de Russie et celle de Naples"; Stadion möge der Sache auf den Grund zu kommen suchen ꝛc.

einandergeworfen worden; fünf Schiffe waren glücklich nach Malta zurück-
gelangt, zwei in den Hafen von Palermo eingelaufen, mehrere andere
hatten in sicilischen oder africanischen Häfen Rettung gesucht. In der
zweiten Hälfte Februar war ein Nachschub von 400 Mann Cisalpinern
mit vielem Geschütz und anderem Kriegsbedarf über den Tronto gekommen, und man ließ sich's nicht entgehen daß in Otranto und
Umgegend neue Backöfen angelegt wurden welche täglich Massen von
Zwieback in die Magazine lieferten. Am 22. März verließ Saint-Cyr
Tarent sein bisheriges Haupt-Quartier und ging nach Lecce, wie um einer
abzuwehrenden feindlichen Landung oder einer Einschiffung der eigenen
Truppen näher zu sein.   Bei Hofe fürchtete man in letzterer Hinsicht
eine französische Unternehmung gegen Sicilien wobei die seit langem
in Bereitschaft gehaltene Touloner Flotte mitzuwirken hätte [1]). Allein
für letztern Zweck hatten die Truppen Saint-Cyr's nicht die nöthigen
Schiffe zur Hand und die Touloner Flotte wurde auf das sorgfältigste von der britischen unter Nelson im Auge gehalten die sie
am Auslaufen zu hindern suchte. Andrerseits war von einem britischen
oder russischen Anschlage auf die Gestade Apuliens nichts wahrzunehmen,
so daß man auf die Vermuthung gedrängt wurde der Quartierwechsel
Saint-Cyr's, der in Tarent Gallipoli und an andern Orten nur
kleine Besatzungen zurückließ, müsse einen andern Grund haben. Die
Haltung der französischen Besatzungstruppen, die anfangs so strenge
Mannszucht beobachtet hatten, war mit der Zeit eine anmaßendere
geworden. Es kamen Ausschreitungen Uebergriffe vor, was zur Folge
hatte daß sich das Bauernvolk zusammenzurotten begann und daß sich
die Fälle mehrten wo einzelne Posten und Patrouillen angefallen
niedergemacht wurden, Umstände welche die alten Besorgnisse der
französischen Generale von einem Massenaufstande der Bevölkerung
wieder auffrischten [2]). Natürlich daß von ihrer Seite alle Schuld

---

[1]) Cresceri 28. Februar 1804 A.

[2]) Derselbe 10. April A von der Uebersiedlung Saint-Cyr's nach Lecce:
„Ma io sono venuto a sapere che la vera cagione n'è stata perchè stava in
qualche apprensione che quelle popolazioni disgustate per cattivi trattamenti
d'individui di essa truppa, un dì o l'altro potessero unirsi in massa e dar di
piglio alle armi" ...

jener Reibungen und Gewaltthaten auf die Neapolitaner geschoben wurde, so daß der Hof um des lieben Friedens willen in der ersten Hälfte April den Cavaliere Micheroux an Saint-Cyr abschickte um ihn zu versichern, wie sehr man jene wilden Ausbrüche der Bevölkerung mißbillige und wie man nichts mehr am Herzen habe als mit der französischen Besatzung auf freundschaftlichem Fuße zu bleiben.

Mit solchen Betheuerungen war aber Alquier nicht gedient. Er stellte denselben die eingeleitete Recrutirung, das Treiben der britischen Werber, die Haltung des Hofes entgegen der feindseliges gegen Frankreich im Schilde führe. Die Person der Königin, mit der er früher in so gutem Einvernehmen zu stehen sich geschmeichelt hatte, war jetzt seiner argwöhnischen Beobachtung ausgesetzt. Jedes heftigere Wort, was bei einer so lebhaften Frau und so schwer gekränkten Fürstin keine Seltenheit war, wurde von ihm eiligst nach Paris berichtet, jede unvorsichtige Aeußerung aus dem Hof nahestehenden Kreisen als Falschheit und Verstellung ausgelegt; in der Correspondenz mit Wien und Madrid witterte er fortwährend Complotte. Was die einheimische Truppenergänzung betraf so war solche, angesichts der Lücken die durch Ausreißerei Krankheiten u. dgl. in den Reihen der neapolitanischen Regimenter entstanden waren, in vollem Maße gerechtfertigt. Mit den Werbungen für britische Kriegszwecke, insbesondere für die Garnisonen von Malta und Gibraltar, hatte es allerdings seine Richtigkeit; nur konnte man sich in Neapel darauf berufen daß dies Geschäft ohne Vorwissen der Regierung betrieben worden sei und daß man nicht säumen werde ein Ende zu machen, wie denn in der That in der ersten Hälfte April ein Elbenser aus Porto-Ferrajo und ein Corse wegen Falschwerberei ergriffen und in Haft genommen wurden. Doch das alles war dem Vertreter Frankreichs nicht genug. Kaum daß man glaubte seine Klagen beschwichtigt zu haben trat er mit neuen hervor und knüpfte daran Zumuthungen oft ganz rücksichtsloser Art. Das einemal verlangte er Neapel solle sich verpflichten seinen Armeestand — der, nebenbei bemerkt, damals keine 10000 Mann betrug — nicht zu vermehren, seine Marine weder zu vergrößern noch besser auszurüsten. Am nächsten Tage erlaubte er sich Andeutungen, den General Acton

durch einen Minister zu ersetzen der es mit dem Frieden ernstlich
meine, oder man solle als Beweis guter Gesinnungen gegen Frank=
reich dem englischen Gesandten seine Pässe zuschicken, alles britische
Gut und Vermögen mit Beschlag belegen u. dgl. m.

Bei Hofe befand man sich unter solchen Umständen sehr unbe=
haglich. Die Königin wäre gern nach Caserta übersiedelt, zog aber
diesmal Portici vor um wegen der politischen Verwicklungen nicht zu
weit von der Hauptstadt zu sein. „Welchen Ausgang diese Wirrnisse
nehmen, wohin sie führen werden", meinte sie, „wer kann das
wissen! [1]) Wir haben uns nur der Barmherzigkeit Gottes zu fügen
und ihr zu vertrauen". Man legte sich den fremden Gästen gegenüber
die äußerste Behutsamkeit auf. Als um diese Zeit General Saint=Chr
seinen Wunsch ausdrückte die Bäder von Castellamare zu gebrauchen
antwortete ihm Acton daß dem nichts im Wege stehe, „nur wolle er
daselbst, als einem Orte der außerhalb der Linie der französischen
Besatzung und so nahe an der Hauptstadt liege, ohne militairische
Begleitung erscheinen". Man besorgte nämlich, die Badereise des
Generals möchte ein bloßer Vorwand sein die französischen Uniformen
und Waffen auch in andern Theilen des Landes zu zeigen, wie dies
in kleinerem Maßstabe ohnedies in letzterer Zeit mehr als einmal
geschehen war [2]).

*   *   *

Den Hauptstein des Anstoßes bildete für die Franzosen immer
Acton dem sie seine britische Nationalität nicht verzeihen konnten:
wäre nur dieser entfernt, meinten sie, würde sich alles leichter geben [3]).

---

[1]) An Theresia 16. und 24. April. Die Ausdrucksweise der Königin ist
derber als in meinem Texte: „Nous sommes comme les Maul Affen à attendre
à ce que nous arrivera".

[2]) Cresceri 1. Mai 1804 C: ... „purche non venisse accompagnato di
sua truppa, questa dovendo non oltrepassare certi limiti. L'uffizialità peraltro
li oltrepassa ben sovente, e anche in buon numero; in Napoli se ne vede
passegiare, e jeri l'altro ne vennero tre carrozze piene di conserva".

[3]) Der König an Nelson 22. Mai 1804 bei Ulloa S. 303: „Buonaparte s'en prend au prétexte de sa nationalité et lui impute, étant Anglais,
toute espèce de dispositions à favoriser exclusivement son pays".

Da ereignete sich ein Vorfall eben so auffallender als räthsel= hafter Art. Durch Lecce, wo Saint=Chr eben erst seinen Sitz auf= geschlagen hatte, kam in der ersten Hälfte April der Courier welcher Briefschaften aller Art von Otranto, aus Korfu und Albanien in die Hauptstadt zu bringen hatte, und verschwand kaum drei Miglien weiter spurlos sammt dem Postillon der ihn geführt; nur die Pferde und das ausgeleerte Felleisen fanden sich auf der Straße. Einige Zeit später erzählte man sich, die Leichname seien mit abgeschnittenen Köpfen gefunden und als jene der beiden Vermißten erkannt worden. Saint=Chr stellte sich höchst aufgebracht und sandte sogleich einen Officier mit der Nachricht von dem Vorfalle nach Neapel. Allein der Umstand daß dieser Officier gleichfalls nicht weit von Lecce von einem französischen Piquet angehalten wurde das ihn erst nach vielem Hin= und Herreden weiter ziehen ließ, verbunden mit dem andern daß sich erwiesenermaßen bei dem verschwundenen Courier nur Depeschen und andere Schriftstücke, aber nichts von Geld oder andern Werth= sachen um derentwillen Beutelustige ihm auflauern konnten, befunden hatten, legte den Verdacht nahe daß jener Anfall von den Franzosen selbst und auf höheren Befehl ausgegangen sei, entweder um russische oder britische Mittheilungen an den Hof von Neapel abzufangen, oder um einen auffallenden Vorwand zu haben bei dem letztern über die Landbevölkerung Klage zu führen und auf Sicherheitsmaßregeln gegen eine Wiederkehr solcher Unthaten zu dringen [1]).

Die Sache kam Alquier eben recht um gegen die neapolitanische Regierung einen lang vorbereiteten Hauptschlag zu führen. An einem der ersten Mai=Tage erschien er bei Acton, brachte wieder einmal alle Klagen und Beschwerden vor die er in der letzten Zeit ausgeklügelt hatte, wobei weder die angebliche Bewaffnung der Calabresen noch das Treiben

---

[1]) Cresceri 13. April A vgl. mit Königin an Theresia 24. April: „Le malheureux courrier et son postillon qui portait les lettres de la province de Lecce et de Corfou, ont été devalisé de tout et on a trouvé leurs cadavres avec leurs tête coupée, mais ils ont été publiquement reconnus. Ce sont de ces horreurs qu'on se permet sans rougir; enfin il faut souffrir, se taire et tout fier à la Divine providence".

der britischen Werber vergessen blieb, und redete sich in solchem Grade
in die Hitze hinein daß zuletzt auch Acton seine Kaltblütigkeit verlor
und beide in einen Wortwechsel geriethen den man bis in die Vorsäle
hinaus vernahm. Gleich darauf sandte Alquier, als ob er der Beleidigte
wäre, einen Eilboten nach Paris und setzte sich dann hin um dem
König zu schreiben daß er mit Acton nichts mehr zu thun haben
wolle und daß man ihm einen andern Minister bezeichnen möge an
den er sich in Hinkunft wenden könne. Acton durchschaute im Augen=
blicke wo das hinauswollte und bat den König um unverweilte Ent=
lassung, nicht blos von seinem Posten sondern auch aus dem Lande,
er wollte nicht länger in Neapel bleiben. An die Vertreter der fremden
Mächte erging schon am 13. Mai amtliche Mittheilung, sich in allem
was das königliche Staats=Secretariat und die auswärtigen Angelegen=
heiten beträfe an den Ritter von Micheroux zu wenden.

Wenden König Ferdinand war nicht so leicht zu bewegen um des Ueber=
muthes des französischen Gesandten willen Knall und Fall auf die
Dienste eines so bewährten und vertrauten Rathgebers wie Acton zu
verzichten. Auch hielt man sich im diplomatischen Corps überzeugt daß
der General, selbst wenn man seine Entlassung förmlich annähme,
darum nicht aufhören werde dem Staatsrath nach wie vor beigezogen
und überhaupt in allen wichtigern Angelegenheiten befragt zu werden.
Inzwischen traf Acton alle Anstalten zur Abreise. Auf der Rhede
von Neapel lag ein vollkommen ausgerüstetes Fahrzeug das ihn und
seine Familie aufnehmen sollte, die Koffer waren gepackt, sein Marstall
war eingeschifft, auf den 17. die Abfahrt bestimmt, als vom Hof ein
Gegenbefehl kam. Die Aufregung in der Stadt, die Bestürzung in
den Regierungskreisen war groß; denn es war nichts geringes einen
Minister scheiden zu sehen der länger als ein Vierteljahrhundert das
Staatsruder geführt und weit über die Gränzen des Reiches seinen
Einfluß fühlbar gemacht hatte. Indessen Acton blieb bei seinem Ent=
schlusse; er machte dem Könige begreiflich daß eines Tages von Paris
kategorisch gefordert werden könne was man jetzt noch wie aus freien
Stücken zu thun scheine. Wirklich verlautete, der französische Minister
wolle seine Pässe verlangen wenn Acton nicht von allen Geschäften

entfernt werde, und da zur selben Zeit, 22. Mai, ein Eilbote Alquier's
an Saint-Cyr abging was die Deutung zuließ als wolle man die
französischen Truppen zu einem Anmarsch auf Neapel bereit halten, so
riethen selbst Rußland und England zur Nachgibigkeit; Lord Hawkes-
bury hatte sich in London gegen den Fürsten Castelcicala in gleichem
Sinne geäußert. So erhielt denn Acton die erbetene Entlassung, mit
gleichzeitiger Erhebung in den Fürstenstand und mit allen Zeichen
königlicher Huld und Gnade [1]). Am 24. kamen der König von seinem
Belvedere, die Königin von Portici eigens in die Hauptstadt um ihren
langjährigen treuen Rathgeber und Vertrauten zu ehren und ihm und
den Seinigen ihre besten Wünsche mitzugeben. Am Morgen darauf
fand die Abreise statt, am letzten Mai nachmittags fuhr Acton im
Hafen von Palermo ein. Es war Befehl ertheilt den königlichen
Günstling mit den ausgezeichnetsten Ehren zu empfangen, und so hielt
der neue Fürst am 1. Juni, beim Stadtthore von einer berittenen
Escorte aufgenommen, unter dem Donner der Geschütze von den
Forts und von dem im Hafen vor Anker liegenden Linienschiffe, seinen
feierlichen Einzug in Palermo. Auf den Hauptplätzen der Stadt
waren alle Truppenkörper der Garnison in voller Parade ausgerückt,
alle Behörden und Corporationen standen zu huldigender Aufwartung
bereit, zum großen Verdrusse Alquier's der sich von seinen Organen
alle Einzelnheiten auf das genaueste berichten ließ [2]). . .

Der Rücktritt Acton's ließ in Neapel eine empfindliche Lücke
zurück. An seine Stelle kam nicht Gallo, was man in Paris am
liebsten würde gesehen haben und was sich der gewandte Marchese
wohl erwartet hatte. Es wurde überhaupt niemand mit den Vollmachten

---

[1]) Der König an Nelson bei Ulloa S. 303 f.: „en emportant mon
estime et ma juste confiance. Je lui écrirai chaquefois qu'une circonstance
arrivera, et je profiterai de ses lumières et de ses conseils que j'ai trouvés
toujours sages fermes et utiles". Der König verlieh ihm einen auf den sicilischen
Krongütern einverleibten Jahresbezug von 30000 Ducaten, der auch auf seine
männliche Nachkommenschaft für alle Zeiten übergehen sollte.

[2]) Cresceri 19. Juni A: „Io so da buon luogo che questo Commis-
sario Francese (a Palermo) ha avuto ordine di ragguagliare di tutto il Ministro
Francese in Napoli".

Acton's ausgestattet, sondern die Leitung des auswärtigen Amtes erhielt Cavaliere Micheroux der schon seit längerer Zeit mit diesen Geschäften betraut war, während der Oberſthofmeiſter der Königin Fürſt Luzzi den Verkehr der fremden Minister mit dem Hofe vermittelte. In der diplomatiſchen Welt ſo wie im Publicum hörte man nicht auf Acton's Entfernung als eine blos zeitweilige anzuſehen; er übe, hörte man die Leute ſagen, fortwährend Einfluß auf den Hauptgang der Geſchäfte und werde mit nächſtem auf dem Feſtlande wieder erſcheinen um dem Hofe näher zu ſein[1]). Luzzi's Stellung galt als keine feſte. Als ſpäter im Herbſt Fabrizio Ruffo, ſeither Geſandter beim päpſt= lichen Stuhle, in Neapel eintraf und wiederholt längere Aufwartungen beim König und vorzüglich bei der Königin hatte, ließ man ſich's wochenlang nicht nehmen es handle ſich darum Luzzi durch den ſtreit= baren Cardinal zu erſetzen. Alquier ſeinerſeits war durch Acton's Rückzug nach Palermo keineswegs zufriedengeſtellt; nach ſeinem Sinne ſollte der einflußreiche Brite aus dem ganzen Gebiete des Königreichs Beider Sicilien gewieſen werden.

Talleyrand beſaß Tact genug ſeinem Geſandten in Neapel anzuempfehlen ſich mit dem Fürſten Luzzi auf möglichſt guten Fuß zu ſetzen. In den politiſchen Kreiſen von Paris ſchien man ſich um dieſe Zeit der Erwartung hinzugeben, die Beſeitigung Acton's werde einen vollſtändigen Bruch mit dem bisherigen Syſteme zur Folge haben und jene Annäherung Neapels an Frankreich herbeiführen nach welcher man daſelbſt, vorzüglich um des maritimen Wettſtreites mit England willen, auf das lebhafteſte verlangte[2]). Wer ſich in dieſer

---

[1]) Derſelbe 21. Auguſt D: „Qui è quasi universale opinione che il Generale Acton fra non molto sia veramente per venire alla sua villa di Castell' a mare. L'avvalora in certo modo il proseguirsi che si fa ad abbellirla, e la voce sparsasi che l'aria di Palermo più non gli sia confacente".

[2]) Gallet Galerie politique II S. 57: Neapel müſſe ſich an eine Macht erſten Ranges anſchließen, „sans cela il s'exposait à voir ses provinces sans cesse envahies par l'Angleterre qui avait le moyen d'empêcher l'Espagne de les secourir en lui fermant la mer par ses flottes"; jene Macht könne nur Frank= reich ſein als diejenige „qui a la transcendance sur la presqu'île italienne", und die es zu verhindern wiſſen werde daß England „s'établit en Sicile et dans

Richtung am meisten abmühte war Gallo. Er wurde nicht müde
beim Ersten Consul, bei Talleyrand, bei den maßgebenden Staatsmännern in Paris alle Verdachtsgründe zu bekämpfen welche die
Berichte Alquier's immer wieder von neuem anregten, und andrerseits
seinem eigenen Hofe das Mistrauen zu benehmen als habe es Buonaparte auf den Verderb Neapels, auf die Wegnahme Siciliens oder
sonst auf irgend einen Gewaltstreich abgesehen. „Wenn Saint-Cyr in
der letzten Zeit eine drohende Haltung angenommen", schrieb er der
Königin, „so hat er dies auf eigene Faust gethan, weil er sich etwa
in seiner Aufstellung bedroht glaubte. Möge man doch suchen den
General zu beruhigen und zu gewinnen! Als er in Genua commandirte
hat er anfangs auch den Bärbeißigen gespielt und doch hat man verstanden ihn zuletzt zahm zu machen. Was den Ersten Consul betrifft
so darf man ja nicht glauben daß dieser eine neue Coalition fürchte,
es ist sehr die Frage ob er sie nicht vielmehr wünscht. Glücklich Eure
Majestäten", fuhr er fort, „glücklich Ihre Völker wenn man vergessen
machen könnte daß es jenseits des Garigliano und des Tronto ein
Stück Landes gibt wo noch Leute wohnen, denn das wäre in der
That das einzige Mittel uns zu retten und zu erhalten" [1]).

Am Hofe von Neapel war man weiter als je davon entfernt
sich in die Arme Frankreichs zu werfen das man nicht weniger haßte
als fürchtete. „Wenn England und Rußland sich verbänden Neapel
mit Truppen zu unterstützen würden wir eine ganz andere Haltung
einnehmen," schrieb König Ferdinand am 22. Mai an Nelson; „triebe

tous les ports de ce royaume comme il l'avait fait en Portugal. Ce Cabinet", heißt
es dann S. 59 f. von Neapel, „a changé de système depuis lors, et l'éloignement
du ministre qui occasionna principalement ses écarts et les maux de ce royaume
a annoncé à l'Europe que la cour de Naples avait enfin envisagé ses intérêts, et qu'une politique sage et prudente la dirigera désormais".

[1]) Gallo an die Königin 10. Mai 1804 bei Ulloa S. 295—301: jetzt
herrsche nur Gewalt und Vortheil, und diese seien auf Frankreichs Seite; nach
Recht und Befugnis frage niemand; „la politique depuis dix ou onze années
est bien autre partout. Chacun l'adapte à peu près de la même manière à
son propre avantage ... Le siècle éclairé a produit ce résultat que la morale
est devenue celle des bêtes dans les forêts".

man es französischerseits zum äußersten so wird die Königin die Haupt=
stadt vertheidigen, ich werde mich nach Sicilien, meine Familie wird
sich nach Gaëta begeben. In jedem Falle", so schloß er, „rechne ich
auf Ihren Beistand". Auch Karolina schrieb zur selben Zeit an
Nelson: „Fahren Sie fort unser Vertheidiger, unser Beschützer, unser
Wächter gegen die tückischen Nachstellungen jener zu sein die weder
Gesetz noch Treue kennen!" [1]).

Kaum war es dem Fürstenpaare zu verübeln daß es sich um
einen auswärtigen Beschützer umsah. Der Anschluß an Frankreich war
gleich mit vollständiger Unterwerfung unter dasselbe, mit gänzlicher
Preisgebung der eigenen Selbständigkeit und Würde. Das große Opfer
das Ferdinand und Karolina durch Entlassung ihres vielverdienten
Ministers gebracht hatten, es sollte ihnen nur für kurze Zeit Ruhe
schaffen: Frankreich und sein jetziger Beherrscher waren unersättlich.

*   *   *

Es war um die Zeit der Proclamirung des französischen Kaiser=
reiches. Gallo nahm daraus neuen Anlaß Vorsicht und Nachgibigkeit
zu predigen. Er gehörte zu den unbedingten Bewunderern und zugleich
Fürchtern Buonaparte's dessen Willen und Macht er für unbesiegbar
hielt: „Gegenwärtig will der Erste Consul daß der Papst nach Paris
komme ihn zu salben und zu krönen. Das ist allerdings außerordentlich,
etwas schwierig, aber wenn er es wirklich will wird der Papst kommen.
Wenn er will daß ganz Europa komme ihm den Steigbügel und die
Zügel seines Pferdes zu halten, so werden sie Alle kommen!"

Bei der Königin fand der Entschluß des Ersten Consuls, dieses
„buona parte" wie sie häufig schrieb, sich in den Areopag der alt=
europäischen Souveraine zu drängen, nur Spott und Hohn. „Wenn
zum mindesten der neue Mitbruder und Meister den wir so eben
erhalten haben", hieß es in einem Schreiben vom 27. Juni an Kaiser
Franz, „dem von ihm so hart getroffenen Europa einen ehrlichen und
dauerhaften Frieden bewilligen wollte! Freilich müßte sich dann Frank=

---

[1]) Bei Ulloa S. 302—306.

reich in seine natürlichen Gränzen zurückziehen und das wird Seine Majestät von selbst nie thun noch wird sich jemand getrauen es von ihm zu verlangen". Die Besatzungs=Truppen nannte sie jetzt „unsere kaiserlichen Gäste" über deren unmanierliches Gebahren sie mehr wie je zu klagen hatte, und machte ihre Glossen über Alquier, wie sich wohl dieser alte Republicaner in seine neue Rolle finden werde. Alquier selbst war darauf gefaßt daß man ihn auf seinem Posten nicht länger belassen werde, und zeigte sich nicht wenig erstaunt als er von Talleyrand seine Beglaubigungsschreiben als nunmehriger kaiserlicher Gesandter am Hofe von Neapel zugeschickt erhielt. Auf einen Tag um die Mitte Juli war die feierliche Audienz anberaumt wo er sich den Sicilischen Majestäten in seiner neuen Eigenschaft vor= stellen sollte. „Dein guter Vater", schrieb die Königin am 13. an ihre Tochter Theresia, „weilt augenblicklich in der Stadt wo ihm die peinliche Pflicht obliegt den Gesandten des großen Kaisers in öffent= licher Audienz zu empfangen. Nun was die Audienz betrifft die kostet mich kein Opfer; aber die Sache selbst, die gegenwärtigen und künf= tigen Folgen die sich daran knüpfen, das ist's was mich drückt". Aus der Ceremonie machte sie sich in der That nichts, sie war vielmehr aufgeräumt genug an dem Verdränger Acton's eine kleine Rache zu nehmen, indem sie ihn auf das freundlichste empfing, aber dabei nicht müde wurde ihn um „den Kaiser seinen Gebieter" zu fragen, ob er schon lang keine Nachricht von „dem Kaiser seinem Gebieter" erhalten, ob der „Kaiser sein Gebieter" etwa eine Bereisung der Länder seines neuen Reiches vorhabe u. dgl. m.; kurz sie setzte mit aller Anmuth und Höflichkeit dem armen Alquier in einer Weise zu, daß der ci= devant Jacobiner aus einer Verlegenheit in die andere kam und erst frei aufathmete als die großen Flügelthüren des königlichen Empfangs= saales hinter ihm wieder zufielen.

Es war ein vorübergehender Augenblick der Wonne den sich die Königin gönnte, im Vergleich zu den dauernden und schweren Leiden die sie zu tragen hatte. Denn gerade die Umwandlung des glücklichen Sohnes der Revolution in den Nachfolger Karl des Großen, als welcher von jetzt an Napoleon Buonaparte gelten wollte, barg den Keim neuer

Verdießlichkeiten. Als sich vor Jahren der siegreiche General zum
Ersten Consul emporgeschwungen hatte waren es die im Auslande
weilenden Bourbons gewesen die sich an ihn wandten um von ihm
die Herstellung der alten Ordnung der Dinge zu verlangen, sie hatten
gemeint er würde sich zur Rolle eines Generals Monk hergeben. Der
Chef des Hauses Ludwig XVIII., nach außen als Flüchtling Graf
von Provence, hatte ihn im Jahre 1800 in zwei Schreiben darum
angegangen, ihm für seine Person eine glänzende einflußreiche Stellung
angeboten, für Alle die in den frühern Umsturz verwickelt waren
Milde und Vergessenheit zugesagt. Buonaparte hatte damals trocken
geantwortet: der Prinz möge die Hoffnung aufgeben auf den Thron
seiner Väter zurückzukehren, Frankreich dagegen werde nicht unempfind=
lich gegen das Unglück seines alten Königshauses sein, er, Buonaparte,
werde mit Vergnügen dazu beitragen ihm eine angenehme und sichere
Zufluchtstätte zu bereiten — „je contribuerai avec plaisir à la
douceur et à la tranquillité de votre retraite"... Jetzt wo Napoleon
sich selbst zum gekrönten Beherrscher Frankreichs zu machen im Be=
griffe stand war die Sache umgekehrt: nun war er es der von der
andern Seite einen Act der Entsagung brauchte und wünschte. Allein
seine Versuche scheiterten, wie drei Jahre früher die entgegengesetzten
der Bourbons gescheitert hatten. Ja noch mehr, jede solche Anregung
von Napoleon's Seite diente den Bourbons nur dazu vor ganz Europa
das Zeugnis ihres Gegners der ihre Ansprüche damit anerkenne anzu=
rufen, und dessen Zumuthung sich ihre Ehre und ihr gutes Recht um
Gold abkaufen zu lassen mit Entrüstung zurückzuweisen. Das steigerte
den Ingrimm und Haß des neuen Kaisers den er auf die jüngern
Zweige der Bourbons übertrug wenn sie, wie dies bei jenem von
Neapel der Fall war, eine gleich ablehnende Haltung beobachteten.
Denn vergebens rieth Gallo den gegebenen Anlaß zu benützen um sich
mit dem neuen Imperator auf einen bessern Fuß zu setzen, vergebens
ließen Talleyrand in Paris, Alquier in Neapel Andeutungen fallen
ob sich der Hof bei der bevorstehenden Kaiser-Krönung nicht durch
einen außerordentlichen Gesandten vertreten lassen wolle: weder Fer=
dinand noch Karolina zeigten die geringste Lust dazu.

Dem französischen Gesandten ergab sich bald ein Anlaß sich für diese Haltung der neapolitanischen Regierung schadlos zu halten. Es überkam ihn auf einmal wieder Russenfurcht und er ließ den Fürsten Luzzi wissen daß, wenn an den Küsten von Neapel nur ein Mann russischer Truppen ausgeschifft würde, Frankreich dies als Kriegs- erklärung nehmen und eine ganze Armee aussenden werde um von dem Königreiche Besitz zu nehmen [1]). Im Herbst darauf lief durch ganz Italien die Kunde, in Livorno sei eine sehr gefährliche und ansteckende Krankheit ausgebrochen. Wer die Mittel dazu hatte ver- ließ Toscana und trug den Schrecken in die benachbarten Staaten, von denen alsogleich Anstalten getroffen wurden das Uebel von ihrem Gebiete fern zu halten. Auch in dem weitab liegenden Neapel säumte man nicht die ganze Küstenstrecke gegen Sicilien so wie die Land- gränze gegen das Römische mit städtischen Milizen, guardie urbane, zu besetzen; denn der Stand der Linientruppen und überhaupt der königlichen Armee war auf ein solches Minimum herabgebracht daß man nicht meinte sie auch noch für den Cordons-Dienst ausschicken zu können. Für Alquier aber war die Maßregel ein willkommener Vorwand sich neuerdings besorgt zu stellen als ob Kriegsrüstungen dahinter steckten; er schlug Lärm in Paris wo Napoleon eine sehr ernste Unterredung mit dem österreichischen Gesandten Grafen Philipp Cobenzl darüber hatte. Nun kamen auch die Unternehmungen zur See an die Reihe, von denen das neapolitanische Geschwader nicht selten mit abgefangenen Barbaresken-Schiffen und anderer Beute heimkehrte; auch darin wollte Alquier nichts als Kriegsübungen und Vorbereitungen zu neuem Kampfe sehen.

General Saint-Cyr hatte sich bisher in seiner Haltung gegen den Hof maßvoller manierlicher gezeigt als Alquier der, seit er sich in seiner Einbildung die Königin in seiner Macht zu haben getäuscht fand, mehr und mehr trocken wurde, scharf und spitzig sein konnte, gegen die Minister, wie wir an dem Vorfalle mit Acton gesehen, geradezu grob war. Nun aber schien auch Saint-Cyr nicht mehr der

---

[1]) Königin an Theresia 15. Juli 1804.

9*

frühere. Auch er sah jetzt in allem was von Neapel ausging nichts
als Ränkespiel Hinterlist geheime Anschläge, und wollte nur so lang
Geduld haben bis man den Hof dahin gebracht haben würde seine
wahren Gesinnungen zu enthüllen. Als in den letzten Octobertagen
1804 Graf Roger Damas, der einige Zeit in Wien zugebracht hatte,
nach Neapel zurückgerufen und zum General=Inspector der Armee
(Ispettore generale dell' Armata di Sua M^{tà} Siciliana) ernannt
wurde, galt dies den beiden Franzosen als neue Herausforderung.
Der brillante General war ihnen jetzt was ihnen früher der Minister
Acton gewesen war: Hauptstörefried und Hetzer gegen Frankreich. Sie
brachten mit Damas' Berufung alles in Zusammenhang an was sie
schon früher Anstoß genommen hatten: die geheimen Rüstungen, die
drohende Erhebung der Massen; Kanonen und Gewehre schaffe man
nach Calabrien, die Festungswerke von Capua und Gaëta würden
ausgebessert, Bandenführer wie den Abate Vinci aus Portici habe
man nach Neapel beschieden u. dgl. Saint=Cyr beobachtete mit miß=
trauischer Aufmerksamkeit die Bewegungen der Russen jenseits der
Adria. Er ließ sich berichten daß russische Officiere in den Bocche di
Cattaro gelandet seien, daß in Albanien geworben, die montenegriner
Miliz eingeübt werde, was sein Landsmann Alquier wieder mit dem
häufigen Courier=Wechsel zwischen Neapel und dessen Gesandten Fürsten
Cicala in London und Herzog von Serra=Capriola in St.=Petersburg,
so wie mit dem brieflichen Verkehr mit Admiral Nelson in Verbindung
brachte.

Unter all diesen Quälereien litt der Hof von Neapel nicht we=
niger als sein Land. Das Benehmen der „kaiserlichen Gäste" in den
von ihnen besetzten Gebieten wurde immer unerträglicher. Anfangs
August ließ der Commandant von Lecce einen der Miliz angehörigen
Eingebornen, der angeblich einen französischen Soldaten seiner Fahne
abwendig machen wollen, ohne weiters erschießen, als befände man sich
im Belagerungszustande oder gar im offenen Kriege. Wenig Tage
später wurde in Trani wo Truppen aus Ober=Italien lagen ein
österreichisches Getreideschiff, Capitain Luka Cosolich aus Lussin piccolo,
sammt Ladung und Mannschaft von 20 Bewaffneten unter Trommel=

wirbel mit Beschlag belegt; dasselbe geschah mit drei österreichischen
Getreideschiffen auf der Rhede von Barletta, aber auch mit Schiffen
anderer Flagge in verschiedenen neapolitanischen Häfen. Die Franzosen
hatten nämlich Argwohn geschöpft das Getreide sei für die Engländer
in Malta bestimmt und hoben erst ein paar Tage später auf höhern
Befehl den Sequester wieder auf[1]). In den Orten wo sie größere
Garnisonen hatten schalteten die Franzosen nach Gutdünken. Der
General in Tarent spürte Langeweile und wollte ein Theater haben;
es fand sich eine Truppe der eines der Klöster der Stadt einen
geräumigen Saal abtreten mußte, während man den vermöglichern
Einwohnern eine Steuer auferlegte um die Kosten zu decken[2]).

Die finanzielle Last für den Staat war nahezu unerschwinglich.
Medici hatte in kurzer Zeit großes geleistet, die öffentlichen Banken die
um allen Credit gekommen waren regulirt, die Steuerkraft gehoben und
überhaupt das in ihn gesetzte Vertrauen in solchem Grade gerechtfertigt daß er zum Staats-Secretair erhoben und dadurch zu einem
Mitgliede des obersten Kronrathes gemacht wurde. Allein bald mußte
auch er keinen Rath mehr um mit den gewöhnlichen Mitteln das
Auslangen zu finden, blieb mit den vom Hofe zu leistenden Besol-
dungen und Pensionen im Rückstand, schrieb zur Bestreitung der Auslagen für die französischen Truppen außerordentliche Steuern aus 2c.
Die Lasten dieser Einquartierung waren in fortwährendem Steigen.
Schon im September wurde, unter dem Vorwand man müsse gegen
die Russen gewappnet sein, die Ankunft von neuen 3000 Mann angekündigt, denen 5000 weitere nachfolgen sollten; im November und
December fand der Einmarsch statt, besonders viel Reiterei und
Geschütz[3]). Königin Karolina konnte sich nicht vorstellen daß der

---

[1]) Cresceri 7. August E, 14. deff. Mon. A.

[2]) Derselbe 20. November D: „Il generale francese che sta in Taranto
recò una gran molestia a quegli abitanti negli scorsi giorni. Ordinò che si
piantasse un teatro nella sala d'uno di que' monasteri, e per supplire alla
spesa tassò tutti li benestanti del paese chi più chi meno in proporzione
delle rispettive loro forze“.

[3]) Karolina an Kaiser Franz 1. October: „L'Empereur des Français a
jugé à propos de joindre aux 15/m. hommes qui unis à ses généraux nous

Franzosen-Kaiser seine Zumuthungen so weit treiben könne wenn nicht
Oesterreich seine Zustimmung dazu gegeben; letzteres wurde ihr sogar
von irgend einer Seite als unzweifelhaft zugetragen. Nachdem sie über
ihren Irrthum aufgeklärt worden wandte sie sich bittlich an ihre
Tochter und ihren Schwiegersohn, letzterer möge bei dem „Gebieter
von Europa" ein Fürwort einlegen das gewiß nicht wirkungslos ver-
hallen werde: „Wolle Gott diese Geißel weit von uns halten! Der
Tag wo die französischen Truppen uns verlassen wird einer der
schönsten Augenblicke meines Lebens sein; denn unsere Lage ist von
der Art daß wir von einer Woche zur andern nicht voraussehen
können was kommen wird, noch versichert sein was aus uns werden soll" [1]).

Man schlug die verschiedensten Wege ein um sich nur einigermaßen Ruhe zu verschaffen. Man ließ es sich große Summen kosten
um im französischen Haupt-Quartier wie bei der Gesandtschaft freundlicheren Gesichtern zu begegnen und den Heißhunger Saint-Cyr's und
Alquier's, die fortwährend mit neuen Beschwerden und Zumuthungen
kamen, zu stillen. Wurde ihre Zudringlichkeit zu groß so berief man
sich auf den Marchese Gallo in Paris, den man zu unmittelbarer
Verhandlung mit dem Cabinete des Kaisers angewiesen habe. Selbst
kleinliches Ränkespiel blieb nicht unversucht; man wollte den Minister
und den Commandirenden auf einander eifersüchtig machen und aus
ihrem Zwiespalt Nutzen ziehen. Manchmal gelang das, doch auf die
Länge konnten solche Mittel nicht ausreichen.

Um die inneren Zustände im Königreiche sittlich aufzubessern
griff die Regierung Ferdinand's zu einer Maßregel mit der sie ihre

---

dévorent encore autres 8/m. pour finir de nous écraser, craignant, dit-il, les
Russes" ... Cresceri 11. December B: „Alcune centinaja consistono in Po-
lacchi, e questi sono i più molesti".

[1]) Die Königin an Theresia 31. October und 5. December 1804: „Re-
commandez nous à l'amitié de votre cher mari. Je suis bien loin de me mêler
de ses affaires, mais Buona parte par son intérèt, ayant des égards pour lui,
il serait de son cœur et générosité de nous efficacement recommander, afin
que les Français quittent, évacuent le Royaume et nous laissent dans notre
désirée neutralité".

eigene Vergangenheit Lügen ſtrafte. Nicht ganz vierzig Jahre früher
hatte man die Jeſuiten mit Schimpf und Schande aus dem Reiche
gejagt, jetzt erbat man ſich vom Papſt Pius VII. die Erlaubnis ſie
wieder einzuführen: ſie ſollten „durch ihr beiſpielvolles Leben, durch
ihre Frömmigkeit und vor allem durch ihren trefflichen Jugendunter=
richt" wieder gut machen was in der Zwiſchenzeit ſchlechter geworden
war [1]). Die Königin, die an der Vertreibung des Ordens keinen Theil
genommen hatte — es war dies vor ihrem Erſcheinen in Neapel ge=
ſchehen — empfand über die jetzige Maßregel große Freude und ver=
ſprach ſich das beſte von dem Wirken der frommen und gelehrten
Patres. Es wurde ihnen ihr altes Collegium wieder eingeräumt; ſie
riefen die noch lebenden im Königreiche zerſtreuten Ordensbrüder ein
und konnten am Feſte des heiligen Franz Xaver, mehr als hundert
an der Zahl, unter dem General=Procurator P. Angelini ihren Ein=
zug feiern; der König und die Königin mit ihren Kindern wohnten
dem Acte bei für welchen Maëſtro Paiſiello eine Muſik componirt hatte.

Einen Tag früher, 2. December, war in Paris die Kaiſerkrönung
vor ſich gegangen. Papſt Pius VII., wie es Gallo vorausgeſagt hatte,
war gekommen dem Neo=Imperator die Krone auf's Haupt zu ſetzen.
Ein außerordentlicher Geſandter Neapels, um die beſondern Glück=
wünſche ſeines Hofes zu überbringen, war dabei nicht erſchienen.

6. Neujahrsgruß Napoleon's an das Fürſtenpaar von Neapel 1805.

Im erſten Luſtrum unſeres Jahrhunderts war Neapel ein be=
liebter Zielpunkt gelehrter und kunſtſinniger Reiſender aus allen Theilen
Europas, wohin von Zeit zu Zeit Nachrichten von neuen Ausgrabungen,
von Funden aus dem claſſiſchen Römerthum oder aus der noch frühern

---

[1]) Schon am 3. Juli 1804 C hatte Baron Creſceri auf eine Numer
der Gazetta di Napoli aufmerkſam gemacht worin die Ueberſetzung eines aus
einer deutſchen Zeitung entlehnten Artikels zu Gunſten der Jeſuiten enthalten
war und woraus hervorzugehen ſcheine „che queſta corte realmente non sia
contraria al risorgimento de' Gesuiti".

griechischen und etruskischen Zeit drangen. Den Tempeln von Pästum wurde größere Beachtung geschenkt, Münzen und allerhand Anticaglien kamen in der Nähe zu Tage. Aus Sicilien machte die Kunde von der Auffindung einer wundervollen Statue der Venus Kallipygos, das Verdienst des Cavaliere Landolini, großes Aufsehen in der gelehrten Welt, während Mgr. Airoldi Erzbischof von Heraklea sich um das halb vergessene Girgenti annahm und den Advocaten Lo Presti mit den Mitteln ausstattete den Resten des altberühmten Agrigent nachzuforschen. Als die deutschen Reisenden Rehfues und Schinkel im Mai 1804 dahin kamen hatte man eben Stücke von riesigen Figuren gefunden in denen man Theile des von Diodor beschriebenen Reliefs auf der Stirnseite des Jupiter-Tempels erkennen wollte; Schinkel entwarf einen Grundriß von den Ausgrabungen den Rehfues in der damals in Leipzig erscheinenden Zeitschrift „Italien" veröffentlichte. Mehr als alles andere aber machten die Ausgrabungen von Pompeji von sich reden, das durch den Eifer des Staats-Secretairs Seratti und die Munificenz der Königin, die aus ihrer Privat-Chatulle die dazu nöthigen Gelder hergab, aus seiner Verschüttung mehr und mehr herauszuwachsen begann und die Mühen seiner Wiedererwecker mit den reichsten und mannigfaltigsten Funden lohnte. Die Königin selbst erschien mit ihren Kindern häufig an Ort und Stelle und bereitete diesen das Vergnügen vor ihren Augen in neu aufgedeckten Räumen herumsuchen zu lassen, wo dann Lampen Broncen kleiner Zierrath u. dgl. zum Vorschein kamen. Freilich geschah es bei solchen Gelegenheiten, besonders wenn die Ankunft eines hohen vom Hofe begünstigten Fremden angesagt war, wie man es bei Jagden fürstlicher Personen einzurichten pflegt, daß die werthvollsten Stücke voraus in Bereitschaft gehalten waren, während der Besucher sich nicht wenig auf seinen Glücksstern zugute that daß gerade in seinem Beisein und vor seinen Augen der interessante Schatz gehoben worden. Die literarische Welt knüpfte noch andere Hoffnungen an die Pompejaner Arbeiten. Sollte man keine Bibliothek dort finden und auf Hilfsmittel kommen die alten Schriftrollen unbeschädigt aufzuwickeln und zu lesen? Vielleicht ergänzen sich die großen Lücken in der alt-römischen Geschichtschreibung;

vielleicht käme man auf die 96 mangelnden Bücher des Livius oder
jene noch werthvolleren des Tacitus, auf die verlorene Universalhistorie
des ältern Plinius oder das große Geschichtswerk des Trogus Pom=
pejus wovon wir blos den Auszug des Justinus besitzen ꝛc. Von
deutschen literarischen Celebritäten die in den Jahren 1803 bis 1805
Neapel besuchten sei außer Schinkel und Rehfues, deren schon gedacht
worden, Elisa von der Recke genannt; von den beiden letztern besitzen
wir werthvolle Aufzeichnungen über ihren damaligen Aufenthalt.
Dasselbe ist mit Kotzebue der Fall der sich im Herbst 1804 mit
seinem Schwager Krusenstern in Neapel einfand; er war dazumal
auf der Höhe seines Ruhms, nicht blos als Schriftsteller sondern
auch um seiner sibirischen Gefangenschaft willen — 1800/1 „das
merkwürdigste Jahr meines Lebens" — als Opfer russischer Gewalt=
herrschaft. Er hatte seine Frau mit sich die gleich ihrem Gemahl der
Königin vorgestellt wurde. Frau von Kotzebue war zur selben Zeit in
gesegneten Umständen was Karolinen Anlaß gab auf ihr Lieblings=
thema zu kommen. „Das schönste Glück auf Erden", sagte sie, „ist
Mutterglück. Ich habe siebenzehn lebendige Kinder gehabt, sie waren
meine einzige Freude. Zur Mutter hat mich die Natur gemacht, die
Königin ist nur ein Galakleid das ich an= und ausziehe"; sie faßte
dabei ihre Robe mit zwei Fingern und ließ sie, wie mit Gering=
schätzung, wieder los ... Von französischen Berühmtheiten weilte
Frau von Staël einige Zeit in Neapel deren geistsprühender Umgang
auf Karolinen nicht ohne Eindruck blieb, wenn sie auch die „moderne"
Richtung der Französin nicht nach ihrem Geschmack fand.

So gab es denn für den „wißbegierigen Reisenden" Stoff genug
in dem Gebiete der Beiden Sicilien; auch den „vergnügungssüchtigen"
und den „hoffärtigen" Reisenden, um von der bekannten Eintheilung
und Nomenclatur Yorick's Gebrauch zu machen, zog es nach dem
genußreichen Süden; der „müßige" und der „einfache" wollten in die
Heimat zurückgekehrt mindestens ihren Witz: Vedi Napoli e poi Mori
(muori) anbringen können, während mancher „unglückliche" Reisende
in dem gelinden Klima, in den Wogen des Meeres oder in den
warmen Quellen von Ischia Heilung körperlicher Leiden suchte. Aus

letzterer Ursache befanden sich der österreichische General Fürst Moriz
Liechtenstein mit seinem Adjutanten Grafen Attems, denen Kriegs-
strapazen und Wunden manchen Leck zugeführt hatten, wochenlang auf
der interessanten Insel. Einen ähnlichen Grund schützte das sardinische
Königspaar vor, das in der zweiten Hälfte Juni 1804 von Rom aus
in Gaëta eingetroffen war und sich nach Ischia begeben wollte um
dort die Seebäder zu gebrauchen. Allein sie kamen nicht dahin, weilten
ab und zu ein paar Tage in Neapel, schienen sich aber sonst von
Gaëta nicht wegzutrauen; man sagte es sei ihnen von französischer
Seite nahegelegt worden den römischen Aufenthalt mit einem andern
zu vertauschen, und es war als ob es einzig die Sorge für ihre persönliche Sicherheit sei was ihnen einen so trostlosen Aufenthalt wie
dieses vom Meer umflossene Felsennest einigermaßen erträglich machen
konnte [1]).

Alles andere was seinen Weg in den gesegneten Landstrich von
Süd-Italien fand erkor sich die interessante und wechselvolle Hauptstadt zum Sammelpunkte. Besonders groß war der Fremdenzufluß
gegen Ende 1804 und in den ersten Monaten 1805. Der regierende
Fürst Liechtenstein sammt Gemahlin und deren Schwester der Cano-
nissin, Fürst Ludwig von der jüngern Linie, Morizens Bruder, Fürst
Wenzel Domherr zu Salzburg, Graf Friedrich Stadion — der nur
durch die Nachricht eines Todesfalles in seiner Familie bald wieder
heimgerufen wurde —, der Deutsch-Ordens-Comthur Baron Spiegel,
Baron Stupan, dann von Polen und Russen ein Graf Tarnovski
sammt Gemahlin, zwei Grafen Siemonski, eine Gräfin Krasicka mit
Familie, Graf Panin, die Söhne der Fürstin Karl Mocenigo und
viele italienische Familien fanden sich ein.

Unter den Gästen die sich aus diesem oder jenem Anlasse in
Neapel sehen ließen, auch wohl bei Hofe freundlich empfangen wurden,

---

[1]) Cresceri 30. October 1804 H: „Non potendo in conto alcuno
allettarsi il soggiorno di quella piazza, il quale è dei più tristi, deve avere
qualche politico a me ignoto motivo. Ultimamente qui si era sparsa la voce
che fossero intenzionati di passare à Corfù“. Kaunitz 10. März 1805: „Leurs
Majestés Sardes vivent toujours à Gaëte dans une solitude complète“.

waren manche deren Anwesenheit dem französischen Imperator nichts weniger als gleichgiltig war, die seinen Verdacht oder wohl gar seine Leidenschaft erregten. So jammerte Marchese Gallo aus Paris, daß sich die Staël in Hofkreisen Aeußerungen erlaubt habe die den Kaiser auf's höchste gereizt hätten. Ein Gegenstück zu dieser rührigen Frau bildete der ernste, ja traurige Erbprinz Wilhelm von Württemberg der gleichfalls auf Frankreich nicht gut zu sprechen war, obwohl er seine Meinung keinem aufdrang. Man erzählte sich von einem Roman der ihn mit seinem strengen Vater entzweit habe: er sei mit einem hübschen Mädchen aus guter Familie von Stuttgart davon gegangen, habe sich mit ihr in Berlin, in Wien aufgehalten, zuletzt in Paris sein Glück versucht als von Napoleon, der sich den alten Kurfürsten verpflichten wollte, an die protestantische Geistlichkeit strenger Befehl kam die Trauung, für die schon alles vorbereitet gewesen, zu verweigern worauf sich das aussichtslose Verhältnis gelöst habe. In Neapel erschien er mit einem Adjutanten ohne alle andere Begleitung, lebte sehr zurückgezogen und schien nichts sehnlicher zu verlangen als mit seinem Vater wieder auf guten Fuß zu kommen. Er blieb übrigens nicht lang in Neapel sondern ging von da nach Rom, von wo bald darauf ein anderer nicht minder interessanter Besuch kam: ein Banquier Boyer mit Gemahlin der sich ungefähr zehn Tage in Neapel aufhielt und nur mit Franzosen Umgang pflog ohne sich bei Hof vor= stellen zu lassen, was der Königin, um des Aergernisses willen das man in Paris daran nehmen konnte, nicht gerade unangenehm sein mochte; denn der Fremde war Lucian Buonaparte der gegen die Pläne seines Bruders eine schöne Banquiers=Witwe geehlicht und dadurch dessen Zorn auf sich geladen hatte [1]).

Noch eines Ankömmlings in Neapel müssen wir gedenken, und zwar eines solchen dessen Erscheinen keinem blosen Besuche galt sondern

---

[1]) Karolina an Theresia 16. December 1804 (1803?), an Kaiser Franz 14. Januar 1804 (1805?): „Sa figure est très mesquine blême vilaine, mais il acte très généreux et magnifique à l'hôtel, partout. Sa femme ... est belle, mais une beauté ordinaire". Nach Cresceri 10. Januar 1804 B wäre Lucian in der ersten Woche dieses Jahres in Neapel gewesen.

eine nachhaltigere Bedeutung hatte: es war der neue österreichische
Minister und Gesandte am königlichen Hofe. Bekanntlich war für
diesen Posten Graf Ferdinand Colloredo ausersehen worden, der aber
im September 1804 um Enthebung davon bat, indem er sich auf den
mit jedem Tage bedenklicher werdenden Zustand seines erkrankten
Vaters berief den zu verlassen ihm Sohnespflicht verbiete. An seine
Stelle kam Graf Aloys Wenzel Kaunitz-Rietberg Enkel des berühmten
Staatskanzlers, der sich in der ersten Hälfte November auf die Reise
machte, folglich zu einer Zeit wo ganz Italien von der Pestfurcht
befallen war. Die Sperre wurde so streng gehandhabt daß nicht
einmal Briefe, die aus den von der Krankheit heimgesuchten oder be=
drohten Gegenden kamen, frei durchgelassen wurden. So geschah es
daß Kaunitz schon in Bologna mit den Contumaz-Anstalten der cisalpi=
nischen Republik Anstände hatte, noch größere aber in Florenz wo er
am 24. November ankam und wochenlang aufgehalten wurde ehe man
ihn weiter ließ. Ein Monat später traf ihn das gleiche Loos auf
römischem Boden in der Gegend von Perugia, und dann neuerlich
beim Uebertritt in's Neapolitanische so daß er erst am 10. Januar
1805 in der Hauptstadt eintraf und noch am selben Tag dem Leiter
der auswärtigen Angelegenheiten Cavaliere Micheroux von seiner An=
kunft Nachricht gab. Welch großen Werth man auf dies Ereignis
legte war daraus zu ersehen daß gleich am Tage darauf, 11. Januar,
der Hof nach Neapel kam um den Vertreter Oesterreichs in feierlicher
Audienz zu empfangen. Eben so auszeichnende Aufnahme bei den
Majestäten fand seine Gemahlin, eine Gräfin Weißenwolf, deren Kind,
das sie ein Vierteljahr später zur Welt brachte, der König zur Taufe
hielt; er wollte zeigen, wie Karolina nach Wien schrieb, wie hoch der
„Minister seiner geliebten Tochter" in seiner Gnade stehe [1]).

*   *

Die Ankunft des Grafen und der Gräfin Kaunitz fiel in die
Zeit des beginnenden Carnevals der sich 1805 nicht minder geräusch=

---

[1]) Karolina an Theresia 23. April 1805: „Ils vivent très unis et tran-
quillement ensemble, le Roi lui tient l'enfant au baptème comme ministre de

voll und lustig anließ als dies bei dem vorjährigen der Fall gewesen
war. Der Zufluß reicher und angesehener Fremden deren Theilnahme
den Festlichkeiten einen erhöhten Glanz gab, der stürmische Eifer der
Einheimischen die einander in Freuden und Vergnügungen überbieten
zu wollen schienen, konnte die seit Jahren aus Stadt und Land ver-
nehmbaren Klagen über Noth und Theuerung, die Besorgnisse wegen
der politischen Lage des Königreiches fast vergessen machen[1]). Die
öffentlichen Theater waren besuchter als je, obwohl einheimische Kenner
die Oper nichts weniger als ausgezeichnet, das Ballet trotz prunkender
Ausstattung unter dem Mittelmaß fanden; außerdem zählte man
nicht weniger als sechzig Privat=Bühnen wo Dilettanten Lustspiele
und kleinere Opern aufführten. In mehreren Häusern fanden sich
Spielhöllen um deren grüne Tische sich die Leidenschaft drängte und
hohe Summen zum Einsatz wagte. Einen Abend um den andern gab
es glänzende Tanzfeste, von Einzelnen gegeben oder von Gesellschaften
von Damen und Cavalieren veranstaltet; eine solche Compagnie, an
deren Spitze der spanische Gesandte stand, benützte einen großen leer=
stehenden Palast zu zwei großen Festlichkeiten denen der Hof seine
Anwesenheit schenkte; lebende Bilder, wie es scheint seit den Tagen
der Künstlerin Lady Hamilton ein beliebtes Zwischenspiel, wurden
dabei von den höchsten Persönlichkeiten des Adels und der Diplomatie
zur Schau gebracht. Ein= oder zweimal im Fasching veranstaltete der
König ein größeres Ballfest in seinem Lustschlosse Favorita, wöchent=
liche kleinere seine Gemahlin in ihrem Palaste. Die Einladungen zu
letzteren ergingen im Namen des jungen Prinzen Leopold wodurch

---

sa fille chérie" ... In dem Gesandtschafts Berichte vom 12. Januar 1805 findet
sich die Ansprache mit der sich Kaunitz beim Könige einführte. Bezeichnend darin
war die Stelle: „Les événements des dernières années ont changé les rapports
entre l'Italie et l'Empire autrichien, mais les intérêts de V. M. ne seront
jamais étrangers à l'Empereur mon maître: François II a toujours été tout
aussi fidel Ami, tout aussi parfait Parent, qu'il est excellent Souverain et
bon Maître".

[1]) Cresceri 7. Februar 1804 D: „Dovesi credere che il paese in generale vada rimettendosi nello stato di dovizia in cui era prima della rivoluzione".

alles Ceremoniel vermieden und die Königin der Nothwendigkeit ent=
hoben wurde aus Rücksichten der Etiquette Personen zu empfangen
die sie nicht mochte weil sie misliebige Erinnerungen in ihr wachriefen.
Für sie waren überhaupt alle diese Unterhaltungen nicht Vergnügen
sondern Opfer; sie that es um ihrer Kinder willen deren frohe
Jugend sie nicht um erlaubte Vergnügungen bringen wollte, mitunter
persönlich leidend, von Fieber und Krämpfen geplagt, medicinirend
und dabei voll der trübsten Gedanken über das was die nächste Zu=
kunft bringen werde [1]).

Gleichwohl war sie auf den Schlag nicht gefaßt, der kaum acht
Tage nach Ankunft des österreichischen Gesandten wie ein Blitz aus
heiterem Himmel mitten in die Lustbarkeiten des Carnevals einschlug
und im ersten Augenblicke ihren Zorn eben so entflammte als ihre
Entschlüsse lähmte. Alles was ihm in der letzten Zeit aus Neapel zu
Ohren gekommen war und worüber er sich je früher gegen den dortigen
Hof zu beklagen gehabt, mußte sich in dem Kopfe des hochfahrenden
und reizbaren Imperators an der Seine zusammengefunden haben
um eine Stimmung zu erzeugen in welcher er zwei Briefe, einen an
den König den andern an die Königin, beide datirt vom 2. Januar
1805, durch Talleyrand an die französische Gesandtschaft in Neapel
abgehen ließ.

Am 19. sagte sich Alquier bei der Königin zur Audienz an, der
König befand sich wie gewöhnlich auf einem seiner Lustschlösser.
Karolina empfing den Vertreter Frankreichs mit gewohnter Höflichkeit,

---

[1]) Siehe z. B. ihren Carnevals=Bericht vom 7. Februar 1804 an Theresia:
„J'avoue mon cœur n'y est pas, et je ne suis pas tranquille jusqu'à ce que
je vois où est destinée l'escadre de Toulon avec 15/m. hommes embarqués et
que je me vois délivrée des troupes qui nous grugent et dévorent". Am
22. Januar 1805 schreibt sie: „Le carneval qui est commencé ne montre aucune
disposition à la gaîté, tout le monde est en suspens, tout le monde est triste".
In der That drängten sich mitunter zwischen die Faßnachtsfreuden ernste Vor=
fälle; so bei Kaunitz 15. Januar 1805 F: „Le fils d'un vieux médecin de
ce pays-ci avait obtenu du Roi la permission d'avoir chez lui une école de
chymie. Suspect de Jacobinisme dès le temps de la révolution, l'autre jour il
fut arrêté aussi bien que ses écoliers qui étaient au nombre de 28, et tous
furent renfermés dans les prisons".

entnahm das an sie gerichtete Schreiben seinen Händen — jenes an den König mußte er diesem in Person übergeben —, sagte ihm einige verbindliche Worte und verabschiedete ihn in der schmeichelhaftesten Weise. Zu ihrem Glücke, und vielleicht in ahnungsvoller Voraussicht dessen was kommen würde, hatte sie den Brief nicht in Alquier's Gegenwart eröffnet, sie würde nicht Meisterin ihrer Gefühle haben bleiben können die sich jetzt in stürmischer Weise Luft machten. Was mußte sie, die stolze Cäsaren=Tochter, sich von dem übermüthigen Emporkömmling sagen lassen?! „Ob sie nicht aufhören wolle mit ihren feindseligen Entwürfen gegen Frankreich? Ob sie, die doch so wenig mit andern Weibern gemeinsam habe, nicht im Stande sei sich von den Vor= urtheilen ihres Geschlechts loszumachen und Staatsgeschäfte nicht zu behandeln als ob es Herzensangelegenheiten wären? Ob denn ihre Schwäche für die Briten so groß sei daß sie nicht davor zurückscheue um Englands willen den Continent in Flammen zu setzen, wenn sie auch wissen müsse daß sie das erste Opfer davon sein würde? In dem Augenblicke da der Krieg ausbricht", schrieb er in rohem Cor= poralstyl, „werden Sie und die Ihrigen aufgehört haben zu regieren und Ihre Kinder werden durch alle Theile von Europa herumirren und Beistand für ihre Aeltern betteln". Zuletzt sollte sie sich noch eine Ehre daraus machen solche Dinge von ihm zu hören zu bekommen; „denn nur zu einer Person von so männlichem Charakter und so hinausragend über das gemeine Maß habe ich mir die Mühe nehmen können mit so ungeschmückter Wahrheit zu schreiben" ... Karolina war, nachdem sie das Schreiben gelesen, außer sich vor Scham und Entrüstung. Solcher Hohn auf der einen, solche Drohungen auf der andern Seite! Und das ihr einer Tochter Maria Theresiens, von diesem Buonaparte den sie emportauchen und werden gesehen, dessen ganze Geschichte sie kennt! Sie zerknitterte das Papier und warf es zu Boden, sie durchmaß mit heftigen Schritten das Zimmer, sie gerieth in eine Aufregung die sie vierundzwanzig Stunden auf's Krankenlager warf. Doch dann raffte sie sich auf und fuhr nach Belvedere zu ihrem Gemahl den sie nöthigte nach Neapel zu kommen um den an ihn gerichteten Brief Napoleon's in Empfang zu nehmen.

Am 21. erschien zu diesem Zwecke Alquier, überreichte das Schreiben das viel kürzer und etwas anständiger gehalten war als das an die Königin, und wurde, ohne daß man ihn zu irgend einer Auseinander= setzung kommen ließ, mit kühler Förmlichkeit entlassen.

Mittlerweile machte der französische Gesandte seine Schritte bei Micheroux den er mit all' den brutalen Zumuthungen und Drohungen bestürmte die man so zu sagen schon auswendig kannte: den Truppen= stand auf 12000 Mann herabzusetzen und alle Rüstungen einzustellen, den General Damas zu verabschieden und fortzuschicken, dem britischen Gesandten die Pässe zuzustellen oder mindestens ihn nach Sicilien zu verweisen; wenn man sich nicht beeile diesen Forderungen zu entsprechen werde General Saint=Cyr seine Truppen in Bewegung setzen. So sehr man an das hochfahrende Wesen des Vertreters von Frankreich gewohnt war, so liefen diesmal von anderer Seite Botschaften ein welche die Unruhe, ja die Bestürzung der Regierung auf's äußerste steigerten: man vernahm von allerhand Truppenbewegungen selbst in Ober=Italien; Prinz Eugen, so ließ man sich erzählen, habe Weisung erhalten Saint=Cyr zu unterstützen u. dgl. Maria Karolina wurde zwischen verschiedenartigen Entschlüssen hin= und hergeworfen. Jetzt sprach sie davon sich zurückziehen und ihrem Gegner, der sie als alleinigen Stein des Anstoßes, als einziges Hinderniß einer freund= licheren Gestaltung der Beziehungen zwischen Frankreich und Neapel zu betrachten scheine, das Feld räumen zu wollen. Dann aber bäumte sich wieder gegen die Zumuthungen des Neo=Imperators und die Sprache die er sich herausgenommen ihr ganzer Stolz auf. In der That was konnte es anders als Hohn sein eine Herabminderung des Truppen= standes auf 12000 Mann zu verlangen, wo man thatsächlich keine 10000 auf den Beinen hatte und wo die angeblichen Rüstungen höchstens eine Ergänzung eingerissener Lücken waren! General Damas war nicht Emigré wie von französischer Seite behauptet wurde, er hatte seine Heimat bereits verlassen gehabt ehe die Revolution dort ausgebrochen war; „und da wir noch kein französisches Departement sind", meinte Karolina, „so glaube ich hat der König wohl ein Recht sich des Beistandes derjenigen zu bedienen die ihm zusagen". Die

Forderung bezüglich des britischen Gesandten war geradezu eine Unge=
heuerlichkeit: den Vertreter einer Macht, mit der man nicht nur sich
im Frieden befand sondern eng befreundet war, von seinem Posten
zu weisen, von der Seite des Hofes bei dem er beglaubigt war fort=
schaffen zu lassen! In der ersten Hitze hatte Karolina eine Antwort
auf's Papier geworfen wie ihre Leidenschaft und gerechte Entrüstung
sie ihr eingegeben; die Vorstellungen des Königs, die Bitten Medici's
und anderer Mitglieder des Staatsrathes brachten sie dahin den Aufsatz
zu vernichten. Noch zwei Versuche machte sie die beide das Schicksal
des erstern hatten, bis sie zuletzt ein Schreiben, von übermenschlicher
Mäßigung wie sie sich einredete, fertig brachte das durch Gallo in
den Tuilerien überreicht werden sollte. Das aber konnte sie gleichwohl
nicht unterlassen ihrem Gesandten eine Abschrift der beiden Napo=
leonischen Briefe zu schicken und dieselbe mit Randbemerkungen zu
versehen in denen sie ihrem Herzen Luft machte. Auch an Ruffo in
Wien sandte sie Abschriften die er den Kaiser Franz einsehen lassen
sollte. „Der Styl darin ist neu“, schrieb sie letzterem, „und mich hätte,
auf so etwas nicht gefaßt, der Schlag treffen können“. „Was die Absicht
Buonaparte's mit diesen beiden Sendungen war“, meinte sie gegen
Gallo, „ist mir absolut unbekannt; wäre es die uns zum äußersten
zu treiben, so hat er das seit langem erreicht — si c'est de nous
pousser à bout, cela est depuis longtemps fait“ [1]).

In der Sache selbst war für den Augenblick nichts zu thun als
nachzugeben. Die eingeleitete Heeresergänzung wurde in sehr augen=
fälliger Weise eingestellt, der Gränz=Cordon aufgelöst, die städtische
Garde in ihre Heimat entlassen. Nur insgeheim, um sich nicht mit
gebundenen Händen dem Feinde zu überliefern, zahlte man bei vierzig

---

[1]) Die beiden Schreiben Napoleon's in dessen Corr. X Nr. 8254 f. S. 102
—104 und bei Ulloa S. 315—319. S. hier auch S. 314 f. Schreiben des
französischen Kriegs=Ministers an den General Saint=Cyr, und S. 320—327
Schreiben der Königin an Gallo vom 22. und vom 25. Januar 1805. In
letzterem klingt es beinahe komisch wie sie den König, diesen urgesunden Natur=
sohn, gleich einem nervösen Mädchen hinstellt: „Je le priai d'avoir soin de sa
santé et il revint avec moi en ville“. Der ganze Brief ist übrigens voll leiden=
schaftlichen Schwungs und beißender Sarkasmen.

Landsturmführern, altgedienten Leuten aus dem Volksheere des Car=
dinals Ruffo, ihren Sold fort; man wollte sie wenn es der Augen=
blick verlangte bei der Hand haben [1]), und sie waren zugleich die
geeigneten Werkzeuge das Volk im Stillen zu bearbeiten.

*　　*　　*

Mit dieser zur Schau getragenen Nachgiebigkeit seitens der könig=
lichen Familie von Neapel war mehr eine zeitweilige Waffenruhe als
völlige Einstellung aller Feindseligkeiten erkauft. Sowohl die all=
gemeine Lage des Welttheils als gewisse Vorgänge in den Kreisen der
Königin trugen, oft ganz ohne ihr Zuthun, Schuld daß Napoleon und
dessen Satelliten, kaum daß man ihnen zu Diensten einen Stein des
Anstoßes beseitigt hatte, einen neuen in ihrem Wege sahen.

Im Carneval 1805 war auch der junge Prinz Ludwig von
Bayern in Begleitung seines Erziehers von Kerschbaum nach Neapel
gekommen und bei Hofe in der zuvorkommendsten Weise empfangen
worden. Er offenbarte bei seiner Jugend großen Kunstsinn, besah die
Ausgrabungen von Pompeji und zeigte sich auch sonst nach jeder Rich=
tung wißbegierig. Der Besuch wäre ohne besonderes Aufsehen abge=
laufen wenn nicht zwei Umstände gewesen wären von denen der eine
Aerger, der andere Argwohn, jedenfalls beide Unbehagen und Miß=
fallen im imperialistischen Lager erregten.

Die unermüdlich besorgte Mutter Karolina hatte nämlich in
dem katholischen Kurprinzen einen überaus passenden Bräutigam für
ihre Tochter Amélie entdeckt, und noch bevor jener den Boden des
Königreichs betreten hatte waren auf ihren Auftrag Erkundigungen
über seine Person und Eigenschaften eingezogen worden die in
jeder Hinsicht befriedigend ausgefallen waren; daher die ganz aus=
nehmende Herzlichkeit und Aufmerksamkeit mit der man ihn bei seinem
Erscheinen und durch die ganze Zeit seines Weilens am Hofe von
Neapel überhäufte. Nun war es aber Napoleon, seit die Kaiserkrone
auf seinem Haupte prangte, selbst um Familien=Verbindungen mit den

---

[1]) Kaunitz 28. Januar 1805 in Chiffern.

alten Dynastien zu thun in deren Reihen nach und nach seine Ange=
hörigen aufrücken sollten. Schon hatte er seine Schwester Elisa, seit
1799 mit dem Fürsten Felice Pasquale Bacciocchi vermählt, zur
souverainen Herrin von Lucca und Piombino erhoben, und seinen
Liebling Pauline, Witwe des Generals Leclerc, an einen Sprossen
des alt=römischen Geschlechtes der Borghese, Fürsten Camillo, ver=
mählt dem er bald darauf das Herzogthum Guastalla verlieh. Jetzt
warf er seine Augen auf die jüngere der noch ledigen Töchter von
Neapel die er seinem Stiefsohn Eugen, mit welchem er große Dinge
vorhatte, zuschanzen wollte. Zwar erwiesen sich seine Besorgnisse bezüg=
lich des bayerischen Prinzen als unbegründet. Karolina wollte, allein
Ludwig wollte nicht. Auch am kurfürstlichen Hofe von München, den
die Königin durch einen eigens dahin gesandten Vertrauensmann aus=
kundete [1]), zeigte man Höflichkeit aber für die Sache keinen besondern
Eifer, und nach einigen Wochen Aufenthalts in Neapel und Umgebung
reiste Prinz Ludwig am 22. Februar nach Rom zurück wie er von dort
gekommen war. Doch der französische Imperator hatte davon keinen
Nutzen. Denn als sich Alquier in Napoleon's Auftrage Andeutungen
über eine Familien=Verbindung mit dem souverainen Hause Buona=
parte erlaubte wich die Königin sichtlich aus; man sagte es ihm zwar
nicht, aber er konnte es merken, daß man jene Dynastie doch für zu
jung halte um an ein altes Herrschergeschlecht mit Ansprüchen solchen
Charakters heranzutreten [2]).

---

[1]) Philipp Joseph Rehfues, über dessen Mission nach München s. „Italia“
III S. 249, 252 f.

[2]) Nach Lefebvre II S. 55 f. wäre es kein directer Refus, sondern
mehr ein hinausschiebender Bescheid gewesen. — Nach einer Mittheilung Kaunitz'
zu schließen, Chiffern=PS. zur Depesche vom 4. Juni 1805, hätte das Ganze
erst einige Zeit später, etwa vor der Abreise Napoleon's nach Mailand statt=
gefunden: „Le Marquis de Gallo a parlé dans une de ses dernières dépêches
d'une proposition vague d'un mariage entre la Princesse Napolitaine Amélie
et Eugène Beauharnais, mais la Reine de Naples n'y a pas donné de suite“.
— Gegen Elisa von der Recke a. a. O. S. 287 f. sprach die Königin am
11. November 1805 von einem frühern Plan Napoleon's mit einer ihrer Töchter
und äußerte: „Eine Selbstbeherrschung solcher Art konnte ich den Widerstrebungen
meines innersten Gefühles nicht abgewinnen“; dabei nannte aber Karolina, wenn

10*

Zu dem Mißmuth wozu in dieser Richtung der bayerische Kron=
prinz ohne seine Schuld Anlaß gegeben, kam nun der Besuch den er
während seines Aufenthaltes in Neapel dem „Excellent" gemacht hatte,
einem britischen Linienschiff das, wie dem französischen Gesandten jetzt
erst aufzufallen schien, schon längere Zeit auf der Rhede vor Anker
lag. Weitere Erkundigungen ergaben daß der „Excellent" um die
Mitte Januar ein anderes Linienschiff, „la Renommée" von 74
Kanonen, abgelöst hatte und daß sich überhaupt ein solches regelmäßig
auf der Rhede befände, während zeitweise eine und die andere Fre=
gatte oder Corvette in den Gewässern von Neapel kreuzten. Es war
das eine Veranstaltung Nelson's der immer darauf glaubte gefaßt
sein zu müssen daß es in Neapel, wie von Alquier und Saint=Cyr
wiederholt gedroht worden war, zum äußersten kommen könne wo den
Majestäten wieder nichts übrig bliebe als sich wie vor fünf Jahren
nach Sicilien zu retten. Allein in Paris faßte man das als Bedrohung,
ja als Bruch der Neutralität auf; Alquier erhob Einsprache, Gallo flehte
inständigst, und so war es zuletzt die Königin selbst die den britischen
Admiral bat seine Schiffe aus dem Golf von Neapel abzurufen. Nicht
lang darauf ereignete sich ähnliches mit einem russischen Kriegsschiffe,
das die Bestimmung hatte oder vorschützte für den König und die
Königin von Sardinien bereit zu sein falls sich diese auf ihre Insel
begeben wollten. Alquier machte daraus ein ganzes russisches Ge=
schwader das bei der Insel Capri vor Anker gegangen sei, lief wie ein
Besessener um halb zehn Nachts in das Ministerium des Aeußern und
drohte dort in gewohnter Weise mit dem Anmarsch Saint=Cyr's so
daß dem Hofe wieder nichts übrig blieb als die Russen fortzubitten [1]).

Die Sache war für die Franzosen deshalb nicht ohne Bedeutung
weil einerseits die Russen ihre Stellung in Korfu fortwährend ver=

anders die deutsche Reisende richtig gehört und behalten hat, den Bruder Napoleon's Jérôme als ihren präsumtiven Schwiegersohn.

[1]) Königin an Gallo bei Ulloa S. 309: „Le fait est qu'il faut croire
Alquier fou ou le plus méchant homme qui existe ... Alquier tient des propos
dans ses accès de rage qui en France le feraient envoyer à Cayenne ...
Alquier et ses secrétaires sont des énergumènes".

stärkten und weil andrerseits mit England der Krieg zur See bereits
in vollem Gange war. Zwar glaubte Napoleon an keine neue euro=
päische Coalition, oder stellte sich mindestens so als glaube er nicht
daran; „würde sich eine solche bilden“, äußerte er zu seiner Umgebung,
„so würde das nur zur Folge haben Oesterreich zu einer Macht zweiten
Ranges herabzudrücken; übrigens würde ich früher in Wien sein und
in des Kaisers Bett schlafen ehe eine russische Truppenmacht von
Bedeutung zur Stelle sein könnte“. Was Neapel betraf so war das
Königreich an und für sich zu sehr herabgekommen um Napoleon's
Feinden eine besondere Verstärkung zuführen zu können; allein von
großer Bedeutung war dessen Gebiet als Landungs= und Stützpunkt
für anglo=russische Streitkräfte die von da aus in einem mittel=euro=
päischen Kriege die französische Flanke bedrohen konnten. Deshalb war
Napoleon's Politik, und waren die unabläßigen Stänkereien Alquier's
und Drohungen Saint=Cyr's dahin gerichtet, das Königreich Neapel
in seiner Wehrfähigkeit nicht zu neuen Kräften kommen zu lassen, es
wo möglich in einen Zustand vollständiger militairischer Ohnmacht
herabzudrücken, wo dann die Franzosen von ihren Feinden nichts zu
fürchten, die Russen und Engländer von ihrem Bundesgenossen nicht
viel zu hoffen hätten.

Einen der Hauptgegenstände ihres Aergernisses in dieser Rich=
tung bildete jetzt für Alquier und Saint=Cyr die Stellung des könig=
lichen General=Inspectors der Armee in dessen Person der eine den
unversöhnlichsten Feind Frankreichs und dessen jüngster Dynastie, der
andere den befähigtesten und darum gefährlichsten Officier des neapo=
litanischen Heeres erkannte. Graf Roger Damas war überhaupt eine
der brillantesten Erscheinungen jener an merkwürdigen und fesselnden
Persönlichkeiten so reichen Zeit. Fürst de Ligne der ihn 1788 im
Lager von Oćakov kennen gelernt sah in ihm einen Franzosen der die
Glanzzeiten dreier Jahrhunderte in sich vereinigte: die Ritterlichkeit
des sechzehnten, die Anmuth des siebenzehnten und die Heiterkeit des
achtzehnten; König Franz I., der große Condé und der Marschall
von Sachsen hätten, wie de Ligne meinte, einen Sohn gewünscht wie
diesen. Keck und verwegen im Donner der Kanonen, Sänger der

schönsten Opern-Weisen im Geknatter des Kleingewehrs, verband er
mit der ihm angebornen Kühnheit Umsicht und Ueberlegung; im Hof-
dienst zeigte er sich als Cavalier von feinstem Schnitt und bestem
Geschmack. Im Jahre 1765 geboren, mit vierzehn Jahren französischer
Officier, hatte Graf Damas als Volontair bei der russischen Armee
den Türkenkrieg mitgemacht und war nach der Erstürmung von Is-
mail, wo er einer der ersten die Wälle erklommen, Obrist geworden.
Später Adjutant des Grafen von Artois hatte er in den neunziger
Jahren unter Clerfayt, dann unter Condé die rheinischen Feldzüge
mitgemacht und war 1798 in neapolitanische Dienste getreten. Wir
erinnern uns daß er bei dem unglücklichen Mack'schen Kriegszuge einer
der wenigen gewesen welche die Waffenehre Neapels gerettet hatten;
1799 bei der Unternehmung des Cardinals Ruffo, dann 1800 im
Römischen und Toscanischen haben wir ihn im Vordergrund der
Ereignisse gesehen; wenn seine Erfolge keine günstigern gewesen so
lag die Schuld an dem Stoffe mit dem er zu hantieren hatte. Dieser
Stoff aber, die neapolitanische Heeresmasse, mochte unter der Leitung
eines so gewinnenden Führers mit der Zeit eine andere Gestalt annehmen, und eben deshalb wurde von französischer Seite so unnach-
giebig auf seine Entfernung gedrungen. Als Vorwand diente bald dessen
angebliche Eigenschaft als Emigrirter der nicht in Diensten einer dem
französischen Kaiserthum befreundeten Macht stehen dürfe, bald dessen
persönliches Auftreten und Reden die das gerade Gegentheil jener
friedlichen Gesinnungen an den Tag legten von denen sich der Hof
von Neapel beseelt erklärte. Den erstern Umstand bestritt die Königin
auf das hartnäckigste. „Er ist kein Emigré", schrieb sie ihrem Minister
nach Paris; „er war lang aus Frankreich fort ehe dieses ein Land
der Räubereien, des Diebstahls und des Blutes geworden ist. Ich
habe mich nie für ihn erwärmen können, aber gerade die Verfolgung
der ich ihn ausgesetzt sehe bringt mir eine hohe Meinung von ihm bei.
Ich werde ihn gewiß nicht fallen lassen" [1]). In der That wehrte sie

---

[1]) Vgl. das o. a. Schreiben vom 25. Januar bei Ulloa mit dem Chiffern-
Berichte Kaunitz' vom 5. Februar 1805: „L'ambassadeur de France insiste sur

sich viele Wochen lang; denn die Zumuthungen Alquier's in dieser Richtung schrieben sich vom December 1804 her. Allein zuletzt mußte doch geschehen was er verlangte, zumal Saint=Cyr abermals mit dem Säbel zu rasseln begann.

Von diesem erschien nämlich um den 17. Februar ein Adjutant welcher unter den herkömmlichen Drohungen eine Art Ultimatum von vier Punkten stellte, darunter die Entlassung Damas' und die Aus=weisung des britischen Gesandten. Als der Hof zu zaudern schien ver=anstalteten Alquier und Saint=Cyr in Ponte di Bovino eine Zusammen=kunft, in Folge deren sich der erstere beim Grafen Kaunitz einfand und sich dessen Vermittlung erbat um die Königin zur Nachgiebigkeit zu bewegen: „er sei geneigt im Punkte Elliot's nachzugeben, wenn nur der Forderung bezüglich des Grafen Damas endlich einmal genügt werde; widrigenfalls werde Saint=Cyr nicht länger säumen seinen lang gehegten Vorsatz auszuführen". Als Kaunitz erklärte er finde es nicht seines Amtes und Berufes sich in diese Angelegenheit zu mischen, ging Alquier so weit den kaiserlichen Minister für die Folgen verantwortlich zu machen die eine längere Hartnäckigkeit des Hofes haben könnte, 24. Februar. Kaunitz hielt die Drohungen des Fran=zosen für um so eitler je mehr künstliches Feuer Alquier daran setzte sie als ernst gemeint, ja unwiderruflich hinzustellen, unterließ aber gleichwohl nicht die Königin, wenn auch nicht in amtlicher Weise, von seinem Auftritt mit dem französischen Gesandten in Kenntnis zu setzen. Abermals traf ein Adjutant Saint=Cyr's ein mit mündlichen Auf=trägen an den Hof, der seinerseits den Fürsten Cardito nach Apulien sandte um den hitzigen General einigermaßen zur Ruhe zu bringen. Der Fürst war bereits einige Wochen zuvor in Barletta gewesen und hatte sich, nach dem äußern Scheine zu urtheilen, mit Saint=Cyr auf guten Fuß zu setzen verstanden. Das Hauptziel seiner jetzigen Sen=dung war den General zu bewegen daß er die Ankunft des nächsten Couriers aus Paris abwarte wohin man sich von Hofe aus unmittel=

le renvoi du Général-Inspecteur Damas et ne l'obtiendra pas facilement". — Ueber den Grafen Damas s. Thürheim F.M. Joseph Fürst von Ligne (Wien 1877 Braumüller) S. 146.

bar gewandt habe. Doch war man in Neapel nicht ohne Besorgnis ob Cardito's Sendung von Erfolg sein werde. Man wußte daß die Franzosen in der letzten Zeit in der That allerhand Anstalten getroffen hatten als ob es sich ihnen um eine neue Action handle. In den Werkstätten von Tarent wurde Tag und Nacht gearbeitet; zu Land und zur See wurden Kanonen und Mörser, Kugeln und Bomben, Pulver und Patronen nach Barletta geschafft wo seit einiger Zeit das französische Haupt=Quartier war. Bei der Bevölkerung von Neapel war der Schrecken so groß daß sie im Geiste schon die Franzosen vor den Thoren sah; alles was sich von Fremden in der Stadt befand packte über Hals und Kopf zusammen und machte sich davon, so daß der glänzende Carneval mit einem abscheulichen Katzen= jammer endete.

Endlich kam unter Vermittlung des österreichischen Gesandten, dessen Einfluß bei Hof von diesem Zeitpunkte an in den Vordergrund trat, eine Art Vergleich zustande: Damas sollte selbst um Urlaub bitten; der Hof werde ihm solchen auf unbestimmte Zeit gewähren, zugleich aber den General bestimmen die Hauptstadt unverweilt zu verlassen. So geschah es denn. Um den 8. März verließ Damas Neapel und begab sich, vom König mit dem Großkreuz des Ferdinands= Ordens und mit einem Gnadengeschenk von 12000 neapolitanischen Ducaten geehrt, nach Sicilien; an alle Truppenkörper aber erging der Befehl, während der „zeitlichen" Abwesenheit des General=Inspectors alles auf dem Fuße zu lassen wie es von diesem angeordnet und ein= gerichtet worden, „damit er bei seiner Rückkunft keine Aenderung in was immer für einem Detail des Dienstes und der Mannszucht finde" ... Der französische Gesandte begnügte sich vorderhand mit der Hauptsache und schien die sehr bezeichnenden Nebenumstände zu übersehen; von einem Fortschicken Elliot's, der sich übrigens während dieses ganzen Zwischenfalls im Hintergrunde gehalten hatte, war nicht weiter die Rede. Saint=Cyr führte seine Truppen in ihre Garnisonen zurück [1]).

[1]) Kaunitz 26. Februar 1805 erstes PS. wo es von seiner Privat Audienz bei der Königin heißt: „J'ai trouvé Sa Majesté remplie de cette générosité

So hatte man sich abermals für eine Weile Ruhe verschafft um binnen kurzem, man konnte mit Sicherheit darauf zählen, mit neuen Zumuthungen bedrängt zu werden. Der Hof hatte es bisher aufgeschoben auf's Land zu gehen, dessen besonders die Königin ihrer leidenden Gesundheit halber gar sehr bedurfte. Immer von neuen Botschaften und Forderungen außer Athem gesetzt hatte man nicht gewagt sich aus der Stadt zu entfernen, um für augenblickliche Maßregeln und Vorkehrungen sogleich zur Hand zu sein. Erst jetzt, nachdem einige Ruhe eingetreten war, begaben sich Karolina mit ihrer jungen Welt nach Portici, das kronprinzliche Paar nach Caserta, Ferdinand IV. in sein Belvedere.

Königin Karolina machte aus ihrer Verbitterung kein Hehl. Seit Jahren hatte sie sich gewünscht ihre Wiener Angehörigen in Neapel oder doch mindestens in Italien begrüßen zu können. Jetzt schien sich Aussicht zu eröffnen daß ihre Sehnsucht gestillt werde, da es hieß Kaiser Franz beabsichtige mit seiner Gemahlin seine venetianischen Provinzen zu besuchen. Unter andern Umständen würde sie über diese Kunde aufgejubelt haben; „allein da Ihr", wie sie am 12. März nach Wien schrieb, „nicht die einzigen Kaiserlichen Majestäten sein werdet die Italien mit ihrer Gegenwart auszeichnen und ich durchaus kein Verlangen trage mich mit unserem neuen Mitbruder und, gestehen wir es uns nur, unserem Herrn und Gebieter zu begegnen", so müsse sie für diesmal auf jenes Vergnügen verzichten. Aus der Reise des österreichischen Kaiserpaares nach Italien wurde

qui l'attache à tout ce qu'Elle protège, et cette noblesse de sentiments qui la caractérise"... Alquier an Luzzi 8 Ventose an XIII und Luzzi an Alquier 28. Februar 1805, beides in Abschrift als Beilage zu Kaunitz' zweitem PS. vom 29.; dann Intimation Bartol. Forteguerri's an Damas vom 2. März (Abschrift bei Kaunitz' Bericht vom 5.): „Sua Maestà ... vuole però che durante la medesima (licenza temporanea) continui a godere gli stessi attuali suoi averi, ed ha inoltre la Maestà Sua commandato di passarsi l'ordine a tutte le Ispezioni de Corpi perchè continuino in ogni parte i sistemi disposizioni e metodi dell' Eccellenza Vostra già fissati, onde al suo ritorno ritrovi tutto senza alterazione ne cambiamento per la disciplina e istruzione d'ogni dettaglio militare". Kaunitz 5. März: „Voilà donc pour le moment tous les points de contestation entre ce pays et la France levés".

nichts, weil Kaiser Franz sein von einer furchtbaren Noth und
Theuerung heimgesuchtes Böhmen besuchen mußte; um so mehr aber
wurde aus jener des französischen Imperators der sich hiebei den
erstaunten Völkern in einer neuen Eigenschaft zeigen sollte.

7. Der neue „König von Italien" und die dritte Coalition.
März bis Juli 1805.

Zwischen den außer-französischen Cabineten von Europa hatten
die Verhandlungen wegen eines neuen Kriegs- und Friedensbündnisses
gegen Frankreich die ganze Zeit nicht geruht. In St.-Petersburg und
in London war man darüber längst im reinen, nur Oesterreich wollte
sich noch immer nicht entschließen. Im Frühjahr 1804 begann Kaiser
Alexander ungeduldig zu werden: „man verliere in Wien die kostbarste
Zeit, man möge sich in der einen oder andern Weise entscheiden".
Der russische Geschäftsträger in Paris Herr von Oubril erhielt den
Auftrag die Räumung Neapels, eine Entschädigung für Sardinien,
den Rückzug der Franzosen aus Hannover, im Falle einer abschlägigen
Antwort seine Pässe zu verlangen. Dies, dann die Wiederherstellung
der Unabhängigkeit von Holland und der Schweiz war auch so ziemlich
alles was England wünschte. Auch Oesterreich, obwohl es sich nicht
bindend erklärte, stellte seine Bedingungen: für sich verlangte es in
Deutschland Salzburg und Passau; in Italien den Po südlich, die
Adda westlich als Gränzen; für seine Secundo-Genitur ein italienisches
Gebiet falls nicht Rußland die Zurückstellung Toscanas an dessen
legitimen Fürsten vorzöge. Gerade in Italien war die Frage am
brennendsten; denn schon verlautete etwas von einer Vereinigung
der obern Landestheile mit Frankreich. Als Philipp Cobenzl im Auftrage seines Hofes Talleyrand darüber ausholte und dabei auf die
Bedingungen des letzten Friedensschlusses so wie auf die wiederholte
Versicherung Buonaparte's hinwies Frankreich und Oesterreich durch
Zwischen-Souverainetäten getrennt zu halten, antwortete der Minister
ausweichend. Dazu trat die Umwandlung der vormaligen Consulats-

Regierung in ein Kaiserreich, das Napoleon von allem Anfang als
eine Wiederaufnahme der Schöpfung Karl des Großen hinzustellen
liebte, und nun blieb über das Losungswort der neuen Weltmacht
kein Zweifel. Seit den Friedensschlüssen von Luneville und Amiens
hatte der Bändiger und Erbe der französischen Revolution seine Macht
nach außen immer weiter ausgedehnt. Schweiz und Holland gehorchten
thatsächlich seinem Befehle, die Fürsten des westlichen Deutschland hul-
digten ihm wie ihrem Schutzherrn, Spanien lag ganz und gar in den
Banden des französischen Einflusses. Die apenninische Halbinsel schien
der kühne Eroberer von einem Ende zum andern sich eigen machen zu
wollen: die cisalpinische Republik, die ligurische mit Genua Piemont
Savoyen Nizza, waren nicht dem Titel aber der Sache nach französisches Gebiet; in den andern Theilen Italiens geboten französische
Heerführer mit wenig Rücksicht auf die vorläufig noch geduldeten
Herrscher. Im ganzen Westen des europäischen Festlandes war das
alte Staaten-System über den Haufen geworfen; sollte man ruhig
zusehen bis das französische Kaiserreich ein Land um das andere in
sein Machtgebiet zöge?

Unter solchen Umständen fanden die unablässigen Bemühungen
der britischen Staatsmänner bei den meisten Cabineten leichten Eingang. Preußen zwar beharrte nach wie vor auf seiner Ablehnung, und
auch Oesterreich war für's erste nur zu einem Vertheidigungs-Bündnis
zu bewegen das Stadion am 6. November 1804 mit Tatišćev und
Czartoryski abschloß. Es war darin (Artikel VI) auch Neapels gedacht:
Falls die Franzosen sich dort weiter ausbreiten, der Hauptstadt und
der festen Plätze des Königreichs sich bemächtigen, nach Calabrien vordringen wollten, „mit einem Wort falls sie den König zwängen alles
für alles zu wagen", wo dann Rußland sich genöthigt fände ihm seine
Hilfe zu leihen und daraus ein Krieg gegen Frankreich erwüchse, wolle
auch Oesterreich sein Schwert nicht in der Scheide lassen ... Bald
darauf trat Schweden den Petersburger Abmachungen als Bundesgenosse bei das am 3. December 1804 mit England, am 14. Januar
1805 mit Rußland Verpflichtungen einging. Kaiser Franz mußte bald

den gleichen Weg gehen, Napoleon selbst trieb ihn dazu. In Oester=
reich herrschte im allgemeinen tiefes Friedensbedürfnis, viele der ersten
Militair=Autoritäten waren entschieden gegen den Krieg. Erzherzog Karl
berechnete die Streitkräfte des französischen Kaisers auf 650000 Mann,
denen Oesterreich mit 250000 und Rußland mit 115000 alles in
allem nur 365000 Mann entgegenzusetzen hätten; die Betheiligung
Englands und Schwedens sei im Landkriege nicht hoch anzuschlagen.
Napoleon war sich dieser seiner Uebermacht sehr wohl bewußt. Beim
Neujahrsempfang 1805 in den Tuilerien brachte er gegen Philipp
Cobenzl das Gespräch auf die Garnisons=Verstärkungen die Oesterreich
in der letzten Zeit in sein Venetianisches gesandt hatte. „Ihr Kaiser
läßt 40000 Mann marschieren, ganz gut, ich werde 80000 marschieren
lassen". Als der Gesandte Aufklärungen geben, die Märsche als bloße
Vorsichts= und Vertheidigungs=Maßregeln darstellen wollte, drehte Na=
poleon die Sache um: „Mit Drohungen richtet man bei mir nichts
aus, rüstet ihr euch werde ich mich rüsten, haltet ihr Truppen in
Bereitschaft so wird von meiner Seite dasselbe geschehen. Wir werden
ja sehen wohin das führen wird!"

Am Tage darauf ließ Napoleon den Wiener Hof wissen daß er
die cisalpinische und ligurische Republik mit Parma und Piacenza in
ein italisches Königreich umzuschaffen und seinen Bruder Joseph damit zu
betheilen gedenke. Das mochte damals seine wahrhafte Willensmeinung
sein. Allein wie es auf seiner ganzen Laufbahn der Fall war daß mit
den Erfolgen seine Gier wuchs, so war auch hier bald zu vernehmen
daß er das neue Königreich in seiner eigenen Hand behalten wolle,
was denn bald in dem „Statut Constitutionnel" vom 18. März 1805
seinen unzweideutigen Ausdruck fand. „Der Kaiser der Franzosen ist
König von Italien", lautete der eben so kurze als inhaltsschwere
1. Artikel. Laut des 2. sollte die italienische Krone in des Kaisers
gerader und rechtmäßiger Nachkommenschaft erblich sein; doch werde
selbe, Artikel 3, in dem Augenblicke wo das Königreich Neapel Malta
und die jonischen Inseln von fremden Truppen geräumt seien, auf
eines seiner leiblichen oder angenommenen Kinder übergehen und
solle von da an mit der französischen Kaiserkrone nicht mehr auf

einem und demselben Haupte vereinigt sein. Für diese letztere Bestimmung pries Napoleon sich selbst wegen seiner beispiellosen Zurückhaltung. „Die Kraft und die Macht des französischen Kaiserreiches", hieß es in seiner Ansprache an den Senat welchem er das italienische Verfassungs=Statut zu wissen gab, „sind überragt von der Mäßigung welche alle unsere politischen Verhandlungen beherrscht". . . Wahrlich die Zeiten Oliver Cromwell's waren wieder da von welchem der venetianische Gesandte an seine Signoria berichtet hatte: „Er spricht und lügt ganz allein", und man erinnert sich unwillkürlich an das Wort Napoleon's als sich jemand über die gar zu handgreiflichen Uebertreibungen seiner Bulletins verwunderte: „Da kennen Sie meine Pariser nicht; denen dürfte ich ganz andere Dinge sagen und sie würden es glauben!" Er beschloß so bald als thunlich nach Mailand zu gehen und sich daselbst die eiserne Krone der Lombarden auf's Haupt zu setzen.

Die Nachricht von diesem neuesten Schritte des französischen Imperators versetzte die alten Cabinete in die größte Aufregung und reifte ihren Entschluß seinen Uebergriffen bewaffneten Widerstand entgegenzusetzen. Zwar Preußen blieb seiner angenommenen Neutralität getreu; als im Februar Winzingerode in Berlin gewesen, war es ihm eben so wenig als seinen Vorgängern geglückt den Hof zu einem andern Entschlusse zu bringen. Jetzt schickte man sich in Berlin sogar dazu an, eine Anerkennungs=Gesandtschaft zur Mailänder Königskrönung zu schicken, wie dies von Bayern Baden und den andern deutschen Staaten fast ausnahmslos geschah. Dagegen brachten zu St.=Petersburg Fürst Czartoryski und Lord Leveson Gower eine Einigung der britischen Absichten mit denen Rußlands zustande, und ließ letzteres durch Novosilzov in Paris erklären: „was Kaiser Alexander im Auge habe sei Herstellung allgemeinen und dauernden Friedens; wolle Frankreich dazu die Hand nicht bieten, so sei Rußland entschlossen im Verein mit den andern europäischen Mächten das Loos der Waffen entscheiden zu lassen". Das förmliche Bündnis zwischen Rußland und Groß=Britannien kam erst am 11. April in der Hauptstadt an der Neva zustande, also zu einer Zeit wo sich Napoleon mit seinem Hause

und großem Gefolge bereits in Lyon befand um die Reise über den
Mont-Cenis nach Italien anzutreten.

Von den italienischen Regierungen war begreiflicherweise nicht
eine da welche gezaudert hätte dem Gebieter in seiner neuen Gestalt
Glückwunsch und Huldigung darzubringen, Neapel ausgenommen das,
so sehr Gallo bat und drängte, vorerst den Boden sondiren und seine
Bedingungen stellen wollte. Napoleon gab sich zwar den Schein kein
besonderes Gewicht darauf zu legen; „wenn er einmal gekrönt sein
werde", ließ er gegen den neapolitanischen Minister fallen, „habe es
wenig auf sich ob förmliche Anerkennung erfolge oder nicht". Im
Grunde aber ließ ihn die Sache doch nicht gleichgiltig, und von
Neapels Seite um so weniger je größer sein Argwohn gegen dessen
Hof und vor allem gegen die Königin war, ein Argwohn welchem bald
dieser bald jener Zwischenfall neue Nahrung zuführte. Nur kurze Zeit
früher war der britische Kutter „the Swift" von einem französischen
Kaper aufgebracht und seiner Briefschaften beraubt worden; dabei
hatte sich ein Schreiben der Königin an Nelson gefunden was dem
französischen Kaiser als Beweis galt daß von Neapel an einer Coalition mit England gearbeitet werde.

Das war nun in solchem Sinne nicht der Fall. Auch hatten die
in St.-Petersburg pactirenden Mächte Neapel keineswegs ausdrücklich
in ihren Bund gezogen, obwohl sie wenn es wirklich zum Kriege käme
auf dessen Mithilfe zählten. In jener Hinsicht war die Gebundenheit
des Landes, dem die französische Einquartierung auf dem Nacken saß,
zu berücksichtigen, während eben diese Occupation andrerseits auf
Gegenmaßregeln bedacht sein hieß. Den geeigneten Schauplatz für
letztere konnte nur Sicilien bieten, weil die Alliirten sonst Gefahr
liefen noch vor Ausbruch der Feindseligkeiten auch hier von den
Franzosen überflügelt zu werden. So oft sich das Gerücht verbreitete
die Flotte von Toulon, 11 Linienschiffe 7 Fregatten 2 Briggs und
mehrere kleinere Schiffe mit etwa 10000 Mann an Bord, sei ausgelaufen, war es jederzeit Sicilien das man zu ihrem Ziele auserkoren
wähnte. In der That war es in der zweiten Hälfte Januar dieses

Jahres dem Admiral Villeneuve endlich gelungen die Aufmerksamkeit
Nelson's zu täuschen und das offene Meer zu gewinnen. Durch widrige
Winde wieder zurückgetrieben hatte er dann am 30. März den Versuch
mit besserem Glücke erneuert, hatte am 9. April vor Cadiz seine Vereinigung mit der spanischen Flotte unter dem Herzog von Gravina
bewerkstelligt und war durch die Meerenge von Gibraltar in den
atlantischen Ocean hinausgesegelt, wohin ihm Nelson folgte, ihn in
allen Hafenplätzen zwischen Europa und America bis nach West-
Indien hin aufsuchend. Um dieselbe Zeit, April 1805, machte Elliot
im Auftrage seiner Regierung das Cabinet von Neapel auf die Gefahr
aufmerksam falls die nunmehr vereinigte französisch-spanische Flotte
wieder im mittelländischen Meere erschiene, und bot ein Corps von
4000 Mann an, die man von Malta wollte herüberkommen und von
ihnen die festen Plätze Siciliens besetzen lassen; die neapolitanische
Flotte, rieth er weiter, möge nach Korfu absegeln um sich dort mit
der russischen zu vereinigen. Als die Königin Anstand nahm auf diese
Vorschläge einzugehen machte er — zwar nicht unmittelbar gegen sie,
aber gegen befreundete Gesandte wie Kaunitz — kein Hehl daraus
daß seine Regierung, bei dem ersten Versuche den die Franzosen machen
würden ihre gegenwärtige Stellung zu erweitern oder ihren Truppenstand zu erhöhen, sich genöthigt sehen würde Sicilien zu besetzen und
es so lang zu behalten bis die Franzosen das neapolitanische Festland
geräumt hätten.

Von diesem Augenblicke begann Karolina Mißtrauen gegen England zu fassen und mehr auf die russischen Rathschläge zu horchen[1].

* * *

In den ersten Tagen des Mai machten Saint-Cyr und Alquier
bei Hof ihre Besuche, da sie beide im Begriffe waren zur Königskrönung nach Mailand abzugehen; den Oberbefehl über die Truppen

[1] PS. in Chiffern zu den Depeschen des Grafen Kaunitz vom 2. und
16. April und 7. Mai 1805. An letzterem Orte heißt es: „La Reine de Naples
est dans ce moment beaucoup moins avec le Ministre Anglais et lui reconnaît
enfin l'intention de la compromettre".

in Apulien führte in der Zwischenzeit General Reynier. Der französische Gesandte benützte diesen Anlaß um es der Königin nochmals
nahe zu legen daß sie mit der Anerkennung des neuen Königs von
Italien nicht zögern möchte. Die Antwort lautete ausweichend: „man
werde sich beeilen das Beispiel nachzuahmen das die Großmächte in
dieser Hinsicht geben würden". In der That wurde Fürst Cardito
ausersehen nach Mailand zu gehen, eine Persönlichkeit eben so hervorragend an Ansehen und gesellschaftlicher Stellung als geeignet
durch maßvolle Ruhe ihres Wesens und ihrer Erscheinung. Cardito's
Auftrag lautete: sich an Ort und Stelle umzusehen, Verhältnisse und
Stimmung auszukunden und darüber zu berichten.

Bei der Nachricht es werde ein Gesandter Neapels in Mailand
eintreffen hatte sich Napoleon eingebildet derselbe komme gleich den
andern ihm zu huldigen, ihm die Glückwünsche seines Hofes zu überbringen, dazu etwa das Großkreuz des Ferdinands=Ordens wie dies
Friedrich Wilhelm von Preußen mit jenem des schwarzen Adler=Ordens
gethan hatte, dessen Band und Stern der neue König von Italien
in diesen Tagen mit absichtlicher Schaustellung trug. Als er daher
hinter den wahren Zweck der Mission Cardito's kam kannte seine
Wuth keine Gränzen. Er vermied es den Fürsten in Privat=Audienz
zu empfangen, sondern wartete die Gelegenheit eines großen und glänzenden Hoftages ab um den Aerger, den Ingrimm den er seit langem
gegen Karolina auf dem Herzen hatte, vor möglichst Vielen entladen
zu können. Er warf ihr ihren Haß gegen Frankreich vor, zählte eine
ganze Reihe angeblicher Ränke und Bemühungen die Halbinsel, den
Welttheil in Brand zu setzen auf, ließ keine der Grausamkeiten unerwähnt die gewissenlose Nachrederei ihr je zur Last gelegt, hieß sie
eine Jezabel, nannte sie mit Schimpfworten vom ärgsten Caliber das
sittenloseste Weib das je ein Thron getragen, und entließ den eben
so verblüfften als bestürzten Gesandten mit der Drohung: „die neue
Athalia möge sich gefaßt machen das Schicksal jener entarteten Fürstin
von Israel zu theilen; er werde ihr nicht so viel Land lassen als
man dereinst brauchen werde sie zu begraben!"... Zum Marchese
Gallo der über diesen unerwarteten Losbruch des Imperators kam

minder außer Fassung war als der unglückselige Cardito, sagte Napo-
leon bald darauf ähnliches, und fügte bei: „Auch die Prinzessin von
Asturien mag sich vorsehen. Sie ist von ihrer Mutter aufgehetzt.
Wenn sie es länger so forttreibt führt sie ihren Untergang herbei.
Als Feindin Frankreichs wird man sie nicht zur Regierung von
Spanien gelangen lassen. Ich weiß was ich sage" [1]).

Karolina zu deren Ohren, wie sich denken läßt, nur die Hauptsache
der Napoleon'schen Auslassungen kam und selbst diese mit Schonung,
nicht in der pöbelhaften und unfläthigen Form des Originals, begnügte sich bei der nächsten öffentlichen Cour an den Vertreter Frankreichs heranzutreten und ihm zu sagen: „Ihr Gebieter hat gezeigt
daß er noch ist was er war und daß er, seit er einen Thron bestiegen, nichts von den Rücksichten gelernt hat die Souveraine einander
schuldig sind" [2]).

Die Entrüstung Napoleon's gegen Neapel und dessen Königshaus war so groß daß er eine Weile mit dem Gedanken umging
der Sache ein- für allemal ein Ende zu machen. Er wollte von Mailand weg einen Courier nach Wien schicken um dort anzufragen,
welchen von den Erzherzogen man für geeignet halte den Thron von
Neapel zu besteigen; liege aber dem Kaiser Franz daran die dortige
Krone ihrem Erbprinzen zu erhalten so möge er dahin wirken daß
die Königin das Land verlasse. Dann besann er sich eines andern und

---

[1]) Ulloa S. 342. — Thiers spricht von einem „certain prince de
Cardito, le plus gauche des négociateurs", und muthet der Königin den Wahnwitz
zu, sie habe den Fürsten geschickt „pour protester contre le titre de roi d'Italie",
wo er sich doch von seinem Landsmann Lefebvre II S. 54 belehren lassen konnte
daß die Sendung des Fürsten eine bloße Sache der Etiquette gewesen sei, und daß
sich für diesen Anlaß und Zweck niemand mehr geeignet habe als Fürst Cardito
sowohl „par la modération de son esprit comme par la distinction de sa personne; il était l'homme peut-être du royaume qui convenait le mieux pour
représenter dignement ses souverains à Milan".

[2]) Elisa von der Recke Tagebuch III S. 266 ... Depesche Kaunitz 29. Juni
1805 C: „Le Prince Cardito est revenu de Milan et l'on juge de la force
des termes qu'il a enduré par son silence opiniâtre vis-à-vis de S. M. la Reine
à cet égard".

ließ dem Marchese Gallo und dem Fürsten Cardito durch Talleyrand
sagen: „er habe eine Rundreise durch das obere Italien vor, er werde
um den 16. Juni in Bologna sein; wenn bis dahin die Beglaubigungs=
schreiben für den Vertreter Neapels beim Könige von Italien nicht
eingetroffen seien, werde er allen diplomatischen Verkehr abbrechen,
den französischen Gesandten abrufen, das Königreich als feindliches
Land behandeln". Jetzt wurde von Neapel ein Eilbote nach Wien
gesandt mit der dringenden Bitte an den Kaiser Franz — dies=
mal schrieb der König selbst, obwohl nur wenige Zeilen — dem
Commandeur Ruffo in bestimmter kategorischer Weise mitzutheilen
was zu geschehen habe: „es hängt davon unsere Erhaltung oder im
Gegentheil unser Verderb und Ruin ab". Bei Napoleon glaubte
man den Sturm für eine Weile beschwören zu können. Gallo er=
hielt die Weisung sich überall im Gefolge des französischen Kaisers
aufzuhalten und jeden Anlaß zu ergreifen um demselben günstigere
Ansichten über die Gesinnungen des Königs und der Königin bei=
zubringen; käme die Sprache auf die Anerkennungsfrage so möge
er erklären, sein Hof habe in Eile in Wien angefragt, bei einem
befreundeten und verwandten Fürsten der gleichfalls in Italien Be=
sitzungen habe, und werde sich nach der Antwort richten die man
von dort erhalten.

Gallo that was die Reise betraf wie ihm befohlen worden; allein
er war seit dem Mailänder Auftritt derart eingeschüchtert daß er sich
dem französischen Kaiser gegenüber kaum ein Wort zu sagen getraute.
Die Zeit drängte. Gallo schrieb und mahnte sich dem Unabwendbaren
zu fügen, Napoleon nicht zu reizen; selbst Elliot und der russische
Geschäftsträger Karpov, der bis zur Ankunft des neuen Gesandten
dessen Stelle vertrat, riethen zur Nachgiebigkeit; von Wien konnte bei
aller Beschleunigung eine Antwort zur rechten Zeit nicht eintreffen,
und so sandte man dem Marchese die gewünschten Urkunden um davon,
wenn es nicht anders ginge, Gebrauch zu machen. Und es ging wirklich
nicht anders: die Beglaubigungsschreiben des Gesandten beim König
von Italien wurden von Gallo überreicht, und wieder war für den
Augenblick das schlimmste abgewendet.

Napoleon hatte auch Alquier und Saint=Chr nach Bologna beschieden um mit ihnen die neapolitanischen Verhältnisse zu besprechen. Beide suchten ihren erzürnten Gebieter zu beschwichtigen, sprachen für die Königin die nichts anderes wünsche als neutral zu bleiben dafern nur ihr Land von der fremden Einquartierung wieder frei werde. Allein der Kaiser wollte davon nichts hören, warf ihnen Lässigkeit Ver= blendung Schwäche vor: „Man muß mit alle dem ein Ende machen, und zwar ein= für allemal!" Zu Gallo aber sprach er wörtlich: „Sagen Sie Ihren Sicilischen Majestäten daß ich ihre Krone nicht verlange, daß ich nicht den Ehrgeiz habe dort eine Eroberung zu machen oder sonst etwas zu ändern als daß man Frankreich eben so Freund sei als man ihm jetzt Feind ist. Sollte ich trotzdem durch ihr Betragen gegen meinen Willen gezwungen sein gegen sie Krieg zu führen, so wird es einzig gegen sie selbst sein. Herr von Neapel werde ich das Königreich nicht für mich behalten, ich werde es ihrem Sohne geben, oder wenn sich das nicht thun ließe oder mir nicht zusagte, einem Prinzen von Spanien" [1].

Während der Abwesenheit Alquier's fand der erste Gesandtschafts= Secretair Eduard Lefevre Gelegenheit die Königin über ihre Lage aufzuklären. Er traf sie in ihrem Cabinete, mit einer weiblichen Arbeit beschäftigt. Er sprach mit Wärme und Beredsamkeit, enthüllte ihr den Abgrund der sich vor ihren Füßen aufthat und von dem sie keiner von denjenigen auf die sie zu zählen gewohnt sei zu erretten vermöge: „England habe nur seine Schiffe, Rußland sei entfernt, Oesterreich ganz und gar eingeschüchtert; noch sei es Zeit sich einen furchtbaren Feind wie den Kaiser Napoleon in einen eben so mächtigen Freund und Beschützer umzuschaffen". Die Königin, welche diese ganze Zeit von ihrer Arbeit nicht aufgesehen hatte so daß Lefevre schon glaubte in den Wind gesprochen zu haben, erhob jetzt ihr Antlitz; sie schien bewegt, sie sprach mit Bitterkeit von den Engländern die sie ein Volk von Krämern nannte, sie zeigte sich nicht abgeneigt ihr System zu

---

[1] Gallo an die Königin Bologna 25. Juni und Turin 13. Juli 1805 bei Ulloa S. 335—343.

ändern. Vielleicht wären Lefebvre's Worte nicht ohne heilsame Folgen
geblieben da Talleyrand zu einer Aussöhnung mit dem Hofe von
Neapel gern würde die Hand geboten haben [1]). Doch da kam Alquier
auf seinen Posten zurück, 5. Juli, und alles war verdorben. Fühlte
sich der eitle Mann schon dadurch verletzt daß sein Stellvertreter in
der Zwischenzeit seinen eigenen Weg hatte gehen wollen, so lauteten
die Weisungen welche er in Bologna aus dem Munde seines kaiser=
lichen Gebieters vernommen zu bestimmt als daß er nicht geglaubt
hätte noch schroffer, als es in der letzten Zeit ohnedies der Fall
gewesen, auftreten zu müssen. Gleich am Tage nach seiner Ankunft
erschien er vor der Königin und rückte mit allen alten Klagen und
Beschwerden, Zumuthungen und Forderungen wieder heraus. Die
Königin wußte an sich zu halten: nur als er auf seinen Lieblings=
gedanken, den er während der Februar=Verhandlungen zuletzt hatte
fallen lassen, neuerdings zurückkam und verlangte, man solle sich
Sir Elliot's mit Gewalt bemächtigen und ihn nach Palermo schaffen,
fuhr sie stolz und heftig empor: „Und mit welchem Rechte?" Doch
es kam ärger. Was sich Gallo, trotz des wiederholten und ausdrück=
lichen Gebotes Napoleon's, bisher nicht getraut hatte in voller Nacktheit
der Königin vor Augen zu stellen, Alquier that es ohne Rückhalt und
Schonung, sagte ihr daß es um Thron und Krone ginge, ließ sie
merken daß sein Kaiser sich nicht besinnen werde sie zur Abdankung
zu zwingen, deutete die Möglichkeit an daß auch ihrem Sohne das
Königreich könne genommen werden, daß man einen österreichischen
Erzherzog an dessen Stelle setzen werde, kurz erließ ihr keine der Rück=
sichtslosigkeiten seines rohen Herrn und Meisters, bis die Königin in
heftiges Weinen ausbrach, wohl weniger aus Leid über den Inhalt
dessen was ihr gesagt wurde, als aus Entrüstung in welcher Art und
von welcher Seite dies geschehen.

---

[1]) Lefebvre (Ausgabe 1866) II S 130 f. Ueber die Unterredung Eduard
Lefebvre's und die Haltung der Königin dabei heißt es: „. . . elle leva la tête
et tourna vers lui ce visage sillonné moins encore par le temps que par les
soucis du trône: son regard avait en ce moment quelque chose de dur et de
sinistre qui semblait dire que toutes ses explications arrivaient trop tard".

Alquier hatte an dem Auftritt mit der Königin, der in ein=
geweihten Kreisen das ungeheuerste Aufsehen machte, nicht genug.
Er erschien bei Kaunitz, wiederholte ihm alles was er der Königin
gesagt hatte und bat ihn seinem Cabinete darüber zu berichten. Er
und Saint=Cyr äußerten laut, bei dem ersten Kanonenschusse der in
der Lombardei fallen, oder bei der geringsten Anstalt die England
oder Rußland treffen würden an irgend einem Punkte von Italien
zu landen, werde ihr Kaiser sich Neapels bemächtigen und dessen
Fürstenhaus keine weitere Schonung angedeihen lassen.

Zuletzt konnte auch Gallo nicht umhin die Königin die Wahrheit
wissen zu lassen[1]), ja sie erhielt von ihm die Bestätigung dessen was ihr
seit dem Auftritt mit Alquier vor der Seele geschwebt hatte: daß nicht
ein österreichischer Erzherzog sondern ein spanischer Prinz es sei den
Napoleon, falls sich ihr Sohn nicht dazu herbeifände seine Aeltern
vom Throne zu stoßen, für das Königreich Neapel in Aussicht ge=
nommen. Es war ihr nicht unwahrscheinlich daß Ränke Godoy's und
ihrer Schwägerin, die es nicht erwarten könne ihre Tochter auf dem
Throne von Neapel zu sehen, hinter dem Anschlage steckten. „Doch
möge sie sich vorsehen, diese Königin," meinte Karolina zu ihren
Vertrauten; „Napoleon wird damit anfangen den Hof von Madrid

---

[1]) Gallo hatte sich anfangs nicht getraut der Königin, obwohl Napoleon es
ihm wiederholt auf die Seele gebunden, den Wortlaut der Bologneser Mahnung
mitzutheilen, sondern sich begnügt sie den Hauptinhalt in möglichst schonender
Form wissen zu lassen. Da aber Karolina scharfsichtig genug war um nicht zu
merken daß weit mehr dahinter stecke als Gallo zu erkennen gebe, und da ihn
auch Napoleon in Genua neuerlich auf's Gewissen fragte ob er gethan wie er
ihm geheißen, so konnte der Gesandte zuletzt nicht ausweichen und rückte mit der
vollen Wahrheit heraus, was übrigens erst zu einer Zeit geschah wo Karolina
schon aus dem Munde Alquier's wußte woran sie war. Dabei unterließ Gallo
nicht fortwährend zum Nachgeben, zur Vorsicht, zur Ruhe zu mahnen: „La raison
sera toujours pour V. M., le despotisme et la violence seront toujours le tort
de la France. Mais le fait et la réalité seront toujours la volonté de l'Empereur,
et aucune puissance de l'Europe ne la fera changer". Ulloa S. 337 vgl.
mit Kaunitz 23. Juli 1805 PS: in Chiffern: „L'Empereur des Français a
répété au Marquis de Gallo au moment du congé à Turin toutes les duretés
dites à Cardito et par Alquier à la Reine".

zu kirren, aber inzwischen mit dem Friedensfürsten sein Spiel be=
ginnen; jene werden den Thron von Neapel nicht erlangen und den
von Spanien verlieren, und er wird auf beide jemand von seiner
Sippschaft setzen, einen Bruder Schwager Neffen."

Es war für sie ein geringer Trost daß um diese Zeit der neue
Gesandte Rußlands, Geheimrath Tatišče̵v, der, wie man wußte, bei
Kaiser Alexander in großen Gunsten stand und seit dessen Thron=
besteigung mit den wichtigsten Aufträgen betraut worden war, in amt=
licher Eigenschaft bei Hofe erschien und in der Ansprache, die er bei
seinem feierlichen Empfange am 15. Juli an die Majestäten hielt,
mit großem Nachdruck den Beistand und die Unterstützung betonte
deren sich dieselben seitens seines kaiserlichen Gebieters versichert halten
möchten. Denn fünf Tage später, 20. Juli, mußte der Vertreter des
neuen Königs von Italien empfangen werden, des nahen Bedrängers
gegenüber jenem fernen Beschützer. Das Cabinet von Neapel hatte
geglaubt das Opfer der Anerkennung mindestens um den Preis der
Befreiung von der französischen Einquartierung erkaufen zu können;
doch alles was man erreichte war, daß man zu den vorhandenen
15000 Mann die das Land aussaugten nicht weitere 5000 bekam
die Napoleon als Verstärkung bestimmt hatte. Der Empfang Alquier's
war deshalb so kurz und abgemessen als möglich; er überreichte
seine Papiere die der König entgegennahm, es wurde nichts von
Geschäften gesprochen, nicht einmal die unter Monarchen üblichen
gegenseitigen Erkundigungen nach dem Befinden ꝛc. ausgetauscht, das
Ganze dauerte kaum ein paar Minuten. Die Königin war nicht an=
wesend, sei es daß sie wirklich zu Bette lag oder daß sie, um nach
dem Auftritt vom 6. eine Begegnung mit Alquier zu vermeiden, ein
Unwohlsein vorschützte.

*   *   *

Die Vertreter der befreundeten Mächte am sicilischen Hofe
suchten sich die Stimmung der Königin zunutze zu machen. Seit der
zweiten Hälfte Mai befand sich inner den Mauern von Neapel eine
Persönlichkeit von der sich schärfere Beobachter sagen mußten daß sie

für gewiſſe geheime Zwecke aufbehalten ſei. Es war der ruſſiſche General Lacy, der längere Zeit in Grodno im zeitweiligen Ruheſtande gelebt hatte, aber jüngſt von ſeiner Regierung hervorgezogen und mit dem Oberbefehl ihrer Streitkräfte im adriatiſchen Meere betraut worden war. Er erſchien in Neapel als einfacher Reiſender, beſuchte was an Merkwürdigkeiten zu ſehen war; kaum fiel es auf daß ihn als Militair die Befeſtigungswerke der Hauptſtadt intereſſirten für deren Beſichtigung er ſich einer beſondern Erlaubnis erfreute. Auch ein anderer höherer Officier, der Genie-General Oppermann, zeigte ſich zur ſelben Zeit in Neapel um daſelbſt „aus Geſundheitsrückſichten" längere Zeit zu verweilen. Nur ſehr wenige und vertraute Perſonen wußten daß der Miniſter Medici angewieſen war den beiden Ruſſen Auskünfte um die ſie ihn angehen würden ohne Anſtand zu ertheilen, und daß es ſich ihnen angelegentlichſt um Ausmittlung eines Küſten- ſtriches handelte wo ſich eintretenden Falles eine Landung bundes- freundlicher Truppen ausführen ließe. Die Verbindung des Hofes mit den Führern aus dem Heere Ruffo's wurde eifriger als je gepflegt, die Maſſe des Volkes für eine bewaffnete Erhebung vorbereitet, wenn auch all das, weil es im größten Geheimnis betrieben werden mußte, nur langſam und mit vielen Hinderniſſen vorwärts ging. Die Heim- ſchickung aller Officiere die bei der parthenopäiſchen Republik Dienſte genommen[1]) konnte als eine Einſchränkung des Armeeſtandes aus- gelegt werden: die Maßregel ließ aber auch die Deutung zu daß man für gewiſſe Möglichkeiten den Truppenſtand von allen minder ver- läßlichen Elementen rein halten wollte.

Eine Landung auf dem Gebiete des Königreichs Neapel wurde auch von britiſcher Seite in Ausſicht genommen, nur in anderem Sinne: es war der lang gefaßte Plan ſich auf Sicilien militairiſch einzurichten und für ſo lang feſtzuſetzen als franzöſiſche Truppen das Feſtland in ihrer Gewalt hätten. Das ſchonungsloſe Auftreten und

---

[1]) Kaunitz 1805 30. Juli B: „Les officiers qui durant l'anarchie napoli- taine avaient pris service pour la république, viennent d'être déclaré inhabiles à rentrer dans l'armée royale et, en leur assignant une petite pension, on les fait rentrer dans la classe civile".

die Drohungen Alquier's bei seiner letzten Unterredung mit der Königin schienen Sir Elliot eine erwünschte Gelegenheit zu sein um ihr diesen Gedanken nahezulegen. Gegen den Grafen Kaunitz äußerte er sich darüber ganz unumwunden, wobei er der Sache die Wendung gab daß England eintretenden Falles auch ohne Zustimmung des Hofes als Beschützer Neapels handeln werde. Die ansehnliche Verstärkung welche um dieselbe Zeit die britischen Streitkräfte auf Malta sowohl an Schiffen wie an Mannschaft erhielten ließ diesen Aeußerungen einen verstärkenden Hintergrund, und obwohl man bei Hof wußte daß Tatišćev den Eifer des britischen Gesandten zu mäßigen bestrebt war, konnte man doch nicht hindern daß im Publicum von Zeit zu Zeit beunruhigende Gerüchte auftauchten, die bis in die Bureaux der französischen Gesandtschaft drangen und hier wie im Haupt-Quartier Saint-Cyr's neue Aufregung verursachten.

Die verschiedene Haltung der Vertreter Rußlands und Groß-Britanniens führte in diesen kritischen Zeitläuften sogar zu einem kleinen Zerwürfnis der Königin mit ihrem Gemahl, der ihr doch sonst in Staatsangelegenheiten fast freie Hand ließ. Die Veranlassung war Acton der sich während der zweijährigen Abwesenheit Karolinens in Oesterreich des besondern Vertrauens Ferdinand's bemächtigt, und sich darin zu erhalten auch nach seiner Abdankung nicht verabsäumt hatte. Er befand sich fortwährend im Briefwechsel mit dem Könige, das heißt wohl richtiger: er unterhielt diesen Verkehr wenn auch Ferdinand, wie es in seiner Natur lag, seinerseits nicht besonders fleißig im Antworten gewesen sein mag. Bei Karolinen standen aber die Sachen anders. Sie hatte gewiß den durch die Umstände herbeigeführten Rücktritt eines so erfahrenen und verdienten Ministers wie Acton kaum minder bedauert als ihr Gemahl. Allein seither hatte sie sich an dessen Fernsein gewöhnt, der Wiedereintritt in die Geschäfte seitens eines Mannes von Acton's Selbständigkeit und Thatkraft konnte ihr jetzt, wenn sie sich's vielleicht auch nicht gestand, nur unbequem fallen. Der Posten Acton's war nicht wieder besetzt worden, Cavaliere Micheroux führte die Geschäfte des auswärtigen Amtes, Fürst Luzzi vermittelte den persönlichen Verkehr der Gesandten mit den Majestäten, aber einen

Mann in dessen Person sich alles in oberster Spitze vereinigte wie dies bei Acton der Fall gewesen gab es seither nicht. Dieser Mann war jetzt — eine Frau, die Königin „die“, wie Kaunitz in den ersten Tagen nach Antritt seines Postens, also kaum ein halbes Jahr nach dem Scheiden Acton's, an die Wiener Staatskanzlei berichtete, „mehr wie je alle Geschäfte in ihrem Cabinet vereinigt; es ist jetzt nicht mehr die Rede davon einen Premier=Minister zu ernennen: die Königin in Person ist Premier=Minister“. Dazu trat nun aber der grundsätz= liche Zwiespalt der Anschauungen Karolinens die gegen die Absichten Englands auf Sicilien Mistrauen zu schöpfen angefangen, und jener Sir Elliot's welche letzteren in Acton, nicht aus landsmännischer Parteilichkeit sondern nach eigener Ueberzeugung, einen warmen Ver= theidiger fanden. Als nun Cavaliere Micheroux nach einer langen und schmerzhaften Krankheit am 2. Juli mit Tode abging wollte der König den Marchese Circello, der wenige Wochen früher (12. Juni) von einer Mission nach London heimgekehrt war, an Micheroux' Stelle haben, ohne Zweifel auf Betreiben Acton's, worauf auch der Umstand hinwies daß Frankreich sich diesem Plane sehr ungünstig zeigte, offenbar weil es in dem Marchese nur ein Werkzeug des ver= haßten und gefürchteten Ex=Ministers in Palermo sah. Die gleiche Ansicht hatte die Königin, und das Fürstenpaar gerieth in einen Zwie= spalt der sich auch in andern Dingen äußerte. Unter die Günstlinge die sich im besondern Vertrauen Karolinens befanden, zählte lange Zeit der Marquis von Saint=Clair der die Erziehung des Prinzen Leopold leitete; er verlor jetzt allen Einfluß bei der Königin was ihn, wie es scheint, dem Könige näher brachte der ihn mit dem Kammer= herrnschlüssel auszeichnete. Der Streit endete damit daß der König in der Form, die Königin dagegen im Wesen den Sieg davon trug. Circello erhielt, wenn auch vorläufig ohne den Titel, die Geschäfte des auswärtigen Amtes in seine Obsorge wie es Ferdinand verlangt hatte, doch er leitete sie wie es Karolina wünschte und nach den Wei= sungen die sie ihm gab. Als Acton sah daß er sich verrechnet hatte lag er dem König in den Ohren ihn selbst einzuberufen und auf seinen frühern Posten zu stellen; doch Karolina war auf das entschiedenste dagegen und behielt, wie jedesmal wenn sie sich an etwas mit Ernst setzte, die Oberhand [1]).

Dabei scheint sie das Bedürfnis gefühlt zu haben sich einen neuen Rückhalt zu schaffen, und der österreichische Gesandte war es den sie sich hiezu ausersah. Schon in den letzten Juli=Tagen hatte sie irgend eine Hof=Feierlichkeit benützt um den Grafen Kaunitz für ihre Politik einzunehmen; als dieser sich auf seine Weisungen berief die ihm eine blos beobachtende Rolle vorschrieben, erwiederte sie, sie werde sich selbst nach Wien wenden um ihm wirksamere Verhaltungsmaßregeln und für den äußersten Fall größere Freiheit zum handeln zu er= wirken [2]). Gewiß würde das nicht besonders geholfen haben, wenn

---

[1]) Kaunitz 12. August: „Les derniers événements et ceux dont nous sommes menacés ont mis même de froid entre le Roi et S. M. la Reine. Si cela pouvait durer il pourrait en résulter de chances que je ne me permets ni de calculer ni de prévoir, mais le génie de la Reine saura conserver son influence"... 20. August: „Le Roi de Naples insiste de nouveau sur la nomination de Circello, et S. M. la Reine a l'air de s'y opposer encore. L'influence d'Acton sur le Roi est constante et Circello ne sera que le lieutenant du général"... 14. September: „Le Marquis Circello sans titre quelconque semble déjà remplir les fonctions qu'on lui destine"... 29. No= vember: „Le Roi a paru beaucoup désirer le retour du Gal Acton, mais un parti puissant dont Votre Excellence connaît les chefs et l'appui, s'y est opposé".

[2]) Kaunitz PS. in Chiffern zum Berichte vom 30. Juli 1805... Ueber die Instructionen die Kaunitz bei Antritt seines Postens von Wien aus erhalten, s. die Depesche an ihn vom 27. Februar. Am 27. März darauf wurde er wegen seiner Haltung während der Krisis in der zweiten Hälfte Februar (s. oben S. 151 f.) belobt, ihm aber zugleich bemerkt wie Se. Majestät ihm empfehle in seiner bis= herigen reservirten Haltung fortzufahren, „et sans désapprouver que vous soyez dans une sorte de liaison avec Alquier, Sa Majesté désire que vous y observiez la mesure nécessaire pour ne pas donner un juste sujet de plainte, soit au Ministre d'Angleterre soit au Ministre de Russie". Am 22. Mai wird ihm die bevorstehende Ankunft des russischen Gesandten Tatiščev mitgetheilt welcher „a d'autant plus de droit à votre confiance, et à ce que vous soyez avec lui sur le meilleur pied, qu'une pareille conduite est prescrite à tous les Ministres de S. M. aux Cours étrangères vis-à-vis de ceux de la Russie"; übrigens habe er sich nach wie vor auf die Rolle eines Beobachters zu beschränken, dem Hofe von Neapel Klugheit und Umsicht anzurathen und mit dem französischen Gesandten auf gutem Fuße zu bleiben.

nicht zur selben Zeit eine Wendung in der österreichischen Politik ein=
getreten wäre die das Wiener Cabinet von selbst zu dem Schritte
drängte den Karolina von demselben gethan wünschte. Schon um
Mitte Juli hatte Kaiser Franz, obwohl er sich noch nicht bindend für
die Coalition ausgesprochen, eine Zusammentretung des Erzherzogs
Karl mit den Generalen Mack und Winzingerode gestattet welche die
militairische Frage in Angriff nehmen sollte. Natürlich daß dabei
Neapel und die vorbedächtliche Anwesenheit russischer Generale daselbst
nicht außer Rechnung blieben; ja am 16. Juli wurde die Möglichkeit
erwogen daß das Königreich eine Kriegsmacht von 30= bis 40000
Mann zusammenbrächte, was mit den von Korfu und Malta abzu=
sendenden anglo=russischen Truppen eine Armee von beiläufig 60000
Mann schüfe, die Saint=Cyr angreifen und aufreiben oder gegen den
Po vor sich hertreiben und den dort vorhandenen österreichischen
Streitkräften in die Arme jagen würde. Bald nach dieser Conferenz
erklärte der Kaiser seinen Beitritt zur Coalition und am 9. August
wurden zu St.=Petersburg zwischen den Gesandten von Oesterreich
Groß=Britannien und Rußland die üblichen Gegenseitigkeits=Urkunden
ausgewechselt. Welche ausdrückliche und schriftliche Weisungen Kaunitz
in Folge dieses wichtigen Ereignisses von Wien aus zukamen ist aus
den vorhandenen Acten nicht zu entnehmen, sie ergaben sich aber so
ziemlich von selbst aus der geänderten Sachlage. Jedenfalls wurden
die Beziehungen des kaiserlichen Gesandten zu Elliot einerseits und zu
Tatišcev andrerseits, und zu diesem letztern ganz vorzüglich, inniger
und häufiger als früher, wobei er klug und vorsichtig genug war
auch mit dem Vertreter Frankreichs nicht jede Fühlung zu verlieren.
Zum neapolitanischen Hofe und Cabinete wurde seine Stellung nach=
gerade mehr die eines vertrauten Freundes als jene des Gesandten
einer auswärtigen Macht, und er lebte sich in dies neue, wie es schien
ihm nur zu willkommene Verhältnis bald in solchem Grade hinein
daß er unwillkürlich von „unserer" Lage, von „unsern" Mitteln der
Vertheidigung, von „unsern" Aussichten auf Erfolg u. dgl. sprach
und schrieb, wo er eigentlich die des königlichen Hauses von Neapel
meinte.

8. Pariser Neutralitäts-Vertrag vom 21. September 1805.

Neapel, vor kaum einem Jahrzehent noch das reiche blühende angesehene Königreich, es war nun, worauf es der Gewaltherrscher an der Seine angelegt zu haben schien, zu einem ohnmächtig wehrlosen Lande geworden. Seit der französischen Invasion in den östlichen Küstenstrichen befand sich der Hof in der peinlichen Klemme: eines Krieges mit Napoleon oder knechtischer Unterwerfung unter dessen willkürliche Gebote. So erniedrigend, so empörend letzteres war, von woher wollte man die Mittel zu ersterem nehmen? Die Auflösung des Gränz-Cordons und die Einstellung der Heeresergänzung hatten die Streitmacht des Staates fast auf den Nullpunkt herabgebracht, mit dem General Damas war ihr der bedeutendste Führer entzogen worden. „Wir befinden uns unter ihrem Messer wenn wir nicht auf den Buch-staben thun was sie von uns verlangen", klagte Karolina ihrer kaiser-lichen Tochter, „unsere Milizen haben sie entwaffnet, den General Damas haben sie uns genommen, unsere Handvoll Soldaten schmilzt zusammen wie Wachs". Wenn Saint-Cyr auf die Hauptstadt los-marschieren wolle finde er auf seinem Wege nicht einen Mann, nicht eine Kanone die man ihm entgegenstellen könne, und da es dann in seiner Macht stehe jeden Eilboten abzufangen, so könne er mit seinen Bataillonen in Neapel sein kaum daß man daselbst von seinem Auf-bruche aus Apulien erfahre. „Und dabei diese endlosen Ausgaben! Ich kann es ziffermäßig nachweisen daß diese ungerechte verhängnis-volle Einquartierung uns schon mehr als 3000000 Ducaten kostet wovon wir, obwohl es uns der Große Kaiser mehr als einmal ver-sprochen hat, nicht einen Kreuzer wiedersehen werden. Wahrlich lieber eine wohlhabende Pächterin sein in irgend einem vergessenen Winkel der Erde als Königin eines Reiches wo eine Armee von Fremden den Herrn spielt!" Und nirgends ein Ausweg aus diesem unerträglichen Zustande herauszukommen! Nicht blos Gallo warnte vom französischen Hoflager aus vor jedem unbedachten Schritte, in Neapel selbst ließen sich wohlmeinende Stimmen in gleichem Sinne vernehmen. „Nichts

ist gerechtfertigter", stellte Marchese Vivenzio dem Könige vor, „als
der Wunsch den Boden des Königreichs von fremder Einquartierung
befreit zu sehen, aber wo sind die Mittel dies auszuführen? Und will
man es auf die Hilfe von Bundesgenossen ankommen lassen, wer
wird uns dann von den Briten und Russen erlösen?"...

Die Besorgnisse des ehrenwerthen Marchese waren eben so wenig
grundlos als die Schilderungen der Königin übertrieben. Der Zustand
der neapolitanischen Landesvertheidigung war zu jener Zeit in der
That erbärmlich, die Mannschaft gering an Zahl, nothdürftig be=
kleidet und ausgerüstet, die Cavalerie mit schlechten Pferden, die
Artillerie nicht eingeübt, kein Generalstab. Für den äußersten Fall
hatte man eine Massenerhebung nie aus den Augen verloren, aber
woher wollte man die Waffen nehmen den Landsturm auszurüsten?
Die Arsenale standen leer, die festen Plätze spotteten ihrer Benennung
und Bestimmung; was darin brauchbares gewesen, mindestens in jenen
der Ostküste, war in den Händen der Franzosen die damit schalteten
als ob es ihr Eigenthum wäre und auf solche Art zur Demüthigung
des Landes die Beraubung desselben von allen Mitteln zur Selbst=
hilfe und Vertheidigung fügten.

Eben so jämmerlich stand es mit den Finanzen. Der Staats=
schatz war auf der Neige, was an Einkünften da war verschlang die
französische Besatzung. „Die Ernte ist über Erwarten gut ausgefallen",
schrieb die Königin um diese Zeit, „doch wer wird sie verzehren?"
Die außerordentlichen Auflagen zu denen der Finanz=Minister bald
nach dem Einmarsch der Franzosen hatte greifen müssen, drückten die
Bevölkerung nun schon in's dritte Jahr. Dazu kamen in einzelnen
Gegenden des Königreichs besondere Unglücksfälle. Der 26. Juli 1805
drohte mit einer Wiederkehr der furchtbaren Heimsuchung von 1783,
nur daß die getroffenen Gegenden diesmal andere waren, nämlich das
Gebiet von Monte Rotaro und Frosolone bis über Capua und Neapel
hinaus. Es war fünf Minuten nach zehn Uhr abends als die Erd=
erschütterung erfolgte. Die Königin wurde sammt dem Ruhebett auf
dem sie saß in die Höhe geworfen; die Prinzessinen die eben im Be=
griffe waren sich niederzulegen kamen im Schlafanzug, Leopold ohne

Strümpfe und Schuhe angſtvoll zu ihrer Mama gelaufen, die ſich
mit ihnen aus den Gemächern flüchtete und die Nacht in einer Kutſche
unter freiem Himmel zubrachte. Aehnlich war es dem Kronprinzen
mit den Seinigen in Caſerta ergangen; der Boden ſchien unter ihren
Füßen zu weichen, man flüchtete aus dem Palaſte auf einen freien
Platz und ſchlug unter einem Zelte ſein Lager auf. Auch der König,
der ſich in Portici befand, eilte aufgeſchreckt in das nahegelegene Luſt=
ſchloß Favorita und wartete den weitern Lauf der Kataſtrophe ab
die aber glücklicherweiſe mit jenem einen Schlage ihr Ende erreicht
hatte. Derſelbe war in ſeinen Folgen traurig genug. In der Haupt=
ſtadt zählte man bei 470 Gebäude von denen viele ganz eingeſtürzt,
andere ſtark beſchädigt waren ſo daß ganze Straßen wegen des auf=
gehäuften Schuttes abgeſperrt werden mußten. Die Stadt Iſernia lag
in Trümmern, was auch mit vielen kleinern Orten der Fall war; der
Verluſt an Vorräthen und beſonders an Vieh war höchſt bedeutend.
In der Marine=Caſerne von Capua wurden 80 Cavaleriſten ver=
ſchüttet, 18 waren auf der Stelle todt, von dem Reſte wurden die
meiſten arg verſtümmelt aus dem Schutt gezogen. Im Ganzen be=
rechnete man die Zahl der verſchütteten oder erſchlagenen Menſchen
auf 15000 [1]). Kaum drei Wochen ſpäter begann der Veſuv unruhig

---

[1]) Näheres bei Eliſa von der Recke III S. 251, 270 f.: „Mehrere
Familien haben ihre Häuſer verlaſſen müſſen und bewohnen die verſchonten
Wirthshäuſer. Andere haben ſich leichte Zelte am Ufer des Meeres aufgeſchlagen.
Auf dem Felde fuhren Flammen wie zuckende Blitze aus der Erde auf und ſchoſſen
gleich feurigen Schlangen über den Boden hin". In der Gegend von Iſernia
ſah es am betrübteſten aus: „Die Fäulnis ſo vieler Cadaver, vermiſcht mit den
Dämpfen die aus den Erdſpalten aufſtiegen, hat die Luft umher unerträglich ge=
macht, auch von der Montagna del Mateſe eine Menge Wölfe und andere wilde
Thiere herbeigelockt welche die Klagen der unglücklichen Uebriggebliebenen ver=
mehren". Bezeichnend für die damalige Stimmung iſt eine Stelle in dem Briefe
des Königs vom 16. September 1805 an ſeine Tochter, worin er der Kataſtrophe
gedenkt: „Terremoto ed altre calamità dalle quali siamo afflitti come havrai
saputo, anche il Vesuvio havendoci favorito con una furiosa eruzzione che ha
fatto gran danno e che ancora continua, ma più tranquillamente. Volesse
Iddio e andasse così l'altra eruzzione molto più nociva di quell' altro volcano
chiamato Napoleone, e che si verificassero i tuoi prognostici e desiderii di
vederlo come un secondo Faraone affogato in un fiume con tutti i suoi fidi

zu werden, übergoß mit seiner glühenden Lava an zwei Stellen die
längs dem Meere hinlaufende Straße so daß eine Zeit aller Verkehr
unterbrochen war, und drohte den halben August und den ganzen
September fortwährend mit neuen und heftigen Ausbrüchen.

Daß unter solchen Umständen der Hof und das ganze Land die
Befreiung von der fremden Einquartierung heißer wie je wünschte war
begreiflich. Circello bestürmte den französischen Gesandten, Karolina
drang in Gallo, alles aufzubieten daß ihr Königreich von dieser
drückenden Last befreit werde. „Ich verlange mir nichts als unsere
ruhige Neutralität", schrieb sie ihm; er möge jenes Ziel zu erreichen
trachten; man sei bereit monatlich 50000 Francs zu zahlen und mache
sich überdies anheischig die Häfen des Königreichs allen kriegführenden
Theilen, ja selbst der türkischen Handels-Marine zu verschließen.
„Machen Sie schnell", hieß es ein andermal, „denn wenn einmal die
Feindseligkeiten begonnen haben wird es zu spät und unsere Neutralität bereits compromittirt sein" [1].

Am Pariser Hofe war man um diese Zeit nicht eben abgeneigt
auf den Wunsch der Königin einzugehen, aber freilich aus Gründen
und unter Bedingungen die Karolinen keinesfalls gleichgiltig sein
konnten.

* * *

Was in Wien, in St.-Petersburg, in London unter dem Schleier
des Geheimnisses vorging war den Organen der französischen Politik
nicht klar; allein über die Hauptsache um die es sich handelte und die
sich bald in dieser bald in jener Kundgebung verrieth, konnte ein
Mann von Napoleon's Schlauheit und Scharfsinn nicht lang im
Zweifel sein. Trafen die Coalirten im stillen ihre Maßregeln so ließ

---

seguaci, giacchè il mare fa male allo stomaco. Il Signore una volta si ha da
muovere a compassione delle nostre miserie e, proteggendo quelli che sosten-
gono la buona causa, ha da atterrare questo mostro infernale che vuol coman-
dare tutto il Mondo e disporne a suo capriccio".

[1] Bei Ulloa die Königin an Gallo 3. Januar und 24. August 1805
S. 226—233, 311 f.

es der französische Kaiser an Vorkehrungen seinerseits eben so wenig fehlen. Mit dem Königreich Neapel wußte er was er zu thun hatte. Ein Thronwechsel stand seit Jahren vor seinem Geiste. Zum Theil war es ihm hiebei darum zu thun sich für anderweitige Ländervertheilung Raum zu schaffen; ein Hauptbeweggrund lag aber gewiß darin, die, wie er sich überzeugt hielt, ihm vor allem feindselige Königin Karolina zu beseitigen. An Vorwänden zu ihrer Anklage fehlte es ihm nie; fanden sich keine so brach er sie vom Zaune, es war das alte Spiel vom Wolf der das Lamm anklagt ihm das Wasser zu trüben. Er fürchtete jede Truppenvermehrung, jede noch so bescheidene Verbesserung des Flottenstandes, als ob diese Handvoll schlecht ausgerüsteter Sol= daten und Schiffe einer Weltmacht wie Frankreich ernsthaft gefährlich werden konnte. Die Weigerung den britischen Gesandten aus Neapel fortzuschaffen galt ihm einer Feindseligkeit gegen sein Kaiserthum gleich. Er schraubte sich zu einer Leidenschaft gegen Karolinen hinauf als ob er in ihr eine rebellische Vasallin vor sich hätte. Aus dem Lager von Boulogne ertheilte er seinem Stiefsohne in Mailand den Auf= trag irgend einen nach Wien oder St.=Petersburg bestimmten nea= politanischen Courier abzufangen und dessen Depeschen ihm einzu= senden [1]).

Im Haupt=Quartier zu Barletta und im französischen Gesandt= schafts=Hotel zu Neapel richtete man sich pünktlichst nach dem Meister und Muster in Paris. Hier wie dort zeigte man sich voller Kriegs= besorgnisse. Schon in den ersten Tagen August hatte Saint=Chyr einen Eilboten nach Mailand geschickt um mehr Truppen zu erhalten und eine einschüchternde Stellung gegen die Hauptstadt einnehmen zu können; die auffallenden Verstärkungen der russischen Garnison in Korfu und der Engländer auf Malta gaben ihm zu schaffen. Allein auch im Lande selbst fühlte er sich nicht sicher; das Schreckgespenst einer Erhebung des Volkes wie 1799 gegen Macdonald richtete sich vor seinen Blicken auf. Seine

---

[1]) Ulloa S. 262—264: „Le royaume de Naples était devenu une colonie française dont l'ambassadeur Alquier était le proconsul". — Das Schreiben an Prinz Eugen vom 19. August, bei Ulloa S. 347 abgedruckt, finde ich in der Corr. Nap. nicht.

Truppen erhielten strengen Befehl jede Berührung mit der Einwohner=
schaft zu meiden. Als am 13. August in Tarent das Geburtsfest der
Königin begangen wurde erschien nicht einer von den französischen
Officieren obwohl die Stadt nicht verabsäumt hatte sie förmlich ein=
zuladen; es könnte, fürchteten sie, auf eine sicilianische Vesper abgesehen
sein [1]). Alquier sandte einen Alarm=Bericht nach dem andern nach
Paris. Ihn beunruhigten die Russen weniger. General Lacy hielt sich
gerade in dieser Zeit, ein Unwohlsein vorschützend, auffallend still zu
Hause, und wenn auch Minister Tatiščev sich irgendwo hatte verlauten
lassen, „eine Vermehrung der französischen Streitkräfte in Neapel
werde den Bruch zwischen Frankreich und Rußland beschleunigen", so
wußte entweder Alquier darum nicht oder er legte kein besonderes
Gewicht darauf. Die dringendere Gefahr lag für ihn auf der Seite
Englands. Am 19. August richtete er an den Fürsten Luzzi ein
Schreiben worin er, anknüpfend an die immer wieder auftauchenden
Gerüchte von der Ankunft fremder namentlich britischer Truppen, an
den täglichen Verkehr des Hofes mit britischen Generalen und Admi=
ralen, eine bestimmte Aufklärung darüber verlangte: „was an jenem
Gerede wahres sei und ob der König, falls er einem solchen Unter=
nehmen fremd sei, sich verpflichten wolle mit allen ihm zu Gebote
stehenden Mitteln einer beabsichtigten Landung, einer Besetzung seiner
Häfen oder Festungen zu widerstehen". Der königliche Obersthof=
meister säumte nicht den Inhalt dieses Schreibens Sir Elliot mit=
zutheilen von welchem am 23. die bestimmte und förmliche Erklärung
kam: „daß seiner Regierung nichts ferner liege als ein solcher Gewalt=
streich und daß sein Monarch nichts so sehr wünsche als die Neutralität
Seiner Sicilischen Majestät aufrecht zu halten und zu achten". Obwohl
Alquier mit dieser Versicherung zufrieden sein konnte trug er doch
das Gegentheil davon zur Schau, traf mit einer unverkennbaren Ab=
sichtlichkeit Anstalten zu einer baldigen Abreise, und fügte der Depesche
womit er seinen jüngsten Notenwechsel nach Paris mittheilte die
Mahnung bei: „es sei im höchsten Grade wünschenswerth daß die

---

[1]) Ebenda S. 348: Eugen an Napoleon Monza 24. August 1805.

Regierung dieſes Landes in andere Hände übergehe"¹). Der zum
Höfling gewordene Jacobiner wußte daß er damit etwas ausſprach
was ſeinem kaiſerlichen Gebieter längſt vor dem Sinne ſtand. Am
2. September, alſo noch bevor Alquier's Bericht in Paris eingetroffen
ſein konnte, gingen von Berthier's Hand Weiſungen an den General
Saint=Cyr ab wie er ſich angeſichts der drohenden Landung von
15000 Ruſſen und 8000 Engländern zu verhalten hätte; man werde
ihm 20000 Mann zur Verfügung ſtellen mit denen er dieſem Unter=
nehmen zuvorkommen müſſe; wo möglich zur ſelben Zeit wo die Armee
des Kaiſers über den Rhein ſetzen werde habe er auf Neapel loszu=
marſchiren, den Hof zu verjagen, die königliche Armee zu ſprengen,
zu vernichten, eine Regentſchaft einzuſetzen und alles zu thun was der
Bourbonen=feindlichen Partei zum Vortheil und Vergnügen gereichen
könne. Einige Tage ſpäter bekam Admiral Villeneuve, der inzwiſchen
von ſeiner Fahrt nach den Antillen in das mittelländiſche Meer
zurückgekehrt war, ausdrücklichen Befehl mit der ſpaniſch=franzöſiſchen
Flotte aus dem Hafen von Cadiz auszulaufen, an irgend einem Punkte
der neapolitaniſchen Küſte zu landen und die ausgeſchifften Truppen zu
Saint=Cyr ſtoßen zu laſſen ²).

¹) Lefebvre II S. 132: „Si les choses sont mal ici, le mal est dans
les maîtres. Il n'y a rien non plus à attendre du prince héréditaire: l'avenir
est fermé pour nous, on sera constamment opposé à notre système, il est
donc désirable que le gouvernement de ce pays passe en d'autres mains" ...
Abſchriften der beiden Schreiben Alquier's und Elliot's an Luzzi bei Kauniß
27. Auguſt 1805. In dem Schreiben Alquier's hieß es u. a.: „Je vois avec
douleur, Monsieur le Prince, que la Cour de Naples est résolu à rompre les
engagements qu'elle a pris avec la France, et que les communications jour-
nalières qui existent entre elle et les généraux ou amiraux anglais démentent
jusqu'à l'évidence les protestations qu'elle a faites si souvent de ne rien
entreprendre contre les troupes françaises et d'être constamment étrangère à
la guerre actuelle et à toutes celles qui pourront avoir lieu".

²) Corresp. Nap. XI Nr. 9176 S. 173—175. Berthier erinnert Saint=Cyr:
„que vous soyez préparé à jouer le rôle important que vous a confié S. M.
dans Ses vastes plans qui embrassent depuis la Baltique jusqu'à Naples" ꝛc.,
und mahnt ihn zugleich „que vous dissimuliez profondément vos projets et que
vous ne donniez aucune inquiétude au Roi de Naples". Das Schreiben Napoleon's an Villeneuve war vom 14. September (ebenda Nr. 9210 S. 195 f.):

Am 7. September 3 Uhr nachts traf ein außerordentlicher Courier aus Bologna im Haupt-Quartier Saint-Cyr's zu Barletta ein. Allsogleich wurde ein Kriegsrath einberufen, nach allen Seiten Befehle ausgeschickt, eine Untersuchung der Wässer des Tronto, der Flußübergänge angeordnet, die Commandanten der vom Norden herführenden Engpässe mit scharfen Weisungen versehen. In den folgenden Tagen trafen die Franzosen Anstalten Tarent vollends zu räumen, alles Geschütz fortzuschaffen, die von ihnen früher angelegten Befestigungswerke zu zerstören. Aus dem Gebiete von Lecce, überhaupt aus den südlichen Gegenden bewegten sich die Truppen gegen Apulien wo Saint-Cyr eine gesammelte Stellung gegen Ariano bezog. Schon war der Anmarsch von 6000 Mann aus Ober-Italien angekündigt; von weitern 8000 Mann wurde gesprochen, die sich in Ancona sammeln würden um in Eilmärschen nachzurücken. Aus allen Gegenden der östlichen Provinzen kamen Eilboten nach Neapel, mit Klagen über die neuen Lasten, mit Rufen nach Hilfe. „Es erinnert mich das wahrhaftig an die Boten des Hiob", schrieb die Königin ihrer Tochter, „nur mit dem Unterschiede daß ich weder die Geduld noch die Entsagung dieses heiligen Patriarchen besitze". Man schickte einen Vertrauensmann an den General Saint-Cyr mit der Frage: was denn all jene kriegerischen Anstalten und Anstrengungen zu bedeuten hätten? Die Antwort lautete: „Angesichts von 20000 Russen die von Korfu und 10000 Engländern die von Malta die neapolitanischen Küsten mit einer Landung bedrohen, dürfe sich niemand wundern daß er sich nicht wolle überraschen lassen; übrigens habe er die verschiedenen Versetzungen der Truppen hauptsächlich um ihres Gesundheitsstandes willen vorgenommen".

Der Hof von Neapel hatte jetzt kaum einen Ausweg als den Anschluß an die Coalition. In aller Heimlichkeit kam auf Betreiben Tatišćev's am 10. September eine Uebereinkunft zustande kraft welcher

---

„Il ne vous échappera pas que le succès de ces opérations dépend essentiellement de la promptitude de votre départ de Cadix, et nous comptons que vous ne négligerez rien pour l'opérer sans délai".

der König alle ſeine Streitkräfte zur Verfügung der Verbündeten ſtellte,
den Oberbefehl ſollte General Lacy führen. Zu einem offenen Bruche
mit Frankreich war allerdings der Zeitpunkt noch nicht da. Selbſt
Tatiščev, ohne Zweifel hierin von Kaunitz unterſtützt, gab den Rath
zu einer hinhaltenden Politik. Man ließ den Fürſten Cardito mit Alquier
unterhandeln, der ſowohl ihm als dem Fürſten Luzzi wiederholt den
Wunſch ausdrückte, es möchte Gallo in Paris zum Abſchluſſe eines
Neutralitäts-Vertrages ermächtigt werden. Als Hauptpunkte desſelben
bezeichnete Alquier gegen Mitte September folgende: „Daß der König
ſich förmlich verpflichte ſich jedweder von einer andern Macht ver-
ſuchten Landung und Ausſchiffung fremder Truppen zu widerſetzen;
daß er auf den Erſatz der durch die franzöſiſche Einquartierung herbeigeführten Koſten und Auslagen verzichte; daß er den Oberbefehl
über ſeine Truppen einem vom Kaiſer Napoleon auszuwählenden
General übertrage; daß er eine Anzahl von Perſonen die ihm Frankreich namhaft machen werde aus ſeinen Staaten entferne“[1]. Als
auf dieſe Vorſchläge ausweichende Antwort folgte: „man ſtehe mit
dem Cabinete von Paris in unmittelbarer Verbindung und werde
Gallo die in einer ſo wichtigen Angelegenheit nöthigen Weiſungen
zukommen laſſen“, ſtellte ſich Alquier gewaltig erzürnt, rief ſeine Leute
zuſammen, hieß ſie Anſtalten zur Abreiſe treffen. Allein bald beſann
er ſich eines beſſern, vielleicht nach Winken die er aus Paris empfangen,
und richtete an den Fürſten Luzzi eine auffallend zahme und höfliche
Note worin er ſein längeres Stillſchweigen entſchuldigte, den Nachſchub
von Truppen auf bloße Ablöſung anderer im Königreiche garniſonirender
Regimenter zurückführte und mit der Verſicherung ſchloß: „ſein Kaiſer
und König, wie aus den Zuſchriften Talleyrand’s hervorgehe, wünſche
nichts ſehnlicher als mit Seiner Sicilischen Majeſtät Frieden zu erhalten
und auf gutem Fuße zu bleiben“[2]. Luzzi antwortete ohne Aufſchub
mit der Verſicherung, der König ſei gewillt an der Neutralität feſtzu-

---

[1] Kaunitz 14. September 1805.
[2] Eine Abſchrift der vom 25. September datirten Note Alquier’s liegt der
Depeſche Kaunitz’ vom 4. October 1805 bei.

halten falls die französischen Truppen den Boden des Königreichs räumten, 26. September.

Es sollte damit nur Zeit gewonnen sein; denn schon war man auf dem Punkte keinem Anerbieten von französischer Seite mehr zu trauen. Bereits wurde in vertrauten Kreisen ernsthaft die Landung eines anglo-russischen Heeres besprochen. Von Seite der befreundeten Gesandten faßte man für diesen Zweck eine Zeit lang das Gebiet von Otranto in's Auge das augenblicklich von französischen Truppen frei sei, während das Bestreben des Hofes dahin ging daß die Landung lieber an einem außerhalb des Königreichs gelegenen Punkte stattfinde. Um gegenseitig in raschere Kenntnis von allen Vorgängen und Ab= sichten zu gelangen wurde eine regelmäßige Paquet=Botschaft zwischen Messina und Korfu in Gang gebracht[1]). Gleichzeitig war man auf Hebung der neapolitanischen Streitkräfte und Vertheidigungsmittel bedacht. Graf Damas erhielt geheime Weisung aus Sicilien zurückzu= kommen. Capua und Gaëta, welches letztere seit langem der Obhut des eben so biedern als tapfern Prinzen Ludwig von Hessen=Philipps= thal als Gouverneurs anvertraut war[2]), sollten verproviantirt, die Ausrüstung der ersten Bataillone aller Regimenter, zusammen bei 4600 Mann die man für's erste ein Lager bei Cajazzo am Volturno oder bei La Cava nordwestlich von Salerno beziehen lassen wollte, in Angriff genommen werden. Bei all diesen Vorgängen führte der russische Gesandte die erste Stimme, zum großen Verdrusse Elliot's der sich durch sein vorlautes Bestehen auf einer Besetzung Siciliens durch britische Truppen um das ganze Vertrauen der Königin gebracht hatte und sich durch Tatišcev und Lacy in die zweite Linie gedrängt sah. Von der andern Seite stand Kaunitz der Königin zur Seite, der darauf bedacht war den Erzherzog Karl in Kenntnis von allem zu

---

[1]) Kaunitz 29. September A: „Pour faciliter les communications entre le Royaume de Naples et les Îles Joniennes l'on vient de poster 3 paquet-bots dans les parages intermédiaires de Messine et Corfu. Une des frégates russes qui avaient mouillé dans cette rade, est effectivement partie pour cet objet".

[2]) Siehe über ihn Elisa von der Recke a. a. O. S. 13, 170 f. 243, 247 f.

erhalten was in Neapel in Ausführung begriffen oder in Ausſicht genommen war ¹).

Während in ſolcher Weiſe umſichtig und geheim alles vorbereitet wurde um einen Schlag gegen die Franzoſen auszuführen, ſtellte man ſich bei Hofe als ob man einen von ihrer Seite fürchte. Als darum in dieſen Tagen neue Alarm-Gerüchte von jenſeits des Apennin eintrafen, wurde Fürſt Cardito ein zweitesmal in das franzöſiſche Haupt-Quartier abgeſandt wo er klingende Ueberredungskünſte anwenden, zugleich aber die Drohung einfließen laſſen ſollte man werde, ſobald Saint-Chr im geringſten Miene mache vorzurücken, den Landſturm aufbieten und mit dieſem die Päſſe und Schluchten des Gebirgs beſetzen, worauf der ſichtlich eingeſchüchterte General mit ſeinem Ehrenworte verſicherte nichts feindſeliges gegen Neapel im Schilde zu führen ²). Nach Paris aber ſandte man an Gallo die Weiſung, jeder ihm angebotenen Neutralitäts-Verhandlung aus dem Wege zu gehen.

Allein während der Courier Luzzi's die Reiſe nach Paris antrat befanden ſich von dort andere Eilboten, einer von Gallo, der zweite von Talleyrand abgeordnet, auf dem Wege nach Neapel wohin ſie überraſchende Kunde bringen ſollten.

*　　*　　*

Marcheſe Gallo hatte die ganze Zeit nicht verſäumt der Königin die ernſteſten und beſtgemeinten Rathſchläge zukommen zu laſſen ſich vor jedem übereilten Schritte zu bewahren. „Dieſe Krone", mahnte er, „iſt, wie Eure Majeſtät weiß, von tauſend verhängnisvollen Plänen

---

¹) Kaunitz 4. October PS. 1 in Chiffern: „Le Ministre d'Angleterre paraît très piqué, aussi ne lui cache-t-on pas que l'on se méfie de ses vues sur la Sicile depuis que les troupes anglaises de Malte sont mises sous l'ordre du Gᵃˡ Lascy". — PS. in Chiffern zum Berichte vom 15. October: „Mˢʳ l'Archiduc Charles a été exactement informé de toutes les notions que j'ai eu à cet égard par des dépêches que j'ai remises à la responsabilité du Comte Khevenhüller".

²) PS. 2 zur Depeſche vom 29. September: „Le Gᵃˡ Sᵗ-Cyr sent tout l'embarras de sa position et pense plutôt à assurer ses moyens de défense".

und Berechnungen bedroht, sie ist Fallstricken ausgesetzt von denen sich
Eure Majestät keine Idee machen kann".

In solcher Stimmung griff er mit beiden Händen zu einem
Auskunftsmittel das ihm von französischer Seite geboten wurde, das
aber zugleich, wie er nach frühern oftmals und so nachdrücklich wiederholten Aeußerungen der Königin voraussetzen durfte, ihr und ihrem
Gemahl überdiemaßen willkommen sein müsse. Denn lag dem französischen Imperator, wie sich nun die Dinge zu gestalten begannen,
ernstlich daran die Truppen Saint-Cyr's in andern Theilen Italiens
verwenden zu können, so gab es ja am Hofe von Neapel nichts was
man seit Jahren sehnlicher wünschte als Befreiung von der fremden
Garnison. Am 21. September nun legte Talleyrand dem neapolitanischen Gesandten eine Punctation vor laut welcher König Ferdinand,
gegen dem daß sein Land von der französischen Besatzung geräumt
würde, strenge Neutralität zusagte und in Folge dessen sich verband
keinem Geschwader der kriegführenden Mächte Aufnahme in seine
Häfen zu gestatten, kein bewaffnetes Corps derselben an irgend einem
Punkte seines Reiches landen zu lassen, kein Armee- oder Platz-Com-
mando einem russischen österreichischen oder britischen Officier oder
einem Emigrirten anzuvertrauen. Gallo, voll Freude die Hauptsache
erreicht zu haben, erklärte nach einigen Bemerkungen sein Einverständnis und war eben im Begriff einen Courier mit der frohen
Botschaft nach Neapel abzusenden, als ihm Talleyrand mittheilte der
Kaiser habe einige neue Artikel hinzugefügt. Neapel sollte sich nämlich
verpflichten die britische Herrschaft über Malta nicht ohne Frankreichs
Zustimmung anzuerkennen; außerdem verlangte Napoleon man habe
den General Acton nicht blos von jeder Theilnahme an Geschäften
fernzuhalten sondern aus dem Lande zu weisen. Gallo weigerte sich
einen Vertrag mit solchen Bedingungen zu unterzeichnen, und als
auch Talleyrand gegen jene Zusätze Vorstellungen machte gab der
Kaiser bezüglich des ersten Punktes nach, bestand aber unnachgibig
auf dem zweiten. Gallo that zwar so als ob ihm gerade dies letztere
Begehren besonders peinlich sei, da er wußte daß ihn die öffentliche
Meinung als grundsätzlichen Widersacher Acton's bezeichnete; zuletzt

fügte er ſich aber, und der Vertrag ſammt dem geheimen Zuſatz=
Artikel wurde in beſter Form von beiden Seiten unterzeichnet.
Gallo konnte ſelbſtverſtändlich ſeinen Beitritt zu der Uebereinkunft
nur „sub spe rati" ertheilen ſo daß die Siciliſchen Majeſtäten „voll=
kommen freie Hand hätten die Genehmigung zu verſagen, wo dann
das Ganze als nicht geſchehen anzuſehen wäre". Allein in einem
vertraulichen Schreiben das er ſeinem amtlichen Berichte anſchloß,
beſchwor er die Königin ſich dieſe Gelegenheit zur Rettung ihrer
Dynaſtie und ihres Reiches nicht entgehen zu laſſen und die Rati=
fication zu ertheilen. Er glaubte die Ueberbringung der wichtigen
Papiere niemand geringerem als ſeinem Geſandtſchafts=Secretair an=
vertrauen zu können, während andrerſeits Talleyrand einen Eilboten
an Alquier und Saint=Cyr abſandte und beide anwies, jeder von
ſeinem Standpunkte auf ſchleunigſte Ratification der Uebereinkunft
zu dringen. [1]

Am 4. October morgens kam der Abgeſandte Gallo's, ungefähr
zur ſelben Zeit der Courier Talleyrand's in Neapel an; erſterer ver=
fügte ſich ohne Säumen nach Portici, während Alquier eine Note an
den Fürſten Luzzi aufſetzte und Ratification binnen achtundvierzig
Stunden verlangte, widrigens er gehen und Saint = Cyr kommen
würde. Am königlichen Hofe rief die Botſchaft, wie es nach den
letzten Vorgängen nicht anders ſein konnte, maßloſe Beſtürzung und
Verwirrung hervor. Nicht daß man es ohne große Befriedigung hin=
genommen hätte den Boden des Königreichs endlich einmal von der
peinlichen Einquartierung befreit zu wiſſen. „Aber", meinte man in

---

[1] Ulloa S. 115 und 363—365 wo ſich der Wortlaut der zwiſchen
Talleyrand und Gallo getroffenen Uebereinkunft findet. Gallo an die Königin
am 21. und 28. September ebenda S. 352—358; den Acton betreffenden
Artikel nennt Gallo „odieux personnel et très-douloureux". Berthier an Saint=
Cyr 23. September Corr. Nap. XI Nr. 9263 S. 246 f. Ueber den Vertrag
vom 21. September 1805 ſ. auch Collingwood Memoirs S. 157: .. „which
treaty I believe to have been deception on both sides, agreed to on the part
of Naples from their inability to resist the dangers with which they were
threatened, and not meant by the French to be adhered to longer than was
necessary to their general plan of subjugating Italy".

den Kreisen der Königin, „bedurfte es dazu einer neuen Uebereinkunft? Waren sie ohne Vertrag gekommen so konnten sie eben so gehen! Soll aber schon von einem Vertrage die Rede sein so hat sich ja Buonaparte, als er vor zwei Jahren Apulien besetzen ließ, auf jenen von Florenz berufen, und sieht er diesen als aufrecht an wozu bedarf es dann eines neuen, da sich der König schon damals zur Neutralität verpflichtet hatte?" In der Umgebung Lacy's begegnete die Nachricht spöttischem Lächeln und Achselzucken: „Ein Fetzen Papier, weiter nichts!" Als die Königin mit dem General über das Ereignis sprach widerrieth er die Ratification, in welcher Meinung er von den royalistischen Ultras auf das lebhafteste unterstützt wurde. Diese Hasser des Neu-Frankenthums und alles dessen was von dorther kam, im engen Verständnis mit den Emigrés und mit den alten Massenführern Ruffo's, geriethen über die Sprache welche die Franzosen führten, über die „unverschämten", die „lächerlichen" Forderungen die man zu stellen sich vermesse außer Rand und Band: „es sei ein Verbrechen sich mit Buonaparte einzulassen oder sich ihm anzuvertrauen". Tatischeff benützte die Verlegenheit der Königin um sich von ihr, für's erste nur mündlich, die Erlaubnis zu erwirken die alliirten Truppen kommen zu lassen; eine russische Corvette sollte ohne Säumnis absegeln um nach Malta und Korfu die nöthigen Befehle zu überbringen.

Auf der andern Seite standen der König und der Kronprinz, die Minister Medici und Circello, so wenig sie sich das trügerische ihrer Lage Frankreich gegenüber und den Ernst der Gefahren von der andern Seite verhehlten. „Aber was wolle man thun? Die Neutralität biete allerdings nicht Sicherheit, aber wenigstens Ruhe für den Augenblick. Nehme man nicht an so sei der Bestand des Königreichs eine Frage von wenig Tagen! Saint-Cyr an der Spitze ausgewählter Truppen, das Land ohne organisirte Armee und Flotte, die königliche Familie ohne nahe Beschützer, vielleicht zum zweitenmal aus dem Lande gejagt!" Derselben Meinung war der Staatsrath der eine Sitzung nach der andern hielt, bis in die späte Nacht hinein, und immer bei dem Schlusse anlangte man müsse sich fügen und annehmen. Die Vertreter der befreundeten Mächte waren für das

Hinausschieben: „man möge Ausflüchte suchen, dem französischen Gesandten sagen man wolle in Paris Aufklärungen über einzelne Punkte
verlangen" u. dgl. Allein man hatte in der letzten Zeit von diesem
Mittel zu oft Gebrauch gemacht als daß es noch verfangen konnte;
auch lauteten die Weisungen die Alquier erhalten nur zu bestimmt.
Als daher am 7. October mittags die Frist von achtundvierzig
Stunden abgelaufen war verlangte er nochmals Antwort oder, falls
diese nicht nach Wunsch ausfiele, seine Pässe. Jetzt war eine schnelle
Wahl zu treffen, oder vielmehr es blieb keine Wahl; denn die Engländer und Russen waren weit, die Franzosen waren da. So ließ
denn der König Alquier nach Portici kommen und erklärte sich bereit
die Ratification zu ertheilen, 8. October.

Sorgen und Kummer herrschten am Hofe von Neapel über den
Eindruck den der Schritt den man so eben gethan in Wien und
in London machen würde. „Wir haben unterzeichnet", schrieb die
Königin an ihre Tochter und ihren kaiserlichen Schwiegersohn, „wie
man dem Straßenräuber die Börse gibt die er, dem Angefallenen die
Pistole auf die Brust setzend, von ihm verlangt". Rußland gegenüber
kam man aber noch in eine andere Verlegenheit. Erst aus Anlaß
der Verhandlungen in den letzten stürmischen Tagen hatte Tatiščev
Kenntnis von der Note des Fürsten Luzzi vom 26. September erhalten worin dieser, für den Fall daß die französischen Truppen das
Königreich räumen würden, Neutralität zugesagt hatte. Als Tatiščev
bei Circello Aufklärung erbat meinte dieser, schon das frühere Datum
der Uebereinkunft vom 10. September müsse Bürge sein daß man
dem Bündnisse mit Rußland treu bleiben wolle. Mit dieser sonder-
baren Auskunft konnte aber Tatiščev um so weniger zufrieden sein als
die Ratificationen über jenes Uebereinkommen noch immer nicht ausgewechselt waren. Dazu kam daß am 11. October eine russische Brigg
eintraf welche Tatiščev anwies, er möchte alles was in seiner Macht
sei anwenden um irgend ein Abkommen des neapolitanischen Hofes
mit Frankreich zu verhindern. Wäre die Botschaft um ein paar Tage
früher eingetroffen so würde Tatiščev ohne Zweifel mit der Abfor-
derung seiner Pässe dem gleichen Schritte Alquier's ein Gegengewicht

geschaffen, und der Hof würde sich kaum beeilt haben dem französischen Drängen nachzugeben. Allein die Sache war einmal geschehen, und alles was sich den befreundeten Höfen gegenüber thun ließ war, den Pariser Vertrag für null und nichtig zu erklären. In der That fand sich der König herbei eine Urkunde auszustellen, gezeichnet von Luzzi und Circello, laut deren er den Neutralitäts=Vertrag mit Frankreich als einen durch Gewalt erzwungenen und daher nicht rechtsverbind= lichen Act ansah: „weit entfernt ihn erfüllen zu wollen erwarte er mit Ungeduld den Zeitpunkt wo er mit Hilfe seines treuen Alliirten des Kaisers von Rußland sein Königreich vor den Anschlägen seines natürlichen Feindes werde sicherstellen können", 11. October.

Selbstverständlich geschah das im tiefsten Geheimniß. Vor der Oeffentlichkeit blieben die Dinge wie sie sich da gestaltet hatten. Am 14. October setzten sich die ersten Colonnen Saint=Cyr's in Marsch um das Königreich zu räumen. Der General für seine Person that es gewiß mit frohem Muth, denn ihm war die Stellung in Neapel von allem Anfang eine unbehagliche gewesen; überdies sorgte der neapoli= tanische Hof durch reiche Geschenke in Diamanten und Silber dafür ihm das Fortgehen noch angenehmer zu machen. Fünf Tage später wurden zu Neapel die Ratificationen des Pariser Vertrages vom 21. September ausgewechselt, zur großen Befriedigung Napoleon's der nicht säumte den Wortlaut des Vertrages, die geheimen Ab= machungen ausgenommen, in seinem „Moniteur" abdrucken und in der Einleitung dazu seine Weisheit und Mäßigung preisen zu lassen indem Er, „in Erwägung daß eine Besitznahme des Königreichs dem Abschluß des Weltfriedens nur neue Schwierigkeiten bereiten würde, es vorgezogen habe mit Neapel in ein Neutralitäts=Verhältnis zu treten" [1]).

9. Landung der Russen und Engländer im Golf von Neapel.
November 1805.

Nicht bald hat sich eine Regierung in einer peinlicheren Lage befunden als die von Neapel im Herbst 1805. Ihre Sympathien

---

[1]) Napoleon an Talleyrand, Corr. XI Nr. 9446, S. 373.

waren mit den Coalirten: allein hatte sie Frankreich gegenüber nicht
so eben auf das feierlichste Einhaltung unverbrüchlicher Neutralität
zugesagt? Andrerseits hatte sie sich wenig Tage früher in gleich förmlicher Weise Rußland gegenüber zu dem Gegentheil verpflichtet, freilich
zu dem Hauptzweck die Franzosen loszuwerden. Doch die war man
jetzt los: hatte das Bündnis mit Rußland noch einen naheliegenden
Zweck!?... Welches wäre erst die Stimmung gewesen wenn man
gewußt hätte daß um diese Zeit der Krieg nordwärts der Alpen für
die Verbündeten bereits halb verloren war als der unglückliche Mack,
derselbe der 1798/9 in Neapel Disteln und Dornen statt Lorbeern
gepflückt hatte, am 17. October eine schöne kaiserliche Armee an die
Franzosen gefangen geben mußte? Davon hatte man, wie gesagt,
damals in Neapel keine Ahnung. Es kam vielmehr durch den Herzog
von Serra-Capriola aus St.-Petersburg Nachricht an Circello daß die
Coalirten, um ihren Operationen in Oesterreich und Deutschland
freieres Feld zu schaffen, auf einer Landung britischer und russischer
Truppen in Neapel bestünden und daß sie darauf rechneten dieses
Corps durch den Anschluß der neapolitanischen Streitkräfte vermehrt
zu sehen [1]). Von Seiten des Hofes gab man sich alle Mühe die ganze

---

[1]) In den bisherigen Geschichtsbüchern liest man von einem Vertrage vom
25. October 1805 der zu Wien vom Minister Ruffo mit den Coalirten abgeschlossen
worden und zufolge dessen Neapel förmlich ihrem Kriegsbündnisse beigetreten wäre.
Ulloa S. 240—253 bestreitet auf das entschiedenste die Existenz eines solchen
Vertrages: „Ce prétendu traité n'exista jamais ... (Il) n'a d'autre fondement
que le bruit populaire et le fait postérieur du débarquement des coalisés“.
Ulloa behauptet S. 222—235, mit keinem Acte habe der Hof von Neapel sich
der Coalition angeschlossen; die verbündeten Cabinete hätten allerdings die Mitwirkung Neapels mit in ihre Rechnung gezogen, aber das gleiche sei rücksichtlich
der Contingente von Piemont und Hannover geschehen die doch in jener Zeit
unter französischer Gewalt und Botmäßigkeit waren; man habe also auf Neapel
gezählt ohne sich desselben förmlich versichern zu können: „c'était un dessein
vague, une simple éventualité“, S. 247... So ganz unbetheiligt nun wie
Ulloa meint war Neapel nicht, ich erinnere an die geheime Uebereinkunft mit
Tatišcev vom 10. September; bezüglich des angeblichen Wiener Vertrages vom
25. October aber dürfte er im Rechte sein. In Neumann's „Recueil“ findet sich
keine Zeile davon, und auch Adolf Beer in seinen neuesten Forschungen ist, so viel
mir bekannt, auf keine Spur gekommen. Sollte etwa jener Behauptung ein Mis-

Sache rückgängig zu machen, mindestens zu verzögern bis die letzten Truppen Saint-Cyr's das Königreich verlassen haben würden, oder wenn es schon nicht anders ginge, so möge die Landung an einem Punkte außerhalb des Königreichs, etwa bei Civita-Vecchia oder in Genua stattfinden. In diesem Sinne scheint man auch Alquier beruhigt zu haben der sich, nachdem einmal sein Hauptziel erreicht war, auffallend still verhielt. Allein im Rathe der Alliirten blieb man bei dem einmal gefaßten Plane.

Am 19. October, also an dem Tage wo die Ratificationen des Pariser Vertrages ausgewechselt wurden, verließ die russische Fregatte Krepka mit General Lacy an Bord die Rhede von Neapel um dem von den jonischen Inseln erwarteten Geschwader entgegenzufahren und demselben Meldung von dem jüngsten Stande der Dinge zu machen. Jenes Geschwader lief am 22. von Korfu aus: 38 Transportschiffe, escortirt von 6 Linienschiffen und 9 Fregatten, mit 2 Grenadier- 2 Fuselier- 2 Jäger-Regimentern und 3000 Albanesen, 2 Bataillons Artillerie und 36 Feldgeschützen an Bord, alles unter den Befehlen des Generals Anrep. Am 31. gingen sie im Hafen von Syracus vor Anker wo der Anschluß der Engländer abgewartet werden sollte. In Malta hatte man noch keinen rechten Entschluß gefaßt, woran offenbar die Misstimmung Elliot's ihren Theil hatte. Als Lacy von Syracus

---

verständnis zu Grunde liegen? Denn allerdings wurde am 25. October ein geheimer Vertrag abgeschlossen in welchen Neapel einbezogen war, aber 1. war es der 25. October alten Styls d. i. nach unserer Zeitrechnung der 6. November; 2. geschah das nicht im Jahre 1805 sondern war bereits ein Jahr früher geschehen; und zwar 3. nicht in Wien sondern in St.-Petersburg; daher auch 4. nicht mit Russo, und überhaupt nicht· unmittelbar mit Neapel, sondern zwischen Stadion Tatiscev und Czartoryski welche die neapolitanischen Verhältnisse und Möglichkeiten nur in den Bereich ihrer Erwägung zogen; s. oben S. 155. Der Text der Uebereinkunft vom 25. October/6. November 1804 findet sich in Neumann's Recueil II S. 107—112, der Separat-Artikel zu Art. VI bei Beer Oesterreich und Rußland ꝛc. S. 241. Veranlassung zu diesem „Article séparé" war offenbar die in Wien damals gehegte Besorgnis Neapel möchte, auf's äußerste gedrängt, wieder wie 1799 voreilig losschlagen und dadurch selbst den Krieg mit Frankreich herausfordern, in welchem Falle weder Oesterreich noch Rußland sich zu bewaffneter Hilfe verpflichten wollten.

dahin sandte um die Abfahrt des britischen Contingents zu beschleunigen, erklärte General James Craig: „er müsse erst in Neapel anfragen da sich in den letzten Tagen manches dort geändert haben
könne". Erst am 3. November, auf nochmalige Betreibung der Russen,
stach das malteser Geschwader mit etwa 6000 Mann an Bord von
6 Fregatten geleitet in die See; am 7. vollzog dasselbe in den Gewässern von Syracus seine Vereinigung mit dem russischen, dessen
Bemannung durch den langen Aufenthalt zu Schiffe bereits arg zu
leiden anfing. Man schützte andauernd widrige Winde vor welche die
Fahrt durch die Meerenge von Messina bedenklich erscheinen ließen;
gewiß hatten aber die Vorgänge am Hofe von Neapel eben so großen
Theil an der Verzögerung . . .

Die Truppen Saint-Cyr's hatten durch diese ganze Zeit ihren
Ausmarsch über die Gränzen des Königreichs fortgesetzt. General
Reynier hatte im römischen Gebiete trotz der nachdrücklichsten Einsprache der Landesbehörden Ancona besetzt, die päpstlichen Truppen
aus den Forts und Batterien getrieben, den Capucinern ihr Kloster
genommen das er zur stärkern Befestigung des Ortes benützen wollte,
alles unter dem Vorwande sich gegen eine Landung der Russen in
Ancona von der man sichere Kunde habe in Vertheidigungsstand setzen
zu müssen; im übrigen solle die Neutralität des Papstes gewahrt,
Personen und Eigenthum geschützt bleiben. Am 1. November hatten
dann die Franzosen die Stadt wieder geräumt und einer päpstlichen
Besatzung überlassen; der Haupttheil der Truppen Saint-Cyr's nahm
in Eilmärschen die Richtung gegen den Po. Auf neapolitanischem
Gebiete befand sich nur noch die Nachhut, beiläufig 4000 Mann mit
800 Pferden, die erst um den 5. den Tronto überschritten und sich
dann in auffallend langsamen Märschen, wie um für Gegenbefehle
bereit zu sein, gegen Norden bewegten. Man war also im Königreiche
die fremden Gäste endlich einmal los und der Hof würde am liebsten
mit den Russen und Engländern nichts weiter zu schaffen gehabt
haben, als Lacy von Syracus nach Neapel kam und die britischen
Generale Craig und John Stuart mitbrachte, die ihren Truppen und
Schiffen vorangeeilt waren. Die anti-französische Partei lebte von

neuem auf. Sie verlangte eine offene und entschiedene Sprache der Regierung: „wolle man warten bis Napoleon jenseits der Alpen mit seiner Arbeit zu Ende sei?" Sie klagte laut über die Unentschlossenheit, die Schwäche der Regierungspartei; sie nannte Medici einen Verräther, einen alten Jacobiner der es insgeheim mit den Franzosen meine; sie wünschte Acton herbei der der Sache den wahren Schwung zu geben wüßte . . .

Mit den Klagen über den Hof war sie von ihrem Standpunkte aus wohl im Recht. Ferdinand und Karolina hatten sich nach Favorita gezogen wo sich ihnen Lach vorstellte um sie zum Handeln zu drängen. „Er werde seinen Degen nicht in die Scheide stecken so lang ein Franzose auf italienischem Boden sei", äußerte er in Gegenwart des Königs der über diese Fanfaronnade einen nur seinen Neapolitanern verständlichen Dialekt-Ausdruck gebrauchte der sie lachen machte [1]). Lach nahm jetzt Craig zu Hilfe in dessen Begleitung er neuerdings in dem königlichen Lustschlosse erschien. Wenn die Coalition siege, drängten die Beiden, werde es Neapel entgelten müssen daß es die Verbündeten im Augenblicke der Gefahr verläugnet und verlassen habe; Napoleon gegenüber sei es eins ob man so oder anders handle: „Sie haben zu viel gethan um nicht seinen Argwohn zu erregen und zu wenig für Ihre Rettung!" Gegen die Minister führten sie eine noch rücksichtslosere Sprache, verlangten nichts weniger als die Uebergabe der festen Plätze von Tarent und Gaëta, von denen jenes die Russen dieses die Engländer besetzen sollten. Tatišćev drängte nicht minder als die Generale. Als man ihn beschwor das Königreich von einer neuen Heimsuchung mit auswärtigen Truppen zu verschonen, sagte er: „Ja, doch unter drei Bedingungen: erstens Neapel tritt offen der Coalition bei; zweitens der Hof läßt die Ausgaben welche die Unterhaltung der Truppen während der ganzen Dauer des Feldzuges verursachen würde in die russische Kriegscasse fließen; drittens die Forts von Neapel und die Insel Sicilien werden den

----

[1]) Ulloa S. 180 der uns leider im Dunkeln läßt welches diese „exclamation du roi" gewesen sei und beifügt: „soixante ans ne l'ont pas fait oublier, et on la répète même de nos jours pour berner un vantard glorieux".

Verbündeten bis zur Herstellung des Friedens eingeräumt". Aergeres konnte das Königreich kaum treffen wenn es ein zweitesmal von den Franzosen besiegt und erobert würde, und so gab die Königin ihren Widerstand auf, so sehr sich der Kronprinz und die Minister bis zum letzten Augenblicke bemühten sie von einem so verhängnisvollen Schritte zurückzuhalten. „So mögen sich denn weil man es nicht anders haben will unsere Geschicke erfüllen!" rief sie am 7. November nach einer letzten Berathung im Staatsrathe, wo niemand mehr eine Einsprache zu machen wagte, aus, und die Aufnahme der russo=britischen Truppen an der neapolitanischen Küste war beschlossene Sache [1]).

Sehr wohl war Karolinen dabei allerdings nicht zu Muthe, obwohl von jetzt an nichts unterblieb die einheimischen Streitkräfte auf einen bessern Stand zu bringen. Die Aushebung von Truppen und Pferden wurde mit verdoppeltem Eifer fortgesetzt; der König von Sardinien erbot sich 800 Pferde von seiner Insel kommen zu lassen; freilich konnten sie vor sechs und mehr Wochen nicht an Ort und Stelle sein! Die Garnison von Messina, die Truppen in Calabrien erhielten Befehl sich nach der Hauptstadt in Bewegung zu setzen, in die Abruzzen ergingen Weisungen das Volk zu den Waffen zu rufen, die Presidi der Landbezirke wurden aufgefordert die Milizen um sich zu sammeln. Den Oberbefehl über die einheimischen Truppen, jedoch unter dem Gebot des General Lacy dem auch die Engländer unterstanden, sollte Graf Damas führen den schon in den ersten October=Tagen eine russische Fregatte von Sicilien herübergebracht, der sich aber bisher verborgen gehalten hatte und erst Mitte November sich öffentlich zu zeigen begann. Darüber konnte Alquier nicht länger still bleiben. Er verlangte eine Audienz beim Könige die ihm jedoch verweigert wurde:

---

[1]) Vgl. Lefebre II. S. 254 der sich auf der Königin eigene Erzählung beruft, mit Kaunitz' Chiffer=Berichten zum 7. und 9. November: „Au Conseil personne n'a osé parler contre l'admission; mais immédiatement avant le Prince Royal même" (andere Leseart: „le Prince, le Roi même") „et plusieurs Ministres s'étaient permis les remonstrances les plus fortes vis-à-vis de S. M. la Reine, prétextant que l'on pourrait toujours alléguer que les transactions avec la Russie n'étaient que conditionnelles au séjour des troupes françaises dans le Royaume".

„er möge sich an den Fürsten Luzzi wenden an welchen das diploma=
tische Corps gewiesen sei; wenn der König in die Stadt komme und
der französische Gesandte einen Auftrag unmittelbar an dessen Person
habe, werde man nicht säumen ihn vor Seine Majestät zu lassen".
Er richtete eine scharfe Note an das auswärtige Amt, beschwerte sich
über die Rückkehr des Generals Damas, über den Ankauf von 800
bis 1000 Pferden durch den Consul Groß=Britanniens, erklärte die
Neutralität für verletzt und drohte mit seiner Abreise, 17. November.
Noch wollte er es mit einer Audienz bei der Königin versuchen, allein
sie wurde ihm in gleicher Weise wie beim Könige verweigert. Auf das
hin verlangte er seine Pässe, 19. November.

Die Stimmung in den Regierungskreisen war äußerst gedrückt,
kaum daß die Königin in Gegenwart Anderer ihre Fassung bewahrte¹).
Denn sie erkannte wohl daß sie die Schiffe hinter sich verbrannt hatte,
und dies in einem Augenblicke wo für jene die sie stärken und schützen
sollten die Dinge eine sehr bedenkliche Wendung zu nehmen begannen.
Wohl kam Kunde von einer empfindlichen Niederlage welche die ver=
einte französisch=spanische Flotte erlitten hatte, ein Ereignis das in den
royalistischen Kreisen der Hauptstadt mit unverhohlener Schadenfreude
gefeiert wurde. Aber der Sieg war, wie man nachträglich erfuhr,
theuer erkauft, Nelson der langjährige Freund und Beschützer des
neapolitanischen Fürstenpaares, war nicht mehr unter den Lebenden!

---

¹) Vgl. Kaunitz PS. in Chiffern zum 20. November: „La consternation
paraissait hier générale à Portici, et je ne puis en excepter que S. M. la
Reine", mit Elisa von der Recke S. 287 f. welche von der Königin einige Tage
früher, 11. November, empfangen worden war: „Diesmal fand ich den schwer=
müthigen Zug ihres äußern Ausdrucks noch tiefer in ihrem Gesichte gezeichnet …
Nur leise berührte die Königin ihre Stellung und die unversöhnlichen Gesinnungen
womit Napoleon sie verfolgt. Vermuthlich um mir den Grund dieser letztern im
richtigsten Gesichtspunkte erscheinen zu lassen entdeckte sie mir Napoleon's frühern
Plan mit einer ihrer Töchter" … In diesen Tagen schrieb auch Ferdinand,
Belvedere 17. November, an seine Tochter nach Wien, von welcher so eben lang
ersehnte Briefe eingetroffen waren: „Ti assicuro, Figlia cara, che la mia agi-
tazione ed angustia è estrema, qui non pervenendo altre notizie che quelle
che si vogliono far capitare i Francesi, ed in conseguenza tutte quelle a loro
vantaggiose e favorevoli, quali se fossero vere sarebbero desolanti".

Zu Lande ging es vollends schlecht. Vom nördlichen Kriegsschauplatze kam eine ungünstige Nachricht nach der andern. Die französischen und französisch-gestimmten Journale — und andere waren in Neapel nicht aufzutreiben — wußten von nichts als von Sieg und Triumph der Ihrigen zu erzählen. Man durfte derlei Berichte allerdings für gewohnte Uebertreibung und Großsprecherei halten: daß aber etwas bedeutendes zum Nachtheil der Alliirten vorgefallen sein mußte war schon daraus zu entnehmen daß Erzherzog Karl, obwohl er am 30. und 31. October bei Caldiero gegen Massena siegreich gekämpft hatte, sich allmählig aus Italien zurückzog und das Feld seinem Gegner überließ. Nun erhielt die Nachhut Saint-Cyr's Haltbefehl; auch die andern Abtheilungen mäßigten die Eile ihres Marsches. Bald wurde Ancona neuerdings von französischen Truppen besetzt, während mehrere tausend Spanier bei Livorno an's Land gingen. Karolina verlor jetzt allen Muth, sie und ihr Gemahl schrieben an Kaiser Franz, an ihre Tochter die Kaiserin, sie ertheilten ihrem Wiener Gesandten den Auftrag seine Vorstellungen mit ihren Bitten zu vereinigen daß man sie nicht im Stiche lasse, nicht der Rache der wiederkehrenden Franzosen preisgebe [1]). Man würde am liebsten sich nach beiden Seiten sicher-

---

[1]) Karolina an Kaiser Franz: „Je charge Ruffo de Vous exposer avec franchise et sincérité notre pénible situation, et de Vous prier de ne nous point oublier dans les traités de paix ou d'armistice que Vous pouvez faire. J'ai prié aussi Votre femme de Vous rappeller à nous et notre pénible situation, et de Vous conjurer que ni dans la paix ni dans aucune conclusion d'armistice Vous n'oubliez de nous y inclure, car sans cela nous resterions victimes complétement". Sie klagt ihrer Tochter keine directen und verläßlichen Nachrichten von ihr zu haben, „ne sachant que ce qu'avec tant de jactance les Français nous disent et me chagrinent mortellement. Mon imagination se représente Ferdinand avec ses malheureux enfants fuyant de Salzburg ... Ce n'est pas vivre, mais mourir à petit feu, que d'être ainsi sans avoir aucune nouvelle" ... Den Rückzug des Erzherzogs Karl erfuhr man in Neapel ohne Zweifel am frühesten obwohl es der Zeit nach das späteste der im Text genannten Ereignisse war; über die Capitulation von Ulm wußte man am 17. November noch nichts verläßliches, da Karolina klagt seit länger als einem Monat keine Nachricht aus Wien zu haben; von der Schlacht bei Trafalgar, 21./22. October, hatte man sichere aber nur allgemeine Kunde: „L'escadre gallo-spain a eue une

gestellt haben und verlangte von Tatiščev allen Ernstes förmliche Anzeige der bevorstehenden Ankunft russisch=britischer Streitkräfte, um dagegen Verwahrung einzulegen und sich zu ihrer Aufnahme gleichsam zwingen zu lassen. Doch der russische Gesandte gab sich zu einem solchen Spiele nicht her.

Am 20. November drei Uhr morgens ging die lang erwartete Flotte der Alliirten in der Bucht von Neapel vor Anker, zur maß= losen Freude aller Franzosenfeinde die nach Castellamare strömten die Ankömmlinge zu begrüßen und ihnen feierlichen Empfang zu bereiten. In ihrem frohen Taumel hatten sie an den Anglo=Russen nicht genug, sie ließen auch ein österreichisches Cavalerie=Corps von 8000 Mann im Busen von Tarent landen. Die Regierung hatte weder den Muth noch die Kraft der allgemeinen Begeisterung und Sieges= zuversicht zu trotzen. Marchese Circello unterließ nicht in einem an Tatiščev gerichteten Schreiben die Truppen der Verbündeten will= kommen zu heißen; allein es geschah dies in einem Tone dem unschwer anzumerken war, man würde lieber gar nicht in die Gelegenheit ge= kommen sein derlei Höflichkeitsbezeigungen auszutauschen. Ein Artikel im Regierungsblatte meldete die „unerwartete" Ankunft einer anglo= russischen Flotte auf der Rhede von Neapel und sicherte allen Ange= hörigen des französischen Kaiserreiches und der Nebenländer des= selben, Franzosen Italienern Liguriern Belgiern Schweizern, volle Sicherheit der Person und des Eigenthums zu [1]).

---

fière bataille à soutenir, une quantité de vaisseaux ont été ruinés perdus et mis hors de combat; mais encore nous ignorons tous les détails. Puisse cet heureux commencement être de bon augure" 2c.

[1]) Abgedruckt bei Ulloa S. 368 f. . . . In der Note Circello's an Tatiščev hieß es nach Kaunitz' Chiffern=PS. zum 23. November: „que les liens d'ancienne amitié existant entre S. M. I. de toutes les Russies et S. M. Sici- lienne, et les preuves que S. M. Sicilienne en avait reçues dans les moments les plus critiques, devaient garantir à Mr. Tatiščev que les troupes Anglo- Russes seraient reçues comme amies et destinées à assurer les droits et l'in- dépendance de S. M. Sicilienne et à préserver Ses royaumes d'une nouvelle invasion" . . . Ulloa S. 244 f. vgl. mit S. 254 f. benützt den Umstand, daß für die Aufnahme und Unterbringung der Anglo=Russen keinerlei Vorbereitung getroffen gewesen, als weitern Beweis daß Neapel keineswegs in der Coalition

Vielleicht hoffte man dadurch Alquier noch zu halten. Der aber säumte keinen Augenblick von seinem Gesandtschafts-Hôtel das französische Wappen herabnehmen zu lassen. Zwei Tage später verließ er die Stadt, von zwölf Mann Cavalerie bis an die Landesgränze geleitet, übernachtete am 23. in Velletri und traf am 24. in Rom ein, wo ihn Cardinal Fesch empfing der Alquier's Mittheilungen sofort nach Paris beförderte [1]).

*   *   *

In den Tagen vom 21. bis 23. November fand die Ausschiffung der Russen und Engländer statt; sie bezogen Cantonirungen von Neapel und Portici bis Nocera und Castellamare. Einen klaren Kriegsplan hatte man nicht. Für's erste wollte man das Einrücken der neapolitanischen Truppen abwarten von denen bislang nur wenig am Platze war. Die Rüstungen wurden jetzt allerdings, da Alquier's Scheiden freie Hand ließ, ohne weitere Geheimthuerei betrieben, allgemeine Recrutirung angeordnet; doch waren die Erfolge in weitem Felde. Auch bei den Anglo-Russen war nicht alles in gehörigen Stand gesetzt. Vor allem fehlte es an Pferden für die Cavalerie und für die Officiere, für die Geschütze und für das Fuhrwesen. Ueberdies gab

gewesen sondern von den Ereignissen überrascht worden sei; für die Ausschiffung sei von den Verbündeten ein Punkt gewählt worden wo Neapel keine Kräfte zur Abwehr hatte ꝛc.

[1]) In dem Berichte Alquier's den er gleich nach seiner Ankunft in Rom über die Landung der Anglo-Russen erstattete waren auch jene „huit mille cavaliers autrichiens" erwähnt von denen vor seiner Abreise in Neapel die Rede war, und das gleiche meldete Fesch nach Paris. Allein Napoleon schrieb am 15. December aus Schönbrunn zurück: (Fesch) „ne sait ce qu'il dit, ni Mr. Alquier non plus, quand ils parlent d'un débarquement de *huit mille cavaliers autrichiens,* comme si l'on pouvait embarquer si facilement huit mille hommes de cavalerie!" Corresp. XI Nr 9575 S. 480 f... Seinerseits meldete Kaunitz am 20. die Landung der Anglo-Russen nach Wien und bemerkte hierbei über den russischen Gesandten: „Je dois à cette occasion à mon collègue le conseiller privé de Tatischtscheff une autre fois le témoignage que sans la persévérance de son zèle et l'inébranlable droiture de ses intentions cette diversion si essentielle dans les circonstances présentes aurait été éludée ou indéfiniment retardée".

es bald gegenseitige Eifersüchteleien und Reibungen, so z. B. gleich als die Russen die 1400 Pferde verlangt hatten in Erfahrung brachten, im andern Lager, wo doch die Kopfzahl fast um die Hälfte geringer war, nehme man allein 1800 Pferde in Anspruch um sich in Bewegung setzen zu können. Den Stolz der Briten hinwieder verletzte der russische Oberbefehl, sie hielten sich abgeschlossen in ihrem Lager als ob sie mit den andern nichts zu thun hätten.

Graf Kaunitz, der sich jetzt mit Tatištev in die große Rolle theilte, nahm mit Betrübnis diese Zerwürfnisse wahr; er argwohnte Umtriebe Elliot's, der immer seine Gedanken auf Sicilien gerichtet halte und den General Craig angewiesen habe seine Truppen für alle Fälle zu schonen. Kaunitz veranstaltete bei sich Zusammenkünfte der verschiedenen Befehlshaber um Einigung unter ihnen zu erzielen. Lacy entpuppte sich dabei immer mehr als eitler Großsprecher und war mehr bei Hofe als im Lager, in welch' letzterem er Anrep anstatt seiner schalten und walten ließ. Der Zwiespalt und die Lässigkeit der Verbündeten waren für Kaunitz um so peinlicher als von den andern Kriegsschauplätzen auf rasches Eingreifen der im Neapolitanischen vereinigten Streitkräfte, die man allerdings auswärts viel höher anschlug, gedrungen wurde. Am 25. November traf der k. k. Obrist-Lieutenant Marquis von Classier, am 1. von Erzherzog Karl aus Caldiero abgeschickt, in Neapel mit der Aufforderung ein, Lacy möchte aufbrechen, seine Truppen nach Fiume oder Triest einschiffen und unter die Befehle des Höchst-Commandirenden stellen. Auch vom Papst kam ein Bote, Commandeur Benvenuti, um wegen des Durchzugs der Verbündeten durch das römische Gebiet zu verhandeln; zugleich hatte er den Auftrag hinter die Ziele und Absichten Lacy's zu kommen, was wieder von des letztern Seite eine gewisse Zurückhaltung zur Folge hatte. Der Befehl des Erzherzogs, nachdem seither so viele Tage verflossen, überdies die Anglo-Russen kaum ausgeschifft waren, ließ sich nun allerdings nicht mehr vollführen. Aber auch sonst war vom Ausmarsch noch lang keine Rede, so sehr Lacy den Mund davon voll nahm und sich ungeheuer kampflustig stellte. Einerseits war es der Hof von Neapel selbst der, nachdem einmal die Dinge so weit gediehen waren,

das Königreich nicht von befreundeten Truppen entblößt und der
Rache der Franzosen ausgesetzt sehen wollte. Andrerseits war man
in der That bei weitem nicht stark und schlagfertig genug um gegen
einen sieggewohnten Feind in's Feld zu ziehen. Als der König am
30. mit dem General Lacy als Oberbefehlshaber die bei Ponte della
Maddalena Portici und Torre dell' Annunziata aufgestellten Truppen
in Augenschein nahm, zählte man 13000 Russen bei 7000 Briten
und nur 3000 Neapolitaner. Der größte Mangel herrschte noch
immer an Reiterei, da die Engländer nur 4 Escadrons hatten, von den
Neapolitanern wohl 1700 Mann auf dem Papier standen aber kaum
900 auf wirklichen Pferden saßen. Man wollte sich daher an Oester=
reich wenden daß dieses einige Regimenter Cavalerie zur Verfügung
stelle die man in Triest oder Fiume oder Zara abholen könnte.
Karolina wollte persönlich darum nach Wien und in das Haupt=
Quartier des Erzherzogs schreiben, wovon es aber Kaunitz, um der
Bittenden wie den Gebetenen die Verlegenheit einer abschlägigen Ant=
wort zu ersparen, abzubringen wußte.

Um sich doch nach einer Richtung thätig zu zeigen wurde be=
schlossen, Ancona solle blockirt werden und ein kleines Geschwader mit
zwei russischen Linienschiffen und einer Fregatte dahin absegeln.

*   *   *

Um den 2. December langte an Joseph Buonaparte, der
damals mit seinem Bruder Louis und dem Reichskanzler Cambacérès
in Paris die Geschäfte leitete, das erste Schreiben des Cardinals
Fesch über die Landung der russisch=britischen Truppen an der nea=
politanischen Küste ein, ein Ereignis das, so viel seit Wochen davon
als etwas möglichem ja wahrscheinlichem die Rede gewesen, im ersten
Augenblick nicht wenig Aufsehen erregte.

Am härtesten traf begreiflicherweise der Schlag den Marchese
Gallo. Er sah sich in beispielloser Weise bloßgestellt. Wenn von seinem
Hofe beschlossen war mit Frankreich zu brechen, warum hatte man
seiner Uebereinkunft vom 21. September nicht die Genehmigung ver=
weigert?! Weil Alquier und Saint=Cyr drohten? Aber was brauchte

man diese Drohungen zu fürchten wenn es ohnedies zum Kriege kommen sollte! .. Die letzte Weisung die dem Marchese aus Neapel zugekommen war hatte ihn angewiesen „sein Benehmen nach dem einzurichten was ihm die Klugheit eingeben werde — de se conduire selon ce qui lui sera inspiré par la prudence". Diese Klugheit ließ er jetzt walten, aber nicht für seinen Hof sondern für sich. Er sah seine bisherigen Herren verloren und wandte sich zu dem neuen der ihn längst als der Unüberwindliche gegolten. Er legte die größte Entrüstung über das Vorgehen der Königin an den Tag, erklärte in Frankreich zu bleiben wo er leben und sterben wolle, und bat den Prinzen Joseph sich für ihn beim Kaiser zu verwenden [1]).

Was Napoleon beschließen würde wußte niemand, einstweilen wurden in Mittel-Italien Vorkehrungen getroffen einem Angriff von Süden die Spitze zu bieten. Von der einen Seite waren Livorno und Porto-Ferrajo von spanischen Truppen besetzt, in Ancona stand General Montrichard mit 4000 Franzosen, während Eugen Beau-harnais, dem sich jetzt Saint-Cyr anschließen sollte, um Bologna eine Truppenmacht von 30000 Mann sammelte. Bereits wurde mit den Behörden im Kirchenstaate Abrede getroffen den französischen Truppen Durchzug zu gestatten und die benöthigten Lebensmittel zur Stelle zu schaffen: bis 6. Januar 1806 sollte alles in Stand und Bereit-schaft sein. Die Truppen Saint-Cyr's galten von diesem Augenblicke als „neapolitanische Armee" [2]).

---

[1]) Joseph an Napoleon 6. December 1805 Du Casse Mémoires et Correspondance du Roi Joseph, I (3me édition) S. 337. ... Ueber die zweideutige Rolle Gallo's in dieser Zeit und die angeblichen Briefe der Königin und des Kronprinzen auf deren Inhalt er sich Joseph gegenüber berufen haben soll s. Ulloa S. 189—191 ... Siehe auch Gallo's Schreiben an die Königin 23. October ebenda S. 359—362: „Elle (la convention) pouvait donc ne pas étre ratifiée. Mais M. Alquier a fait des menaces! Et qu'importent les menaces d'un ambassadeur de la puissance contre laquelle on veut faire la guerre?"

[2]) In den letzten December-Tagen wurde der päpstliche Gouverneur von Ancona Bidoni nach Pesaro beschieden um mit General Saint-Cyr und dem General-Intendanten der „Armée de Naples" Colbert die näheren Bestimmungen zu treffen.

Am 10. December übersiedelte die Königin — „pour me trouver plus au centre de tout", wie sie nach Wien schrieb — von der Favorita in die Hauptstadt. Ihr Gemahl, dem die Dinge über den Kopf wuchsen und der damit nichts zu schaffen haben wollte [1]), suchte Erholung in seinen Jagden, während der Kronprinz voll schlimmer Ahnungen sich in das fügte was gegen seine Ansicht und trotz seiner wiederholten Vorstellungen beschlossen worden war. Auch Karolinen hatte ihr gewohnter Muth verlassen, und da sich um dieselbe Zeit das Gerücht verbreitete zwischen den drei Kaisern seien Waffenstillstands-Verhandlungen im Zuge, so wollte sie das gleiche in Neapel versuchen und mit dem Prinzen Eugen auf Grund des Neu= tralitäts-Vertrages ein Uebereinkommen treffen das die Engländer und Russen wieder jenseits der Gränzen ihres Königreichs brächte. Allein das schlug Tatisčev rund ab, bestand auf Einhaltung des mit Ruß= land eingegangenen Vertrages und trieb Lacy an sich in Bewegung zu setzen. Wirklich nahm dieser um die Mitte December sein Haupt= Quartier in Teano und stellte den größten Theil seiner Truppen, 8000 Russen und 6000 Briten mit der neapolitanischen Reiterei, hinter dem Garigliano, die Albanesen als Avantgarde bei Gaëta auf, welches letztere 4000 einheimische Truppen und ein Regiment Russen besetzt hielten; im äußersten rechten Flügel stand Roger Damas mit Neapolitanern und einem russischen Jäger=Regiment bei Chieti. Die Uneinigkeit unter den Alliirten war aber so groß daß General Craig, der es ungern trug unter russischem Commando zu stehen, Krankheit vorschützte um nicht zur Armee zu müssen. Er und Sir Elliot gaben den Kampf auf dem Festlande für verloren und richteten ihr Augen= merk auf Sicilien das ihnen den Rückzug sichern und als Stützpunkt für weitere Unternehmungen dienen sollte.

Was die Peinlichkeit der Lage Karolinens erhöhte war die fort= dauernde Ungewißheit über die Lage der Dinge jenseits der Alpen. Seit Mitte November hatte sie keine Nachrichten aus Wien erhalten, sie

---

[1]) S. das o. a. Schreiben Joseph's an Napoleon: „Le Roi s'est retiré à la campagne disant que *Qui a fait la tempête la soutienne*" ꝛc. Die buchstäbliche Richtigkeit dieses Ausspruches möchte ich nicht verbürgen.

wußte nichts als was die französischen Journale und Bulletins erzählten, und das war zum verzweifeln [1]). Sie ahnte daß sie mit den Ihrigen der vollen Rache Napoleon's verfallen sei, daß alle Vorschläge die man machen würde, alle Demüthigungen die man über sich ergehen ließe, das äußerste nicht aufhalten könnten. Bald aber flammte ihr Muth wieder auf, sie dachte ihren Pflichten als Alliirte nachzukommen weil sie dann, wie sie sich einredete, von diesen bei Abschließung von Waffenstillstand oder Frieden nicht übergangen werden könnte. Sie unterließ auch nicht, ihrem kaiserlichen Schwiegersohn und ihrer Tochter das alles getreulich zu berichten und um bundestreue Fürsprache und Rücksichtsnahme zu bitten. Auch an Admiral Collingwood, der kurz zuvor das Commando im mittelländischen Meere übernommen hatte, wandte sie sich brieflich und beschwor ihn bei seiner Freundschaft zu dem unsterblichen Nelson gleich diesem ihr Beschützer und Vertheidiger zu sein [2]) . . .

Man hat den Hof von Neapel, und ganz besonders die Königin, als die Landung der Anglo-Russen bekannt wurde nachdem man wenig Wochen früher den Abschluß des Pariser Neutralitäts-Vertrages vernommen hatte, der Doppelzüngigkeit, des Hinterhalts, der Falschheit beschuldigt, und die schweren Folgen die sie dafür trafen gewissermaßen als verdiente Strafe hingestellt. Am meisten und lautesten haben das, ihren Kaiser an der Spitze, natürlich die Franzosen gethan; aber auch die nachfolgende Geschichtsschreibung hat ihr strenges Verdict über

---

[1]) Schon am 1. December schrieb die Königin an den Kaiser Franz: „Nous sommes entièrement exposé à la haine de Buona parte par le débarquement des Anglo-Russes chez nous et dont certainement il cherchera à se venger". Am 17. klagt sie Theresien ihre vollständige Isolirung: „Je ne sais que la continuation des énormes malheurs que les bulletins français et italiens nous régalent, et avec lesquels ils me rendent si complétement malheureuse, vous annonçant de Brun à Olmutz et de là en Galicie. Enfin je ne sais que penser; mais je suis mère et souffre cruellement au milieu de tant de malheurs et désastres".

[2]) Collingwood Memoirs S. 156. Das Schreiben der Königin ist vom 1. Januar 1806.

dieses, wie sie dünkte, strafwürdige Verhalten gesprochen. Ja, es war
ein unnatürliches Verhältnis in das man sich am Hofe von Neapel
verfahren; es war, als nackte Thatsache genommen, doppeltes Spiel
das da getrieben worden und über das man von rein äußerlichem
Standpunkte den Stab brechen muß. Wenn man jedoch erwägt unter
welch willkürlichem harten ja grausamen Drucke sich das unglückliche
Fürstenpaar seit Jahren befunden; wenn man es nicht blos erlaubt
sondern billig und natürlich finden muß daß es alles mögliche versuchte und anstrebte was ihm Erlösung aus so schwerer Pein zu
verheißen schien; wenn man überdenkt wie es in den letzten Monaten
durch ein unabwendbares Geschick aus einer Lage in die andere, von
einem Schritte zum andern, wider seinen Willen, oft gegen seine
unverhohlene Einsprache, gedrängt worden: so kann man nimmermehr
sagen, es sei Leichtsinn, es sei unüberlegtes Belieben oder gar berechnete
Hinterlist gewesen von denen sich die Dynastie dabei leiten lassen. Insbesondere die Königin, die mannhafte aufopfernde hochsinnige Frau,
sie verdient unsere vollste Achtung, unsere Theilnahme, unser Mitleid,
nicht unsere Verurtheilung. „Der Himmel ist mein Zeuge", rief sie
schmerzvoll wieder einmal aus, „daß ich mir nichts vorzuwerfen habe;
Gott wird mich richten und die Nachwelt!" ... Seien wir dieser
schwer geprüften, dieser lang verkannten und arg verunglimpften Fürstin
eine gerechte Nachwelt!

Drittes Buch.

Joseph Buonaparte.

---

10. „La dynastie de Naples a cessé de régner!"
December 1805 bis Februar 1806.

In Wahrheit war nordwärts der Alpen um diese Zeit alles längst entschieden. Am 2. December hatte der unüberwindliche Napoleon die Oesterreicher und Russen bei Austerlitz auf's Haupt geschlagen. Kaiser Franz sah sich in der Lage thun zu müssen was sein siegreicher Gegner ihm aufzuerlegen für gut finden würde, Alexander I. war damit beschäftigt seine Truppen von allen Kriegsschauplätzen heimzurufen. Für eine Vermittlung des Einen oder des Andern zu Gunsten Neapels, über das jetzt das Verhängnis hereinbrechen sollte, war jeder Weg abgeschnitten. „Ich will sie jetzt einmal züchtigen, diese Spitzbübin — cette coquine", schrieb Napoleon am 14. aus Schönbrunn an Talleyrand der auf Andringen Gallo's einige Entschuldigungen für die Königin Karolina versucht haben mochte, „und ich dulde nicht daß der Kaiser Franz sich in die Angelegenheiten von Neapel mische". „Ich untersage Ihnen ausdrücklich", hieß es acht Tage später, „ein Wort für diese erbärmliche Königin zu verlieren, sie muß aufhören zu regieren" [1]).

---

[1]) Corr. Nap. XI Nr. 9573 S. 478, Nr. 9605 S. 497: „Il faut qu'elle ait cessé de régner. Que je n'entende donc point parler absolument ... mon ordre est précis". In dem „Aufruf an die Armee" vom 27. December kam dann

Es war wohl hier zum erstenmal daß Napoleon eine Redens=
art gebrauchte die er, bei seinem fortwährend steigenden Glück und
sich steigernden Uebermuth, von da an noch oftmals anwenden sollte.
Am Tage des Friedens von Preßburg, in dessen Bestimmungen das
Königreich Neapel nicht einbezogen war, erschien das 37. „Bulletin
der Großen Armee" worin die Stelle vorkam: „Der General Saint=
Cyr rückt in Eilmärschen auf Neapel los um den Verrath dieser
Königin zu strafen und das verbrecherische Weib, das mit solcher
Schamlosigkeit alles verletzt hat was heilig unter den Menschen ist,
vom Throne zu stoßen. Sollte ein neuer Krieg beginnen und müßte
dieser dreißig Jahre dauern, eine so empörende Treulosigkeit kann nicht
verziehen werden!" Bereits hatte er einen Nachfolger für sie, obwohl
er noch nicht sicher war daß derselbe dem Anerbieten zustimmen werde.
Es war sein Bruder Joseph, ein Prinz von sanfter Gemüthsart, für
ein Familienleben und die Vergnügungen der Welt geschaffen, aus
deren Kreisen er sich einen Thron gar nicht verlangte; doch fügte er
sich zuletzt dem Wunsche seines so mächtigen und glorwürdigen Bruders,
für den ihn zu Zeiten eine abgöttische Verehrung überkam, und erklärte
sich zur Annahme bereit [1]). Für's erste ernannte ihn der Kaiser zu
seinem Stellvertreter (Lieutenant) bei der „Armee von Neapel".
Er befahl Massena und Saint=Cyr ihre Truppen zum Einmarsch

die Stelle vor: „La dynastie de Naples a cessé de régner; son existence est
incompatible avec le repos de l'Europe et l'honneur de ma couronne"; aber
diese Proclamation wurde im „Moniteur" erst am 1. Februar 1806 veröffentlicht.

[1]) Schon am 19. Januar 1806 aus Stuttgart, auf der Rückreise von
Wien nach Paris, schrieb Napoleon in diesem Sinne an Joseph: „Mon intention
est que les Bourbons aient cessé de régner à Naples, et je veux sur ce trône
asseoir un prince de ma Maison; vous d'abord si cela vous convient, un autre
si cela ne vous convient pas"; Corr. XI Nr. 9685 S. 546. Vgl. damit die
charakteristischen Aeußerungen gegen Miot am 30. Januar, Mémoires II S.
296—299, aus denen zugleich hervorgeht daß Prinz Eugen es gewesen wäre
welchem Napoleon im Fall einer Weigerung Joseph's den Thron von Neapel
gegeben haben würde: „Je ne reconnais pour parents que ceux qui me servent.
Ce n'est point au nom de Bonaparte qu'est attachée ma fortune, c'est au nom
de Napoléon. C'est avec mes doigts et ma plume que je fais des enfants . . .
Je ne puis plus avoir des parents dans l'obscurité. Ceux qui ne s'éleveront
pas avec moi ne seront plus de ma famille."

in das Königreich bereit zu halten und hieß Joseph sogleich zur Armee abgehen. „Vierundzwanzig Stunden nach Empfang dieser Zeilen", schrieb er ihm am letzten Jahrestage 1805 aus München, „machen Sie sich aus Paris auf den Weg nach Rom, und Ihre erste Depesche bringe mir die Nachricht von Ihrem Einzug in Neapel, so wie daß Sie jenen perfiden Hof hinausgejagt und diesen Theil von Italien unsern Gesetzen unterworfen haben".

In Neapel wußte man den ganzen December hindurch von Austerlitz nichts; man wußte erst verspätet von dem Unglück bei Ulm, von dem Einrücken der Franzosen in Wien, man hatte die Ahnung daß alles verloren und vernichtet sei[1]). Die Bestürzung bei Hofe, die Unentschiedenheit und Verwirrung im Feldlager überschritten alles Maß. Es war in der letzten Zeit beschlossen worden der König solle persönlich zur Armee abgehen, obwohl das Beispiel von 1798 eben kein aufmunterndes sein konnte; jetzt war keine Rede mehr davon, im Gegentheil alles was kostbar und werthvoll wurde verpackt und zu Schiffe gebracht, alle Anstalten wurden eingeleitet den Hof nach Sicilien zu überschiffen. Man hatte das Eintreffen einer russischen Flotte erwartet die aus der Ostsee Verstärkungen bringen sollte; man erfuhr jetzt daß dieselbe ihr Auslaufen eingestellt habe und man mußte darauf gefaßt sein daß die Schiffe und Truppen die man zur Hand hatte gleichfalls würden abberufen werden. In einem Kriegs-rathe der am 4. Januar 1806 zu Neapel gehalten wurde erklärte General Craig rundweg, es heiße brave Leute fruchtlos opfern wenn man angesichts der Uebermacht Saint-Cyr's und der allgemeinen Lage weiter an eine Vertheidigung des Königreichs denken wolle; es bleibe nichts übrig als sich auf Sicilien zurückzuziehen um mindestens dieses Land seinem Monarchen zu erhalten. Tatišcev widersetzte sich diesem

---

[1]) Noch zum 2. Januar 1806 heißt es bei Kaunitz: „Le manque absolu de nouvelles de l'Allemagne depuis le 16. novembre augmente de beaucoup les alarmes. Je crains bien que ceci soit la dernière dépêche que j'aurai l'honneur d'envoyer à Votre Excellence de Naples. Je la fais passer à Spalatro par un marinaro que le Gal Brady m'a expédié".

Vorschläge: der Loyalität seines Kaisers und Herrn, sagte er, dürfe man nicht zumuthen einen Verbündeten im Stich zu lassen nachdem man denselben erst bloßgestellt. Die Generale Oppermann und Anrep riefen: „Alles ist zu opfern, nur die Ehre nicht!“ Von den britischen Führern war General Stuart allein für den Kampf und gerieth darüber mit Craig in heftigen Wortwechsel. Zuletzt billigte die Mehrheit der Stimmen den Plan Lacy's die Armee zu concentriren — Neapolitaner bei Sulmona, Russen bei San-Germano, Engländer hinter den Engpässen und Schluchten von Itri —, und die einzelnen Generale reisten in der folgenden Nacht zu ihren Truppenkörpern ab. Nur Craig nicht der von dem britischen Gesandten in seinem Widerstand bestärkt wurde. „Wir haben beide unsern Hals gewagt“, sagte Sir Elliot zur Königin: „ich indem ich darein willigte unsere Truppen hier landen zu lassen, der General weil er sie nicht längst hat wieder einschiffen lassen“. „Und ich im Gegentheil hoffe“, sagte die Königin mit flammendem Blick, „daß mein Herr Bruder von England mir wenigstens an einem von Ihnen Beiden Gerechtigkeit verschaffen wird!“ Sie drohte auf jedes englische Schiff schießen zu lassen das sich der sicilischen Küste, um dort zu landen, nähern würde [1]. Doch die Umstände waren stärker als ihr Muth und ihre Entschlossenheit. Am 6. Januar abends traf, aus dem Lager bei Holič abgesandt, ein Flügel-Adjutant des Kaisers Alexander ein, der Tatišćev den Befehl brachte die russischen Truppen ohne Aufschub einschiffen und nach Korfu zurückbringen zu lassen. Jetzt glaubten auch die Engländer nicht länger bleiben zu können und trafen alle Anstalten sich bei Gaëta und bei Baja einzuschiffen, bis zum 18. wollten sie mit allem bereit sein. Bei den Russen ging das allerdings nicht so schnell; sie hatten keinen Mundvorrath und das Geld war ihnen ausgegangen, oder vielmehr das neapolitanische Haus Heiglin, das ihnen auf den Namen russischer Banquiers einen Credit von 40000 Pfund Sterling eröffnen sollte, weigerte sich dessen.

---

[1] Kaunitz zum 5. Januar 1806: „Les ordres ont été expédiés ce matin pour la Sicile de tirer dessus si les Anglais en cas de retraite se présentent pour débarquer dans cette île, résolution qui ne peut qu'augmenter la confusion et qui rend même la retraite de la Cour à Palerme problématique“.

Die Lage des neapolitanischen Herrscherpaares und Königreichs
war, von dem Augenblicke wo der Abzug ihrer bisherigen Alliirten als
beschlossene Sache galt, eine verzweiflungsvolle. Um das Publicum
über den trostlosen Sachverhalt zu täuschen griff man zu der Noth=
lüge: der Kaiser von Rußland und der König von England hätten
endlich den ihnen gemachten Vorstellungen nachgegeben und beschlossen,
um die zwischen Neapel und Frankreich eingegangene Neutralität zu
schonen, ihre beiderseitigen Truppen aus dem Lande zu ziehen. Andrer=
seits wurde, vorzüglich auf Anrathen des österreichischen Gesandten,
noch am 6. Januar ein Eilbote nach Paris und ein anderer nach
Rom abgeschickt, letzterer um von Saint=Chr einen vorläufigen Waffen=
stillstand zu erbitten, ersterer mit dem Befehle an Gallo sich ohne
Verzug in das französische Haupt=Quartier zu begeben und die bedin=
gungslose Unterwerfung seines Hofes zu überbringen. Tatiščev nahm
es auf sich die Abfahrt der Truppen so lang zu verzögern bis man
beruhigende Antwort erhalten haben würde, und bewog in der That
Lacy hinter dem Volturno eine neue Stellung zu nehmen. Craig war
allerdings nicht so leicht zu gewinnen; indessen sandte er den Russen
englische Staatsschatzscheine im Betrage von 25000 Pfund Sterling
um sie aus ihrer Geldverlegenheit zu reißen.

Der Hof von Neapel hatte keine Rast und keine Ruhe. Am
8. Januar mußte Cardinal Ruffo in Person sich nach Rom begeben
um wegen des Friedens zu unterhandeln, während sich die Königin
in einem eigenhändigen Schreiben unmittelbar an Napoleon wandte.
Als Bedingungen der Unterwerfung bot sie folgende an: die Eng=
länder sollen von allen Häfen des Königreichs ausgeschlossen sein;
Neapel werde all seine Kriegsschiffe ausliefern, den Franzosen bis zur
Herstellung des Friedens alle festen Plätze zur Besetzung einräumen;
der König und die Königin wollen abdanken und die Regierung ihrem
ältesten Sohne dem Kronprinzen Franz überlassen ... So drückend,
so demüthigend dieses Anerbieten war, es fand kein Gehör. Cardinal
Fesch und Alquier in Rom erklärten Ruffo, sie hätten keine Vollmacht
sich in Verhandlungen einzulassen und hielten sich auch nicht für befugt
ihm die Erlaubnis zur Weiterreise zu ertheilen. Am 13. ging ein

neuer Sendbote von Neapel ab, der Herzog von San Teodoro, vor=
dem Gesandter am spanischen Hofe und dem seitherigen Parteigetriebe
fern stehend, der die Franzosen bewegen sollte ihren Vormarsch ein=
zustellen; er hatte dann weiter zu versuchen beim Kaiser Napoleon
Zutritt und Gehör zu erlangen.

Mittlerweile that der königliche Hof alles mögliche die Befehls=
haber der russischen und britischen Truppen zum bleiben zu vermögen;
man steckte sich selbst hinter schöne Frauen mit denen höhere Officiere,
besonders vom Stamme Rurik's, zarte Verhältnisse angesponnen hatten.
Tatišćev selbst gab sich ernste Mühe die Generale in Neapel zu
halten; er wurde nicht müde ihnen vorzustellen welche Schmach es
sei einen geworbenen Bundesgenossen im Augenblicke der Gefahr schnöde
zu verlassen. Doch alles ohne Erfolg. Am 18. begannen die Russen
ihre Einschiffung, am 19. abends war alles an Bord gebracht; am
Tage darauf ging die britische Escadre unter Segel, am 23. thaten die
Russen das gleiche [1]). Von den Kriegsschiffen der letztern blieben nur
die „Preskovia" und der „Sanct=Michael" vorläufig noch vor Neapel,
die eine um das sardinische Königspaar nach Cagliari zu schaffen, der
andere zum Gebrauch der russischen Gesandtschaft. „Es müsse dem
Könige von Neapel überlassen bleiben", meinten die Generale, „mit
den Franzosen über die Friedensbedingungen eins zu werden". Russen
und Engländer hielten nur ihre eigene Sicherheit im Auge und wett=
eiferten dabei an Rücksichtslosigkeit gegen die Regierung und das Land
die sie in eine so furchtbare Klemme gebracht hatten.   Sie zerstörten
die Fähren und Brücken über den Garigliano was dann den Ueber=
gang der neapolitanischen Artillerie sehr erschwerte, stachen die Pferde
nieder die ihnen die Regierung mit schwerem Gelde beigeschafft hatte
und die sie jetzt nicht mitnehmen konnten.   Ja Craig und Stuart

---

[1]) Kaunitz zum 23.: „Les Russes mettent à la voile dans le courant
de la journée, et Mr. de Tatischtscheff guidé par ses principes de loyauté
s'est opposé jusqu'au dernier moment à leur départ ... Mr. de Tatischtscheff
outré du manque de foi qu'il croit trouver dans la conduite de son Maître
vis-à-vis de LL. MM. Siciliennes dit hautement qu'il aurait fallu sauver
l'honneur de la nation russe" ...

wollten sich durch einen Handstreich Gaëta's bemächtigen wenn nicht der Hof, bei Zeiten gewarnt, auf sie zu schießen gedroht hätte.

Königin Karolina hat von Anfang bis zu Ende an der Klage festgehalten, das Erscheinen der Verbündeten habe sie erst blosgestellt, deren Rückzug habe sie dann ins Verderben gestürzt, wobei sie die alleinige Schuld auf die Briten schob. „Diese verhängnisvolle Lan= dung der Engländer", klagte sie der Prinzessin von Asturien, „die, nachdem sie uns compromittirt, uns in dem Augenblicke verlassen haben wo die Gefahr am dringendsten war, diese Leute haben uns zu Grunde gerichtet" [1]). Sie war in vollem Rechte so zu sprechen. Wie Neapel in den Jahren zuvor das Opfer der französischen Politik gewesen war die dessen Gebiet als Stützpunkt gegen ihre Feinde brauchte, so war es jetzt das Opfer der Politik der Alliirten denen das Königreich einzig als Mittel für ihre strategischen Zwecke gegolten hatte. Als Saint=Chr seine Truppen über den Tronto zurückzog, wo= mit der heißeste Wunsch der neapolitanischen Regierung erfüllt war, hatte Kaunitz nach Wien geschrieben: „Ich gebe mich der Hoffnung hin daß die Nachricht von der Landung der Russen und Engländer ihm früh genug zukommen wird um seine Verbindung mit Massena aufzuhalten und seinem Marsch eine andere Richtung zu geben", nämlich auf Neapel zurück. Denn auch Kaunitz war es in erster Linie darum zu thun gewesen französische Verstärkungen von der Stellung der Oesterreicher in Ober=Italien abzuhalten; daß sich dabei die Kriegs= Furie neuerdings über Neapel entladen müßte zog er dabei kaum in Betracht. Die Wendung kam freilich anders als unser Gesandte sie gewünscht hatte: die Vereinigung Saint=Chr's mit Massena war nicht aufgehalten worden und beide zogen, nachdem im Norden alles beendet war, gegen Neapel heran.

Das Königreich war jetzt auf seine eigenen Kräfte angewiesen; wie es mit diesen stand wissen wir. Es wurden Anstrengungen jeder Art gemacht um den Truppenstand zu erhöhen. Auf hunderten von

---

[1]) Neapel 15. und 30. Januar 1806 bei Ulloa S. 371—373.

v. Helfert. Karolina von Neapel u. Sicilien. 14

Wagen wurden von allen Seiten Recruten zur Armee gebracht, wo sie erst gekleidet und beschuht, mit Waffen versehen werden mußten. Die Presidi der Provinzen erhielten erneute Befehle die Milizen ein= zuberufen; in der Terra di Lavoro, in den Abruzzen, in der Capita= nata bot man den Landsturm auf, die Lazzaroni der Hauptstadt sollten wieder wie vor sieben Jahren ihre Fäuste zeigen. Die Massenführer Sciarpa Nunziante Fra=Diavolo wurden in Eid und Pflicht genommen und machten große Verheißungen; doch nur der letztere brachte eine Freischaar von einigen hundert Köpfen zusammen. So blieb auch vieles andere hinter den Erwartungen zurück. Aus den Provinzen kamen ent= muthigende Nachrichten. Nirgends etwas von der Begeisterung von 1799, man hatte zu sehr die damaligen Gräuel in der Erinnerung; die Gutsherren riefen ihre Leute unter die Waffen, aber nur zu ihrer eigenen Sicherheit, nicht um sie dem König zuzuführen. Die Masse der Bevölkerung zeigte sich stumpf und gleichgiltig; die Leute hörten die Trommler die seit Wochen alle Theile des Landes durchzogen, aber selten daß sich einer rührte dem Rufe zu folgen.

Unter Umständen solcher Art einen Widerstand gegen die sieg= gewohnten Franzosen zu versuchen war ein tollkühnes Wagnis zu nennen. In einem Cabinets=Rathe um die Mitte Januar sprach der Kronprinz seine Meinung unumwunden in dieser Richtung aus; er rieth in der Hauptstadt auszuharren und die anmarschierenden Fran= zosen Gewehr bei Fuß zu erwarten; „so mindestens würde ich es thun wenn ich zu gebieten hätte". Darüber entstand heftiger Wort= wechsel zwischen ihm und seinen königlichen Aeltern, und die Berathung ging erfolglos auseinander. Karolina war für den Widerstand, Fer= dinand war für die Flucht. Er ließ zwar laut verkünden der Hof würde in keinem Falle die Hauptstadt verlassen, er sprach davon sich in Person an die Spitze der Armee zu stellen und den Volturno zu vertheidigen, traf Anordnungen zum Schutz der Flußübergänge als ob er ernstlich standzuhalten gedächte. Doch das täuschte keinen Menschen; im Gegentheil man war darauf gefaßt daß der Hof der erste sein werde die Hauptstadt zu verlassen. Das meiste Vertrauen setzte man noch in den Grafen Damas der in Foggia Stellung nahm um von da über Ariano den Feind, falls dieser auf Neapel losgehen würde, im Rücken zu bedrohen; sollte das nicht gelingen so war der Plan sich in die Basilicata und von da über Matera nach Calabrien zu ziehen. Eine stärkere Besatzung gab es dann nur noch in Gaëta wo bekanntlich Prinz Ludwig von Hessen-Philippsthal das Com= mando führte.

Im Schooße der königlichen Familie so wie in den obersten Regierungskreisen wurden alle Vorbereitungen zur Flucht getroffen, eingepackt und zu Schiffe gebracht wie in den letzten Tagen 1798. Es war ein trauriges Geschäft für Karolinen und ihre Prinzessinen, wobei reiche Thränen flossen. Nur die Spanierin, vor kurzem von einer leichten Krankheit genesen, blieb unempfindsam wie immer, während ihr Gemahl und der junge Leopold, nachdem einmal der Widerstand beschlossen war, sich kampfmuthig zeigten, was ihrer weiter blickenden Mutter nur noch mehr in's Herz schnitt[1]). Was sie mit trüber Ahnung lang vorausgesehen hatte, es stand zum zweitenmal ihr und den Ihrigen bevor. Mit Gewalt war nichts auszurichten und auf Gnade im Wege der Unterhandlung hatte sie nicht mehr zu rechnen. Um Mitte Januar 1806 war Massena in Rom eingetroffen der dem Cardinal Ruffo zwar die Pässe zur Weiterreise ausgestellt, aber ihm dabei seine Bedenken nicht verhehlt hatte ob der Schritt einen Erfolg haben werde. Und er hatte keinen. In Moulins traf den Cardinal das Verbot nach Paris zu kommen, er mußte umkehren und hielt sich vorderhand in der Schweiz auf, immer noch eines Anlasses ge= wärtig der ihn dem Kaiser Napoleon in die Nähe brächte. Allein der dachte nicht an etwas dergleichen. Den Brief Karolinens ließ er un= beantwortet, ihre Boten fanden keinen Zutritt, geschweige denn Gehör

---

[1]) Karolina an Theresia 17. Januar 1806: „J'écris le jour de la ver- tueuse Mimi, nous passons la journée dans l'horreur de faire des paquets, dans les larmes. Je m'attends à tout, mais tâcherai de mourir sans remords. Ma belle-fille . . . voit emballer, tout le monde pleurer, et est comme une bûche ne comprenant ni ne sentant rien. Son mari est tout feu, préparatifs, honneur et courage, et il me fait pitié. Léopold est aussi rempli d'enthou- siasme, mais cela ne servira qu'à finir avec horreur".

bei ihm, und eben so wenig gestattete er irgend einer dritten Macht
eine Vermittlerrolle zu übernehmen. Bei Auswechslung der Ratifica=
tionen über den Preßburger Frieden hatten die österreichischen Bevoll=
mächtigten eine Denkschrift zu Gunsten der Sicilischen Majestäten
übergeben und Talleyrand das Versprechen seiner guten Dienste in
dieser Angelegenheit abgenommen. Als dann später General Baron
Vincent von Wien nach Paris abging wurde er beauftragt alles zu
versuchen um die Katastrophe abzuwenden von der das Königreich
Beider Sicilien bedroht sei. Es war alles vergeblich. Auch Joseph
Buonaparte erhielt von seinem Bruder strengste Weisung sich in keinerlei
Verhandlungen mit dem Hofe von Neapel einzulassen.

Von Spanien aus wurde nichts verabsäumt den Kaiser gegen
Neapel noch mehr aufzubringen. Auf eine offenbar mit allerhand
haarsträubenden Einzelnheiten ausstaffirte Warnung des Friedens=
fürsten vor den Nachstellungen Karolinens antwortete Napoleon, als
ob er allen Ernstes daran glaubte: „Von Seiten der Königin von
Neapel kann mich nichts in Erstaunen setzen; doch habe ich bei der
bloßen Lecture Ihres Briefes gezittert" [1]).

*   *   *

Joseph Buonaparte traf am 23. Januar abends in Rom ein
unter dessen Bevölkerung große Niedergeschlagenheit herrschte, sowohl
über das was man von dem Ausgange des großes Kampfes jenseits
der Alpen vernommen, als über die Lasten und Beschwerden welche
das Einrücken und die Kriegsvorbereitungen der Franzosen in ihrem

---

[1]) Napoleon an Joseph 27. Januar 1806 Corr. XI Nr. 9713 S. 561:
„Je reçois au moment même une lettre de la Reine de Naples du 8 janvier
où elle demande quartier. Je n'y réponds pas; ne répondez pas à celles
qu'elle vous écrira". Und vom selben Tage a. a. O. Nr. 9714: „Je reçois la
nouvelle que la Cour de Naples m'envoie le Cardinal Ruffo avec des pro-
positions de paix. Je donne des ordres pour qu'on l'empêche de venir à
Paris" … Auf den Inhalt des Briefes Godoy's, der nicht vorliegt, kann man
nur rückwärts aus der Antwort Napoleon's vom 2. Februar schließen; Corr. XI
Nr. 9736 S. 572 … Die Mission Vincent's fiel etwas später, gegen An=
fang März.

Gefolge hatten [1]). Die Wahrheit zu sagen, war den fremden Truppen auch nicht besonders gut zu Muthe. Sie sollten auf Eroberung ausmarschieren und litten Mangel an dem nothwendigsten, an Geld und Lebensmitteln, an Bekleidung und Munition; die päpstlichen Behörden sollten das nöthige herbeischaffen, aber ihre Kräfte reichten bei aller Anstrengung nicht aus. Der Einmarsch in Neapel hatte für die Franzosen nichts verlockendes. Vor sieben Jahren war ihnen das Unternehmen theuer genug zu stehen gekommen: was war von der Verzweiflung einer gereizten Volksmasse nicht zu fürchten! Alquier selbst war es der diesen Kassandra-Ruf ertönen ließ; er hatte die Unverschämtheit den französischen Generalen anzudeuten: „wer könne wissen ob die Königin nicht die Lebensmittel, die Brunnen vergiften lassen werde? Er kenne diese Frau mit den höllischen Anlagen die sie zu jeder Schandthat fähig machen" [2]). Der „Lieutenant" des Kaisers seinerseits brachte nach Rom gute Lehren seines Bruders für sich und ernste Mahnungen für seine Untergebenen, und erhielt deren täglich neue. Bezeichnend genug war es für die französischen Heerführer und die Verhältnisse unter denen sie wirkten, daß kein Gebot Napoleon's häufiger wiederkehrte als das: Joseph solle denselben ernstlich auf die Finger sehen; Massena sei ein „Dieb", er habe im Venetianischen „fürchterlich gestohlen"; Joseph möge Saint-Cyr überwachen lassen, einen gewissen Sibille fortjagen der ein „Räuber" sei: „die Einzelnheiten ihrer Unterschlagungen sind unerhört, erst die Oesterreicher haben mir die Augen geöffnet; sie müssen herausgeben was sie gestohlen haben, schnell und bis auf den letzten Sou; das ist für sie das einzige Mittel sich zu retten" [3]).

------

[1]) Elisa von der Recke IV S. 44: „Das römische Volk welches dem Kaiser von Oesterreich noch immer so ergeben ist daß es ihn nur il nostro Imperatore nennt, befindet sich wegen des letzten Schlages der die österreichische Monarchie getroffen hat in fast eben so großer Verzweiflung als wegen der neuesten Zumuthungen die von Seite der französischen Macht an den Papst gelangen".

[2]) Alquier an Montrichard 14./15. December 1805, an Massena 14. Januar 1806 bei Ulloa S. 377 f.

[3]) Schon am 12. Januar aus München hatte Napoleon seinen Bruder gemahnt: „Dites sérieusement à Masséna et à Saint-Cyr que vous ne voulez

Die Eroberung von Neapel lag Napoleon jetzt ernstlich am Herzen; wenn es seine Geschäfte erlaubt hätten wäre er selbst gekommen um die Sache zu Ende zu führen, da er wohl wußte daß Joseph nicht das Zeug dazu hatte. Zu dem Staatsrath Miot den er für einen Civilposten zu Handen Joseph's ausersehen hatte äußerte er über letztern: „Ich kann nur die lieben die ich achte. Er soll sich Ruhm erwerben, er soll sich ein Bein zusammenschießen lassen, dann wird er mir etwas gelten!" Und an Joseph selbst schrieb er: „Hören Sie nicht auf solche die Sie fern vom Feuer halten wollen! Sie müssen einmal Ihre Sporen verdienen! Wenn die Gelegenheit da ist setzen sie sich vor Aller Augen in Gefahr; die wahre Gefahr, mein Freund, ist im Kriege überall!" Dem rastlosen Kaiser kam alles zu langsam und zu spät. Schon Ende Januar dachte er sich seinen Bruder in Neapel, den König verjagt, den Kronprinzen gefangen: „den werden Sie unter ausgibigem Geleite nach Frankreich schaffen, das ist mein ausdrücklicher Wille, ich lasse Ihnen über diesen Punkt keine Wahl." Und dann rasch ein Corps von 22—23000 Mann nach Reggio geworfen um ohne Verzug nach Sicilien zu übersetzen: „in diesem ersten Zeitpunkte des Schreckens und der Verwirrung wird der Uebergang viel leichter zu erzwingen sein als bei einer spätern Gelegenheit". Er sandte die Generale Donzelot und Lamarque nach Rom die sich, wie er Joseph schrieb, bei einer Unternehmung gegen Sicilien gut verwenden ließen. Er ertheilte dem Marine-Minister den Auftrag Briggs Tartanen Feluken, so viel sich ihrer auftreiben ließen,

---

pas de voleries" etc. Am 27. aus Paris: „Ne souffrez pas de voleurs ... Ne laissez point Salicetti voler". Dann heißt es wieder am 2. März: „Masséna est haï de toute l'armée; vous devez bien vous convaincre aujourd'hui de ce que je vous ai dit plusieurs fois, que cet homme n'a point l'élévation nécessaire pour conduire des Français". In einem Schreiben vom 12. März lernen wir auch Polignac als „Räuber" kennen. Die gestohlenen Summen berechnete Napoleon erst auf 3, dann auf 6 Millionen; am 20. März heißt es gar: „cela monte à 7 ou 8 millions". Corresp. XI Nr. 9665 S. 534—536, Nr. 9713 S. 560, Nr. 9738 S. 572, XII Nr. 9911 S. 119—121, Nr. 9960 S. 178 f. 2c. vgl. mit Miot Mémoires II S. 298.

und zwei oder drei fähige Officiere in die Meerenge von Messina zu beordern 2c. [1])

Am 23. Januar war der Herzog von San Teodoro unverrichteter Dinge aus Rom zurückgekommen: noch denselben Tag gingen geheime Weisungen an den Fürsten Acton ab der sich in Messina in Bereitschaft hielt. Zwei Uhr nach Mitternacht schiffte sich Ferdinand mit dem Fürsten Luzzi, dem Ersten Stallmeister Marchese Tanucci-Rossi, dem Oberst-Jägermeister Herzog von Miranda und andern Hofherren in seinem Gefolge auf dem „Archimede" ein und segelte am 24. nach Sicilien ab; der Molo, die Höhepunkte der Stadt und Umgebung waren von einer zahllosen Menge bedeckt die dem scheidenden Monarchen Grüße und Wünsche nachsandten. Eine vom selben Tage datirte Proclamation bestellte den Erbprinzen zum Regenten und stattete ihn mit den umfassendsten Vollmachten aus, was übrigens, da ja doch nur die Königin das Heft in Händen hatte, an der bisherigen Sachlage nichts änderte. Sie unterhandelte um den Frieden und rüstete für den Krieg. Noch am 24. abends mußte sich San Teodoro neuerdings auf den Weg nach Rom machen wohin man auch den spanischen Geschäftsträger, als Vertreter einer mit Frankreich befreundeten Macht, zu gehen bewog. Hoffnung daß die Beiden dort etwas ausrichten würden hatte man freilich keine, es geschah mehr um einen kurzen Aufschub zu erwirken. Auch blieben sowohl Joseph als Massena bei ihrer Weigerung sich auf Unterhandlungen einzulassen oder gar Pässe für Paris auszustellen; sie erklärten sich weder für das eine noch für das andere ermächtigt; der Kaiser-Lieutenant sagte

---

[1]) Napoleon an Joseph 31. Januar und 2. Februar: „Surtout ne perdez pas un moment, une heure, pour tâcher d'enlever la Sicile. Beaucoup de choses sont faciles dans le premier moment qui seront plus difficiles après". Napoleon an Berthier am 8. Februar, an Decrès vom selben Tage, Corresp. XI Nr. 9724 S. 567, XII Nr. 9779, 9781, 9788 S. 24—26. S. auch XII Nr. 10044 S. 250 ff. vom 31. März: „Vous n'avez pas besoin de 25000 hommes pour prendre la Sicile, un corps de 15000 est plus que suffisant. Toute cette canaille, Napolitains et Siciliens, sont bien peu de chose". Die zahlreichen britischen Truppen scheint der Kaiser bei dieser wegwerfenden Bemerkung ganz vergessen zu haben.

offen, er sei nur dazu da die Befehle auszuführen die er von Paris
empfangen, „übrigens sei die bessere Einsicht dem Hofe von Neapel
ziemlich spät gekommen". Am 3. Februar war der Herzog in Neapel
zurück. Alles was er brachte war die Gewährung eines Aufschubs von
zwei Tagen; „wolle man Gaëta Capua und Pescara abtreten so
könne man sechs weitere Tage erhalten, vorausgesetzt übrigens daß die
Königin die Stadt verlasse". Auf so harte Bedingungen war nicht
einzugehen. San Teodoro ging am 4. Februar abends neuerdings
in's französische Haupt-Quartier ab, das sich nun schon in Albano
befand; er sollte die Räumung von Gaëta und Capua anbieten falls
von der andern Seite Waffenruhe von fünfunddreißig Tagen gewährt
würde. Ein Eilbote den er Tags darauf nach Neapel sandte flößte
der Königin neue Hoffnungen ein; sie klammerte sich an einen
Strohhalm.

Die beabsichtigte Vertheidigung der Volturno-Linie war längst
aufgegeben, die dort verwendeten Truppen wurden auf Acerra näher
an Neapel herangezogen. In der Stadt wurden öffentliche Gebete
angeordnet, das Blut des heil. Januarius ausgesetzt, Wallfahrten veranstaltet an denen sich der Hof betheiligte. Bei der Bevölkerung war
alle Hoffnung, jeder Gedanke an Widerstand geschwunden, man schien
mehr den künftigen Herrn vor Augen zu haben als den der noch da
war. Am 6. Februar kündigte der Prinz-Regent seine bevorstehende
Entfernung aus Neapel und seinen Abgang nach Calabrien an; er
thue dies um nutzloses Blutvergießen zu vermeiden, man müsse das
Haupt beugen vor der Gewalt der man nicht gewachsen sei: „Darum
leistet keinen Widerstand, bewahrt in eurem Herzen eure bekannte
Treue, bedenkt daß die rechtmäßigen von Gott eingesetzten Fürsten,
wo auch immer dieselben sein mögen, euch stets in Augen behalten
und nichts unversucht lassen werden in eure Mitte zurückzukehren!" [1]
Es war beschlossen, Franz und Leopold, vom Minister Tatišcev begleitet, hätten zur Armee abzugehen die man in den südlichen Pro-

---

[1] Abgedruckt bei Ulloa S. 376 f. Als Verfasser dieses Aufrufes wird
S. 203 der Physiker Giuseppe Poli genannt, ehemaliger Lehrer des Prinzen.

binzen sammeln wollte während der britische Gesandte der Königin
nach Sicilien nachfolgen würde. An Truppen sollten in der Haupt=
stadt nur 600 Mann zurückbleiben. Die Leitung der Geschäfte über=
nahm ein Regentschaftsrath bestehend aus dem General Don Diego
Naselli d'Aragona, dem Caporuota — rechtskundigen Beisitzer des
Provinzial=Obergerichts — Michelangelo Cianciulli und dem Fürsten
Canosa, mit Domenico Sofia als Geheimschreiber. Das Collegium
bekam volle Ermächtigung mit dem Feinde zu unterhandeln; nur die
Uebergabe der Festungen war ausgenommen.

Am 8. Februar überschritt die französische Armee, beiläufig
40000 Mann, den Garigliano, Massena an der Spitze der gerade
auf Capua losging; zur Rechten wurde General Reynier zur Um=
schließung von Gaëta abgeordnet, zur Linken General Lecchi der in
Abwesenheit Saint=Cyr's dessen Corps befehligte und die Aufgabe
hatte die Abruzzen und Apulien bis zum Golf von Tarent vom
Feinde zu säubern. Von Joseph Buonaparte erging gleichzeitig ein
Tagsbefehl an seine Truppen und ein Aufruf an die Bevölkerung von
Neapel. „Seid ohne Besorgnisse", hieß es in letzterem, „denn dieser
Krieg wird für euch ein Abschnitt sichern Friedens und dauerhaften
Wohlergehens sein" [1]). Dem Herzog von San Teodoro aber machte
er mündliche Zusage: er sei erbötig einen Waffenstillstand von sechzehn
Tagen unter der Bedingung zu bewilligen daß Gaëta Pescara Capua
und die Forts von Neapel an die Franzosen ausgeliefert, das Auf=
gebot des Landsturms nach Hause geschickt und alle seit drei Monaten
angeworbenen Recruten entlassen würden. Am 9. abends war der
Herzog in Neapel zurück wo alsogleich ein Minister=Rath einberufen
wurde der bis nach Mitternacht beisammen saß. Am andern Tage
wurde das Lager bei Acerra aufgehoben, die Truppen brachen in ver=
wirrter Eile nach dem Süden auf wo man für's erste bei Lagonegro
in der Basilicata Fuß fassen wollte. Nun war auch für die Königin
keines Bleibens mehr. So verhängnisvoll, wie sie wohl einsah, der
Schritt war, so sehr es ihr widerstrebte sich nach Sicilien zu ziehen

---

[1]) Du Casse II (2me édition) S. 9—11.

und sich den Engländern vollends in die Hände zu geben, es blieb doch nichts übrig als die Hauptstadt und das Festland zu verlassen. Sie that es mit gebrochenem Herzen; denn auch von ihren beiden Söhnen mußte sie sich trennen und diese einem ungewissen Schicksal preisgeben. Am Gestade von Neapel in der Chiaja befand sich ein altes halbverfallenes Kirchlein zur heil. Anna deren Bildniß während des letzten Erdbebens in wunderthätigen Ruf gekommen war; dorthin unternahm Karolina mit ihrer Familie einen frommen Pilgergang, eine zahlreiche Menschenmenge strömte zusammen, es war als ob man sich gegenseitig stumm Lebewohl sagte [1]).

Am 11. waren alle Vorbereitungen zur Abreise getroffen. Der Regentschaftsrath erhielt den Auftrag einen letzten Versuch zu machen um einen Waffenstillstand mindestens von zehn Tagen, gegen Anbot von Capua und den Forts von Neapel, zu erwirken; es galt den Marsch der Truppen nach Süden und die Abfahrt des Hofes zu sichern. Um 4 Uhr Nachmittag ging die Königin, nachdem sie einen ergreifenden Abschied von Franz und Leopold genommen, mit den Prinzessinnen Christine Amélie und Isabella, ihren beiden Enkelinen und eilf Damen und Herren ihres Hofstaates an Bord des „Archimede", während sich gleichzeitig die sardinischen Majestäten auf der „Preskovia" einschifften und der Kronprinz mit seinem Bruder die „Minerva" bestieg; das erstgenannte Schiff war mit einer kleinen Escadre nach Palermo bestimmt, das zweite nach Cagliari, das dritte sollte im Golf von Policastro anlegen. Was nicht auf den königlichen Schiffen Platz fand suchte in anderer Weise aus der bedrohten Stadt zu kommen; das Meer, alle nach dem Süden führenden Straßen bedeckten sich mit Zügen von Flüchtlingen: Ministern, Edelleuten, alten Dienern des königlichen Hauses oder was sonst den Ein-

---

[1]) „C'était un héros désarmé qui ne pouvait plus combattre", bemerkt Ulloa der S. 201 f. der Behauptung der meisten Schriftsteller widerspricht, der Bußgang sei unternommen worden um das Volk zum Franzosenhaß und zum Widerstand zu entflammen; siehe z. B. Colletta V 31: „imperciocchè la regina, che, memore del valore di quelle genti nell' anno 1799, sperava di concitarle a simile guerra, osservò che al grido, *viva il re, muoiano i Francesi*, di persone apprestate, seguiva silenzio degli astanti o voce divota per Sant' Anna".

marsch der Franzosen zu fürchten hatte[1]). Der Sinn Karolinens
war voll trüber Ahnungen, aber auch voll Bitterkeit über die Härte
eines Schicksals welches sie, wie sie klagte, eben so unerwartet als
unverschuldet getroffen. „Ich begebe mich in ein armes Land, ein
Land ohne Hilfsquellen dessen Luft schon mir schädlich ist . . . Das
Opfer ist vollbracht, wir sind am Bord und werden, wie ich befürchte,
Neapel nicht wiedersehen. Dieser Gedanke tödtet mich, es ist ein
schreckliches Unglück, eine schreiende Ungerechtigkeit für die uns wie
ich hoffe Gott Vergeltung schaffen wird". So schrieb sie bald nach
der Einschiffung an ihre kaiserliche Tochter; denn noch hatte sie das
Signal zur Abfahrt nicht gegeben, sie wollte so lang als möglich in
der Nähe des geliebten Strandes bleiben[2]). Am 12. vormittags war
die königliche Escadre noch in Sicht von Neapel, und am 13. liefen
eine Fregatte und eine Corvette derselben im Hafen ein um Nach=
richten über den neuesten Stand der Dinge einzuholen.

*   *   *

In Neapel waren nach Entfernung des Hofes und der Spitzen
der Behörden Zustände eingetreten die sich auf die Länge nicht halten
ließen. Die Lazzaroni und Gesindel aller Art sammelten sich auf den

---

[1]) Nach Colletta VI 8 hätte der vielgehaßte und versuchte Vanni bei
dieser Gelegenheit den Tod durch eigene Hand gefunden: er habe Aufnahme
auf einem der absegelnden Schiffe erbeten aber nicht erhalten, und sich dann in
Verzweiflung das Leben genommen. Der Verfasser bringt den Wortlaut der Zeilen
die Vanni vor seinem Ende auf's Papier gebracht und worin er sich bitter über
die Undankbarkeit des Hofes beklagt habe: „Il mio esempio serva a render saggi
gli altri inquisitori di Stato". Der ganze Brief macht sehr den Eindruck der
Erfindung . . . Nach demselben Schriftsteller wären auch Guidobaldi und Spe=
ziale zwar nicht eines unnatürlichen aber eines sehr harten Todes gestorben . . .
Dem Berichte Kannitz' vom 11. Februar 6 Uhr abends liegt ein Verzeichnis der
Suite der Königin (Marchese und Marchesa Circello, Herzog und Herzogin d'Ascoli,
Fürst Turcarola, General Minutolo 2c.), des Kronprinzen und des Prinzen
Leopold (Arsenal-Inspector Franc. Graf de la Tour) bei.

[2]) Doch ist es übertrieben wenn es bei Lefebvre II S. 272 heißt: als
die Vorposten Massena's vor den Thoren von Neapel standen habe sich die Königin
zornglühend aufgerafft und das Schiff bestiegen, die Anker jedoch erst lichten lassen
als die Franzosen in ihre Hauptstadt einzumarschieren begannen.

öffentlichen Plätzen in bedrohlichen Gruppen, die Galeeren=Sträflinge rüttelten an den Thüren ihres Seraglio, wehe wenn sie ihren Ausgang erzwangen[1]). Die Nacht vom 11. zum 12. rief alle Schrecken der Ereig= nisse vom Jahre 1799 wieder wach, es gab Kämpfe in den Straßen zwischen dem Gesindel und bewaffneten Bürgern, man sprach von Todten auf beiden Seiten. Der Regentschaftsrath hatte alles Ansehen, jede Macht verloren. Die Anhänger der Franzosen traten insgeheim zusammen, alte Republicaner, abgedankte Officiere erschienen am Platze; Piero Colletta, der nachmalige Geschichtsschreiber, sprach sie an und rieth die Bewaffnung aller Besitzenden um die Ordnung aufrecht zu halten und dem Gesetze Achtung zu verschaffen[2]). Die Regentschaft gab ihre Zustimmung und so waren bald mehrere tausend Bürger beisammen die in bewaffneten Gruppen alle Theile der Stadt durch= streiften. Zugleich wurde beschlossen den Marchese Malaspina und den Herzog von Campochiaro in's Lager der Franzosen zu senden, die um Einstellung der Feindseligkeiten bitten und wegen des Friedens unter= handeln sollten.

Bereits waren die Truppen Joseph's im Anmarsch auf die Hauptstadt. Schon am 11. Februar, dem Tage der Einschiffung der königlichen Familie, hatte General Reynier vor Gaëta eine Auffor= derung ergehen lassen sich zu unterwerfen; der Prinz von Hessen= Philippsthal antwortete mit einer Kanonade aus der Redoute Sant= Andrea die von der See aus durch neapolitanische Kanonenboote kräftig unterstützt wurde und den Franzosen mehr als 100 Mann tödtete; dem General Grigny riß eine Kugel den Kopf weg; er war ein Waffenbruder Lafayette's gewesen mit welchem er in America gegen

---

[1]) Joseph (Du Casse II S. 92) schrieb nach der Besetzung von Neapel an seinen Bruder Napoleon, man habe in den Gefängnissen 4000 und auf den Galeeren eben so viel Verbrecher gefunden „que la Cour a voulu d'abord lâcher contre nous, mais, ayant conservé l'espoir d'un accommodement jusqu'à à la fin, elle n'a pas osé se porter à cette extrémité" ... Factum wie Motiv sind gleich unwahrscheinlich, wie sich selbe auch anderweitig nirgends nach= weisen lassen.

[2]) Vgl. Colletta V 33 („uomo risoluto cosi parlò" ꝛc.) mit Ulloa S. 206: „A l'insinuation de Pierre Colletta, officier destitué, on résolut de s'armer" ꝛc.

die Engländer gefochten hatte. Am 12. traf das Haupt=Corps der
Franzosen vor Capua ein, von dessen Wällen sie gleichfalls mit
Geschützfeuer empfangen wurden; zur Uebergabe des Platzes auf=
gefordert verlangte General Fürst Cattolica, der bei 2500 Mann,
doch Neulinge im Dienst, unter seinem Befehle hatte, freien Abzug
mit allen kriegerischen Ehren. Dazu kam es aber nicht. Denn am
13. schlossen die neapolitanischen Abgesandten mit Prinz Joseph einen
Vertrag, laut dessen Capua seine Thore öffnen, die Garnison sich
kriegsgefangen erklären mußte; dasselbe sollte mit Gaëta und Pescara,
mit der kleinen Veste Civitella del Tronto so wie mit den Forts von
Neapel geschehen. Daß er zu einer Verfügung über die Festungen des
Landes nicht ermächtigt war, hatte der Regentschaftsrath in seiner
Angst entweder vergessen oder absichtlich übersehen. Am 14. Februar
in der dritten Nachmittagsstunde marschirte die Vorhut vom Corps
Massena in Neapel ein, von einer unermeßlichen Menschenmenge neu=
gierig begafft; General Partouneaux stieg beim königlichen Palaste
vom Pferde, feierlich und ehrerbietig empfangen von den hier ver=
sammelten Mitgliedern der Regentschaft.

Am selben Tage nahm der Himmel eine bedrohliche Gestalt an,
ein Wetter war im Anzug das bald in einen heftigen Sirocco um=
schlug. Die beiden Kriegsschiffe, welche die Königin am Tage zuvor
in den Hafen ihrer Hauptstadt auf Kundschaft ausgeschickt hatte,
konnten nicht wieder auslaufen und fielen unter den Kanonen des
Castello nuovo den Franzosen, von denen rasch alle Hauptpunkte der
Stadt und des Hafens besetzt wurden, in die Hände; sie hatten Flücht=
linge und Kostbarkeiten an Bord die nach Sicilien bestimmt waren
und nun vom Feinde als gute Beute erklärt wurden. Die königliche
Escadre befand sich bereits auf hoher See, und abermals wie im
Jahre 1799 hatte Karolina einen Seesturm zu bestehen. Das Wüthen
des Meeres währte volle achtundvierzig Stunden, man konnte nicht
aufrecht stehen, man mußte sich der Länge nach auf den Boden legen;
man durfte kein Feuer machen und mußte auf jede warme Nahrung
verzichten. Zu der Gefahr und den Leiden welche die Königin mit

ihrer unmittelbaren Begleitung zu bestehen hatte, kam die qualvolle
Ungewißheit über das Schicksal ihrer beiden Söhne die sie zur selben
Zeit auf der Fahrt nach der Küste von Calabrien wußte und die in
der That von dem gleichen Unheil betroffen wurden. Das Geschwader
der Königin war bald ganz auseinander: 26 Fahrzeuge mit der gesammten Artillerie, mit Meubeln und Stoffen, mit den Archiven und
geheimen Briefschaften, mit dem Gepäcke der meisten Hofleute, gingen
theils zu Grunde, theils wurden sie nach Baja und Castellamare verschlagen, an letztern Punkt zwei größere Schiffe mit reicher Befrach-
tung [1]. Der „Archimede" bestand glücklich alle Angriffe des Sturmes
und der aufgewühlten Wogen; zuletzt war Palermo erreicht und
mindestens das Leben gerettet. Man richtete sich, durch ein unbarm-
herziges Element der wichtigsten Lebensbehelfe beraubt, in den seit Jahren
unbewohnten Räumen des königlichen Palastes ein so gut und schlecht
es eben anging, und war voll Hoffnung und Furcht wie die nächsten
Zeitungen aus Neapel und Calabrien lauten würden.

Am 15. Februar gegen Mittag hielt der „Lieutenant des Kaisers
Napoleon" Prinz Joseph Buonaparte an der Spitze der Divisionen
Reynier und Verdier seinen Einzug in Neapel. Von der erstern
waren, nachdem der General auf Grund der Capitulation von Capua
an den Prinzen von Hessen-Philippsthal eine zweite eben so erfolglose
Aufforderung zur Uebergabe erlassen hatte, nur wenige Bataillons

---

[1] An Kaiserin Maria Theresia Palermo 6. März 1806: „Ce temps nous
a fait perdre 26 bâtiments de transport que la mer a jeté à Baja Naples
Castelamare, une frégate, une corvette à nous, tout l'artiglerie, tapisserie,
meubles, les équipages entiers de presque tous nos malheureux gens, les
archives des offices étrangères, toutes les correspondances, tout cela a été
pris par les Français'. Von Geld versichert die Königin nichts mitgenommen
zu haben (während Joseph später das Gegentheil behauptete): „L'autre fois"
(1799) „nous emportâmes quelques millions et cette fois-ci, pour ne point
faire crier haro, pas un sou"; ja ihre Töchter hätten „tout leur unique fortune
da Monte Borbonno" zurückgelassen und dieses „ne manquera point d'être dila-
pidé" ... Auch während dieser fürchterlichen Gefahr und Aufregung bewahrte
die Schwiegertochter der Königin, die noch dazu im achten Monate schwanger
war, ihre gewohnte Kaltblütigkeit; Karolina schreibt von deren „heureux et
tranquil naturel; car moi j'en serais dans son état morte".

zur Beobachtung von Gaëta zurückgeblieben. Ein Theil der kaiserlichen Truppen hielt außerhalb der Hauptstadt die umliegenden Höhen besetzt; man hatte den blutigen Einzug vom 23. Januar 1799 im Gedächtnis und wollte eine Wiederkehr solcher Gräuel vorbeugen. Hatte sich doch Montrichard von Alquier warnen lassen: „die Königin habe vor vielen Zeugen ausgerufen, jeder verwundete Franzose müsse getödtet und in Stücke gerissen werden!" Dieser erbärmliche Feigling oder Kriecher glaubte sich mindestens durch seine Rathschläge, aus einer, wie er vorgab, genauen Kenntnis von Personen und Zuständen geschöpft, unentbehrlich machen zu müssen. Indessen geschah nichts von alle dem was Alquier als drohend hingestellt hatte. Die Bevölkerung verhielt sich ruhig, und Joseph konnte ohne Besorgnis als erste seiner Kund= machungen den Tagesbefehl von Schönbrunn anschlagen lassen, mit welchem sein kaiserlicher Bruder die Dynastie von Neapel ihres Thrones verlustig erklärt hatte. Auch im Pariser „Moniteur" ließ Napoleon dieses Schriftstück erst um diese Zeit veröffentlichen.

Der Großtheil der französischen Truppen machte keinen Halt in Neapel, sondern setzte sich unter Führung des Generals Reynier gleich in den nächsten Tagen durch Principato citeriore gegen die Basilicata und Calabrien in Marsch, während Lecchi, durch die Truppen des Generals Duhesme verstärkt, von Pescara aus gegen Apulien vordrang. Den Rücken der gesammten „Armee von Neapel" deckten bei 10000 Spanier die der Friedensfürst dem französischen Kaiser zur Verfügung gestellt hatte und von denen am 1. März Florenz besetzt wurde.

Die Fregatte „Minerva", mit den beiden neapolitanischen Prinzen an Bord, war noch am 11. Februar abends oder am 12. morgens in die See gestochen, hatte am 14. bis 16. mit den empörten Ele= menten zu kämpfen und setzte am 19. im Golf von Policastro ihre Bemannung an's Land welche Franz und Leopold der Armee des Generals Damas zuführten. Sie brachten viel Verheißungen und guten Willen mit, aber wenig Geld dessen die Truppen gar sehr bedurften; ein paar tausend Ducaten, welche ihre Schwestern Christine und Amélie von dem für sie aufgesparten Heiratsgut mit freudigem Edelmuth gewidmet hatten, waren alles über was sie als Kriegscasse verfügen konnten [1]). Freilich war auch die Zahl derer die man zu kleiden und zu besolden hatte nichts weniger als bedeutend. Fünfzehn magere Bataillons und fünf Schwadronen Reiterei bildeten die ganze Kriegsmacht womit Graf Damas die südlichen Provinzen decken und dem vertriebenen Königshause erhalten sollte. Auf britische Hilfe, welche Franz und Leopold aus Sicilien herbeiwünschten und ihr Vater von Admiral Collingwood auf das dringendste erbat [2]), war kaum zu rechnen. Das Landvolk zeigte Begeisterung und Opferwilligkeit für sein angestammtes Herrscherhaus, strömte von allen Seiten zu, bot seine besten Dienste an; aber mit der guten Meinung und dem bloßen Willen ohne Waffen und Kriegsübung war nichts auszurichten.

General Damas hatte seine Hauptmacht auf dem Campo Tenese am Ausgang des Lao-Thales San Martino, die Vorhut im Quellengebiete des Flusses bei Castelluccio aufgestellt. Obrist Sciarpa mit beiläufig 2000 Mann stand nordwestlich im obern Sorgipiano-Thal bei Lagonegro, eine kleinere Abtheilung zur Bewachung des Fluß-Ueberganges bei Campestrino. Ueber Berg und Thal kam Reynier mit seinen kampfgeübten Truppen herangezogen, sprengte am 6. März die Aufstellung von Lagonegro nachdem er den Anführer nebst 200 Mann gefangen und zwei Geschütze erbeutet hatte, und warf sie bis Lauria zurück. Zu dem Schrecken den dieser erste Unfall unter den Neapolitanern verbreitete trat Ungunst der Witterung, ein heftiges Schneegestöber das alle Aussicht trübte, als am 9. März der Hauptstoß erfolgte. Die bei la Rotonda aufgestellte Reiterei war bald in Unordnung gebracht, die königliche Garde zog sich zurück und kam in

---

[1]) Karolina an ihre Tochter Theresia 3. März 1806: „L'argent pour payer les troupes manquant complétement en Calabre, vos deux parfaites bonnes sœurs ont sacrifié l'unique bien qui leur reste de 432 m ducati qu'on avait seul sauvé pour leur dot ... ils l'ont livré, sacrifié avec plaisir, leur dernière ressource, pour soutenir l'armée de leurs frères en Calabre".

[2]) Schreiben Ferdinand IV. an Collingwood aus Palermo 1. März 1806, Memoirs S. 166 f.

den Bereich eines Schweizer=Bataillons das jene für den Feind hielt und mit einer Gewehrsalve empfing, womit das Unglück des Tages besiegelt war. Es ließ sich sagen die Schlacht war eher entschieden als begonnen, oder eigentlich es war keine Schlacht sondern ein bloses Auseinanderlaufen, wobei General Sylvester Ricci und einer der beiden Tschudy, eine Menge andere Officiere, mehrere hundert von der Mannschaft und fast das ganze Geschütz in die Hände des Feindes fielen [1]). Der brillante Damas rettete sich mit wenig Leuten zu dem General Rosenheim der bei 4000 Mann vom rechten Flügel über Cassano hinter den Coscile führte, während die beiden Prinzen mit ihrer nächsten Begleitung und einer geringen Escorte längs dem Gestade des Meeres nach Reggio eilten.

In den nördlichen und östlichen Gegenden des Königreichs war schon alles verloren. Ganz Apulien befand sich in der Gewalt der Franzosen. Marchese Rodio, Preside von Matera, der sich an der Spitze der Milizen seines Bezirkes einem italienischen Infanterie= Regimente unter Obrist Nicola Cappi, Brigade des Generals Ottavi, entgegenstellte, zog den kürzern und gerieth in Gefangenschaft. Die Abtheilung Fra Diavolo's wurde vom Bataillons=Chef Bonelli an= gegriffen und theils vernichtet theils in die Flucht gejagt. Es blieb für die Königlichen kein Ausweg mehr als nach Sicilien. Damas und Rosenheim ließen ihre Truppen auf verschiedenen Wegen die Richtung nach Reggio einschlagen, wo sich alles sammelte was noch vom königlichen Heere bestand und die Ankunft britischer Fahrzeuge abwartete um sich über die Meerenge hinübersetzen zu lassen. Diese waren, fünfzig an der Zahl, bald zur Hand und die Einschiffung von Roß und Mann wurde ohne Aufenthalt betrieben. Reynier, der nach seinem Erfolge bei Campo Tenese ohne weitern Widerstand Nicastro Monteleone Mileto besetzt hatte, traf mit seiner Vorhut am 20. März noch zur rechten Zeit am Aleccio ein, um von den Höhen

---

[1]) Officieller Bericht Reynier's über die Affaire vom 9. März bei Du Casse II S. 25—35 und 106—109, wo von 100 Officieren und 1800 Mann Gefangenen die Rede ist, was kaum übertrieben sein dürfte.

ober Fiumara di Muro den letzten Act jenes Schauspiels wahrzu=
nehmen. Zwar ließ er seine Cavalerie rasch hervorbrechen die über
die Ebene von Pentimele gegen Reggio jagte; doch sie fand nichts
mehr vom Feinde am festen Land. Der letzte Mann war eingeschifft
und segelte unter dem Schutze einiger Kanonenboote im Angesichte
der Franzosen, denen ihre Geschosse arg zusetzten, nach Sicilien hinüber.

Reggio wurde von Reynier alsogleich besetzt, das Felsennest
Schlla genommen. Das Festland von Neapel von einem Ende zum
andern gehorchte den Franzosen: nur das starke Gaëta und die kleine
Veste Civitella del Tronto befanden sich noch im Besitz königlicher Offi=
ciere und Truppen.

11. Rundreise des Kaiser-Lieutenants durch seine Provinzen.
April 1806.

Um den 20. Februar kam die Nachricht von der Besetzung
Neapels durch die Franzosen nach Paris und Napoleon wußte es so
einzurichten daß ihm dieselbe während einer Vorstellung von Racine's
„Athalia" im Schauspielhause überreicht wurde; er beorderte den
General Mouton alsogleich Talma zu verständigen, der nach dem
Schluß des ersten Actes vortreten und die Neuigkeit dem Publicum
mittheilen mußte. Ein paar Tage später, 25. Februar, that es der
„Moniteur" mit den Worten: „Der bleierne Scepter jener modernen
Athalia ist gebrochen für immerdar; der Kaiser wird das König=
reich Neapel wiederherstellen, aber für einen französischen Prinzen;
das neue Königreich bildet von nun an einen Bestandtheil der mit
dem französischen Kaiserthum verbündeten Staaten". Unter den orga=
nischen Bestimmungen, welche über die jüngste Schöpfung des napo=
leonischen Gutdünkens verlauteten, war die daß, wie es auch bei
Stiftung des italienischen Königreiches gesagt worden war, die beiden
Kronen, die französische und die neapolitanische, nie auf einem Haupte
vereinigt sein sollten. Dagegen war der König von Neapel einer der
Großwürdenträger, Grand-Electeur mit dem Rechte der Nachfolge im

französischen Kaiserthum. Im neuen Vasallen-Königreiche sollten sechs große Reichslehen gegründet werden und deren Empfänger gehalten sein auch in Paris ein Haus zu haben: „denn hier ist der Mittelpunkt des ganzen Systems, ich will hundert Vermögenschaften in Paris haben deren jede ihren Ursprung und Bestand an die Aufrichtung des neuen Thrones knüpft“ [1]).

· Vorderhand war Prinz Joseph noch Lieutenant seines Bruders. „In nome dell' Imperatore de Francesi e Re d' Italia Nostro Augustissimo Fratello e Sovrano“, so stand an der Spitze seiner Erlasse, und dann folgte sein eigener Titel: „Noi Napoleone Giuseppe, Principe Francese, Grande Elettore dell' Impero, Luogotenente dell' Imperatore, Commandante l' Armata di Napoli“. Der kaiserliche Statthalter und Oberfeldherr konnte mit der Aufnahme zufrieden sein die er in der eroberten Stadt gefunden. Die Partei der Königlichen war auf der Flucht oder im Heerlager, die Anhänger Frankreichs führten das große Wort, die Masse der Bevölkerung hielt sich ruhig. Die Wappen des vertriebenen Herrscherhauses wurden allerorts herabgenommen; Kammerherrn-Schlüssel Ordenskreuze und andere bourbonische Auszeichnungen mit Ausnahme jener der Ludwigs-Ritter durften nicht getragen werden. Alles schien sich dem neuen Gebieter fügen zu wollen, sich um dessen Gunst zu bewerben. Der Marchese di Gallo hatte von Paris aus schon im Januar seine unbedingte Unterwerfung gemeldet; „er wird der erste Neapolitaner sein der Ihnen den Eid leistet“, schrieb Napoleon seinem Bruder [2]). Joseph schwamm in Vertrauensseligkeit. „Ich habe mir die Personen welche in den Aemtern sitzen nur zu loben“, schrieb er schon am 18. Februar nach Paris, „und je näher ich sie kennen lerne desto mehr nehme

---

[1]) Napoleon an Joseph 5. Juni 1806, Corr. XII Nr. 10314 S. 432 . . . Schon am 18. Februar, wo Joseph noch bloser „Gouverneur général des royaumes de Naples et de Sicile“ war, hatte ihm sein Bruder geschrieben: „Il faut intituler vos actes Joseph Napoléon, il est inutile de mettre Bonaparte“. Graf Kaunitz aber schrieb unmittelbar nach Joseph's Einzug in Neapel an seinen Hof: „Je n'ai plus aucune doute que l'Empereur des Français ne destine ce Royaume à son frère“.

[2]) Napoleon an Joseph 31. Januar 1806 Corr. XI Nr. 9724 S. 567.

ich wahr daß selbst jene die als die wärmsten Anhänger der Königin galten sie nicht lieben und ihre Rückkehr fürchten".

Schwieriger wurde die Stellung des Kaiser-Lieutenants in manch andern Dingen. Soldaten standen ihm für den Augenblick wie es schien genug zur Verfügung; aber sie wie er hatten kein Geld. Die Armee hatte seit mehr als drei Monaten keinen Sold bezogen, eine Schuld deren Höhe von einem Tage zum andern wuchs. Mit · ihrer Beschuhung stand es erbärmlich. „Die Armee ist buchstäblich blos-füßig", klagte Joseph am zweiten Tage nach Besetzung der Hauptstadt seinem Bruder; er brauche dringend 30000 Paar Schuhe; „wenn mir Euer Majestät nicht zu Hilfe kommen, weiß ich nicht wie wir uns durch die ersten vier Monate durchbringen werden". Denn in Neapel selbst gab es fast nichts. Der Staatsschatz war leer; manche Steuern hatte der Hof um ein Jahr vorausgenommen, aus der Bank in der letzten Stunde zehn Millionen Livres erhoben. Aber nicht blos Geld und Juwelen u. dgl., selbst alle werthvollern Einrichtungsstücke, Getreide und Lebensmittel, bis auf das Beheizungsholz hatte die Königin zu Schiffe bringen lassen, so daß ihre Schlösser als Prinz Joseph einzog wie ausgeraubt waren [1]. Andrerseits erwuchsen eben aus dem Fernsein der königlichen Familie dem nunmehrigen Gebieter des Landes mancherlei Auslagen die er schon aus Rücksichten der Klugheit nicht umgehen konnte: „der Hof war gewohnt viel zu geben, es bleibt mir daher nichts übrig als das gleiche zu thun". Eine bessere Finanz-Wirthschaft als die unter dem frühern Regiment konnte wohl neue Hilfsquellen schaffen; allein das brauchte Zeit, und in-zwischen Geld durch Brandschatzungen außerordentliche Auflagen u. dgl. erpressen zu wollen, wie Napoleon meinte, würde kaum etwas genützt, aber jedenfalls viel geschadet haben. Auf eine Einnahme aus den Zöllen, die seit Jahren bei der vielfachen Unterbrechung des Handels und der Schifffahrt auf ein geringstes herabgesunken waren, ließ sich jetzt

---

[1] „Je n'ai rien trouvé dans le palais, la Cour a fait embarquer jusqu'à du bois de chauffage"; Du Casse II S. 69. „L'ancienne Cour, en se ré-fugiant à Palerme, avait tout emporté, argent bijoux meubles, et le palais n'offrait qu'une ruine"; Miot II S. 302.

weniger wie je rechnen da die Engländer alle neapolitanischen Häfen engstens blockirt hielten. So kam es daß Napoleon, der gemeint und gewünscht hatte das neu eroberte Königreich werde ihm einen Theil seiner riesigen Armee erhalten, eine Geldanweisung nach der andern nach Neapel senden mußte, was er freilich nie that ohne eindringliche Mahnungen für seinen Bruder und dessen Regierung beizufügen. „Wozu in aller Welt", schrieb er ihm, „haben Sie eine Seemacht und ein Landheer wenn Sie Ihr Volk daran gewöhnen keine Steuern zu zahlen?!" Wogegen Joseph freilich mit Grund bemerkte, er halte es für den Augenblick „weder für gerecht noch für angemessen eine Bevölkerung Steuerdruck fühlen zu lassen der man vielmehr vor allem den Vergleich der jetzigen Zustände gegen die frühern nicht verbittern dürfe" [1]).

Letzteres zu vermeiden, Vertrauen und Liebe seiner neuen Unter= thanen zu gewinnen, sich dem Lande als Befreier und Wohlthäter an= genehm zu machen, war denn auch Joseph's eifrigstes Bestreben vom ersten Augenblicke da er sich Herr von Neapel wußte. Er that was er konnte um der Stadt die Last der neuen Garnison möglichst wenig fühlbar zu machen, hielt auf strenge Mannszucht der Truppen, sah seinen Generalen und Armee=Intendanten auf die Finger. Auch sonst vermied er alles wovon er besorgen konnte daß es die Bevölkerung übel stimmen könnte. Bei Zusammensetzung seines obersten Rathes suchte er so viel als möglich die Einheimischen zu berücksichtigen: Gallo für das Auswärtige, bis zu dessen Ankunft Ferri=Pisani die Geschäfte führte; Ciancinlli für Justiz und Gnaden, Fürst Bisignano für die

---

[1]) „Demander à un pays son argent quand on avait à lui demander aussi son amour, c'était peut-être se faire refuser l'un et l'autre"; Thiers. — Am meisten scheint auf Napoleon, um ihn freigebig zu machen, die so lang rück= ständige Löhnung seiner Soldaten gewirkt zu haben. „Ayez soin", schrieb er am 10. April wo er seinem Bruder die Begleichung von 2900000 Francs anzeigte, „que les états en règle en soient envoyés par le payeur à la trésorerie. Il y a des formes dont moi-même je ne suis pas exempt, et c'est là le palladium de l'État. Il faut que je sois assuré que, quand mes troupes sor= tiront du royaume de Naples, elles n'aient rien d'arriéré sur leur solde" Corresp. XII Nr. 10078 S. 272.

Finanzen, Commandeur Pignatelli für die Marine, Herzog von Cassano für Cultus, Herzog von Campochiaro für Haus und Domainen. Nur Polizei und Krieg kamen in französische Hände. Erstere bekam Salicetti, Corse von Geburt, geschmeidig und ehrgeizig, den der Kaiser seinem Bruder sehr gegen dessen Willen und zu dessen entschiedenen Ungunsten aufdrängte. Denn Salicetti, wohldienerisch gegen den Gebieter der Welt dessen rücksichtsloses Wollen und Gebahren er kannte, bestrebte sich unentbehrlich und wichtig zu machen, war binnen kurzem in der unheilvollsten Thätigkeit befangen und zog dadurch einen Haß und Abscheu groß der mit der Zeit auf den Fürsten übergehen mußte dem er diente und der ihn duldete. Wußte man doch im Publicum nicht daß Joseph seinen eben so schlauen als grausamen Landsmann von allem Anfang nicht mochte, und dann keinen Anlaß versäumte um in Paris gegen ihn zu klagen und ihn von Neapel wegzubringen! Salicetti kam unmittelbar nach Joseph's Einzug in Neapel an; von Einheimischen wurde ihm der Herzog von Laurenzana zur Seite gegeben. Ungleich besser und für Joseph wie für dessen Land vortheilhafter war eine andere Wahl die Napoleon für seinen Bruder getroffen hatte. Es war der französische Staatsrath Miot, in dieser Eigenschaft früher Amtsgenosse Joseph's in dessen besonderem Vertrauen er seit Jahren stand. Miot der am 20. Februar in Neapel eintraf übernahm das Kriegs-Portefeuille das ihm aber nicht lang blieb. Denn in allem was die äußere und innere Sicherheit betraf hatte Joseph keinen Willen; er mußte thun was ihm aus Paris vorgeschrieben wurde, die Leute anstellen die man ihm von dort aus schickte. So fand sich bald General Matthieu Dumas aus Frankreich ein den Napoleon für das Kriegs-Ministerium bestimmte; für Miot wurde ein Ministerium des Innern geschaffen, das bis dahin nicht bestanden hatte. Für das Commando über die Kriegs-Marine sandte der Kaiser den Linien-Schiffs-Capitain Jacob, für die Organisirung einer Landes-Gendarmerie den General Radet, zuletzt in Mailand verwendet, für den Posten eines Gouverneurs der Hauptstadt den Marschall Jourdan.

Ohne Zweifel war es Miot's Einfluß zumeist der den Anstoß zu einer Reihe von Verbesserungen gab die sogleich in Angriff genommen

werden konnten. Es war bald wahrzunehmen, und der besonnenere
Theil der Bevölkerung war dafür dankbar, daß es Joseph und seine
Regierung auf gerechte Verwaltung, auf Vertheilung der Auflagen
nach einem billigen Maßstabe, auf strenge Handhabung der Justiz,
auf Abschaffung von allerhand Misbräuchen oder doch Unannehm=
lichkeiten abgesehen habe. In der Nähe von Neapel, vom Vorgebirge
del Greco bis Portici und Resina hatte sich König Ferdinand die
Jagd, auf dem See von Patria die Fischerei vorbehalten: diese
Schranken fielen jetzt weg, Jagd und Fischerei wurden freigegeben,
dagegen die Wildschweine in den Forsten von Licola Fusaro rc., die
Plage des Landmanns, der Vernichtung preisgegeben. Die große
fromme Stiftung „l'Albergo de' poveri" erhielt eine neue Einrichtung
mit fünf Governatori an der Spitze, darunter der Herzog von Sant
Arpino, Conte Nicastro, die sich jährlich unter Joseph's eigenem
Vorsitz versammeln sollten u. dgl. m. In solchem Grade stellte sich
das öffentliche Vertrauen her daß kaum vier Wochen nach der fran=
zösischen Besitznahme der Hauptstadt die öffentlichen Fonds, die auf
74 Percent gefallen waren, wieder al pari standen, und daß Joseph
sich rühmen konnte: „Es gibt keine Stadt in Europa wo weniger
Verbrechen begangen, die Steuern williger gezahlt werden; nie waren
die Lazzaroni so ruhig wie jetzt, so daß ich mich über sie durchaus
nicht zu beklagen habe" [1]).

Allerdings sah es bei weitem nicht überall im Lande so er=
freulich aus wie in der Hauptstadt, wo Joseph und seine obersten
Räthe unmittelbar wachten. Die kleine Veste Civitella in den jen=
seitigen Abruzzen, Commandant Obrist Wood, hielt sich noch immer
und bildete einen Stützpunkt für alle Misvergnügten des dortigen
Landstrichs, die eines Tages den Franzosen zum Trotz die Brücke
über den Tronto niederbrannten. In der Nähe von Gaëta machte
Fra Diavolo von neuem zu schaffen, bis ihn die Franzosen gegen
Ende März derart in die Enge trieben daß er kaum seine Person

---

[1]) Joseph an Napoleon; Du Casse II S. 103 (12. März), 111 (18. März),
116 (22. März) rc.... „Chaque jour, depuis son arrivée à Naples, avait été marqué
par de sages réformes, par de fécondes créations"; Lefebvre II S. 362.

hinter den Wällen der Festung in Sicherheit brachte von wo er sich
dann nach Sicilien einschiffte. Sein Adjutant aber wurde gefangen
und dieser, wohl um sich sein Loos zu erleichtern, sagte allerhand aus
was die Franzosen gern hörten: „die Königin habe aus Sicilien den
Befehl zur Niedermetzelung aller Feinde gegeben; sie habe dazu allerhand Bandenführer die er mit Namen bezeichnete geworben, oberstes
Haupt derselben sei der Marchese Rodio" u. dgl. Man kann nicht
wissen was etwa die Franzosen selbst zu dieser Aussage hinzugedichtet
haben; denn ihnen lag daran das ganze Land als erobert, als beruhigt und glücklich hinzustellen und jeden Vorfall, der mit diesen
Schilderungen im Widerspruch stand, jenen „Räuberbanden" zur Last
zu schieben deren man noch nicht völlig Herr geworden sei. Allein
die billiger denkenden unter ihren Generalen gaben selbst zu, der
Uebermuth, die Willkür und Raubsucht der Truppen die bei dem
monatlangen Ausbleiben des Soldes schwer in Ordnung zu halten
waren, trage die meiste Schuld an der Unbotmäßigkeit der Bevölkerung und treibe diese, besonders die heißblütigen Calabresen, zu
Acten der Rache und der Verzweiflung [1]). Darum waltete vor allem
in den Gegenden welche Schauplatz der letzten Kämpfe und Märsche
gewesen waren ein unruhiger Geist, genährt durch abenteuernde Freischaaren und Reste des zersprengten neapolitanischen Heeres. Obrist
Lebrun, welchen Reynier in Cosenza zurückgelassen hatte, sah sich bald
von allen Seiten abgeschnitten. Am 25. März wurde ihm bei dem
Dörfe Soveria ein Convoi abgefangen, fünf dazu gehörige Civilisten
und eben so viel Soldaten der Bedeckung getödtet. Drei Tage später
wurde fast an derselben Stelle eine größere Abtheilung von 200 Mann,
nachdem 30 davon niedergeschossen oder kampfunfähig gemacht waren,
in die Flucht geschlagen. Es bedürfte, berichtete Lebrun nach Neapel,

---

[1]) „Il faudrait que les troupes fussent disciplinées, qu'elles ne pillassent
pas comme elles l'ont fait jusqu'à présent, et surtout comme le font les Po-
lonais. Ces excès donnent beau jeu aux hommes qui cherchent soulever le
peuple" zc. Obrist Lebrun an Prinz Joseph am 27. März; und letzterer an den
Kaiser am 2. April: „Les Calabrais sont des montagnards toujours armés, dont
les passions violentes se dirigent aisément vers la haine et l'amour"; du
Casse II S. 154, 162.

einer Kette von Truppen von Lagonegro bis Cosenza und von da
weiter bis Reggio, wenn er nicht von beiden Seiten völlig blosgestellt
sein solle. Kein Defilé, deren es in diesen Gegenden sehr viele gibt,
war vom Militair zu passiren; wo dieses einem Dorfe nahekam ertönte
Sturmgeläute; einzelne Soldaten oder kleinere Trupps wurden aus=
geraubt und niedergemacht oder gefangen fortgeschleppt um später
massacrirt zu werden. Der Aufstand drohte immer weiter um sich
zu greifen. Ortschaften die sich nicht anschließen wollten wurden mit
Brand und Plünderung bedroht, wie dies am 28. nach dem größeren
Gefechte bei Soveria den Einwohnern von Scigliano erging; die aber
schaarten sich um ihren muthigen Gobernadore und schlugen den
Angriff zurück, was den Anfässigen des ganzen Landstriches einigen
Muth einflößte. Jetzt sandte auch Reynier Hilfe. Am 1. April brach
General Verdier mit zwei Bataillons von Monteleone auf, zersprengte
Ansammlungen der Aufständischen bei San=Biaggio, bei Petronia, bei
Soveria, befreite an letzterem Orte mehrere gefangene Franzosen,
brannte ihn dann zum abschreckenden Beispiele nieder, sandte Colonnen
aus die auf andern Punkten das gleiche thun sollten und machte auf
diese Weise den Weg zu dem Obristen Lebrun frei, dessen Lage sich
gerade in den Tagen zuvor zu einer verzweifelten gestaltet hatte[1].
Auch nach Stilo am Gestade des jonischen Meeres, wo in den ersten
Tagen April ein Aufstand losbrach, mußte Reynier eine Truppen=
abtheilung senden.

Es lag ihm um so mehr daran jede Unruhe in seinem Gebiete
zu dämpfen, als ihm aus Neapel amtliche Mittheilung zugekommen
war daß sich der Kaiser=Lieutenant zu einer Rundreise durch die er=
oberten Provinzen entschlossen habe.

*　　*　　*

---

[1] Siehe Lebrun's Bericht aus Cosenza 5. bei Du Casse II S. 169—172,
und Napoleon's kritische Bemerkungen über das bisherige Scharmutziren aus
Saint=Cloud 27. April, Corr. XII Nr. 10156 S. 320—323. Napoleon konnte
aus der Entfernung allerdings leicht tadeln und lehren; er hatte bisher den
Guerillas=Krieg nicht kennen gelernt, der ihm ein paar Jahre später in Spanien
so unsäglich viel zu schaffen machen sollte.

Am 3. April 1806 11 Uhr Vormittags brach Joseph Buona=
parte von Neapel auf; die neuen Minister Miot und Dumas befanden
sich in seiner Begleitung, 1000 Mann ausgewählter Truppen bildeten
seine Leibwache. Sollte man doch Gegenden durchziehen die eben erst
der Schauplatz erbitterter Kämpfe, grausamer Rachethaten gewesen
waren! Doch unter diesem heißen Himmel, bei diesem rasch rollenden
Blute sind die Uebergänge schnell: gestern noch Zorn und Verzweif=
lung, heute Freude Hoffnung Begeisterung! Graf Ségur, der an
der Spitze des 14. leichten Infanterie=Regimentes aus der Basilicata
längs des Meeres nach Calabrien aufbrach um dem Prinzen die Wege
zu bereiten, war sehr erstaunt in Castrovillari, wo die Einwohner
kaum fünf Tage früher die französische Garnison niedergemetzelt hatten,
einen Empfang zu finden wie er sich ihn nicht herzlicher wünschen
konnte. Die Einwohner der Stadt und Umgebung im Festgewande,
aufgeputzt und geschmückt, mit freudestrahlenden Mienen, kamen ihm
entgegen, stürzten auf ihn und seine Truppen los, riefen ihnen zu,
streckten ihnen die Hände entgegen. An einem andern Orte überraschte ihn
ein Schauspiel tief ernsten Charakters. Der Platz war mit stürmen=
der Hand von den Franzosen genommen, ein Blutbad unter den Be=
wohnern angerichtet worden: jetzt kamen die Geretteten, Greise Frauen
Kinder, ihm entgegen, Dornenkronen auf dem Haupt, Kieselsteine in
den Händen womit sie, vor ihm in die Knie sinkend und Wehrufe
ausstoßend, voll Reue und Zerknirschung an ihre Brust schlugen.
Wieder anders fand er die Leute der waldigen schluchtenreichen Sila
im Süden von Cosenza: hohe Gestalten schlank und kräftig, lebhaftes
Auge, stolzer Blick. Als die Colonne Ségur's in die Nähe der Dörfer
Scigliano und Rogliano am Savuto vorrückte kam ihnen eine Sen=
dung entgegen; die Männer hatten zwei Pistolen im Gürtel der von
Patronen strotzte, allein die Flinten hatten sie hinter sich auf dem
Boden gelassen: „es geschehe dies", erklärten sie dem Grafen, „um
zu zeigen daß sie davon gegen seine Franzosen keinen feindseligen Ge=
brauch machen wollten" [1]).

---

[1]) Ségur Hist. et Mém. II S. 509—511.

So gestaltete sich denn die Reise des Kaiser-Lieutenants zu einem wahren Triumphzuge. Was er auf seinem Wege wahrnahm konnte auf ein so wohlwollendes empfängliches Gemüth wie das seine nur den besten Eindruck machen; die Briefe die er von seiner Rundfahrt an seinen kaiserlichen Bruder schrieb waren voll von diesen Empfindungen. Schien es doch, je tiefer er in das verrufene Calabrien kam, desto eifriger eile die Bevölkerung heran ihm ihre Huldigungen zu bezeigen, sich zu brüsten wie sie sich geweigert für die vertriebene Dynastie zu den Waffen zu greifen, zu betheuern wie sehr sie sich zu der neuen Herrschaft Glück wünsche. War dies schon in den nördlichen Bezirken der Fall, so steigerte es sich je weiter man gegen Süden kam. In Cosenza, der Hauptstadt von Calabria citeriore wohin Joseph am 11. April kam, bereiteten ihm die Einwohner einen jubelnden Empfang, und noch feierlicher war dieser am 13. in Scigliano wo ihn eine Botschaft aus Paris einholte. Es waren die Senatoren Röderer, Marschall Pérignon, General Ferino die ihm die Nachricht seiner Erhebung auf den Thron von Neapel überbrachten. Als die rauhen aber poesievollen Silesen davon erfuhren schritten sie dem neuen Könige in einem festlichen Aufzuge entgegen der Joseph und dessen Begleiter wie eine Erscheinung aus längst entschwundenen Zeiten anmuthete: Priester und Sänger mit Lorbeern geschmückt gleich ihren classischen Vorfahren, die Frauen in fast antikem Anzug mit langen vorn und rückwärts hinabwallenden Schleiern, Blumen auf den Weg streuend den der neue König einherschritt. Drei Tage später in Palmi am Golf von Gioja von wo man das nahe Gestade von Sicilien erblickt, kam ihm aus Reggio General Reynier entgegen der ihn der erste mit „Hoch der König!" begrüßte, ein Ruf in den die schnell entflammte Bevölkerung jubelnd einstimmte. Jetzt begannen die Geistlichen von den Kanzeln das neue Regiment zu verkünden, hoben den Kaiser Napoleon zum Himmel der ihnen einen so guten Herrscher gegeben, priesen ihn als Wiederhersteller und Rächer der Religion [1]).

---

[1]) Du Casse II S. 180, Joseph an Napoleon aus Cosenza: „Je suis très-content des dispositions des habitants du pays que je viens de par-

Die Priester für sich zu haben in einem Lande wo die Geistlichkeit, besonders die niedere, so viel war und galt, konnte für die
neue Regierung als eine Errungenschaft von Einfluß und Bedeutung
gelten. Calabrien in allen seinen drei Theilen ist im Vergleich zu den
nördlichen Gegenden um Neapel und Capua, Apulien u. a. um mehr
als eines Umstandes willen nicht ohne Grund verrufen; seine Bewohner waren es damals in weit höherem Grade als heute. „Ich
durchziehe das wildeste Land des ganzen Königreichs", schrieb Joseph
aus Gerace am 21. April, bereits auf der Rückreise von Reggio.
Obwohl das Land, wo irgend das Gebirge etwas zurücktritt, die
Merkmale höchster Fruchtbarkeit trug befand es sich in einer Ver-
wahrlosung die alle Begriffe überstieg. Reißende Bäche ergoßen sich
ohne bändigende Dämme über die üppigsten Fluren; mitten in Orangen-
und Citronen-Hainen stieß man auf Sümpfe deren verpestende Aus-
dünstung oft die schönsten und reichsten Landstriche zu ungesunden
Fieberstätten machte. Noch gewahrte man, nach einem Zeitraum von
fast einem Vierteljahrhundert, vielerorts Spuren des Erdbebens von
1783: Kirchen in Trümmern, ganze Ortschaften zerstört, elende Hütten
aufgerichtet die ein armseliges unglückliches Volk zur Noth beher-
bergten [1]). Dazu fast nirgends eine Straße, keine Polizei und Justiz.
Der Hof war nie in diese südlichen Provinzen gekommen, die vornehmen Barone zeigten sich auf ihren Gütern zwei- bis dreimal in
ihrem Leben, so daß der arme Calabrese seine Regierung und seine
Grundherrschaft nur aus den Steuern und Zinsungen kannte die ihm

---

courir" ꝛc.; S. 190 aus Scigliano: „Je suis très-content de l'empressement
que me témoignent les habitants du Calabres"; S. 193 aus Palmi: „Je continue à y être parfaitement accueilli . . . Les prêtres prêchent en chair, sur
les places, dans les champs, et ne tarissent pas sur le compte de Votre
Majesté" ꝛc.; S. 204 aus Gerace: „Il est impossible qu'un gouvernement
inspire moins d'intérêt que la maison de Naples n'en inspire à ces peuples".
    [1]) Ségur schreibt II S. 515 von der Gegend zwischen Tropea und Nico-
tera: „Le sol de cette âpre contrée est tellement bouleversé et lézardé par
le dernier tremblement de terre, que nous fûmes forcés tantôt de tourner
ces gouffres sans fond encore entr'ouverts, tantôt de nous élancer d'un bord
à l'autre de ces abîmes."

für sie abgefordert wurden [1]). Mit ihnen und unter ihnen lebte nur
der Clerus, Weltgeistliche und Mönche, eben so zahlreich als unge=
bildet und dürftig; denn so ausgedehnt die Güter waren die der
Kirche zugehörten, so sehr zersplitterten sich deren Einkünfte unter die
Unzahl von Händen die sich darnach ausstreckten. Dasselbe war mit
den Bisthümern und Capiteln der Fall, deren letztere man nicht
selten in Dörfern fand wo die einzelnen Domherren kaum 100 Francs,
nach französischem Maßstab, im Jahre zu verzehren hatten. „Ein
Drittheil der Leute die mir zu Gesicht kommen sind Geistliche",
schrieb Joseph, „die sich zu Füßen des Altars um ihren Lebensunter=
halt herumstreiten" . . . Unter solchen Umständen war es für einen
Gebieter der einigen guten Willen zeigte keine schwierige Aufgabe sich
beliebt gefeiert gepriesen zu machen, als Retter und Erlöser zu er=
scheinen, eine Bevölkerung von lebhafter Phantasie mit den über=
schwänglichsten Hoffnungen zu erfüllen.

An Empfänglichkeit und gutem Willen fehlte es Joseph nicht;
wenn es nach seinen Ideen gegangen wäre würde er die überwiegende
Mehrheit des neapolitanischen Volkes bald für das neue Regiment
gewonnen haben. Auch gab er schon während seiner Rundreise Be=
weise wie ernst es ihm um seine Aufgabe, um seine Pflichten sei.
Ihn ergriff der Anblick solchen Druckes, solcher Barbarei und Ver=
sumpfung der sich ihm fast allenthalben in diesen Gegenden bot, und
er that sich das Gelübde das Land und dessen Bewohner zu heben.
Als er am 25. von der Höhe bei Monasteraccio zur einen Seite die
Bucht von Santa Eufemia zur andern den Golf von Squillace zu
seinen Füßen sah, reifte in ihm der Gedanke das tyrrhenische Meer
dort mit dem jonischen hier in Verbindung und Verkehr zu setzen,
ein Gedanke der von da an fortwährend ihn beschäftigte und in den
verschiedensten Entwürfen wiederkehrte: ein Canal ließe sich etwa von
Santa Eufemia in die Gegend von Catanzaro ziehen und dort in das
Bett des Corace leiten; das Gebiet von Tarent wäre durch eine

---

[1]) Der deutsche Fragmentist II S. 72—75 führt, als Beispiel der maß=
losen Abgaben welche das unterthänige Volk an seine Grundherrschaft zu ent=
richten hatte, die Einnahmequellen des Fürsten von Scylla an.

Straße über Gravina mit Salerno und dessen Golf zu verbinden; eine andere liefe von Lagonegro die ganze Küstenstrecke von Calabrien entlang bis Reggio [1]).

In Tarent kam Joseph am 2. oder 3. Mai an und empfing hier die Aufwartung Saint-Cyr's der inzwischen von Paris zurück-gekehrt und wieder an die Spitze seiner Truppen getreten war. Wenig Tage früher in Cassano hatte den König die Nachricht von einem Vorfalle getroffen der in seinen Folgen, wie Joseph damals noch nicht ahnte, den besten Theil der Wirkungen zerstören sollte die er auf seiner Rundreise durch persönliche Liebenswürdigkeit, durch Mitgefühl und Theilnahme an dem Loose seiner neuen Unterthanen erzielt hatte.

*   *   *

Die Ansichten Napoleon's über Beherrschung eines Landes, Ge-winnung einer Bevölkerung waren andere als die seines Bruders Joseph, dem er nicht müde wurde Verhaltungsregeln in seinem Sinne zu geben. „Sie können darauf zählen", hatte er ihm schon am 2. März geschrieben, „daß Sie vierzehn Tage früher oder später Ihren Auf-stand haben werden. Bilden Sie sich nur nicht ein in einer Stadt wie Neapel sich auf die öffentliche Meinung stützen zu können. Ver-sehen Sie Ihre Forts mit Mörsern, halten Sie stets eine Anzahl Truppen in Bereitschaft, schauen Sie so schnell als möglich mit der Entwaffnung fertig zu werden. Ich will hoffen daß Sie in Ihrem Schlosse Kanonen und für Ihre Sicherheit alle Maßregeln getroffen haben!" [2]) Und am 6.: „Lassen Sie ohne Gnade die Lazzaroni er-schießen die mit Dolchen bewaffnet sind; wenn sich das geringste rührt jagen Sie ihrer 12- bis 15000 zur Stadt hinaus; einer Bevölkerung wie der italienischen kann man nur mit heilsamem Schrecken imponiren.

---

[1]) Ségur II S. 520—532.
[2]) Corr. XII Nr. 9911 S. 119—121: „Désarmez, désarmez! Mettez de l'ordre dans cette immense ville. Tenez vos parcs dans des positions où la canaille ne puisse pas prendre vos canons. Calculez que vous aurez une émeute ou une petite insurrection. Je désirerais beaucoup pouvoir vous aider de mon expérience dans de pareilles matières" . . .

Legen Sie dem Königreich eine Brandschatzung von 30000000 auf.
Ihre Generale, Ihre Soldaten müssen im Ueberfluß leben! Sie
klagen Sie haben kein Geld, aber Sie haben eine schöne Armee und
ein treffliches Land die beide es Ihnen verschaffen müssen". Als ihm
Joseph am 7. mittheilte es seien eine Anzahl Agenten der Bourbons
aus Palermo, darunter einige Abati, aufgegriffen worden die er nach
Turin und Fenestrelle zur Verfügung des Kaisers geschickt habe,
schrieb ihm dieser zurück: „Ich komme vor Erstaunen nicht zu mir daß
Sie die Spione des Königs Ferdinand, die das Meer an Ihren
Strand geworfen, nicht augenblicklich haben erschießen lassen! Ihre
Verwaltung in Neapel ist zu schwach" (20. März). „In einem er=
oberten Lande ist Milde keine Menschlichkeit, und im allgemeinen ist
es ein Grundsatz der Politik den Glauben an seine Güte nicht auf=
kommen zu lassen, nachdem man sich nicht zuvor den Bösen gegen=
über streng gezeigt hat" (31. März). In solcher Weise von seinem
kaiserlichen Bruder fortwährend gemahnt hatte es Joseph nicht unter=
lassen bald nach Besetzung der Hauptstadt, und dann weiter bei fort=
schreitender Bezwingung des Landes, Kriegsgerichte einzusetzen die sich
voll Eifer und Thätigkeit zeigten. Mit Befriedigung hatte dann
Joseph, kurz vor Antritt seiner Rundreise, nach Paris berichtet: „Es
vergeht kein Tag wo die Militair=Commission in Neapel nicht hin=
richten läßt, erst jüngst hat sie 6 Individuen, jene vor Gaëta 13
erschießen lassen" (29./30. März). Und vierzehn Tage später aus
Cosenza: „Ich habe die Güter des Fürsten von Castelcicala in Be=
schlag nehmen lassen, so wie die aller jener Neapolitaner die dem
Hofe nach Palermo folgten; in Calabrien wurde niemand verschont
der mit den Waffen in der Hand ergriffen wurde; die vor Gaëta
sitzende Militair=Commission hat etliche Briganten aufknüpfen lassen"
(12. April).

Besser als von seinem weichmüthigen Bruder wurde Napoleon
von dessen Minister Salicetti verstanden welcher in der Zeit von
Joseph's Abwesenheit in Neapel zurückgeblieben war und mit Massena
die Zügel der Regierung führte. Es sah fast so aus als sei es Sali=
cetti um einen Aufsehen erregenden Fall zu thun gewesen der ihm

nach oben Lob und Wohlgefallen einträge, nach unten, wie er sich einbildete, heilsamen Schrecken verbreiten hälfe. Eine solche Gelegenheit bot ihm die Gefangennahme Rodio's, den angeblich der Adjutant Fra Diavolo's als Haupt der von der Königin gedungenen „Briganten"-Führer bezeichnet hatte. Wir haben den Marchese 1799 bei und nach der Wiedereroberung von Neapel in militairischer Verwendung gesehen wo ihm der Rang eines Brigade-Generals (maresciallo di campo) im königlichen Heere verliehen worden war. In der Friedenszeit darauf hatte er den Posten eines Preside von Matera bekleidet und in dieser Eigenschaft, als die Heimsuchung des Landes durch den französischen Einmarsch kam, wohlthätig zu Gunsten seiner Schutzbefohlenen gewirkt, was freilich andrerseits seinen Namen bei den Franzosen in schlechten Klang gebracht haben mochte. Rodio war es auch den der Hof von Neapel dem General Saint-Cyr an die Seite gab als dieser seine Truppen im Herbst 1805 aus dem Königreiche hinausführte, was den Franzosen zu einem neuen Verdachtsgrunde gegen den Marchese ward [1]. In den Kriegsnöthen der letzten Monate hatte er, vom Hofe und von den Generalen der Verbündeten wiederholt aufgefordert, zu den Waffen gegriffen sowohl als Chef der Milizen seines Bezirkes als kraft des militairischen Ranges den er bekleidete. Er hatte sich darum, um die Mitte März vor das Kriegsgericht von Matera gestellt, auf seine Eigenschaft als Kriegsgefangener berufen können und war von demselben freigesprochen worden. Das Urtheil des Kriegsgerichtes gestattete keine Berufung, und die Sache war damit von Rechtswegen abgethan. Allein das ließ Salicetti nicht zu, der nicht ruhte bis auf Befehl Massena's ein zweites Kriegsgericht eingesetzt wurde, und zwar in

---

[1] „Le marquis de Rodio avait été chargé par le gouvernement napolitain d'accompagner l'armée française dans sa marche, sous un prétexte honorable, mais en réalité pour trouver les moyens d'exciter quelques désordres qui puissent colorer la démarche que ce gouvernement allait faire"; Saint Cyr habe aber den Anschlag gemerkt und seinen Truppen-Chefs strenge Wachsamkeit aufgetragen so daß nichts vorgefallen sei; „l'année suivante on saisit les minutes de la correspondance de ce même marquis de Rodio avec la reine où il disait: ‚Madame, il n'y a rien à faire; ce ne sont point de soldats, ce sont des moines'". Gouvion St-Cyr Mémoires II S. 308. f.

Neapel, das den Marcheſe nach kaum dreiſtündiger Verhandlung zum
Tode verurtheilte; der Spruch wurde ohne Aufſchub vollzogen und,
wie man ſich erzählte, in einer für den Unglücklichen martervollen
Weiſe da er ſchlecht getroffen nicht gleich todt war.

Die Verbrechen deren Rodio angeklagt war nannte man Auf=
wiegelung und Aufſtand, und die Eigenſchaft in der er dieſelben be=
gangen haben ſollte war die eines Bandenchefs für welche Rolle ihn
die Königin durch Gold gedungen habe. Denn natürlich mußte vor
den Franzoſen und vor der Welt, in allem was ſich ſchlimm deuten
ließ, die grauſame Karolina von Oeſterreich ihre Hand im Spiele
haben, und ein zweiter Kunſtgriff war es alles was nicht zu ihrer
regulären Truppe gehörte als „Briganten“, als „Räubergeſindel“ hin=
zuſtellen, gegen deren Unweſen man die Geſellſchaft ſchützen müſſe[1]).
Das wußten Salicetti und ſeine Helfershelfer ohne Zweifel recht gut,
und darum war die Hinſchlachtung des ehrenhaften Marcheſe ganz
einfach ein Juſtiz=Mord, eine Schandthat der aus der Zeit der frühern
Regierung, welche die Republicaner, die Bulletins Napoleon's, ſelbſt
die Briefe Joſeph's als eine ſo fürchterliche und unmenſchliche hinzu=
ſtellen ſich beeiferten, kein Beiſpiel an die Seite zu ſtellen war.

König Joſeph ſcheint dem Vorgang anfangs keine beſondere
Wichtigkeit beigelegt zu haben[2]). Allein bald darauf muß er die

---

[1]) Schrieb doch ſelbſt ein ſo anſtändiger Schriftſteller wie Ségur, offenbar
von den trügeriſchen Angaben misleitet, II S. 259: „un chef de bandes, le
fameux Rhodio, gagné par son or (de la reine), s'engagea à soulever les
Abruzzes“. S. dagegen Ulloa S. 215 wo er von Reynier ſagt: „Le général
confondait les bandits qu'on appelait brigands, avec les volontaires miliciens
qui étaient des gardes nationaux assimilés aux soldats, mais c'était toujours
la même appréhension de la résistance populaire“. Ja ſelbſt Colletta, der
faſt immer gegen die Bourbons ſpricht, äußert VI 12 Entrüſtung über den Fall
des „generale Rodio . . . Così quel misero in dieci ore (?) fu giudicato due volte,
assoluto e condannato, libero e spento; ed aveva moglie figliuoli servigi e
fama. La immanità spiacque a tutti, fu grande ed universale il terrore“.

[2]) In ſeinem Schreiben vom 14. März hatte Joſeph ſeinem Bruder die
Gefangennahme Rodio's gemeldet; am 30. April ſchrieb er ihm von deſſen Ende
ganz einfach: „Le marquis de Rhodio a été condamné et exécuté à Naples,
il y a quelques jours“; Du Casse II S. 110, 215.

nähern Umstände des Falles so wie den sehr schlimmen Eindruck auf
die Bevölkerung, woraus seine Feinde besten Nutzen ziehen konnten,
erfahren haben und war nun über Salicetti in hohem Grade auf=
gebracht; er würde denselben vielleicht ganz aus seinem Rathe entfernt
haben wenn sich nicht Andere in's Mittel gelegt und, vorzüglich um
des Aufsehens willen das ein solcher Schritt unter allen Umständen
machen mußte, ihn von seinem Vorhaben abgebracht hätten[1]).

Inzwischen setzte er seine Reise mit gleichem Erfolge fort wie er
sie begonnen hatte. Auch in Apulien wo die Sitten der Bevölkerung
milder und geschmeidiger, Landadel und Geistlichkeit gebildeter waren
als in der unwirthlichen Sila, fand Joseph auf seinem Wege nur
Schmeichler. „Die letzte Dynastie", ließ er sich von ihnen sagen,
„war eine französisch-spanische, die jetzige ist mindestens eine italienisch=
französische". Den Abschluß seiner Rundfahrt, bevor er sich in seine
nunmehrige Haupt= und Residenz-Stadt zurückbegab, bildete Caserta.

Von den Engländern hatte Joseph auf seinem ganzen Wege
nichts zu sehen bekommen; nur in Cotrone vernahm er, eine britische
Fregatte und eine Brigg hätten in der Nähe angelegt und Leute aus=
schiffen wollen um Lebensmittel einzuhandeln, seien aber von den Ein=
gebornen zurückgewiesen worden. Erst in dem feierlichsten Momente
seines bisherigen Lebens sollte er an die unmittelbare Nähe der Feinde
des französischen Namens erinnert werden.

Am 11. Mai hielt der neue König den Einzug in seine Haupt=
stadt. Alle Straßen waren erfüllt, alle Fenster besetzt, alle Dächer
und Plattformen bevölkert, alle Häuser mit Teppichen Fahnen Blumen
geschmückt, lauter Zuruf erschallte in welchen die Kanonenschüsse von
den Forts San=Elmo und Uovo hineindonnerten. Joseph begab sich
zuerst in die Heiligen-Geist-Kirche am Eingang der Toledo-Straße wo
der Cardinal-Erzbischof Ludovico Ruffo ein feierliches Dankamt hielt,
und dann zu Fuß mit einem reichen Geleite, den hohen Priester an der
Spitze, in den Palast an dessen Treppe ihn Marschall Jourdan, die

---

[1]) Miot Mémoires II S. 318 f., der für seine Person das gegen den
Marchese eingeschlagene Verfahren für ein höchst unkluges und bedauerliches erklärt.

Generalität, die städtischen Behörden huldigend erwarteten. Auch die Deputation des Senats, die ihn zuerst in Scigliano getroffen hatte, fand sich wieder ein um ihm die auf seine neue Würde bezüglichen Documente zu überreichen. Röderer hielt eine Ansprache und betonte mit besonderem Nachdruck die Verdienste die sich Joseph als gewesenes Mitglied des französischen Senats erworben; Joseph antwortete darauf mit Worten als ob er nicht aufgehört hätte und nicht aufhören wolle jener hohen Körperschaft anzugehören. Aber mitten in diese Feierlichkeiten und Ehrenbezeigungen drang plötzlich die Kunde: eine britische Flotte zeige sich in den Gewässern der Hauptstadt, und einen Augenblick schien es als ob dieselbe nicht wenig Lust habe den Donner ihrer mörderischen Geschütze in die Friedenssalven zu mischen die von den Wällen der Forts über die festlich geschmückte Stadt hinbrausten.

Boshaft war Sir Sidney Smith genug um so etwas auszuführen. Allein für den Augenblick hatte er ernsteres vor als dem gekrönten Kaiser-Lieutenant und dessen Huldigern ihre junge Freude in Schrecken und Leid zu verwandeln; verdorben hatte er sie ihnen ohnedies durch sein bloßes Erscheinen!

12. Das vertriebene Herrscherhaus in Palermo.

Napoleon, oft genug unritterlich, ja gemein und roh gegen das andere Geschlecht, hat nie eine Frau in solchem Grade beschimpft und verlästert, und es ist überhaupt unter civilisirten Nationen nie eine Monarchin von einem andern Fürsten so tief verletzt und beleidigt worden, als dies bei dem großen Hoftage zu Mailand, und dann wieder in den Schönbrunner Bulletins, von der Bühne des „Théâtre français" herab, mit Karolinen von Neapel der Fall gewesen. Gleichwohl war der Zorn des französischen Kaisers mehr gemacht und erkünstelt: es war im Mai 1805 eine jener mit Berechnung herbeigeführten Scenen wobei es Napoleon darum zu thun war durch Einschüchterung der Andern seine Zwecke zu fördern. In seinem Innern unterschätzte er Karolinen keineswegs; sie war ihm eine ebenbürtige

16*

Gegnerin der er seine Achtung nicht versagen konnte. Mehr als eine Stelle in seinem Briefwechsel mit Joseph ließe sich anführen wo er seinen sanften und verweichlichten Bruder mahnt sich an Karolinen ein Beispiel zu nehmen: die wisse was es heiße ihre Hoheitsrechte schützen; der sei kein Mittel zu rasch oder zu gewaltsam um damit zu ihrem Ziele zu gelangen, aber sie handle als Königin! . .

In der ersten Zeit seines Aufenthaltes in Sicilien war die Lage des vertriebenen Königshofes eine überaus traurige. Zwar Ferdinand war es bald zufrieden; er hatte ein anderes Waidwerk, er hatte einen andern Fischfang als auf dem Festland, und das brachte ihm Abwechs= lung. Es gab da romantische Schlösser mitten im Walde wie Figuzza eilf Miglien von Palermo, oder er trieb sich in den Forsten und Bergen von Trapani herum. Er besaß wohnliche Villen am Gestade des Meeres wie la Marinella wo alljährlich der Thunfang, eine Haupteinnahmsquelle der Bewohner jener Gegend, eine große Rolle spielte. Er richtete sich ein Landhaus ein, Colli genannt — „ungefähr von Palermo so weit wie Schönbrunn von Wien", schrieb Karolina ihrer kaiserlichen Tochter —, wo er Grundstücke erwarb, Pflanzungen anlegte, Landbau trieb. Wie aus Neapel wußten auch aus Palermo die fremden Gesandten kaum etwas anderes vom Könige zu berichten als wo er zuletzt zum Zeitvertreib gewesen oder wohin er demnächst auf Unterhaltung zu gehen, wie lang er auszubleiben gedenke 2c. Mit einem Wort das leibhaftige „Le roi s'amuse".

Um so schwerer trug Karolina ihr Loos das sie als ein unver= schuldetes, oder doch nicht in diesem Grade verdientes ansah: „Was uns getroffen hat schreit zu den Füßen des Allmächtigen um Rache, und Er ist es von dem ich sie zu erlangen hoffe". Es war nicht blos die Beraubung durch den äußern Feind was ihr die Seele drückte, es war auch der Abfall, der Verrath, der Uebergang so vieler ihrer frühern Getreuen zu ihren Widersachern was ihr Gemüth mit Bitter= keit erfüllte. Dieser Gallo der als jahrelanger Gesandter in Paris im Besitze aller Interessen und Geheimnisse ihres Hauses war und der jetzt die Leitung der auswärtigen Geschäfte des Usurpators über= nommen! Dieser San Teodoro, mit Wohlthaten überschüttet, gerade

in den letzten Wochen als Mann ihres besondern Vertrauens ver=
wendet, der sich in der Stellung als Oberst=Ceremonien=Meister der
neuen Sonne zugewendet hatte! Dieser General Gambs der sammt
seinem Sohne in die Reihen der neapolitanischen Armee getreten war!
Dieser Salandra, Turcarola, del Vasto und wie sie alle hießen, die
dem Hofe erst nach Sicilien gefolgt waren und jetzt, wo sich drüben
die Dinge zu befestigen schienen und ihrem Hab und Gut Beschlag=
nahme seitens der Franzosen drohte, Abschied erbaten und vom gut=
müthigen König erhielten! Einen und den andern schien es wohl
nachderhand zu reuen und er blieb, wie der Marchese del Vasto, ein
alter Diener ihres Hauses, den aber Erkrankung zurückgehalten haben
mochte; denn er starb bald darauf († 7. Mai) in Palermo.

Der sicilische Aufenthalt hatte bei Karolinen schon von 1799
her die ungünstigsten Eindrücke hinterlassen. Jetzt erschien ihr alles
nur unleidlicher. Es sei ein erbärmliches Land, klagte sie, Elend und
Noth an allen Enden, düster und traurig um darüber zu sterben;
man sehe fast nur armes Volk in Lumpen, kriege nichts ordentliches
zu kaufen oder um die übertriebensten Preise; dazu eine rauhe Jahres=
zeit Kälte Nässe, am 2. März sogar Schnee wie im ärgsten Winter;
sie könne nur täglich Gott bitten sie wieder bald in ihr schönes und
geliebtes Neapel heimkehren zu lassen. Der königliche Haushalt war
in der ersten Zeit nach der furchtbaren Seefahrt, wo die Wellen den
größten Theil ihrer Einrichtungsstücke, fast all ihr Gepäck verschlungen
oder zum Nutzen Anderer an den jetzt feindlichen Strand getrieben
hatten, hart am Nothleiden. Die Königin mußte die meisten ihrer
Leute entlassen, da sie nicht die Mittel besaß sie zu bezahlen. So
fehlte es an der nöthigen Bedienung; wenn sie ihre Enkelchen in die
freie Luft schickte mußten die Prinzessinnen zu Hause bleiben um es zu
hüten. Karolina selbst versenkte sich in schwermüthige Grübeleien und
verließ ihre Wohnung nur um in die Kirche zu gehen. Aber auch zu
Hause fand sie wenig Trost. Ihre Augen begannen ihr den Dienst
zu versagen; sie konnte nicht lesen zeichnen sticken, womit sie sich sonst
über ihre peinlichen Gedanken zeitweise hinausgeholfen hatte. Das
qualvollste waren die Zweifel über ihre nächste Zukunft, der Mangel

an allen Nachrichten vom Festlande, an allen Zeitungen, die Unmög=
lichkeit brieflichen Verkehrs mit ihren zurückgelassenen Freunden und
Anhängern. „Ich wollte ich könnte in's Kloster gehen", hieß es in
einem Briefe an ihre kaiserliche Tochter, „und da den Rest meiner
Tage verbringen! Denn was soll aus mir werden? Zu was für
Schicksalsschlägen bin ich noch aufbehalten? In meinem Alter, mit
meiner Gebrechlichkeit mir nicht sagen zu können welches der Fleck
Erde sei wo ich in Frieden meine Tage werde beschließen können! . . .
Man wird aus Neapel ein besonderes Reich machen. Aber wen wird
man hinsetzen? Einen spanischen Infanten, oder einen Buonaparte,
oder unsern Sohn?" Doch werde man ihnen selbst Sicilien lassen?
Oder werden die Franzosen auch darnach ihre Hand ausstrecken?!
„Dann werden wir auf dem Meere umherirren, in Noth und Jammer,
ohne Hilfsmittel, ohne Geld und Brod, zwei alte Gebrechliche wie
Dein Vater und ich, fünf junge Leute in der Fülle ihrer Lebenskraft
und ihrer Verzweiflung, dazu drei kleine unmündige Kinder mit der
unabweisbaren Nothwendigkeit jemand zu ihren Diensten zu haben, und
das alles ohne eine Idee bei wem und wo diese unbequeme Colonie
abzusetzen wäre!" [1])

---

[1]) Schreiben der Königin an ihre Tochter Theresia vom 23. Februar, 3.
6. 10. 14. 20. März 1806. In jenem vom 10. heißt es u. a.: wenn sie (Karo=
lina) so viel Leid überleben sollte, „je vous conjurerais un petit asyle pour un an
ou plus pour me remettre et vivre en paix avec mes enfants, mais dans un
petit endroit de bonne marché comme Gratz Presbourg ou autre pour y vivre
avec mes trois malheureux enfants retirée de tout et nous consolant entre
nous de notre mauvais sort non mérité" . . . Am 14.: „Votre cher père se
porte bien et sort à chaque peu de beau temps. Vos pauvres sœurs font ma
seule compagnie, mêlant leurs larmes aux miens et notre douleur ensemble" . . .
Am 20.: „Soit les rigueurs du bien connu Salicetti qui a la haute police à
Naples, soit oubli de tout le monde puisque nous sommes dans le malheur,
depuis 37 jours de notre départ personne ne nous écrit un mot, une ligne,
pas même une gazette, un imprimé, de tant de milliers de personnes qui
l'avaient promis: grande réflexion à faire sur le monde!" . . . Vgl. den Be
richt des Legations=Commis Menz aus Neapel an Grafen Kaunitz in Rom um
die Mitte März: „Sa Majesté la Reine vit toute isolée à Palerme, habite une
campagne et ne voit personne. Le Roi chasse et les Princesses font des
dévotions et visitent les églises".

Die gänzliche Trostlosigkeit der Königin sprach sich in einem Schreiben vom 21. März aus wo sie bereits das Scheitern des calabrischen Feldzuges erfahren: „Nun haben wir das Königreich Neapel vollständig verloren und sind in der größten Gefahr auch das von Sicilien zu verlieren, wo uns dann nichts übrig bleibt als uns dem Meere anzuvertrauen!" Wenn sie so viel Leiden und Mühsal unterliegen sollte, dann möchte Theresia ihre verwaisten Schwestern mit dem wenigen was ihnen an Gold und Diamanten geblieben in einem Damenstift unterbringen, ihren Leopold aber Dienste nehmen lassen damit er das Kriegshandwerk erlerne; „der arme Franz mit Frau und Kindern wird, obwohl sehr gegen seine Neigung, in Spanien um Zuflucht und Unterhalt betteln müssen. Dein Vater will durchaus nach England gehen, wohin ich ihm aber nicht folgen könnte!" Denn nie werde sie darein willigen daß ihr Gemahl und ihr ältester Sohn sich auf einen Vergleich, auf eine Entschädigung einlassen: „Das hieße sich entwürdigen und dem eigenwilligen Napoleon in die Hände arbeiten. Nein, ich glaube in einer so unglücklichen Lage kann man nur eines sagen: Die Gewalt, die Uebermacht, die Umstände haben mir mein Hab und Gut genommen, doch ich gebe es nicht auf, ich nehme keinen Ersatz dafür, ich halte die Hoffnung aufrecht daß meine Kinder, meine Kindskinder glücklicher sein werden als ich!" Was könne man auch ihrem Gemahl und dem Kronprinzen für einen Ersatz bieten wollen? Malta den ewigen Zankapfel? Das trostlose Sardinien? Oder wolle man etwa das Königspaar von Portugal wegjagen, ihren Sohn an dessen Stelle setzen und sie und den König bei den Invaliden in Versorgung geben? Und was erreiche man am Ende einem Herrschsüchtigen wie diesem „Buona parte" gegenüber? Was haben dem Papst alle die Demüthigungen genützt die er sich Jahre hindurch gefallen lassen? Und wie werde es der Königin von Hetrurien ergehen, die doch Napoleon's Geschöpf und Werkzeug sei? Wie der spanischen Königs-Familie? „Ehe zwei Jahre vergangen, werden sie alle davongejagt sein! ... Nein, muß ich denn schon Opfer sein so will ich es mindestens auf meine Art sein, ohne gleich so manchen Andern ihn mit mir spielen zu lassen!"

Doch beiseite die Zukunft, ihre augenblickliche politische Lage gab
ihr genug zu schaffen. Sie die einstige Freundin und Vertraute einer
Lady Hamilton, die Bewunderin und Verehrerin eines Nelson — seit
dem schmählichen Benehmen der Engländer im letzten continentalen
Feldzuge hatte sie alles Vertrauen, alle Zuneigung für ihre nothge=
drungenen Beschützer verloren. Wenn es sich irgendwie hätte thun
lassen würde sie sich ihrem Feinde Napoleon in die Arme geworfen
haben. Sie besiegte ihren Haß gegen die ränkevolle Peinigerin ihrer
armen Toto und sandte gegen Ende April den Herzog von San
Michele, Neffen des Admirals Gravina nach Spanien um sich die
guten Dienste dieses verwandten Hauses Frankreich gegenüber zu er=
bitten und die Beziehungen zu letzterem, die seit der schroffen Abwei=
sung des Cardinals Ruffo abgebrochen waren, von neuem anzuknüpfen.
Doch die Sendung hatte keine Aussicht auf Erfolg, und so war
niemand da als die Engländer deren aufgedrungenem Schutze sie sich,
mit Unwillen zwar und Mismuth, hingeben mußte: „Ich erblicke in
ihnen die Ursache von all unserem Unglück, aber da sie jetzt die
einzigen sind die Sicilien vertheidigen bleibt nichts übrig als zu
schweigen und zu dulden!"

Und Sicilien mit allen Kräften zu wahren und zu schützen, dazu
hatte England den dringendsten Anlaß, allerdings nicht um des ge=
kränkten Königshauses willen sondern in seinem eigensten Interesse.

*   *   *

Nach dem eben so kurzen als entscheidenden Feldzuge von 1805
würde vielleicht auch zwischen England und dem französischen Kaiser=
reiche ein Friedensschluß zustande gekommen sein, wenn nicht die Er=
oberung Neapels durch einen buonapartischen Prinzen und damit die
naheliegende Anregung desselben, auch Sicilien in seine Macht zu
bekommen, dazwischen getreten wäre. Die Insel im Besitze einer
Macht zweiten Ranges wie Neapel bot für die britische Herrschaft im
mittelländischen Meere keine Gefahr: aber Sicilien in französischen
Händen war gleichbedeutend mit einer Theilung ihrer Hegemonie mit,
wo nicht gar Verlust derselben an Frankreich. Ganz dieselben Bedenken,

nur in umgekehrter Anwendung, walteten bei den Franzosen gegen die
britische Besetzung von Sicilien. Könne man es gleichgiltig ansehen,
dürfe man es zulassen daß das ehrgeizige England, schon im Besitze
von Gibraltar und Malta, auch noch auf Sicilien Fuß fasse und
durch den Besitz dieser prachtvollen Insel seine Herrschaft im mittel=
ländischen Meere vervollständige? Zu derartigen Erwägungen kam
für England ein zweiter Gesichtspunkt von gleich hoher Bedeutung.
So viel hatten die bisherigen Continental=Kriege gegen Frankreich
und Napoleon's leuchtendes Gestirn gezeigt, daß im offenen Waffen=
gange wider ihn nicht aufzukommen, daß sein Genius und die riesige
materielle Macht die er sich zu Gebote gestellt jedem einzelnen seiner
Gegner, ja ihrer mehreren im Bunde mehr als gewachsen sei. Gelang
es dem Imperator, wie auf der apenninischen so auch auf der iberischen
Halbinsel festen Fuß zu fassen — und daß auch auf letztere seine Ab=
sichten zielten lag inner den Gränzen der höchsten Wahrscheinlichkeit —,
dann war Sicilien der einzige Punkt von wo aus die Linie der fran=
zösischen Eroberungen unterbrochen, von wo aus verhindert werden
konnte daß auch der maritime Süden von Europa von dem einen
Ocean der neuen Weltherrschaft umschlungen und verschlungen werde.
Aus diesem Gesichtspunkte gewinnen von dieser Zeit an die an und
für sich unbedeutenden, scheinbar ein blos örtliches Interesse bean=
spruchenden Unternehmungen an den Küsten Siciliens und des süd=
westlichen Italiens eine welthistorische Bedeutung, und die Zähigkeit
mit der England in diesem Kampfe aushielt, den von ihm einge=
nommenen Posten vertheidigte und behauptete, ist ein Moment das
in den Geschichtsdarstellungen der ersten anderthalb Decennien unseres
Jahrhunderts die geziemende Würdigung bisher nicht gefunden hat.
Daß von dem Standpunkte den die Engländer in dieser großen An=
gelegenheit einnahmen, die Interessen des neapolitanischen Königshauses
ihnen erst in zweiter Linie standen war eben so begreiflich, als daß
Karolina dieser ihrer neuen Stellung bald inne wurde und daß sich
der ganze Stolz der geistvollen und starkmüthigen Cäsaren=Tochter
gegen die Rolle aufbäumte die ihr jetzt auferlegt war und die sie sich
„schweigend und duldend" gefallen lassen mußte.

Das Verhältnis der britischen Befehlshaber zu dem Hofe von
Neapel war das beste gewesen so lang ihr Schutz dem festländischen
Königreiche gegolten hatte. Gleich seinem großen Vorgänger Nelson
hatte Collingwood den beiden Majestäten am meisten zu nützen ge=
glaubt wenn er die französisch-spanischen Geschwader in ihren Häfen
festhielte um zu verhindern daß sie der sicilischen oder italischen Küste
nahe kämen. Das Ziel schwebte ihm auch dann noch vor Augen als
seinen Landsleuten das festländische Unternehmen mislungen war und
sich die Truppen Craig's und Stuart's an der sicilischen Küste längs
der Meerenge von Messina festsetzten; nur daß der Admiral zugleich
darauf bedacht war die Seekräfte Englands bei Sicilien zu verstärken,
besonders die der calabrischen Küste gegenüberliegenden Häfen am
Faro, in Messina Syracus und Augusta besetzt zu halten. In solchem
Sinne schrieb Collingwood der Königin. Sir Elliot aber ließ er
wissen daß von nun an alles darauf ankomme in den ungeschmälerten
Besitz jener Häfen oder mindestens eines derselben, Syracus oder
Augusta, zu kommen. Auf dieses Ziel möge Elliot nicht ablassen seine
Bemühungen beim Könige zu richten; „denn man könne dem Hofe
von Palermo nicht freie Hand lassen zu was sich derselbe etwa herbei=
lassen möchte um den Rest seines Besitzthums vor weiterem Länder=
raub zu retten; das Fürstenpaar könne vor gänzlichem Verderben
vielmehr nur dadurch bewahrt werden daß man es ihm unmöglich
mache für sich allein zu handeln; es sei der feste Wille Seiner Britischen
Majestät daß die Franzosen unter keinen Umständen in den Besitz
von Sicilien oder auch nur eines Theiles der Insel gelangen" rc.
Dieser Weisung gemäß war Elliot in Palermo voll der überschwäng=
lichsten Versicherungen: „die Engländer würden nicht blos Sicilien
vertheidigen; sie würden, und wenn der König selbst dawider wäre,
nicht ablassen bis auch das neapolitanische Festland seinem legitimen
Fürsten zurückgegeben sei; England werde seinen Truppenstand auf
Sicilien nöthigenfalls auf 35000 Mann erhöhen" u. dgl. m.[1]).

[1]) Collingwood an Elliot 23. Februar 1806, Memoirs S. 164—166.
Derselbe an die Königin am 6. März S. 169 f.: er habe bereits zwei Kriegs=

Bei dem sicilischen Fürstenpaar trat nun wieder jener Zwiespalt zu Tage der zwischen ihnen ein paar Monate früher über den Einfluß Acton's ausgebrochen war. Der König war ganz Engländer. Er war kaum in Sicilien gelandet als er sich an Collingwood mit der Bitte wandte eine mächtige Kriegsflotte in den Gewässern der Insel er= scheinen zu lassen, sie sei das vorzüglichste Mittel Sicilien zu schützen und Neapel zurückzuerobern. Auch Acton der, in seiner doppelten Eigenschaft als Mitglied des Staatsrathes und als General=Capitain zu Land und zu Wasser, selbst ohne Portefeuille seine berufene Stimme hatte und den jetzt der König wieder ganz in seine Nähe zog, hatte in gleichem Sinne an den Admiral schreiben müssen [1]). Was Karolina betrifft so scheint sie in der ersten Zeit nach ihrer Ankunft in Palermo dem Einflusse Acton's keine Hindernisse in den Weg gelegt, mindestens nach außen klug an sich gehalten zu haben, als ob sie ihre grundsätzliche Gegnerschaft wider dessen Politik überwunden hätte. Noch in der zweiten Hälfte April, wo Graf Kaunitz nach längerem Aufenthalte in Rom und allerhand Mißgeschick zur See in Palermo eintraf [2]), hatte es den Anschein Fürst Acton und seine Partei seien mächtiger als je, Acton besitze das unumschränkte Vertrauen der Königin. Allein schon wenig Tage darauf konnte sich unser Gesandte vom Gegentheil über=

___

fahrzeuge nach Sicilien absegeln lassen und sende jetzt zwei Linienschiffe dazu „which, together, will form such a squadron as will be superior to any force that the enemy can collect". Und wieder an Elliot 27. März S. 175.

[1]) Collingwood S. 161—163; das Schreiben Ferdinand's war vom 18., das Acton's vom 23. Februar 1806. „The main point of defence from landing", heißt es in letzterem, „is Messina where General Craig has taken the best posts, in case Calabria should fall; but the island cannot be defended whithout naval force".

[2]) Graf Kaunitz hatte ein paar Tage nach dem Einmarsch der Franzosen mit Zurücklassung des Gesandtschafts=Commis von Menz Neapel verlassen und sich erst nach Rom begeben, 6. März, von wo er vier Wochen später nach Livorno ging um sich von da nach Sicilien einzuschiffen; er brauchte zur Ueberfahrt sieben Tage, hatte einen fast zwölf Stunden währenden Seesturm zu bestehen und fiel dann einem barbareskischen Corsaren in die Hände von welchem das Schiff untersucht und ausgeraubt wurde. Auf der Rhede von Palermo traf er am 24. April ein. Menz kam gegen Ende Juli gleichfalls nach Palermo.

zeugen. Karolina war auf Acton sehr übel zu sprechen, hielt ihn fast ganz und gar von sich fern und wandte ihr vorzugsweises Vertrauen dem Commandeur Seratti zu. Acton setzte sich jetzt beim König fest, während die Minister Medici und Circello, der sicilische Staats-Secretair Capelli einander den Rang im Ansehen der Königin abzulaufen suchten, bei der auch die Generale Burkhard und Damas so wie Saint-Clair häufig Zutritt hatten. Den Engländern war besonders Damas ein Dorn im Auge. Acton arbeitete mit allen Kräften auf dessen Entfernung los und drohte, von Elliot unterstützt, den Anhängern und Freunden des französischen Grafen mit Englands Rache. Das Intriguenspiel wurde noch verwickelter als ein Mann wieder am Hofe erschien der Damas schon darum in seinen Schutz nahm weil er wußte daß er dadurch den beiden Andern einen Streich spielte[1]).

Denn England war es nicht allein das dem sicilischen Königs-paare seinen bewaffneten Schutz aufnöthigte: auch Rußland wollte dies, und aus ähnlichen Gründen. Wie jenes den italienischen Besitz der Napoleoniden von Westen her zu fassen suchte, so saß dieses den Franzosen vom Osten her auf dem Nacken. Im Preßburger Frieden hatte Oesterreich auch Dalmatien an Frankreich abtreten müssen und schon waren Commissaire, Hofrath Ghisilieri und Baron Brady von österreichischer, die Generale Mat. Dumas und Molitor von französischer Seite in Zara zusammengetreten, als man erfuhr eine russische Escadre sei von Korfu aus vor Cattaro erschienen und bedränge unterstützt von 1500 Bewaffneten aus den Schwarzen Bergen die Stadt, die

---

[1]) Bericht Kaunitz' nach Wien vom 10. Februar, als die Uebersiedlung nach Sicilien zuerst in Frage war: „La Reine répugne à se trouver avec Acton". Dann am 5. Mai 1806: „La Reine est plus mal que jamais avec le Général Acton". Am 19: „Acton n'a pas encore vu la Reine qu'une seule fois et l'on ne se dit que des duretés; il insiste sur l'éloignement de Damas . . . Ce dernier et son parti s'étalent de la protection du ministre russe. Elliot en revanche appuie le Capitain-Général et tâche de se venger des désagréments qu'il a éprouvés avant son départ de Naples". Am 30.: „Le Général Acton est tellement affecté du séjour de M. Damas et des siens, qu'il n'a point paru au gala de la cour d'aujord'hui par humeur".

ihnen der österreichische Commandant des Platzes am 4. März über=
geben mußte ¹). Alsbald hatte Napoleon Streitkräfte nach dem Süden
gesandt und die Bocche einschließen lassen, worauf Rußland und England mit einer Blocade aller französischen Häfen im adriatischen
Meere antworteten, eine Maßregel die so streng durchgeführt wurde
daß jeder Seehandel aufhörte, selbst die Küstenfahrt eingestellt werden
mußte. Die Seele von all' diesen Unternehmungen war der treue Freund
Neapels und unerbittliche Widersacher der Franzosen, Minister Tatišcev,
der am 7. Mai in Palermo eintraf und sich alle Mühe gab russische
Truppen auf Sicilien landen und von ihnen jene Punkte welche die
Engländer nicht inne hatten besetzen und vertheidigen zu lassen. Der
Königin wäre dies nur willkommen gewesen ²), einmal weil ihr die
Russen minder unbequem waren als die trockenen und selbstsüchtigen
Engländer, und dann weil es ihr überhaupt lieber sein mußte zwei
beschützende Bundesgenossen zu haben als von einem allein abhängig
zu sein. Doch Acton's Einfluß siegte diesmal im Staatsrath und
Tatišcev erhielt eine dankend ablehnende Antwort: „die einheimischen
Truppen im Verein mit jenen Seiner Britischen Majestät seien für
den Augenblick zur Vertheidigung der Insel genügend, deren Mittel
überdies nicht hinrichten eine so große Streitmacht zu unterhalten".

* * *

Die Landmacht der Engländer auf Sicilien war anfangs keine
bedeutende, der Küstenschutz gegen Calabrien so gut wie keiner. Auf
einer Rundreise die unser Gesandte im Frühjahre 1806 unternahm
fand er das Gestade am Faro ohne alle und jede Befestigung;
5 Kanonen=Schaluppen, 8 andere beim südlichen Eingang der Meer=
enge und 12 in Messina waren die einzigen Vertheidigungsmittel.
Der Thurm des Faro hatte nur Begrüßungs=Kanonen, die Forts von

¹) Ueber die diesfälligen Verhandlungen s. Souvenirs du Lt-Gal Comte
Mathieu Dumas (Paris Gosselin 1839) III S. 274—282.

²) Kaunitz 30. Mai 1806: „Le ministre Russe se donne beaucoup de
mouvement pour faire demander au Roi par le parlement l'admission des
troupes Russes; mais je crois qu'il agit par là dans le sens d'un personnage
très auguste".

Messina waren blos zur Hälfte ausgerüstet, nur jene von Melazzo waren in gutem Stande; Syracus und Augusta konnten sich kaum gegen einen Handstreich schützen. Von Truppen befanden sich in und bei Messina beiläufig 8000 Engländer, südlich bis Taormina drei neapolitanische Bataillons und Bruchstücke von allen Regimentern die sich in Calabrien verlaufen hatten; bei Oliveri in der Nähe des Cap Orlando 800 weitere Neapolitaner [1]). Von letzterem Punkte bis hinab zum Cap Passaro, Süd-Ost-Spitze der Insel, lief die Demarcations-Linie innerhalb welcher der Hof von Palermo den britischen Militair-Commandanten frei schalten ließ, derart daß auch die neapolitanisch-sicilischen dort befindlichen Truppen ihm unterworfen waren. Den Oberbefehl hatte an Craig's Stelle Sir John Stuart übernommen; die einheimischen Truppen befehligte General Burkhard. Die Engländer warben in Sicilien Recruten und suchten Officiere der neapolitanischen Armee in ihr Lager zu ziehen, was die Franzosen, als ob sie schon Herren des ganzen Landes seien und von jeher gewesen wären, einem Völkerrechtsbruche an die Seite setzten.

Die eigentliche Kraft der Engländer schwamm auf den salzigen Wellen was Joseph und seinem Anhang um so größern Respect einflößte je weniger sie sich in dieser Richtung dem Gegner gewachsen fühlten. Die eine Fregatte und die eine Corvette der neapolitanischen Flotte welche der Seesturm im Februar am rechtzeitigen Auslaufen gehindert hatte, waren anfangs so ziemlich alles was Joseph von größern Kriegsschiffen, ja von Fahrzeugen überhaupt zur Verfügung hatte. In den Tagen wo die Prinzen Franz und Leopold, von dem nachrückenden Reynier gedrängt, sich der Südspitze Calabriens näherten hatten die Engländer alles was sich an Geldwerth oder Kriegserfordernissen in den königlichen Schlössern und öffentlichen Gebäuden vorfand zusammengepackt und auf ihre Fahrzeuge gebracht, was an

---

[1]) Kaunitz am 21. Juni 1806, der gleich der Königin Karolina jeden Augenblick eine französische Invasion fürchtete wovor sie, wie er meinte, alle Kriegsschiffe der Engländer nicht schützen könnten; „il est indubitable qu'an premier calme les Français passeront à rames et à la vue d'une flotte quelconque, s'ils le veulent".

Schiffen im Hafen und an den Küsten war in's Schlepptau genommen oder, wo sich das nicht thun lassen, den Flammen preisgegeben. Selbst die Fischerbarken hatten sie den Franzosen fortgeschifft die, wie Reynier an Joseph berichtete, „ihre wüthenden Blicke auf Messina hefteten ohne eine Nußschale zu haben in die sie sich werfen konnten um sich über= setzen zu lassen". Und wie im Hafen und an den Gestaden von Reggio so hatten es die Engländer vor Neapel, bei Castellamare, fast allent= halben an der Küste gemacht. „Die Feinde haben von den Gestaden alles aus dem Wege geschafft oder verbrannt", klagte König Joseph seinem Bruder; „was von der neapolitanischen Marine gut war haben sie mit sich genommen: Arbeiter und Werkführer, Zimmer= leute und Kalfaterer, so wie alle Vorräthe". Es wurden zwar sogleich Anstalten getroffen den Abgang zu ersetzen; besonders an der Her= stellung von Kanonenbooten wurde Tag und Nacht gearbeitet, für die Errichtung von Strand=Batterien gesorgt u. dgl. Doch all' das brauchte Zeit, Monate konnten darüber vergehen um so mehr da es auch an Geld fehlte [1]).

Unter solchen Umständen war die Lage der Franzosen von der Seeseite aus eine höchst unerquickliche. Das neapolitanische Gestade seiner ganzen Ausdehnung nach lag fast schutzlos gegen jeden Angriff da, was sich die Engländer unter ihrem ruhelosen Commandanten sehr wohl zunutze machten. Sir Sidney Smith den Admiral Colling= wood mit dem Oberbefehl der sicilischen Escadre betraut hatte, schon von Aegypten und Syrien her ein ausgesprochener Feind Napoleon's und von dessen Sippschaft, trieb den Krieg gegen sie mit einer wahren Lust. Er war fortwährend darauf bedacht die französischen Eroberer in Spannung zu erhalten, bald diesen bald jenen Punkt der Küste zu bedrohen, in die von britischen und alt=königlichen Truppen noch gehaltenen Plätze frische Mannschaft zu werfen, sie mit Geld und Lebensmitteln, mit Geschütz und Munition zu versorgen. So war es

---

[1]) Am 2. April, also sechs Wochen nach der Besetzung der Hauptstadt, schrieb Joseph (Du Casse II S. 154) an den Kaiser: „On travaille à force dans le port de Naples, mais avec peu de moyens, à la construction des barques canonnières; 14 seront prêtes dans dix jours, 20 autres vont être commencées incessamment".

auch an jenem 11. Mai gewesen wo er, nachdem er der Besatzung von Gaëta Vorräthe und Vertheidigungsmittel in reichem Maße zugeführt hatte, plötzlich im Golf von Neapel erschien und Miene machte die Stadt mit Bomben zu bewerfen. Indessen meinte er es anders. Er hatte 5 Linienschiffe zu 74 Kanonen, 3 Fregatten 18 Kanonen-Schaluppen und 2000 Mann Landungstruppen unter seinem Befehl, mit denen er sich plötzlich gegen Capri wandte und die Insel im Angesichte der Hauptstadt zur Uebergabe zwang; die geringe Besatzung, kaum 250 Mann, die sich tapfer vertheidigt und im Kampfe ihren Anführer verloren hatte, erhielt freien Abzug mit kriegerischen Ehren, 12./13. Mai. In Eile sandte Joseph eine Verstärkung von 1200 Mann unter General Merlin nach Ischia und Procida, damit nicht auch diese Inseln dem Schicksale Capri's anheimfielen.

In Palermo würde die Freude über diesen ersten Erfolg der verbündeten Waffen eine ungetrübte gewesen sein, wenn nicht um dieselbe Zeit die Nachricht von dem empörenden Ende Rodio's eingetroffen wäre. Der Hof veranstaltete dem Märtyrer für die könig-liche Sache eine ernste Todtenfeier, 23. Mai. Acht Tage später, 31. Mai, erfloß vom Könige unterzeichnet die förmliche in den gemessensten Ausdrücken abgefaßte Verwahrung gegen die Besitznahme des Königreichs Neapel durch französische Truppen, gegen die An-maßung des Kaisers Napoleon über das Schicksal dieses Reiches zu verfügen, so wie gegen die des Prinzen Joseph sich den Titel eines Königs von Neapel und Sicilien beizulegen: „In Unserer Seele und Unserem Gewissen haben Wir nicht verzichtet auf den Besitz dieses Reiches, sondern werden alles thun was von Uns abhängt um es wieder zu erlangen. Wir hoffen Unser sicilisches Königreich, Dank den Vertheidigungsmitteln welche die Vorsehung in Unsere Hände gegeben, und mit Hilfe Unserer loyalen und mächtigen Alliirten, jederzeit ganz und unverkürzt zu erhalten ... Mögen sich Unsere Unterthanen nicht täuschen lassen durch trügerische Verheißungen, durch Vorspiegelungen wodurch man ihre Treue zu erschüttern sucht. Der Tag wird kommen der sie von dem harten Joche befreien wird das sie jetzt drückt. Wir halten Uns überzeugt daß sie dann Beweise jenes Eifers, jener

Begeisterung geben werden die sie jederzeit für Unsere gute Sache gezeigt haben ... Wir fahren fort mit der größten Beflissenheit dahin zu streben jene glücklichen Tage wieder herbeizuführen die zu allen Zeiten das Ziel Unserer Wünsche waren, und Wir hoffen gegenwärtig und in Hinkunft zu dem Glücke Unserer Unterthanen beitragen zu können" [1]).

13. König Joseph und Kaiser Napoleon.

Joseph Buonaparte war König; Souverain war er nicht. Er war gekrönter Vasall seines suzerainen Gebieters in Paris. Dieser hatte ihn nach Rom geschickt, hatte ihn von Rom nach Neapel gehen, hatte ihn mit Scepter und Purpur schmücken lassen und gedachte nach wie vor die Hand über ihm zu halten, ihn zu leiten, für seine eigenen Ziele und Zwecke heranzuziehen.

Napoleon kannte die weiche mehr zu Vergnügungen als zu Geschäften hinneigende Gemüthsart seines Bruders die, wie der Kaiser meinte, nirgends weniger am Platze war als in einem eroberten Lande, und gar in einem Lande wie Neapel! Was er darum vor allem nicht müde wurde seinem Bruder vorzupredigen und was, nebenbei bemerkt, sehr bezeichnend die Grundverschiedenheit ihrer Charaktere hervorhob, war: mißtrauisch zu sein und unerbittliche Strenge walten zu lassen. Er zeigte ihm nicht früher einen freundlichen Blick als nachdem er die ersten Gewaltmaßregeln aus Neapel vernommen hatte. „Mit Vergnügen sehe ich", schrieb er am 22. April aus Saint=Cloud, „daß man ein aufrührerisches Dorf verbrannt hat; ich setze voraus daß man es vorher der Plünderung preisgegeben. Strenge Maßregeln thun noth; das ist das Recht des Krieges, es ist aber zugleich eine von der Politik vorgeschriebene Pflicht". Das grausam=willkürliche Verfahren mit dem Marchese Rodio, das dem König Joseph so schwer zu Herzen ging, erfüllte seinen Bruder mit heller Freude: „Mit Vergnügen sehe ich", hieß es am 13. Mai, „daß der Marchese Rodio erschossen worden ist."

---

[1]) Wortlaut bei Ulloa S. 381—383.

Joseph war dem Kaiser zu vertrauensselig, zu empfindsam, zu
wenig Herrscher und Gebieter. Als Napoleon die Antwort seines
Bruders an die Deputation des Senats, Joseph's bisherige Amts-
und Berufsgenossen, erfuhr worin der neue König mit einer Art
Wehmuth jenes seines frühern Verhältnisses gedacht hatte, unterließ
der Kaiser nicht ihm mit nächster Post eine Lection darüber zu geben.
Joseph empfand Freude und eine Art Stolz, seinem Bruder von dem
theilnahmsvollen ja begeisterten Empfang berichten zu können den er
auf seiner Rundreise allenthalben gefunden. Wahrzeichen die sich jetzt,
wo er als König in seine Hauptstadt zurückgekehrt war, nur zu häufen
und zu steigern schienen. „Es gibt nicht ein Individuum der ersten
Häuser", schrieb er dem Kaiser am 14. Mai, „das nicht wünschte in
meine Dienste zu treten"; und einen Tag später: „Was die öffentliche Meinung betrifft so kann ich Euer Majestät nur wiederholen:
vom Herzog von Ascoli, gewesenen Polizei-Minister des Königs Ferdinand, bis zum letzten Neapolitaner, den Fra Diavolo inbegriffen,
ich kann sie alle haben"[1]. In der That beeilte sich alles was in
Neapel zurückgeblieben war dem neuen Herrscher seine Huldigung darzubringen, dessen Nähe aufzusuchen. Von hervorragenden Persönlichkeiten machte Joseph der Cardinal-Erzbischof Ruffo am meisten Verdruß,
derselbe der eben erst das Dankamt für ihn gefeiert hatte[2] und der
sich jetzt weigerte den Huldigungseid zu leisten, indem er sich darauf
berief die Besitznahme von Neapel sei ein Vorrecht des heiligen Stuhles,
der Papst allein könne Joseph zum König machen. Der Cardinal wurde
aus der Stadt verwiesen und zog sich nach Rom[3]. Der andere Ruffo,

---

[1] Du Casse II S. 232, 235. Siehe dagegen Miot II S. 309 wo es
über Joseph's Vertrauensseligkeit heißt: „Naturellement confiant et se flattant
d'exercer, par ses discours, par l'aménité de ses expressions et la douceur
de ses manières, une heureuse influence sur les cœurs, il ne voulait jamais
voir des ennemis dans ceux qui l'approchaient".

[2] Dumas III S. 293 behauptet freilich, Ruffo habe beim Tedeum am
11. Mai vermieden den Namen und Titel des Königs auszusprechen.

[3] Joseph an Napoleon 24. Mai 1806 Du Casse II S. 253: „Ce cardinal
. . . est un idiot fanatique de bonne foi; d'autres le disent très mal intentionné,
mais je penche pour la première opinion"; vgl. mit 11. März 1808 IV S. 205.

der ehemalige Calabresen-Führer, schien gefügiger zu sein, da er aus der Schweiz heimkehrend die Gestattung zur Rückkehr nach Neapel ansuchte; allein es zeigte sich bald daß er eben so wenig wie sein Namensvetter geneigt war dem Usurpator gegenüber eine eidliche Pflicht einzugehen; auch er wandte sich nach Rom. Sonst lief die Leistung des Treueides den sich der neue König am 25. Mai von den Ministern, von sämmtlichen Civil- und Militair-Behörden, den geistlichen Würdenträgern 2c. leisten ließ, zur großen Genugthuung Joseph's überall ohne Anstand ab.

Napolen gab auf derlei Kundgebungen, wenn er sie gleich der Form und Ordnung halber streng eingehalten wissen wollte, im Grunde gar nichts und warnte seinen Bruder davor sich täuschen zu lassen. „Sie kennen nicht das Volk im allgemeinen, und die Italiener am allerwenigsten. Sie vertrauen den Huldigungen zu viel die sie Ihnen darbringen. Wenn sich im Festlande das mindeste rührt, also in einem Zeitpunkte wo Sie ihrer Anhänglichkeit am meisten bedürften, werden Sie sich überzeugen wie wenig Sie auf sie zählen können (24. Mai). „Sie trauen den Menschen zu viel. Haben Sie acht auf Ihre Küche und auf Ihre Person, sonst werden Sie vergiftet oder gemeuchelt werden. Ich bestehe darauf daß Sie Ihre französischen Köche beibehalten, daß der Dienst an Ihrer Tafel von Ihrem Haushofmeister besorgt werde und daß die Hausordnung in Ihrem Schlosse eine solche sei daß Sie immer und jederzeit unter dem Schutz von Franzosen stehen. Glauben Sie meiner Erfahrung. Den Charakter der Neapolitaner kennt man aus allen Zeiten und Jahrhunderten, und Sie haben es überdies mit einem Weibe zu thun welches das Verbrechen in Person ist" (31. Mai). Joseph möge darum auf seiner Hut sein und allen Ernst und Fleiß den Regierungsgeschäften zuwenden. Joseph glaubte freilich darin das erdenklich möglichste zu leisten und betheuerte seinem Bruder, er thue was in seinen Kräften liege, er arbeite von 7 Uhr morgens bis in die Nacht [1]): dem unermüdlichen

---

[1]) Derselbe an denselben 15. Juni 1806 II S. 299: „Quant à moi je travaille depuis 7 h. du matin jusqu'à 2 h. après minnit; je fais ce que je

Kaiser genügte er immer nicht. Joseph möge als König lernen sich um alles bis ins kleinste zu kümmern, in alles selbst Einsicht zu nehmen, seine Hand, seine Gegenwart in allem fühlbar zu machen. Den Stand seiner Streitkräfte müsse er im kleinen Finger haben. „Was mich betrifft", versicherte ihm Napoleon, „so sind die Standes=Tabellen meiner Truppen für mich die angenehmste und interessanteste von allen literarischen Erscheinungen, das liebste Buch in meiner ganzen Bibliothek und dasjenige zu welchem ich in Augenblicken der Erholung mit immer erneutem Vergnügen zurückgreife". So wie sich der König selbst eine Art Allwissenheit und Allgegenwart aneignen müsse so müsse dies auch mit seinen Truppen der Fall sein: „es darf so zu sagen nicht ein Dorf in Ihrem Königreiche geben das nicht Ihre Soldaten gesehen hat". Dabei möge aber Joseph darauf sehen daß sie sich überall gut betragen, bei seinen höhern Officieren daß sie nicht „stehlen".

*   *   *

In Paris wurde um diese Zeit über den Frieden verhandelt. Es war daselbst, als Frankreich über Verletzung des Vertrags von Amiens zu klagen begonnen hatte, Lord Yarmouth als Gefangener oder Geißel zurückgehalten worden. Diesen, der als persönlicher Freund des gegenwärtigen britischen Premier=Ministers galt, hatte Talleyrand aufsuchen lassen um ihm versöhnliche Anträge zu machen; als einen Beweis der Nachgibigkeit des französischen Kaisers erklärte er dessen Bereitwilligkeit den britischen Besitz auf Malta anzuerkennen. Auf die Frage Yarmouth's, ob Frankreich Absichten auf Sicilien habe, entgegnete der französische Minister: „Sie haben es, behalten Sie es, wir werden es von Ihnen nicht verlangen!" Als aber Yarmouth, der sich Erlaubnis erbat nach London zu gehen um dort mit Fox Rücksprache zu pflegen, nach seiner Rückkunft wieder bei Talleyrand erschien, mit Vollmachten für den Abschluß der Friedensverhandlungen aus=

peux, comme je le peux. Je m'afflige, il est vrai, de voir par les dernières lettres de V. M. que je ne réponds pas à Son attente".

gerüstet, 16. Juni, führte der französische Minister eine ganz andere Rede. Napoleon mußte sich die Sache überlegt haben, wozu ohne Zweifel seines Bruders Berichte aus Neapel das ihrige beitrugen.

König Joseph befand sich in seinem neuen Besitzthum nicht zwischen zwei Feuern sondern zwischen zwei Wässern, dem adriatischen Meer von der einen Seite dem tyrrhenischen von der andern, und in beiden machte ihm ein in seiner jetzigen Lage fast unnahbarer Feind zu schaffen. Zwar errangen die Franzosen auf dem östlichen Kriegs= schauplatze einige Vortheile: General Lauriston besetzte Ragusa, 27. Mai, und gab die Erklärung ab, es nicht freigeben zu wollen so lang die Russen Albanien und die ex=venetianischen Inseln besetzt hielten und ihre Schiffe aus dem adriatischen Meere nicht herauszögen. Auch bei Lesina und Curzola zogen die Russen gegen Schiffe der venetianischen Marine den kürzern; der wichtige Platz Castelnuovo am Eingang der Bocche kam in die Gewalt ihrer Gegner, die gleichwohl einen harten Stand hatten. Ragusa wurde fortwährend von den Russen zur See, von Montenegrinern zu Land bedrängt; am 17. Juni brachte General Wimski unter den Mauern der Stadt den Franzosen eine Schlappe bei und machte ihnen bei 300 Mann kampfunfähig. Admiral Siniavin empfing von Tatiščev die Weisung Castelnuovo um jeden Preis wieder zu gewinnen; er habe sich mit den Montenegrinern, mit den Bocchesen in Einverständnis zu setzen, sie zu einem Handstreich anzuspornen den Rußland unterstützen werde ꝛc. Noch ärger trieben es die Briten deren Schiffe in allen Gewässern kreuzten bis sie unerwartet an einem Punkte landeten, etwa noch vorhandene Barken wegnahmen oder zerstörten und nebstbei wilde Gesellen oder schlaue Parteigänger ausschifften die, mit Aufrufen Drohbriefen Geld und Waffen versehen, einen raschen Anhang um sich sammelten, einen kleinen Putsch ausführten, fran= zösische Posten überfielen u. dgl. Allerdings gelang das nicht immer; ja in den meisten Fällen wurden die ausgesetzten Abenteurer früher oder später Gefangene der Franzosen die mit ihnen kurzen Proceß machten. Aber viele wußten sich doch durchzudrücken, die dann den Aufruhr tiefer in's Land trugen, Freischaaren bildeten, oft zu Hun= derten stark, sich durch nächtliche Ueberfälle, durch Mordthaten auf

der Landstraße weithin gefürchtet machten¹). Die britischen Schiffe
blieben dabei keinen Augenblick unthätig. Kaum daß Reynier in
Reggio sie von einem Punkte der Küste mit Kanonenkugeln verscheucht
hatte erschienen sie an einem andern. Castellamare wo die Franzosen
ihre Kanonenboote bauten, Torre dell' Annunziata wo sie ihre Pulver=
vorräthe hatten, schwebten in beständiger Gefahr von der See aus
angegriffen zu werden. Ja die Hauptstadt selbst zitterte wenn die
Engländer im Golf von Neapel Stand fassen sollten, Ischia und
Procida in ihre Gewalt bekämen: der ganze Küstenverkehr gegen
Terracina war dann unterbrochen, ja die öffentlichen Spazierplätze
der Stadt waren bedroht, „wie es die Elysäischen Felder wären wenn
der Feind den Platz der Invaliden und die Kriegsschule besetzt hielte".
Ein französisches Schiff durfte sich kaum zeigen daß es nicht von
einem englischen See=Ungeheuer auf's Korn genommen und, wenn es
nicht schleunig einen befreundeten Hafen gewann, mit seiner ganzen
Ladung als gute Prise erklärt oder in den Grund geschossen wurde.

---

¹) Die Briefe Joseph's, die Berichte seiner Generale sind voll von Klagen
die theils die Königin Karolina theils die Engländer anschuldigen. „Les Anglais
soldent tous les gens qui veulent servir dans des compagnies intérieures,
n'ayant d'autre instruction que de commettre du désordre; les moindres individus ont 25 sous par jour"; Du Casse II S. 239 und S. 272 f.: „Sidney
Smith répand sur la côte des libelles et les proclamations du prince de
Hesse" ⁊c. Man habe, schreibt der König am 19. Juni seinem Bruder, in Policastro eilf Briganten gefangen, fünf davon Brüder; alle hätten Zeugnisse bei sich
gehabt über die Abschlachtung von mehrern aus Aegypten mit Sucy zurück-
gekehrten Franzosen: „Votre Majesté, quelque juste opinion qu'Elle puisse
avoir des prix que la Reine mettait aux persécutions exercées contre les
Français, sera cependant surprise que ces assassins conservassent, depuis tant
de temps, des preuves de leur crime comme de titres à la bienveillance du
gouvernement"; ebenda S. 307. Am 3. August berichtet Joseph, man habe eine
feindliche Correspondenz aufgegriffen, darunter neun Briefe Sidney Smith's: „le
plan de la révolte y est tout au long; un des moyens était l'assassinat de
tous mes ministres, et de 80 personnes les plus considérables du royaume
qui sont près de moi" ⁊c. S. auch Colletta der VI 30 einen gewissen Gueriglia
erwähnt bei dessen Gefangennahme sich eine Vollmacht oder Instruction Sidney
Smith's gefunden habe: „Farete sollevare nel regno di Napoli tutti i vostri
partigiani, ecciterete il paese a tumulto, segnerete le case da bruciare, i
ribelli da uccidere".

Größer noch als der materielle Schaden den diese fortwährenden An=
griffe den Franzosen verursachten, war der Schrecken den sie der ein=
heimischen Bevölkerung einjagten. „Denn die Leute halten sich, wenn
sie eine englische Escadre sehen, überzeugt", so klagte Saint=Cyr aus
Chieti, „daß dieselbe eine Commission an Bord habe die ein Blut=
gericht über alle jene halten werde die sich der neuen Regierung an=
geschlossen oder Sympathien bezeigt haben" [1]). Joseph mußte einsehen
daß sein neapolitanischer Besitz ein schwankender, ein halber sei so lang
das britische Banner von den Zinnen Messina's und am Faro wehte.

So änderte denn Talleyrand gegen den Grafen Yarmouth seine
Sprache: „alle Nachrichten die man aus Neapel erhalte kämen darin
überein daß sich das Königreich nicht behaupten lasse wenn nicht
Sicilien damit vereinigt sei, daß man daher darauf ausgehen müsse
es zu erobern". Napoleon ließ nun den Engländern allerhand Vor=
schläge machen: Ferdinand möge als Ersatz die deutschen Hanseftädte
unter britischer Schutzhoheit erhalten. Als dies von Fox abgewiesen
wurde bot Talleyrand Dalmatien Ragusa und Albanien: „wenn
Frankreich noch Venedig hinzufügen wolle", meinte Fox, „ließe sich
das Arrangement in Erwägung ziehen". Hierauf wollte aber Napoleon
nicht eingehen und auch Fox war es mit seinem Entgegenkommen nicht
rechter Ernst; „so lang eine französische Macht in Neapel festen Fuß
hat", schrieb er an Lord Yarmouth, „gebiete es ein allgemeines Interesse
daß Sicilien, um das maritime Gleichgewicht nicht zu stören, vom
Festlande getrennt sei; die Räumung Siciliens sei ein Punkt über den
keine Unterhandlung möglich sei". Napoleon rief jetzt Rußland als
Dritten herbei; „die neapolitanische Frage müsse im Verein mit Ruß=
land verhandelt werden", bemerkte Talleyrand gegen den britischen

---

[1]) Du Casse II S. 305 f. Ueber die Wegnahme der französischen Cor=
vette „la Bergère", Capitain Duclos, am 17. April in den Gewässern von Gaëta
f. Bericht Jacob's an König Joseph vom 23. ebenda II S. 212—214. S. auch
die Proclamation Sidney Smith's vom 19. Mai, worin er allen neapolitanischen
Barkenbesitzern Schutz und Schonung verspricht dafern sie „unter der Flagge
ihres legitimen Souverains Ferdinand IV." nach Gaëta Palermo Messina u. a.
Holz oder Lebensmittel brächten, im gegentheiligen Falle aber Verderb und Ver=
nichtung droht.

Lord. Es wurde die Ankunft des St.-Petersburger Bevollmächtigten Peter d'Oubril's in Paris erwartet [1]).

Napoleon drängte jetzt seinen Bruder zu thatkräftiger Kriegs-führung. „Ich setze voraus", schrieb er dem Könige, „daß Sie alle Häfen des adriatischen Meeres besetzen lassen um jeden Verkehr mit den Sieben-Inseln abzuschneiden". Napoleon betraute für denselben Zweck seinen Flügel-Adjutanten General Lemarrois mit dem Com-mando in Ancona und längs der adriatischen Küste: „man müsse letztere gegen die Engländer und gegen jede Verbindung mit Korfu hermetisch abschließen". Aber auch die Unternehmung nach Westen sollte keinen Augenblick stocken. „Ich habe Anstalten getroffen", schrieb Joseph am 14. Mai, „daß zur Einnahme von Gaëta alles geschehe was möglich ist, und zur Eroberung von Sicilien das unmögliche" [2]). Alles das ging Napoleon zu langsam. „Ich bin ganz erstaunt", hieß es in einem Schreiben von Anfang Juni, „zu vernehmen daß die Abruzzen noch nicht unterworfen sind! Was machen denn Reynier, Saint-Cyr? Schlafen sie? ... Wenn Sie es mit der Armee die Sie haben nicht zuwege bringen Sicilien und Gaëta zu nehmen, Neapel zu halten, werden Sie es mit 100000 Mann auch nicht können". Die sicilische Unternehmung war Napoleon jetzt das allerwichtigste und dringendste; gelang es die Eroberung der Insel zur vollendeten Thatsache zu machen, so war der Abschluß der Pariser Friedensver-handlungen eine Spielerei. „In der gegenwärtigen Lage von Europa wo von keiner Seite Krieg zu besorgen ist, ist Sicilien alles und Gaëta ist nichts; das heißt, wenn ich sage nichts so meine ich diese zwei Monate; vor dem September muß man Gaëta jedenfalls haben. Aber nie darf es Ihre Hilfsquellen erschöpfen oder die Mittel schwächen welche die sicilische Unternehmung erheischt". Dieselbe könne, meinte

---

[1]) **Lefebvre** II S. 296 f. 301—304: „Le roi Joseph écrivait à son frère qu'il se déshonorerait aux yeux de ses sujets si, à la paix, sa couronne restait dépouillée de son plus beau fleuron, que la force et la durée de sa dynastie étaient invariablement attachées au recouvrement de la Sicile".

[2]) Joseph an Napoleon 14. Mai 1806 Du Casse II S. 232. In einem spätern Schreiben, vom 22. Juni, findet sich die ächt französische Phrase: „l'on fait l'impossible, mais on ne peut pas faire au-delà"; ebenda II S. 313.

der Kaiser, auch gar nicht so schwer sein: die Meerenge habe kaum 2000 Klafter Breite; Fahrzeuge zum Transport müßten doch in hin= reichender Zahl vorhanden und bald müßte man dann Herr der Insel sein; mit 15000 Mann lasse sich das Ganze richten, „all das Ge= sindel, Neapolitaner und Sicilianer, zählen blutwenig. Wenn Sie halbwegs vom Kriege etwas verstünden würde ich Sie auffordern sich an die Spitze der Unternehmung zu stellen", schrieb der Kaiser mit gewohnter Grobheit; „aber so hieße das zu hohes Spiel spielen und ist es schon besser Sie bleiben in Neapel; nützen würden sie ohnehin nichts und Ihre Anwesenheit würde die Stärke ihrer Divisionen nicht erhöhen"; es sei daher am besten Massena übernehme die Führung [1]).

*　　*　　*

So ganz im Unrecht war Napoleon mit seinem Mentorthum wohl nicht, wenn auch die Form in welcher er es ausübte schonender sein konnte. Joseph war nicht für den Thron geboren, seine neue Würde drückte und beengte ihn. Er sollte angeben und befehlen, und er fühlte immer das Bedürfnis sich von andern belehren zu lassen, auf ihre Meinung zu horchen, sich nach ihrem Urtheil zu richten. Bei den Audienzen die er gab zeigte er sich verlegener als jene die vor ihm standen und zu ihm als ihrem Herrn und Gebieter hinaufsahen [2]). Bei einem Monarchen solchen Charakters kam alles auf die Persön= lichkeiten an die seinem Thron zunächst standen, und auch in dieser Hinsicht nahm sein Bruder die Hauptsorge auf sich.

---

[1]) Napoleon an Joseph 3. 7. 21. Juni Corr. XII Nr. 10311 S. 430, Nr. 10329 S. 444, Nr. 10395 S. 480. Vgl. des Kaisers Instructionen wie eine Landung in Sicilien auszuführen wäre; ebenda Nr. 10325 S. 439—442.

[2]) Ségur II S. 541 wo er Joseph in seiner neuen Rolle schildert: „aussi s'efforçait-il de le jouer de son mieux, quelque gênant qu'il fût à son inex-périence dont son cœur honnêt avait le sentiment, à la douceur indécise et presque timide de son caractère, et à l'aimable simplicité de ses habitudes … En effet, également embarrassé pour accueillir ou congédier, rien n'était pénible que ses audiences. Alors, ayant l'air plus emprunté que ses interlocuteurs, une double et visible perplexité l'agitait" ꝛc.

Kaiser Napoleon und vielleicht in noch höherem Maße Talleyrand hätten gewünscht daß alle höhern Posten, und selbst viele von den
untern, mit Franzosen besetzt würden, worauf Joseph, der seinen jetzigen
Unterthanen Vertrauen zeigen und das ihrige gewinnen wollte, nicht
immer eingehen mochte, obwohl ihn andrerseits Neigung und Landsmannschaft oft genug von seinem Vorhaben wieder abbrachten. Nach
seiner Erhebung zum Könige behielt er, mit des Kaisers Erlaubniß,
den Senator Röderer in Neapel zurück; er nahm ihn für das Portefeuille
der Finanzen in Aussicht das der Fürst von Bisignano nur mit
Widerstreben übernommen hatte. Röderer war Träger eines in der
Literatur so wie in der Finanzwelt geachteten Namens, er besaß Geist
Geschmack Willenskraft; aber seine Umgangsformen waren nicht die
besten, er war barsch und abstoßend, wo es angezeigt gewesen wäre
dem neuen Regimente durch seines leutseliges Betragen Freunde zu
gewinnen. Seinem Staatsrath gab Joseph eine Einrichtung nach dem
Vorbild von Paris, doch setzte er ihn zum größten Theile aus Neapolitanern zusammen; als ihm sein kaiserlicher Bruder für die untern
Posten desselben fünf bis sechs französische Staatsraths-Auditore, „junge
Leute von erprobter Rechtlichkeit und großen Talenten", aufnöthigen
wollte, schickte sie Joseph einfach zurück ohne ihnen irgend einen Ein-
blick in die Geschäfte gestattet zu haben. Immerhin aber war in allen
Zweigen und auf allen Stufen des öffentlichen Dienstes, in der Verwaltung wie in der Armee, das Franzosenthum so zahlreich vertreten
daß die Misgunst der Einheimischen dadurch um so empfindlicher getroffen, um so heftiger gereizt wurde, als die begünstigten Fremden
der großen Mehrzahl nach durchaus nicht durch innere Vorzüge glänzten,
dagegen nur zu häufig sich durch Hoffahrt Willkür und Habsucht
bemerkbar machten [1]). Auch führte diese Mischung einheimischer und
auswärtiger Elemente manche Schwierigkeit mit sich, es entstand Eifersucht zwischen den französischen und neapolitanischen höhern Beamten;

---

[1]) „. . . E' somigliavano insomma, tranne pocchissimi che ricchi di
virtù e d'ingegno con molta perizia ordinarono l'amministrazione e l'esercito,
a' que' loro progenitori che seguaci di Carlo d'Angiò provocarono di là dal
Faro il celebre Vespro siciliano"; Pepe I S. 130.

ja es kam bei dem Uebermuth der erstern mitunter zu Auftritten bei denen Joseph seine ganze Autorität fühlen lassen mußte. So stellte der Linienschiffs-Capitain Jacob, ein sehr verdienter Officier den ihm Napoleon für das Commando seiner Marine geschickt hatte, die Zu=muthung mit dem Könige unmittelbar zu verkehren, und weigerte sich eines Tages rundweg einen durch sein vorgesetztes Ministerium ihm zugekommenen Befehl anzunehmen; Joseph enthob ihn seiner Stelle und ersetzte ihn durch de Lotanges [1]).

Gegen was der Kaiser am entschiedensten auftrat war jede Ver=schmelzung der einheimischen Elemente mit den französischen im Heere. Den Vorschlag Joseph's, die Lücken der französischen Regimenter durch Recrutirung im Lande auszufüllen, verwarf der Kaiser unbedingt: „Im Gegentheil, halten Sie Ihre Hand darüber daß kein Neapolitaner in einem französischen Militairkörper Dienste nehme. Das hieße alles verderben. Sie wüßten, wenn es zu außerordentlichen Ereignissen käme, nicht mehr wem Sie trauen können" (13. Mai). Der König führte eine Art Volks=Miliz ein, in jeder Provinz eine Legion, im Hauptorte eine Elite von jeder Truppengattung: Infanterie Jäger Dragoner Kanoniere. „Was soll es mit dieser Nationalgarde in Neapel?" kam aus Paris die Mahnung. „Das heißt sich auf ein Rohr stützen, wenn es nicht gar so viel ist als seinem Feinde eine Armee in die Hand spielen. O wie wenig kennen Sie die Menschen!" [2])

In gewissen Beziehungen hatte es Joseph ungemein leicht sich in seinem neuen Regimente Vertrauen Zustimmung Anhang zu ge=winnen. „Nie vielleicht", äußert ein zeitgenössischer Beobachter, „hat ein Land ein weiteres Feld für die Reformen eines fortgeschrittenen Zeitgeistes geboten, als Neapel in seinem damaligen Zustande wo alles in der größten Verwirrung lag". Was war und bestand gehörte nicht etwa dem Mittelalter an, sondern allen möglichen Jahrhunderten,

---

[1]) Miot II S. 310. Joseph an Napoleon 13. Juni 1806 Du Casse II S. 296 f.

[2]) „C'est s'appuyer sur un roseau, si ce n'est pas donner une armée à ces ennemis. Oh que vous connaissez peu les hommes!" Saint=Cloud 26. Juli 1806 XIII Nr. 10554 S. 5.

bis in die Tage der alten Römer hinauf. Die Gesetzgebung bildete
ein Chaos in dem sich niemand auskannte und wo sich eben deshalb
jeder sein Theil herausnehmen konnte: römisches, Kirchen= und Lehn=
recht, Gesetze der normannischen und der hohenstaufischen Fürsten,
Capitularien der Anjou, Pragmatiken der Arragonier, der Vice=
Könige, dazu die statuarischen Sonderrechte von Neapel und andern
Städten 2c. 2c. Eben so mannigfaltig wie die Gesetze waren die Be=
hörden und Aemter. Die Masse der Landbevölkerung stand in Ab=
hängigkeit von einer kleinen Anzahl von Familien die oft von ihrer
alten Größe nichts besaßen als stolz klingende Namen und Titel. Der
Militairstand, die Geistlichkeit, der Adel hatten ihre besondern Gerichte,
ihre Beamten und Gerichtsbüttel, ihre eigenen Gefangenhäuser. „Oft
ging mehr Zeit darüber verloren vor welchen Gerichtshof eine gewisse
Angelegenheit gebracht werden solle, als dazu nöthig war sie endgiltig
zu entscheiden" [1]. Die Unmasse und Wirrniß von Gesetzen lieferte
den Rabulisten ein überreiches Feld das Recht zu verdrehen, Processe
hinauszuschieben, selbst gefällte Urtheile um ihre Wirkung zu bringen.
Dazu von der einen Seite die Bestechlichkeit der Richter und Gober=
nadori, von der andern der höchste Wille des Monarchen der in jedem
Stadium des Processes eingreifen oder auch einen eigenen Gerichtshof
zusammensetzen konnte. Auf dem Gebiete der peinlichen Gerichtsbarkeit
war es nicht besser bestellt als auf jenem der Privat=Rechtshändel.
Die Tortur war förmlich abgeschafft, aber die scheuslichen Gefängnisse,
Durst= und Hunger=Curen, der Block ersetzten sie reichlich. Da über=
dies keine ordentlichen Aufzeichnungen geführt wurden so geschah es
häufig daß ganze Verbrechen, sammt denen die sie begangen haben
sollten, vergessen wurden und mit der Zeit straflos ausgingen oder,

---

[1] Orlov Mémoires sur Naples 2c. III S. 208 f. 212, 215. Siehe
auch Colletta der VI 2 einen Fall anführt wo ein Rechtsstreit durch siebenzig
Jahre über die Frage hingezogen wurde vor welchem Tribunal derselbe zur Ent=
scheidung zu bringen sei. Bei Orlov S. 155—163 findet sich eine Aufzählung
und Charakterisirung aller damals im Neapolitanischen vorhandenen Giunten
Kammern Räthe Gerichtshöfe Verhörämter, der verschiedenen Deputationen Direc=
tionen Consulate Finanz= und Zoll=Behörden Intendanzen 2c.

was schlimmer war, daß Unschuldige die man auf leichte Anzeichen in Haft genommen hatte Jahre lang in Gesellschaft von Uebelthätern aller Art gefangen saßen ohne zum Verhör zu kommen oder ihre Freiheit wieder zu erlangen [1]). In der Verwaltung, im Staatshaushalt waren die gleichen Mißstände, die gleichen Anlässe zu Druck und Willkür welche die zusammenhanglose Buntscheckigkeit so vieler Jahrhunderte und so verschiedener Regierungen und Gesetzgebungen herbeigeführt hatte. Das Steuer-Quantum z. B. wurde in der einen Provinz unmittelbar von den nach einem veralteten Kataster classificirten Grundstücken erhoben, in der andern als mittelbare Abgabe von Gegenständen der Verzehrung und des Verbrauchs, in der dritten nach willkürlicher Schätzung und Auftheilung, nach dem Ertrag des Gemeindevermögens ꝛc. Was endlich Bildung und Erziehung betraf so war zwar für die bemittelteren Classen und für die höhern Stufen des Unterrichts besser gesorgt als in manch anderem Lande [2]). Allein

---

[1]) Colletta a. a. O. „I giudizi *ad horas* e *ad modum belli* erano frequenti". Es wird da ein Fall erzählt wo es sich um Vatermord handelte; die Gerichte gingen in ihrer Auffassung auseinander, hier wurde die Schuld als erwiesen angenommen, dort das Vorhandensein ausreichenden Beweises geläugnet, bis König Karl, in seinem Innersten von der Schuld des Angeklagten überzeugt, dem Zwiespalt durch einen Machtspruch ein Ende machte und Tod durch Strang befahl der auch in Vollzug kam ... Dem deutschen Fragmentisten II S. 78 f. zufolge war dieses königliche Eingreifen mitunter das einzige Mittel wo der Kläger „mit Gewißheit, wenn nicht aufgeklärte doch unparteiische Gerechtigkeitspflege" erwarten konnte, nämlich dann „wenn der König selbst aus freier Bewegung nach Durchlesung der unverfälschten Acten den Endausspruch thun will. Davon hat man aber", setzt er hinzu, „meines Wissens unter der jetzigen Regierung noch kein Beispiel, und gesetzt auch der König wäre zu einer dergleichen Last fähig oder willig, so würde sein Leben wahrscheinlich nicht zureichen die Ungerechtigkeiten durchzulesen welche die Armen täglich in seinen zwölf Provinzen leiden. Die Neapolitaner berufen sich sprichwortsweise auf die Worte des Evangeliums daß, wenn einem der Mantel genommen wird, man statt bei der Vicarie zu klagen auch noch den Rock freiwillig zugeben soll um nur das Hemd zu behalten".

[2]) Eustace Tour through Italy I S. 508: „In fact, Naples is very well supplied with all the means of instruction as far as depends upon public establishments" ꝛc. Damit widerlegt sich was von manch anderer Seite z. B. von Orlov behauptet wird: zu Anfang der Regierung Ferdinand's sei, da die geist-

für die große Masse der Bevölkerung war blutwenig gethan; man
ließ mehr den Zufall und den guten Willen Einzelner walten als
daß man die so wichtige Angelegenheit systematisch in Angriff genommen hätte. In allen drei Calabrien gab es nicht eine Buch-
druckerei; Reynier mußte sich nach Reggio Lettern Setzer und Pressen
aus Neapel kommen lassen um Aufrufe Bulletins Tagesbefehle ꝛc.
auflegen zu können.

Alle Vernünftigen wußten es darum dem neuen Regimente
Dank, als dieses damit begann Ordnung und Einfachheit in alle
Zweige des öffentlichen Dienstes zu bringen. Jede Provinz wurde in
eine Anzahl Districte, diese weiter in Arrondissements getheilt. An
der Spitze der erstern stand ein Intendant mit einem Intendantial-
Rath im Centrum und je einem Unter-Intendanten in jedem Bezirke;
in den Gemeinden walteten Syndici mit zwei Erwählten und den
vom Könige ernannten Decurionen. Für die Gerechtigkeitspflege sollte
jede Provinz ein Tribunal erster Instanz so wie eines für die Straf-
Justiz bekommen; die zweite Instanz bildeten vier Apell-Höfe, die
oberste der Cassations-Hof in der Hauptstadt; ein Ministerium der
Justiz hatte die Leitung des Ganzen. Jede Gemeinde sollte ihre
Primaire-Schule haben, in dem Hauptorte jeder Provinz ein Collegium
und eine weibliche Erziehungsanstalt bestehen, in der Hauptstadt ein
in vier Akademien getheiltes National-Institut geschaffen werden: für
Geschichte und schöne Wissenschaften, für exacte Wissenschaften, für die
schönen Künste; endlich die Herculanische Akademie für die Entziffe-
rung der Papyrusrollen und sonstiger an den Stätten classischen
Alterthums gemachter Funde. Besondere Verdienste erwarben sich in
dieser Hinsicht die beiden französischen Berather Joseph's Miot und
Röderer die es verstanden, ohne gehässige Maßregeln oder drückende
Auflagen, Ordnung in die Finanzen zu bringen und in die Administra-

volle und belesene Königin für die neuen Ideen Interesse zeigte, für Unterricht
und Aufklärung manches geschehen; allein mit Ausbruch der Revolution habe man
alles zurückgenommen, eine unerbittliche Censur habe auf die besten Werke und
Unterrichtsmittel Beschlag gelegt; die Restauration habe alles niedergemäht was
hervorragend an Geist und Bildung gewesen ꝛc.

tion Verbesserungen einzuführen von denen viele bleibend Wurzel faßten [1]).

Vielleicht würde es Joseph und seinen Räthen mit der Zeit gelungen sein die neuen Einrichtungen vollends mit dem Charakter und der Anschauungsweise des Volks in Einklang zu bringen, wenn sie nicht auch in diesem Punkte zu einem großen Theile von Paris abgehangen hätten. Der französische Kaiser kannte auch hier nichts als seinen Willen, sein Einheitsgesetz. Der „Code Napoleon" sollte am Gestade des tyrrhenischen Meeres gelten wie an den Ufern der Seine und der Loire, allenfalls mit einigen durch die neapolitanischen Sitten und Zustände gebotenen Veränderungen, doch auch diese nur in sehr beschränktem Maße; so könnten allenfalls die Paragraphe über die Trennung der Ehe wegfallen, die Standes=Register in den Händen der Pfarrgeistlichkeit bleiben. Im Ganzen aber werde, so meinte der Kaiser, die Einführung des „Code civil" nur Joseph's Macht befestigen, „weil dieses Gesetzbuch alle Macht der eingebornen Geschlechter bricht und nichts dauern läßt als die vom Könige neu errichteten Lehen" [2]). Napoleon gebot ihm die Jesuiten davon zu jagen — „es werden ohnedies wenig Neapolitaner unter ihnen sein" —; er selbst, der Kaiser, erkenne diesen Orden nicht an. Dagegen möge Joseph auf Einführung eines weltlichen Ordens bedacht sein; den bestehenden vom heil. Januarius dürfe er nicht beibehalten, einmal weil derselbe an die Bourbons als dessen Begründer erinnere, und dann könne man „in Europa den Namen dieses Heiligen nicht hören ohne zu lachen"; vielleicht ließe sich der Malteser=Orden wieder aufrichten und ihm eine nützliche Beschäftigung wie die Auslösung der Christen=Sclaven von den Barbaresken auferlegen ꝛc. [3]).

---

[1]) Miot II S. 310 ff.: „Dans la courte durée de son gouvernement il (Joseph) sut, sans recourir aux moyens extrêmes, écarter le danger d'une insurrection à Naples et pourvoir aux besoins de l'État sans exactions violentes". Und wieder: „Le fait est que le système d'administration, établi dans le Royaume pendant la durée de mon ministère, y subsiste encore".

[2]) Corr. XII Nr. 10314 S. 432 f.

[3]) Corr. Paris 6. März XII Nr. 9911 S. 119, Saint=Cloud 21. Mai Nr. 10255 S. 387 f.

14. Gaëta und der calabrische Aufstand.
Juli bis September 1806.

Von den beiden Festungen die noch im Besitz der vertriebenen Königs-Familie waren leistete die kleinere Monate hindurch ausdauernden Widerstand. Der alte Irländer der in Civitella del Tronto commandirte wies alle Aufforderungen zur Uebergabe zurück, wehrte wiederholte Angriffe ab, bis es zuletzt dem von Saint-Cyr abgeordneten General Frégeville durch einen Handstreich gelang den Platz von einer minder bewachten Seite zu überrumpeln[1]). Es blieb jetzt nur die Landspitze von Gaëta wo beide Theile ihre Kräfte aufboten, die Einen zu Sturm und Angriff, die Andern zu Ausfall und Abwehr. Prinz Ludwig in der Festung war unerschrocken und unermüdlich; Sidney Smith, der mit einer kleinen Escadre in den Gewässern von Gaëta kreuzte, half und leistete Beistand wo er konnte.

Der Commandant von Gaëta, ein Haudegen von erprobter Tapferkeit, klein und stämmig, gefurchtes und gebräuntes Antlitz das von ertragenen Unbilden des Kampfes und der Witterung, aber nicht minder von genossenen Freuden der Tafel zu erzählen schien, war ein würdiges Seitenstück zu dem mitunter bizarren Seehelden Sidney Smith. Beide gaben den Franzosen eben so viel zu schaffen als zu

---

[1]) Saint-Cyr Mémoires wo es II S. 327 f. heißt, in der Festung habe sich „une bande de brigands ayant à sa tête le fameux Sciabolone" befunden, und Saint-Cyr habe Befehl gegeben „de faire passer au fil de l'épée tous les brigands qui s'y trouvaient, pour que cet exemple terrible exécuté sous les yeux de la garnison du fort, leur annonçat ce qui leur arriverait quelques jours plus tard s'ils prolongeaient la défense de la forteresse". Allein der amtliche Bericht über die Unternehmung Frégeville's im Anhang Nr. 104 S. 439 f. meldet nichts ob sich bei Erstürmung der Veste Sciabolone mit seinen „Briganten" wirklich vorgefunden, und man dieselben wirklich alle über die Klinge springen lassen habe; er meldet nur von großen Vorräthen an Lebensmitteln und Schießbedarf, 22 Kanonen 2c. . . . Als Tag des Falles von Civitella fand ich irgendwo den 29. Mai angegeben, was sich mit dem Berichte Saint-Cyr's nur dann vereinigen ließe wenn in den „Pièces justificatives" S. 439 die Ziffer „Chieti le 20 mai 1806" ein Druckfehler wäre st. „29" oder „30".

reden. „Der Prinz von Hessen", schrieb Joseph an seinen Bruder, „ist eine ganz eigene Art von Narren. Die Schlüssel zu seinem Keller hat er in die Hände des Bischofs gelegt und diesem ausdrücklich verboten ihm des Tages mehr als eine Flasche auszufolgen. Von seinen Wällen herab ruft er durch ein Sprachrohr daß einem die Ohren zerspringen könnten: Gaëta ist kein Ulm, Hessen ist kein Mack". Er war durch einen Zufall in die Kenntnis gekommen daß der Regentschaftsrath ohne Ermächtigung die Uebergabe der Festung an die Franzosen zu= gestanden hatte, und beschloß auszudauern allen an ihn ergehenden Aufforderungen und Anerbietungen zum Trotz¹). Graf Ségur, der selbst an der Belagerung von Gaëta theilgenommen, bringt eine Anek= dote aus dieser Zeit die eben so für den Humor als für die Gut= müthigkeit des tapfern Hessen zeugt. Bei einer Besprechung mit dem französischen General Gardanne machte er diesen aufmerksam: er habe eine ungesunde Wohnung und er, Philippsthal, würde ihm rathen selbe zu wechseln. „Eine ungesunde Wohnung? In dieser Lage!" „Gerade die Lage ist es, Herr General, die Ihre Wohnung ungesund macht". Gardanne begriff erst was der Prinz gemeint hatte als eines schönen Morgens das Haus in welchem er sein Quartier genommen von einem Hagel von Wurfgeschossen überschüttet wurde, so daß er Gott danken

---

¹) Du Casse II S. 99. Vgl. Kaunitz 1. März 1806: „Le Prince de Philippsthal a été sommé une autre fois de se rendre, mais ne paraît pas en avoir envie, il a répondu d'une façon peu flatteuse pour le Général Mack". — Den Hergang wienach Gaëta den Franzosen so lang vorenthalten blieb erzählt Kaunitz 28. April folgendermaßen: „La défense vigoureuse du Prince de Hesse dans Gaëte, en contradiction manifeste avec les ordres qu'il avait reçus de la Régence de Naples, est l'effet d'une circonstance assez singulière. Au moment du départ du Prince Royal de Naples la Régence avait reçu par ses instruc- tions la faculté de rendre en cas d'extrémité la ville, les châteaux Neuf, de l'Œuf et del Carmine, mais aussi l'ordre exprès de répondre que les com- mandants militaires de Gaëte Capone et St-Elme n'étaient pas sous ses ordres. À la première sommation française il (le Prince de Hesse) envoya un officier à Naples qui y arriva le 12 après le départ du Prince (Royal) et, durant que la Régence conférait sur la réponse qu'il fallait donner au Prince de Hesse, fut enfermé dans la chambre où se trouvaient les instructions. Il les lut et en fit le rapport à son commettant qui prit de là courage à refuser toute obéis- sance aux ordres de la Régence".

v. Helfert. Karolina von Neapel u. Sicilien. 18

konnte mit heiler Haut davonzukommen um sich nach dem Rathe seines launigen Gegners eine „gesundere Wohnung" zu suchen [1]).

Der Vortheil war lange Zeit auf Seite der von der See aus kräftigst unterstützten Belagerten während die Franzosen einen Verlust, einen Nachtheil nach dem andern erlitten; am meisten betrauert wurde um die Mitte Juni Genie=General Valongue der in den Laufgräben von einem Bombensplitter am Kopf getroffen wurde und bald darauf starb [2]). Durch ganz Italien, überall wo man mit Unmuth das fran= zösische Joch trug, ging der Ruhm des Prinzen von Philippsthal von Mund zu Mund, und eben so das Wort Napoleon's: „Die Festung müsse sein werden, sollte es auch die Ausfüllung ihrer Wallgräben mit Leichen kosten" [3]). Langsam näherten sich die französischen Lauf= gräben den Mauern der Festung, von einer Woche zur andern zogen sich die Arbeiten der Belagerer, trotz aller Anstrengungen Joseph's der fortwährend über Mangel an Geld, über unzureichende Artillerie und Munition zu klagen und dabei die Sicherheit der andern Theile des Königreiches im Auge zu halten hatte. Mitte Juni war die Küsten= befestigung gegen Westen so weit vorgeschritten daß von Neapel bis Calabrien sechzehn Punkte mit Strand=Batterien, zusammen 61 Feuer= schlünde, Vier= bis Sechsunddreißig=Pfünder, versehen waren [4]), die freilich mit Ausnahme etwa der Landzunge gegen Capri, dem Ge= stade von Sorrento bis Salerno, dann der Sicilien nächst gegenüber= liegenden Strecke von Bagnara bis Reggio bei weitem nicht aus=

---

[1]) Ségur II S. 546.

[2]) S. die „Rélation du Siége de Gaëte" bei Du Casse III S. 1—63 mit einem „Plan des attaques contre Gaëte". Ueber einen Ausfall am 15. Mai, wo die Belagerten dem General Lacour viele Leute tödteten, Geschütze vernagelten ꝛc. schrieb Napoleon am 6. Juni an Joseph (Corr. XII Nr. 10326 S. 442 f.): „La sortie de Gaëte est un véritable échec qui encourage les Napolitains et qui décourage mes soldats". Zum 28. Juni wird erzählt: „Hier une bombe tombée dans la soupière du chef de bataillon Thomas, du 10ᵉ, a blessé 5 officiers qui étaient à table avec lui, et a été casser la jambe à son cuisinier au rez-de-chaussée".

[3]) Elisa v. d. Recke IV S. 210—212 zum 6. Juni 1806 Rom.

[4]) Du Casse II S. 305 Anm. 1, wo sämmtliche Punkte und Geschütze mit dem Caliber der letztern aufgezählt werden.

reichend waren, namentlich den langen Küstenzug von Capri bis
Tropea völlig unbeschützt ließen. Vor Gaëta war man erst in den
letzten Tagen des Monats mit allen Vorbereitungen fertig, hatte Be=
lagerungs=Geschütz und Schießbedarf an Ort und Stelle, 8000 Mann
im Lager, eine Flotille in der Bucht von Miolo di Gaëta geborgen;
eine Abtheilung von 1500 Mann war am linken Ufer des Garigliano
aufgestellt um jeden Landungsversuch der Engländer zu verhüten. Den
Oberbefehl führte Massena, unter ihm commandirten die Generale Gar=
danne Lamarque Donzelot Valentin. Am 28. verließ König Joseph
seine Hauptstadt um dem Schauplatz des wichtigsten Kriegsereignisses
seines Königreichs, dem Bombardement von Gaëta nahe zu sein.

In Palermo ging man zur selben Zeit mit einer größern
Unternehmung schwanger. In eingeweihten Kreisen wollte man wissen,
es gälte nichts geringerem als der Hauptstadt selbst die Sidney Smith
mit seiner ganzen verfügbaren Seemacht angreifen sollte, während der
Prinz von Philippsthal, zum Gouverneur des ganzen neapolitanischen
Festlandes ernannt, aus Gaëta auf Neapel losmarschiren würde[1]).
Reynier, der kurz zuvor einen kleinen Handstreich in der Nähe von
Messina hatte ausführen lassen — fünfzig Mann vom 42. Regiment
die im Rudern eingeübt wurden, waren unvermuthet an der sicilischen
Küste gelandet und hatten ein paar Gefangene fortgeschleppt —, hatte
von Campo aus nördlich von Reggio das gegenüberliegende Gestade
scharf im Auge. Durch Kundschafter erfuhr er von einer größern
Ansammlung britischer Schiffe und Landungstruppen bei Melazzo,
inner= und außerhalb des Faro, ohne daß man errathen konnte wohin
ihre Bestimmung sei. Am 29. Juni versuchte eine kleinere Abtheilung
sicilischer Truppen eine Landung bei Melito, wurde aber durch den
herbeieilenden General Compère zurückgeschlagen. Doch am selben
Tage lichtete das ganze sicilisch=britische Geschwader, 4 Linienschiffe

---

[1]) Kaunitz Palermo 22. Juni 1806 (in Chiffern): „L'on est fort occupé
d'une expédition par Gaëte sur Naples même. Il a été très facile d'y engager
Sir Sidney Smith .... et l'on espère réussir par l'intelligence qu'il y a à
Naples".

mehrere Fregatten 2 Galeeren ꝛc. mit einer großen Anzahl Kanonen-Schaluppen und Transportschiffen [1]), die Anker und stach in nördlicher Richtung in die See, wie es schien in die Bucht von Santa Eufemia wohin Reynier, geringe Besatzungen in den Forts von Reggio und Scylla und eine kleine Abtheilung in Tropea zurücklassend, in Eil-märschen aufbrach. Doch auf den glatten Wogen ging es rascher als auf den holperigen calabrischen Straßen. Am 1. Juli griff Sidney Smith mit einem Theile seiner Escadre das Fort von Amantea an, dessen Besatzung bei 400 Mann mit allerhand Kriegsvorräthen in seine Hände fiel. Der größere Theil seiner Schiffe warf zur selben Zeit in der Bucht von Santa Eufemia Anker und setzte bei 4000 Mann theils sicilischer theils britischer Truppen an das Ufer, denen in den Tagen darauf gegen 2000 nachkamen, so daß General John Stuart über eine Kriegsmacht von beiläufig 6000 Mann gebot. Erst am 4. kam Reynier über Maida in die Nähe seines Gegners der, seinen rechten Flügel an den Amato gelehnt, zur See von seinen Kanonen-booten unterstützt, eine vortheilhafte Stellung inne hatte. Reynier, ungefähr 5000 Mann stark, ließ sogleich angreifen; doch kaum hatte sein vorderstes Treffen den Fluß übersetzt und begann sich zu formiren als Stuart das Zeichen zum Angriff gab und seine Geschütze ein mörderisches Feuer eröffneten. Die Franzosen waren bald in Un-ordnung gebracht, die sich vom ersten Treffen auf das zweite fort-pflanzte; weit über tausend Mann, darunter viele Officiere, wurden ihnen gefangen verwundet getödtet. General Abbé, der mit dem 23. leichten Infanterie-Regiment nachgerückt kam, schien den Feind auf-halten zu wollen; allein Reynier ließ das Gefecht abbrechen und zog sich in der Richtung von Catanzaro zurück. Unter den Gefangenen befand sich der verwundete General Compère, dem das Pferd unter dem Leibe erschossen worden. Ihren eigenen Verlust gaben die Siculo-Briten auf 1 Officier und 40 Soldaten todt, 11 Officiere 250 Sol-daten verwundet an.

---

[1]) Das neapolitanische Linienschiff „Archimede", die Fregatte „Sibilla", die britischen Linienschiffe „Pompejus" „Thunderer" der „Athener" ꝛc.

Um dieselbe Zeit wie bei Maida hatten die Franzosen in Cosenza einen harten Strauß zu bestehen. Während der daselbst com= mandirende General Verdier einer die Stadt bedrohenden bewaffneten Abtheilung entgegenging, erschien von einer anderen Seite ein zweiter Haufe welchem der Gobernadore mit den in Eile gesammelten Bürgern die Spitze bot. Beide Angriffe wurden zurückgeschlagen, allein es war daraus zu ersehen wie weit bereits die Erhebung des calabrischen Volkes um sich gegriffen hatte. Denn nun gab es Aufstand von allen Seiten; Panedigrano Carbone Sciarpa und andere Massen= führer warfen sich in's Innere des Landes und wiegelten die kaum beruhigten Gebiete von Nicastro Scigliano Amantea von neuem auf wo es überall bald mehr bald minder hartnäckige und blutige Gefechte gab [1]). Die Sturmglocke ertönte wieder in den Thälern der Sila und weithin wo sich Stuart'sche Truppen zeigten; Bäume mit der weißen Flagge der Bourbons erhoben sich in den Dörfern. Edelsitze deren Gebieter sich dem König Joseph freundlich gezeigt, ihn wohl gar bei seiner Rundreise gastlich aufgenommen hatten, wurden verbrannt und verwüstet. Vereinzelte französische Posten, schwächere Abtheilungen wurden angegriffen und ohne Pardon niedergemacht, verwundete oder kranke Soldaten in den Spitälern, in den Häusern grausam hin= geschlachtet, so daß Stuart, entsetzt über diese Frevel, auf jeden fran= zösischen Soldaten oder Officier der ihm lebend eingeliefert würde Preise von 10 bis 15 Ducaten aussetzte. Die Franzosen schoben freilich vor der Welt die Schuld dieser unerwarteten Gewaltthaten

---

[1]) Reynier's Bericht vom 5. Juli aus Catanzaro Du Casse II S. 376 bis 386 vgl. mit Miot II S. 322: „et nous eûmes tout lieu de nous con= vaincre que l'accueil que nous avions reçu deux mois auparavant dans ces contrées, n'était dû qu'à la crainte que la présence de nos armes avait inspiré". Die Franzosen warfen dem britischen Admiral Flaggenfälschung vor: „La flotte anglaise porte partie pavillon russe partie pavillon otoman, pour faire croire aux habitants des côtes que ces trois nations sont réunies contre nous"; Du Casse II S. 361. — Ueber das Gefecht bei Maida s. auch Pepe I S. 133 f., nicht als Augenzeuge aber nach gleichzeitigen Berichten. Der Verfasser selbst, an der Seite der Franzosen fechtend, entrann bei dem erbitterten Kampfe um den Besitz von Scigliano mit genauer Noth dem Tode, gerieth aber in Gefangenschaft aus welcher er später durch Mithilfe von Freunden erlöst wurde; ebenda 131—133, 134—141.

einzig auf die geheimen Verhetzungen der Königin Karolina und das verführerische Gold der Engländer. Auch war es Thatsache daß Karolina mit ihren Anhängern in den aufgestandenen Gebieten in eifrigem Briefwechsel stand, daß sie dieselben aufforderte sich „für die gerechte Sache" zu erheben, den eingedrungenen Fremdling aus den Landen zu treiben [1]). Doch die Franzosen selbst und ihre Freunde gestanden sich unter vier Augen daß jene Mittel nicht ausgereicht haben würden eine so weitverbreitete volksthümliche Erhebung hervorzurufen wenn nicht das eigene Benehmen der Eroberer, die Willkür und Habgier ihrer Generale, der unzureichende Schutz den sie den Einen angedeihen ließen, die fortwährende Angst vor Untersuchung und Strafe bei den Andern, einen sehr großen Antheil daran gehabt hätten.

König Joseph war in Verzweiflung. „Es ist dringend nöthig", schrieb er am 10. Juli an seinen kaiserlichen Bruder, „daß Sie uns zu Hilfe kommen Sire; die Lage dieses Landes ist eine klägliche, die Armee ist entblößt und ich bin nicht im Stande ihre Bedürfnisse zu decken". In der That sah sich der neue Monarch von mehr als einer Seite bedrängt. Durch den kühnen Einmarsch der Siculo-Briten an der Westküste von Calabrien waren die im Süden commandirenden Generale nicht blos von der Hauptstadt so gut wie abgeschnitten, auch ihre gegenseitigen Verbindungen waren durch den allseits sich erhebenden Landsturm unterbrochen, jeder einzelne von ihnen in seiner unmittelbaren Nähe bedroht. General Reynier hatte schwere Mühe Catanzaro zu erreichen, 5. Juli; Verdier konnte sich in Cosenza nicht halten, trat seinen Rückzug in nördlicher Richtung an und schlug sich bis Cassano durch. Dorthin sollte auch Reynier aufbrechen; ein von König Joseph gesandter Bote, dem es gelang sich zwischen den Haufen der Aufständischen durchzuschleichen, brachte ihm am 7. den Befehl hierzu.

---

[1]) Siehe z. B. Pepe S. 139: „ . . . mio fratello primogenito, essendo assai affezionato alla dinastia borbonica, avea ricevuto qualche lettera della stessa regina Carolina" . . . Aus diesem Beispiele ist zugleich zu ersehen wie der Zwiespalt der Parteien, der Alt-Königlichen und der Franzosen-Freunde, bis in die einzelnen Familien drang. Guglielmo's ältester Bruder Stefano hatte eine Tochter des Barons Malcellinara zur Frau.

Das war aber keine leichte Aufgabe. Verdier selbst hatte sich inzwischen in Cassano eben so wenig halten können wie früher in Cosenza, war noch in der Nacht die auf seine Ankunft in der Stadt folgte wieder aufgebrochen und über Policoro bis Matera nördlich von Tarent zurückgewichen, „den einzigen Ort", wie er am 15. an Reynier schrieb, „wo ich hoffen konnte Verstärkungen von Leuten und Kriegsbedarf zu erhalten und meine Truppen nicht aus Mangel an Vertheidigungsmitteln niedergemetzelt zu sehen". Denn Saint=Cyr in den östlichen Provinzen wurde durch innere Aufstände und Banden= wesen kaum weniger in Anspruch genommen als Reynier und Verdier im Westen; dazu erschien um dieselbe Zeit eine britische Flotille vor den Dreieinigkeits=Inseln deren Besatzung tapfern Widerstand leistete und vom Lande aus nicht im Stich gelassen werden durfte.

In Paris fürchtete man die Russen fast noch mehr als die Eng= länder, da Admiral Siniavin nach Tatišcev's ausdrücklicher Weisung [1] keine Miene machte seine Truppen der getroffenen Uebereinkunft gemäß aus den Bocche di Cattaro zurückzuziehen und fortfuhr die Insel Curzola zu blockiren. So bedrohlich erschien Napoleon die Lage der Franzosen auf dieser Seite der Adria daß er durch den Prinzen Eugen den Generalen Lemarrois in Ancona und Duhesme in Civita Vecchia den Befehl zukommen ließ sich zu einem Marsch auf Pescara gefaßt zu machen um diesen wichtigen Platz nicht in die Hände der Engländer oder der Aufständischen fallen zu lassen [2]. Neapel selbst war fort= während durch englische Schiffe bedroht, die im Golf erschienen und wieder verschwanden wie nach einer günstigen Gelegenheit zum Angriff auslugend. Schrecken befiel alle die sich dem König Joseph angeschlossen hatten, und mit den grellsten Farben schilderten sie was ihrer warte wenn es den Engländern gelänge die Königin Karolina, diese „Furie" die sich im Blute zu baden gewohnt sei, nach ihrer Stadt zurück=

---

[1] „ . . . sous prétexte que l'Empereur de Russie avait ignoré que les Français eussent pris possession de Raguse, lorsqu'il donna l'ordre de l'éva- cuation (des Bocche)" . . . Kaunitz Palermo 18. August 1806.

[2] Napoleon an den Prinzen Eugen am 26. Juli 1806; Corresp. XIII Nr. 10552 S. 4.

zuführen. Jourdan erließ mit Genehmigung des Königs einen Aufruf
an jene Elemente die man dem französischen Regimente nicht abgeneigt
glaubte, sich zum Schutze der Hauptstadt zu bewaffnen; es sollte eine
Bürgergarde von sechs Regimentern gebildet werden, und so zahlreich
strömten ehemalige Militairs Gewerbtreibende Söhne der besitzenden
Classen zu daß man binnen wenig Tagen 16000 Eingeschriebene hatte.
Zugleich wurde eine Militair-Commission niedergesetzt die über Fälle
von Raub Meuchelmord Spionage zu entscheiden, jeden mit den
Waffen in der Hand Ergriffenen dem Tode zu übergeben hatte ꝛc.

Einen günstigen Umschwung konnte den Franzosen jetzt nur eine
rasche Bezwingung von Gaëta bringen. Am 7. Juli 11 Uhr nachts
gab ein Kanonenschuß im französischen Lager das Zeichen, und aus
achtzig Feuerschlünden begann das Bombardement in einer furchtbaren fast ununterbrochenen Weise. Mehrere Pulver-Depots in der
Festung flogen in die Luft, schon waren viele Geschütze auf den
Wällen unbrauchbar gemacht, hatten die Mauern arge Schäden erlitten. Da wurde am 10. nachts der tapfere Prinz Ludwig durch
einen Bombensplitter am Kopf getroffen daß er bewußtlos niederstürzte und wie todt an Bord des „Thunderer" gebracht wurde.
Obrist Franz Holtz übernahm den einstweiligen Oberbefehl.

*   *   *

Von Palermo aus beobachtete man mit gespannter Aufmerksamkeit die Vorgänge auf dem Festlande; aber es war keine Einigkeit
im Regiment und folglich in den Entschlüssen, die kostbarste Zeit ging
in dem Zwist verloren der den Anhang der Königin, wozu von den
auswärtigen Vertretern Kaunitz und Tatiščev gehörten, und die noch
immer durch das Ansehen des Königs gedeckte britische Partei von
einander schied.

Bei der Königin überwog das Gefühl, die Leidenschaft und
darum die Hast und Ungeduld. Da man über die von den Engländern
besetzte Insel Capri und über Ponza und Ventotiene, wo der sicilische
General Fürst Canosa commandirte, Verkehr mit den geheimen An-

hängern auf dem Festlande unterhielt, so verging nicht eine Woche wo
von dort nicht Botschaften kamen, einzelne Flüchtlinge sich einstellten
mit Schilderung der Grausamkeiten die täglich in Neapel begangen
würden, von dem immer weiter um sich greifenden Misvergnügen
Abscheu Schrecken über das neue Regiment, und wie es nur eines
Anstoßes bedürfe um das ganze Land wider die fremden Eindring=
linge in Aufstand zu bringen [1]). Wo nun Karolina so etwas hörte
oder wo der Hilferuf irgend eines Freischaaren= oder Banden=Führers
zu ihr herüberdrang, da wollte sie ihm gleich beigesprungen wissen,
verlangte von den Engländern Geld und Soldaten zur Unterstützung
derselben. Dabei unterließ sie nicht alle befreundeten Höfe für ihre
Sache in's Mitleiden zu ziehen. Sie warb in Wien durch Ruffo, in
St.=Petersburg durch Serra Capriola; auch Graf Armfelt, vor Jahren
schwedischer Gesandter an ihrem Hofe der jetzt vorübergehend in
Palermo erschien, mußte versprechen auf dem Festlande in ihrem Sinne
zu wirken. Sie beorderte bald diesen bald jenen ihrer Getreuen die
aber meist von den Franzosen abgefangen und zurückgehalten wurden,
so Graf Thurn, den sie im Mai mit einer Mission nach dem Con=
tinent betraute, in Florenz, Fabrizio Ruffo auf dem Wege von Rom
nach Civita Vecchia. Ab und zu gingen einzelne Große wie der Herzog
von Corigliano [2]), die sich dem neuen Regiment in Neapel nicht fügen
wollten, nach Oesterreich um sich, mit Empfehlungsbriefen der Königin
ausgerüstet, bei dem Wiener Hofe vorzustellen und die Lage des sicili=
schen Herrscherpaares zu schildern. Sie wurden ohne Zweifel gut auf=

---

[1]) Hors tout la classe de la noblesse et un peu d'avocats qui sont pour
la nouveauté et les usurpateurs, toutes les autres classes sont entièrement
pour nous", schreibt die Königin am 22. October, was ganz mit den Angaben
Joseph's zusammenstimmt der sich seinem Bruder gegenüber immer rühmt, die
ganze besitzende und gebildete Classe stehe auf seiner Seite, nur mit dem eigent=
lichen Volk sei nichts anzufangen.

[2]) Karolina an Theresia 4. September 1806: „Il n'a pas voulu rester
sous l'usurpateur et est parti de Naples, il a tous ses biens confisqués, et
comme ses fiefs sont en Calabre et que ses gens ont été fidels, ils ont été
brûlés saccagés, et il a souffert bien de dommage. Sa mère et son unique fils
sont avec nous à Palerme".

genommen; allein was vermochte Oesterreich in seiner Lage nach dem
Presburger Frieden?!

Britischerseits theilte man vollkommen Karolinens Widerwillen
gegen die Herrschaft der Buonaparte, aber man sah dem Verlauf der
Dinge mit kühlerem Blute zu, man wollte kein Wagniß, keine Ueber=
stürzung. Zur selben Zeit wo man in Palermo von der Unternehmung
Stuart's alles mögliche erwartete sprach sich Admiral Collingwood
gegen den britischen Gesandten in gerade entgegengesetztem Sinne aus:
„die Hoffnung welche die Königin noch immer unterhält Neapel zurück=
zugewinnen, scheint mir die eitelste zu sein die noch je eine weibliche
Einbildungskraft beschäftigt hat". Er machte der Königin wiederholte
Andeutungen wie sie unter den jetzigen Umständen vielmehr dahin
streben möge sich durch eine weise und väterliche Regierung das zu
erhalten was ihr geblieben sei, Sicilien reich und wohlhabend, ihr
Volk glücklich zu machen [1]). Er war auch sehr wenig mit den Opfern
einverstanden die man für die Behauptung von Capri [2]) oder die Ver=
theidigung von Gaëta brachte und die er höheren Interessen gewidmet
wünschte. Collingwood und Elliot arbeiteten dahin, durch Acton an
der Königin vorbei unmittelbare Fühlung mit dem Könige zu behalten,
bei welchem sie ihr Ziel: die militairische Besetzung von Sicilien in
ihre alleinigen Hände zu bekommen, eher zu erreichen hofften. Auch
schien es eine Zeit hindurch als ob ihnen der Plan gelingen sollte.
Ferdinand IV. jagte und fischte, pflanzte und baute, und für ihn

---

[1]) Collingwood an Elliot 20. Juli 1806 S. 210; derselbe an seine
Lady 13. September S. 211, vgl. mit Kaunitz nach Wien 23. August (in Chiffern):
„Les chefs des Insurgés demandent du secours à tue tète, et l'on désespère
ici de pouvoir engager les Anglais à rien" ... Ueber die finanzielle Miß=
wirthschaft am Hofe von Palermo heißt es in Collingwood's Schreiben vom
13. September: „If they had the ability to govern a state they would not be
in the wretched condition they are; but if Mount Aetna were made of gold
they would be still poor; for they have no discretion to manage their
finances".

[2]) Sidney Smith hatte 200 Mann auf Capri gelassen, womit Colling=
wood, an Lord Howick 3. Juli 1806 S. 206 f., für die Sommerszeit einverstanden
war: „but 2000 inhabitants as well as the garrison must be victualled, I
apprehend from Sicily, in the winter".

leitete die großen Staatsangelegenheiten Fürst Acton dessen Stellung
die Anhänger Karolinens vergebens zu erschüttern suchten. Auch das
Parlament das der König nach dem Ablauf der dreijährigen Pause
seit der letzten Session einberufen mußte und von dessen Bewilligung
der ununterbrochene Genuß der Staats= und königlichen Einkünfte
abhing, verlief unter Acton's Einwirkung nach Wunsch. Am 20. Juni
eröffnet bewilligte es die verlangten Geldmittel, votirte einen werth=
vollen Ehrendegen für den Prinzen von Philippsthal, ein mit Dia=
manten besetztes Jagdmesser und ein paar Pistolen für den „Obristen“
Michele Pezza, vulgo Fra Diavolo, und knüpfte an diese seine Opfer=
willigkeit die einzige Bitte: es möchten die begonnenen oder projec=
tirten Hochstraßen im Lande ausgebaut werden. Am 10. Juli ward
das Parlament geschlossen und alles ging, wie es schien, ruhig und
befriedigt auseinander.

In diese Zeit fielen zwei Ereignisse von denen das eine zunächst
den Hof von Palermo berührte, während das andere diesen und das
bei ihm beglaubigte diplomatische Corps in gleichem Maße aufregte.
Die letzten Nachrichten die man aus Spanien erhalten hatten
wissen lassen daß die Prinzessin von Asturien leidend, erkrankt sei.
Von Antoinetten selbst hatte die Königin seit 15. Januar keine Zeile
erhalten, also, wie sie am 18. April nach Wien klagte, genau „drei
Monate und drei Tage“. Später kamen wohl Briefe aus Madrid
wo aber vom Zustande der Kronprinzessin nur nebenher und in den
unzartesten Ausdrücken die Rede war: „nur ein Wunder könne sie
retten“ u. dgl. worüber die geängstigte Mutter ganz außer sich gerieth.
Das arme Geschöpf war schon wochenlang todt — † 20./21. Mai,
das Gerücht ging man habe ihr Gift beigebracht — und Karolina
hatte nur fürchterliche Ahnungen aber keine Gewißheit. „Ich zittere“,
schrieb sie am 18. Juni nach Wien, „so oft ich die Zeitungen öffne
irgend ein Unglück darin zu sehen, das ist eine traurige Existenz die
ich habe!“ Einige Tage später war sie in königlichem Schmuck, im
Begriff der feierlichen Eröffnung des Parlaments beizuwohnen, als sie
in einem Pariser Journal die Schreckenskunde las. Doch sie hatte

keine Botschaft aus Madrid, die Zeitungsnachricht konnte falsch sein, mußte falsch sein! „Oder sollten sie die Infamie so weit treiben, oder Gewissensbisse haben, mir nicht schreiben zu wollen? Ich bin außer mir, ich lebe nicht mehr, ich bin wie im Todeskampf. Diese grausame entsetzliche Ungewißheit ist das ärgste von allem!" Wieder vergingen Tage, Wochen, da vernahm man daß die in Mittel-Italien liegenden spanischen Schiffe und Truppen Trauerzeichen trügen, und nun blieb kein Zweifel übrig. „Für mich existirt der Hof von Madrid nicht mehr; aus Christenpflicht und Religion vermeide ich es ihn zu nennen, ja an ihn zu denken, ich hätte sonst zu viel zu sagen!" Erst anderthalb Monate später kam der Neffe Gravina von seiner, wie vorauszusehen war, erfolglosen diplomatischen Mission aus Spanien zurück: „er hat mir keinen Brief oder Notification überbracht; denn, sagen sie, sie wüßten nicht was sie uns für einen Titel geben sollen; nicht einmal vertraulich an Bruder oder Tochter, nicht einmal der Prinz an mich, das ist doch wirklich zu stark! Er hat ein Kästchen mit sieben Geschmeidesachen mitgebracht, alle mit unseren Namen darauf, nur an Isabella eine Schnur Perlen; aber alles ohne daß auch nur der Minister eine Zeile dazu geschrieben hätte, so daß man nicht weiß ist es ein Vermächtnis oder ein Almosen" . . .

Während sich in solcher Weise der Bruch mit dem spanischen Hofe stillschweigend vollzog, gegen Ende Juni, verbreitete sich in den diplomatischen Kreisen von Palermo die Nachricht, Oesterreich habe den neuen Gebieter von Neapel anerkannt und sei bereit ihm einen Gesandten zu schicken. So lässig sich die Partei Acton's in der militairischen Bekämpfung Joseph's zeigte, so heftig brauste sie über jenes Gerücht auf und ging so weit daß sie das sicilische Ministerium bestimmen wollte dem Grafen Kaunitz ohne Umschweife und Ausflüchte die Erklärung abzufordern ob und in welcher Weise sein Monarch die Anzeige von der Thronbesteigung Joseph Buonaparte's aufgenommen habe. Ja Elliot erklärte laut: „wenn es so weit käme daß Oesterreich einen Vertreter Joseph's an seinem Hofe empfinge, dürfe Kaunitz keine vierundzwanzig Stunden als Gesandter gelten; man dürfe ihn aber auch nicht abreisen lassen, die britischen Matrosen würden es zu verhindern wissen daß der Minister einer Frankreich so dienstwilligen Macht ihr Bericht erstatten könne wie es auf Sicilien aussehe".

Kaunitz' Stellung wurde dadurch eine so unerquickliche daß er sich von seinem Cabinete dringend Versetzung auf einen andern Posten erbat [1]). In der That hatte er seit der kritischen Zeit im letzten Herbst so ausgesprochen Partei ergriffen, sich so entschieden auf die Seite Tatiščev's und der Königin gestellt daß er sich, wenn der britische Einfluß in Palermo der herrschende blieb, nicht länger halten konnte.

Doch schon war Acton's Stellung einigermaßen erschüttert. Der General-Capitain, wie immer mit der besten Absicht und mit der ihm eigenen Thatkraft und Kühnheit, hatte den Stolz der großen Barone auf's empfindlichste verletzt; denn es war ihnen während der letzten Parlaments-Sitzung nicht entgangen daß sein Bestreben dahin ging die königliche Macht auf ihre Hintersassen, auf die kleineren Leute im Lande zu stützen. Der ganze sicilische Adel arbeitete jetzt gegen ihn und verstärkte den Anhang der Königin, deren Muth alle Schicksalsschläge und schweren Kränkungen die sie in der letzten Zeit erduldet nicht brechen konnten. Sehr bezeichnend für ihre damalige Stimmung war ein Gespräch das Graf Kaunitz am 9. Juli mit ihr führte, zu einer Zeit also wo die glücklich erfolgte Landung General Stuart's an der calabrischen Küste eben erst in Palermo bekannt geworden war. „Wenn es auch diesmal nicht gelänge nach Neapel zu kommen", sagte sie, „ich werde es ein zweites=, ein drittes=, ein zehntes=, ich werde es ein zwanzigstesmal von neuem wagen: es soll eine Dornenkrone sein was Napoleon seinem Bruder gegeben hat!" Und als Kaunitz die Bemerkung dazwischen warf daß eine solche Festigkeit allerdings eine königliche Tugend sei, fiel sie ihm in's Wort: „Nein, ich will

---

[1]) Kaunitz 3. Juli 1806: „Ma position ici est devenue infiniment désagréable. Les propos indécents qu'on se permet à ce sujet sur le compte de notre Souverain, et auxquels le rang des personnes qui les profèrent m'empêchent souvent de répondre comme je le voudrais, sont l'inconvénient le plus personnellement sensible qui en résulte pour moi". S. auch 16. und 23. Juli 1806 (in Chiffern).

Leuten gegenüber wie die dort nicht mit Empfindungen von Tugend groß thun, es ist nur ein Gefühl der Rache das sie mir einflößen. Rede man mir nicht von einer Entschädigung, wir werden nie eine annehmen, nun und nimmermehr!"

Am 11. Juli kam sehr willkommene Verstärkung auf der Insel an, ein britischer Convoi mit 5000 Mann an Bord, ein weiterer Nachschub von 6000 Mann, von Gibraltar über Malta kommend, war angekündigt. Als aber General Maid seine Truppen in Palermo ausschiffen wollte wurde ihm dies von der Königin verweigert, zum großen Verdruße Acton's dem es, wie man nicht ohne Grund argwohnte, darum zu thun war die britische Kriegsmacht auch auf andern Punkten Siciliens Fuß fassen zu lassen. Kaunitz und Tatišček hießen den Zwischenfall als erste Schlappe willkommen welche die Partei des Fürsten gegen den Einfluß der Königin erlitten. In anderer Richtung zog wieder Karolina den kürzern. Denn sie wollte die angelangten Truppen für die Unternehmung in Calabrien und zu Gunsten des bedrängten Gaëta verwendet wissen, während Maid dieselben, unter dem Vorgeben sich gegen einen Handstreich von Reggio herüber sichern zu müssen, am Faro und auf der Ostküste der Insel ausbreitete. Jetzt traf die Nachricht von der Verwundung des Prinzen von Hessen ein, und nun fanden sich die Engländer herbei einige Verstärkungen nach Gaëta abgehen zu lassen; General Joseph Francis Acton, Bruder des General-Capitains, hatte das Commando daselbst zu übernehmen.

Die Hilfe sollte der bedrängten Festung nicht zu statten kommen. Zwar wurde am 15. Juli eine neuerliche Aufforderung zur Uebergabe zurückgewiesen; doch schon waren fast alle Mittel der Vertheidigung erschöpft. Der größere Theil der Geschütze war demontirt; der ganze Pulvervorrath bestand in zehn Centnern; von 4000 Mann Besatzungstruppen waren 600 krank oder verwundet. Ein paar Tage nach dem Unfall des Prinzen von Hessen war an zwei Punkten der Festungswälle Bresche geschossen, am 16. Juli war die eine, am 18. die zweite in solchem Grade erweitert daß Massena, dem Drängen seiner Officiere nachgebend, den Befehl zum Sturm ertheilen konnte als die weiße Fahne ausgesteckt wurde. Ein in der Festung gehaltener Kriegsrath hatte die Uebergabe beschlossen. Sie wurde von den Franzosen in der ehrenvollsten Weise angenommen: die Besatzung sollte nur das Ge= löbnis ablegen vor Jahr und Tag nicht wider Frankreich zu kämpfen und durfte mit Waffen Gepäck und acht Feldgeschützen nach Sicilien überschifft werden. Auf offener See begegneten einander die Ge= schwader, deren eines den Marschall Acton nach Gaëta bringen sollte, während das andere die dortige Besatzung nach Sicilien führte. Am 22. Juli ging letzteres auf der Rhede von Palermo vor Anker. Am Abend wurde Prinz Ludwig an's Land gebracht; er war noch immer bewußtlos; allein die Aerzte gaben die Hoffnung nicht auf daß er am Leben bleibe, was denn in der That eintrat [1]).

Uebrigens war man in Palermo weit entfernt sich rücksichtlich der aus Gaëta zurückkehrenden Soldaten durch die Bedingungen der Capitulation binden zu lassen; es hieß, die Uebergabe habe ohne Er= mächtigung stattgefunden und man werde nicht säumen den Obrist Holtz der sie verschuldet des Dienstes zu entlassen.

* * *

„Die Landstriche welche die Franzosen inne hatten", sagt Colletta von den neapolitanischen Zuständen im zweiten Halbjahr 1806, „ge= horchten Joseph, jene wo Engländer und Sicilianer waren Ferdinand; die von keinem Heere besetzten waren dem Kampf der verschiedenen

---

[1]) Ausführliches über die Belagerung von Gaëta bei Du Casse III S. 1—63 und 447—463; dazu Ségur II. S. 545—550, der die von den Fran= zosen erlittenen Verluste auf 2000 Todte, darunter 800 Soldaten und 29 Officiere, berechnet, dazu 11/1200 in den Spitälern von denen auch ein großer Theil starb .. S. auch Collingwood an Sidney Smith 7. October S. 214: „The fall of Gaëta did not surprise me; its defence, in fact, depended solely upon the preservation of the Prince of Hesse" 2c. Uebrigens tröstete sich der britische Admiral mit dem Gedanken daß die Vertheidigung dieses Platzes mehr gekostet habe als dessen Besitz Vortheil brachte, die schönsten Schiffe waren in Anspruch genommen, Sicilien mußte Geld und seine besten Leute hingeben, „so that alto- gether, if it could be held only by such means, perhaps there was profit in its fall". — Den Nachfolger des Prinzen von Hessen findet man gewöhnlich als Hotze angeführt; unter der Capitulations=Urkunde steht aber „François Holtz".

Parteien unterworfen, so daß es in jenen Provinzen viele Todte gab aber keine Schlachten, die Schäden des Krieges ohne dessen Ruhm".

Die Regierung Joseph's wollte, wie schon früher erwähnt, die übrige Welt glauben machen einzig und allein die Verhetzungen der Königin Karolina, dieses grausamen und rachgierigen Weibes, dieser „modernen Athalia", trügen Schuld an den Gräueln an denen der calabrische Aufstand gegen die Franzosen und das vergeltende Wüthen der letzteren gegen die Eingebornen, je nachdem die einen oder die andern einen Vortheil errangen, so überreich war. Die Franzosen gaben jeden erstürmten Ort der Plünderung und den Flammen preis, und wo die Aufständischen eindrangen da gab es Brandschatzung Mord und Todtschlag, Qual und Marter jeder Art. Wild ertönte der Schreckensruf: „Tod den Jacobinern!" durch das Land; allerorts kamen Fälle von Volks-Justiz vor; Leute wurden aus ihren Häusern, aus dem Schooße ihrer Familie gerissen und auf offenem Platze erschossen, oder in ekle Kerker geworfen wo ihnen täglich zehnfach ihre Abschlachtung drohte. Dem General Stuart flößte diese Art Kriegsführung den größten Abscheu ein und er suchte mit Mitteln der Güte und Strenge den Grausamkeiten seiner volksthümlichen Bundesgenossen Einhalt zu thun. Allein die losgelassene Meute war nicht mehr zu halten und die Engländer selbst verloren, weil ihre kriegerischen Erfolge hinter den Wünschen und Erwartungen der Einheimischen zurückblieben, bald alles Ansehen. Als Stuart auf den Kopf des Bandenführers Papasodaro, eines Unmenschen der ärgsten Sorte, einen hohen Preis setzte, vergalt es ihm dieser damit daß er die gleiche Summe demjenigen versprach der ihm den britischen Oberbefehlshaber todt oder lebendig einliefern würde.

Ja, es waren wilde unbändige Gesellen, diese Papasodaro und Fra Diavolo, diese Carbone und Sciabolone und wie all die verschiedenen Massenführer hießen, von denen manche in der letzten Zeit in den Rang königlicher Officiere aufgerückt waren. Doch hätte man sehr Unrecht sie ihrem innern Werthe nach alle auf eine Stufe zu stellen, und überhaupt den calabrischen Aufstand als einen bloßen Losbruch rachgieriger Vernichtungswuth oder gar eigennütziger Beutegier einer gedrückten und verwahrloſten Landbevölkerung aufzufaſſen. Unter den Führern, roh und ungebildet wie ſie waren, fanden ſich gleichwohl edlere Naturen die nicht aus roher Luſt am Sengen und Brennen in den Kampf zogen, ſondern für eine Idee ſtritten und mitunter eine Seelengröße und einen Edelmuth bewieſen welcher die Bewunderung ſelbſt ihrer Gegner wachrief. Panedigrano, geweſener Galeeren=Sträfling — wer weiß um was für eines Verbrechens willen man ihn verurtheilt hatte! —, dann Bandenführer im Heere des Cardinal=Generals, jetzt königlicher Major, war ſo unwiſſend daß er ſich, im Gegenſatz zu der militairiſchen Würde die er bekleidete, mitunter die ärgſten Blößen gab. Aber von dieſem ſelben Panedigrano erzählt Guglielmo Pepe, der in ſeine Gefangen= ſchaft gerieth und von demſelben auf das artigſte und menſchenfreund= lichſte behandelt wurde, Züge von Herzensgüte, von Großmuth gegen den wehrloſen Feind, die, wie ſich Pepe ausdrückt, wenig Philoſophen „die ganze Bände über Moral ſchreiben" nachzuahmen im Stande wären. Pepe trug damals franzöſiſche Epauletten, war thatſächlich wenn auch nicht förmlich Obriſt und ſtand bei den Joſephiniſchen Generalen in Gunſt und großem Vertrauen. Eines Tages in Gimigliano am Corace wagte er ſich, um den einflußreichen Volksführer Abramo auf ſeine Seite herüberzuziehen, mitten unter deſſen Bande, redete ſie an und machte ihnen und ihrem Chef im Namen des franzöſiſchen Feldherrn die glänzendſten Verſprechungen. Sie hörten ihn ruhig und gutwillig an, aber nicht einen vermochte er von der Sache abwendig zu machen für die ſie in ihrer Armuth und Beſchränktheit ſtritten. Denn „ihre Stand= haftigkeit", fügt unſer Gewährsmann bei, „und ein gewiſſes ſtolzes Weſen ſtachen gar ſehr gegen die äußerſte Dürftigkeit ab in der ich ſie vor mir ſah, faſt barfüßig, bedeckt mit Mänteln von grober fahler Wolle daß es einem beim blojen Anblick erbarmte".

Pepe, dem man von ſeinem Standpunkte in dieſer Sache wohl glauben darf, war auch voll Bewunderung der Tapferkeit ſeiner poli= tiſchen und militairiſchen Gegner mit denen er gleichwohl als Lands= mann unwillkürlich ſympathiſirte. Der franzöſiſche General Camus belagerte an der Spitze von mehr als 1200 Mann einen Ort in der Nähe von Tiriolo deſſen Zugang die Aufſtändiſchen durch Blöcke und

Steine, womit sie die Zwischenräume von einem Hause zum andern ausfüllten, versperrt hatten und von wo sie alle Angriffe der Franzosen mit einem mörderischen Feuer zurückwiesen. Camus gedachte sie auszuhungern, als sie einer Nacht bei hellem Mondenschein ihre primitive Umwallung verließen, die feindlichen Schildwachen ohne einen Schuß zu thun überwältigten und das Freie gewannen. Ueberhaupt war ihnen im Gebirgskrieg nicht beizukommen. Oft ließen sie die feindliche Colonne auf eine kurze Strecke heranmarschiren, sandten dann ihre verheerenden Geschosse in deren Reihen und verschwanden gleich Gemsen in den Felsen und Schründen hinter ihnen, ehe noch der Gegner sich von seiner empfindlichen Ueberraschung erholt hatte. „Die Calabresen", sagt Pepe, „haben als Kämpfer einen ungeheuren Vortheil über alle andern Italiener, und das kommt von der innigen Ueberzeugung ihrer Kühnheit und Fertigkeit in Handhabung der Feuerwaffe, so daß sie darin selbst dem tapfersten Volke der Erde nicht nachzustehen glauben". Er macht noch das Zugeständnis daß, wenn nicht die Meinungen im Lande getheilt gewesen wären, wenn nicht die bemittelteren Classen der Bevölkerung, weil sie eine von Rache-Acten begleitete Rückkehr des vertriebenen Herrscherhauses fürchteten, zu den Franzosen gehalten hätten, es letzteren nie gelungen wäre Herren des Landes zu bleiben. Ihm selbst zerriß der wüste Kampf, der gerade in seinem Heimatsgebiete am Golf von Squillace am ärgsten wüthete, das Herz, während ihm andrerseits gegen das französische Regiment, dem er sich geweiht und von welchem er Erfüllung seiner freiheitlichen Jugendträume erhofft hatte, schon sehr gewaltige Bedenken aufstiegen. Allein er hielt sich überzeugt — und das mochte die Stimmung vieler seiner edler denkenden Parteigenossen sein — daß unter den Umständen wie sie waren ein Sieg der Volksmasse von den schrecklichsten Folgen für alle Besitzenden, für alles was auf Bildung und höhere Sitte Anspruch machte, begleitet sein würde und daß es darum ein Gebot der Nothwendigkeit sei, der dem einen Theile drohenden Vernichtung die des andern Theiles entgegenzusetzen [1] . . .

---

[1] Pepe I S. 135, 141, 147—149: „Ma s' io applaudiva al vigore di cui gl' insorgenti facevan mostra combattendo, dovevo nondimeno desiderare

Erst nach Bezwingung von Gaëta konnte König Joseph an ein ernstliches Auftreten in Calabrien denken, und dazu war es höchste Zeit. Während Reynier in Catanzaro und Verdier in der Basilicata, von aller Welt abgeschnitten, einzig darauf bedacht sein mußten beisammen zu halten und vor gänzlichem Untergang zu retten was ihnen an Streit= kräften geblieben war, hatte General Stuart, dem immer neue Nach= schübe aus Sicilien zukamen, größere Abtheilungen in südlicher Richtung bis Reggio vorgeschoben denen sich der Platz ergeben mußte, 10. Juli. Einen zähern Widerstand leistete die Veste von Scylla der aber zuletzt, nachdem alle Vorräthe aufgezehrt waren, auch nichts übrig blieb als zu capituliren, 23. Juli. Die Besatzung der beiden Schlösser, bei 1000 Mann, erhielt freien Abzug nach Toulon, gegen das Versprechen vor ihrer Auswechslung gegen siculo=britische Gefangene wider England und dessen Verbündete nicht zu kämpfen. Reggio, bisher eine offene Stadt, wurde von den Engländern zu einem befestigten Platze umgeschaffen.

Schon hatte der Aufstand über die Gränzen der beiden Calabrien hinausgegriffen. Fra Diavolo wiegelte die Basilicata auf und trieb sich um Matera herum; eine andere Schaar von etwa 2000 Mann welche die Engländer im Busen von Salerno ausschifften, warf sich in die Berge des Principato und drang bis in die Nähe jener Stadt vor. Reynier schrieb klägliche Berichte: „Ich befinde mich seit langem isolirt, mit sehr geringem Vorrath an Munition und ohne alle Nachrichten, mitten in einem von der abscheulichsten Bevölkerung bewohnten Land= striche. Seit die Kriegsereignisse die Zügel der Regierung erschlaffen ließen hat sich der Krieg der Armen gegen die Reichen erhoben; das Landvolk lechzt nur nach Raub und Mord" [1]). In der Nacht vom

---

la loro distruzione, senza di che avrebbero essi sterminato i proprietari onesti e ricondotto i Borboni con tutta la loro sequela e con l' assurdo loro modo di governare". Aber dann wieder: „Una sì fatta guerra sterminatrice nella propria mia provincia mi lacerava il cuore, posciaché i sentimenti di nazio- nalità cominciavano a ridestarsi nell' animo mio, prendendo il posto di quelli di libertà per la quale alcun raggio di speranza oramai più non vedeva".

[1]) Du Casse III S. 110 . . . Ueber die in Palermo herrschende Stimmung s. Kaunitz 23. Juli: „L'on se flatte à la Cour que la plus grande partie des

25. Juli räumte er Catanzaro wo bald darauf Panedigrano mit seinen Schaaren eintraf, das Banner Ferdinand IV. aufhißte und den Anhängern des französischen Regiments eine Brandschatzung auferlegte. Er verlangte nichts weniger als „eine Million Ducaten"; als man ihm begreiflich machte daß alle Bürger zusammen nicht so viel Vermögen besäßen sagte er: „Nun gut so will ich mich mit der Hälfte begnügen, fünfzigtausend Ducaten sollt ihr geben!" Bei der naiven Rechenkunst dieses Natursohnes mit den königlichen Epauletten wird er wohl auch seine gewünschte „Hälfte" nicht voll erhalten haben. Reynier bahnte sich mit dem Degen in der Faust den Weg an die Bucht von Squillace, marschirte dann längs dem Gestade, von dem Feuer der Aufständischen von den Höhen und von jenem der Engländer von den Schiffen gleich hart mitgenommen, gegen Norden weiter und erreichte nach manch empfindlichen Verlusten Cotrone wo er sich festzusetzen gedachte. Doch alsbald erschien General Maid zur See und schiffte seine Leute in der Nähe des Platzes aus, den Reynier in größter Eile räumte. Reiche Vorräthe aller Art und eine Besatzung von 600 Mann blieben in der Citadelle zurück die jedoch ein paar Tage später capituliren mußte, während Reynier unter Noth und Gefahren aller Art sich durch die aufständische Bevölkerung durchschlug. Mangel an Lebensmitteln trat ein. Viele Orte durch die man wollte schlossen ihre Thore, sie mußten mit Sturm genommen werden und gingen dann häufig, wie Strongoli, von den erbitterten Franzosen angezündet in Flammen auf. Carigliano schien jedem Angriff Trotz bieten zu wollen; eine gelungene Kriegslist verschaffte den Soldaten Reynier's den Besitz der Stadt deren Widerstand in einem Blutbade erstickt wurde. Napoleon war wüthend über alles was er aus Neapel vernahm. „Ich wünsche zu wissen", schrieb er seinem Bruder, „wie viel Güter Sie in Calabrien eingezogen, die Zahl der Unruhstifter denen Sie ihr gutes Recht widerfahren lassen. Lassen Sie

---

deux Calabres s'est royalisée, et l'on a en effet expédié les nouveaux *presidi* (gouverneurs subalternes) pour les différents villes. Un certain l'andigrano doit avoir réuni dans les montagnes 13000 h. de masse".

drei oder vier aufständische Orte berennen und plündern; das wird
Exempel statuiren und Ihre Soldaten aufmuntern und fleißig zur
Arbeit machen. Lassen Sie drei Leute in jedem Orte aufknüpfen, An=
führer der Insurgenten, und haben Sie für Geistliche nicht mehr Rück=
sichten als für alle andern"[1] . . . Der französische Kaiser sollte nicht
umsonst so gesprochen haben: an dem Krieg der jetzt geführt wurde,
und wie derselbe geführt wurde, konnte er seine Freude haben!

Am 1. August marschirten die Colonnen Massena's, von Gaëta
kommend, durch die neapolitanische Hauptstadt in südlicher Richtung
weiter. Den Vortrab führte General Gardanne der am 6. in Castro=
villari eintraf und von da seinem Waffengefährten Reynier, der sich
mittlerweile bis Cassano durchgeschlagen hatte, die Hand reichen konnte.
Das Haupt=Corps brach am 7. von Lagonegro auf und stand vor
Mittag vor den Pässen von Lauria. Als die Franzosen in den Ort
einrückten wurden sie mit Schüssen aus den Häusern empfangen, und
jetzt kannten sie keine Schonung mehr; bald standen mehrere Gebäude
in Flammen die sich rasch über die der Plünderung preisgegebene
Stadt verbreiteten. „Die Stadt Lauria von 7000 Einwohnern ist
nur mehr ein Haufen von Ruinen", schrieb Joseph wohl mit einiger
Uebertreibung seinem Bruder; „Männer Weiber Kinder, alles ist in
dem Feuermeere zugrunde gegangen; aber dies schreckliche Beispiel scheint
alles wieder in Ordnung gebracht zu haben"[2]. Einige Tage später
vollzog Massena in Castrovillari seine Vereinigung mit Reynier und
hatte nun eine Streitmacht von nahezu 14000 Mann beisammen.
Am 14. stand er in Cosenza das die Gegner bei seiner Annäherung

---

[1] Napoleon an Joseph 30. Juli 1806 Corr. XIII Nr. 10572 und 10573
S. 20—24, vom 5. August Nr. 10600 S. 39: „Le destin de votre règne dépend
de votre conduite à votre retour dans la Calabre. Ne pardonnez pas. Faites
passer par les armes au moins 600 de révoltés. Ils m'ont égorgé un plus
grand nombre de soldats. Faites brûler les maisons de 30 des principaux
chefs de villages et distribuez leurs propriétés à l'armée" 2c. Wie habe man
es in Corsica gemacht? Vierzig Rebellen an den Bäumen aufgeknüpft, nichts
muckste mehr! Wie habe er es in dem aufgestandenen Piacenza gemacht? Zwei
Dörfer angezündet, die Rädelsführer aufgehangen, darunter sechs Priester 2c.

[2] Joseph an Napoleon 15. August bei Du Casse III S. 124.

geräumt hatten; von hier beorderte er Reynier in östlicher Richtung
auf Cotrone von wo sich derselbe südwärts gegen die Meerenge von
Messina ziehen sollte, Verdier in westlicher Richtung auf Paola um
das Küstenland bis Cap Suvero nächst Santa Eufemia vom Feinde
zu säubern und das dazwischen liegende durch starke Mauern geschützte
Amantea zurückzuerobern. Auf dem Marsche nach diesem letztern Platz
scheint es gewesen zu sein wo General Mermet, am 18. August bei
dem Flecken Carolei lagernd, von einem bewaffneten Haufen angegriffen wurde und nach einem harten Strauße das Feld behauptete.
Basile Jula, schon 1799 unter Cardinal Ruffo Banden-Chef, fiel
einer streifenden Colonne in die Hände, wurde vor ein Kriegsgericht
gestellt und erschossen.

Denn Hand in Hand mit diesen militairischen Unternehmungen
gingen das Gesetz und die Gerichte. Schon war über beide Calabrien
der Belagerungszustand verhängt; Militair-Commissionen walteten
ihres blutigen Amtes, und das im großen Styl. „Seit acht Tagen",
berichtete Joseph am 8. August nach Paris, „sind mehr als 600 Briganten zugrunde gegangen, theils erschossen theils aufgehängt worden".
Es war ein Kampf auf's Messer, auf Mord und Brand der jetzt
zwischen Franzosen und Calabresen geführt wurde. Die Angeberei war
in voller Blüthe, die Phantasie erschöpfte sich in Erfindung neuer
Todesarten. In Monteleone wurde ein Mann an eine Mauer
gezwängt und mit Steinen zu Tode geworfen. In Lagonegro ließ ein
französischer Obrist, der sich im Orient Erfahrungen auf diesem
Gebiete gesammelt hatte, einen Unglücklichen bei lebendigem Leibe auf
einen Pfahl spießen wo er nach unsäglichen Martern langsam zugrunde
ging. Die Gefängnisse waren bald überfüllt, aber auch schnell
wieder geleert. Glücklich jene die in auswärtige Festungen überbracht
wurden! Aber viele schaffte man von einem Orte fort um sie
angeblich in andern Gewahrsam zu bringen und machte sie unterwegs
nieder. Confiscationen von Land und Gut, Aufhebung von Klöstern
die im Verdacht standen die Volkserhebung zu begünstigen, Landes-
verweisung und Fortschaffung von Mönchen, mit Ausnahme jener die
das siebenzigste Jahr erreicht hatten und die man sich begnügte in ein

anderes Kloster derselben Regel zu stecken, und andere Maßregeln denen
eben so gewaltthätige Vorkehrungen von der andern Seite die Spitze
boten, vereinigten sich um einen der schönsten und gesegnetsten Land=
striche Italiens zu einem Schauplatz der Gräuel und des Schreckens,
zu einer Stätte der Verwüstung zu machen [1]).

General Stuart befand sich mit seiner Hauptmacht schon lang
nicht mehr bei Santa Eufemia und Maida. Nach der Zurück=
schlagung Reynier's hatte er sein Haupt=Quartier nach Monteleone
und dann weiter nach Bagnara verlegt um seinen sicilischen Reserven
näher zu sein. Er hatte, gleich seinen Gegnern den Franzosen, viel
durch die in dieser Jahreszeit herrschende Malaria zu leiden, welche
die Reihen seiner Mannschaft lichtete und auch das Officier=Corps
nicht schonte. Sein Krieg beschränkte sich jetzt ausschließlich auf Aus=
sendung fliegender Colonnen um das Land in Aufruhr zu bringen
und den Franzosen im kleinen zu schaden, während Abtheilungen der
sicilischen Escadre fortwährend bald an diesem bald an jenem Punkte
der neapolitanischen der tarentinischen der adriatischen Küste erschienen

---

[1]) Du Casse III S. 101 vgl. mit S. 65: „Les cruels excès des insurgés
amenaient des représailles non moins cruels: à chaque pas s'offraient le pillage
l'incendie et la mort. Cet infortuné pays, désolé tour à tour et par les vain-
queurs et par les vaincus, était dans l'état le plus épouvantable". S. auch
Colletta VI 15 der zum Theil als Augenzeuge erzählt: „In Lagonegro io
vidi un misero conficato a pale, con barbaria ottomana" etc. — Was die Con=
fiscationen betrifft so behaupten die französischen Memoiristen, in Sicilien habe
man damit begonnen die Güter aller jener mit Beschlag zu belegen die nicht dem
Hofe nach Palermo gefolgt waren, worauf Joseph sich genöthigt gesehen habe eine
ähnliche Maßregel zu ergreifen. Doch s. dagegen die Berichte Kanitz' vom 5. Mai
und 16. August, wo erzählt wird daß König Ferdinand ein Manifest erlassen
habe laut dessen das in Sicilien befindliche Eigenthum der Franzosen und deren
Verbündeten unter den Schutz des Gesetzes gestellt werden sollte, vorausgesetzt daß
jenseits des Faro das gleiche mit dem Vermögen der Sicilianer oder nach Sicilien
gegangenen Neapolitaner geschähe; allein König Joseph habe, statt dieser Einladung
zu entsprechen, die Güter aller Anhänger des sicilischen Königspaares mit Beschlag
belegt, die Besitzer selbst als Hochverräther erklärt: „en revanche l'on a confisqué
ici les propriétés des Napolitains en Sicile et en Calabre, et mis hors la loi
tous ceux qui composent le conseil d'état de Joseph".

und Abtheilungen von Bewaffneten an's Land setzten oder die Haupt=
stadt, eine der nahegelegenen Inseln Ischia und Procida mit einem
übermächtigen Angriff bedrohten. In den letzten Tagen August machten
sie fast gleichzeitig an fünf Punkten solche Versuche: zwischen Terracina
und Fondi, bei Policastro, in der Bucht von Santa Eufemia, bei
Torre di Mare im Golf von Tarent, nächst Manfredonia. Hier war
es General Tisson der unterstützt von den Bürgern der Stadt den
Siculo=Briten die Stirne bot; und so hatten auch die Landungen
bei Torre di Mare und Santa Eufemia höchstens den Erfolg daß
kleinere Abtheilungen die Berge gewannen und dort eine Zeit lang
Unruhe und Verwirrung zu stiften sich vermaßen. Die Expedition
von Policastro, ein britisches Bataillon und 1500 Neapolitaner, breitete
sich im Cilento aus und fand einen Stützpunkt in Camerotta, einem
festen Platze des Marchese gleichen Namens dessen Sohn, Herzog
von Poderia, mit dem Massenführer Gueriglia die Vertheidigung
leitete; doch am 1. September brach General Lamarque von Centola
auf, griff sogleich mit Aufbietung aller Kräfte an und nahm das
Schloß unter einem furchtbaren Blutbad wo die Franzosen jeden
niedermachten der ihnen in den Wurf kam [1]).

Bei den Ausgeschifften von Terracina befand sich Fra Diavolo,
oder wie er im amtlichen Style hieß Obrist Pezza, der die Colonne
über Itri gegen Castellone führte; allein noch bevor er letztern Punkt
erreichte stieß er auf überlegene französische Streitkräfte, seine Truppen
wurden zersprengt, sein eigener Bruder, sein Geheimschreiber gefangen.
Er selbst der Gefürchtete war entwischt; wie es hieß, hatte er noch
600 Mann um sich denen die Franzosen mit zwei mobilen Colonnen
nachsetzten, die eine aufwärts am Garigliano bis Pontecorvo, die
andere längs der Meeresküste gegen Terracina. Allein Fra Diavolo
befand sich bereits auf päpstlichem Gebiet wo er die Stadt Frosinone
überfiel, die Inwohner der dortigen Gefängnisse befreite und auf
solche Weise seine Stärke bald wieder auf 2000 Mann brachte mit
denen er sich in Sora festsetzte.

---

[1]) Rapport sur la prise de Camerotta; Du Casse III S. 184—188.

Mittlerweile war Massena von Cosenza in südlicher Richtung aufgebrochen. Der Feind hielt ihm nirgend Stand. Als er in Filadelfia einzog war das Städtchen kaum eine Stunde früher von einem bewaffneten Haufen geplündert worden. In Monteleone befanden sich 3000 Mann neapolitanischer Truppen, darunter bei 500 Berittene; bei der Annäherung Massena's zogen sich die Gegner gegen Palmi zurück, viele irreguläre Schaaren mit ihnen die sich zu einem großen Theile in die Berge warfen. Am 8. September hielten die Franzosen ihren Einzug in die wiedergewonnene Stadt die ihre Ankunft mit den ausgelassensten Freudenbezeigungen feierte. Massena schlug sein Haupt-Quartier in Monteleone auf. Bereits war Cotrone von Truppen des Generals Regnier besetzt, der jetzt Reggio und Scylla zu seinen Zielpunkten machte. Denn noch saß hier der Engländer fest, zog die von Monteleone zurückweichenden Neapolitaner an sich und schien seine Stellung so leichten Kaufes eben so wenig preisgeben zu wollen als Obrist Pezza die seine im Norden, der alle Brücken über den Garigliano abbrach und die einzige Furt durch die man gegen Sora gelangen konnte von einer Batterie beherrschen ließ. Schon war er von allen Seiten umstellt, drei mobile Colonnen, jede zu 600 Mann, säuberten das Gebirg. Sciabolone, abgeschnitten von ihm in dessen Namen er die Abruzzen aufwiegeln sollte, ergab sich den Franzosen auf Gnade und Ungnade. Am 24. September schritt General d'Espagne zum Angriff auf Sora das er gleichzeitig von drei Seiten berennen ließ. Fra Diavolo's Leute wehrten sich wie die Verzweifelten, die Franzosen erlitten große Verluste; doch zuletzt drangen sie in das Innere des Platzes wo sie alles was sich nicht durch schleunige Flucht rettete über die Klinge springen ließen. Ein großer Theil der Entkommenen fiel bei Avezzano dem General Goulus in die Hände der das Soraer Blutbad fortsetzte; hier, meinte man im französischen Lager, müsse auch Fra Diavolo sein Ende gefunden haben.

15. Neue europäische Verwicklungen — Frieden von Tilsit.
1806 bis 1807.

Dem französischen Kaiser währten all diese Kreuz= und Querzüge, diese einförmigen und immer sich wiederholenden Kämpfe welche die Sache um keinen Schritt vorwärts brachten, viel zu lang. „Sollten sich die Dinge in Calabrien immer so hinschleppen", hatte er schon Ende Juli geschrieben, „und die allgemeine Lage von Europa es gestatten, werde ich selbst nach Neapel kommen und die Sache zu Ende führen. Ich werde nie Frieden machen ohne Sicilien zu haben; so etwas verträgt sich nicht mit meinen Plänen!" Bei den Verhand= lungen in Paris an denen jetzt auch Rußland theilnahm erklärten die französischen Bevollmächtigten den bestimmten Willen ihres Gebieters daß nicht blos das neapolitanische Festland sondern auch die Insel Sicilien seinem Bruder zuerkannt werden müsse; dem vertriebenen Königspaare wäre ein Jahresgehalt auszumessen, der Kronprinz mit den Balearen abzufinden. In der That gelang es ihnen den russischen Unterhändler dahin zu bringen daß dieser am 20. Juli einen Friedens= vertrag mit völliger Preisgebung der neapolitanischen Bourbonen unterzeichnete: die jonischen Inseln sollten unabhängig sein, Rußland auf Korfu nicht mehr als 4000 Mann unterhalten; Rußland würde Cattaro, Frankreich dafür Ragusa räumen. Dubril machte sich an= heischig in St.=Petersburg die Bestätigung des getroffenen Ueberein= kommens zu erwirken. Anders die Vertreter Englands, die Lords Yarmouth und Lauderdale, die mit allen Punkten so ziemlich einver= standen waren, nur mit jenem über Sicilien nicht das sie unter keiner Bedingung in die Abhängigkeit von Frankreich bringen wollten; gegen Yarmouth's dringendes Abreden hatte Dubril unterzeichnet.

England unterließ nicht beim russischen Hofe Beschwerde über den vorschnellen Abschluß des Friedensvertrages zu führen, woran man in Sicilien und im adriatischen Meere neue Hoffnungen knüpfte. Anfangs August ließ Razumovskij, in Folge der von Dubril getroffenen Ueberein= kunft, aus Wien dem Admiral Siniavin den Befehl zukommen die

Bocche di Cattaro den Franzosen zu überlassen; allein von Tatišċev kam eine andere Weisung und Siniavin zögerte mit dem Abmarsch. Der Tod des Ministers Fox, 16. September, schien diese Vorsicht zu rechtfertigen; denn selbst Napoleon war darauf gefaßt daß das neue britische Cabinet alle Friedensverhandlungen mit Frankreich abbrechen werde. Dem war nun wohl nicht so. Die Lords Grenville Howick Sidmouth die jetzt an's Ruder kamen zeigten sich dem Frieden gerade nicht abgeneigt; nur daß sie gleich ihrem Vorgänger auf der Ver= weigerung Siciliens bestanden dessen Besitz Napoleon eben so hart= näckig für seinen Bruder verlangte. Als daher um dieselbe Zeit aus St.-Petersburg die Erklärung eintraf daß man ohne England nicht abschließen wolle, was die Abmachungen Oubril's um allen Werth und Erfolg brachte, war es mit den Friedenshoffnungen so ziemlich aus. Die britischen Bevollmächtigten verließen zwar Paris nicht sogleich; allein neue Verwicklungen in Deutschland führten den Bruch Frank= reichs mit Preußen, und bald auch mit Rußland herbei, und mit einemmal war alles wieder in Frage gestellt was seit dem Frieden von Presburg festen Halt gewonnen zu haben schien.

Für den jetzigen König von Neapel war diese Lage mehr als für Andere empfindlich. Nicht nur daß er sich in Folge dieser neuen Wirren um die Anerkennung der beiden einzigen europäischen Groß= mächte die zur Zeit noch als unabhängig von Frankreich gelten konnten, Rußland und Groß=Britannien, gebracht sah [1]: auch an seinem eigenen

---

[1] Auch Rom war nicht geneigt das Königthum Joseph's anzuerkennen, weil es selbst Ansprüche auf Neapel als eine Art Lehen des päpstlichen Stuhles machte; Note Consalvi's vom 26. April. Napoleon ließ sich darüber in seinem gewohnten Corporalstyl an Talleyrand aus (16. Mai Corr. XII Nr. 10237 S. 373—375) der das Schreiben an weitere Adresse zu bringen hatte: „S. M. ne cherche pas dans l'histoire à connaître s'il est vrai que, dans des temps d'ignorance, la Cour de Rome ait usurpé le droit de donner de couronnes et de droits temporels aux princes de la terre"; der Minister sei daher beauf= tragt die Anerkennung „pure et simple" der neuen Herrschaft in Neapel zu verlangen; würde dies verweigert so werde Se. Majestät auch den Papst nicht als weltlichen Fürsten anerkennen, den Cardinal Consalvi aber aufheben lassen und für alles verantwortlich machen, „parce qu'il est évidemment acheté par les Anglais".

Hofe gaben sich unzweideutige Anzeichen kund, auf wie schwachen Füßen seine kaum begründete Herrschaft stehe. Die Neapolitaner in seinem Dienste zeigten eine schwankende Haltung, einzelne legten ihre Stellen nieder, gingen wohl gar außer Land. Selbst die blieben waren verzagt, wollten im Staatsrath keiner durchgreifenden Maßregel zu= stimmen, erhoben gegen alles was von französischer Seite in Vorschlag gebracht wurde Bedenken und Einwendungen ohne selbst etwas besseres an die Stelle zu setzen [1]. Napoleon durchblickte wo die Gefahr war und suchte Joseph zu beruhigen. Preußen rüste, schrieb er ihm am 12. September aus Saint=Cloud; das sei lächerlich; Joseph möge ganz unbesorgt sein, man werde seine Truppenmacht nicht vermindern, nur einige Cavalerie=Regimenter, deren er für die dortigen Bedürfnisse zu viel habe, möge er für den deutschen Krieg abtreten; auch eine An= zahl Generale und Officiere werde er entbehren können; „ich werde nie die Waffen niederlegen", hieß es in dem Schreiben, „ohne daß Neapel und Sicilien Ihnen verbleiben". Dabei rieth der staatskluge Kaiser seinem Bruder allerhand Vorsichtsmaßregeln: „Sobald das Gerücht von Kriegsrüstungen nach Neapel gedrungen ist muß man sagen daß sich alles begleichen werde, und bei der Nachricht von den ersten Feindseligkeiten, daß England und Frankreich einverstanden seien indem es sich nur darum handle die Preußen aus Hannover zu verjagen; das wird wahrscheinlich klingen weil Lord Lauderdale noch immer in Paris ist". Noch aus Bamberg am 7. October mahnte Napoleon: „So lang nicht die Kunde von den ersten Erfolgen eingetroffen ist lassen Sie das Gerücht umgehen es sei Frieden gemacht worden, eine Zu= sammenkunft der beiden Monarchen habe alles beigelegt" [2]. So kam es daß die Nachricht, daß ein Tag, der 14. October, dem Kriege und der preußischen Großmacht ein Ende gemacht habe, früher nach Neapel kam als man noch recht wußte daß die Feindseligkeiten be= gonnen hatten.

---

[1] Miot II S. 330 f.
[2] Corresp. XIII Nr. 10771 S. 175 f., Nr. 10844 S. 238 f., Nr. 10966 S. 323 f.

Jetzt sah Joseph seine Herrschaft auf's neue befestigt. Alles was in den letzten Wochen scheu an sich gehalten hatte, zeigte doppelte Beflissenheit sich dem Bruder des großen Imperators dienstbar und gehorsam zu bezeigen. Was im Lande von Aufständischen und Unruhe= stiftern noch vorhanden war wurde rasch zu paaren getrieben, die Militair=Gerichte hatten mit Verurtheilungen und Hinrichtungen ohne Unterlaß zu thun. Am 22. October wurde Joseph's Flügel=Adjutant Bruyère, der um sich nicht aufzuhalten seiner Mannschaft voran= geritten war, zwischen Itri und Fondi angegriffen, nach blutiger Gegenwehr ermordet, seiner Depeschen und Goldrollen beraubt, ehe noch sein Geleite an Ort und Stelle kam. Allein die Mörder wurden zuletzt alle eingefangen und der verdienten Strafe anheimgegeben. Fra Diavolo, dem Blutbade von Sora entronnen, trieb sich mit kaum einem Dutzend Genossen ruhelos in den Abruzzen umher, stieg dann allein und in einer Verkleidung nach Baronisi hinab willens die See zu gewinnen, wurde in den ersten November=Tagen von der Nationalgarde ergriffen, erkannt, an die Gerichte abgeliefert und von diesen, trotz aller Einsprache der Engländer die ihn als höhern Officier ihres Verbündeten reclamirten, verurtheilt und am 12. November hingerichtet. Es war nebst der Nachricht von der Niederlage bei Jena der härteste Schlag der die Aufständischen treffen konnte. Eine Bande nach der andern löste sich auf oder streckte die Waffen. Die Ruhe befestigte sich mehr und mehr. Die Anhänger des neuen Königs, die Monteleone, die Pignatelli=Strongoli, die Carignano, die Serra= Cassano hoben wieder ihre Häupter, und ihr Gebieter unterließ nicht ihre guten Dienste bei seinem kaiserlichen Bruder zu rühmen. Einen ganzen Landstrich konnte er belohnen, die Grafschaft Molise, deren Bewohner bei Bekämpfung des Aufstandes wacker mitgeholfen hatten und die der König dafür von Capitanata lostrennte und zur selb= ständigen Provinz erhob.

Es war in mehr als einer Hinsicht die höchste Zeit daß der innere Krieg geendet war; denn in den Reihen der Franzosen hatte der Feind viel weniger gewüthet als die ungesunde Gegend und Witterung. Schon anfangs August füllten zwischen acht= und zehn-

tausend Kranke die Feld=Spitäler; die Hälfte von Joseph's Generalen
waren von der Malaria ergriffen, mehr als einer dahingerafft. Napo=
leon vertröstete ihn auf die kühlere Jahreszeit, doch bis in den October
hinein wurde die Sache nicht besser. In Cosenza erlagen im Herbst
bei 2000 Mann, wie es scheint einem Spital=Typhus. Auch an andern
Punkten wütheten Krankheiten in erschreckender Weise. „Ich habe das
24. 30. 7. und 23. Dragoner=Regiment nach ihren Depot=Stationen
zurückschicken müssen", schrieb Joseph am 23. October; „diese Abthei=
lungen sind durch den Aufenthalt in den Cantonirungen bei Salerno
und an der Küste zugrunde gerichtet; das ist ein Land wo ganze
Abtheilungen binnen drei Tagen an der Malaria dahinsterben".

Von außen war für den Augenblick wenig zu besorgen. In
Dalmatien und im adriatischen Meere ruhten zwar die Kämpfe nicht,
allein es kam zu nichts ernsterem. Gegen Ende September hatte ein
Zusammenstoß zwischen Russo=Albanesen und Franzosen stattgefunden,
worauf sich jene auf Castelnuovo diese auf Raguja zurückzogen. In
der ersten Hälfte December mußte die französische Besatzung von
Curzola, 300 Mann stark, capituliren, ohne Zweifel weil ihr Proviant
und Munition ausgegangen waren, und wurde am 17. von zwei
russischen Kriegsschiffen bei Manfredonia an der Küste von Apulien
an's Land gesetzt. Den Russen ging es darum nicht besser. In Dal=
matien war von Freund und Feind alles ausgesogen, auch Türkisch=
Albanien konnte nichts schaffen, bis aus Sicilien mußten die Lebens=
mittel herbeigeschafft werden. Rußland wollte aus dem schwarzen
Meere Unterstützung senden, allein die Pforte verweigerte die Oeffnung
der Dardanellen; da erhielt die baltische Flotte Befehl zur Verstärkung
Siniavin's auszulaufen. In Sicilien erweckte diese letztere Nachricht
neue Hoffnungen; es verlautete, das aus neun Kriegsschiffen bestehende
Geschwader führe 4000 Mann an Bord die zu einer Unternehmung
gegen das neapolitanische Festland verwendet werden möchten, und es
gab deshalb viel Kommen und Gehen zwischen Tatišcev und Circello.
Als nun dasselbe in den letzten Wochen des Jahres in den Gewässern
des Faro vor Anker ging begab sich der russische Minister eigens nach
Messina um in jener Richtung zu verhandeln. Allein die Flotille

war nach Korfu bestimmt von wo dieselbe im Verein mit den Eng=
ländern nach einer ganz andern Richtung abzusegeln hatte. Napoleon
muthmaßte es sei auf das türkische Festland abgesehen und trug seinem
Bruder auf sich mit Ali=Pascha von Janina in Verbindung zu setzen,
selben mit Schiffen Schießbedarf und Artillerie zu unterstützen, eben so
Ragusa mit Lebensmitteln zu versehen, was freilich bei der Wachsamkeit
der Russen und Engländer zur See nicht immer glückte [1]). Doch die
Sache verhielt sich anders. Eine britische Escadre nahm ihren Lauf
nach Aegypten wo 6000 Mann unter General Fraser an's Land
stiegen, Alexandrien und Abukir besetzten, gegen Rosette operirten.
Eine andere Flotille, mit dem durch Sebastiani aus Constantinopel
verscheuchten britischen Gesandten Lord Arbuthnot an Bord, erschien
von Tenedos aus vor den Dardanellen, 19. Februar 1807, erzwang
die Durchfahrt und legte bei den Prinzen=Inseln an von wo Admiral
Duckworth den Reis=Effendi beschickte und die türkische Hauptstadt zu
bombardiren drohte wenn nicht der französische Gesandte fortgeschickt
würde. Allein Sebastiani munterte den Sultan zum Widerstand auf.
Die Türken verlangten drei Tage Bedenkzeit welche sie benützten ihre
Flottenmacht zu sammeln, so daß es Duckworth gerathen fand sich
durch die Dardanellen, unter einem Hagel von Geschossen der seinen
Schiffen und Leuten großen Schaden zufügte, wieder auf Tenedos
zurückzuziehen und die Ankunft der russischen Flotte abzuwarten die
Siniavin aus den Gewässern von Korfu herbeiführte. Auch mit der
ägyptischen Unternehmung hatten die Engländer manches Unglück. Eine
gegen Rosette bestimmte Abtheilung von 500 Mann wurde von der
türkischen Besatzung erst in die Stadt gelockt und dann schmählich
niedergemacht; andere Verluste kamen dazu die man durch bedeutende
Nachschübe aus Sicilien decken mußte.

Kaiser Napoleon hatte mittlerweile seinen großen Sieg von Jena
und Auerstädt rasch verfolgt. Schon war Hessen von seinen Truppen

---

[1]) Joseph an Napoleon 10. Mai 1807 Du Casse III S. 358: „J'ai
fait envoyer des blés à Raguse par toutes sortes de voies; beaucoup de car-
gaisons ont été prises par l'ennemi, mais il doit aussi en être arrivé“.

in Beschlag genommen, das kurfürstliche Wappen heruntergerissen, an
die Werke von Marburg und Hanau Hand angelegt um sie dem
Boden gleich zu machen. Bei Nacht und Nebel war der Kurfürst mit
dem Erbprinzen aus dem Lande gegangen und hatte in Böhmen eine
Zufluchtstätte gefunden, wie der unglückliche Herzog Ferdinand von
Braunschweig in Ottensen bei Altona, wo er auf fremdem Boden,
betrauert von seinen verwaisten Unterthanen, bald darauf starb. Hamburg Lübeck Bremen waren in französischer Macht der sich Deutschland von einem Ende zum andern beugte. „Es muß dieser Krieg der
letzte sein", sagte der übermüthige Sieger in seinem 29. Bulletin,
„und es müssen die Urheber desselben so streng gestraft werden auf
daß, wer immer von jetzt an gegen das französische Volk zu den
Waffen greifen will, wohl wisse bevor er ein solches Wagnis unter-
nimmt, welches die Folgen davon sein können!" .. Die preußische Macht
bestand nicht mehr, sein Königspaar floh gegen Osten, wohin jetzt
Napoleon seine Schritte lenkte, darauf gefaßt dort zugleich den Russen
zu begegnen. Mitten im Winter, 7. 8. Februar 1807, wurde die mör-
derische Schlacht bei Eylau geschlagen die unentschieden blieb und die
Franzosen wie die Preußen und Russen zwang die übrige rauhe
Jahreszeit die Feindseligkeiten einzustellen.

Dagegen trat an König Joseph die Verlockung heran etwas
gegen Sicilien zu unternehmen, dessen fremdländische Besatzung so
bedeutend gelichtet war. Doch vorerst wollte er auf seinem Festlande
reinen Boden machen. Noch waren in der unmittelbaren Nähe seiner
Hauptstadt die Inseln Capri das der Engländer Hudson Lowe, Ponza
und Ventotiene das der Fürst von Canosa besetzt hielt, im südlichen
Calabrien Reggio Scylla Amantea in der Gewalt des Feindes.
Letzteres wurde von Obrist Mirabelli vertheidigt, einem Eingebornen
der alle Oertlichkeiten und Schlupfwinkel kannte. Ein Sturm den
General Verdier im December 1806 mit 3000 Mann und zahlreichem
Geschütz unternommen, war abgeschlagen worden; ein nächtlicher Ueberfall den man später versucht hatte, war im letzten Augenblicke gescheitert. Im Januar 1807 sandte Verdier den Obristen Amato,
gleichfalls Amanteer von Geburt, gegen die Stadt aus, der zuerst den

Weg der Unterhandlung einschlug, dann die Veste beschoß und berannte ohne glücklicher zu sein als seine Vorgänger. Endlich nach siebenmonatlicher heldenmüthiger Vertheidigung capitulirte die Besatzung, mehr durch Hunger als durch Waffen bezwungen, und erhielt freien Abzug nach Sicilien gegen das Versprechen ein Jahr und einen Tag nicht wider Frankreich zu kämpfen, Mitte Februar. Minder glücklich war Joseph zur See. Ein Angriff auf Capri für dessen Ausführung General Merlin an der Spitze von 1600 Mann ausersehen war mußte aufgegeben werden; ein Seesturm warf die Transport-Schiffe auseinander die im Hafen von Neapel Schutz suchten, 3. März, und Hudson Lowe verdoppelte seine Wachsamkeit. Joseph dachte nun wieder an Sicilien. „Es ist nicht ein einziges englisches Linienschiff da", schrieb er nach Paris, „sondern nur ein sicilisches von 74 Kanonen, dann zwei englische und zwei sicilische Fregatten. Ich glaube daß die Eroberung von Sicilien während die Engländer in Aegypten zu thun haben dem Kaiserreiche sehr nützlich sein und beitragen könnte England zu einer friedlichern Politik zu stimmen" [1]). Allein jenseits des Canals war man von Friedensgedanken entfernter als je. Im März 1807 hatte unter dem Namen des Herzogs von Portland ein Ministerium die Geschäfte übernommen in welchem Canning Perceval Addington Grey Greville Castlereagh, fast lauter ausgesprochene Franzosenfeinde, saßen; das Kriegsfeuer drohte zwischen Franzosen und Russen im Norden, zwischen Türken und Anglo-Russen im Süden von neuem zu entbrennen. In Wien gab man sich freilich der Hoffnung hin das Vermittleramt übernehmen und einen allseitigen Ausgleich herbeiführen zu können [2]); allein das hatte für Joseph nur die nächste Folge daß

---

[1]) Joseph an Napoleon 20. März III S. 319 und 25. April 1807 III S. 343 f.

[2]) Es war wohl nur leere Vertröstung wenn Stadion am 6. April 1807 an den Grafen Kaunitz schrieb: „Notre Auguste Maître fermement décidé à maintenir sa neutralité contre quiconque oserait l'enfreindre, n'a pas cessé de porter des paroles de paix, et nous avons depuis peu quelque espoir qu'ils n'avont pas été tout à fait inutiles pour préparer au moins des ouvertures tendantes à ramener la paix générale". Aus Palermo gelangten darauf dringende Bitten nach Wien, bei diesen Unterhandlungen die Herausgabe des neapolitanischen Festlandes nicht zu vergessen. „Quant aux négociations", schrieb Kaunitz

er, anstatt eine Landung in Sicilien zu planen, vielmehr darauf
bedacht sein mußte Angriffe abzuwehren die von dorther auf seinen
festländischen Besitz gemacht wurden.

Denn weit entfernt sich durch die Aussicht auf neue diploma=
tische Verhandlungen und Abmachungen einschüchtern und lähmen
zu lassen, war man am Hofe von Palermo gerade damals, ganz
gegen die Meinung und Neigung der Engländer, eifrigst für eine
Wiedereroberung des neapolitanischen Festlandes gestimmt. „Unsere
dortigen Unterthanen", schrieb die Königin in dieser Zeit an Kaiser
Franz, „sind derart bedrückt, überbürdet von Steuern, von Erpressungen
jeder Art, und in diesem Augenblicke von der zwangsweisen Truppen=
aushebung, daß sie uns fortwährend bestürmen ihnen zu Hilfe zu
kommen". Prinz Ludwig von Hessen sollte an der Spitze seiner Ge=
treuen mit 80 Kanonen und hinreichend viel Geld bei Reggio landen,
dort weitere 12000 Mann auf die Beine bringen und dann gegen
Norden marschiren. Man versprach sich nicht wenig von der Wirkung
den der Name der „Vertheidiger von Gaëta" auf die erregbare Phan=
tasie der Calabresen üben müsse, so wie auf die geheimen Verbin=
dungen die bis in das Herz der Hauptstadt reichten; „es ist gewiß",
schrieb Kaunitz anfangs Mai nach Wien, „daß Cardinal Ruffo 1799
das Königreich mit unendlich geringern Mitteln zurückerobert hat".
Tatiščev gab sich alle Mühe die Engländer zur Mitwirkung zu ver=
mögen, konnte aber nichts ausrichten [1]). So ging denn einheimische

---

am 6. Mai (in Chiffern) aus Palermo, „cette Cour est plus décidée que jamais
à insister sur la restitution du Royaume de Naples sans entendre à nul autre
dédommagement; je crois cependant que le Roi se laisserait engager assez
facilement à céder la couronne à son fils le Prince Royal. Ruffo a des
instructions détaillées pour toute la négociation".

[1]) Collingwood to General Sir Hew Dalrymple 23. Mai 1807 (Memoirs S. 249): „I suppose you have heard from General Fox that the Court
of Sicily is exceedingly impatient to undertake the conquest of Naples.
The general who is wary, and looks at every circumstance with the eye of
an experienced soldier, does not approve it and will not move the troops:
in consequence of which they .. are to conquer Naples .. without our help".
Am Hofe König Joseph's hatte man von diesem Meinungszwiespalt unsichere
Kunde und unterschob demselben viel gewichtigere Beweggründe. „Les Anglais ont

Infanterie und Artillerie auf sicilischen Küstenfahrern und in Beschlag genommenen ragusaner und griechischen Handelsschiffen am 7. Mai zu Palermo unter Segel, während Prinz Ludwig mit der Cavalerie den Landweg nach Messina einschlug. Etwa acht Tage später schiffte er sich mit seiner ganzen Macht etwa 4000 Mann ein, landete bei Reggio und hielt vom Jubel der Einwohner begrüßt seinen Einzug in die Stadt, wo seiner freilich die erste Enttäuschung wartete. Man wolle in Masse aufstehen, wurde ihm gesagt, zehntausend Mann und mehr; aber er müsse ihnen Waffen beistellen da die Franzosen im letzten Herbst ihnen alle weggenommen hätten. Nach einigen Tagen Aufenthalts setzte sich der Prinz in Marsch, trieb einige kleinere französische Abtheilungen vor sich her und rückte über Seminara bis Mileto und Monteleone vor, auf dem ganzen Marsch durch zuströmende Landleute und Abenteurer verstärkt welche die Zahl, aber nicht die Macht seines Heeres vergrößerten. Denn als sich ihm nun Reynier mit 3000 Mann auserlesener Truppen entgegenstellte, ihn auf Rosarno zurückdrängte, 28. Mai, da waren jene ungeregelten Haufen die ersten die ausrissen, was Unordnung auch in die Reihen der regulären Truppe brachte. Das ganze endete mit einer vollständigen Niederlage der Sicilianer; Reynier rühmte sich ihnen 500 Mann getödtet, über 2000 gefangen genommen zu haben[1]. Mit wenig Hunderten kam Prinz Ludwig nach Reggio zurück, wo es ihm drei Stunden früher glückte sich nach Sicilien einzuschiffen, ehe die Vorhut Reynier's unter General Abbé in die Stadt einrückte und sie der Plünderung preisgab, 31. Mai.

Doch war damit noch nicht alles beendigt[2]. An einem andern Punkte Calabriens hatten sich Freischaaren unter Santoro und Gar=

---

voulu obtenir du Roi Ferdinand le château de Palerme qui leur a été refusé", schrieb Joseph an Napoleon am 21. April 1807.

[1] Eine Episode erzählt Pepe I S. 153: „Io accorgendomi d'un ferito giacente sul suolo e circondato da vari de' nostri, vidi ch'era una povera donna vestita da soldato, la quale trafitta nel petto teneva ancor fermo lo scoppio e chiamava delirando suo marito".

[2] Joseph an Napoleon 24. und 26. Mai 1807 III S. 364 f.: „Nous sommes inondés de proclamations de Ferdinand et de celles de ses généraux; ils les jettent sur toutes les côtes; mais les provinces sont tranquilles".

gaglio der Stadt Cotrone, die augenblicklich von französischer Garnison entblößt war, genähert, 27. Mai, sich derselben unter freudigem
Zuruf des Volkes bemächtigt, das weiße Banner aufgepflanzt. Rasch
waren nun die Franzosen wieder zur Stelle, forderten die Eingedrungenen zur Uebergabe auf, 2. Juni, der Bataillons-Chef Droid
bemächtigte sich der Vorstädte; allein ein Ausfall den am 5. die
Belagerten machten, während gleichzeitig von der Seeseite zwei englische Schaluppen ihr Feuer spielen ließen, zeigte den Ernst des Wider-
standes den die Franzosen finden sollten. Sie mußten zu einer förmlichen Belagerung schreiten. Reynier erschien in Person vor dem Platze.
Aber erst fünf Wochen später benützten die Aufständischen eine finstere
Nacht um die Küste zu gewinnen und sich auf bereit gehaltene Schiffe
zu retten, worauf Stadt und Schloß von den Franzosen besetzt wurde,
11. und 12. Juli.

Inzwischen war mit der entscheidenden Schlacht bei Friedland,
14. Juni, der nordische Krieg zu Ende geführt, am 7./9. Juli 1807
der Vertrag von Tilsit geschlossen worden. König Joseph erhielt wenige
Zeilen, aber inhaltsschwer genug: „Der Friede zwischen Frankreich und
Rußland ist heute von dem Fürsten von Benevent und von den Fürsten
Kurakin und Labanov unterzeichnet worden. Rußland hat Sie als König
von Neapel anerkannt" [1]). Außer dieser in politischer Linie hochwichtigen Folge hatte der Vertrag von Tilsit eine für Neapel nicht
minder wirksame in strategischer Hinsicht. Die Russen machten sich
verbindlich die Bocche zu räumen und traten die jonischen Inseln an
Frankreich ab. Am 10. August hielt der französische General Lauriston
seinen Einzug in Cattaro; vom 17. zum 21. liefen zwei neapolitanische
Geschwader aus dem Hafen von Otranto aus die am 20. und 23.
glücklich in Korfu landeten, ein einziges Fahrzeug mit 100 Mann
Besatzung wurde ihnen von den Engländern abgejagt. Der britische
Minister zog sich auf Zante zurück das aber am 25. September gleichfalls von den Franzosen besetzt wurde. Den Oberbefehl auf den Inseln

---

[1]) Corr. Nap. XV. Nr. 12882 S. 399.

erhielt Cäsar Berthier, bisher G. St. Chef Joseph's; es war eine
Art von Verbannung, denn weder in Paris noch in Neapel war man
mit dem General besonders zufrieden, den man nur wegen dessen
Bruders Alexander einigermaßen schonte. Auch auf seinem neuen Posten
genügte Cäsar nicht, daher der Kaiser bei Zeiten in Joseph drang ihn
durch einen fähigeren General, allenfalls Donzelot zu ersetzen.

Uebrigens war die Aufgabe keine leichte da die Engländer alles
mögliche thaten ihren Gegnern den Besitz der jonischen Inseln zu ver=
leiden. Ihre Kreuzer zeigten sich von allen Seiten; bald sperrten
sie mit einer Fregatte den Hafen von Otranto ab, bald hielten sie
Korfu im Blocade-Zustand, so daß kein Schiff aus oder ein konnte.
Napoleon ließ es an Vorsorge nicht fehlen, schickte von Venedig und
Ancona Biscuit und Getreide, mahnte Joseph unaufhörlich auf die
Inseln bedacht zu sein, Officiere und Truppen, vorzüglich von der
Geschützwaffe, Kriegsbedarf Geld und Lebensmittel hinüber zu senden.
Joseph befolgte dieses Gebot wie alle andern seines Bruders, er=
schöpfte seinen nie sehr vollen Staatsschatz, leerte seine Magazine,
schwächte seinen Truppenstand um nur Korfu in gutem Stand zu
halten. Doch war die Ausführung nie ohne Gefahr, der Depeschen=
Wechsel erlitt oft wochenlange Unterbrechungen. Anfang December
wurde ein Transport von 500 Mann mit großen Vorräthen bei der
Ueberfahrt angegriffen, die Schiffe meist versenkt, die Besatzung
gefangen genommen. Für Napoleon war Korfu jetzt wichtiger als
Sicilien: „Sicilien ist eine Frage mit der man im reinen ist, Korfu
ist eine deren Tragweite man noch nicht kennt. In der gegenwärtigen
Lage von Europa könnte mir ein größeres Misgeschick gar nicht zu=
stoßen als Korfu zu verlieren, und für das Königreich Neapel wären
die Folgen nicht minder traurig; denn seine linke Flanke wäre ent=
blößt und der Feind hätte einen Hafen von wo aus er immer Alba=
nesen und andere Truppen anwerben und zum Angriff auf Neapel
führen könnte". Joseph möge Soldaten hinschicken, mindestens 1000
Mann, Generalstäbler Artillerie= und Genie-Officiere; der Gouver=
neur solle Albanesen ausheben, bis zu 6000 Mann: „ich wünschte
an jedem der Punkte von Perga Santa-Maura Butrinto 2000

bis 3000 Albaneſen unter Befehl eines franzöſiſchen Generals zu haben"[1]).

Die ſiciliſche Unternehmung wurde darum nicht aufgegeben, am wenigſten von Joſeph der ſich auf ſeinem Throne nicht ſicher fühlte ſo lang Karolina ihren Sitz in Palermo hatte: „Sicilien in den Händen König Ferdinand's dulden hieße für Neapel eine Furie dort laſſen; ſie wäre nahe genug im Königreich den Bürgerkrieg zu ent= zünden und jede Feſtſetzung der Ordnung zu verhindern. Sie predigt die Hinſchlachtung der Beſitzenden, die Theilung ihrer Güter. Die Leichtgläubigkeit die man ihr in den Bergen entgegenbringt ruft mir jenen Vers in's Gedächtnis den man auf die Bartholomäus=Nacht angewendet hat:

Quant un roi veut le crime, il n'est que trop obéi.

In den Städten kennt man ſie beſſer; man verabſcheut ſie, aber man fürchtet ſie wie eine Betſchweſter den Teufel fürchtet"[2]).

*   *   *

Seit Napoleon's Macht durch neue und ſo glänzende Erfolge befeſtigt war, was ſeine erklärliche Rückwirkung auf alle Vaſallen= Staaten Frankreichs und deren Dynaſtien äußerte, hatte König Joſeph in Neapel mehr Soldaten als er brauchte, und jedenfalls mehr als er bezahlen konnte. Zur Zeit da der Krieg mit Preußen ausgebrochen war hatte Joſeph ſeine bewaffnete Macht, inbegriffen die Marine, 12000 Galeeren=Knechte Invaliden Küſtenwache u. dgl., auf nicht weniger als 90000 Mann berechnet: woher ſollte er das Geld nehmen ſie zu erhalten? „Calabrien zahle nichts", hatte er ſeinem Bruder am 1. October 1806 geklagt; „der Handel in den andern Theilen des Landes ſei gleich Null; ſeine Verſuche in Paris, in Holland Anlehen zuſtande zu bringen ſeien geſcheitert, ein auf 1500 der reichſten Ein= wohner von Neapel gelegtes Zwangs=Anlehen könne im beſten Falle

[1]) Napoleon an Joſeph 3. und 8. Februar 1808 XVI Nr. 13537 S. 313 und 13540 S. 317.

[2]) Neapel 23. Juli 1806 Du Caſſe II S. 398 f.

bei 1200000 Ducaten einbringen; doch das Militair allein verschlinge
500000 im Monat" [1]). Aber noch mehr, wenn er Geld habe werde
sich in Vortheil verwandeln was jetzt Gefahr und Schaden sei da er
alle „Briganten" gewinnen könne: „sie stehen lieber bei mir in Sold
weil sie da weniger Gefahr laufen. Wenn mir Eure Majestät Geld
schickt so ist dies französisches Blut was erspart wird; denn ich darf
Euer Majestät nicht verhehlen daß, bei aller Sorgfalt die ich auf-
wende, durch die Märsche und durch die Art der Kriegführung in
diesem Lande uns mehr brave Leute verloren gehen als die Spitzbuben
werth sind denen wir den Garaus machen". Dieser Umstand, die
ungeregelte auf Schritt und Tritt von Hinterhalt und meuchlerischem
Angriff umstellte Kampfesweise, war es auch warum das französische
Militair, Mannschaft wie Officiere, sich aus Neapel hinaussehnte,
abgesehen davon daß der Kaiser sie in ihrem Fernsein zu vergessen,
ihre Mühen und Anstrengungen nicht zu würdigen schien; über alle
Theile der großen Armee regnete es Auszeichnungen und Beförderung,
nur in der neapolitanischen geschah nichts, so warm sich auch der
König um seine Leute annahm [2]). So hatte denn Joseph zu seiner

---

[1]) Joseph an Napoleon 13. Juli 1806 ebenda II S. 364—367 . . .
Ueber den trostlosen Zustand der Truppen, die oft selbst an dem nothwendigsten
Mangel litten, hatte Joseph ein paar Tage früher 29. Juni II S. 343 f. aus
dem Lager bei Gaëta geschrieben: „Votre Majesté n'a pas entendu qu'on leur
retiendrait les habits qu'elles (les troupes) ont économisés et qui leur sont
dus avant le mois de mai; Elle n'a pas voulu qu'on retînt au dépôt les
masses de linge et chaussure qui appartiennent aux soldats, ni aucun autre
objet dû aux troupes avant le 1er mai. C'est cependant ce que l'on fait,
Sire, et il m'est impossible de créer sur-le-champ les habillements de 50000
hommes qui tous sont nus à la fois, parce que la campagne a été très-fati-
gante par les marches continuelles, par les travaux de terre à Gaëte etc. . . .
V. M. n'aurait pas vu sans peine, ce matin, les braves corps qui ont fait ici
des travaux romains, déguenillés d'une manière honteuse; et il y a impossibilité physique à ce qu'ils soient habillés ici tous à la fois" etc. . . . Derselbe an
denselben 17. December 1806 ebenda III S. 246 und vom 20. S. 247 f.: „Je
puis assurer V. M. *sur mon honneur* que j'ai le plus extrême besoin qu'Elle
m'autorise à tirer sur Paris au moins 2000000 par mois, ou ce qu'Elle jugera
pouvoir me faire avancer".

[2]) Joseph am 29. December 1806 nach Paris: „Je ne dois pas cacher
à Votre Majesté que l'armée est dans le découragement; les officiers n'ont

und seiner Waffenbrüder großen Befriedigung noch in der zweiten
Hälfte des Jahres 1806 ein Regiment nach dem andern, einen
Officier nach dem andern, auf den deutschen Kriegsschauplatz abgehen
lassen wo ihnen unter ihres Kaisers Adlern Sieg Beute und Ruhm
in Aussicht standen. Massena hatte schon lang gebeten zur großen
Armee versetzt zu werden; ja es wurde ihm nachgesagt er habe deshalb
den Feldzug in Calabrien mit Unlust und lau geführt, obwohl der
gutmüthige Joseph seinem Bruder gegenüber die Verdienste Massena's
glänzend herausstrich. Sein Wunsch war erst gegen Ende 1806 erfüllt
worden worauf Reynier wieder den Oberbefehl in Calabrien bekam.
Die Generale Verdier Franceschi Gardanne d'Espagne Frégeville

point obtenu d'avancement depuis la campagne dernière, je veux dire celle
d'Austerlitz, très-peu de décorations de la Légion d'Honneur ont été distri-
buées" Du Casse III S. 252. . . . Die Klagen Joseph's in dieser Richtung
wiederholen sich oft z. B. am 14. Januar 1807 (III S. 291—293): „Les plaintes
sont arrivées à un tel point, leurs instances pour aller à la grande armée
sont telles que je me détermine à envoyer le chef de l'état-major" (César
Berthier) „près de V. M. Les lettres qu'ils reçoivent de leurs camarades qui
leur apprennent les promotions qui ont eu lieu, les victoires prodigieuses de
V. M., la guerre pénible et obscure qu'ils font ici . . . tout cela les décourage". Den letzterwähnten Punkt, die „mühsame Kriegsführung", griff Napoleon
auf um seinem Bruder und denen zu deren Fürsprecher sich derselbe machte den
Text zu lesen: „L'armée de Naples n'a pas lieu de se plaindre. Dites leur:
Vous vous plaignez, demandez au général Berthier, il vous dira que votre
empereur est pendant des quinzaines de jours mangeant des pommes de terre
et bivonaquant au milieu des neiges de la Pologne"; seit zwei Monaten seien
Soldaten wie Officiere nicht aus den Kleidern, er selbst, der Kaiser, vierzehn Tage
nicht aus den Stiefeln gekommen; all das mitten in Schnee und Koth, ohne
Brod ohne Wein ohne Branntwein; „c'est donc une mauvaise plaisanterie que
de nous comparer à l'armée de Naples, faisant la guerre dans le beau pays
de Naples où l'on a du pain, du vin, de l'huile, du drap, des draps de lit,
de la société, et même des femmes" 2c. Osterode 1. März Corr. XIV.
Nr. 11911 S. 359—361. . . Sehr böses Blut bei den ursprünglich französischen
Officieren in Joseph's Armee machte der Befehl des Kaisers daß sie jetzt Franzosen zu sein aufhören, nicht mehr in der französischen Armeeliste fortgeführt werden
sollten; „il est tout simple", schrieb Joseph am o. a. Tage, „que l'on désire conserver un si beau titre que celui d'officier français. D'ailleurs j'ose dire
à V. M.", fügte er bei, „qu'Elle n'a pas de choix si Elle ne veut pas me
voir abandonné par les officiers qu'Elle m'a donnés". Vgl. das Schreiben

und noch andere gingen den gleichen Weg, und nur Marschall Jourdan mußte in seiner halben Friedensstellung ausharren für die, wie er mürrisch meinte, ein Generalmajor genügte. Die gefangenen „Briganten" oder solche die sich ihm jetzt freiwillig anboten hätte Joseph am liebsten alle nach dem Norden geschickt; allein sie thaten in keiner Garnison gut und Napoleon machte dem König darüber gegründete Vorwürfe — „on fait des soldats avec de bons paysans et non pas avec des brigands" —, man klage allerorts über ihre Wildheit und ihre Ausschreitungen, in Mantua, sogar in Corsica, wo sie noch am ehesten in Zaum zu halten seien weil dort mindestens die Einwohner die Gewohnheit hätten bewaffnet zu gehen [1]).

Die gewonnene Sicherheit und Ruhe im Lande benützte König Joseph zu erhöhter Thätigkeit im Innern. Eine Angelegenheit von großer Wichtigkeit war die Aufhebung gewisser Klöster und Einziehung ihrer Güter und Nutzungen. Mit den Jesuiten hatte man schon im Juni 1806 den Anfang gemacht, alle die nicht Eingeborne waren aus dem Lande gewiesen; nur für den gelehrten Ab. Gio. Andres, einen Spanier von Herkunft, hatte man eine Ausnahme gelten lassen. Am 9. August darauf hatte Joseph einen Plan für die allmählige Auflösung sämmtlicher geistlicher Orden genehmigt; allein erst am 6. und 13. Februar 1807 kam der Entwurf vor den Staatsrath wo die französischen Mitglieder, vor allem Miot, mit dem Herzog von Cassano der die Maßregel auf eine geringe Zahl von Klöstern beschränkt wissen wollte in Meinungsstreit geriethen. Zuletzt einigte man sich dahin: alle Klöster nach der Regel der Heiligen Benedict und Bernhard seien aufzuheben, die Bettelmönche dagegen zu belassen; auch waren diese die armen, jene die reichen und begüterten, die dem erschöpften Staats-

---

vom 25. April: „V. M. sait combien il est pénible d'être entouré de personnes qui regrettent leur ancien état" 2c.

[1]) Dumas Souvenirs III S. 206. In Mantua hatte sie Eugen bei Festungsarbeiten verwenden lassen; auf Befehl des Kaisers schickte er sie dann nach Alessandria „où le général Despinois les maintenait dans la plus sévère discipline. Ils furent depuis envoyés, avec deux régiments de chevaux-légers napolitains, à l'armée de Catalogne".

schaß etwas aufhelfen konnten [1]). Die Auflösung der Fideicommisse, schon von Mario Pagano in die Constitution von 1799 grundsäßlich aufgenommen, kam nun neuerdings zur Sprache und wurde von Marchese Gallo der ein jüngerer Sohn war mit einer Beredsamkeit verfochten die man bei ihm nicht gewohnt war.

Vielleicht war es der Zwiespalt in der Kloster-Frage, jedenfalls stand es damit im Zusammenhang, daß Joseph in der zweiten Hälfte Februar 1807 einige Personal-Aenderungen traf: der Herzog von Cassano wurde Obrist-Jägermeister, General Matthieu Dumas Groß-Marschall des Palastes, der Herzog von Campochiaro Gesandter im Haag. Die Geschäfte die früher Dumas besorgt hatte so wie ein Theil jener Campochiaro's wurden Salicetti übergeben der dafür jene der Polizei der Form nach an den Herzog von Laurenzana abgeben mußte; da aber Salicetti fortwährend sein Auge darüber hielt so vereinigte er thatsächlich die beiden wichtigen Zweige des Krieges und der innern Sicherheit in seinen Händen [2]). Schon einige Monate früher, November 1806, hatte Joseph dem Fürsten Bisignano das Portefeuille der Finanzen abgenommen und an Röderer übergeben, in dessen Fähigkeiten und unbestechlichen Charakter er großes Vertrauen hatte, während Napoleon ihn für einen unpraktischen Ideologen erklärte der, was heute geschehen müsse, liegen lasse und dafür Dinge in Angriff nehme für welche es Zeit sei wenn nach ein paar Jahren die Herrschaft Joseph's fester begründet sein werde. Auch Salicetti, der überhaupt die Franzosen am liebsten ganz aus dem Rathe des Königs und aus dem Lande entfernt gesehen hätte, war mit Röderer's Reform-Plänen nicht einverstanden, ohne daß er denselben besseres entgegenzusetzen hatte. Röderer wollte nicht blos den augenblicklichen Bedürfnissen auf eine die Bevölkerung mindest drückende Art genügen; er faßte auch die Tilgung der Staatsschuld in's Auge, was durchaus mit den wohlwollenden Absichten Joseph's zusammenstimmte, aber durchaus nicht mit denen seines herrischen Bruders [3]).

---

[1]) Miot II S. 333—339, Du Casse III S. 262—267.

[2]) Dumas III S. 307 f.

[3]) Siehe z. B. das o. a. Schreiben Napoleon's vom 1. März 1807: was Röderer mache daß die Armee noch immer über rückständigen Sold klage? Er

Nicht minder thätig als Röderer auf dem Gebiete der Finanzen war Miot auf jenem der innern Verwaltung, obwohl auch hier die Einheimischen manche Schwierigkeiten machten. Die sehr im argen liegende Justiz, das barbarische Gefängniswesen erfuhren wohlthätige Verbesserungen. Joseph setzte aus den berühmtesten Juristen ein Comité zusammen das die Anpassung der französischen Gesetzgebung auf die neapolitanischen Zustände berathen sollte; allein der Kaiser wollte jetzt von Aenderungen nichts mehr wissen: der „Code Napoléon" müsse genau so eingeführt werden wie er gegeben worden. Für Unter-richt und Bildung war unendlich viel zu thun, besonders in den ent-legenen Provinzen. König Joseph sorgte für Lehranstalten jeder Art, versah die Universität mit neuen Kanzeln, errichtete eine Schule der bildenden Künste, eine für Musik deren Leitung Paisiello und Fenaroli übernahmen, gründete eine Königliche Akademie der Geschichte und der Alterthümer an deren Spitze der gelehrte Jesuit Ab. Gio. Andres stand, eine Militair-Schule unter Leitung des Generals Parisi in Caserta, eine polytechnische in Neapel.

Ueberhaupt machte die liebenswürdige heitere und wohlwollende Persönlichkeit des Königs vieles gut was die französischen Generale mit ihrer Habsucht, mit ihrer Willkür und Gewaltthätigkeit verdarben. Noch war im Lande das grausame Loos des Marchese Rodio nicht vergessen, und die Franzosen selbst, der König zuerst, mußten bekennen daß die Erpressungen ihrer Feldherren, die Ausschreitungen ihrer

solle einstweilen die Staatsschuld Staatsschuld sein lassen und an anderes denken als an die Errichtung einer Amortisations-Casse; sei jetzt die Zeit sich mit solchem Quark abzugeben?! „Il est bien question de ces babioles!" Aber „le moyen de faire entendre à des hommes de l'imagination de Mr. Rœderer que le temps est le grand art de l'homme!" Am 1. October (XVI Nr. 13206 S. 62): „Vos finances sont déplorablement administrées, elles sont toutes en méta-physiques, l'argent cependant est une chose très physique". Joseph hingegen nahm sich Röderer's bei jeder Gelegenheit auf das wärmste an z. B. 3. October 1807 IV S. 22 f., und hätte lieber Salicetti hergegeben worauf ihm sein Bruder antwortete (26. Februar 1808 Corr. Nap. XVI Nr. 13610 S. 381): „Rœderer est de la race des hommes qui perdent toujours ceux auxquels ils sont attachés: serait-ce défaut de tact, serait-ce malheur? ... Salicetti est fort aimé à Naples par tous les Français, et il n'est pas un de vos amis qui ne déteste Rœderer".

Soldaten die größte Schuld an dem bösen Geiste hatten der noch vielfach im Lande herrschte[1]). Da waren es nun die Rundreisen Joseph's, wo jedermann zu ihm Zutritt hatte, wo er mit allen Classen der Bevölkerung in Verkehr kam, überall selbst sah und hörte, wahrgenommene Misbräuche vom Fleck weg abstellte, schlechte Richter und Beamte davonjagte, was des besten Eindrucks nicht verfehlte. Eine solche Fahrt unternahm er im März und April 1807 nach Apulien, das gerade in diesem Jahre einer reichern Ernte als je entgegensah, nach Brindisi und Tarent, dann im Mai in die Abruzzen. Er fand das Volk überall ruhig und gefügig wo die Obrigkeiten und militairischen Befehlshaber gut waren. „Ein rechtschaffener Mann", schrieb er aus Foggia an den Kaiser, „ist hier mehr werth als ein geschickter; sind diese beiden Eigenschaften in einer Person vereinigt dann zählt das mehr als ein Regiment Soldaten. Das ist es warum mir Reynier Partouneaux Lamarque Donzelot Jourdan Saligny so sehr zusagen, was in meinen Augen einem Röderer, einem Dumas so hohen Werth verleiht"[2]). In Brindisi und Tarent überzeugte er sich persönlich von der Wichtigkeit beider Plätze; ersteres, meinte er, könne der schönste Hafen der Welt werden wenn man zehn Millionen zur Verfügung hätte; einstweilen müsse er sich begnügen beide Orte mindestens gegen einen Handstreich in Vertheidigungsstand zu setzen. In den Abruzzen zog der Lago Fucino des Königs Aufmerksamkeit auf sich; er scheute weder Mühe noch Kosten um den berühmten Abführungs-Canal des Kaisers Claudius, der den See mit dem Bette des Garigliano, des Liris der Alten, in Verbindung setzte, herstellen zu lassen und dadurch die Umgegend vor den zeitweise austretenden Hochwässern zu schützen. Zu den Straßen deren Anlegung er schon früher angeordnet hatte, von Lagonegro einerseits nach Reggio andrerseits nach Cassano, kamen immer neue: von Sperone über Somma nach Ottajano, von

---

[1]) Schreibt doch Joseph selbst, 17. Mai 1806 Du Casse II S. 238: „Les vols des généraux sont les prétextes qu'on offre aux peuples". Vgl. ebenda S. 259: „Les excès auxquels s'étaient livrées les troupes, irritées d'une guerre si cruelle, étaient de nature à retarder une pacification cependant bien nécessaire".

[2]) Ebenda III S. 323 f. 26. März 1807.

Neapel über Benevent nach Apulien, die alte Via Egnatia, bei deren Ausführung die verfügbaren Truppen Hand anlegen mußten; am Napoleonstage 1807 befuhr er zum erstenmal die neue Straße nach Capo di Monte die sich von da an die von Neapel nach Rom führende Straße anschloß.

Der Unstern Joseph's war sein Polizei=Minister. Allerdings hatte Salicetti in einem eroberten Lande wie Neapel von vornherein eine eben so schwierige als gehässige Aufgabe, die er aber mit einer gewissen leidenschaftlichen Hast und Vorliebe durchführte; denn man sagte ihm nach, wo er keine Verschwörungen entdecke da erfinde er solche, lasse dann einfangen aburtheilen hinrichten, wobei es ihm auf eine Handvoll Unschuldiger nicht ankomme.

An Anlässen zu geharnischtem Auftreten fehlte es ihm allerdings nicht, da die fast unausgesetzten Unternehmungen der Siculo=Briten die geheimen Anhänger der früheren Regierung immer wieder von neuem aufstachelten. Viele Gegenden des Landes, das Joseph wiederholt als vollständig zufrieden und beruhigt gerühmt hatte, wimmelten immer wieder von bewaffneten Freischaaren, die sich aus den versprengten Resten sicilischer Landungstruppen bildeten und durch französische Emigranten, Ausreißer aus den Casematten von Mantua und Alessandria, so wie solchen die sich bei frühern Anlässen auf römisches Gebiet gerettet hatten, fortwährenden Zuwachs erhielten. Doch selbst in der unmittelbaren Nähe Joseph's tauchten Wahrzeichen bedenklichen Charakters auf. Der Staatsrath Vecchioni, der sich bisher dem König sehr ergeben gezeigt hatte, legte „aus Gesundheitsrücksichten" seine Stelle nieder und zog sich nach Puzzuoli zurück, was bei seinen vorgerückten Jahren nicht auffallen konnte; allein da wollte Salicetti auf Spuren geheimen Einverständnisses mit den Engländern und dem Hofe von Palermo gekommen sein, stellte ihn vor eine Militair=Commission deren Urtheil der Greis nur durch die schonende Gnade des Königs entging [1]. Die Landung und die ersten raschen Erfolge des Prinzen

---

[1] Salicetti heißt es bei Du Casse III S. 261 f. habe ihn mindestens in Sicherheits=Gewahrsam halten wollen; allein der König habe gesagt: „Pour-

von Philippsthal boten dem Polizei-Minister neue Gelegenheit seines
Amtes zu walten. Es verlautete von einer fürchterlichen Verschwörung
die mit der Unternehmung des Prinzen in Zusammenhang stehe und
über alle Theile des Königreiches verzweigt sei: sie sollte am 28. Mai,
am Frohnleichnamstage ausbrechen, an fünfzehn Punkten von Neapel
sollte Feuer gelegt und in der allgemeinen Verwirrung unter Raub
und Mord das französische Regiment gestürzt werden. Ein Polizei-
Beamter Frisiechia, von der Schwester eines der Verschworenen mit
der er ein zartes Verhältnis hatte vorzeitig gewarnt, galt als Ent-
decker des Anschlages wogegen nun umfassende Vorkehrungen getroffen
wurden. In der Nacht vom 23. fanden zahlreiche Verhaftungen statt
denen in den Tagen darauf andere nachfolgten; sie trafen Personen
vom höchsten Adel, den General-Capitain Pignatelli di Strongoli, den
Fürsten Ruffo Spinoso, den Herzog Filomarino, die Grafen Barto-
lazzi, Gantani, den Bischof Felice von Sessa mit vielen Mönchen und
Priestern, den Maresciallo di Campo Conte Micheroux, den Obristen
Marchese Palmieri, einen reichen Edelmann Luigi La Giorgi; aber auch
edle Damen, Luigia de' Medici u. a. Am 1. Juni wurden zwei der
Angeklagten unter ungeheurem Zulauf des Volkes zum Tode geführt,
der Herzog von Filomarino der dem Schwert, Obrist Palmieri der
dem Galgen verfallen war. Als der letztere das Gerüst hinaufstieg erhoben sich aus der Menge Rufe um Begnadigung, was dem Verurtheilten nichts nützte aber Andern Schaden brachte. Denn da es
den Anschein gewann als ob Aufstand losbrechen sollte so ließen die
Franzosen einhauen und schießen, wobei sie acht Personen vom Civil
tödteten, bei fünfzig verwundeten und noch mehr einfingen, von denen
drei als Haupträdelsführer am nächsten Tage zum Tode geführt
wurden. Die entsetzte Menge wagte kein Murren mehr, doch die Erbitterung wuchs im stillen. Noch vor Mitte Juni kam aus Castellamare von dem Polizei-Inspector Monglas Meldung von einem Anschlage den König bei Gelegenheit eines Ausfluges, wie er solche in
der Umgebung zu machen pflegte, aus dem Leben zu schaffen; die

quoi laisser plus longtemps en prison ce malheureux vieillard? Il est assez
puni, faites-le mettre en liberté".

Bösewichter wurden hart vor dem Augenblicke der beabsichtigten Ausführung ergriffen, neue Hinrichtungen fanden statt. Allein auch Monglas
büßte seinen Amtseifer mit dem Tode den ihm die entkommenen Mit-
schuldigen geschworen hatten: einige Zeit später fand man seinen treuen
Hund auf dem Leichnam des meuchlings erschlagenen Herrn [1].

In solchem Grade machte sich die französische Herrschaft nicht
blos in Neapel sondern auf der ganzen Halbinsel verhaßt daß kaum ein
Halbjahr später der König von dem Befehlshaber in Piemont General
Menou Warnung empfing, auf seiner Hut zu sein vor einer Verschwörung die sich, von Priestern angezettelt, von einem Ende Italiens
bis zum andern erstrecke, was aber Joseph für Uebertreibung hielt [2].

*   *   *

Kaiser Napoleon fuhr fort Neapel als ein Anhängsel von Frankreich anzusehen. Die sechs kaiserlichen Lehen, die er sich bei Stiftung

---

[1] Du Casse III S. 372—374 und Anhang E „Procès d'Agostino Mosca"
S. 467—471. Beim „Obrist" Mosca hätten sich nach dieser Quelle ein Bracelet
mit den Haaren der Königin das ihm der Fürst von Canosa in ihrem Namen
übergeben, dann Briefe von ihrer Hand gefunden. S. auch Joseph an Napoleon
20. Juni 1807 ebenda III S. 396: „Cette femme est réellement un pro-
dige de méchanceté d'activité et d'impudence. Elle prodigue aux assassins
ses lettres, et jusqu'à de colliers de ses cheveux et des bracelets" — und
Colletta VI 33 der sich wie gewöhnlich eben so unsicherer als dehnbarer Ausdrücke bedient; die Handschrift der Königin bezeichnet er als „istigatrice relata-
mente al delitto", wogegen eine andere von ihrer Hofdame Marchesa Villatranso
„più scoperta" gewesen sei ... Uebrigens erzählt Colletta gleich darauf von der
Polizei Salicetti's: „Insidiosamente mascherava da congiurati i suoi emissari,
contrafaceva lettere, corrispondeva sotto simulate forme con la regina di Sicilia .... Allo scoprimento gli emissari, poco fa congiurati, si trasformavano
in accusatori e testimonii, le lettere, ricercate o contrafatte, in documenti, il
fabbro di quella rete componeva il processo" 2c. Von den Mai-Gefangenen
starb, nach demselben Schriftsteller, einer an den Kerkerqualen: „Luigi La Giorgi,
ricco e nobile, straziato morì in carcere".

[2] Joseph an Napoleon 19. Februar 1808 Du Casse IV S. 151 f.: „Je
crois tout cela exagéré; je n'en vois aucun symptôme ici; dans tous les cas
je suis sur mes gardes et fort tranquille sur tous les événements" ... Hätte
man in diesem Geheimbunde etwa den Ursprung der bald darauf im Neapolitanischen auftauchenden Carbonari zu suchen?

des Königreichs vorbehalten, waren seither an französische Staatsmänner oder Marschälle verliehen worden oder wurden es in der
nächsten Zeit: von den Fürstenthümern Benevent und Pontecorvo erhielt
das eine Talleyrand das andere Bernadotte, Fouché wurde Herzog von
Otranto, Oudinot von Reggio, Macdonald von Tarent, Gaudin von
Gaëta. Die Diener und Anhänger Joseph's gingen leer aus. Miot
wurde Graf von Melito nicht durch Napoleon sondern durch Joseph;
übrigens war es, wenn ich nicht irre, ein bloser Titel, ohne die reichen
Einkünfte welche die kaiserlichen Lehen ihren Investirten abwarfen.

Auf die Verwaltung des Landes nahm der Kaiser fortwährend
Einfluß. Er unterließ selbst mitten im Kriegsgetümmel aus seinem
Feldlager nicht, die Regierungsthätigkeit des neuen Königs mit unge-
theilter Aufmerksamkeit zu verfolgen, ihm und dessen Räthen fortwährend gute Lehren zukommen zu lassen. Im Grunde konnte man
ihm in Neapel gar nichts recht machen, er hatte Ausstellungen für
alles und jedes, wobei sich allerdings sowohl sein genialer Blick als
eine macchiavellistische Verschlagenheit kundgaben. Napoleon wird nicht
müde seinem Bruder geschäftsmännischen Ernst und Ordnungssinn zu
predigen; er ist nie zufrieden mit den Uebersichten Ausweisen Truppen-
stands-Tabellen die ihm Joseph von Zeit zu Zeit senden muß, und
hält diesem sein eigenes Beispiel vor welch hoher Werth solch scheinbar
trockenen Schriftstücken innewohne: „Ich nehme an der Lecture derselben größeres Vergnügen als ein junges Mädchen daran finden kann
einen Roman zu lesen". Sein Briefwechsel ist voll der eingehendsten
Weisungen wie Joseph seine Soldaten zu vertheilen und zu verwenden,
wie er sie zu behandeln habe, wobei es ihm freilich nicht darauf an-
kommt diesen Truppenstand, wenn er Joseph zu einem militairischen
Unternehmen z. B. gegen Sicilien antreiben will, als einen mehr als
genügenden, wenn dagegen Joseph über drückende Belastung seines
Militair-Budgets klagt, als einen kaum der Rede werthen hinzustellen [1]).

---

[1]) Du Casse IV S. 16 Anm. 2: „Du reste il est impossible de ne
pas faire une remarque curieuse. Toutes les fois que Joseph demande à son
frère des troupes, ce dernier cherche à lui prouver qu'il a 55 à 60 mille

Auf die neapolitanische Presse richtet der Kaiser fortwährend ein auf=
merksames Auge. „Ihre Zeitungen", schreibt er einmal, „enthalten
fast nichts als unbedeutende Einzelnheiten von räuberischen Anfällen
und Mordthaten. Das arbeitet ganz wunderbar Ihrem Gegner in
die Hände dem es ja nur darum zu thun ist die Welt glauben zu
machen im Königreiche Neapel gehe alles drüber und drunter. Lassen
Sie von nun an Ihre Zeitungen nichts drucken als was von Wichtig=
keit ist". Ein andermal fand Napoleon in Pariser Blättern Briefe
des Königs Ferdinand abgedruckt, „ohne Zweifel aus den Journalen
von Neapel; was soll das bezwecken? Wer von den Lesern soll Anstoß
daran nehmen daß König Ferdinand seinen Thron mit allen Mitteln
vertheidigt? Wozu also solche Dinge abdrucken?" [1]) Sehr bezeichnend
war was Napoleon an dem Edicte über die Aufhebung der geist=
lichen Orden rügte. „Der Eingang", bemerkte der Kaiser, „sei ganz
und gar philosophisch gehalten; wenn man aber von kirchlichen Dingen
handle müsse man im Geiste der Religion reden, nicht in dem der
Philosophie. Den Mönchen sagen ihre Einrichtung passe nicht mehr in
die neue Zeit, heißt die Leute beschimpfen die man davonjagt; die
Menschen ertragen ein Uebel wenn man nicht den Schimpf dazufügt,
und wenn es nicht den Anschein gewinnt daß ihre Feinde gegen sie
den Schlag geführt haben; die Feinde des Ordensstandes sind aber
die Schöngeister und die Philosophen" [2]). Dazwischen Mahnungen,
der König könne nicht mistrauisch genug auf seinem Throne sein.
„Sie meinen sich eine Nationalgarde aus 50000 Feinden der Königin,
wie Sie es nennen, zu schaffen? Das macht mich lachen. Sie täuschen
sich über den Grad des Hasses den die Königin in Neapel zurück=
gelassen hat. Es gibt keine zwanzig Personen die sie in der Weise
hassen wie Sie sich einbilden, es gibt keine zwanzig Personen die ihr
für eines ihrer Lächeln, für eine ihrer Zuvorkommenheiten nicht wieder

---

hommes, toutes les fois qu'il lui demande de l'argent pour solder ses troupes,
Napoléon lui prouve qu'il n'en a que 20 a 25 mille à payer".

[1]) Berlin 12. November 1806 Corr. Nap. XIII Nr. 11244 S. 526 und
aus Königsberg 12. Juli 1807 XV Nr. 12898 S. 415.

[2]) Finkenstein 14. April 1807 XV Nr. 12379 S. 73 f.

zufielen"[1]). „Ich wünschte", heißt es ein paar Tage später, „daß das
Gesindel von Neapel einen Aufruhr mache. Sie werden nicht Herr sein
so lang sie ihnen nicht eine Lection gegeben haben. Jedes eroberte Volk
muß seinen Aufstand haben, und mir wird ein Aufstand in Neapel sein
was der Scharlach einem Familienvater ist, vorausgesetzt daß er seinen
kranken Kleinen nicht zu stark mitnimmt. Es ist eine heilsame Krise"[2]).

Trotz all dieser kleinen Reibungen, dieser unausgesetzten Ausstellungen von Napoleon's, der gekränkten Vertheidigungen und Entschuldigungen von Joseph's Seite, war das Verhältnis zwischen den
beiden Brüdern ein schönes und herzliches. Trieb es einmal jener gar
zu stark so daß der Andere Ursache hatte sich durch die ungegründeten
Vorwürfe ernstlich verletzt zu zeigen, so nahm zwar Napoleon nichts
von dem zurück was er gesagt hatte, aber in der erneuten Zärtlichkeit
womit er dem weichern Bruder und dessen Familie schrieb, zeigte sich
doch daß es ihn reue in seinem Mentorthum zu weit gegangen zu
sein. Wo Joseph einsah daß Napoleon recht hatte stand er nicht an
dies offen zu bekennen. „Es ist wahr und ich sage es täglich, vorzüglich mir selbst", schrieb er von seiner apulischen Reise, „daß Euer
Majestät mit einer Ueberlegenheit von Verstand geboren sind die man
anstaunen muß. Ich erkenne jetzt daß die Menschen, was Sie mir
immer gesagt haben, anders sind als ich mir sie gedacht habe und
daß ein guter vertrauensvoller Fürst eine große Geißel des Himmels
ist. Was für Misbräuche und Misstände über die ich, ich bekenne
es, jetzt noch staune, lerne ich auf meiner Reise kennen! Ich will
von nun an ein besserer Regent werden, indem ich von dem Irrthum
lasse der Mehrzahl der Menschen jenen Geist der Gerechtigkeit und
des Wohlwollens zuzutrauen den Euer Majestät, ich hoffe es, mir
zuerkennt. Ich fürchte nicht in meine alte Täuschung zurückzufallen
und zu sagen daß mich die Leute aufrichtig lieben" ... Aber nach
diesen besten Vorsätzen ein so unnahbarer Tyrann sein zu wollen

---

[1]) Saint-Cloud 9. August 1806 XIII Nr. 10629 S. 61. Die absichtliche
Uebertreibung Napoleon's, der hier ein „sourire", die „avances" seiner „modernen
Messaline" vor Augen gehabt zu haben scheint, liegt auf der Hand.

[2]) Corresp. 17. August XIII Nr. 10657 S. 78.

als es sich sein genialer Bruder, der Menschenverächter, nur wünschen
konnte, bricht doch wieder sein versöhnliches liebenswürdiges Naturell
durch und er beschwört den Kaiser, vor dessen Größe er sich beugt, der
Welt den Frieden zu geben. „Euer Majestät sind Sieger, Triumphator
auf allen Punkten, aber Sie müssen zurückschaudern vor dem Blute
Ihrer Völker: es ist Sache des Fürsten dem Heros Zügel anzulegen.
Sire, Sie dürfen nicht dem Zufall einer unglücklichen Begegnung das
schönste Denkmal aussetzen das je noch von der Größe des Menschen-
geschlechts gezeugt: ich meine die Unmasse von Ruhm und unerhörter
Größe die Ihr Leben seit zehn Jahren ausmachen. Sire, es ist die
Liebe zu einem Bruder der mir Vater geworden ist, es ist das Gefühl
was ich Frankreich und den Völkern schulde die Sie mir gegeben
haben, was mich diese Sprache führen läßt" [1]) . . .

Die Briefe an seine Gemahlin sind es vor allem wo sich Joseph's
sanftes Gemüth offenbart, dem der Glanz und die Sorgen eines Thrones
nur eben so viel unbegehrte Lasten waren. „Ich arbeite für das
Königreich mit derselben Aufrichtigkeit, mit derselben Hingebung mit
welcher ich beim Tode meines Vaters für dessen junge Familie
gearbeitet habe und wo alle Opfer für mich nur Freude und Genuß
waren. Der Ehrgeiz würde mich, das ist wahr, nicht zwei Schritte
haben machen lassen wenn ich hätte in Ruhe bleiben können; aber
Ehre und Pflichtgefühl würden mich im Jahre drei Rundreisen durch
mein Königreich machen lassen wenn ich drei Unglückliche aufrichten
könnte". . . Zeitweise bricht die Sehnsucht nach einer ganz andern Art
Leben als das er jetzt führt, mit einer Gewalt durch daß er fast
zum Dichter wird, wie in dem schönen Briefe an seine Gemahlin in
Mortefontaine, dem Schauplatze eines still vergnügten Daseins das
die Liebenden früher genossen: „Das Glück das Dich dahin begleitet hat
ist Dir sicher wie die Vergangenheit, das welches Dir hier beschieden
ist ungewiß wie die Zukunft. Das Leben in Mortefontaine war das
der Harmlosigkeit und des Friedens, das der Patriarchen: das Leben
in Neapel ist das der Könige, eine Reise auf einem Meere das bald

---

[1]) Barletta 29. März 1807 Du Casse III S. 324—327.

ruhig bald ſtürmiſch iſt. Das Leben in Mortefontaine war eine
Spazierfahrt, ſanft wie die Wellen ſeines Sees: es zog dahin ohne
Geräuſch wie der leichte Nachen den eine kleine Bewegung des Ruders
von unſerer Zenaïde hinreicht rund um die Inſel zu führen" [1]. . .

Joſeph hatte ſeine Gemahlin ſchon im December 1806 nachkommen laſſen wollen; doch Napoleon war dagegen: „es widerſtrebt
mir, Weiber und Kinder auf dem Schauplatze von Kämpfen und
Aufſtänden zu ſehen". Erſt ein Jahr ſpäter als, wie es ſchien, die
Ruhe im Königreich hergeſtellt war, erlaubte er es nicht blos ſondern
drang ſogar darauf: „ein König müſſe Hof halten, müſſe Welt bei
ſich ſehen, dürfe nicht in ſich verſchloſſen ſein, ſondern müſſe die
Geſellſchaft beleben und dem Lande zu verdienen geben" [2].

Letzteres that nun wohl Joſeph auch ohne dieſe Mahnung.
Denn im Grunde hatte man es mit der empfindſamen Wehmuth die
aus Joſeph's Schreiben an ſeine Gemahlin herausklang, eben ſo wenig
genau zu nehmen als mit ſeinen Verſicherungen gegen den ſtrengen
kaiſerlichen Bruder daß er ſich vom frühen Morgen bis in die ſinkende
Nacht mit Geſchäften abplage. Joſeph führte einen glänzenden und
üppigen Hof an welchem es an Luſtbarkeiten aller Art nie fehlte,
ſuchte ſich während des Fernſeins ſeiner Julia das Leben ſo angenehm
als möglich zu machen und hatte ſtets einen Schwarm von Schönen
um ſich in deren Auswahl er nicht beſonders ſtreng geweſen zu ſein
ſcheint und die ihm, was in Neapel am meiſten auffiel, als „caccia-
trici" ſelbſt auf ſeine Jagden folgen mußten. Auch hier ſpielte das
Galliertthum eine hervorragende Rolle, und es fehlte nicht an Gloſſen
der Einheimiſchen über dieſen „Bienenſchwarm" von Franzoſen der
über die blumigen Auen von Neapel herfiel und die fetteſten Weiden,
die ſaftigſten Plätzchen für ſich in Anſpruch nahm.

---

[1] Santo=Leucio 26. April ebenda III S. 346—349 und Capo di Monte
26. Juli 1807 S. 408—410.

[2] Napoleon an Joſeph Poſen 5. December 1806 Corr. XIV Nr. 11391
S. 35 f. und an Königin Julie Saint=Cloud 2. September 1807 Du Caſſe
III S. 435. . . Aus einem Schreiben der Königin Karolina an ihre Tochter
Thereſia vom 15. Juni 1806 ſcheint hervorzugehen daß ihre glückliche Neben=

16. Palermo und Messina.

Was in Neapel Befriedigung brachte erweckte Leid in Palermo; je mehr diesseits des Faro die napoleonische Herrschaft befestigt wurde, desto tiefer sanken jenseits desselben die Hoffnungen auf Wieder= gewinn des gewaltsam entrissenen Festlandes. Zwar in einer Richtung mochte Königin Karolina sich beglückwünschen: sie war in ihren Kreisen wieder im unbestrittenen Besitze ihrer Macht, ihre Freunde standen aufrecht, ihre grundsätzlichen Gegner hatten das Feld räumen müssen. General Damas, den Acton von allem Anfang hatte hinaus= drücken wollen und der zuletzt, um der Sache einen unverfänglichen Schein zu geben, die Gräfin Razumovska über Malta und die Bocche di Cattaro zu ihrem Gemahl nach Wien begleiten sollte, war unter verschiedenen Vorwänden immer wieder zurückgeblieben und dachte bald nicht mehr daran fortzugehen. Denn in der ersten Hälfte August 1806 war Sir Hugh Elliot von seinem Posten abberufen worden, und von da an hatte auch Acton täglich mehr an Ansehen und Einfluß beim Könige verloren [1]. Ja man hatte letztern in solchem Grade gegen den frühern Mann seines Vertrauens einzunehmen

buhlerin schon damals in Neapel erwartet wurde: „On attend la Reine dont le frère a été pendant bien des années notre très humble et obéissant Consul à Marseille, correspondant de devoir avoir un officier de bureau, le Secrétaire d'État le croyant au-dessous de lui d'écrire à des espèces pareilles: voilà le monde et ce qui arrive est une grande leçon pour tous". Julie, eine geborne Clary, war Tochter eines Kaufmannes in Marseille; eine Schwester von ihr wurde Gemahlin Bernadotte's.

[1] Kaunitz 16. August 1806: „Le crédit de la Reine remporte presque tous les jours quelques petites victoires sur celui du Général Acton. Cette Princesse combat la dissimulation de ce vieux Politique avec toutes les armes que Son esprit et la droiture de Ses intentions Lui donnent". S. auch Colling= wood S. 214 an Lord Howick: „The Queen's party I understand now prevails, many of whom are French, and Sir John Acton who was considered as the Minister who preserved the King from being led away by the caprices of the Queen and her adherents, and advised him for the true interests of his Country, is dismissed from the Ministry".

verstanden daß er den General-Capitain verhaften lassen wollte. Dahin war es nun zwar nicht gekommen; allein Acton war um den 20. August, der Form nach auf eigenes Ansuchen, seines Dienstes entlassen, das ganze Ministerium geändert worden; Marchese Circello hatte nebst dem Auswärtigen die Angelegenheiten des Krieges und der Marine, Commandeur Seratti jene für Justiz und Gnaden übernommen.

Ueber ihren Gemahl war Karolinens Sieg allerdings ein voll-ständiger zu nennen; von da an gelang es, so lang sie noch lebte und wirkte, keinem wieder ihr den Einfluß auf den vergnügungs-süchtigen König streitig zu machen. In ihrem Cabinete liefen jetzt wieder die Fäden aller Geschäftszweige zusammen, sie allein gab die Parole aus, von ihr wurde alles geleitet. Mit ihren Verbindungen nach außen stand es allerdings mißlich weil aller Verkehr zur See, wenn dieser nicht durch die Hände der Engländer lief, unterbrochen oder doch bedroht war. Einer ihrer eifrigsten Diener auf dem Fest-lande war ihr Consul in Florenz Domenico Rivolti, der den Auftrag hatte ihr mit jedem von Livorno nach Sicilien abgehenden Schiffe Nachrichten aus Neapel und vom Auslande zukommen zu lassen. Sie unterhielt die Correspondenz mit ihm durch den Bali Caracciolo; doch schrieb sie mitunter auch selbst oder machte Zusätze von eigener Hand[1]). Mit dem Hofe von Madrid war es seit dem Hinscheiden ihrer unglücklichen Antoinette so viel wie aus. Kurz vor Acton's Rücktritt war der Herzog von San-Michele, wie früher erwähnt, aus Spanien heimgekommen und in Hofkreisen hatte man sich mit aller-hand Redereien getragen: „zwischen dem Prinzen von Asturien und dem Friedensfürsten sei es zu einem tödtlichen Conflict gekommen; die Partei des Thronfolgers wolle, sobald Napoleon in einen ernstlichen Krieg verwickelt würde, das verhaßte französische Joch abschütteln" u. dgl. Königin Karolina wußte am besten was an diesen Gerüchten wahres

---

[1]) Freundliche Mittheilung des Herrn Professors Hüffer in Bonn, welcher im Central-Archiv von Florenz, wo die bezüglichen Briefe der Königin erliegen, Auszüge gemacht und mir davon zu meinem großen Danke Einsicht gestattet hat. „Einige Briefe", bemerkt er dazu, „sind in Chiffern, einer in der bekannten Weise mit Limoniensaft geschrieben".

sei. Es sollte ihr von spanischer Seite noch ärgeres geschehen. Im November 1806 empfing nämlich Rivolti die Weisung seine Functionen als Consul einzustellen, das Wappen ihres Hauses ward gewaltsam herabgerissen; und das geschah im Namen der Schwester Isabellens, der Witwe jenes Schattenkönigs von Hetrurien — „Roi de Pénurie", wie man ihn spottweise genannt hatte — für dessen nachgelassenen Prinzen sie unter französischem Gebote die Regentschaft führte. Die Correspondenz Karolinens mit Rivolti wurde darum nicht eingestellt, nur wurde sie schwieriger und mußte behutsamer geführt werden.

Was aber Karolina am empfindlichsten berührte, war daß sie in ihrem eigenen Lande nicht völlig freie Hand hatte. In dieser Richtung war ihr durch den Wechsel in der Person des britischen Gesandten kein Dienst erwiesen. Der neue Minister war General Fox der zugleich den Oberbefehl über die britische Landmacht in Sicilien übernahm, und wenn die Königin in ihm einen fügsameren Mann zu finden gehofft hatte als dies Sir Elliot in der letzten Zeit gewesen war, so sollte sie sich täuschen. Fox zeigte gleich bei der ersten Zwiesprache die er mit Karolinen hatte, um den 12. September, große Unzugänglichkeit, gab zu verstehen daß er nicht mit Circello sondern mit Acton zu thun haben wolle, führte über die sicilischen Behörden in Messina Beschwerde ꝛc. Acton selbst schien wie auf der Lauer zu sein um jeden Augenblick wieder an's Ruder zu treten und das Gewebe französischer Intriguen zu zerreißen in welchem er die Königin und durch sie den König eingesponnen meinte. So mindestens faßte man britischerseits die Sache auf, stellte Saint-Clair, den Malteser Brissac, General Damas u. a. in den Verdacht regelmäßigen Briefwechsels mit Frankreich, ja gab zu verstehen, die Königin selbst würde sich zu jedem Opfer herbeifinden wenn sie sich nur mit Napoleon aussöhnen könnte [1]. Die Lage Karolinens auf der Insel war in dieser Beziehung das gerade Widerspiel von ihrer frühern auf dem Festlande. Während sie in den Jahren zuvor von Napoleon als die Seele aller Bündnisse, als der Hebel aller Unternehmungen gegen Frankreich angesehen worden

---

[1] Collingwood an Lord Radstock 29. December 1806; Memoirs S. 228.

war, schöpfte man jetzt britischerseits Verdacht daß sie hinterrücks mit
dem französischen Kaiser Ränke spinne und es auf ihre, der Engländer,
Schädigung abgesehen habe. Dieser Argwohn wuchs mit der Zeit
und die unverfänglichsten Umstände mußten herhalten ihn zu nähren
und groß zu ziehen.

*   *   *

Königin Karolina führte in Palermo fortwährend ein verein=
samtes und trauriges Leben. Ihr Gemahl lebte in seiner gewohnten
Weise, ging von einem Sport zum andern. Ihr ältester Sohn der
mit Vorliebe Landwirthschaft trieb und mit den Erzeugnissen seiner
Meierei den gleichen Artikeln seines Vaters Concurrenz machte[1]),
hing seinem Weibe an und die Mutter konnte ihn darob nicht tadeln.
„Franz ist ein durch und durch tugendhafter Mensch“, bekannte sie
ihrer Tochter Theresia, „der mit Ergebenheit, Resignation trägt was
uns auferlegt ist, ein guter Vater Gatte Sohn, ein ehrenhafter
Mann“. Ihrer Schwiegertochter der Spanierin konnte sie noch
immer keine bessern Seiten abgewinnen, die Frau mit dem eiskalten
Naturell war und blieb ihr ein Räthsel. Isabella überstand ihre
Entbindungen mit einer Leichtigkeit welche die Königin in Erstaunen
setzte und kümmerte sich dann nur nebenher um die Neugebornen die
gleichwohl trefflich gediehen: „sie sitzt acht bis zehn Stunden zu Pferd,
säugt ihr Kind bei Tage wann es ihr bequem ist, bei Nacht gar
nicht, läßt es dann zehn Stunden schreien, ohne Milch verzweifeln,
aber alles lauft glücklich ab. Franz allein sieht nach den Kindern,
denn seine Frau liebt sie nicht und sagt ganz offen, sie hasse Kinder.

---

[1]) Cockburn II S. 86 f.: König Ferdinand lebe mit seiner Maitresse
„in a sort of farming, and actually selling his own butter to anybody and
receiving the cash himself, as I am told he used to do for the game he killed
at Naples. The hereditary prince . . . also makes royal butter and sells it“ &c.
Boshafte Leute im Publicum, das bei diesem edlen Wettstreit zwischen Vater und
Sohn am besten davonkam, meinten: die königliche und die kronprinzliche Butter
seien das einzige Gute was die Unterthanen von ihnen Beiden hätten . . . . . .
Ueber den Thun=Fang so wie über die sicilischen Jagden s. ebenda I S. 292—295,
414—419.

Ist das nicht etwas unnatürliches für eine Mutter?" Das traurige
Ende ihrer Antoinette konnte die Gefühle Karolinens für ihre
iberische Schwiegertochter nicht freundlicher stimmen; doch bezwang sie
sich: „Ich sage mir daß sie die Frau meines Sohnes ist, die Mutter
meiner Enkeln. Aber diese entarteten Aeltern, nicht einmal ihrer
eigenen Tochter zu schreiben!" Franz bewohnte mit seiner Familie
ein kleines Landhaus in der Nähe von Palermo: „nur ich die ich
nichts habe und mir nichts kaufen oder miethen kann bin in der
Stadt wo es sehr heiß ist. Deine guten Schwestern sind meine einzige
Gesellschaft; sie warten mich, sie stehen mir zur Seite, sie suchen mich
von dem tiefen Leide abzuziehen das an mir nagt. Gott wird sie
segnen und es ihnen lohnen! ... Leopold ist schon so groß wie ich
und hat eine glückliche Naturanlage, er ist sehr gut und anhänglich;
er studirt fleißig und entwickelt sich nach Wunsch, er ist schon bald
ein Mann; er ist gescheidt lebhaft, aber ohne gewaltthätigen Ungestüm,
von einem vortrefflichen Herzen. So leben wir unter uns, gehen
oder fahren gegen Abend gemeinschaftlich aus, und lesen schreiben
arbeiten dann um einen gemeinsamen Tisch herum. Wir haben ein
einziges Theater, aber weder den Geschmack daran noch die Lust dazu
es zu besuchen; in drei Monaten war ich nur zweimal darin ...
Die Umgebungen der Stadt sind hübsch; eines Tages machten wir
einen Spaziergang der sehr an den Weg nach Maria=Zell erinnert,
so daß ich dachte es könnte Dir gefallen" (7. 21. Mai 22. Juli 1806).
Die Eintönigkeit dieses Familienlebens wurde nur zeitweise unterbrochen
wenn der König ausnahmsweise mit der Eberjagd und dem Thunfang
nichts zu thun hatte oder wenn er sich um seiner Gemahlin willen
von seinen zeitraubenden Beschäftigungen losriß. Denn Erinnerungstage
wurden nach wie vor gewissenhaft eingehalten, entweder patriarchalisch
im häuslichen Kreise oder mit größeren Lustbarkeiten in Gesellschaft
Anderer, wie etwa am 13. August 1806, dem Geburtstage der
Königin, wo der Oberst=Stallmeister Fürst von Trabbia ein pracht=
volles Gartenfest gab, das ihr am werthesten dadurch wurde daß ihre
Töchter und Leopold sich ausnehmend zu vergnügen schienen. Ihr
selbst konnte es keine Freude bringen. „Wir leben in einer beständigen

Angst", schrieb sie am 14. nachdem sie Theresien den gestrigen Abend beschrieben hatte, „in der Furcht vor den Ereignissen die jeden Augen= blick eintreten können und von denen unser Schicksal abhängen wird".

Mit den beiden Prinzessinnen die noch zu Hause waren stand es noch immer so wie es mit ihnen vor Jahren gestanden hatte, nur daß der Einfluß der maßvollern Mimi auf ihre jüngere lebhafte Schwester mit der Zeit sichtbarer und wohlthätiger wurde. „Amélie ist fromm religiös klug und einsichtsvoll, besitzt einen liebenswürdigen Geist, ist unterrichtet geschickt, dabei ohne alle Coquetterie"; sie zittere nur vor dem Gedanken die ältere Schwester durch deren Vermählung zu verlieren: „sie selbst hat dann keine Aussicht als die schreckliche auf ihre Schwägerin allein angewiesen zu sein, die sie alle kennen und zu würdigen wissen. Leopold liebt seine Schwestern und ganz außerordentlich Amélie, und diese wieder läßt es an Zurechtweisungen nicht fehlen wenn ich nicht bei der Hand bin" (22. October). Endlich trat doch das Ereignis ein welches einen neuen Riß in diese einfach herzliche Häuslichkeit brachte. Der nicht junge und nicht hübsche, ernste aber „tugendhafte" Herzog von Genua sah sich endlich am Ziele seiner jahrelangen Wünsche: am 6. April 1807 stand er mit seiner angebeteten Christine am Altar, und der große Schmerz der Mutter war nur, das geliebte Kind das gut und sanft ihr jederzeit treu zur Seite gestanden hatte scheiden zu sehen „nach diesem trau= rigen Sardinien, wo sie den einzigen Vortheil hat den Gefahren entrückt zu sein denen wir hier entgegengehen" [1]) . . . Karolina hatte keine Ahnung daß sie in kürzester Frist ein ungleich schwererer, ein unersetzlicher Verlust treffen sollte!

---

[1]) Die Hochzeitsfeierlichkeiten dauerten vom 6. bis 8. April 1807. Kaunitz schrieb darüber am 12. nach Wien: „Il terzo giorno nell'istessa chiesa (Cattedrale) pure con molta solennità, si sono fatti cento e dieci sposalizii, indi state dotate da S. M. la Regina le spose, e fatte tutte vestire con abiti uniformi, in compagnia di loro sposi e delle madri o una delle prossime parenti, nella Residenza furono trattato a lauto pranzo durante il quale ebbero la consolazione di vedere la Reale Famiglia, e finirono la giornata con un passeggio per la città in altrettanti birocci, fatti loro apprestare istessamente dalla Corte".

Wenige Tage nachdem in Neapel in Freuden und Luftbarkeit
ein ſchönes Feſt begangen worden war, ſtarb in Wien Karolinens
Erſtgeborne — „ma première tendresse" — die Kaiferin Maria
Thereſia von Oeſterreich, 13. April, in Folge ihrer letzten Entbindung.
Die Nachricht traf in Sicilien in den erſten Tagen Mai ein, und
verſetzte die Königin in eine troſtloſe Stimmung. Einen einzigen von
den Briefen der Verſtorbenen, vom 4. April, hatte ſie glücklicherweiſe
noch in Händen: „denn alle andern habe ich gewiſſenhaft gleich nach
Empfang verbrannt"; ſie flehte jetzt den Kaiſer um ein geringes Er-
innerungszeichen an: „ein Gebetbuch, ein Crucifix, einen Roſenkranz,
kurz etwas das ſie in den letzten Tagen ihrer ſchweren Krankheit in
Händen gehabt, und das ich als heilige Reliquie bis an das Ende
meiner Tage bewahren werde". Ihre Kinder Leopold und Amélie
brachten ſie in ein Landhaus in der Nähe von Palermo wo Chriſtine
mit ihrem neu angetrauten Gatten ſie täglich beſuchen und ihr Geſellſchaft leiſten konnte [1]). Aber nicht blos als Mutter traf ſie dieſer
Verluſt ſo ſchwer — „für mich iſt er unerſetzlich, ich werde ihr bis
zu meinem Grabe nachweinen, wo ich bald mit ihr wieder vereinigt
zu ſein wünſche" —; auch als Fürſtin ſah ſie das Band gelockert,
wo nicht zerriſſen, das ſie, ſo lang ihre Tochter, „mein Ruhm und mein
Troſt", auf dem Throne ſaß, mit der angeſehenſten unter den euro-
päiſchen Großmächten verknüpfte. Wohl kam von dem verwitweten
Kaiſer ein eigenhändiges Schreiben an ſeine tief betrübte Schwiegermutter, und gleichzeitig eines des Miniſters Stadion an den Grafen
Kaunitz, 15. Juni; allein was in letzterem zum Troſte geſagt war
hatte einen nicht zu verkennenden Beigeſchmack von unvermeidlichem

----

[1]) 1807 25. Mai an Kaiſer Franz: „On m'a emporté à une maison de
campagne et jardin avec mes deux enfants Amélie et Léopold qui tâchent de
me soulager et tenir compagnie. Mimi vient tous les jours avec son époux
diner avec nous et est toujours cette vertueuse excellente personne dont rien
n'a changé le caractère". Dieſelbe an denſelben 31. Juli: „Dieu a voulu m'ôter
celle sur laquelle je comptais, qui me remplacerait auprès de mes chers enfants.
Sa sainte volonté soit faite, mais je compte avec confiance sur votre bonté et
loyauté qu'à ma mort vous aurez un œil de bienveillance et protection sur
mes chers enfants".

Wechsel in den bisherigen politischen Beziehungen — ein Wechsel der allerdings auch eingetreten wäre wenn Maria Theresia länger gelebt hätte, der aber jetzt, unmittelbar nach ihrem Tode, mit als eine Folge desselben aufgefaßt werden konnte.

Denn der bevorstehende Frieden zwischen Frankreich und Rußland legte zugleich dem Kaiser Franz, der sich noch kurz zuvor in einer Vermittlerrolle gefallen und dabei den Hof von Palermo nicht ohne Hoffnung gelassen hatte, Verbindlichkeiten auf die sich mit seiner bisherigen Stellung Neapel und Sicilien gegenüber nicht vertrugen. Karolina ahnte was da kommen würde als sie am 10. August aus einem neapolitanischen Blatte den Inhalt des Uebereinkommens von Tilsit erfuhr. „Nun ist unser Verderben vollständig“, schrieb sie an Rivolti in Florenz, „und ich fühle mich unglücklicher als da ich Neapel verlassen mußte“[1]. Jetzt durfte auch Oesterreich seinen bisherigen Gesandten nicht länger in Palermo lassen und dem Leiter der auswärtigen Angelegenheiten in Wien konnte der Urlaub, den Kaunitz vorlängst angesucht und den man ihm ohne Anstand bewilligt hatte, nur in hohem Grade erwünscht sein. Der edle Graf war mit der bisherigen Allianz-Politik zu innig verwachsen, hatte sich mit den Persönlichkeiten welche dieselbe am sicilischen Hofe noch immer vertraten, besonders mit Tatišćev zu tief eingelassen, um jetzt mit einemmal andere Wege einschlagen zu können; auch war ja eben dieses ein Hauptgrund gewesen warum er von Palermo wegverlangt hatte. Allein kaum daß er den Schritt gethan folgte die Reue auf dem Fuße. Am 12. October 1806 war Baron Cresceri als einstweiliger Stellvertreter des Gesandten eingetroffen, welcher letztere aber durchaus keine Miene machte abreisen zu wollen, einen Vorwand nach dem andern ergriff seinen Aufenthalt zu verlängern, sich auf das „inständige Anliegen“ Ihrer Sicilischen Majestäten berief die ihn vermocht hätten bis zur Lösung der gegenwärtigen Krisis zu bleiben ꝛc. Von Wien kam

---

[1] „Il giorno dieci dopo pranzo ricevetti le infami trattate stampate di Napoli con tanta precisione che non mi lascia più dubitare della mia disgrazia, della violazione dei trattati, buona fede, e mi trovo più infelice che quando lasciai Napoli“; aus den Excerpten Herrn Professor Hüffer's.

wiederholter Befehl Kaunitz habe den von ihm selbst erbetenen Urlaub unverzüglich anzutreten, seine Stellung in Palermo sei unhaltbar geworden: „Die Gesinnungen Sr. Kaiserl. Majestät gegen den König und die Königin sind dieselben wie früher und werden es bleiben; aber die Lage der Dinge hat sich geändert; der Vertreter Oesterreichs ist nicht mehr in der Verfassung dem Hofe von Palermo Rathschläge zu ertheilen, sich mit den Maßnahmen zu befassen welche die Sicilischen Majestäten von ihrem Standpunkte aus nicht müde werden einzuleiten um irgend einen augenblicklichen Vortheil zu erreichen"; man habe die mildere Form einer Beurlaubung des Gesandten und einer Ernennung seines Nachfolgers als bloßen Minister-Residenten „ad interim" gewählt um dem Scheiden von seinem Posten keine Deutung geben zu lassen die den Hof von Palermo zu kränken oder zu bestürzen vermöchte rc. Als alles nichts nützte kam um die Mitte September 1807 ein drittes Mahnschreiben, mit der Drohung dem Grafen bei längerem Hinhalten ein förmliches Abberufungsschreiben zustellen zu lassen; Cresceri erhielt gleichzeitig Befehl dem König und der Königin seine Creditive zu überreichen, von Kaunitz aber das Gesandtschafts-Archiv und die Acten ohne Aufschub zu übernehmen. Jetzt erst nahm der Graf seine Abschieds-Audienz bei den Majestäten, 13. October 1807. Doch seine Abreise erfolgte noch lang nicht; ja als er sich gegen Ende December in Palermo endlich einschiffte wurde er, wie er nach Wien schrieb, durch Unwetter und widrige Winde genöthigt in dem Hafen von Messina einzulaufen, wo er sich entschloß seinen Winter-Aufenthalt zu nehmen [1]).

Zwischen diese unerquicklichen Auseinandersetzungen, an denen die Königin ohne Zweifel ihren Antheil hatte da ihr das Scheiden eines so ergebenen Vertreters des verwandten Kaiserhofes unmöglich gleichgiltig sein konnte, traf erst das Gerücht, dann die immer bestimmtere Kunde von der bevorstehenden Wiedervermählung des Kaisers Franz ein. Karolina war wie vom Donner gerührt. So schnell ihre geliebte Tochter zu vergessen! So schnell eine Tröstung gefunden zu

---

1) Kaunitz an Stadion 5. Mai, dieser an jenen 15. Juni und 28. August, jener an diesen 27. December 1807.

haben! So schnell ein neues Band zu knüpfen! Es bemächtigte sich ihrer ein Gefühl schmerzvoller Enttäuschung dessen sie selbst ihrem kaiserlichen Neffen gegenüber nicht Herr werden konnte. Zum erstenmal nach mehr als siebenzehnjähriger Uebung verweigert sie ihm den Sohnestitel — „mon bien cher fils et neveu" — oder eigentlich sie nimmt ihn zurück. „Mein sehr theurer Sohn", beginnt sie ihr Schreiben, „ . . . doch Pardon, Pardon wenn ich es noch für dieses letztemal wage mich einer Anrede zu bedienen die meinem Herzen so theuer war"; im weitern Verlaufe redet sie ihn nie anders als „Eure Majestät" an, zum Schlusse nennt sie sich seine „sehr attachirte Tante und Dienerin", nicht wie früher „Mutter" oder „Schwiegermutter". In andern Briefen ist sie noch förmlicher und apostrophirt den Kaiser mit einer unverkennbaren Bitterkeit: „Eure Kaiserliche und Königliche Majestät", entschuldigt sich wohl auch daß sie es wage ihn „in der Mitte Seiner Freuden und Vergnügungen" mit der Erzählung ihrer traurigen Lage zu behelligen. Sie kommt nochmals auf die „für mich unvergeßliche Therese" zurück, macht dem Kaiser Vorwürfe daß sie die unerwartete Kunde „von gewissen beim Frühstück überreichten Bracelets", von „einem öffentlich getragenen Portrait", von den „in Rom erbetenen Dispensen" durch dritte Hand habe erhalten müssen, und das zu einer Zeit wo schon alle Zeitungen davon voll waren! Sie bietet sich ihm als Hüterin ihrer Enkel an um selbe „mit derselben Sorgfalt und Zärtlichkeit zu erziehen wie es diese armen Kinder von ihrer verstorbenen Mutter gewohnt waren; Ihre junge Gemahlin, bald selbst Mutter, wird sich mit dieser Sorge nicht zu schaffen machen und kann für sie nicht jene Gefühle haben die das Blut allein einflößt". Kurz sie wurde nicht müde ihm einen kleinen Nadelstich nach dem andern zu versetzen. Sie brachte es nicht über sich ihr verletztes Muttergefühl in einer Zeit zu bemeistern wo ihr die Klugheit geboten hätte die Neigung und das Wohlwollen eines mächtigen, wenn auch in andere persönliche Beziehungen zu ihr getretenen Verwandten und Freundes sich zu erhalten, statt ihn durch beleidigende Sticheleien fortwährend zu reizen.

* * *

Die britische Besatzung der Insel hielt sich der Form nach streng innerhalb der verabredeten Demarcations-Linie. Alle bedeutenderen Punkte der Ostküste Siciliens blieben von ihr mit Garnisonen versehen.

In Catania saß neben den Engländern noch immer das Häuflein von Johanniter-Rittern italienischer Zunge, obwohl dessen Hoffnungen auf den Wiedergewinn von Malta mit jedem Tage mehr schwanden. Zum Großmeister war, nachdem Tommasi am 13. Juni 1805 mit Tode abgegangen war, Fra' Giu. Caracciolo gewählt worden. England hatte die Malteser nicht zu fürchten und schien sich um sie wenig zu kümmern.

Das Haupt-Quartier der britischen Landmacht war in Messina, ihre Flotten-Station ebenda, dann weiter am Faro, bei Melazzo, auf den liparischen Inseln. Uebrigens war, wie wir wissen, seit den Absendungen nach Aegypten und in's ägeische Meer sowohl ihr Flotten- als ihr Truppenstand sehr geschmälert, und dies wohl mit ein Grund warum sich General Fox an dem Unternehmen des Prinzen von Hessen im Mai 1807 nicht betheiligen wollte. Zu dieser Zeit hatte Sir Drummond, zuletzt britischer Gesandter in Stambul, aus den Händen des Generals die Führung der diplomatischen Geschäfte übernommen der sich, um den Bitten und dringenden Vorstellungen des Hofes und Tatišćev's auszuweichen, auf eine Rundreise durch die Insel begab. Noch vor Ablauf des Jahres 1807 wurde Fox auch vom Ober-Commando abberufen das wieder General-Lieutenant Stuart übernahm.

Die Politik der britischen Generale und Staatsmänner hielt jetzt mehr als je an dem Grundsatze fest, ihren Stützpunkt in Sicilien zu behaupten, aber nichts voreiliges zu wagen. Lord Collingwood war überzeugt daß das Hauptziel der napoleonischen Politik stets auf den Besitz der Insel gerichtet sei, daß aber England diesen Besitz um keinen Preis in die Hände der Franzosen gelangen lassen dürfe was mit dem Verluste der Stellung Groß-Britanniens im mittelländischen Meere gleichbedeutend sein würde. Der Admiral misbilligte in hohem Grade die Ungeduld des Hofes von Palermo, oder eigentlich der Königin die es nicht erwarten könne ihr festländisches Königreich zurückzugewinnen, während sich dieses Ziel nur bei einem Umschwung der all-

gemeinen Weltlage, der das Uebergewicht Frankreichs zum Falle brächte,
werde erreichen lassen. Er zeigte sich eben deshalb sehr befriedigt
darüber „daß die commandirenden Officiere die Vertheidigung der
Insel als ihr Hauptziel betrachten und die Don-Quixotterie mit den
armen Calabresen ein Ende genommen hat; denn arm nenne ich sie
weil man, meines Bedünkens, eine loyale Bevölkerung in sichere Gefahr und in ihr Verderben getrieben hat, indem man sie verleitete
die Waffen zu ergreifen ohne daß man eine hinreichende Armee und
die Mittel hatte ihnen dauernde Unterstützung zu geben" [1].

Dieser letztere Vorwurf war, was die einheimischen Militairkräfte
betraf, nur zu begründet. Man zeigte sich in Palermo voll kriegerischen Eifers, sprach von nichts als Rüstungen Truppenaufstellungen,
benützte jeden Anlaß um durch militairische Feierlichkeiten den Geist
der Soldaten zu beleben, wie zum Beispiel durch das pomphafte
Todtenamt für den gefallenen Obristen Pezza, welchem Prinz Leopold,
die ganze Garnison von Palermo, eine Abtheilung britischer Soldaten
beiwohnten [2]. Aber wenn man der Sache auf den Grund sah stand
es mit der Landesvertheidigung, wo nicht die Engländer unmittelbar
ihren Fuß hatten, schlecht, um nicht zu sagen erbärmlich. Die Soldaten waren übel gekleidet und genährt, die Officiere ohne Interesse an
der Sache; Sold und Gage, zumal nach britischen Begriffen, waren
kärglich und blieben oft Monate lang im Rückstand. In Syracus
waren alles in allem, inbegriffen Artillerie und Miliz, ja Invaliden,
700 Mann enrollirt; aber selbst diese standen mehr nur auf dem

---

[1] Collingwood an Lord Radstock 18. October 1806 Memoirs S. 218,
an den Herzog von Clarence 21. Mai 1808 S. 311, an den Earl von Mulgrave
7. März 1809 S. 438: „The Court appears to confine all their views to the
repossession of Naples. It is their constant theme: whatever has not that for
its immediate object would not be approved; for they do not consider that
both, the repossession of Naples and the maintaining themselves in Sicily, must
ultimately depend on putting a stop to the progress of the French power,
which can only be done by opposing them where they are in activity and
force, and not by waiting until they come to them".

[2] Kaunitz 3. December 1806: „La veuve a reçu toute la gage de Colonel en pension".

Papier, hatten keine Waffen, waren nicht eingeübt, mit zwei unerfahrenen Lieutenants als Officieren u. dgl. Vergleichsweise besser war die einheimische Marine bestellt, nur daß an der Spitze derselben, ein Gräuel in den Augen der Engländer, zwei Franzosen standen! Von der sicilischen Seemacht lag der „Archimede" beständig segelfertig im Hafen von Palermo um für den äußersten Fall, falls der Hof die Insel verlassen müßte, bereit zu sein.

England hatte inzwischen seine ägyptische Unternehmung aufgegeben nachdem es im Delta 1300 Mann an Todten Verwundeten und Gefangenen gelassen, Alexandrien durch Capitulation an die Türken verloren hatte. Es konnte jetzt seine Kräfte in Sicilien wieder verstärken, was um so mehr noth that als man nach den letzten Ereignissen nicht wissen konnte ob man zu den Franzosen nicht auch die Russen als Feinde bekommen würde. Als sich in der zweiten Hälfte October 1807 eine russische Escadre in der Meerenge von Messina zeigte war man in Palermo in großer Besorgnis ob selbe nicht etwa in Neapel landen oder in Genua und Toulon die französische Seemacht verstärken würde um dann mit vereinten Kräften über Sicilien herzufallen [1]). Es wurde jetzt beschlossen Trapani auf der Westseite der Insel in einen Waffenplatz umzuschaffen, zu dessen Sicherheit der Prinz von Philippsthal in der Nähe ein Lager mit 1000 Mann bezog. Der General Fürst della Cattolica entwarf einen Plan der auf nichts geringeres als Schaffung einer bewaffneten Landmacht von 40000 Mann hinauslief; die Aufbringung derselben sollte Sache der Barone sein, denen man je nach dem Maße ihrer Leistungen den Rang und die Uniform von Generalen Obristen Hauptleuten ꝛc. verleihen würde. In der That zog das nicht wenige an; der Fürst von Butera, der erste unter den sicilischen Landes-Baronen, reich und mächtig, stellte sich an die Spitze des Unternehmens und gab dadurch ein gutes Beispiel. Waffen versprachen die britischen Generale zu liefern, die sich überhaupt diesen Rüstungen sehr geneigt zeigten und nur etwa besorgten

---

[1]) Die Königin am 23. October 1807 an Collingwood; Memoirs S. 277.

v. Helfert. Karolina von Neapel u. Sicilien. 22

dieselben seien in zu großem Maßstabe angelegt um sich so bald durch=
führen zu lassen [1]).

Um die Mitte December 1807 lief Admiral Collingwood, der
mit seiner Flotte auf der Höhe von Toulon gekreuzt und durch die
Witterung allerhand Schaden gelitten hatte, im Hafen von Syracus
ein, wo sich alsbald aus Palermo gesandt der Obrist Micheroux ein=
fand ihn in den sicilischen Wässern willkommen zu heißen. Der Adel
der Stadt, die geistlichen und weltlichen Behörden wetteiferten ihm
ihre Huldigung darzubringen, ihn mit Aufmerksamkeiten und glänzen=
den Festen auszuzeichnen: „nie in meinem Leben bin ich in solcher
Weise gefeiert worden", schrieb der Seemann seinen Kindern [2]). Am
23. ging er wieder unter Segel, nachdem ihm am 19. Vice=Admiral
Thornborough mit sechs Schiffen vorangegangen war; man vermuthete,
die Toulouer Flotte sei mittlerweile ausgelaufen und steure nach den
jonischen Inseln. In Wahrheit lag dieselbe noch im Hafen vor Anker
und wartete vorerst Verstärkungen ab die ihr aus den nördlichen See=
plätzen Frankreichs zugeführt werden sollten.

Tatiščev, der alte Freund des sicilischen Königshauses, war noch
immer in Palermo. Er hatte schon vor geraumer Zeit von seiner
Regierung den Befehl erhalten seinen Posten zu verlassen; doch sowohl
er als das Fürstenpaar das fortfuhr ihn mit Aufmerksamkeiten zu
überhäufen, mochten nicht daran glauben daß es Rußland Ernst sei

---

[1]) Cresceri am 4. und 15. Februar 1808. In letzterem Schreiben heißt
es: „Il piano ha già incominciato à mettersi in esecuzione e tutti i Baroni,
che sono stati graduati e ormai vestono delle rispettive loro prescritte uniforme,
sembrano animati di corraggio e del maggior zelo". — Collingwood an
Stuart am 29. Juni: „Although these levies have not succeeded yet, I have
no doubt they will in time: perhaps they begun on too great a scale". Daß
dies in der That der Fall war und daß überhaupt die Ausführung hinter dem
Vorhaben weit zurückblieb, lehrt uns eine Stelle bei John Galt Voyages S. 72
der noch ein paar Jahre später an der Südwestküste von Sicilien, allerdings einer
Gegend die von Franzosen und Neapolitanern kaum etwas zu fürchten hatte, in
Sciacca das als befestigter Ort gelten sollte eine Besatzung von fünf Mann traf:
„The whole males of the town are enrolled volunteers, but they are neither
armed nor disciplined".

[2]) Collingwood 26. December S. 286 f.

mit der neuen französischen Freundschaft und mit feindseliger Abkehr von seinen langjährigen Bundesgenossen. Selbst als Gerüchte von einem bevorstehenden Bruche zwischen England und Oesterreich auf= tauchten; als britische Schiffe auf österreichische Jagd zu machen be= gannen, die vor Malta und in sicilischen Häfen vor Anker liegenden in Beschlag nahmen; als die Anzeichen sich mehrten daß der Zar nicht blos von Oesterreich sich lossagen sondern auch den Engländern den Frieden kündigen könnte, lag noch eine russische Fregatte ruhig im Hafen von Palermo obwohl der diplomatische wie der militairische Vertreter Groß=Britanniens es an Vorstellungen nicht fehlen ließen daß dies nicht weiter zulässig sei. Erst am 21. Februar 1808 schiffte sich Tatišćev mit seinem Gesandtschafts=Personale auf zwei österreichischen Fahrzeugen, von deren Verfolgung England mittlerweile wieder abge= lassen hatte, ein und steuerte nach Rom, immer noch in der Meinung und Erwartung daß ihm sein Hof Gegenbefehle zukommen lassen werde. Einige Tage früher, am 15. Februar, hatte Königin Karolina nach Wien geschrieben, weil wieder einmal verlautete Oesterreich solle eine Art Vermittlerrolle übernehmen. Bezeichnend war in dem fünf Seiten langen Briefe den sie an den Kaiser Franz richtete, daß der Name Napoleon oder auch nur „Buona parte" nicht ein einzigesmal vor= kam; sie gebrauchte Umschreibungen: „der Mann der Europa unter= jocht hat", „der Mann der allen Souverainen Gesetze vorschreibt", „der Mann der nichts kennt als Gewalt" . . . Allein nun sollte auch von österreichischer Seite eintreten was ihr von andern bereits widerfahren war und was sie in der letzten Zeit wiederholt be= fürchtet hatte.

Nach dem Frieden von Tilsit bestand keine europäische Macht mehr die sich getraute dem Königspaare von Sicilien bei förmlicher Ansprache den altangestammten Titel zu geben, wenn es nicht der Papst war der in seinen Bullen, z. B. bei Ernennung sicilischer Bischöfe, Ferdinand noch immer „König von Beiden Sicilien" nannte, worüber man bei Hofe große Dankbarkeit und Freude bezeigte. Seitens der Wiener Staats=Kanzlei beschränkte man sich auf Betreibung von Privat=Angelegenheiten österreichischer Unterthanen durch den kaiserlichen

22*

Geschäftsträger in Palermo, wobei man nicht nöthig hatte den Hof
unmittelbar anzureden.   Da fand die Neu-Vermählung des Kaisers
statt und nun konnte man in Wien nicht umhin mit der Farbe her-
auszurücken. Am vorletzten März 1808 waren zur Königin neuerliche
Gerüchte von einem zwischen England und Oesterreich bevorstehenden
Bruche gedrungen. Sie richtete an Cresceri ein paar Zeilen, aus denen
zu ersehen war daß sie ein solches Ereigniß als eine gegen ihr eigenes
Haus gerichtete Feindseligkeit des Wiener Cabinets auffaßte; sie ihrerseits, fügte sie hinzu, werde gleichwohl „nicht aufhören gegen Oesterreich jene Gefühle zu hegen die in ihrem Herzen für ihr theures und
nur zu geliebtes Vaterland von jeher lebendig gewesen". Der kaiserliche Geschäftsträger eilte zu ihr und suchte sein Cabinet in ihren
Augen in ein milderes Licht zu stellen; doch gelang ihm dies um so
weniger als Karolina mit jener Haltung des Wiener Hofes den Umstand in Zusammenhang brachte daß man sie von dort seit acht Monaten ohne Nachricht gelassen. Da trafen am 31. März vier Notifi-
cations-Schreiben von Wien ein, von jedem der beiden Neuvermählten
eines an jede der beiden Majestäten „von Sicilien" (statt von „Beiden
Sicilien") gerichtet. Cresceri ließ die Schriftstücke pflichtgemäß in
die Hände des Marchese Circello gelangen von welchem sie indeß gleich
am nächsten Tage, 1. April, mit dem Bemerken zurückgestellt wurden
daß der König und die Königin in dieser Form die Annahme verweigern. Es folgte nun mancherlei Kopfzerbrechen in Wien, bis sich
Commandeur Ruffo und Graf Stadion über eine Form einigten wie
Kaiser Franz seine Tante und Schwiegermutter mit Vermeidung jeder
amtlichen Courtoisie in vertraulicher Weise anreden könne, womit sich
Königin Karolina, obwohl in ihren Gefühlen schwer verletzt, am Ende
zufrieden gab.

Ju solcher Weise zog sich die Spannung zwischen den beiden
verwandten und befreundeten Höfen weit über ein Jahr hinaus bis
ein, wie wir voraussetzen müssen, sehr herzlicher eigenhändiger Brief
des Kaisers Franz die Rinde um das Herz Karolinens löste und sie
ihn wieder als ihren „sehr theueren Sohn" mit einer Zärtlichkeit an-
redete der man es anmerkt wie gern und freudig sie alles vergessen

will was an gegenseitiger Verstimmung so lang zwischen ihnen beiden obgeschwebt hatte [1]).

17. Spanische Geschichten.
1807—1808.

Im Herbst 1807 hatte Napoleon wieder einer der alten Dynastien von Europa den Untergang decretirt. Es war die von Braganza deren Regierung seinen Zorn dadurch gereizt hatte daß sie, trotz der Frankreich zugesicherten Neutralität, fortfuhr ihre Häfen britischen Schiffen offen zu halten. Außerdem brauchte der französische Imperator Land. Er wollte Hetrurien für sich haben, es mußte der zu beraubenden Königs-Familie Ersatz in irgend einem andern Theile der bewohnten Erde gefunden werden, und dazu paßte Portugal ganz vortrefflich. Das heißt nur mit einem Theile. Ein anderes Stück sollte der Friedensfürst, der ihm Jahre lang so treue Dienste geleistet, als erbliches Lehen erhalten. Ueber den Rest behielt sich der Kaiser die Verfügung vor wobei auch Spanien, mit welchem er über diese Punkte am 27. October 1807 zu Fontainebleau ein Uebereinkommen traf, nicht leer ausgehen sollte. Spanien verband sich, mit 10000 Mann den Norden, mit 6000 den äußersten Süden des der Zerstückung geweihten Landes zu besetzen; weitere 11000 Mann sollten zu dem französischen Heere stoßen das General Junot über die Pyrenäen durch das nordwestliche Spanien gegen Lissabon führen würde. Am 20. November überschritt Junot die portugiesische Gränze, am 27. schiffte sich der Prinz-Regent Johann mit der ganzen königlichen Familie nach Brasilien ein, am

---

[1]) Der erste Brief wo Karolina den Kaiser in so förmlicher Weise als „Euere Majestät" anspricht ist vom 9. December 1807, der erste wo sie ihm wieder den Sohnes-Titel gibt vom 6. März 1809. Noch am 5. Januar 1809, nach jenem langen achtmonatlichen Stillschweigen von Wien aus, hatte sie geschrieben: „Quoique votre silence me soit pénible et humiliant, je ne veux point manquer d'écrire à Votre Majesté Impériale. Je suis mère et mère tendre attachée, j'ai des enfants, des petits-enfants dont une grande portion auprès de vous, et c'est par ces titres que je ne puis rester entièrement par vous oubliée".

1. December hielt der französische Oberbefehlshaber seinen Einzug in die Hauptstadt am Tajo.

Einen Tag später, am 2. December, fand sich König Joseph in Venedig ein wo Napoleon eine Zusammenkunft mit ihm verabredet hatte. Daß dabei nicht blos die neapolitanischen Verhältnisse und die sicilische Frage sondern auch die allgemeine Weltlage besprochen, die Wirren auf der pyrenäischen Halbinsel in die Rede gezogen wurden, lag nahe genug; genaueres über den letztern Punkt wurde aber kaum abgemacht; Napoleon war damals mit seinen Entwürfen in dieser Richtung wohl selbst noch nicht im reinen[1]. Am 16. war Joseph wieder in seiner Hauptstadt zurück. Napoleon traf am selben Tage in Mailand ein, und aus dieser Stadt, vom 17., datirten jene unter dem Namen der Continental-Sperre bekannten Maßregeln womit er den Blocus, den das britische Ministerium gegen alle Häfen Frankreichs und der mit diesem verbundenen oder ihm unterthänigen Länder von Danzig bis Triest verhängt hatte, wett zu machen strebte. In Mailand war es auch wo sich die Entthronung der Königin Maria Louise von Hetrurien und ihres unmündigen Sohnes Karl Ludwig vollzog; Mutter und Kind wurden, wie in Fontainebleau abgemacht worden, auf eine

---

[1] Du Casse IV S. 8—10 stellt es ausdrücklich in Abrede — und es ist dies auch nach dem Zusammenhang der Thatsachen nicht recht glaublich — daß Napoleon schon damals seinem Bruder den spanischen Thron angetragen habe, wie derselbe Schriftsteller auch an der Thatsache zweifelt daß in gewissen geheimen Artikeln von Tilsit, die dann Talleyrand 1814 verbrannt haben soll, die Fort-schaffung der spanischen Bourbons und des Hauses Braganza von Thron und Land verabredet worden sei. Joseph selbst schrieb aus seinem spätern Exil in America über die Benetianer Zusammenkunft folgendes: „Lors de mon entrevue avec l'Empereur à Venise, il me parla des troubles de la famille royale d'Espagne, comme pouvant amener des événements qu'il redoutait. ,J'ai assez de besogne taillée', dit-il; ,des troubles en Espagne ne peuvent servir que les Anglais qui ne veulent pas de paix, en altérant les ressources que je trouve dans cette alliée pour continuer la guerre contre eux'". In einem Schreiben der Königin Karolina an Rivolti 10. December 1807 heißt es: „Sappiamo Napoleone a Venezia ed il nostro Giuseppe che vi è corso a tributario. Ignoriamo se l'Imperatore d'Austria anche vi è stato citato e siamo aspettando che no. Nascerà certamente niente di buono senza che nessuno mette un argine ad una ambizione senza freno" ꝛc.

Entschädigung im Gebiete der pyrenäischen Halbinsel vertröstet. Hetrurien, oder wie es jetzt wieder hieß Toscana, war bestimmt dem französischen Kaiserreiche einverleibt zu werden, welches Schicksal auch die
Herzogthümer Parma und Piacenza theilten. Gegen den Papst wurde
der Grundsatz ausgesprochen: was Karl der Große geschenkt könne
dessen Nachfolger zurücknehmen. Schon im November zuvor hatte
General Lemarrois Civita Vecchia auf der einen, die vier Legationen
auf der andern Seite militairisch besetzt, Ende Januar 1808 führte
er seine durch Nachschübe aus dem Toscanischen verstärkten Truppen
in die Nähe von Rom wo am 2. Februar auf Anordnung des Generals
Miollis bei 8000 Mann einrückten. Einige Zeit darauf wurden vierzehn
Cardinäle gewaltsam aus Rom abgeführt, bald darauf die Legationen
Fermo Urbino Ancona und Macerata dem Papste einfach abgenommen
und dem Königreich Italien zugetheilt. Die Tage der weltlichen Herrschaft Pius VII. waren gezählt. Es bedurfte nur eines augenfälligen
Anlasses um ihn selbst aus Rom fortzuschaffen und mit dem Reste
seines Ländergebietes dasselbe zu thun was mit Parma und Hetrurien
geschehen war.

Was hatte Königin Karolina im Frühjahre 1806 ihrer kaiserlichen Tochter geschrieben? „Dieser Hof von Madrid, was werden
ihm seine Ränke helfen, was dem Papste sein Nachgeben, was der
Königin von Hetrurien ihre Unterthänigkeit? Ehe zwei Jahre vergangen, werden sie alle davongejagt sein!" .. Nun die zwei Jahre
waren nicht vorbei und es traf ein oder bereitete sich vor was sie pro-
phezeit! Nein, nicht eine moderne Athalia wie Napoleon sie schimpfte und
durch seine Satelliten und Werkzeuge beschimpfen ließ, eine moderne
Kassandra in der europäischen Herrscher-Familie war sie mit besserem
Rechte zu nennen.

Was Neapel betraf so schien sich die Herrschaft Joseph's mit
jedem Tage mehr zu befestigen. Er sah bereits, seit der Anerkennung
im Tilsiter Frieden, die Gesandten mehrerer europäischer Staaten an
seinem Hofe. Er hatte seine eigene Münze, mit dem frömmelnden
„Custos Regni Deus" als Randschrift; er sollte mit seines Bruders

gnädigster Gestattung seinen eigenen Landes-Orden stiften [1]). Schon gingen Töchter seiner Getreuen Verbindungen mit Söhnen der ersten Familien des Landes ein; so eine Tochter Salicetti's mit dem Herzog von Lavello, eine Jourdan's mit dem Fürsten von Luperano Neffen des Herzogs von Monteleone, eine zweite mit Ferry Pisani. Joseph, auch in diesem Punkte gewiß nicht ohne Weisungen aus Paris, be= günstigte derlei Heiraten, suchte wohl auch selbst solche herbeizuführen. So wollte er eine Dumas an den jungen Fürsten Colonna, Sohn des Fürsten Stigliano und Bruder der Herzogin von Atri vermählen; allein Vater und Tochter mochten nicht und so unterblieb das Bünd= niß [2]). Mit dem Volke der Hauptstadt standen der König und seine Umgebung auf's beste, mindestens durfte man es voraussetzen seit das Blut des heiligen Januarius so wenig Anstand nahm zu fließen so oft man es begehrte [3]). Manche einflußreiche Persönlichkeiten, die lange Zeit gezögert hatten sich dem neuen Regiment zu nähern, schienen ihre An= schauung geändert zu haben. Cardinal Ruffo=Bagnara, „ein heller Kopf" wie ihn Joseph seinem Bruder schilderte, war bereit den Unterthans= Eid zu leisten; nur mied er es unter allerhand Vorwänden nach Neapel zu kommen, sondern hielt sich in Amelia im Römischen auf. Der andere Ruffo, ehemals Erzbischof von Neapel, wollte sich in der

---

[1]) Die Kundmachung des betreffenden Gesetzes fand erst Mitte März 1808 statt, und der König fragte pflichtschuldigst in Paris an: „Combien de décorations suis-je autorisé à donner aux militaires français de l'armée de Naples qui ne sont pas à mon service? ... Le maréchal Jourdan, le sénateur Rœderer peuvent-ils accepter la décoration de mon ordre?" ꝛc. Du Casse IV S. 211. Beschreibung der Decoration ebenda S. 96. — Von Münzen Joseph's als Königs von Neapel gibt es, so viel ich habe herausbringen können, nur solche von Silber zu 120 grani: Avers Brustbild, Revers Wappen; oben im ungetheilten blauen Feld rechts zwei gekreuzte Füllhörner (Terra di Lavoro) links ein Delphin (Otranto), unten im goldenen Feld drei von einem rumpflosen Haupte auslaufende ge= krümmte Beine (das alte Wappen von Trinakria); Herzschild der französische kaiserliche Adler.

[2]) Dumas Souvenirs III S. 308 f. Die junge Dumas heiratete bald darauf einen Adjutanten des Königs den General Franceschi Delonne.

[3]) Miot S. 345—349 beschreibt zum 24. September 1807 ausführlich die Festlichkeit, wobei er zugleich eine natürliche Erklärung des „Wunders" zu geben sucht.

Hauptstadt wieder einfinden; allein das drohte zu allerhand Kund=
gebungen unter dem Volke und einem Theile des Clerus zu führen
die in dem Cardinal noch immer ihr rechtmäßiges geistliches Oberhaupt
sahen, daher ihn der König drei Stunden vor der Stadt anhalten und
nach Gaëta bringen ließ; auf Befehl Napoleon's wurde ihm dann
Bologna zum Aufenthalt angewiesen [1]).

Die Gesinnung in den Provinzen gab sich auf einer Rundreise
die Joseph in der zweiten Hälfte Januar im Cilento unternahm neuer=
dings in der befriedigendsten Weise kund, als unerwartet eine Schreckens=
kunde eintraf die den König veranlaßte eilends nach Neapel zurück=
zukehren. Minister Salicetti war nach Mitternacht vom 30. zum
31. Januar in sein Hôtel zurückgekehrt, als er ein furchtbares Ge=
krache und Hilferufe aus dem Zimmer seiner Tochter vernahm: ein
Theil des Gebäudes war eingestürzt und hatte mit seinen Trümmern
die Herzogin verschüttet, die eine Viertelstunde voll Todesangst zubrachte
bis es dem Vater mit herbeigerufenen Leuten gelang sie aus dem Wust
hervorzuziehen; doch wurden dabei noch einem der Diener die Beine
gebrochen. Nachdem man im ersten Augenblicke die Katastrophe einer
schlechten Beschaffenheit des Gebäudes zugeschrieben zog man es bald
vor, den Anzeichen eines vorbedachten Mordanschlages nachzuspüren.
Der sechsundsiebenzigjährige Apotheker Viscardi, der seine Officin unter
den Appartements des Ministers hatte und dessen Sohn in die Mai=

---

[1]) Joseph an Napoleon 11. März 1808 Du Casse IV S. 205 f. (Le
cardinal Ruffo-Bagnara) „vivait à Naples si cette ville n'était pas trop mal
pour lui puisqu'il a commandé une armée de masses qui l'ont pillé; il pense
que, ne voulant plus être utile à son ancien parti, il serait trop suspect à
tout ce qui m'entoure". Napoleon beurtheilte das Benehmen der beiden Ruffo
und anderer geistlicher Würdenträger nicht so ruhig. „Je suis surpris que le
prêtres à Naples osent bouger", schrieb er; Joseph solle Ruffo=Bagnara nach
Paris, Ruffo=Scylla und Saluzzo nach Bologna schicken, doch nicht ohne ihnen
zuvor den Eid abgenommen zu haben: „Un de mes principaux différends avec
le Pape est parce qu'il vous appelle le *Prince Joseph*, et qu'il vous fait
refuser le serment par les cardinaux vos sujets. Si vous en êtes à craindre
à Naples deux ou trois malheureux vieillards, vous y êtes tristement assis".
Napoleon an Joseph 16. März 1808 Corr. XVI Nr. 13657 S. 421, und Joseph
an Napoleon am 25. Du Casse IV S. 220.

Verschwörung von 1807 verflochten gewesen, wurde mit diesem und sechs andern Verdächtigen eingezogen und vor Gericht gestellt. Natürlich waren die eigentlichen Urheber, wie man sich's am Hofe Joseph's nicht nehmen ließ, niemand anderer als die Königin Karolina und die Engländer. Eine aus den Generalen Campredon und Dedon und drei Feuerwerkern bestehende Untersuchungs-Commission wollte das Vorhandensein eines Sprengwerkes festgestellt haben wie solche von den Engländern in Boulogne angewendet worden seien um französische Schiffe in die Luft zu sprengen: dasselbe sei, wurde weiter gesagt, auf einer Barke aus Sicilien herübergebracht worden[1]).

Das gab neuen Antrieb mit der britischen Herrschaft auf der nahen Insel ein Ende zu machen, vor allem die beiden Punkte zurückzuerobern die der Feind auf dem Festlande noch immer in seiner Macht hatte, was Napoleon seinem Bruder als eine Schmach ohne gleichen vorhielt[2]). Schon zu Anfang 1808 hatten die Franzosen starke Massen im südlichen Calabrien zusammengezogen, am 10. Januar Reynier die Umschließung von Scylla eingeleitet. Die Siculo-Briten versuchten durch Landungen zwischen Terracina und Fondi oberhalb Neapel, bei Canatello und Villa San-Giovanni in der Nähe von Reggio die Kräfte des Feindes abzulenken oder zu theilen, wurden aber an beiden Orten nicht ohne Verluste auf ihre Schiffe zurückgetrieben, worauf die Franzosen auch das feste Schloß von Reggio zu belagern begannen. Die sicilische Besatzung, einige hundert Mann stark unter Obrist von Sandier, leistete heldenmüthigen Widerstand, aber die Lebensmittel gingen ihr aus. Drei Barken und eine britische

---

[1]) Miot II S. 352—354, Du Casse IV S. 92—94 und ebenda S. 122 Schreiben Joseph's an Napoleon am 31. Januar 1808 … Daß sich die Franzosen alle Mühe gaben eine Mitschuld Karolinens herauszubringen braucht kaum gesagt zu werden; nach Colletta VI 40, 41 hätte der alte Viscardi selbst bekannt er habe auf Anstiften der Königin und des Fürsten von Canosa gehandelt; allein er habe in seinen Aussagen geschwankt, „mescolò cose false alle vere", und zuletzt habe es viele gegeben denen das ganze Verfahren mit ihm nicht correct erschienen: „benchè il giudizio fosse pubblico e stampato il processo alcuni dissero, altri credettero, ingiusta la condanna".

[2]) Rambouillet 7. September, XVI Nr. 13127 S. 17 u. Fontainebleau 16. October 1807 Nr. 13262 S. 94.

Brigantine die ihr von Messina neuen Vorrath herüberbringen
sollten geriethen auf eine Sandbank, worauf der Commandant, um
den Convoi nicht in die Hände der Franzosen fallen zu lassen, sich
sammt seinen Schiffen in die Luft sprengte. Nun konnte sich die
Veste nicht länger behaupten, am 2. Februar ging sie durch Capitula=
tion an den General Cavaignac über. Scylla hielt sich noch immer.
„Dieser verwünschte Felsen", schrieb Napoleon am 7., „verdirbt mir
alle Berechnungen!" Erst acht Tage später, 15. Februar, gelang es den
Truppen Reynier's den Ort zu besetzen, zwei Tage darauf räumte die
großentheils sicilische Besatzung das Fort: Munition Geschütze Gepäck
im Stiche lassend, rettete sich die Mannschaft über eine in den Felsen
gehauene Stiege zu einem Pförtlein am Meere wo Schiffe in Bereit=
schaft standen die sie glücklich nach Sicilien hinüberbrachten [1]).

Dem französischen Kaiser war abgesehen von dem Ehrenpunkte
an der Eroberung der beiden festen Plätze aus dem Grunde so viel
gelegen weil er eben damals ein größeres Unternehmen zur See im
Sinne hatte. Am 17. Januar 1808 war Contre=Admiral Allemand
mit der Cherbourger Escadre aus Rochefort ausgelaufen, hatte in der
Nacht des 26. unbemerkt von den Engländern die Meerenge von
Gibraltar passirt und sich am 2. Februar im Golf von Juan mit
der Flotte des Admirals Ganteaume vereinigt. Napoleon's Plan war
zwar auf Korfu gerichtet, allein Ganteaume sollte sich den Schein
geben als ob er es auf Sicilien abgesehen habe, während Reynier
mit 9000 Mann von Reggio und Scylla aus, Jourdan und Saligny
mit weitern 9000 von Neapel aus geraden Weges auf Messina los=

---

[1]) Wortlaut der Capitulation von Reggio bei Du Casse IV S. 241—
244. Französischerseits waren die Generale Cavaignac und Reynier unterzeichnet,
wobei letzterer des Königs gar nicht erwähnte, ja nicht einmal die Eigenschaft
Cavaignac's als königlichen Stallmeisters anführte; Joseph an Napoleon 8. Fe=
bruar, IV S. 136 ff. Als Joseph dies in einem Schreiben an Reynier rügte
begehrte dieser „aus Gesundheitsrücksichten" seinen Abschied, worauf General=
Lieutenant Maurice Mathieu mit dem Commando in Calabrien betraut wurde.....
Die Aufopferung des britischen Convoi=Commandanten berichtet Cresceri 23. Fe=
bruar 1808.

steuern, die Stadt im Ueberfall nehmen, sich dann des festen Punktes Melazzo bemächtigen würden[1]). Am 10. Februar war in der That die Touloner Flotte ausgelaufen: 10 Linienschiffe, eine Anzahl Fregatten und Briggs nebst vielen Transport-Fahrzeugen mit Artillerie und Munition an Bord.

Erst am 23. Februar vernahm Collingwood eine französische Flotte habe die Meerenge von Gibraltar passirt, und nun begann er eine Kreuzfahrt von der Westspitze Siciliens bis an die Südküste von Frankreich, durchstöberte alle Winkel des tyrrhenischen und ionischen Meeres, zog in allen Häfen Erkundigungen ein, sandte einzelne Kriegs=schiffe nach den verschiedensten Richtungen aus. Immer vergebens! Lange Wochen hindurch war es seine einzige Genugthuung daß die französische Flotte nirgends etwas gethan, sondern überall, wo sie nur die Möglichkeit ersehen von der britischen überrascht zu werden, schleunig die Anker gelichtet hatte. Bei diesem Herumsuchen quälte den britischen Admiral fortwährend der Gedanke zu weitab von Sicilien zu sein, über das vielleicht die Franzosen, während er sie vor Toulon, auf der Höhe von Neapel, im Golf von Tarent suchte, herfallen könnten. So voll war er von diesem Gedanken daß er jede Nachricht, die ihn in ein anderes Fahrwasser bringen wollte, für eine absichtlich zu seiner Irreführung ausgestreute hielt. Und doch gab es keine andern Mittheilungen als die er sich aus den Hafen=orten holen konnte! Auf der hohen See war kein Schiff zu sehen, die französische Continental=Sperre, der britische Blocus, die Kaper=briefe welche die eine Macht gegen die andere hinausgab, hatten allen Seehandel bis auf schüchterne Küstenfahrten zum Stillstand gebracht. Tage lang konnte man zwischen Meer und Himmel dahin segeln ohne einem Seeschiff zu begegnen. „Es ist zum Erbarmen wie das Meer zur Einöde geworden ist", schrieb Collingwood nach England, „nirgends ein Schiff außer unsern eigenen!"[2])

---

[1]) Ausführliche Weisungen Napoleon's Paris 24. Januar 1808 Corr. XVI Nr. 13480 S. 266—272, mit der Mahnung am Schlusse: „Secret et secret!"

[2]) Collingwood 13. März „off Naples" an Castlereagh: „It is exceed-ingly distressing to be so entirely without any knowledge of them, either

Fand ſich Lord Collingwood in ſolcher Weiſe fortwährend in ſeinen Erwartungen getäuſcht, ſo erging es ſeinem franzöſiſchen Gegner noch ſchlimmer. Von einem furchtbaren Sturm auseinandergeworfen war es Ganteaume nur mit einem Theile ſeiner Flotte geglückt nach Korfu zu gelangen, während ein andrer, von Contre-Admiral Cosmao befehligt, nach langen Irrfahrten im Golf von Tarent einlief, anfangs März 1808. In Neapel wußte man, bei dem ſo arg gefährdeten Seeverkehr zwiſchen dem Feſtlande und den joniſchen Inſeln, nichts von dem Schickſale Ganteaume's und getraute ſich, als Cosmao um Verhaltungsbefehle bat, keine zu geben; denn ertheilte man auf's ungewiſſe dieſen oder jenen Rathſchlag und traf nicht das rechte ſo hatte man den vollen Ingrimm des Gewaltigen in Paris zu fürchten, der es liebte, was gerieth als ſchuldige Pflicht, was misrieth als unverzeihliches Verbrechen anzuſehen [1]). Endlich ſtieß der Contre-Admiral auf's gerathe Wohl in die See und ſteuerte gegen Korfu wo er am 12. glücklich eintraf.

Der Oberbefehl auf den joniſchen Inſeln, ſo weit dieſe überhaupt noch in franzöſiſcher Gewalt waren, ging jetzt in andere Hände

---

where they are or what their force is"; 4. April „off Sicily" an Lord Radſtock: „I have expected to have found them at Tarentum, with an armament to proceed against Sicily; but when I went thither not a ship was there"; 23. April „at Sea" an den Earl von Mulgrave: „The Amphion is gone to Toulon and to search the ports of Italy"; 15. Mai „off Toulon" an Lady Collingwood; Memoirs S. 302—310 . . . Seit dem Verluſte von Reggio und Scylla wurde die Abſperrung Siciliens von der gegenüberliegenden Küſte mit ſolcher Strenge gehandhabt daß der Admiral Befehl gab jedes Schiff, das ohne vom britiſchen Militair-Commando ausgeſtellten Paß gefunden wurde, als in hochverrätheriſchem Dienſte ſtehend aufzubringen.

[1]) So auch jetzt die Irrfahrten Cosmao's: „On peut se tromper, mais à ce point c'est un peu trop fort". Cosmao hätte ſollen, ohne erſt in Neapel anzufragen, von Tarent gleich nach Korfu auslaufen; „voilà une expédition manquée par la plus extrême bêtise du monde"; 16. März bei Du Casse IV S. 210 (in der Corr. Nap. findet ſich von dieſem Schreiben nichts). Ein paar Tage nachher, 29. März, ſchrieb er mit mehr Billigkeit: „Il faut avouer que l'amiral Ganteaume a été horriblement contrarié par les temps, puisqu'ils lui ont fait perdre une vingtaine de jours pendant lesquels on aurait pu faire tant de choses"; Corr. Nap. XVI Nr. 13071 S. 457.

über. Admiral Ganteaume hatte an César Berthier den Auftrag überbracht eine Inspections-Reise zu Land bis Cattaro, dann durch ganz Dalmatien zu machen und sich schließlich am kaiserlichen Hoflager einzufinden; man hatte in Paris diese Form gewählt um ihn von Korfu, wo er keine guten Dienste leistete, auf anständige Weise wegzubringen und das Gouvernement der Inseln dem General Donzelot anzuvertrauen [1]).

An eine Unternehmung gegen Sicilien war jetzt nicht zu denken, man wußte daß das tyrrhenische Meer von britischen Kriegsschiffen wimmelte. Ganteaume mit seiner Flotte wurde einige Zeit darnach von Korfu abberufen: es gab für sie an einem andern Punkte wichtigeres zu thun.

*   *   *

Am 21. März 1808 erfuhr man in Neapel daß Königin Julie mit den beiden Prinzessinnen Charlotte und Zenaïde Paris verlassen habe um sich in ihrer neuen Hauptstadt einzufinden. Am 4. April hielt sie an der Seite ihres Gemahls, der sie in Santo-Leucio eingeholt hatte, ihren Einzug in Neapel. Das Ereignis fand unter keinen günstigen Vorbedeutungen statt. Am andern Tage wurden vier Leute aufgegriffen die den König ermorden wollten; sie wurden, um die Neuangekommene nicht zu erschrecken, in aller Heimlichkeit verhört verurtheilt und hingerichtet. Auch sonst kam die so lang hinausgeschobene Ankunft der Königin nicht gelegen. Denn bald darnach begann sich nächst der spanischen Gränze jene Katastrophe abzuspielen die ihren Gemahl von der apenninischen Halbinsel auf die iberische führen sollte. Noch um die Mitte April stellte sich Napoleon seinem Bruder gegenüber als ob ihm nichts so sehr am Herzen liege als der Welt den Frieden zu geben. „England beginnt zu leiden", schrieb er am 18.

<hr/>

[1]) Ueber das Schalten der Franzosen auf den jonischen Inseln s. Pepe I S. 155—160, der gleichfalls Berthier als unfähig schildert, dagegen Donzelot, der Pepe in sein besonderes Vertrauen nahm, rühmend hervorhebt. Interessant und amüsant ist die Schilderung des Ali Pascha von Janina, von dessen „grober Unwissenheit Hinterlist und Ruchlosigkeit" der Verfasser S. 159 einige Proben gibt.

aus Bayonne; „das Abkommen allein mit dieser Macht wird mir gestatten das Schwert in die Scheide zu stecken und Europa die Ruhe zurückzugeben" [1]). Allein schon wenige Tage darauf erfolgte, was nur zur größern Aufreizung Englands dienen, zu neuen langwierigen und erbitterten Kämpfen führen konnte.

Nach der Eroberung Portugals durch Junot hatte am 13. Januar 1808 ein zweites französisches Heer die Pyrenäen überschritten, das im Einverständnisse mit König Karl IV. die wichtigsten Plätze im Norden Spaniens besetzte und fortwährend Nachschübe erhielt, so daß der Großherzog von Berg Joachim Murat, der es befehligte, binnen kurzem mehr als 70000 Mann beisammen hatte. Jetzt kam am Hofe von Madrid der langjährige Zwiespalt zwischen der Partei des Friedensfürsten und jener des Prinzen von Asturien zum offenen Ausbruch, der für's erste damit schloß daß am 19. März König Karl seine Krone zu Gunsten seines Sohnes Ferdinand VII. niederlegte. Vier Tage später marschirte Murat mit der Division Musnier in der Hauptstadt Spaniens ein. Als Vorwand diente: die Spaltungen im Staatsrathe beizulegen und der rechtmäßigen Regierung Schutz angedeihen zu lassen; seine geheime Weisung aber war: die oberste Gewalt in seine Hände zu bekommen und die königliche Familie auf gute Art aus dem Lande hinauszubringen. Das gelang zuerst mit dem Könige Ferdinand den Savary, eigens für diesen Zweck von Napoleon abgeschickt, aus Madrid nach Burgos, von da weiter nach Vittoria, zuletzt über die französische Gränze nach Bayonne zu locken wußte, wo ihn Napoleon erwartete. Dann kam Godoy nach, zuletzt Karl IV.

---

[1]) Corr. XVII Nr. 13763 S. 24. Doch heißt es zum Schluß: „Il ne serait pas impossible que je vous écrivisse dans 5 ou 6 jours de vous rendre à Bayonne. Vous laisseriez le commandement des troupes au maréchal Jourdan, et la régence de votre royaume à qui vous voudrez. Votre femme resterait à Naples. Les relais seront préparé, dans ce cas, sur votre route. Cependant jusqu'à présent cela est encore incertain"... Die Art und Weise wie der Kaiser in dieser Stelle seinen Bruder anredet, scheint ein Beweis mehr dafür zu sein daß zwischen ihnen bei der Zusammenkunft in Venedig (s. oben S. 342 Anm.) über den Thronwechsel in Spanien nichts abgemacht oder auch nur in Aussicht gestellt worden war.

mit seiner Gemahlin. Letzterer widerrief in Bayonne seine Thron-
entsagung und es begann von neuem, von dem schmählichen Godoy
genährt, jenes ekle Ränkespiel zwischen Vater und Sohn das mit dem
Verderben beider enden sollte. Der Großherzog von Berg in Madrid,
von König Karl zu seinem Stellvertreter ernannt, hielt noch immer die
Larve vor als ob er es mit dem Lande und dessen Fürstenhause nicht
minder gut meine als sein Herr und Gebieter in Bayonne wo alle
Mißhelligkeiten ausgeglichen werden sollten. Doch die Bevölkerung kam
instinctmäßig hinter das Gaukelspiel und erhob sich, als am 1. Mai
die abgesetzte Königin von Hetrurien die Hauptstadt verlassen sollte
um gleichfalls den Weg nach Bayonne zu nehmen, zu einem furchtbaren Aufstand, den Murat mit Aufbietung all seiner Kräfte, und
nachdem Ströme von Blut die Straßen von Madrid geröthet hatten,
kaum zu bewältigen vermochte, 2. und 3. Mai. Rasch ging nun jenseits der Pyrenäen die Katastrophe ihrem Ende zu. Am 6. Mai trat
Karl IV. seine Rechte auf die Krone von Spanien an Napoleon ab,
am 10. schloß sich der Kronprinz dieser Erklärung an: der spanische
Thron war frei.

Napoleon hatte seine Wahl bereits getroffen. Am 11. Mai
schrieb er an seinen Bruder Joseph: „Die spanische Nation, durch das
Organ des Obersten Rathes von Castilien, verlangt von mir einen
König: Sie sind es dem ich diese Krone zutheile". Zehn Tage später
traf ein Eilbote mit dem kaiserlichen Schreiben in Neapel ein, wo sich
Joseph ohne Säumnis zur Abreise rüstete und einstweilen Jourdan
mit dem militairischen Oberbefehl betraute; Regentschaft setzte er keine
ein, es sollte jeder Minister seinen Verwaltungszweig vertreten. Er
glaubte dadurch den Schein zu vermeiden als ob er für immer ginge.
Aus demselben Grunde wohnte er auch der Festlichkeit bei die am
Julia-Tage zu Ehren seiner Königin mit großem Pomp und unter Betheiligung aller Großen und Angesehenen des Reiches begangen wurde.
Den Tag darauf, 23. Mai, verließ er seine Hauptstadt, am 7. Juni traf
er in Bayonne ein wo er thatsächlich nicht mehr König von Neapel
sondern König von Spanien war. Doch blieb er der Form nach
ersteres noch eine gewisse Zeit, was er dazu benützte sich ein bleibendes

Denkmal, wie er meinte, in dem Lande zu setzen das ihn wenig über zwei Jahre als König theils geliebt und geehrt theils gefürchtet und gehaßt hatte.

Denn von letzterem lieferte jedes Monat neue Proben. Joseph hatte keine vier Tage Neapel verlassen als man am Gestade der Chiaja einen Polizei-Commissair sammt Weib und Kind verstümmelt und ermordet fand, 27. Mai. In der Nacht des 31. traf den königlichen Kämmerer Fürsten von Atena das gleiche Schicksal. In den Regierungskreisen herrschte die größte Aufregung. Um einen heilsamen Schrecken zu verbreiten beschloß man mit dem Processe wegen des Attentats vom 31. Januar ein schnelles Ende zu machen. Die beiden Biscardi und vier ihrer Mitverschwornen wurden jetzt erst zum Tode verurtheilt und an einem der ersten Juni-Tage durch Henkershand vom Leben zum Tode befördert. Die lange Hinausschleppung dieses Justizactes, ganz wider die sonstige Gewohnheit Salicetti's und seiner Organe, und dann die übereilte Vollziehung des Urtheils erregten mancherlei Argwohn. Entweder waren die Beweise gegen den greisen Apotheker und dessen Mitbeschuldigte nicht sehr stark, oder die Ursache der Säumnis lag darin daß man Verbindungen der Verschwörer über die Meerenge des Faro hinaus auf die Spur kommen wollte aber beim besten Willen nicht konnte.

Die öffentliche Aufmerksamkeit in Neapel wurde indessen von diesen blutigen Schauspielen bald nach einer andern Seite hin gelenkt. König Joseph hatte in Bayonne seinem Königreiche eine Verfassung gegeben die am 2. Juli in einer außerordentlichen Sitzung des Staatsrathes, in welcher der Justiz-Minister Cianciulli den Vorsitz führte, feierlich verlesen und den Staatsacten einverleibt wurde. Der legislative Vertretungskörper war darin auf eine Kammer beschränkt, diese in fünf Curien getheilt: Clerus Adel Grundbesitz Gelehrtenstand Industrie, die Mitglieder der drei ersten Kategorien sollten bleibend sein, die der zwei letztern hingegen wechseln.

Die Ausführung dieser Verfassung mußte Joseph seinem Nachfolger überlassen, vorausgesetzt daß dieser dazu Lust hatte. Am 6. Juli verließ Königin Julie mit ihrer kleinen Familie Neapel; der Obrist-

Marschall des Palastes General Matthieu Dumas gab ihnen das Ge=
leite. Auch die meisten andern Franzosen die um die Person Joseph's
in Diensten standen schickten sich zur Abreise an, um ihm entweder in
sein neues Land zu folgen oder um nach Frankreich zurückzukehren und
dort eine andere Verwendung zu suchen. So von seinen Adjutanten
die Generale Merlin und Franceschi=Delonne, seine beiden Garden=
Capitaine die General=Lieutenants Maurice Mathieu und Saligny,
der Gouverneur von Neapel Marschall Jourdan, die Minister Miot
und Röderer. Die Neapolitaner würden von Allen am liebsten Salicetti
scheiden gesehen haben; allein Joseph mochte ihn eben so wenig,
und so blieb er, den wohl auch Familienbande an seine neue Heimat
knüpften.

Am 8. Juli unterzeichnete Joseph in Bayonne die Verzicht=
leistung auf die Krone des Königreichs von Beiden Sicilien. Die
Nachricht davon gelangte erst am 21. in die Hauptstadt.

*   *   *

Lord Collingwood hatte sich um die Mitte Mai in den Wässern
von Syracus befunden und eben die Anker lichten wollen um auf
Korfu loszusteuern als am Abend zuvor der „Standard" mit Nach=
richten aus Spanien im Hafen eingetroffen war, was den Admiral
bestimmt hatte seine Richtung nach Westen anstatt nach Osten zu
nehmen und das Commando des sicilischen Geschwaders an den Vice=
Admiral Thornborough abzugeben[1]). Nach einem kurzen Aufenthalte
auf der Höhe von Toulon finden wir ihn um den 10. Juni bereits

---

[1]) Collingwood an Radstock 15. August „off Cadix" S. 379: ... „it is
a matter of curiosity to observe how much things depend upon what we call
chance. The Standard arrived at Siracuse on the very evening that we sailed
in the morning: or instead of going to Maritimo, I should probably have gone
to Corfu with my few ships". Das Datum wann sich dies ereignete fehlt leider
und kann daher nur beiläufig angenommen werden. Am 29. Mai war der Ad=
miral bereits auf der Höhe von Toulon von wo er den Minister Drummond auf=
forderte für eine einheimische Landesvertheidigung in Sicilien zu sorgen, „which
will secure it against a sudden assault"; S. 322.

in Cadiz, am Gestade von Spanien, in dessen Innerem sich mittlerweile Dinge von großer Bedeutung zugetragen hatten und noch fortwährend im Zuge waren.

Die Abreise aller Glieder des einheimischen Königshauses aus dem Lande, die blutige Unterdrückung des Aufstandes von Madrid, die Nachrichten endlich die bald darauf von den Vorgängen in Bayonne eintrafen, waren das Signal zur Erhebung der Spanier gegen die ihnen aufgedrungene anti-nationale Herrschaft. Vom 27. Mai 1808 bis zum 30., dem Feste des heiligen Ferdinand, entstanden in allen Provinzen Regierungsausschüsse um den Widerstand gegen die Franzosen in Scene zu setzen; die Junta von Asturien erklärte Frankreich in aller Form Rechtens den Krieg, schuf ein nationales Heer und übergab dessen Führung dem Marquis von Santa-Croce. Eine spanische Botschaft die in London um Unterstützung und Beihilfe bitten sollte fand freundliche Aufnahme; das britische Ministerium erklärte daß England mit der spanischen Nation nicht im Kriege sei, 4. Juli. In der Junta von Sevilla fand der ganze spanische Süden seinen Vereinigungspunkt gegen die Behörden der vom gemeinsamen Feinde besetzten Hauptstadt; aber auch die Junten der andern Provinzen widersetzten sich den Befehlen der Madrider Regierung die nur dort Beachtung fanden wo französische Garnisonen zur Hand waren um den Gehorsam zu erzwingen. Den ersten bedeutenden Verlust erlitten die Franzosen im Hafen von Cadiz wo man ihnen ein paar Kriegsschiffe wegnahm und 2000 ihrer Seeleute und Soldaten zu Gefangenen machte. Als König Joseph um die Mitte Juli in Madrid anlangte sah er sich an die Spitze eines an allen Enden aufgewühlten Landes gestellt, das ihm und den Seinigen den Untergang geschworen und den Todfeind Frankreichs zu seinem Bundesgenossen angenommen hatte. Die Einschließung Junot's in den Defileen von Torres Vedras, 21. August, der bald darauf die Capitulation von Cintra, 30. August, und die Räumung Portugals durch die Franzosen folgte, machte zum erstenmal die europäische Welt mit dem Namen eines Heerführers bekannt der von da an immer mehr in den Vordergrund der Ereignisse treten sollte, Sir Arthur Wellesley's des nachmaligen Herzogs von Wellington.

Am Hofe von Palermo hatten die Bayonner Vorgänge begreiflicherweise große Aufregung hervorgerufen. Betrafen sie doch das
nächst verwandte Fürstenhaus und lag es, je schmählicher sich jene
feigen Agnaten benommen hatten, desto näher daß das spanische Volk
seine Blicke auf die jüngere Linie werfen werde. In der That dauerte
es nicht lang daß eine Sendung der Junta von Sevilla kam die den
Prinzen von Apulien einlud nach Spanien herüberzukommen und im
Namen Ferdinand VII. die Regierung zu führen. Sogleich wurden
unter dem Vorsitz der Königin und im Beisein des Kronprinzen Franz
Berathungen gehalten die mehrere Tage in Anspruch nahmen. Zuletzt
beschloß man ein Manifest ergehen zu lassen worin gegen den
Bayonner Thronraub Verwahrung eingelegt wurde, und für's erste
den Legations-Secretair Robertone nach Spanien abzusenden um die
Stimmung des Landes zu erkunden. Man hatte aber damit bald nicht
genug. Zwar nicht der Kronprinz, aber sein jüngerer Bruder sollte
sich persönlich nach Gibraltar verfügen um durch seine Gegenwart die
spanische Nation aufzumuntern und in ihrem Widerstand gegen die
Franzosen zu bestärken. Zur selben Zeit sollte der Herzog von Ascoli
nach London reisen und dort in derselben Richtung thätig sein; in den
diplomatischen Kreisen von Palermo wollte man wissen, es handle sich
bei dieser letzten Sendung zunächst um die americanischen Colonien
Spaniens, die man unter dem Schutze Englands in einstweiligen Besitz
nehmen und durch Ascoli regieren lassen wollte.

In dieser Zeit erschien am sicilischen Hofe eine Persönlichkeit,
deren gewinnende Eigenschaften vom ersten Augenblicke nicht ohne Einfluß auf den Gang der Ereignisse blieben. Es war der Herzog Louis
Philippe von Orléans welcher, von England kommend wohin er nach
kurzer Zeit wieder zurückkehren wollte, am 10. Juli in Palermo landete
und hier in eben so freundlicher als auszeichnender Weise empfangen wurde. Am 26. Juli darauf schiffte er sich mit dem Prinzen
Leopold auf dem „Thunderer" nach Gibraltar ein; der Fürst von
Cassano als Obristhofmeister, der Herzog von Ascoli und andere Große,
dann der Erzieher des Prinzen Herr von Saint-Clair befanden sich
im Gefolge; ein Schreiben des Ministers Circello ersuchte Lord Colling-

wood im Namen des Königs sich des Prinzen anzunehmen und ihm behilflich zu sein, falls eine Landung an irgend einem Punkte der spanischen Küste von Nutzen erschiene. Am 14. August befand man sich auf der Höhe von Cadiz und brachte den britischen Admiral, der mit seiner Flotte noch immer dort kreuzte, in nicht geringe Verlegenheit. „Wenn es nicht eine Königin wäre die es gethan hat", schrieb er launig an seine Lady, „ich würde es einen Narrenstreich nennen; seit ich aber Sidi Mahomet Slowey, als er in einem Schreiben mir mittheilte was sein Kaiser beschlossen habe, sagen hörte: ‚Sie wissen Kaiser und Könige sind ein gutes Stück gescheidter als andere Leute', muß ich voraussetzen daß der Grundsatz auch auf Königinen Anwendung finde". An Circello schrieb Collingwood in ernsterem Tone, und so sprach er auch zum Herzoge von Orléans der nicht wenig Lust zeigte sich für die sicilischen Ansprüche in's Zeug zu legen. In der That bestand zur Zeit in Spanien keine Gewalt deren Ansehen im ganzen Königreiche Geltung hatte; die einzelnen Provinzen besaßen ihre Obersten Junten und es war zwar im Vorschlag einen General=Rath über alle zu bestellen, aber die Ausführung schien noch im weiten Felde. An wen sollte sich unter solchen Umständen der Prinz mit einiger Aussicht auf Erfolg wenden? Welches Organ war das geeignete um die künftige Gestaltung der Dinge vorzubereiten? Brachte er seine Vorschläge vor eine Provinzial=Junta so verletzte er alle die andern; wollte er es auf einen Appell an die spanische Nation überhaupt ankommen lassen, so verdarb er es mit den eingesetzten und thatsächlich bestehenden Autoritäten. „Habe König Ferdinand", meinte Collingwood, „etwas zur Wahrung seiner Ansprüche auf den spanischen Thron thun wollen, so würde sich dies viel wirksamer und zugleich für ihn würdevoller haben in's Werk setzen lassen wenn er es von seinem Hofe in Palermo aus gethan hätte, als in der Weise wie es nun leider geschehen sei" . . .

Der Herzog von Orléans fügte sich bald den Vorstellungen Collingwood's, und da sich ohne britische Beihilfe in Spanien nichts ausrichten ließ so mußte man sich in Palermo dazu entschließen dem Admiral höflichst für die Sorgfalt und Aufmerksamkeit zu danken die er dem Prinzen Leopold habe angedeihen lassen, diesen selbst aber wieder heimzurufen [1]). Doch verzog sich dessen Abreise bis tief in den Herbst: erst am 11. November war er in Palermo zurück. Der Herzog von Orléans war schon einige Wochen früher, wie es scheint über Aufforderung des Grafen von Provence der selbst mit den Junten wegen der spanischen Regentschaft unterhandelte, unter britischer Flagge nach London gesegelt.

Eine Folge der Prinzen=Reise nach Spanien war die Abberufung des bisherigen britischen Gesandten in Palermo der sich, wie man ihm in London vorwarf, bei diesem wie bei andern Anlässen zu nachgibig gegen die Wünsche der Königin gezeigt hatte. Zu Drummond's Nachfolger war Lord Amherst ausersehen.

---

[1]) Palermo 25. Juli Circello an Collingwood; 15. August „off Cadix" Collingwood an seine Lady, an Circello, an Lord Castlereagh; 27. October Collingwood an den König Ferdinand und an Circello; Corresp. S. 352 f. 373—376, 380—384, 440 f.

Viertes Buch.
Joachim Murat.

18. Capri.
October 1808.

Den von Joseph Buonaparte geräumten Thron sollte nach Napoleon's Wunsch oder vielmehr Gebot sein Schwager der Großherzog von Berg einnehmen.

Joachim Murat, am 25. März 1768 in Bastide-Fortunière, Bezirk Gourdon Departement des Lot, geboren, Sohn wohlhabender Landleute, war für den geistlichen Stand erkoren weil ein Verwandter der Familie eine fette Pfründe besaß in welche der Neffe seinerzeit eintreten konnte. Obwohl mit manchem Widerstreben hatte der junge Joachim seine Seminar-Studien in Cahors nach Wunsch absolvirt und Beweise eines glänzenden Talentes gegeben, war dann nach Toulouse geschickt worden wo er sich die canonischen Grade erwerben sollte, hatte aber hier, vom Schul- und Convicts-Zwang befreit, ein flottes Leben geführt, Schulden gemacht und, daran verzweifelnd daß man sie ihm zahlen würde, sich bei dem Ardennen-Regiment anwerben lassen. Obwohl ihn darauf die Familie, um ihm seine Anwartschaft auf das geistliche Beneficium nicht entgehen zu lassen, von seinen Gläubigern und von den Werbern losgekauft hatte, war der übersprudelnde junge Mann doch bald in die alten Fehler zurückgefallen und hatte sich von neuem einen Haufen von Gläubigern an den Hals

gehetzt, denen er nur dadurch glaubte entgehen zu können daß er sich
nun bleibend dem Soldatenstande zu widmen beschloß. Rasch hatte
er es da, von seinen Kameraden bewundert, bei seinen Vorgesetzten
beliebt, zum Unter=Officier gebracht als ihn ein Fall grober Unbot=
mäßigkeit neuerdings auf das trockene gesetzt hatte.   Da war die
Revolution ausgebrochen, 1791 die Errichtung einer constitutionellen
Garde des Königs beschlossen worden wozu alle Theile des Landes
ihre Mannschaft stellen sollten; das Departement des Lot hatte als
seine Leute Murat und Bessières — eine merkwürdig gelungene
Wahl! — nach Paris geschickt für welche beide sich nun eine Lauf=
bahn voll Ruhm und Glanz eröffnen sollte. Nach dem Sturze des
Königthums Unter=Lieutenant in einem berittenen Jäger=Regiment,
Adjutant des Generals Hure, bald Escadrons=Commandant, hatte
sich unser Joachim damals aus Ehrgeiz den Jacobinern angeschlossen,
mit einer möglichst dunklen und niedern Herkunft geprahlt, war aber
dessenungeachtet nach dem 9. Thermidor II gleich Napoleon Buona=
parte außer Dienst gesetzt worden, bis er 1796 als erster Flügel=
Adjutant desselben Buonaparte auf dem italienischen Kriegsschauplatz
in die Lage gekommen war seine ersten Lorbeern zu pflücken. Geschickt
rasch unermüdlich, von der glänzendsten Tapferkeit, von einer an das
Waghalsige gränzenden Entschlossenheit hatte er schnell alle Grade bis
zum Brigade=General erstiegen.   Im Jahre 1798 unter Berthier
Commandant in Rom, 1799 mit Buonaparte in Aegypten und Syrien
von wo er als Divisions=General zurückkam, eine der verläßlichsten
Stützen des hochstrebenden Ober=Feldherrn und in dessen engstem
Vertrauen, war es Murat gewesen der am 18. Brumaire VIII an
der Spitze von sechzig Grenadieren den Rath der Fünfhundert ge=
sprengt und dadurch den Staatsstreich zu jener Thatsache erhoben
hatte der den im letzten Augenblicke verzagten Buonaparte an die
Spitze von Frankreich brachte. Um sich einen so verwendbaren Mann
dauernd zu verbinden hatte ihn der Erste Consul durch die Hand
seiner jüngsten Schwester Karolina in seinen Familienkreis gezogen.
Wie die Verdienste Murat's so waren von da an seine Auszeichnungen
zu raschem Steigen gewesen. Nach der Schlacht von Marengo, die er

mit seinen Reitern zum glücklichen Ausgang gebracht, haben wir ihn
1800 im Römischen gefunden, von wo er in Neapel den Besuch eines
Siegers gemacht hatte; dann im Jahre 1805 als Gouverneur von
Paris mit dem Range eines Generals en Chef wo ihm unter anderem
die traurige Mission zugefallen war das Blutgericht über den Herzog
von Enghien zusammenzusetzen. Rasch nacheinander waren ihm der
Rang eines Marschalls von Frankreich, die Groß-Admiralität, die
Fürstenwürde, das Großkreuz der Ehrenlegion zutheil geworden, bis
ihm nach dem für die französischen Waffen überhaupt und für ihn
insbesondere so ruhmvollen Feldzuge von 1805 Napoleon das Großherzogthum Berg verliehen hatte. Murat war jetzt ein ganz anderer als
zehn Jahre früher. Wenn er sich damals als „un vrai sans-culotte"
gebrüstet hatte, so daß von ihm erzählt werden konnte er habe darnach
gestrebt nach dem Ende Marat's seinen Namen Murat in den des
gefallenen Tribunen umzuwandeln, so wollte man jetzt im Gegentheile
wissen daß er seinen Ehrgeiz darein setze sich von dem alt-gräflichen
Geschlechte Murat als einen der ihrigen anerkannt zu wissen [1]).

Im russisch-preußischen Feldzuge mit neuen Lorbeern geschmückt
trafen wir ihn in den ersten Monaten 1808 in Spanien an der
Spitze der französischen Invasions-Armee, wo er zuletzt von Karl IV. zu
seinem Lieutenant ernannt worden war, eine Würde in der ihn Napoleon
bestätigt hatte. Murat, in dieser Eigenschaft zugleich an die Spitze
der obersten Regierungs-Junta gestellt, hatte damals nur einen Schritt
zum Throne gehabt und er hatte nach der Bayonner Beseitigung des

---

[1]) Ich habe mich, was die Vorgeschichte Murat's betrifft, an Bégin Biogr.
Michaud (nouv. éd.) XXIX S. 587—599 gehalten. Derselbe hatte eine ausführliche
Biographie Murat's, wofür ihm ein großer Theil von dessen Correspondenz zu
Gebote stand, für den „Plutarque de la révolution française" abfassen wollen,
welchem Unternehmen aber die Ereignisse des Jahres 1848 Stillstand geboten
hatten. In sonstigen Biographien, vorzüglich in zeitgenössischen, findet sich manche
Uebertreibung, wie die bekannte: Murat sei in jungen Jahren Aufwärter oder
Garçon oder gar eine Art Stallknecht gewesen: „Plus d'une fois celui qui
monta depuis sur le trône de Naples a tenu l'étrier aux voyageurs avec une
contenance modeste, et en a reçu cette légère rétribution qui marque le
moment du départ" Vie de Joa. Murat etc. par M*** (Paris Pillet 1815) S. 1.

bourbonischen Königshauses hoffen dürfen dieses Ziel seiner Wünsche
zu erreichen. Auch würde der ritterliche und phantastische Reiter=
General, dessen brillante Erscheinung auf ein Volk wie die Spanier
nicht ohne Eindruck bleiben konnte, sich für Madrid besser geeignet
haben als der liebenswürdige und feine aber unkriegerische Joseph,
abgesehen davon daß es unklug zu nennen war letztern von einem
Platze wegzunehmen wo er sich schon einigermaßen zurechtgefunden.
Dabei war diejenige nicht außer Rechnung zu lassen die Murat als
Gemahlin zur Seite stand: Karolina Buonaparte, über die sich
Talleyrand auszudrücken pflegte: „der Kopf eines Cromwell auf dem
Körper einer hübschen Frau", und deren angeborne Herrschertalente
einem neugeschaffenen König von Castilien und Aragon gewiß vor=
theilhafter zu statten gekommen wären als dies bei Joseph mit seiner
Julie Clary der Fall war. Doch der Gebieter der Welt hatte ge=
sprochen und den Andern blieb nichts übrig als zu gehorchen. Auch
hatte sich dem Kaiser das Glück in all seinem bisherigen Wollen und
Thun in einer so fabelhaften Weise an die Fersen geheftet daß es
begreiflich war wenn er sich einbildete jeder seiner Beschlüsse müsse
Erfolg haben, jede Wahl die er treffe auf's beste ausfallen.

Schon am 2. Mai 1808 hatte Napoleon dem Großherzog von
Berg sein Vorhaben mitgetheilt den bisherigen König von Neapel
fortan in Madrid regieren zu lassen; ihm, Murat, stelle er die
Wahl zwischen Neapel und Portugal: „Antworten Sie gleich was
Sie darüber denken, in einem Tage muß alles abgemacht sein. Sie
haben viele Kinder und dabei eine Frau auf die Sie sich verlassen
können wenn Sie in den Krieg ziehen müßten; sie ist wie geschaffen
an der Spitze einer Regentschaft zu stehen. Ich würde Ihnen übrigens
rathen sich für Neapel zu entscheiden, das schöner und bedeutender ist
als Portugal weil noch Sicilien damit vereinigt werden wird" [1]).
So that auch Murat und es erfolgte das kaiserliche Statut das
„Joachim Napoleon" zum „König von Beiden Sicilien" ernannte; es
enthielt die Bestimmung daß die Königin, falls sie ihren Gemahl und

---

[1]) Corr. Nap. XVII Nr. 13801 S. 52—55.

ihre Kinder überleben würde, Nachfolgerin auf dem Thron sein sollte; falls auch sie stürbe fiele Neapel an das französische Kaiserreich zurück.

Am 31. Juli überbrachte ein Courier das kaiserliche Statut nach Neapel; am 1. August erschien das aus Bayonne 20. Juli datirte Manifest Joachim's worin er zugleich „die Königin Karolina Unsere erlauchte Gemahlin, den königlichen Prinzen Achilles Napoleon und Unsere kleine Familie" der „Liebe und Treue" seiner neuen Unterthanen empfahl. Auf die Kundmachung folgten Tedeum Geschütz-Salven von allen Forts und Stadtbeleuchtung, als ob es der neue Gebieter in Person wäre den man inner den Mauern der Hauptstadt hatte. Auch waren diese Freudenbezeigungen nicht überall geheuchelt. Man sprach vortheilhaft vom neuen Könige, wußte ihm manches gute nachzusagen, und über alles andere pries man seine Tapferkeit und seine ritterlichen Eigenschaften die sich, so hoffte man, mit jenem Polizeiwesen nicht vertragen würden welches die Regierung seines Vorgängers so verhaßt gemacht hatte.

In den ersten Tagen August verließen die noch zurückgebliebenen Würdenträger Joseph's einer nach dem andern Neapel: am 3. August Jourdan dessen Posten Marschall Pérignon erhielt, am 11. der Graf von Melito ꝛc. Der neue König weilte noch fern. Er hatte sich aus Spanien, in seiner Gesundheit stark angegriffen, in kleinen Tagereisen nach Frankreich bringen lassen, war incognito in Paris erschienen wo er mit seiner Frau zusammentraf, und von da in die Bäder von Bagnères gegangen, hauptsächlich um der Herstellung seiner Kräfte willen, zugleich aber, wie man es vielseitig auslegte, um seiner üblen Laune daß ihm der schönere Besitz von Spanien entgangen war ihr Recht widerfahren zu lassen. In letzterem Sinne schien es auch Napoleon aufzufassen der ihn wiederholt antreiben mußte sich in sein Königreich zu begeben, da er, der Kaiser, sonst nicht ohne Sorgen für die Ruhe desselben sein könnte und die französische „Armee von Neapel", deren Oberbefehl ihm verliehen worden, seine Anwesenheit erheische [1]). Erst zu Anfang September

---

[1]) Corresp. Nap. 18. August 1808 Nr. 14259 S. 450, 3. September Nr. 14292 S. 487.

machte sich Murat auf den Weg, betrat am 5. in la Portella den
Boden seines neuen Eigenthums, ließ sich am frühen Morgen des 6.
im Geleite einer Abtheilung Kanonen-Schaluppen nach Gaëta bringen,
kam von da nach Capua, nach Aversa wo ihn die Gesandten von Frankreich und Holland, die Minister und der Hofstaat so wie ein großer
Theil des Adels erwarteten, und hielt dann seinen feierlichen Einzug
in die Hauptstadt. Prachtvoll wie immer angezogen oder vielmehr
aufgeputzt, schön von Antlitz und Gestalt, ritterlich in seiner Haltung,
lebhaft und heitern Ausdrucks nach allen Seiten umblickend, machte
der neue Gebieter den besten Eindruck, und stürmischer als seit Jahren
erscholl der Jubel und zeigte sich die Freude der sich die Bevölkerung
von Neapel hingab. Joachim verfügte sich zuerst in die Heiligen-
Geist-Kirche wo ihm Cardinal Giu. Firrao, statt des noch immer fern-
gehaltenen Ruffo-Scylla, den Segen ertheilte welchen der König, wie
dies in der bigoten Hauptstadt sogleich auffiel, unter dem Thron-
himmel stehend entgegennahm, und begab sich in seinen Palast wo
er mit königlichem Anstand die ersten Aufwartungen empfing. Am
25. September gab es neue Festlichkeiten zum Empfange der Königin
die eine Strecke vor Neapel vom Könige mit einem Theile seines Hofes
begrüßt und sodann in die Hauptstadt geleitet wurde.

Es gab jetzt zwei Karolinen deren jede sich „Königin von Beiden
Sicilien" nannte: die eine auf dem Höhepunkte ihres Glückes, schön
und froh, in Neapel, die andere von Jahren und von Gram gebeugt,
aber ungebrochen an Stolz und Muth in Palermo.

König Joachim nahm unmittelbar nach seiner Ankunft die
Eroberung von Capri in Angriff. Napoleon selbst hatte ihm dieses
Unternehmen dringend an's Herz gelegt: „Sie würden dadurch Ihre
Ankunft auf italischem Boden signalisiren und zugleich den Engländern
einen heilsamen Schrecken wegen Siciliens einjagen. Die Unternehmung
auf Sicilien ließe sich dann auf den Winter verlegen; nur müßte
man zuvor genau wissen was die Engländer dort haben" [1]).

---

[1]) 18. September Saint-Cloud XVII Nr. 14339 S. 521 f.

Wo es ein kriegerisches Wagnis galt war Murat der letzte der sich bitten ließ. In der Nacht vom 3. zum 4. October liefen in aller Stille 60 Transport-Fahrzeuge mit 1500 Mann an Bord aus dem Hafen von Neapel aus, zu denen andern Tags von Sa= lerno kommend auf der See eine Verstärkung von 400 Mann stieß; 1 Fregatte 1 Corvette 26 Kanonen=Schaluppen bildeten ihre Be= deckung. Am 4. nachmittags 3 Uhr erfolgte unter Führung des Generals Lamarque von drei Seiten der Angriff auf die Insel. Sir Hudson Lowe, Obrist des königlich=corsischen Regiments das er selbst aus Ausreißern und Flüchtlingen jener wilden Insel zusammengestellt hatte, wobei ihm überdies das königliche Regiment Malta zu Gebote stand, hatte die Zeit seit Eroberung des Eilands nicht müßig vorüber= streichen lassen. Capri war in trefflichen Vertheidigungsstand gesetzt. Es gab vier Forts von denen besonders jenes auf Anacapri, aus= gezeichnet gelegen, die Zugänge allseits von Wällen hier von Gräben dort abgeschnitten, für uneinnehmbar galt; die Engländer nannten es ihr „kleines Gibraltar". Gerade auf diesen Punkt richtete Lamarque, während er von den übrigen Seiten den Gegner mehr zum Schein beschäftigte, sein Hauptaugenmerk und am 5. war trotz der tapfersten Gegenwehr der Briten die Veste mit dem ganzen westlichen Theil der Insel in seiner Gewalt; 700 Gefangene wurden im Triumph nach Neapel gebracht. Obrist Hudson zog sich mit dem Reste der Besatzung von Anacapri in die Schanzen von Capri zurück, wo er Verstärkungen und Entsatz abzuwarten gedachte. Auch erschien am 7. eine zahlreiche Flotille die einen Kreis um die Insel bildete und die Franzosen absperren und aushungern wollte; allein diese hatten Mundvorrath für zwei Monate bei sich, und Lamarque verstand es seine Stellung in kürzester Frist so fest und unangreifbar als möglich zu machen. Am 16. October sah sich der britische Commandant genöthigt zu capituliren, um eine Stunde zu spät erschien ein Geschwader aus Sicilien mit dem Regiment Watteville an Bord, das jetzt das leere Nachsehen hatte [1]).

---

[1]) Eine militairische Schilderung von Capri und ausführliche Darstellung der Einnahme der Insel s. Colletta VII 4, 5 und Gioachino Murat 2c. (Milano 1839) I S. 248—255.

Die Vertreibung der Engländer von dem nahen Capri gab
König Joachim Gelegenheit zu verschiedenen Gnaden-Acten; denn er
wollte sich seinen Unterthanen nicht nur als tapferer und starker,
sondern auch als milder und wohlmeinender Herrscher erweisen. Allen
aus politischen Ursachen Verbannten, wenn ihnen sonst keine strafbare
Handlung zur Last fiel, wurde freie Rückkehr gestattet, der auf das
bewegliche und unbewegliche Vermögen jener, die dem frühern Hofe
nach Sicilien gefolgt waren, gelegte Sequester wurde provisorisch
aufgehoben, das dies- und jenseitige Calabrien vom Belagerungsstande
befreit. Im Bereiche der Finanzen war er zwar, um Ausgaben mit
Einnahmen in ein erträglicheres Verhältnis zu bringen, genöthigt
einen empfindlichen Schnitt zu thun, nämlich die Zinsen von 5 auf 3
vom Hundert herabzusetzen; dafür sollten die geringeren Interessen von
nun an pünktlich gezahlt werden, womit die Staatsgläubiger zufrieden
sein konnten. Auch in den andern Verwaltungszweigen wurde auf
dem von Joseph betretenen Wege der Reformen fortgefahren, das
Grundbuchs- und Hypotheken-Wesen auf eine verläßliche Grundlage
gestellt, für Eröffnung neuer Verkehrswege gesorgt, während die
Königin ihre Sorgfalt der weiblichen Erziehung zuwandte. Ein höheres
Töchter-Institut zu Aversa gedieh als „Casa Carolina" bald zu großem
Vertrauen bei den gebildeten Classen. Auch in der Behandlung der
kirchlichen Angelegenheiten waltete der gleiche Geist wie unter der
frühern Regierung: mit der Aufhebung geistlicher Orden, mit der
Einziehung und Losschlagung ihrer Güter wurde fortgefahren — in
allem waren es 213 Mönchs- und Nonnenklöster welche dieses Loos
traf —, den Bischöfen gegenüber das „Placetum regium" eingeführt,
die Tauf- Trauungs- und Sterbe-Matriken der Geistlichkeit genommen
und den weltlichen Gemeindevorständen anvertraut u. dgl. [1]) Das

---

[1]) Nach dem Zeugnis Colletta's VII 6 war der Minister Conte Ricciardi
zunächst mit diesen Gesetzgebungsarbeiten betraut. Einen besondern Nachdruck legte
Napoleon auf die unveränderte Einführung seines Gesetzbuches wo er durchaus keine
Ausnahme oder Einschränkung zuließ: „Vous ne devez y toucher d'aucune
manière, c'est la loi de l'État. Je préférerais que Naples fût à l'ancien roi de
Sicile plutôt que de laisser ainsi châtier le code Napoléon": an Joachim

Lieblingsfach des ritterlichen Königs war allerdings das Militairwesen, aber gerade für dieses fand er in Neapel den sprödesten Boden. Er führte die Conscription, für die Marine die „Adscription" ein. Alle tauglichen Neapolitaner vom 17. bis 26. Lebensjahr sollten kriegs= pflichtig sein, jährlich 2 von 1000 durch's Loos ausgehoben werden. Die Wehrpflicht war allgemein, die Bürger von Neapel büßten das Vorrecht der Befreiung ihrer Söhne nicht minder ein als gewisse Stände=Classen und bevorzugte Familien das ihrige. Dies war den Grundsätzen der Billigkeit und Gerechtigkeit entsprechend, konnte aber gleichwohl die Inpopularität der ganzen Maßregel nicht heilen.

Von der verhaßten Militair=Aushebung abgesehen deren Wirkungen sich nicht sogleich fühlbar machten, war das Auftreten des neuen Königs, waren die Acte und Maßnahmen die es begleiteten überaus günstig zu nennen. Ja es scheint daß die hart vor seinem Regierungs= antritt ertheilte Constitution, die Verkündigung allgemeiner Amnestie, die Suspendirung des Sequesters, die Aufhebung des Belagerungs= standes in Calabrien, dazu die brillante Waffenthat der Einnahme von Capri, selbst über den Faro hinüber ihren bestrickenden Einfluß übten. Mindestens kamen um diese Zeit, Ende 1808 und Anfang 1809, im östlichen Theile von Sicilien Anzeichen von politischen Zielen und Bestrebnissen zum Vorschein denen offenbar Mismuth über die inneren Zustände der Insel im Vergleiche zu jenen auf dem Fest= lande, und vielleicht auch Unzufriedenheit mit der britischen Militair= Herrschaft zugrunde lagen. Ueber die nähern Umstände sind wir leider nicht unterrichtet, wir erfahren nur von einer „buonapartisti= schen Verschwörung", von geheimem Verkehr mit der Murat'schen Regierung in Neapel in welchen zumal viele Messinesen verflochten waren. Es erfolgte nun wieder eines jener traurigen Schauspiele süd=italischer Justiz wie deren die erste Hälfte der Neunziger Jahre, dann die Zeit nach der Restauration von 1799 in Neapel so viele gesehen hatten. In der Eigenschaft eines Kron=Anwaltes mit dem Titel

---

Aranda 27. November XVIII Nr. 14519 S. 85 und an Champagny Madrid 14. December Nr. 14559 S. 118.

eines königlichen General-Vicars und mit umfassenden Vollmachten
ausgerüstet wurde Marchese Artali von Palermo abgeordnet, der in
Messina seinen Amtssitz aufschlug und dort wie ein Wütherich zu
hausen begann. Massen von Personen beiderlei Geschlechtes wurden
auf den leisesten Verdacht, auf die zweideutigste Anzeige hin festgenommen und in Gewahrsam gebracht, so daß alle Kerker der Stadt
zu ihrer Unterbringung nicht auslangten. Zu hunderten zusammengepfercht, ohne Möglichkeit einer Bewegung, in der beklemmendsten
Atmosphäre, tagelang ohne Nahrung ohne einen Tropfen Wasser
gelassen, schienen die Unglücklichen einem langsamen martervollen Ende
überliefert zu sein. Als nun wirklich ein Todesfall eintrat entstand
bei der Einwohnerschaft eine solche Gährung daß General-Lieutenant
Stuart um der öffentlichen Sicherheit willen sich in's Mittel legte,
die Gefängnisse durch Lord Forbes und Dr. Moseley untersuchen
ließ und ohne Zweifel bei Hofe darüber Klage führte[1]. Marchese
Artali ging nach Palermo um sich über die unberufene Einmischung
zu beschweren; allein der Leumund seiner Unmenschlichkeit war ein so
schlimmer daß die Regierung, wie es scheint, es nicht wagte ihn in
ihren Schutz zu nehmen.

Wenn Joachim Murat durch seine ersten Herrscherhandlungen
Freude diesseits, begehrlichen Neid jenseits des Faro erweckte, so hatte
er sich damit in Paris nicht gleichen Erfolges zu rühmen. Denn der
Gewaltige dort ging, wie wir wissen, von andern Anschauungen von

---

[1] Bericht Cresceri's nach Wien 31. October 1808 und Mai 1809.
Cockburn I S. 107 und Blaquiere I S. 486 f.: ... „Lord Forbes who
on a representation from a poor woman, with the humanity so peculiar to
his character, caused one of the *damusas* to be examined where, horrible to
relate, the remains of her husband were found, starved to death". Beide diese
Schriftsteller lieben übrigens starke Farben und nehmen es mit ihren Behauptungen nicht sehr genau; von andern Seiten wird nur erzählt: ein Verdächtiger
sei im Gefängnisse gestorben und es habe sich das Gerücht verbreitet er sei zu
Tode gemartert worden; anläßlich der dadurch entstandenen Aufregung habe
Stuart den Körper des Todten untersuchen lassen, es habe sich aber nichts
gefunden.

Völkerbeglückung aus und sollte seinem königlichen Schwager in Neapel das Regieren nicht minder sauer machen als seinem Vorgänger auf dem Throne: von der einen Seite sich steigernde Zumuthungen und Anforderungen, von der andern ein unausgesetztes Hofmeistern, oft in einem Tone wie der eines Präceptors gegen seinen unreifen Zögling [1]). Ueber die Einnahme von Capri hatte Joachim durch seinen Minister des Aeußern Anzeige nach Paris machen lassen: „Das ist rein zum Lachen", kam aus Bayonne die Rüge; „Capri ist durch meine Truppen genommen worden und Sie als mein General hatten darüber an meinen Kriegs=Minister Bericht zu erstatten". Der König hatte allen Erz= bischöfen seines Reiches, nachdem sie ihm den Treu=Eid geleistet, das Commandeur=Kreuz des Ordens Beider Sicilien verliehen; „das hat keinen vernünftigen Sinn", schrieb Napoleon aus Aranda; „das heißt das Ordenskleid zu einer Uniform machen und nicht eine Idee vom Re= gieren haben" [2]). Eben so empfindlich war der hochgebietende Schwager im Geldpunkt. Anstatt die Rente von fünf auf drei herabzusetzen und dafür sichere Auszahlung zu versprechen wäre es, eiferte Napoleon, besser gewesen den Erlös aus den verkauften Klostergütern auf die Ab= stoßung der Staatsschuld zu verwenden die im großen Buche von Frankreich stehe und von der er, der Kaiser, nicht einen Liard ablassen werde, „und statt Straßen zu bauen und Schulen zu errichten schauen Sie lieber darauf daß meine Soldaten ihren Lohn regelmäßig erhalten. Mit Lappalien und mit schönen Redensarten ändert man nicht das Aussehen der Reiche" [3]).

---

[1]) . . . „io stesso lo intesi dalla bocca del Re quando lamentavasi della sua dipendenza dalla Francia e del commandar duro del cognato" . . . Gioa. Murat I S. 263 f.

[2]) Vom 4. November XVIII Nr. 14436 S. 35 u. v. 27. Nr. 14519 S. 85 vgl. mit Madrid 9. December an Clarke Nr. 14541 S. 105: „Vous témoignerez mon mécontentement au roi de Naples de ce qu'il donne des distinctions à mes soldats sans ma participation".

[3]) Madrid 14. December an Champagny und 15. an Murat XVIII Nr. 14559 S. 117 f., Nr. 14570 S. 126. Im ersteren Schreiben trägt er seinem Minister auf dem König wissen zu lassen: „que je n'ai accordé au Roi le royaume de Naples qu'à trois conditions: l'inviolabilité de la constitution, la garantie de la dette publique et l'entretien de mon armée; qu'il faut que ces trois

Wenn Napoleon gegen seinen Bruder noch gewisse Rücksichten der Liebe und Zärtlichkeit kannte, so schienen ihm diese seinem Schwager gegenüber ganz abhanden gekommen zu sein. Ueber die ertheilte Amnestie kam der Kaiser nicht so sehr in die Hitze als über den aufgehobenen Sequester; er drohte dem Könige, falls das Decret nicht bis zum 20. Januar 1809 zurückgenommen sei, werde er selbst alle diese Güter einziehen als Ersatz für das was ihm das Königreich Neapel gekostet habe. Als Murat einige Zeit später sich herausnahm einzelne französische Officiere seiner Leibwache einzuverleiben oder in neapolitanische Regimenter zu stecken, ertheilte ihm der Kaiser den „gemessenen Befehl — l'ordre précis" diese Anordnungen rückgängig zu machen: „ich würde mich sonst genöthigt sehen Ihnen einen General zu schicken dem ich den Oberbefehl über meine Truppen geben würde". Und seiner Schwester schrieb er: „Ich werde dem Könige Officiere und Unter-Officiere überlassen so viel er will; aber ich dulde nicht daß er dies ohne meine Erlaubnis thue" [1]).

Wenn man sich vor Augen hält was in jener Zeit des Kriegsruhms und Soldatenglückes ein einzelner Marschall von Frankreich hieß und galt, und was noch ungleich höheres ein solcher war den der kaiserliche Wille auf einen der alten Throne von Europa gehoben hatte, beneidet von seinen minder begünstigten Waffengenossen,

conditions soient strictement remplies". Noch ein Jahr später, Paris 27. December 1809 XX Nr. 16090 S. 89, schrieb Napoleon an den König: „Ce que Votre Majesté doit, soit au trésor soit à la Légion d'honneur soit à la Couronne, doit être payé rigoureusement". Und am 13. März 1810 Nr. 16331 S. 266: „Il est de principe que vous payiez les troupes françaises qui sont à Naples . . . Vous devez partir du principe que vous ne serez pas aidé d'un seul écu pour les troupes qui sont nécessaires à votre royaume" . . . Unter den Lehren die Napoleon seinem königlichen Schwager gab ist jene bezeichnend kein Mitglied des diplomatischen Corps einzuladen, denn alle seien sie „des espions que rien ne peut contenter, qui écrivent d'autant plus de sottises qu'on les trait mieux". Er hielt ihm sein eigenes Beispiel vor Augen: obwohl Kaiser Alexander wöchentlich zweimal Caulaincourt bei Tische sehe, lade er, Napoleon, den Fürsten Kurakin niemals ein, „si ce n'est quelquefois à des parties de chasse. Encore cela ne vaut-il rien"; XIX Nr. 15887 S. 538 f.

[1]) An König Joachim 12. März 1810 XX Nr. 16329 S. 265, an Königin Karolina 15. Mai Nr. 16474 S. 353 f.

bewundert und angestaunt von der Welt, unterwürfig gepriesen oder
mit stummem Gehorsam gefürchtet von Hoch und Nieder seines neuen
Reiches, und wenn man sich dieses selbe Schoßkind des Stolzes und
der Pracht in seinem Cabinete denkt, mit geheimem Bangen die an
ihn gerichteten Pariser Depeschen eröffnend; denn er weiß, er mag
thun was er will, ganz recht kann er es dem Allgewaltigen nie
machen, er muß immer gewärtig sein wie ein Schuljunge abgekanzelt
zu werden, oft in Ausdrücken die er selbst dem geringsten seiner Diener
gegenüber Bedenken trüge zu gebrauchen — wahrhaftig ein grellerer
Gegensatz läßt sich kaum denken!

19. Oesterreichisch-französischer Krieg.
1809.

Vom 27. September bis zum 14. October 1808 hatten die
berühmten Tage von Erfurt gedauert, wo die beiden Kaiser Napoleon
vom Westen und Alexander vom Osten eine Art Theilung der Welt
vornahmen, allerdings vorderhand nur im Entwurf und in der Theorie.
Spanien fiel natürlich dem westlichen Kaiser zu, welchem der östliche
hiefür freie Hand ließ. Am 19. October war Napoleon wieder in
Saint=Cloud Paris und Rambouillet, von wo er anfangs November
über Bayonne auf den iberischen Kriegsschauplatz abging. Dort war
alles vorbereitet um mit dem Eintreffen des großen Siegeskaisers
einen Hauptschlag nach dem andern gegen die Aufständischen und deren
Bundesgenossen zu führen. Am 10. November wurde Belvedere bei
Gamonal nächst Burgos von Marschall Soult, zur gleichen Zeit
General Blake bei Espinosa von Victor geschlagen; am 23. erfocht
Lannes in Aragonien einen entscheidenden Sieg über Castagnos und
Palafox. Am 30. wurde die Somma Sierra, deren Höhe von
12000 Spaniern besetzt, deren Pässe durch Batterien geschützt waren,
unter den Augen Napoleon's der sich persönlich bis in die Schußweite
vorwagte, von polnischen Lanzenreitern erstürmt und dadurch der Weg
nach Madrid freigemacht wo der Kaiser am 9. December seinen Einzug

hielt, um alsbald wieder aufzubrechen, die Engländer unter Sir John Moore auf ihre Schiffe zu treiben und dadurch auch Portugal und Andalusien vom Feinde freizumachen.

Während dieser ganzen Zeit betrieb Napoleon, so schien es mindestens, mit größtem Eifer die sicilische Unternehmung. König Joachim, der Pariser Kriegs-Minister Clarke, so wie jener der Marine Vice-Admiral Decrès erhielten eine Weisung nach der andern alle Vorbereitungen zu treffen um gegen Ende December oder zu Anfang Januar unter dem Schutz einer von Toulon auslaufenden Flotte zwölf- bis fünfzehntausend Mann nach Sicilien zu überschiffen[1]). In Wahrheit war es Napoleon mit dieser ganzen Sache für den Augenblick gar nicht Ernst. Einmal würde er, schon um in Spanien und Portugal freie Hand zu haben, am liebsten mit den Engländern Frieden gemacht und ihnen um diesen Preis alle ihre Bundesgenossen und Schützlinge in Ruhe gelassen haben: Sicilien Brasilien Schweden; Champagny sollte eine in solchem Sinne abgefaßte Note, mit dem uti possidetis als Basis, an Lord Canning richten[2]). Wenn aber dies nicht gelänge so war die Bestimmung der Touloner Flotte eine ganz andere, und aller sicilische Eifer nur darauf berechnet nicht bloß die Welt zu täuschen sondern den König von Neapel selbst im Ungewissen zu halten[3]). Allein die Engländer ließen sich nicht hinter's Licht

---

[1]) Paris 25. October 1808 an König Joachim Corresp. XVIII Nr. 14411 S. 19, Burgos 17. November an Clarke Nr. 14480 S. 64 f. und an Decrès Nr. 14482 S. 65 f.

[2]) Burgos 19. November Nr. 14491 S. 70 f. mit einem Entwurfe was und wie Champagny dem britischen Staatsmann schreiben sollte.

[3]) Burgos 19. November an Fouché Nr. 14493 S. 71, wo er seinem Polizei-Minister Anleitung gibt wie er das Publicum fortwährend mit falschen Nachrichten unterhalten solle: „daß in ganz Sicilien kaum 4000 Mann Truppen stehen; daß man dort wegen einer französischen Landung in großer Bestürzung sei und der Hof seine werthvollsten Sachen einpacke; daß König Joachim mit 30000 Mann gelandet sei; wer die drei Divisionen von dessen Armee commandire u. dgl.; „enfin soutenez de toutes les manières l'attention publique sur l'expédition de Sicile, afin que l'on puisse y croire à Londres et que cela puisse les alarmer. Ceci doit être bien mené, être le résultat de l'opinion venant de tous côtés et l'ouvrage d'une douzaine d'articles bien combinés dans différents journaux".

führen, gerade das augenfällige Spielen und Flunkern ihres Gegners
brachte sie auf die richtige Fährte. Schon in der ersten Hälfte No=
vember sandte Collingwood den Contre=Admiral Martin mit zwei
Linienschiffen als Verstärkung in die sicilischen Gewässer, „aber nicht",
wie er dem Marchese Circello schrieb, „als ob ich für die Sicherheit
der Insel fürchtete, sondern um sie in Bereitschaft zu haben wenn es
irgend ein angriffsweises Vorgehen gegen Neapel gälte". Um die
Mitte Januar 1809 fiel ihm ein Bericht des französischen Kriegs=
Ministers an den Kaiser, den Stand der Touloner Flotte betreffend,
in die Hände, den er sogleich an General Stuart sandte, aber dabei
bemerkte es scheine nicht wahrscheinlich daß es auf Sicilien abgesehen
sei: „Ich habe alle Häfen des adriatischen Meeres untersuchen lassen
und nirgends eine Spur von einer Rüstung oder Bereitschaft entdecken
können; alles scheint nur darauf angelegt zu sein unsere Aufmerksam=
keit auf ein ihrem wahren Ziele fernliegendes Object zu lenken". Um
Mitte Februar erschien Collingwood persönlich in Palermo, um sich
mit General=Lieutenant Stuart zu besprechen und zugleich den sicilischen
Majestäten die längst beabsichtigte Aufwartung zu machen. So wenig
bedroht schien dem Admiral die Sicherheit der Insel daß er den bri=
tischen Truppenstand daselbst vermindern und für den spanischen Kriegs=
schauplatz verwenden zu können glaubte. Nur Stuart war anderer
Meinung. Die Franzosen, sagte er, besäßen im Königreich jenseits des
Faro 45000 Mann; die britische Besatzung der Insel schwächen hieße
jene zu einer Landung einladen der gegenüber sich die einheimischen
Milizen des Fürsten Butera nicht im geringsten gewachsen zeigen
würden; überdies habe er, Stuart, sich dem sicilischen Hofe gegenüber
verbindlich gemacht, sobald Oesterreich das Schwert ziehe mit achtung=
gebietender Macht im Süden Italiens aufzutreten und dadurch die
Kräfte des Feindes zu theilen [1]).

Vgl. Valladolid 8. Januar 1809 Nr. 14665 S. 184 f. an Decrès: „Entretenez
souvent le Roi (Joachim) de l'expédition de Sicile" 2c.

[1]) Collingwood an Circello „off Toulon" 13. November 1808 S. 412 f.,
an Stuart „Ocean, at Malta" 29. Januar 1809 S. 427 f., an Mulgrave „Ocean,
off Cape Sebastian" 7. März S. 438.

In der That war eine neue Erhebung von österreichischer Seite jeden Augenblick zu gewärtigen; Freund und Feind hatten das Gefühl davon, es ging wie eine unsichere Ahnung durch den Welttheil. Für den kriegslustigen König von Neapel war dies willkommener Anlaß seine Kriegsmacht auf einen höhern Stand zu bringen. Die Recru-tirung wurde eifrigst betrieben, was nicht allerorts glatt ablief; in Calabrien mußten förmliche Scharmützel geliefert werden um störrische Bezirke zu paaren zu treiben. Neben dem Berufs-Militair das um mehrere Regimenter vermehrt wurde gab der König der Miliz-Ein-richtung einen neuen Schwung: jedes Arrondissement bildete eine Com-pagnie, jeder Bezirk ein Bataillon, jede Provinz eine Legion; eine Compagnie jedes Bezirkes sollten Elite-Truppen sein die gleich dem regulären Militair zu behandeln und zu verpflegen waren. An seinem und seiner Gemahlin Geburtstage veranstaltete der König ein groß-artiges militairisches Schauspiel wobei ihm ohne Zweifel seines kaiser-lichen Schwagers Vertheilung der Adler als Vorbild vorschwebte: es war die Vertheilung der Fahnen an die neuen Regimenter und an die Legionen der Provinzial-Milizen, von deren jeder eine kleine Ab-theilung für diesen Zweck in die Hauptstadt entsendet werden mußte. Der Cardinal Firrao von einem zahlreichen Clerus umgeben weihte die Fahnen, worauf dieselben vor den königlichen Thron gebracht und von da den einzelnen Truppenkörpern übergeben wurden. Die Feier-lichkeit, für deren Schauplatz man die Chiaja da wo sie am breitesten ist ausersehen hatte, währte zwei Tage, 25. und 26. März 1809, und wurde trotz einfallenden Regens mit großem Pomp und Auf-wand begangen.

In anderer Weise gaben sich jenseits des Faro Wahrzeichen kund daß etwas großes im Werke sei. Der Hof von Palermo war von mehr als einer Seite in die allgemeine Aufregung hineingezogen. Oesterreich wollte den Zeitpunkt nicht vorübergehen lassen wo Spanien den Franzosen zu schaffen gab, und die Spanier verdoppelten ihre Anstrengungen um sich ihrerseits den österreichischen Angriff nutzbar zu machen.

Schon im Vorfrühling 1809 war ein fortwährendes Kommen und Gehen von allerhand Persönlichkeiten, von und nach den verschiedensten Richtungen, doch offenbar alle nur für den einen Zweck: das Wagnis Oesterreichs zu unterstützen und mit vereinten Kräften zu einem gedeihlichen Ende zu führen. Im Februar 1809 erschien ein spanischer Brigadier mit zwei Abgeordneten aus Valencia in Palermo um sich Unterstützung mit Geld und mit Waffen zu erbitten, zwei Artikel von denen man freilich am sicilischen Hofe selbst keinen Ueberfluß hatte; es verlautete jedoch in diplomatischen Kreisen daß noch andere Zwecke mit dieser Sendung verbunden seien, nämlich erneuerte Anträge an den König sich als nächster Thronerbe der von ihrem eigenen Herrscherhause so schmählich verlassenen spanischen Nation anzunehmen [1]). Bald darauf führte Cresceri den k. k. Major Grafen Latour bei Hofe ein; es fanden Zusammentretungen mit britischen Officieren in Palermo statt; dann reisten Latour und Lieutenant Baron Sourdeau nach Melazzo und von da nach Messina um persönlich mit General Stuart wegen einer Landung an einem Punkte der italischen Küste Abrede zu treffen. Auch der Herzog von Orléans erschien wieder in Palermo und segelte nach kurzem Aufenthalt an demselben Tage nach Sardinien hinüber an welchem Lord Amherst als neuer Vertreter Groß-Britanniens in Palermo eintraf, 22. April. Vier Tage später überreichte Amherst den Majestäten sein Beglaubigungsschreiben, am 27. empfing er den Besuch Cresceri's und des Grafen Latour. Am 6. Mai machte der britische Gesandte der Königin Mittheilung daß Oesterreich die Feindseligkeiten begonnen habe, daß Erzherzog Johann auf venetianisches Gebiet eingerückt sei, bei Pordenone, bei Sacile die Truppen des Vice-Königs geschlagen habe. Bald kamen auch, vom Erzherzog gesandt, kaiserliche Officiere mit Briefen und Proclamationen, mit Vorschlägen und Aufforderungen in

---

[1]) Cresceri 8. Mai 1809: „ . . . si suppone da tal' uni che gli Spagnoli più non sperino di rivedere il loro Ferdinando VII nè alcun altro di quel ramo, quindi che lo stesso deputato venga per stimolare Sua Maestà Siciliana che passi a prendere possesso della Monarchia, dovutale in mancanza della linea del già Re suo fratello primogenito".

der sicilischen Hauptstadt an: am 15. Mai ein Major Cavero, am 19. die Hauptleute Ghiglione und Cavaliere Bertina, am 13. Marchese Assereto. Schon war zu Land und in den Häfen alles in Bewegung. Was im westlichen Theile der Insel an Truppen verfügbar war schlug den Weg nach Messina und Melazzo ein oder wurde zu Schiffe dahin gebracht. Dorthin verfügte sich Prinz Leopold in Begleitung des Herzogs von Ascoli. Latour Cavero und Sourdeau schloßen sich ihm an, während Assereto und die beiden kaiserlichen Hauptleute von Palermo nach Cagliari steuerten um auch dort für die gemeinsame Sache zu schüren. Am 20. Juni zeigte sich Louis Philippe von Orléans abermals in Palermo, diesmal in Gesellschaft eines sardinischen Officiers.

Admiral Collingwood blieb seinerseits nicht müßig. Denn der edle Lord, der früher immer ein Unternehmen gegen das neapolitanische Festland mißbilligt und zu hindern gesucht hatte, war jetzt der erste der dafür eintrat. „Das große Ziel", schrieb er am 25. Mai 1809 an Amherst, „für alle die eine Befreiung von der französischen Uebermacht herbeisehnen, muß jetzt sein mit den zur Verfügung stehenden Kräften solche Unternehmungen auszuführen und in jeder Weise zu fördern welche die Erfolge der österreichischen Waffen zu begünstigen vermögen". Er sandte ein größeres Geschwader unter Capitain Hargood in's adriatische Meer um den Feind zu hindern von Dalmatien aus das Meer zu benützen; eine Abtheilung dieser Schiffe sollte den Pascha von Janina unterstützen falls dieser gegen die französischen Besitzungen angriffsweise vorgehen wollte. Von der Westseite beorderte Collingwood zwei größere Fahrzeuge an die römische, zwei an die toscanische Küste die, falls die Franzosen ihre geringen Garnisonen aus den nahen Seestädten zögen, Mannschaft an's Land setzen, die Bevölkerung zum Aufstand bringen, die Strand-Batterien zerstören sollten.

Mit den russischen See-Officieren standen die britischen auf dem besten Fuße. Obschon ihr Zar Bundesgenosse des Kaisers Napoleon war und man wußte daß er diesem selbst Oesterreich gegenüber kriegerische Beihilfe werde leisten müssen, sprachen die Russen ihre unverhohlene Abneigung aus mit den Franzosen gemeine Sache zu machen. „Wenn

ich von Paris Befehle bekomme", sagte der russische Commodore in
Triest zu dem österreichischen Gouverneur, „so werden meine Schiffe nicht
seetüchtig sein; sollte man mich aber vom Hause anweisen mich mit den
Engländern zu vereinigen, so bin ich den nächsten Tag bereit"¹) . . .

*   *   *

Der kühne Waffengang Oesterreichs mit der französischen Welt=
macht hatte begonnen. Am 8. April waren die Manifeste des Kaisers
Franz ergangen, der am selben Tage von Wien abreiste um sich in
die Nähe seiner Truppen zu begeben. Zwei Tage früher hatte der
Generalissimus Erzherzog Karl, der Stolz des Heeres, die Hoffnung
aller österreichischen Patrioten, einen Armee=Befehl an seine Truppen
erlassen der tausendfältiges Echo in ihren Reihen, in allen Gauen
unseres weiten Vaterlandes wachrief. Bald waren die bewaffneten
Massen aneinander; doch alle Begeisterung, aller Muth, alle todesver=
achtende Tapferkeit der Oesterreicher wog zu gering gegen das, wie es
schien, unbezwingbare Schlachtenglück des modernen Cäsar. Am 19.
und 20. April hatte FZM. Hiller bei Pfaffenhofen, bei Abensberg
und Landshut heldenmüthig gestritten, am 23. war um den Besitz von
Regensburg gekämpft worden, bis zuletzt der sieggewohnte Franzosen=
Kaiser die Oberhand gewann, worauf sich Hiller am linken Donau=
Ufer, Erzherzog Karl mit der kaiserlichen Hauptmacht durch das süd=
westliche Böhmen zurückzogen. Die Franzosen waren darnach auf dem
rechten Donau=Ufer rasch vorgedrungen und hatten am 13. Mai, wie
vier Jahre zuvor, Wien besetzt, während jenseits im Marchfelde die
österreichischen Streitkräfte sich sammelten und Napoleon zur Ueber=
setzung des Stromes reizten. Am 21. und 22. Mai wurde bei Aspern
und Eßling eine der erbittertsten blutigsten Schlachten geschlagen, die
mit dem vollständigen Rückzuge der französischen Armee auf das rechte
Donau=Ufer und somit mit dem entschiedenen Siege der Oesterreicher
endete. Die frohe Kunde davon flog schnell durch den Welttheil. Trotz
aller lügnerischen Bulletins des Franzosen=Kaisers sagte man sich's hier

---

¹) Collingwood an Amherst „off Toulon" 25. Mai 1809 S. 457—459,
an Mulgrave 16. Juni S. 462.

mit lautem Jubel, raunte es sich dort mit eifrigem Geflüster in's Ohr: Napoleon der unüberwindlich geglaubt sei zum erstenmal in offener Feldschlacht besiegt, auf das Haupt geschlagen worden.

Nach Palermo kam die Nachricht in den ersten Juni=Tagen und nun glaubte General=Lieutenant Stuart keinen Augenblick säumen zu sollen. Napoleon hatte seinen königlichen Schwager zur Mitwirkung im großen Kampfe gegen Oesterreich und dessen Bundesgenossen be= stimmt, und zwar sollte Murat für's erste in Italien aufräumen. Toscana war bereits dem französischen Kaiserstaate einverleibt. Es war in drei Departements getheilt und unter ein General=Gouver= nement gestellt das Napoleon seiner Schwester Elisa Bacciocchi mit dem Titel einer Großherzogin verliehen hatte; im März 1809 hatte letztere von ihrem neuen Gebiete Besitz genommen und in Florenz ihren Einzug gehalten. Jetzt sollte die Reihe an den Papst kommen. Murat empfing vom Kaiser den Befehl seine Truppen für einen Einmarsch in's Römische bereit zu halten; er habe Salicetti nach Rom voraus zu schicken der dem General Miollis berathend zur Seite stehen und in der Einsetzung der neuen Gewalten behilflich sein sollte. Am 17. Mai erfloß das kaiserliche Decret wegen Einverleibung des Kirchenstaates in das französische Kaiserreich: der Papst solle ein Jahresgehalt von 2000000 Francs genießen, sein Vermögen seine Güter von jeder Steuer und Abgabe frei sein; hingegen solle es mit seiner weltlichen Herrschaft ein Ende haben; eine Consulta mit General Miollis an der Spitze werde die Dinge im Römischen, oder richtiger in den zwei Departements in welche nun der Rest des Kirchenstaates getheilt wurde, auf französischen Fuß zu stellen haben. „Von einer Landung der Eng= länder haben Sie nichts zu befürchten", schrieb der Kaiser, „die haben in Spanien und Portugal vollauf zu thun und sind froh wenn Sie sie nicht angreifen. Lassen Sie eine starke Garnison in Rom und halten Sie sich bereit in Person dahin zu gehen um näher am ober= italischen Kriegsschauplatze zu sein [1].

---

[1] Napoleon an Murat Paris 8. März XVIII Nr. 14875 S. 329, 5. April Nr. 15018 S. 439: „Vous pouvez donner l'assurance que le Pape restera évêque et ne se mêlera plus des affaires temporelles"; Schönbrunn 12. Mai

König Joachim war im besten Zuge den Befehlen seines hoch-
gebietenden Schwagers Folge zu leisten, oder ließ mindestens von seinen
Getreuen in Rom die Meinung verbreiten als ob er den Willen habe
demnächst in Person an der Tiber zu erscheinen. Sein Minister
Salicetti gab sich alle Mühe die Römer für die jüngste Wendung
ihres Schicksals zu erwärmen, versammelte in den Räumen des Palazzo
Farnese den Adel der Stadt und suchte denselben in einer feurigen
und bilderreichen Ansprache zu bewegen sich dem neuen Regimente anzuschließen, in dessen Dienste zu treten. Bezeichnend für den grausamen Ernst jener Zeiten, so wie für den Geist welcher die eifrigsten
Diener der Napoleonischen Gewaltherrschaft erfüllte, war ein Vergleich
den er hierbei anwandte; „die Menschen in der Gesellschaft", meinte
er, „zerfielen in zwei Classen, wovon der einen die Rolle des Hammers
der andern jene des Ambosses zufalle; wollten sie nicht das erstere
sein so müßten sie darauf gefaßt sein das zweite zu werden". Allein den
Römern wollte dies nicht eingehen, sie zeigten den entschiedensten Widerwillen gegen den französischen Namen und verspotteten die Bulletins
des großen Kaisers, indem sie sie das obere nach unten gekehrt an
den Mauern ihrer Stadt anschlugen, damit andeutend man müsse das
Gegentheil von dem glauben was darin stehe [1]) . . . Da meldete der
Telegraph aus Reggio die Annäherung einer zahlreichen britisch-
sicilischen Flotte und gleich darauf kam die Nachricht daß 400 Briganten im Golf von Gioja, 3000 Soldaten und Briganten zwischen
Reggio und Palmi an's Land gestiegen seien, letztere sich in die Berge
geworfen, erstere die Belagerung von Schlla in Angriff genommen
hätten. Eilends wurde Salicetti aus Rom zurückgerufen; denn die
Polizei mußte jetzt in Neapel doppelt wachsam sein. Was Murat an

---

Nr. 15193 S. 553: „Les Anglais ne peuvent rien tenter contre vous, toutes
leurs expéditions sont à Lisbonne; d'ailleurs vous avez plus de forces qu'il ne
vous en faut" ꝛc.; 28. Mai XIX Nr. 15271 S. 54. In einem Schreiben vom
17. Juni Nr. 15372 S. 125 tröstet Napoleon seinen Schwager daß er ihn nicht zur
großen Armee nehmen könne: À une autre campagne, lorsque les choses seront
tout à fait assises de votre côté, il sera possible de vous appeler à l'armée".

[1]) Pepe I S. 164 f.: „Non ci volle molto per accorgermi che i popoli
dello Stato romano abborrivano dal divenir francesi".

Truppen verfügbar hatte wurde in zwei Lager vertheilt: 1600 Mann in
Lagonegro, 11000 in der Umgebung von Neapel, die Sicherheit der
Hauptstadt einem Corps Freiwilliger anvertraut. Auch Partonneaux
der in Calabrien commandirte sollte seine Truppen nach dem Norden
führen, wo Murat den Hauptangriff des Feindes erwartete. Es war
aber nicht mehr leicht dem General diesen Befehl zukommen zu lassen
da die nach Calabrien führende Straße von Wegelagerern und Banden
wimmelte die jedem Murat'schen Boten auflauerten. Doch kam die
Depesche glücklich an ihr Ziel und Partonneaux traf Anstalten nach
Neapel aufzubrechen [1]).

*　　*　　*

Am 11. Juni 1809 war aus den Häfen von Messina und
Melazzo und von den liparischen Inseln eine anglo-sicilische Flotte
mit zahlreichen Transportschiffen ausgelaufen um gegen das Festland
von Neapel zu operiren. Die Leitung des ganzen Unternehmens hatte
General-Lieutenant Stuart; mit ihm war Prinz Leopold der seine
ersten Sporen verdienen sollte. Die Königin hatte gewünscht daß der
Prinz sich einem britischen Regiment einreihe; da aber Stuart Schwierigkeiten machte trat Leopold bei den sicilischen Truppen als Freiwilliger
ein; Graf Latour stand ihm zur Seite [2]). Der Haupttheil des Geschwaders schlug, nach den bereits erwähnten Entsendungen in der
Bucht von Gioja und nächst Scylla, die Richtung gegen Norden ein,
setzte im Golf von Policastro eine Anzahl Eingeborner an's Land die
mit den Bandenführern der Basilicata in Verbindung traten und weit
in's Land hinein Schrecken und Plünderung, Mord und Brand trugen,
indeß die Flotte des General-Lieutenants ihren Weg längs der Küste
von Principato citeriore fortsetzte. Nach einer ziemlich mühevollen und

---

[1]) Pepe 1 S. 165—167; er war jener Ordonanz-Officier den der König
mit dieser lebensgefährlichen Sendung betraute.

[2]) Karolina an Kaiser Franz 18. Juli 1809: Prinz Leopold sei nichts
„qu'un simple volontaire sous les ordres du Général Stuart qui commande en
Chef le tout. Le Comte la Tour, dont je ne puis assez me louer, est avec
lui et l'expédition, et voit avec son discernement, prudence, tout et pourra en
faire sa relation“ ...

langwierigen Fahrt befand sie sich im Angesichte der Hauptstadt so
daß die Neapolitaner, den Wald von Masten und Segelstangen vor
ihren Augen, jeden Augenblick den Beginn eines Bombardements befürchteten und der König den Fregatten-Capitain Bausan, der mit
seiner geringen Seemacht, 1 Fregatte 1 Corvette und 38 Kanonen-
Schaluppen, in den Gewässern von Gaëta vor Anker lag, eilends nach
Neapel beorderte. Indessen hatten es die Siculo-Briten nicht auf die
Hauptstadt abgesehen, sondern warfen sich nach einem oder zwei Tagen
drohender Schaustellung auf die Inseln Ischia und Procida die sich
nach kurzem Widerstande ergaben, 26. Juni. Jetzt erst traf das Geschwader Bausan's ein, das in der Nähe von Miliscola den Kampf
gegen den mächtigeren Gegner tapfer durch zwei Stunden aushielt,
bis drei Viertheile von den Kanonen-Barken theils vernichtet theils
genommen oder auf den Sand getrieben waren so daß nur sieben mit
den beiden größern Schiffen, aber auch diese stark mitgenommen, im
Hafen von Baja Schutz fanden. Nachdem Bausan die ärgsten Schäden
in Eile ausbessern lassen wagte er sich bei hellem Tage aus seinem
Schlupfwinkel heraus, umschiffte die Landspitze von Posilipo und erschien, von der siculo-britischen Flotte auf's Korn genommen, im Golf
von Neapel. Hier entspann sich nun abermals ein Seegefecht wobei
der König vom Land aus seine Befehle gab, während die Königin mit
den Kindern, um die Truppen und die Bevölkerung zu ermuthigen,
an der Chiaja erschien, deren Strand sich alsbald von einer Zuschauer-
menge aus allen Ständen zu Fuß und in eleganten Carossen bedeckte.
Es war wie in den alten Zeiten wo man von den Mauern der noch
kleinen Roma das städtische Heer mit den anstürmenden Volskern oder
Etruskern kämpfen sah und ihm zurief und zujubelte, oder wo die
Trojanischen Frauen von den Wällen Iliums den Beistand der Götter
zum Schutze der Ihrigen anflehten. Zuletzt brachen die Siculo-Briten
das Gefecht ab und Bausan führte den Rest seines Geschwaders unter
die Kanonen der Forts von Neapel [1]).

---

[1]) Bei Gioa. Murat I S. 281—284 findet sich eine recht lebendige Beschreibung des Seegefechtes, obwohl, wie bei den italienischen Geschichtschreibern gewöhnlich,
ohne Angabe des Datums; es dürfte der 28. oder 29. Juni gewesen sein.

Die Wegnahme der beiden Inseln, von denen man, wie König Joseph einmal nach Paris geschrieben hatte, die Promenaden von Neapel beschießen kann wie etwa vom Pariser Invaliden-Platze die Champs Elysées, war für den König Joachim ein schwerer Schlag. Für die innere Sicherheit seiner Hauptstadt hatte er wohl nichts zu besorgen, da die Masse der niedern Bevölkerung unter eiserner Zucht-ruthe stand, die Mehrzahl der bessern Classen dagegen sich bereits zu tief in die neue Ordnung der Dinge eingelassen hatte um die Rück-kehr der alten Dynastie nicht mehr zu besorgen als herbeizuwünschen. Ungleich ernster war der moralische Eindruck zu veranschlagen den der militairische Erfolg der Siculo-Briten hervorbringen mußte und den, so konnte man sich sagen, die Gegner auszubeuten nicht unterlassen würden. Auch wimmelte es bald wieder im Lande von Freischaaren welche die ärgsten Unthaten verübten, selbst die regulären Truppen anfielen, ihnen kleine Gefechte lieferten, Edelsitze und befestigte Schlösser erstürmten oder zur Uebergabe zwangen. Zwischen der Basilicata und dem Gebiet von Salerno lagerte ein Corps von 1300 „Briganten", 400 Berittene darunter, welchen unter andern der jüngere Gambs zum Opfer fiel. In Apulien stand ein falscher Kronprinz Franz auf, hielt einen prächtigen Hof dessen Kosten die Brandschatzung der reichern Orte tragen mußte; nur vor Blutvergießen hütete er sich „um", wie Colletta meint, „durch Milde und Großmuth seinen königlichen Sinn zu bekunden" [1]).

Was die Unternehmung gegen Ischia und Procida betraf so hatte man es von Palermo aus darauf angelegt, aus dem kleinen Anfang größere Dinge herauswachsen zu lassen. Unmittelbar nach-dem die beiden Inseln genommen waren zog Prinz Leopold eine von seinem königlichen Vater ausgestellte Vollmacht heraus, die ihn zum Vice-König alles Gebietes ernannte das man dem Feinde ent-reißen würde. Aus diesem Grunde waren ihm General Burkhard als

---

[1]) Colletta VII 15. Ueber einzelne der vorgefallenen Unthaten, die Hin-schlachtung des Barons Labriola und dessen Familie nachdem sie dieselben in ihrem Schlosse ausgehungert und zur Uebergabe gezwungen hatten; über das Ende des jüngern Gambs ꝛc. s. auch Gioa. Murat I S. 285 ff.

militairischer, Saint-Clair als politischer Rathgeber zur Seite gegeben. Der britische Oberfeldherr war nicht abgeneigt auf die Ideen des sicilischen Hofes einzugehen, Graf Latour sparte nicht Bitten und Vorstellungen um zur Fortsetzung des Begonnenen anzutreiben.

Doch es sollte nicht sein. Noch am Tage der Einnahme der beiden Inseln kam schlimme Nachricht vom nördlichen Kriegsschauplatze; es war jene von der Niederlage der Erzherzoge Joseph und Johann bei Raab am 14. Juni, was den britischen General zuerst stutzig machte. Aber auch von andern Seiten begann sich die Lage der Verbündeten bedenklich zu gestalten. Auf dem Festlande Italiens gewann die napoleonische Herrschaft neue Stärke als in den Tagen vom 3. zum 6. Juli die Besitznahme von Rom vollendet, Papst Pius VII. gewaltsam aus der heiligen Stadt fortgeschafft wurde, so daß jetzt die ganze Halbinsel von den südlichen Ausläufern der Alpen bis zu den Caps Spartivento und Santa Maria die Leuca nur französisches Gebot kannte. Seit Wochen lag eine französische Flotte, 12 Linienschiffe 7 Fregatten mit vielen kleineren Fahrzeugen, im äußern Touloner Hafen vor Anker, sorgfältig im Auge gehalten von Admiral Collingwood der mit 11 größern Kriegsschiffen in der Nähe kreuzte; allein in den ersten Tagen Juli hatte ein Seesturm das britische Geschwader auseinandergeworfen, bis halben Weg gegen Minorca getrieben, und die französische Flotte konnte, wenn sie die gewonnene Freiheit rasch benützte, unversehens in den Gewässern von Neapel erscheinen wo dann Stuart mit seinen Schiffen und Leuten zwischen zwei Feuer kam. Dazu traten empfindliche Verluste welche der General in den Reihen seiner Truppen erlitt; auch unter den Pferden wütheten Krankheiten. Als daher im letzten Drittel Juli Nachricht aus Oesterreich von der am 5./6. verlornen Hauptschlacht bei Wagram eintraf, gab Stuart unverzüglichen Befehl zum Aufbruch, ließ alle errichteten Brustwehren und Werke wieder einwerfen, Geschütze und Vorräthe an Bord bringen und die beiden Inseln wurden verlassen, 26. Juli, nachdem die Siculo-Briten dieselben genau einen Monat in ihrer Macht gehabt hatten. Die Gefahr für Neapel war für diesmal beseitigt und Partouneaux der seinen Marsch aus Calabrien noch nicht angetreten hatte

erhielt Befehl in seiner Provinz zu bleiben. Er hatte die Veste
Scylla, um den Siculo=Briten einen möglichen Stützpunkt zu ent=
ziehen, in die Luft sprengen lassen, worüber jetzt König Joachim nicht
sehr erfreut war [1].

In Palermo war man eines so kläglichen Ausgangs nicht ge=
wärtig. Was dabei der Königin am empfindlichsten in's Herz schnitt
war daß es ihr Leopold sein mußte dessen erster Waffengang in so
armseliger Weise endete. Seit ihr Erstgeborner mit der Spanierin,
die ihr so wenig zusagte, einen abgesonderten Haushalt führte war
Leopold ihr Lieblingssohn. Mit allen Tugenden und Fähigkeiten die
einen jungen Menschen zieren können hatte ihre mütterliche Zärtlich=
keit ihn ausgestattet, in ihn hatte sie ihre erwartungsvolle Freude,
ihre Zuversicht gesetzt, und jetzt das erstemal wo er sein Wesen zeigen
sollte hatte er, wie sie meinte, die schöne Gelegenheit verpaßt ihrem
Hause das vorenthaltene Land zurückzugewinnen. Es wird erzählt,
als die Fregatte mit ihrem Sohne in den Hafen von Palermo einlief,
habe sie ein einfaches Boot bestiegen und sich an das Kriegsschiff
hinanrudern lassen, dann aber, als Leopold ihrer ansichtig wurde und
auf sie loseilte, ihn mit einer heftigen Bewegung von sich gewiesen. Es
war die Sehnsucht der Mutter die sie in die Nähe des rückkehrenden
Sohnes trieb: es war der Stolz der Fürstin der ihr den Anblick des
ruhmlos Heimkehrenden verleidete [2].

---

[1] Pepe I S. 167 f. Auch Napoleon war darüber sehr ungehalten:
„Comment un général a-t-il pu se permettre de faire une pareille opération
sans ordre? Aucune expédition en Sicile n'est faisable sans ce fort"; an König
Joachim 10. August 1809 XIX Nr. 15640 S. 333. Uebrigens dachte Napoleon
in dieser Zeit an keine Unternehmung gegen Sicilien die er, während er sie
vordem sowohl Joseph als Murat als eine Kleinigkeit geschildert hatte, jetzt für
ein großes Wagnis erklärte: „Vous avez besoin d'au moins 25000 hommes de
bonnes tronpes pour cette expédition"; 13. August Nr. 15654 S. 342.

[2] Galt Voyages and Travels S. 53 f. Graf Latour ging, nach Sicilien
zurückgekehrt, in der ersten Hälfte August nach Cagliari um sich dort für künftige
Fälle der Geneigtheit des Königs Victor Emanuel zu versichern, und kehrte später
nach dem Festlande zurück … Königin Karolina an den Kaiser Franz 25. Sep=
tember: „Le Général anglais n'a pas vonlu avancer et resta un mois à Ischia,

Admiral Collingwood im Gegentheil war über das Mislingen des Anschlages gar nicht böse. Mit seinen Plänen auf das neapoli= tanische Festland war es nun wieder vorbei; er wollte sich wie früher darauf beschränken dem Wagnis der Oesterreicher durch Unternehmungen zur See Beistand und Nachdruck zu verleihen. „Haben diese Erfolg“, schrieb er an Stuart, „so ergibt sich die Herstellung der alten Dynastien in Italien von selbst; unterliegt Oesterreich dann kann eine zeitweise Besetzung von Neapel nur die eine Folge haben, das Unheil jener zu beschleunigen die sich ihrem angestammten Landesherrn treu und an= hänglich erwiesen haben“. Was die beiden Inseln betreffe so sei deren Besitz blos für den Herrn von Neapel ein Vortheil, für jeden andern nichts als eine kostspielige und gefährliche Last; von viel größerem Nutzen würde es sein, dem Contre=Admiral Martin 1000 Mann zur Verfügung zu stellen und ihn gegen die ionischen Inseln zu senden, die südlichen zu besetzen und vom fremden Joche zu befreien, wodurch der französische Besitz von Korfu bedeutend an Werth verlieren und vielleicht bald aufgegeben werden müßte [1]). Ganz unbehelligt ließen die Siculo=Briten gleichwohl die neapolitanische Küste auch in der Folge nicht. Sie setzten bald an dieser bald an jener Stelle Truppen an's Land die sie, nachdem sie ihren Zweck erreicht, den nächsten fran= zösischen Garnisonen erfolgreichen Schrecken eingejagt hatten, wieder zurückzogen, allerdings oft nicht ohne eigene empfindliche Verluste.

---

et puis feignant qu'il croyait l'escadre de Toulon sortie (qui n'a jamais bougée) il demolit toutes les batteries, emporta toute notre artiglerie et abbandonna de nouveau les îles“.

[1]) Collingwood an Stuart „off Toulon“ 21. Juni 1809 S. 465 und 15. Juli S. 470 f.: „I know that in this case you would have to contend with the politics of the Court of Palermo; but I believe that, whenever those politics can decide upon the service of your army, it will meet more diffi= culties than it can encounter successfully were it more powerfull than it is“. An Contre=Admiral Martin 15. Juli S. 474 f. S. auch Blaquiere I S. 526 der die gegründete Bemerkung macht daß man der allgemeinen Lage des Welt= theils vielleicht mehr genützt haben würde wenn die Landung an einem Punkte von Ober=Italien ausgeführt worden wäre, wodurch man mindestens einen Theil der Streitkräfte dort würde festgehalten haben deren Napoleon nach der Schlacht von Aspern auf dem nördlichen Kriegsschauplatz gar sehr bedurfte.

Ja zwei sicilische und eine britische Fregatte mit 12 sicilischen Kanonen=
booten spielten den Franzosen sogar den Streich gerade am 14. August,
als Hof und Regierung mit nichts eifriger beschäftigt waren als mit
den Vorbereitungen zur festlichen Begehung des Napoleonstages, vor
der Hauptstadt zu erscheinen, ein paar neapolitanische Kanonenboote
in den Grund zu bohren und die Stadt zu bombardiren, so daß
König Joachim im vollen Staat eines Groß=Admirals von Frankreich
ein reich geschmücktes Schiff bestieg um dem Feinde entgegenzugehen
der indeß, wie nach gelungenem Schabernack, wieder auf und davon
fuhr. König Joachim war aber darüber im Grunde gar nicht so böse;
denn er hatte, wie sich ein Zeitgenosse ausdrückt, an diesem Tage alles
wonach sein Herz verlangte: Kampf prunkhaften Aufzug Ruhm, „und
er selbst als alleiniger Gegenstand der Bewunderung einer zahllosen
Volksmenge" [1]).

Von besonderem Glück waren die Unternehmungen der Engländer
im adriatischen Meere begünstigt wo Collingwood im vollen Einver=
ständnis mit dem Erzherzog Karl handelte [2]). Die Flottille unter
Capitain Hargood's Befehlen fügte den Franzosen einen empfind=
lichen Schaden nach dem andern zu und machte die britische Flagge
gefürchtet beim Gegner, willkommen und beliebt bei den befreundeten
Bevölkerungen. „Alle unsere Fregatten=Capitaine sind große Generale",
schrieb Collingwood voll stolzer Freude nach England, „und manche

---

[1]) Colletta VII 17: „Non ho mai visto in tante felicità di regno e
di reggia lieto il re quanto in quel giorno, perocchè la fortuna tutti appagava
i suoi desiderii: guerra pompa gloria, e lui solo spettacolo d'immenso popolo
ammiratore".

[2]) Collingwood an Erzherzog Karl (von welchem er in der zweiten
Hälfte Juni mit einem vom 20. April, also unmittelbar vor dem ersten Zu=
sammenstoß der Oesterreicher mit den Franzosen datirten Schreiben begrüßt
worden war) 22. Juni 1809 S. 466: „Your Highness may depend upon the
vigilance of the officers whom I have sent on that service, and I entreat
that you will be pleased to give instructions to the Governor of Trieste and
the officers employed near the coast, that they will communicate with Cpt.
Hargood . . . and point out in what manner he can best assist the Austrian
army in its operations".

von den Briggs würden gute Brigadiers abgeben". Ihre Entschlossen=
heit und Kühnheit, ihre Raschheit, man konnte sagen Allgegenwart,
spottete jeder Vorsicht des Feindes. In dem Zeitraum von kaum zwei
Monaten wurden von ihnen sieben befestigte Burgen und Schlösser
erobert, Thürme im Dunkel der Nacht erstiegen und Verschanzungen bei
hellem Tage gestürmt, kleine Garnisonen gefangen genommen, fran=
zösische Geschwader aus dem schützenden Hafen gelockt um sie dann
anzugreifen und zu vernichten [1]). Oesterreichisches Militair wirkte wo es
konnte Hand in Hand mit den britischen Seehelden. Anfangs September
führte Capitain Brenton vom „Spartan" mit einer Abtheilung kaiser=
licher Truppen einen glänzenden Angriff gegen Lussin piccolo aus.

Noch bedeutender waren die Erfolge der britischen Seemacht im
Süden. Die französische Garnison auf Korfu lief Gefahr ausgehungert
zu werden; fünf Schiffe mit Getreide hatten ihr die Engländer nach=
einander theils abgejagt theils in den Grund gebohrt. Der Admiral
rief jetzt Hargood aus dem adriatischen Meer ab und nahm seinen
Plan gegen die südlichen jonischen Inseln wieder auf. Sir John
Stuart wollte erst nicht daran, er fürchtete die Besatzung von Sici=
lien zu sehr zu schwächen; zuletzt fügte er sich. Ende September
steuerten die Capitaine Sprainger und Brenton mit Landungs=Truppen
unter General Oswald in das jonische Meer. In den Tagen vom
1. bis 8. October wurden vier von den sieben Inseln, Zante Kepha=
lonia Cerigo und Ithaka, von ihnen genommen, überall die alten
Gesetze und freien Einrichtungen wieder hergestellt. Die Franzosen
waren auf Santa=Maura und die nördliche Gruppe um Korfu
beschränkt.

$$* \qquad * \qquad *$$

Doch was halfen alle noch so werthvollen Erwerbungen im kleinen
wo die große Hauptsache nordwärts der Alpen in Trümmer ging!

---

[1]) Collingwood S. 467 f. an Rear=Admiral Sotheby 30. Juni: „This
activity and zeal in those gallant young men keep up my spirits, and make
me equal to bear the disagreables that happen from the contentions of some
other ships".

Nach der unglücklichen Schlacht bei Wagram hatte Erzherzog Karl seine Truppen nach Mähren geführt und bei Znaim, 10. und 11. Juli, ein ruhmvolles Gefecht gegen Marmont eingegangen, das jedoch abgebrochen werden mußte weil die Nachricht von dem zur selben Zeit abgeschlossenen Waffenstillstand dazwischen trat. Nach monatelangen Verhandlungen kam es am 14. October zum Wiener Frieden. Oesterreich verlor den ganzen Kranz seiner um den Nordrand der Adria gelegenen Besitzungen, darunter Fiume und das wichtige Triest, es blieb vom adriatischen Meere ausgeschlossen das jetzt zur französischen See ward. Außerdem mußte Kaiser Franz das neue Königreich Neapel und dessen König, ohne daß davon im Tractate ausdrücklich die Rede war, gleich allen übrigen Staatenbildungen und Thronverleihungen des Weltherrschers anerkennen. Durch den Verlust von Triest war für Oesterreich überdies jede nähere Verbindung mit Sicilien abgeschnitten, dessen Königs-Familie nun ganz und gar an den britischen Schutz gewiesen war [1]).

Dieser kam ihr auch von der Seeseite fortwährend bestens zu statten. Als am 21. October die Touloner Flotte auslaufen wollte — vielleicht weil der britische Ober-Befehlshaber in Person nicht zur Hand war; Lord Collingwood befand sich zur selben Zeit in den spanischen Gewässern — wurde sie von Admiral Martin und Capitain Hallowell angegriffen, die ihr zwei Linienschiffe in Brand steckten, eines kampfunfähig machten und neun Transport-Fahrzeuge wegnahmen, worauf der geschlagene Rest wieder den rettenden Hafen zu erreichen suchte. Doch mit dem angriffsweisen Vorgehen wider das neapolitanische Festland war es nach der gegründeten Anschauung der britischen Generale für's erste vorbei. Im November oder December räumte der Fürst von Canosa freiwillig die Inseln Ponza und Ventotiene, das letzte Besitzthum der sicilischen Königs-Familie in den neapolitanischen Gewässern, dessen Erhaltung an Geld und Mannschaft viel

---

[1]) Napoleon an Murat Schönbrunn 15. October XIX Nr. 15953 S. 586: „La possession de Trieste sera d'un bon résultat pour ce qui regarde la Sicile qui désormais n'aura plus aucun contact direct avec l'Autriche".

koſtete ohne jetzt, nach den neueſten Erfolgen der Napoleoniſchen
Großmacht, von irgend einem Nutzen ſein zu können. Dreißig Schiffe
ſollten die ſiciliſche Beſatzung der Inſeln nach Palermo bringen; doch
ein furchtbarer Seeſturm bereitete mehreren den Untergang, andere
trieb er in neapolitaniſche Häfen; nur der kleinere Theil, darunter
der fürſtliche Commandant, erreichte Sicilien. Königin Karolina
dachte zwar daran eine neue Expedition auszuſenden, der Beſitz der
Inſeln ſchien ihr wegen der Nähe von Neapel zu wichtig; der Fürſt
von Moliterno, der ſich von den Franzoſen wieder zu ſeiner alten
Herrſchaft gewendet hatte, ſollte die Unternehmung leiten. Allein vor
lauter Vorbereitungen kam es nicht zur Ausführung, der man auch
von britiſcher Seite entſchiedenen Widerwillen entgegenſetzte.

Gleichwohl hatten die letzten Unternehmungen der Siculo=Briten
ihnen auf dem Feſtlande Bundesgenoſſen gewonnen die ihrem gekrönten
Gegner noch viel Verdruß und ſchwere Sorgen bereiten ſollten. König
Joachim hatte ſeine Regierung mit einem Gnadenacte begonnen und
im Gegenſatze zu dem verhaßten Polizei= und Martial=Regimente
Salicetti's und der Generale Joſeph's mit Milde regieren zu können
gehofft, als ihm das Bandenweſen, das in der Baſilicata, in den
calabriſchen Gebieten, in den Abruzzen jetzt ärger als je wucherte und
wüthete, dieſelben Mittel unbarmherziger Strenge aufnöthigte zu
denen ſein Vorgänger hatte greifen müſſen den er in dieſem Stücke
binnen kurzem ſogar übertraf[1]). Viel bedenklicher indeß als jenes

---

[1]) Ueber die Maßregeln gegen die „fuorgiudicati" wie man ſie jetzt nannte ſ.
Colletta VII 15, 16 und Gioa. Murat I S. 288—291: das Vermögen der
Briganten ſollte eingezogen, ein Theil als Entſchädigung an die Beraubten, ein
anderer als Belohnung an die eifrigſten Anhänger des Murat'ſchen Regimentes
vertheilt, das übrige für den Staatsſchatz genommen werden; die Familien der
bekannteſten Briganten waren feſtzunehmen und einzuſperren, jede Gemeinde
für die in ihrem Umkreis verübten Verbrechen verantwortlich zu machen und zur
Entſchädigung zu verhalten; die Intendanten hatten Liſten der Briganten zu
verfaſſen, im Heimatsorte derſelben öffentlich anzuſchlagen und die Bezeichneten
für vogelfrei zu erklären ſo daß ſie jeder Bürger ungeſtraft tödten könne. „Formate
le liste si vide maggiore di quel che credevasi la mole del brigantaggio;

verbrecherische Unwesen war eine Erscheinung anderer Art die sich
allmählig und geräuschlos aus kleinen Anfängen entwickelte, die aber
bestimmt war eine große umfassende Rolle zu spielen und nicht blos
in nächster Zeit dem König Joachim, sondern im Hingang der Jahre
allen Regierungen der Halbinsel zu schaffen zu geben.

Denn theils die angeborne Abneigung gegen jede Fremdherrschaft
und die besondere Erbitterung gegen alles was den gallischen Namen
trug, theils religiös-kirchliche Ereiferung, die in dem Verfahren gegen
die weltliche Herrschaft des Papstes, in dessen Gefangennahme und
gewaltsamer Wegführung Mahnzeichen des Himmels erblickte, gab den
ersten Anstoß zu einer geheimen Verbindung die sich rasch über alle
Theile des neapolitanischen Festlandes ausbreitete. Die Genossen
nannten sich Carbonari, nach den Köhlern die in den waldreichen
Bergen der Sila den Hauptstock des anfänglichen Geheimbundes
bildeten; aber auch in den Abruzzen, besonders in den Bezirken von
Teramo und Chieti fand derselbe frühe und schnelle Verbreitung. Ihre
Versammlungen hießen vendite, Märkte, ihr Losungswort lautete:
„Das Land von den Wölfen zu befreien die es verwüsten". Das
war natürlich symbolisch gemeint. König und Kirche, Zurückführung
des alten Herrscherhauses und Wiedereinsetzung des Papstes in seine

---

ed era fortuna che le bande non avessero accordo nè simultaneità di opere
nè unità di obbietto, e senza ordine guerreggiassero e senza regole, condizioni
necessarie a genti avventicce per malvagità radunate" ... Ueber die unerbittliche
Strenge womit die Organe Joachim's gegen die „Briganten" vorgingen s. auch
Pepe I S. 162 f. Der König hatte Pepe an den General Ottavi geschickt um
diesem, der in Lecce commandirte und gegen das Bandenwesen mit allen Mitteln
vorging, möglichste Schonung der Schuldigen anzuempfehlen. Pepe fand den
General, einen Corsen von Geburt, außerhalb der Mauern von Oria an der
Spitze einer Abtheilung Militair vor einem aufgerichteten Galgen an welchem
zwölf Leute aus dem Volk aufgeknüpft werden sollten. Die, meinte der General,
seien nicht mehr zu retten; aber wenn die Botschaft vom Könige nicht eingetroffen
wäre würde er es mit 300 andern eben so gemacht haben. In den bessern
Classen war man übrigens mit diesem Wüthen ganz einverstanden, „ch' essi volevano piuttosto la morte di que' ribaldi, difensori della causa anglo-bor-
bonica, che vedere ogni dì esposte le loro sostanze e la vita alla ferocia di
simil gente".

Rechte war das Ziel das ihnen vorschwebte, Franzosenhaß und Fana=
tismus für den Glauben und die frühern nationalen Zustände das
Arsenal aus dem sie ihre Waffen holten. Zu den wirklichen Köhlern
und andern kleinen Leuten die dem Bunde angehörten, gesellten sich
aber mit der Zeit Elemente aus den gebildeteren Ständen, wenn
nicht aus dem Schooße dieser letztern das ganze Unternehmen, wie
Einige wollen, seinen Anfang genommen hatte. Jedenfalls bekam es
von dieser Seite einen theilweise veränderten Charakter. Die Köhler
und Bauern waren bald nicht mehr die Eingeweihten, sondern die
Werkzeuge, die vorgeschobenen Posten; sie bildeten die ungezählte
Armee eines Geheimbundes dessen eigentliche Häupter und Leiter in
den Bureaux und Kanzleien der größern Städte, auf den Landsitzen
der Großgrundbesitzer zu suchen waren. Einige Geschichtschreiber leiten
den Ursprung des Carbonarismus schon von der ersten französischen
Invasion 1799 her, wie denn in der That der San=Fedismus des
Cardinal=Generals von den gleichen Ideen erfüllt war die den nach=
maligen Geheimbund durchdrangen; alle aber stimmen darin überein
daß derselbe seit den napoleonischen Gewaltmaßregeln wider Pius VII.
einen erhöhten Aufschwung genommen habe, was zugleich auf den
großen Einfluß hinweist den die Geistlichkeit bei der Verbreitung,
wahrscheinlich schon bei der Begründung des Carbonarismus hatte.
Das eine ist gewiß daß die Carbonari der spätern Sorte der Fran=
zosen=Herrschaft eben so gründlich abhold waren als die ersten Genossen
dieser mysteriösen Verbindung [1]).

Gerade in der Zeit wo der Bund der Carbonari anfing mehr
von sich reden zu machen und daher die Thätigkeit einer eifrigen
und wachsamen Polizei in erhöhtem Grade in Anspruch nahm, starb
in Neapel der Minister Salicetti, December 1809. Er stand erst in
seinem dreiundfünfzigsten Lebensjahre und die Katastrophe trat nach

---

[1]) Vgl. Botta VI S. 29—35 mit: „Die Carbonari" in dem II. Bd. 1843
der Freimaur. Vierteljahrs=Schrift „Latomia" S. 221—226. S. auch meinen
Aufsatz „Ueber den Ursprung der Carbonari" in Beil. z. Wiener Abendpost
Nr. 223 v. 28. September 1877.

einem Diner beim Polizei-Präfecten Maghella so unerwartet ein daß
man von einer Vergiftung sprach, was bei einer so viel gehaßten
Persönlichkeit leicht geglaubt werden konnte. Allein die in Gegenwart
mehrerer Personen vorgenommene Oeffnung seines Körpers wies eine
natürliche Todesart nach, deren plötzlichen Eintritt die Einen auf einen
typhösen Proceß die Andern auf eine Nieren = Kolik zurückführten.
Seine Leiche wurde in der Gruft der Torella, in deren Familie
seine älteste Tochter hineingeheiratet hatte, feierlich beigesetzt [1]). Nach
Salicetti's Tode trat die Wirksamkeit des eben genannten Maghella
mehr und mehr in den Vordergrund. Genuese von Geburt und
ursprünglich dem Kaufmannsstande ergeben, war er bei dem ersten
Einrücken der französischen Heere in Ober-Italien den Machthabern
derselben empfohlen worden, in deren Vertrauen er es bald zum
Polizei-Minister der ligurischen Republik gebracht hatte. In dieser
Eigenschaft war der damalige General Murat auf ihn aufmerksam
geworden den die Gewandtheit des Mannes, aber auch dessen Ausdauer
und Festigkeit meuterischen Volksmassen gegenüber, in solchem Grade
einnahm daß er ihn, bald nachdem er sich auf dem parthenopäischen
Throne festgesetzt hatte, nach Neapel berief und mit dem wichtigen
Amte eines Polizei-Präfecten der Hauptstadt betraute.

*   *   *

Um dieselbe Zeit wo die erzählten Ereignisse im Neapolitanischen
vorfielen, spielte sich am Hofe von Palermo der Anfang einer Intrigue
ab deren späterer Verlauf für die dabei Betheiligten einen sehr traurigen, zum Theil blutigen Ausgang nehmen sollte.

---

[1]) De Beauchamp Biog. Michaud Nouv. ed. XXVII S. 497 f. und
Colletta VII 22, welcher letztere ihm einen kurzen Nachruf widmet: „di fama
varia, essendo stato istromento potentissimo di libertà, ed al cangiar delle
sorti astuto ministro de're nuovi, mansueto in famiglia e buon padre, bene-
volo agli amici, de' nemici oppressore, dei partigiani suoi o tristi o buoni
sostenitore potente, alle opere di Stato ingegnosissimo, delle scienze e degli
scienziati poco amante, e delle altre virtù, per troppa e mala conoscenza
degli uomini, miscredente".

Die entthronte Königin von Hetrurien, welcher der französische Kaiser Aussicht auf Entschädigung in Portugal gemacht aber noch immer nicht erfüllt hatte weil das Land mehr den Engländern gehörte als ihm, trug es schwer mit ihrer kleinen Familie in Nizza in einer Art Verbannung und dabei von französischen Gnaden zu leben; denn es war ihr von Napoleon unter dem Titel einer Civilliste ein Jahres-gehalt von 400000 Francs ausgeworfen. Sie faßte den Beschluß ihrem Gewahrsam zu entfliehen und sich den Spaniern in die Arme zu werfen; der Hof von Palermo, wo ihre jüngere Schwester die Kron-prinzessin Isabella lebte, und das britische Cabinet sollten ihr dazu behilflich sein. Es war in den Tagen wo schon alle Hoffnung ge-schwunden war daß das kriegerische Wagnis Oesterreichs, die fran-zösische Uebermacht zu beugen, von Erfolg sein werde, als sich in Maria Louisen's Auftrage Gaspero Chifenti aus Livorno, ein halb ruinirter Kaufmann den sie für ihre Sache zu interessiren wußte, in Porto Ferraio auf Elba einschiffte, 3. September 1809, von wo er auf dem langen Umweg über Tunis und Malta nach mehr als zwei-monatlicher Fahrt am 13. November in Sicilien eintraf.

Er fand bei Hofe gute Aufnahme, doch keine den Wünschen seiner Gönnerin entsprechende Unterstützung. Maria Louisens Schwester ver-mochte so viel wie nichts, war auch viel zu theilnahmslos um sich mit Eifer für etwas einzusetzen. Von der Königin aber war es zu viel verlangt daß sie sich ernstlich für die Frau interessiren sollte die, wenn auch nur als Werkzeug einer höhern Macht, den Gemahl ihrer ver-storbenen eigenen Maria Louise vom toscanischen Throne verdrängt hatte. Auch scheint man die Bedürfnisse und Unannehmlichkeiten einer doppelten Hofhaltung gescheut zu haben falls die Ex-Königin, wie es sehr möglich war, längere Zeit weder nach London noch nach Cadiz gelangen sollte. Der größte Widerstand aber ging von dem spanischen Gesandten Don Emanuel Gil aus, und allerdings hatte Maria Louise seit ihrem letzten Aufenthalte am Hofe von Madrid keine günstigen Eindrücke in ihrem Vaterlande hinterlassen. Auch Bardaxi, längere Zeit spanischer Agent in Wien der im Januar 1810 durch Palermo kam, arbeitete den Bemühungen Chifenti's entgegen. Die spanische

Corvette l'Indagatora hatte anfangs zur Verfügung der Ex-Königin gestellt werden sollen; aber es wurde ein Hindernis nach dem andern gefunden sie flott zu machen, bis zuletzt Chifenti einsah daß er nutzlos seine Zeit verbringe und sich am 6. Mai wieder einschiffte, abermals über Malta und die Barbaresken-Staaten, nur daß er diesmal nahezu acht Monate brauchte ehe er in seiner Vaterstadt wieder eintraf [1]).

20. Militairische Aufstellung zu beiden Seiten des Faro.
Sommer 1810.

Carlo Botta beginnt das 26. Buch seiner „Geschichte Italiens von 1789 bis 1814" mit ein paar Sätzen welche die Lage dies- und jenseits der Meerenge von Messina am Ausgang des ersten Decenniums unseres Jahrhunderts treffend bezeichnen. „In Neapel", sagt er, „regierte Joachim der Napoleonide, in Sicilien Karolina von Oester-reich. Aber von bedeutendem Einfluß in dem Königreiche diesseits des Faro war Napoleon durch seine Macht, waren in jenem jenseits des Faro die Engländer durch ihre Gegenwart. Vielfach und verschieden-artig waren die Folgen davon, sowohl bei dem Einen der dem Namen nach als bei dem Andern welcher der Sache nach regierte: aber die Quelle aus der bei beiden alles floß war eine und dieselbe, nämlich der Ehrgeiz". In der That konnte Murat nicht seine Hände rühren, durfte keinen selbständigen Entschluß fassen ohne früher in Paris angefragt zu haben, und setzte er sich etwa ein- und das anderemal über diese Bevormundung hinaus so blieben Donner und Blitz aus der olympischen Atmosphäre an der Seine gewiß nicht aus. So leicht nun hatten es die Engländer mit dem sicilischen Königspaare aller-dings nicht, und wenn sie die Dienste die sie ihm geleistet noch so theuer sich wollten bezahlen lassen, sie hatten doch die Form zu

---

[1]) Reumont Der Fluchtversuch der Königin von Etrurien (Beiträge z. ital. Geschichte VI. Bd.) S. 24—39; das Schreiben Maria Louisens an Chifenti so wie dessen Instruction datirten aus Nizza 15. August 1809.

wahren und konnten nur auf Umwegen zu dem gelangen was sie anstrebten. Die Opposition im Londoner Parlament schien die Wichtigkeit nicht einsehen oder zugeben zu wollen welche die militairische Besetzung der Insel nicht allein für ihr Vaterland sondern für das Gesammt-Interesse von Europa hatte. Eines Tages wurde Canning interpellirt: wie es doch komme daß auf Sicilien ein so starkes Landheer unterhalten werde da sich die Insel von der See allein mehr als genügend vertheidigen lasse.

Nach dem französisch-österreichischen Feldzuge von 1809 waren der König und die Königin von Neapel gleich den andern Napoleoniden nach Paris geeilt um dem mit neuen Lorbeern geschmückten Imperator ihre Huldigung darzubringen. Zwischen Napoleon und Murat wurde bei dieser Gelegenheit, December 1809 Januar 1810, die sicilische Frage eingehend besprochen mit deren Lösung es trotz aller Anläufe und Mühen nun einmal nicht vorwärts gehen wollte. In der ersten Hälfte März war König Joachim in Neapel wieder zurück, von wo er sich zwar kurze Zeit darauf neuerdings nach Paris begab um der Vermählung Napoleon's mit der österreichischen Kaisertochter Maria Louise, 27. März bis 4. April, beizuwohnen. Doch war diesmal sein Fernsein von kürzerer Dauer; nur seine Karolina blieb zur Seite ihrer jungen Schwägerin längere Zeit in Frankreich.

Joachim's Heimkehr war von Anzeichen begleitet die ein größeres Unternehmen erwarten ließen. Die Recrutirung wurde im ganzen Königreiche mit auffallendem Eifer betrieben, für Seezwecke traf man große Anstalten. Längs der Küste von Gaëta bis Salerno wurden mehr als 5000 Matrosen und bei 400 zur Aufnahme von Mannschaft geeignete Fahrzeuge aufgebracht, in den königlichen Arsenalen 60 bis 80 Kanonenboote in Stand gesetzt. Zu der im Gebiete von Neapel vorhandenen Landmacht stießen neue Regimenter welche Marmont, der General-Gouverneur der neu-erworbenen illyrischen Provinzen, zufolge Pariser Weisung dem Könige zur Verfügung stellte; den General Grenier der dieselben commandirte ernannte der König zu seinem Generalstabs-Chef. Wie an der Küste des tyrrhenischen Meeres so war auch an der adriatischen alles in voller Thätigkeit; der Sammelpunkt war auf dieser Seite Otranto und das Ziel schienen die südlichen jonischen Inseln zu sein, von denen England jüngst auch Santa-Maura in seine Gewalt bekommen hatte. Den ganzen April hindurch herrschte im Königreiche die lebhafteste Thätigkeit, kleinere Abtheilungen oder größere Truppenkörper, Artillerie = Parks, Züge von Gepäckswagen belebten die nach dem Süden führenden Straßen. Kaiser Napoleon bekundete in verschiedener Weise das lebhafte Interesse welches er an der Sache nahm. Sein Kriegs=Minister Clarke erhielt Befehl einen Officier von Einsicht nach Neapel zu senden der sich dort alles genau ansehe und dem Höchstgebietenden an's Herz lege nur dann anzu= greifen wenn er des Gelingens sicher sei.

Die auswärtige Diplomatie wußte um die Vorbereitungen und kriegerischen Anstalten des Königs von Neapel, doch nicht um die Gesinnung des Kaisers, der gegen den Fürsten Schwarzenberg, mit dem er sonst gern derlei Dinge besprach, diesmal strenges Stillschweigen beobachtete¹). Vielleicht lag diesem Benehmen Napoleon's zarte Rück= sicht auf die Gefühle seiner jungen Gemahlin zu Grunde, da Maria Louise ihre Großmutter, gegen welche der neue Kriegszug geplant war, in den Jahren 1800 und 1801 persönlich kennen gelernt hatte.

In den leitenden Kreisen jenseits des Faro herrschte um dieselbe Zeit eine äußerst unangenehme Spannung. „Ich hoffe zu Gott", schrieb die Königin am 10. März nach Wien, „daß Murat's Anschlag nicht gelingen wird, es wäre ein entsetzliches Unglück; denn ich bin ent= schlossen um keinen Preis nach England zu gehen und mir dort das Gnadenbrot zu erbetteln, ich zöge das Schicksal des Herzogs von Enghien vor". Es war nicht blos die Unwillfährigkeit der britischen Generale, überall wo man sicilischerseits es verlangte mit Truppen gegen den Napoleoniden zur Hand zu sein, was man ihnen in den Kreisen der Königin übel vermerkte; es kam dazu ihr unverkennbares Bestreben sich

---

¹) Napoleon an Murat vom 13. und an Champagny vom 22. März, an Clarke vom 10. April und 23. Mai 1810 (Corr. XX S. 266 278 296 373); dann Schwarzenberg am 12. Juni nach Wien: „On ne saurait déterminer à quel point l'Empereur partage l'idée d'une entreprise sérieuse contre la Sicile".

auf der Insel Freunde zu machen, die Bevölkerung an sich heranzuziehen. In Palermo konnte man die Aeußerung Grenville's nicht vergessen der schon im Sommer 1807 in Ausdrücken, als ob die Insel so gut wie eine britische Erwerbung sei, gesprochen und sich vor dem versammelten Parlamente gerühmt hatte: „Es ist uns geglückt Sicilien mit einer furchtbaren und unbesiegbaren Armee zu besetzen, wie geschaffen dieses Land zu erobern". Dieses Mistrauen erhielt neue Nahrung als die Engländer im November 1809 anfingen eine „Gazetta di Messina" erscheinen und in eigener Druckerei (Stamperia dell' Armata Britannica) auflegen zu lassen, wodurch sie der bisher einzigen politischen Zeitung der Insel, dem zweimal in der Woche ausgegebenen „Giornale politico e letterario di Palermo" unliebsame Concurrenz machten. Der Hof verdoppelte jetzt seine Wachsamkeit gegen alles was nach politischem Mismuth, nach Neuerungssucht aussah; im Frühjahr 1810 wurde im Namen des Königs eine Giunta eingesetzt die über Fälle von Verschwörung, von Verführung und Anwerbung, von Landesverrath, von Verkehr und Einverständnis mit dem Feinde zu urtheilen hatte.

Auf britischer Seite hingegen rief die Nachricht von dem unerwarteten Bündnisse Napoleon's mit dem Tochterkinde Karolinens alle Besorgnisse von geheimer Hinneigung der letztern zu Frankreich, ja von direct angeknüpftem Verkehr zwischen beiden Theilen neuerdings wach, ein Einverständnis dessen geheime Anfachung und Förderung sie in erster Linie den französischen Emigrés am Hofe Karolinens zur Last schrieben [1]). Unglücklicherweise fielen gerade in jene Zeit zwei Thatsachen die sich scheinbar dem Pariser Ereignisse vollkommen anschlossen. Es verbreitete sich nämlich dunkle Kunde von dem Erscheinen eines

---

[1]) Stuart an Lord Liverpool Messina 30. April 1810 bei Castlereagh Correspondence VIII (II. Serie 4. Bd) S. 214 f.: „I do not, nor can I, believe that a great female personage, among all her real and imputed misconceptions, can have any interest in common with the invader of her continental dominions; but her Majesty does not at all times think or act for herself, and she is surrounded and influenced by many whose principles are greatly to be doubted. The present French party in her councils evidently can have

sicilischen Obristen bei Marmont in Laibach) welchem jener Vorschläge
eines Ausgleichs zwischen den Höfen von Palermo und Saint=Cloud
überbracht habe, worauf er vom Marschall nach Paris an den Kaiser
geschickt worden sei. Von diesem letztern aber veröffentlichten, gleichsam
als Antwort hierauf, spanische Zeitungen einen an die Königin Karolina
gerichteten Brief worin er derselben reiche Entschädigung im türkischen
Orient anbot falls sie ihm die Insel Sicilien abtreten wolle. Eins
wie das andere waren offenbare Fälschungen. Den räthselhaften
sicilischen Officier ließ Napoleon, nachdem er ihn vernommen, hinter
den Wällen von Vincennes in Gewahrsam bringen, was gewiß nicht
geschehen wäre wenn sich dessen Sendung und Auftrag als glaub=
würdig erwiesen hätten. Was aber das Schreiben anbelangt so
strafte dasselbe, abgesehen von dessen abgeschmacktem Inhalt, von der
halb verrückten Anweisung auf Aegypten oder Syrien wo Napoleon
keinen Fuß Landes besaß, schon die Haltung des palermitanischen Hofes
Lügen der gerade damals mit der spanischen Nationalpartei inniger

---

no attachment to England" 2c.... Ueberhaupt glaubten die Engländer den
Grund und Ursprung aller Uebelstände über die sie zu klagen hatten, auf den
Einfluß der nicht=sicilischen Günstlinge bei Hofe, der Neapolitaner und mehr noch
der Franzosen, zurückführen zu müssen. „The ruin of Spain", hatte Admiral
Collingwood schon am 29. Mai 1808 an Drummond geschrieben, „has been caused
by the administration of a minion, and I hope the king will profit by the
example and dismiss from his States those people whose characters are not
merely suspicious, but whose influence is certain ruin". Daß auch in sicilischen
Kreisen Mißmuth über diese Bevorzugung der Fremden herrschte ersehen wir aus
Blaquiere I S. 512 Anm. Daselbst führt er ein Sonnet an das nach der zweiten
Ankunft des Königs in Palermo, 1806, von Hand zu Hand gegangen sei; in der
zweiten Strophe werden alle Gebrechen und Verschulden der Regierung aufgezählt:

> Il mer'to oppresso, il nazional mendico,
> Colmo di onor, di gloria ogni straniero,
> La giustizia venal, l' erario intiero
> Vittima del capriccio, e dell intrico ...

Billiger Denkende verkannten übrigens nicht den persönlichen Werth so manches
dieser Angefeindeten. Wenn Cockburn II S. 88 von Saint=Clair sagte: „he is
well spoken of and esteemed", so war das im Munde eines Engländers von
damals sehr viel.

als je verflochten war, also den Napoleonischen Ideen und Zielen mehr wie je entgegenarbeitete.

Ein Familienband, das eben erst in Palermo geknüpft worden, sprach eben so wenig für eine daselbst herrschende Hinneigung zu dem imperialistischen Frankreich. Herzog Louis Philippe von Orléans hatte im Januar 1809 mit dem Chevalier de Broval England wieder verlassen und sich nach Malta begeben von wo er bald darauf in Palermo erschien, vorzugsweise, wo nicht ausschließlich, durch die Neigung dahingezogen welche die Prinzessin Amélie ihm schon bei seinem frühern sicilischen Aufenthalte eingeflößt hatte. Der Herzenszug war ein gegenseitiger, und am 25. November 1809 standen, nachdem zehn Tage früher die Unterzeichnung der Contracte stattgefunden, der Herzog und die Prinzessin vor dem Altare [1]. Königin Karolina hatte erst über den Antrag wenig Freude gezeigt, da nach ihren Begriffen die Ehe einer ihrer Töchter mit einem Prinzen ohne Geld und Land keine Versorgung zu nennen war. Allein sie willigte in die Verbindung welche von den beiden jungen Leuten gleich heftig gewünscht und von der Verwandtschaft des Herzogs in hohem Grade begünstigt wurde [2], und war zuletzt ganz zufrieden damit, weil die Neuvermählten in ihrem

---

[1] Cresceri berichtete am 26. November nach Wien: „La benedizione loro fu data jeridi nella Camera dove il Re, niente meno che migliorato del suo incommodo, stava giacente nel letto" 2c. Ferdinand hatte sich einige Zeit früher am Fuße verletzt was ihn, den an Vergnügen und Bewegung gewohnten, zu wochenlanger Unthätigkeit verbannte; erst anfangs März 1810 war er so weit hergestellt daß er mit Hilfe eines Stockes gehen konnte.

[2] Wenn es bei Boudin Histoire de Louis-Philippe (Paris 1847) I S. 288 heißt, Königin Karolina habe den Herzog an ihren Hof eingeladen: „elle songea même à l'attacher à sa cause par des liens de famille plus intimes en lui promettant la main de sa fille", so halte ich das für reine Phrase. Erst später, heißt es bei demselben Schriftsteller S. 293, während der Abwesenheit des Herzogs in England und Malta habe man Karolinen gegen den Sohn desjenigen, der als Philippe Egalité für den Tod Ludwig XVI. gestimmt, einzunehmen gewußt bis sie sich zuletzt durch die Bitten der Prinzessin Amélie habe erweichen lassen. — Am 15. October waren des Herzogs Mutter und Schwester, die Herzogin Witwe von Orléans aus Spanien und die Prinzessin Adelaïde aus Malta in Palermo zusammengetroffen, wo sie für einige Zeit ihren Wohnsitz aufschlugen.

Hause blieben und ihre Amélie sich nicht, wie etwa die arme „Mimi", in einem so abscheulichen Neste wie Cagliari versitzen mußte. Selbst die Engländer, sonst allem Französischen und besonders den Exilirten und Emigranten abhold, hatten an der Wahl nichts auszusetzen; sie er= kannten in Louis Philippe einen viel zu klugen und vorsichtigen Mann um von seiner Seite Hindernisse in Verfolgung ihrer Pläne zu fürchten.

Der junge Herzog hatte auch bald den Punkt herausgefunden wo er seinen Schwiegerältern gefallen und deren eigenwilligen Beschützern jedenfalls nicht misfallen konnte. Der Verkehr des Hofes von Palermo mit der pyrenäischen Halbinsel war damals ein sehr reger. Zahlreich strömten aus allen europäischen Ländern, so auch aus Oesterreich, jüngere und ältere Militairs unter die Fahnen der begeisterten Streiter für Recht und Vaterland[1]), von denen die meisten ihren Weg über Sicilien nahmen. Andrerseits trafen aus Spanien fortwährend Flücht= linge ein: Ausreißer aus französischen Regimentern, vorzüglich Neapo= litaner die sich schaarenweise davon machten und britische Schiffe zu gewinnen suchten von denen sie sich an den Gestaden Siciliens absetzen ließen, oder Gefangene die man drüben den Franzosen abgenommen hatte und welche die nationalen Behörden nach der befreundeten Insel überschifften wo die einen wie die andern den einheimischen Truppen eingereiht wurden. All diese gegenseitigen Beschickungen waren für Louis Philippe um so weniger gleichgiltig, als er seit Jahren den spanischen Kriegsschauplatz als den Punkt im Auge hatte von wo es am ehesten gelingen könnte dem Hause der Bourbons den Weg zu ihrem angestammten Thron zu bahnen. Dumouriez, mit welchem er in ununterbrochenem Gedankenaustausch war, theilte diese Anschauung, und. als auch der Graf von Provence und der Herzog von Portland

---

[1]) Die Gesandtschaftsberichte aus Palermo erwähnen wiederholt kaiserliche Officiere und Gemeine die sich über Sicilien nach Spanien einschiffen lassen; im Februar 1810 ging Ferdinand Frhr. v. Geramb k. k. Kämmerer und Obrist, der nachmalige Trappist, nach Cadiz unter Segel; im März sandte Maria Karolina einen österreichischen Officier, Chevalier Croissard (Froissard?), mit einem Schreiben an Kaiser Franz: „il revient d'Espagne où il a été très aimé et estimé et où il a pris de très exactes connaissances" 2c.

keine weitere Einwendung machten, ging Herr von Broval im Namen Louis Philippe's nach der pyrenäischen Halbinsel ab wo er sich mit den einflußreichsten Mitgliedern der Junta von Sevilla in's Einverständnis setzte. Nicht ohne Erfolg. Denn in den ersten Tagen Mai 1810 lief im Hafen von Palermo die Fregatte „Venganza" aus Cartagena ein, mit dem Secretariats-Commis Don Mariano Carnerero an Bord, der dem Prinzen die Einladung der Executiv-Commission der Central-Junta überbrachte den Oberbefehl über alle spanischen Truppen zu übernehmen; ein Schreiben Wellington's forderte ihn dringend auf dem Rufe Folge zu leisten.

Seitens der königlichen Familie hatte man gerade um diese Zeit dem Herzog eine andere Verwendung zugedacht: er sollte in dem Feld-zug, auf welchen die Rüstungen Murat's offenbar angelegt waren, die sicilischen Truppen befehligen. Andrerseits schienen das spanische Anerbieten und die Aussichten die es eröffnete von zu hoher Bedeutung als daß man eine so günstige Gelegenheit auf der pyrenäischen Halbinsel festen Fuß zu fassen unbenützt sollte vorübergehen lassen. Ein Familienrath wurde abgehalten und laut Beschlusses desselben Louis Philippe er-mächtigt den Spaniern seine Bereitwilligkeit zur Uebernahme des an-getragenen Commandos zu erklären.   Am 22. Mai darauf segelte er nach Cadiz ab [1]).

War es dieser Zwischenfall der das Mistrauen zwischen dem Hofe von Palermo und dem britischen Haupt-Quartier in Messina für eine Zeit zerstreute, oder war es dem beschwichtigenden Einflusse Acton's zuzuschreiben, Thatsache ist daß eine gegenseitige Annäherung stattfand und daß angesichts der vom Festlande herüber drohenden Gefahr beide Theile ihre Kräfte wider den gemeinsamen Feind ver-einigten.   Auch hatte man an Streitkräften keinen Ueberfluß; General Stuart mußte alles aufbieten um sich rasch in bestmöglichen Verthei-digungsstand zu setzen.   Die britischen Truppen betrugen zwischen 6000

---

[1]) Das Schreiben der Executiv-Commission datirte vom 4. März, die Ant-wort Louis Philippe's vom 7. Mai 1810; s. den Wortlaut beider Schriftstücke so wie überhaupt das nähere über diese Verhandlungen bei Bondin I S. 295—299.

und 7000 Mann, es wurden eilig Anstalten getroffen von Gibraltar
und Malta Verstärkungen herbeizuziehen. Selbst von Cerigo, von
Kephalonia und Zante, nur nicht von dem erst unlängst eroberten
Santa=Maura, wurden die Garnisonen abberufen. In dem Oberbefehl
über die Mittelmeer=Flotte war in der jüngsten Zeit ein Wechsel einge=
treten. Lord Collingwood, dem seine stark angegriffene Gesundheit Ruhe
vom Dienst geboten, hatte sich nach England eingeschifft dessen Boden
er nicht mehr betreten sollte; er war auf hoher See 7. März 1810
gestorben [1]). An seine Stelle war der Rear=Admiral Martin getreten,
der für die Sicherheit Siciliens von der Seeseite bestens sorgte. Drei
Linienschiffe acht Fregatten mehrere Kanonen=Briggs und eine Anzahl
kleinerer Fahrzeuge kreuzten vom Faro längs der Küsten von Calabrien
und Principato citeriore bis gegen Neapel und Gaëta hinauf. Von
den sicilischen Truppen stand nur das Cavalerie=Regiment Val de
Noto unter britischem Befehle, von der Marine bei 2000 Mann zur
Bewaffnung der Kanonen=Boote, mehr als hundert an der Zahl, die
theils von britischen theils von sicilischen Officieren befehligt wurden.
Alles übrige einheimische Militair befand sich in Palermo, bei Trapani
und auf andern Punkten der sicilischen Westküste um gegen allfällige
Angriffe des Feindes von dieser Seite in Bereitschaft zu sein. Mit
der Miliz des Fürsten Butera sah es noch kümmerlich aus; ihr die
Vertheidigung der Landesgränzen anzuvertrauen, wofür sie eigentlich
geschaffen worden, wäre ein Wagnis gewesen. Die halb verfallenen
Werke von Syracus Augusta Melazzo, auf der Westküste von Trapani,
wurden mit britischem Gelde in Stand gesetzt, Straßen und Verkehrs=
wege in dem Gebiete der britischen Demarcations=Linie hergestellt,
Batterien an den der Südspitze von Calabrien gegenüberliegenden
Punkten errichtet, mit einem Wort angesichts des französischen Auf=
marsches jenseits des Faro alle Gegenanstalten mit einer Raschheit
und Geschicklichkeit getroffen, für welche dem britischen Oberfeldherrn
die höchste Anerkennung gebührte.

*   *   *

---

[1]) Collingwood's erhebendes Ende s. Mémoirs S. 495 f.

In den ersten Tagen Mai hatte schon ein großer Theil der gallo=italischen Armee dem Cap Pelorus gegenüber seine Aufstellung genommen [1]). Admiral Martin sandte eine Fregatte von 50 Kanonen auf Kundschaft in den Golf von Neapel. König Joachim ließ ein kleines Geschwader gegen sie auslaufen: 1 Fregatte 1 Corvette 1 Brigg 1 Kutter und 6 Kanonen=Boote; aus der Stadt strömte die halbe Be= völkerung an das Gestade einem Schauspiele zuzuschauen das, wie sie meinte, nur mit dem Siege der Ihrigen gekrönt sein konnte. Doch es kam anders. Der neapolitanische Commandant verlor gleich zu Anfang des Gefechtes seinen Arm, mehrere Officiere fielen, die Brigg wurde in den Grund gebohrt; die andern Schiffe mehr oder minder beschädigt kehrten in den Hafen zurück, nachdem sie 50 Mann an Todten, mehr als doppelt so viel an Verwundeten eingebüßt hatten ... Es war das keine gute Vorbedeutung für die französisch=neapolitanischen Erfolge zur See, worauf doch bei einem Unternehmen gegen Sicilien das meiste ankam. Selbst längs der eigenen Küste konnte König Joachim Transport=Schiffe mit Lebensmitteln und Kriegsbedarf nur unter dem Schutze von Strand=Batterien, die in dem Maße als jene ihre Seefahrt fortsetzten von einem Punkte zum andern rückten, sich vorwärts bewegen lassen. Auf der adriatischen Seite in Otranto waren wiederholt Truppen und Proviant zur Ueberfahrt nach Korfu bereit; doch kaum daß sie in die See stachen waren britische Kriegs= schiffe zur Stelle die sie in den Hafen zurücktrieben.

Am 2. Juni veröffentlichte der königliche Intendant von Reggio ein Manifest das der Bevölkerung kund und zu wissen gab, noch vor Ende des Monats werde die Landung in Sicilien erfolgen [2]). Man sprach von 20 Divisionen, jede zu 50 Barken, die Barke mit durch= schnittlich 30 Mann; der König habe seinen Soldaten fünftägige

---

[1]) Ein Sohn des Duca di Noja aus dem Hause Caraffa, in Diensten des Napoleoniden, der in dieser Zeit am calabrischen Gestade dem Faro gegenüber einen Telegraphen aufgerichtet hatte, wurde nächtlicher Weile von einem sicilischen Corsaren aufgehoben und gefangen nach Palermo gebracht.

[2]) „Gioacchino Napoleone per la grazia di Dio Re delle due Sicilie ... mi ha imposto di far noto a questa popolazione che non oltre passeranno i giorni 25 che si passerà in Sicilia, e mi ha impegnato la sua parola d'onore" ecc.

26*

Plünderung aller mit bewaffneter Hand eroberten Orte verheißen. Der Erbprinz Karl Anton von Hohenzollern-Sigmaringen, in Diensten König Joachim's dessen Bruderstochter Antoinette, von Napoleon in den Fürstenstand erhoben, er zur Gemahlin hatte, richtete an die in Sicilien befindlichen Truppen deutscher Nation die Aufforderung die dortigen Reihen zu verlassen und herüber auf's Festland zu kommen wo man ihnen Mittel bieten werde in ihre Heimat zurückzukehren. Der Aufruf hatte eine höhnische Erwiederung von jenseits des Faro zur Folge welche General Stuart in Druck legen und in zahlreichen Exemplaren verbreiten ließ, und statt von drüben jemand herüberzu- locken hatten die Franco-Neapolitaner vielmehr Ursache im eigenen Lande auf ihrer Hut zu sein. In mehreren Gegenden Calabriens tauchten Banden auf, bildeten sich Zusammenrottungen bewaffneter Bauern, kurz drohte im Rücken und in den Flanken des königlichen Heeres jener kleine Krieg wieder zu entbrennen der vor Jahren dem Könige Joseph so viel zu schaffen gemacht hatte.

Der leichtblütige Joachim gab sich den überschwänglichsten Erwar- tungen hin und träumte alle Augenblicke von einer Landung, während nicht blos Grenier sondern auch die andern französischen Generale vor jedem Wagnis warnten dessen Mislingen ihre Land- und Seemacht sicherem Untergang preisgab. Eines Tages traf ihn einer seiner Or- donnanz-Officiere vor dem Glase seines gerade auf Messina gerichteten Fernrohrs; der König wandte sich zu ihm und sprach: „Niemand kann läugnen daß Messina mein ist — On ne pourra pas nier que Messine est à moi!" Dabei beherrschte ihn, weil er den Titel eines Groß-Admirals führte, die Eitelkeit sich auch im Seewesen zu zeigen, während er in Wahrheit nichts davon verstand und nur zu häufig Unternehmungen anordnete von denen sich jeder erfahrene Marine- Officier im vorhinein sagen mußte daß sie nicht gelingen konnten [1]). Auch erlitten die Franco-Neapolitaner zur See eine Schlappe nach der andern. Hier bohrten ihnen die Siculo-Briten 8 Kanonenboote in den

---

[1]) Pepe I S. 174: „.. quel novello Carlo XII che, per esser grande ammiraglio dell' impero francese, pretendeva pure saper di marina"; der Ver- fasser führt einzelne Beispiele solch verkehrter Befehle Murat's an.

Grund, dort kaperten sie ihnen 3 Kanonenboote und 10 Transport=
schiffe weg 2c. Wo immer sich ein paar ihrer Schiffe in die See
wagten, in der Meerenge von Messina, beim Vorgebirg Spartivento,
in den Wässern von Cotrone, überall waren ihre überlegenern Gegner
ihnen auf der Spur so daß zuletzt völlige Entmuthigung in den Reihen
der Murat'schen Marineurs einriß [1]). Der empfindlichste Schlag traf
am 27. Juli einen von Neapel nach Scylla bestimmten Convoi von
60 mit Proviant und Munition beladenen Fahrzeugen der von
einem sicilischen Geschwader unter Anführung der britischen Fregatte
„Thames" auf der Höhe von Amantea angegriffen wurde; 37 Schiffe
wurden genommen, die andern verbrannt oder in den Grund gebohrt.
Die maritime Ueberlegenheit der Engländer brachte den Franco=Neapoli=
tanern noch andere Nachtheile. Denn bei der ungemeinen Wachsamkeit
der Gegner war es ihnen auf keine Weise möglich Kundschaft von
den Zuständen auf der Insel, von dem Geiste und den Verhält=
nissen der drübigen Truppen einzuziehen, während gleichzeitig die
Beschaffung von Lebensmitteln auf dem Seewege von einem Tage
zum andern schwieriger wurde. Manche Artikel, besonders Colonial=
Waaren stiegen dadurch auf eine unglaubliche Höhe. Ein Pfund Zucker
das man in Messina um ein paar Soldi bekam kostete ostwärts vom
Faro dritthalb Ducaten, so daß selbst die Spitals=Aerzte Anstand
nahmen ihren Kranken einen so kostbaren Stoff zu verschreiben.

Um dieselbe Zeit steuerten ein spanisches und ein britisches
Kriegsschiff von Sicilien gegen die Küsten von Savona; sie hatten
zwei katholische Prälaten an Bord und nichts geringeres im Sinn als
den Papst aus seiner Gefangenschaft herauszulocken und in sichern
Schutz zu bringen. Doch schlug der Plan fehl. Sie hatten die List ge=
braucht die französische Flagge aufzuhissen; allein das Trugspiel wurde
erkannt, französische Schiffe waren in Bereitschaft sie zu empfangen,

---

[1]) Cresceri 29. Juni und 15. Juli 1810: „ . . . per le quali cose sembra
che più non ardiscano distaccarsi dalle loro spiaggie, se non che di quelli che
bramano di disertare, come fecero la notte dei 30 giugno le ciurme d'una
scampavia e d'una barca di provvisione, le quali da Tropea vennero a darsi
al Generale Stuart di cui furono largamente premiate".

so daß jene Kehrt machen und im Hafen von Cagliari einlaufen mußten von wo sie unverrichteter Dinge nach Sicilien zurückkehrten.

Das schönste kriegerische Schauspiel bot die Schlachtreihe der Franco-Neapolitaner auf der einen, der Siculo-Briten auf der andern Seite des Faro: jene von oberhalb Scylla bis unterhalb Reggio mit dem Hügel von Piale als Mittelpunkt wo der König ein prachtvolles von dreifarbigen in die Luft flatternden Fahnen überragtes Gezelt aufgeschlagen hatte, diese vom Cap Pelorus bis unterhalb San Stefano mit dem Haupt-Quartier in Messina. Man konnte unbewaffneten Auges von einer Aufstellung zur andern hinübersehen und jede größere Bewegung der feindlichen Truppen wahrnehmen. Einen eigenthümlichen Anblick gewährte es als Joachim am Napoleons-Tage seine Truppen zur Parade ausrücken ließ, während die Siculo-Briten mit ihren Schiffen ausliefen und ihre Kugeln gegen die festlich geschmückten Reihen der Franco-Neapolitaner richteten. Diese hielten zwar wacker Stand und begrüßten ihren nahenden Feldherrn mit Hochrufen auf ihn und den Kaiser: allein der Ton war doch etwas unsicher und ernst, so daß es schier an das „Morituri te salutant" der alten Gladiatoren gemahnte; auch beschleunigte Joachim seinen Vorbeiritt so gut als es sich mit Anstand ausführen ließ, und jede Truppen-Abtheilung — eine neapolitanische und drei französische Divisionen — schwenkte, sobald sie die Revue passirt hatte, allsogleich ab um aus dem Bereich der tödtlichen Geschosse zu kommen . . .

Der britische General Cockburn, der anfangs September nach Sicilien kam und daselbst ein Commando südwärts von Messina übernahm, hat in sehr anschaulicher Weise den Ausblick beschrieben den man vom Thurme des Faro auf das jenseitige süd-calabresische Gestade genoß. König Joachim mochte damals 20000 Mann beisammen haben, einige sprachen sogar von 30000; seine Gegner, deren Hauptmacht zwischen Messina und dem Faro stand, dem Lager Murat's gerade gegenüber, zählten 14—15000 Mann. An Fahrzeugen zur Ueberfahrt hatte Murat wohl bei 500, es war wie ein Wald von Masten. Wenn die Abendsonne ihre Strahlen in dieser reinen durchsichtigen

Atmosphäre auf das französische Lager warf konnten die Engländer jeden Gegenstand, bis auf den prunkliebenden König in Person, genau unterscheiden. Am Kanoniren ließ man es von beiden Seiten nicht fehlen. Die Franzosen hatten einige sehr schwere Geschütze aus denen ihre Kugeln über die Meerenge mitten in das britische Lager flogen; doch war der Schaden den sie anrichteten ein sehr geringer. Im September verging kaum ein Tag wo es nicht irgend ein Ereignis gab. Am 5. früh morgens war eine Bewegung im calabresischen Lager zu bemerken, die Franzosen marschirten zum Ufer herab um sich einzuschiffen, und es erfolgte nun, 10 Uhr Vormittags, eine heftige Kanonade aus den beiderseitigen Batterien und von den Schiffen, wobei etwa dreihundert Geschütze drei Stunden lang in Thätigkeit waren. Franzosen wie Engländer verloren einige Leute, jenen wurden überdies mehrere Fahrzeuge in den Grund gebohrt, und der König, nachdem er in Person vierzehn Stunden an Bord gewesen, kehrte unverrichteter Dinge in sein Lager zurück. Am 11. waren die Siculo-Briten der angreifende Theil: 2 Linienschiffe 2 Fregatten und 3 Kanonen-Briggs fuhren in der Bucht von Pentimele auf, schossen mehrere der dort vor Anker liegenden Transport-Schiffe in den Grund, richteten an den Strand-Batterien und Befestigungen, selbst an dem Thurm von Reggio argen Schaden an. Am 17. gab es ein kleines Seegefecht. „Man kann sich nichts schöneres vorstellen", schreibt Cockburn: „der Schauplatz begränzt von den zwei Armeen, die mahlerische Gegend zu beiden Seiten der Meerenge, der Rauch, der Lärm und Widerhall der Kanonen, all' das unter einem klaren Himmel und im vollen Sonnenschein, das Schauspiel war schön über alle Beschreibung!" Es wurde abermals drei Stunden geschossen, aber nichts ausgerichtet [1]).

---

[1]) Cockburn I S. 70—81 mit einem Kärtchen der Gegend beiderseits der Meerenge und II S. 308—312 mit einer genauen Aufzählung der beiderseitigen militairischen und maritimen Streitkräfte . . . Es ist jedenfalls übertrieben wenn es bei Blaquiere I S. 535 heißt: „When I inform you that during the whole time the only injury created on either side did not exceed the destruction of a few old women and some cats and dogs, although many thousand were expended, a tolerable idea may be formed of this novel species of warfare".

Endlich schien König Joachim mit seinem längst gehegten Vorhaben Ernst machen zu wollen. Eine Abtheilung unter General
Cavaignac sollte sechs Miglien südlich, eine andere etwas nördlich
von Messina an's Land gesetzt werden, während der König mit der
Hauptmacht in Bereitschaft blieb um, sobald jene beiden Unternehmungen in Gang gesetzt, geraden Weges auf Messina loszusteuern;
als Tag der Ausführung war der 18. September bestimmt. Anfangs
schien auch alles gut zu gehen. Dem General Cavaignac, der noch
vor Tagesanbruch mit 3000 Mann bei San-Stefano an's Ufer
stieß, gelang es den Feind zu überraschen. Obwohl auf britischer
Seite bei dem geringsten Anlasse Lärm gemacht zu werden pflegte der
sich oft genug als ein blinder erwies, ertönten diesmal keine Alarm-
Schüsse so daß Cavaignac fast seine ganze Ausschiffung vollenden
konnte ehe General Forbes in Messina eine Ahnung davon hatte.
Doch jetzt eilten von allen Seiten Truppen herbei; das Landvolk
erhob sich und griff zu seinen Gewehren mit denen es gut umzugehen
wußte. König Joachim der von seinem erhöhten Standpunkt auf Piale
dies wahrnahm gab nun das Zeichen zum Rückzug, worauf die Franzosen in aller Eile ihre Schiffe suchten. Aber 100 Mann, die nicht
schnell genug an Bord kamen, mußten sich am Ufer zu Gefangenen
machen lassen. Das corsische leichte Regiment das sich bereits weiter
in's Land gewagt hatte wurde von einer deutschen Schützen-Compagnie
und vom bäuerlichen Landsturm abgeschnitten, steckte die weiße Fahne
auf und ergab sich, 40 Officiere und 700 Mann. Noch bevor der
Rest von Cavaignac's Truppen das calabresische Gestade erreicht hatte,
jagten ihm die Briten im Angesichte von Reggio zwei Boote ab die
bei 100 Mann faßten. Die Gefangenen, alles in allem an 900 Mann
mit 41 Officieren, wurden nach Malta eingeschifft [1]).

Das war der erste und letzte ernste Versuch einer Landung in
Sicilien den Murat während seiner mehrmonatlichen Aufstellung
machte; als dieser einen so kläglichen Ausgang nahm stellte er mis-

---

[1]) Cockburn beschreibt I S. 81—89 die Affaire ausführlich; der General-
Adjutant Stuart's General Campbell befehligte dabei das 21. in Contessa einquartierte Regiment; auch ein deutsches und ein Fremden-Bataillon waren in der

muthig alle weitern Unternehmungen ein und löste sein Lager auf.
Noch einige Tage währte die Kanonade fort an die man schon förmlich
gewöhnt war, bis sich am 27. September eine eigenthümliche Bewegung im französischen Lager kundgab. Am 29. wurden die Flaggen
des Königs eingezogen, die Strand-Befestigungen niedergerissen; alles
war zum Aufbruch zu Land und zu Meer bereit. Nur einige Batterien
mit mäßiger Besatzung zu ihrem Schutz blieben dem Faro gegenüber
stehen, weniger wie es schien um im Frühjahr das Kriegsspiel zu
erneuern, als um sich befürchteter Angriffe von drüben zu erwehren.
Von britischer Seite geschah nichts das Absegeln der vielen Fahrzeuge
zu stören oder zu hindern. Dagegen waren die Elemente dem königs-
lichen Geschwader ungünstig das von einem furchtbaren Sturm her-
genommen wurde und nahe am Schiffbruch war; Joachim ließ sich
darum bei Sorrento an's Land setzen, bestieg mit seiner Begleitung
Maulthiere und ritt bis Castellamare wo ihn die königlichen Kutschen
erwarteten. Seine Truppen befanden sich auf dem Landwege im
Marsch nach ihren verschiedenen Stationen. Ein paar Tage, und der
Strand von Reggio, an welchem es nahezu ein halbes Jahr so viel
Leben und Unruhe gegeben hatte, sah wieder still und ruhig wie
ehedem zum Faro hinüber.

König Joachim hatte sein Armee-Corps auseinandergehen lassen
ohne erst in Paris anzufragen. Als Napoleon davon hörte gerieth er
in heftigen Zorn. Denn wenn es Murat auch nicht gelänge seinen
Hauptzweck zu erreichen, in seiner Aufstellung sollte er jedenfalls verharren um die Engländer im Schach zu halten und zu verhindern
daß sie auf andern Punkten ihre Streitkräfte vermehrten. „Wie hat der
König von Neapel seine Unternehmung aufgeben können“, schrieb er nach
der ersten Kunde an Clarke, „da der Zweck derselben, die Eroberung von
Sicilien, nicht erreicht worden?!“ Als dann in der That die Engländer,
sobald sie sicher waren daß es mit dem Abbruch des jenseitigen Unternehmens Ernst sei, Truppen nach Portugal schickten, bekam der König

Action: „The country people all turned against these invaders and, being
all armed and good marksmen, were of great use“.

ein kurzes aber um so leidenschaftlicheres Schreiben seines Schwagers
das mit den Worten schloß: „Sie handeln ohne jeden Gedanken von
Klugheit — Vous agissez sans aucune espèce de prudence" [1]).

Wie Napoleon und Murat an ihrem Unternehmen gegen Sicilien
keine Freude haben konnten, so war dasselbe drüben am Hofe von
Palermo mit der spanischen Angelegenheit der Fall.

Der Herzog von Orléans, den wir am 22. Mai von Sicilien
haben absegeln lassen, war in Tarragona an der catalonischen Küste
in einem Zeitpunkte eingetroffen wo die nationale Erhebung einen
Miserfolg nach dem andern erlitten hatte. Louis Philippe hatte wohl
eine Proclamation erlassen worin er Napoleon als Usurpator und
Thrannen hinstellte und alle Franzosen aufforderte dessen Fahnen zu
verlassen; allein er hatte bald einsehen müssen daß auf dieser Seite
des Kriegsschauplatzes für den Augenblick nichts zu thun sei und hatte
sich nach Cadiz eingeschifft wo er am 20. Juni gelandet war um die
fernern Entschließungen der Regentschaft abzuwarten. Als Woche um
Woche verlaufen war ohne daß man ihm von jener Seite entgegen-
gekommen wäre, hatte er am 28. Juli sich in Person dem obersten
Rathe vorgestellt und darauf gedrungen daß ihm ein schriftlicher
Bescheid zutheil werde da er in der zweideutigen Stellung, in die
er sich seit seiner Ankunft in den spanischen Gewässern gebracht sehe,
nicht länger zu verharren gedenke. Die verlangte Antwort war darauf
erfolgt, jedoch in einem Sinne der die Erwartungen des ehrgeizigen
Herzogs gar sehr herabstimmen mußte. Er hatte sich schon als
Regenten von Spanien gesehen; seine Umgebung war so unvorsichtig
gewesen damit zu prahlen, und das hatte in den leitenden Kreisen
der spanischen Nationalpartei das erste Misfallen erweckt. Aber auch

---

[1]) Das Schreiben an Clarke datirte vom 13., das an König Joachim vom
25. October 1810, XXI Nr. 17042 S. 215 f., Nr. 17079 S. 237. Noch acht
Wochen später, 22. December, kam eine zweite Straf-Epistel nach, Nr. 17231 S. 330,
wo es hieß: „Il n'y a aucune espèce de doute que vous deviez passer et vous
emparer de la Sicile, au lieu de faire un débarquement inutile et de faire
prendre les deux bataillons corses, forts de plus de 950 hommes".

im britischen Lager, und in dem stillen Hause zu Hartwell wo man anfangs sein Unternehmen zustimmend begrüßt, hatte seither die Stimmung zu seinen Ungunsten umgeschlagen. Der Graf von Provence begann seinem jungen Vetter zu mistrauen und Wellington wollte trotz der wärmsten Fürsprache Dumouriez', der fortfuhr Louis Philippe seine Theilnahme zuzuwenden, von ihm nichts mehr wissen; ja Wellington's Bruder der Marquis von Wellesley ließ der Central-Junta, bei welcher er als Vertreter Englands beglaubigt war, merken seine Regierung werde ihre Truppen zurückziehen wenn man daran denke dem Herzog von Orléans einen entscheidenden Posten einzuräumen. So verlegte man sich denn seitens des Regentschafts-Rathes auf Ausflüchte. Der Prinz, hieß es, sei nicht eigentlich eingeladen worden ein Commando zu übernehmen, man habe vielmehr auf das Andringen seines Vertrauensmannes Broval nur zugelassen daß er dies thue; auch sei seine Bestimmung Catalonien gewesen von wo er sich aber aus freien Stücken wegbegeben habe 2c. Ein Versuch den Louis Philippe machte von der Junta an die auf Isla de Leon versammelten Cortes zu appelliren scheiterte kläglich: man ließ ihn, der in vollem Rathe seine Sache vertheidigen wollte, nicht einmal vor, 30. September. Als nun sogar der Gouverneur von Cadiz Befehl erhielt den Prinzen auf gute Art zu schleunigster Abreise zu bewegen da dessen ferneres Weilen nur eine Verlegenheit für die nationale Sache sei, bestieg er am 5. October die Fregatte „La Esmeralda" und steuerte nach Sicilien zurück [1].

Mit einem persönlichen Eingreifen in die spanischen Angelegenheiten von Palermo aus war es unter solchen Umständen vorbei, und der Herzog, dem in der Zwischenzeit seine junge Gemahlin einen Prinzen geboren hatte, 2. September, der den Namen ihres königlichen Vaters Ferdinand erhielt, zog sich auf seinen Landsitz von Bagaritta zurück und schien allem politischen Leben fern bleiben zu wollen. Die diplomatischen Beziehungen zwischen dem Hofe von Palermo und dem spanischen Regentschafts-Rathe waren darum nicht abgebrochen. Im

---

[1] Ausführliches bei Boudin I S. 300—305.

Jahre 1811 kehrte zwar Padre Gil, Minister des letztern, nach Spanien zurück, doch blieb ein Geschäftsträger an seiner Statt in Sicilien, während von da aus Conte Priola, ältester Sohn des Fürsten von Villarmoja, als bevollmächtigter Minister nach Cadiz abging und seinen Vormann Cavaliere Robertone ablöste.

*   *   *

Das Kriegsspiel an der Meerenge von Messina hatte im Ver= hältnis zu der Unmasse Pulvers das verpufft und der Wurfgeschosse die geschleudert worden, sehr wenig Menschenleben gekostet und auch der Schaden an zerschossenen und in den Grund gebohrten Fahrzeugen war im ganzen nicht erheblich. Einen empfindlichen Abgang hatten durch die monatlange Ausrückung und Aufstellung nur die Finanzen diesseits wie jenseits des Faro erlitten.

Auf dem Festlande hatte überdies der Feldzug, wie jede der frühern Unternehmungen solcher Art, ein trauriges Nachspiel zur Folge, viel grausamer und blutiger als die vorangegangene militairische Action. Wie früher erwähnt hatten sich gleich bei Beginn der Feind= seligkeiten Anzeichen wieder erstehenden Bandenwesens kundgegeben. Kleinere Abtheilungen Franzosen wurden auf dem Marsche überfallen, vereinzelte Posten angegriffen und getödtet, Transporte von Lebens= mitteln angehalten und in Beschlag genommen. Eines Tages, in der Gegend von Palmi, begegnete dem Könige eine Streifwache Gendarmen die einen mit Stricken gebundenen Menschen in ihrer Mitte führten. Der König fragte jene was das bedeute, doch der Gefangene ergriff selbst das Wort: „Ich bin Brigant, o König", sagte er, „doch Ihrer Verzeihung werth; denn gestern als Sie in den Bergen von Scylla herumstiegen war ich verborgen hinter einem Felsblock und konnte Sie tödten, Ihr Anblick groß und königlich hielt mich zurück. Hätte ich meinen Vorsatz ausgeführt so wäre ich nicht heute gefangen und dem Tode nahe". Der König befahl die Freilassung des Briganten, der die Kniescheibe des königlichen Pferdes küßte und freudig davon ging um ein ordentlicher Mensch zu werden.

In seine Hauptstadt zurückgekehrt beschloß Joachim das Räuber-
und Bandenwesen von der Wurzel auszurotten. Er schickte seinen
Flügel-Adjutanten General Manhès mit der obersten Civil- und
Militair-Gewalt ausgerüstet nach Calabrien, woselbst dieser mit aller
Strenge seines Amtes walten sollte. Gleich das erste Auftreten des
Generals war furchtbar. Er begann mit Befehlen und Drohungen
die so scharf und rücksichtslos waren daß man gar nicht glaubte sie
könnten ernst gemeint sein. Nachdem dann Manhès die Zeit abgewartet wo die Bäume ohne Früchte und ihres Blätterschmuckes
beraubt, somit Schirm und Nahrung für den im Freien Weilenden
geschwunden waren, gab er Verzeichnisse der bekannten Briganten
hinaus, mit der gemessenen Aufforderung an die Gemeinden und
alle einzelnen Angehörigen derselben, jeden Briganten gefangen zu
nehmen oder zu tödten, bewaffnete Streifzüge zu ihrer Festnahme
zu veranstalten. Auf was immer für eine Art Verkehr mit einem
Briganten, geschweige denn Gewährung von Unterstand, Verabreichung
von Lebensmitteln an denselben, war Tod gesetzt, ohne Unterschied
von Mann und Frau, von Aeltern und Kindern, Brüdern und
Schwestern. Alle Viehheerden sollten in geschützte Orte getrieben,
Felder in gewissen Gegenden unbebaut gelassen, Nahrung unter keinem
Vorwande aus dem Hause getragen werden. Gendarmerie-Posten
wurden im Lande vertheilt, nicht um die Briganten einzufangen,
sondern um die friedlichen Leute zu überwachen ob sie alles buchstäblich thäten was ihnen auferlegt worden. Und nun begann an
einem und demselben Tage in allen drei Calabrien von la Rotonda
am Campo Tenese im Norden bis Reggio im Süden eine unerbittliche Jagd, und wer da gefangen wurde, mit den Waffen in der
Hand oder weil er sonst als Brigant bekannt oder verdächtig war,
für den gab es keinen Pardon. Wie das Wild gehetzt flohen die
Verfolgten aus einem Schlupfwinkel in den andern, die Ortschaften
meidend wo sie sonst bei Verwandten und Genossen Aufnahme gefunden hatten, denen sie aber jetzt nur Schaden bringen, Untergang
bereiten konnten. Die Unglücklichen mußten sich von dem nähren
was sie vom Boden auflasen, was sie von der Rinde der Bäume

abschabten oder aus der Erde ausgruben; denn jede Krume Brod
die ihnen ein mitleidiges Kind verabreichte stürzte dieses in's Verderben. Es kamen mitunter haarsträubende Auftritte vor. In der
Nähe von Stilo hielt eine Abtheilung Gendarmen unter Lieutenant
Gambacorta eilf zur Oliven-Lese auf einen entlegenen Anger aus-
geschickte Personen an; weil sie Brod bei sich trugen, spärlichen Mundvorrath für ihre Tagesarbeit, wurden sie festgenommen und alle ohne
Ausnahme erschossen. Im Haine von San-Biase genas ein Briganten-
Weib eines Kindes das es, um durch dessen Geschrei nicht sich und
ihren Mann verrathen zu lassen, nächtlicher Weile nach Nicastro trug
und einer Freundin zur Wartung gab; als die Schergen Manhès'
den Fall erfuhren nahmen sie das Kind in Empfang für welches in
anderer Weise gesorgt wurde, allein die Beschützerin und Behüterin
eines Briganten-Knäbleins büßte ihr Mitleid mit dem Tode. In einem
Holz nächst Cosenza wurde ein Greis überrascht der einem von Hunger
und Mühsal herabgekommenen Mann etwas Nahrung zusteckte; es
waren Vater und Sohn, letzterer Brigant, beide wurden zur Stadt
gebracht und auf dem Hauptplatze hingerichtet, und zwar, um dem
Alten der sich durch Liebe und Erbarmen zu einem Acte der Menschlichkeit hatte bewegen lassen die empfindlichere Strafe zukommen zu
lassen, der Jüngere zuerst... Man wird es glauben daß es mit
Maßregeln so schrecklicher Art kaum zwei Monate brauchte um das
Brigantenthum mit Stumpf und Stiel auszurotten. Von dreitausend
Beschuldigten welche die November-Liste aufgezählt hatte fehlte am
Schlusse des Jahres 1810 — ein einziger. Die Aufgabe die dem
General Manhès in Calabrien gestellt worden, war gelöst und er
konnte in andere Provinzen commandirt werden, um dort dasselbe zu
leisten was ihm in den Bergen der Sila und am Golf von Squillace
so gründlich gelungen war[1]).

---

[1]) Colletta der VII 27 den Fall von Stilo erzählt fügt folgenden Zug
bei: „Non riferirò ciò che di miserevole disse e fece una delle prese donne
per la speranza, che tornò vana, di salvare non sè stessa ma un figliuolo di
dodici anni“. Ebenda 28 über den gräulichen Martertod des Briganten-Chefs
Benicasa, den letzten Verzweiflungskampf und das heroische Ende des Para-

Ohne Zweifel hing mit der Erbitterung welche diese unerhörten Maßregeln hervorriefen eine Verschwörung zusammen, an deren Spitze ein Frà Giusti, gewesener Mönch stand. Der König sollte im Forst von Mondragone wo er zu jagen pflegte ermordet werden, die nahe Küste den Thätern das Entkommen erleichtern. Der Anschlag kam kurz vor der zur Ausführung bestimmten Frist durch den Verrath eines Mitverschwornen an den Tag, die Schuldigen, nahezu dreißig an der Zahl, wurden eingezogen. Der königliche Procurator beantragte für sieben Todesstrafe, für die andern lebenslängliche Galeeren-Arbeit; doch der König hielt großmüthig der strafenden Gerechtigkeit den Arm und schlug, noch bevor ein Urtheil gesprochen war, das weitere Verfahren nieder [1]).

---

fanti ꝛc. S. auch Gioa. Murat ꝛc. II S. 11—20; der ungenannte Verfasser ein unverhohlener Parteigänger des französischen Regiments in Neapel hält, nachdem er eine Anzahl der grellsten Vorgänge erzählt, mit der Bemerkung inne: „E qui mi arresto che l' animo non basta a narrare altri fatti i quali certificarono delle orribili minacce del generale essere l' adempimento certo, inflessibile, maggiore". Ueber General Manhès, geb. zu Aurillac 1777 s. Notice biographique ꝛc. par M. de G*** Paris 1817. Der Verfasser, Panegyriker seines Helden, erzählt derselbe sei in den Abruzzen als „Erster Bürger und Befreier" gefeiert worden. Ueber die Erfolge seines Wirkens heißt es: „Les communications devinrent aussi sûres dans les Calabres que dans les pays les plus civilisés de l'Europe, et le commerce fut en quelque sorte la conquête de ses riches contrées" ... Ueber die heilsamen Folgen welche das barbarische Verfahren nach sich zog s. auch Colletta VII 29: „.. e quella forse fu la prima volta nella vita del sempre inquiete e diviso popolo napolitano, che non briganti non partigiani non ladri infestassero le pubbliche strade e le campagne ... E perciò, il brigantaggio era enormità ed il generale Manhès fu istrumento d' inflessibile giustizia, incapace, como sono i flagelli, di limite o di misura" ... Es verdient übrigens bemerkt zu werden daß nach Pepe I S. 171 Colletta selbst im Verrufe stand kein erbarmungsvoller Richter zu sein: „perchè essendo costui capitano relatore presso una commissione militare, inferociva contro i poveri cittadini condotti inanzi a quel tribunale di sangue".

[1]) Wortlaut des königlichen Schreibens an den Gerichts-Präsidenten bei Colletta VII 40.

21. Sicilische Zustände und Stimmungen.

1810/11.

Als noch der königliche Hof seinen Sitz in Neapel hatte wurden die Angelegenheiten Siciliens in der Hauptstadt durch eine berathende Behörde (Giunta consultativa di Sicilia), auf der Insel selbst durch einen Statthalter oder Vice-König vertreten. Nach dem Verluste des Festlandes, wo Palermo zur Haupt- und Residenz-Stadt des gesammten königlichen Besitzes ward, besorgten die oberste Verwaltung vier Staats-Secretaire: für das Auswärtige, für Krieg und Marine, für Justiz und Gnaden, für die Finanzen, wozu als französische Einrichtung und mit französischer Benennung ein „Ministre de la Maison Royale" kam. Allein wie König Ferdinand nach der Wiedereroberung von Neapel im Jahre 1799 den Vorwurf hatte hören müssen daß er seinen Sicilianern ungebührlichen Einfluß in neapolitanischen Dingen einräume, so war es umgekehrt auf der Insel, schon seit der ersten Anwesenheit des Hofes 1799 bis 1801, ein unaufhörlicher Gegenstand der Klage daß sich im obersten Rathe der Krone fast ausschließend Neapolitaner befänden. Der letztere Tadel war ohne Frage noch ungegründeter als der erstere, wenn man in Erwägung zog — was freilich für die dem Festlande stets abgeneigten Insulaner kein Be-schwichtigungsgrund war — daß es ja Ferdinand und Karolinen nicht in den Sinn kam die Eroberung Neapels durch den Erbfeind ihres Hauses als eine dauernde zu betrachten, daß sie vielmehr nicht auf-hörten Sicilien nur als einen Theil ihres angestammten Besitzes anzusehen und daß sie darum die vielen angesehenen Neapolitaner die ihnen treu und anhänglich in ihr zeitweiliges Exil gefolgt waren bei Besorgung der öffentlichen Angelegenheiten nicht völlig übergehen konnten. Wohl geschah in dieser Richtung mitunter etwas zu viel, so daß es eine Zeit darnach aussah als sollte von den ersten Stellen gar keine an Sicilianer verliehen werden. Nachdem Seratti im Sommer 1807 seinen Abschied genommen, waren das Departement für Justiz und Gnaden an Franc. Migliorini, die Angelegenheiten des könig-

lichen Hauses an den Finanz-Minister Medici übergangen, während
das auswärtige Amt fortwährend Circello leitete. Die Geschäfte des
Krieges und der Marine besorgte Ariolo; er hatte des Hochverrathes
angeklagt neun Jahre in den Staatsgefängnissen von Neapel und
dann in Trapani gesessen und war später vom Hofe wieder zu Gnaden
aufgenommen worden, dem er jetzt treue und gute Dienste leistete.
Von all diesen Ministern war keiner Sicilianer von Geburt; erst
einige Zeit später als Ariolo und Migliorini aus dem Amte schieden,
traten Marchese Castellintini-Gargallo aus Syracus und Parisi, gleichfalls ein Eingeborner, an deren Stelle [1]).

Der Sache nach hatte man in Sicilien keinen Grund über die
fremdländische Herkunft der Mehrzahl der leitenden Staatsmänner zu
klagen. Die Neapolitaner brachten vom Festlande kaum üblere Gewohnheiten oder verderbtere Anschauungen mit als die auf der Insel
zu Hause waren; von nicht-italienischen Administratoren aber, vorausgesetzt daß sie sonst die nöthigen Eigenschaften besaßen, konnten die
sicilischen Zustände nur gewinnen, wie sich ja die neapolitanischen unter
der frühern Leitung Acton's in mehr als einem Stücke gebessert hatten.
Die Insel war ein Stück Land das eine merkwürdige Unberührtheit
von der modernen Cultur zur Schau trug. Schon in materieller Hinsicht war Sicilien arg vernachlässigt; es gab fast keine regelrechte
Straße, keine Brücken im Lande, was den Vertrieb der Naturproducte
ungemein erschwerte. Noch schlimmer stand es in geistiger Beziehung
obwohl, was angeborne Fähigkeiten betrifft, der Sicilianer mit den
feinst organisirten Nationen in die Schranken treten kann. Lesen und
Schreiben waren fast wie im Mittelalter Eigengut gewisser Classen, zu
denen die Vornehmen des Landes nicht gehörten. Es gab Fürsten
und Herzoge die es nicht zu diesen beiden Fertigkeiten gebracht hatten;
für die große Masse galten sie vollends als überflüssig. Ungewöhnlich
begabte Menschen arbeiteten sich, wie überall und zu allen Zeiten,
trotz solcher Misstände durch, selbst einzelne reichere Mäcenaten fanden

---

[1]) Näheres über die hervorragendsten sicilischen Persönlichkeiten jener Zeit
bei Blaquiere I S. 458—485, Cockburn II S. 305—307.

sich und so war in Sicilien, wie auf dem neapolitanischen Festlande in der Zeit die der französischen Revolution voranging, für Wissenschaft und Kunst nicht unerhebliches geleistet worden; die sicilische Gelehrten-Republik hatte Namen von erstem Range aufzuweisen, man denke an den Astronomen Piazzi! Allein solch glänzende Ausnahmen mußten eher auf alles andere als auf den Zustand der öffentlichen Bildungsanstalten zurückgeführt werden. Die beiden Landes-Universitäten zu Palermo und Catania waren in der Behandlung ihrer Lehrfächer um Jahrhunderte zurück, und vollends im argen lag die Volksbildung, der Unterricht der untern Classen, was die Abhängigkeit, in welcher sich die Masse der Bevölkerung schon nach den Grundbesitz-Verhältnissen von den reichen und mächtigen Baronen befand, noch drückender und erniedrigender machte [1]). Die Land-Geistlichkeit und die Mönche der Insel standen in ihrem Wissen und in ihren Sitten vielleicht auf einer noch tiefern Stufe als jene des Festlandes, und das gleiche war von den niedern Kategorien des Beamtenstandes zu sagen. Die Gerechtigkeitspflege war in unterster Instanz in den Händen eines Justiz-Hauptmanns, eines Criminal-Richters und eines Fiscals, denen je nach der Größe und Bedeutenheit des Ortes eine Anzahl Sbirren zur Verfügung stand. Sie bezogen keine festen Gehalte vom Staate sondern waren an Taxen und Gebühren von den Parteien gewiesen, was allein schon zu Erpressungen von der einen, zu Bestechungsversuchen von der andern Seite führen mußte. In der That waren derlei Vorgänge etwas so gewohntes daß die Einheimischen kaum daran Anstoß nahmen und selbst Fremde, wollten sie etwas erreichen, sich der allgemeinen Unsitte fügen mußten. Ein britischer Reisender erzählt einen Fall wo einer seiner Landsleute in den Straßen

---

[1]) In einer dem britischen Ministerium überreichten Denkschrift (Castlereagh a. a. O. S. 220) heißt es: „I doubt whether the whole number of educated persons exceeds 1500, I mean the number of those who know how to write and read; there are princes who know neither ... No man in Sicily knows that water will rise to its own level as a matter of science. By experience they know that it will at a small distance, and their aqueducts are formed on that principle. History is quite unknown; so is geographie. The Spanish war was unheard of, except at Palermo and where the English were"...

von Messina ausgeraubt und ermordet worden; drei Personen wurden als verdächtig eingezogen, der That überwiesen und abgeurtheilt. Allein nun wußten ihre Verwandten und Spießgesellen an die Richter heranzukommen mit denen sie bald über ein Lösegeld einig wurden; den Engländern, denen aus naheliegenden Gründen alles daran lag die Strolche nicht straflos ausgehen zu lassen, blieb nichts übrig als eine Summe zusammenzuschießen die der als Lösegeld bestimmten den Vorrang ablief, worauf die Justiz ihres Amtes waltete und die Uebelthäter dem Henkertode überlieferte [1]). Mit dem Gefängniswesen stand es erbärmlich: zum Theil haarsträubende Räumlichkeiten ohne Licht, ohne Erneuerung der Luft und von einem unglaublichen Schmutz; was sich mit Verwahrungsorten solcher Art an unmenschlicher Grausamkeit leisten ließ hatte in der letzten Zeit der Marchese Artali gezeigt. Das gerichtliche Verfahren, wo noch die Tortur in allen Formen und Abstufungen herrschte [2]), war überdies jeder Willkür und Unordnung preisgegeben; man erzählte von Fällen wo sich die Untersuchung bis sieben Jahre hinschleppte, ja wo Angeschuldigte Jahre lang verhaftet saßen ohne ein einzigesmal verhört worden zu sein.

---

[1]) Galt Voyages and travels S. 85 ... Vgl. Blaquiere I S. 251 f. wo er von den Angehörigen der Verhafteten spricht „who are naturally anxious to liberate them, and in attempting to do this hundreds are reduced to beggary, being often obliged to sell off all their little property to gratify the judges and lawyers who keep them continually in suspense" 2c., mit Cockburn I S. 321 Anm.: „I went into the goal at Messina, when the goaler pointed to a man and said, he has been tried for a robbery and has been about two years here, but his money is now out so he will soon be hanged; and in fact about a month after he was so".

[2]) Daß die Folter thatsächlich angewendet wurde läugnet Galt: „The torture for extorting confessions, if not abolished by law, is certainly not used in Sicily", worüber sich Blaquiere, der das Gegentheil behauptet, als einer leichtfertigen Beschönigung des wahren Sachverhalts nicht wenig aufhält, I S. 456*), und was der Verfasser S. 254 von der „damusa", einem Einzelgefängnis der unmenschlichsten Art erzählt, macht allerdings seine andere Behauptung sehr glaublich. S. auch Cockburn der.I S. 106 f. von den Gefängnissen von Messina spricht die er in Gesellschaft des Dr. Moseley besuchte: „The dungeons ... are built like dog boxes; into these persons are put and closed up, with merely an airhole but no light, and no room to stand up".

Alle diese Misbräuche und Misstände hingen auf das innigste mit der Verfassung zusammen die, vor Jahrhunderten für ganz andere Verhältnisse gegeben, selbst dem besten Willen der Regierung Fesseln anlegte. Sie beruhte auf drei Ständen: der Geistlichkeit, dem Adel, den freien d. h. nicht dem Gutsherrn unterthänigen Städten (braccio ecclesiastico, braccio militare e baronale, braccio demaniale). Die Geistlichkeit, 3 Erzbischöfe 7 Bischöfe und 51 Aebte, zählte 61, der Adel, worunter 59 Fürsten und 27 Herzoge, 227, das landtags= berechtigte Städtebürgerthum 43 Stimmen. Als die ersten und ein= flußreichsten der Barone galten der Fürst von Butera der über ein unermeßliches Vermögen und über fünfzehn Stimmen im Parlamente gebot; der Fürst von Paterno mit seinen beiden Söhnen, dem Grafen Caltanissetta und dem Herzog von San=Giovanni; endlich der Fürst Belmonte=Ventimiglia, ein Mann von großer Bildung, eben so liebenswürdig im gesellschaftlichen Umgang als geachtet in seiner öffent= lichen Stellung. Die Barone erkannten im König nur den Ersten ihres Gleichen und machten auf ihren Gütern Machtbefugnisse geltend die fast alle Souverainetäts=Rechte in sich schlossen. Der Hof wollte allerdings jene Befugnisse nur als Privilegien gelten lassen die von seinen Vorfahren dem landsässigen Adel eingeräumt worden seien[1]), und hatte wiederholt versucht dieselben auf ein billigeres Maß herab= zusetzen, ohne bisher zum erwünschten Ziele gekommen zu sein. Der Vice=König Marchese Caracciolo, der vor mehrern Jahrzehnten von dem unbedingten Vertrauen seines Monarchen getragen die Ueber= macht des Adels hatte beugen wollen, war mitten in seiner Arbeit vom Tode überrascht worden und es ging stark das Gerede, es sei

---

[1]) S. Galt Voyages S. 40: „Political power is in this island sub-divided in so many small unequal portions that there is not enough left to enable the government to act in a way suitable to the extremity of its cir-cumstances. The government feels that and, in ordre to preserve itself, is often obliged to act in a manner repugnant to the habits of the Sicilian nobility, and destructive of their feudal pretentions". Er vergleicht den damaligen Zustand Siciliens mit jenem Englands unter Heinrich VII: „The church is falling, the nobility are losing their feudal influence, and the pretentions of the crown and the consequence of the commons are visibly extending".

dies nicht auf natürliche Art geschehen [1]). Wie sehr das gleiche Unter-
fangen erst jüngst zum Sturze Acton's beigetragen, haben wir gesehen.

Die Einberufung des Landtages fand alle vier Jahre statt. In
der Zwischenzeit blieb eine ständige Deputation (Deputazione del
Regno), drei Mitglieder von jedem Stande, in Palermo zurück, an
deren Spitze der Erzbischof von Palermo, der Fürst von Butera als
der rangälteste unter den Baronen und der jedesmalige Prätor von
Palermo standen. Die Bestimmung dieser Deputation war: die Einhaltung und Ausführung der Anordnungen des Parlaments so wie
die unverkürzte Aufrechthaltung der Befugnisse und Vorrechte desselben
zu überwachen. Für Angelegenheiten von besonderer Wichtigkeit gab
es einen Obersten Rath unter persönlichem Vorsitz des Königs, dem
die Minister und die sieben ersten Barone angehörten. Die Macht
des Parlaments war darum so groß weil der König, außer den Einkünften von seinen Gütern die allerdings in den letzten Jahren durch
massenhafte Confiscationen sich stark gehoben hatten, an den Ertrag
der Steuern gewiesen war die ohne Zustimmung der Stände weder
geändert noch erhöht werden konnten. Im Ganzen hatte sich das
sicilische Parlament in den letzten Jahren nicht knickerisch gezeigt. Es
hatte dem Könige im Jahre 1802, um ihm die Mittel zur Erhaltung
seines Hofstaates zu verschaffen, eine jährliche Beisteuer von 250000
Unzen bewilligt; es hatte beim nächsten Termin 1806 nicht blos diesen
Beitrag weiter belassen, sondern außerdem der Königin ein besonderes
Geschenk von 10000 Scudi dargebracht. Im Ganzen berechnete man die
Jahres-Einkünfte der Krone auf 800000 Unzen = 2000000 Scudi =
4000000 Gulden Conventions-Münze. Damit war nicht blos der
Hofstaat zu bestreiten, sondern auch eine Armee auf den Beinen,
eine Kriegs-Flotte auf den Wogen zu halten, wozu die zahlreichen
Gaben an Angehörige und Anhänger des Hofes kamen, vorzüglich
an jene zahlreichen Neapolitaner die demselben über die Meerenge
des Faro gefolgt und in Folge dessen all ihrer jenseitigen Einkünfte
beraubt waren.

---

[1]) Rehfueß Sicilien S. 153, 157 f., 197—202.

Daß bei so bewandten Umständen der Hof aus einer Geld=
verlegenheit in die andere kam war begreiflich. Die Bourbons waren
zu keiner Zeit als gute Wirthe gerühmt und eben so war auf Karolinen
nichts von der haushälterischen Sparsamkeit Franz Stephan's über=
gegangen; in ihr steckte das Blut ihrer kaiserlichen Mutter, bei der
Freigebigkeit unter die königlichen Vorrechte aber zugleich unter die
königlichen Pflichten zählte. So ließ sich's auch Karolina, trotz ihrer
so sehr bedrängten Lage auf der Insel, nicht nehmen stets offene Hand
zu haben, Gnaden und Geschenke auszutheilen so lang sie selbst etwas
hatte. Wie der Finanz=Minister dabei mit dem Solde an die Truppen,
mit den Gehalten und Pensionen der Beamten, mit der Abtragung
fälliger Schulden zurecht käme, darnach wurde kaum gefragt¹). Karo=
lina trieb Politik in hohem Styl, Ferdinand war Monarch von
patriarchalischem Zuschnitt; daß man Geld einnehmen und ausgeben
müsse verstand sich beiden, jedem aus seinem Gesichtspunkte, von
selbst. Sie kamen nicht darauf, oder wollten nicht zugeben, daß
man entweder sich einschränken oder nach anderer Seite Zugeständnisse
zu machen sich entschließen müsse. Neumodische Reformen lagen der
Königin abseits von ihren umfassenderen Zielen, waren dem König
ein Attentat auf seine angestammten Rechte: ihr wie ihm hatten sie
überdies einen Beigeschmack von jenem verhaßten und verwünschten
Neu=Frankenthum das alle die Uebel herbeigeführt hatte unter denen
sie litten.

Dem Cabinet von St. James kam im Grunde die unausgesetzte
Geldbedrängnis des sicilischen Herrscherpaares ganz gelegen, weil es
dem Hofe, was Acton bis zum letzten Augenblick gewissenhaft ver=

---

¹) Ueber die sicilischen Finanzen s. den Bericht Cresceri's aus Palermo
7. December 1808: „Gli enunciati percepimenti appena bastano per supplire
alle paghe di 10 mila uomini di truppa di linea le quali di frequente riman-
gono arretrate, alle spese della più piccola marina, a quelle della corte, alle
frequenti molto costose sue caccie, ed a tante gratificazioni che la mano assai
benefica della Regina profonde, particolarmente verso li molti emigranti del
Regno di Napoli che qui si ritrovano. Ne viene in consequenza che il ministro
di azienda tiene sospese le pensioni, nè si dà premura di far prestare pagamenti di debiti anche dei più liquidi".

mieden hatte, durch Subsidien beispringen und dabei hoffen konnte
denselben mit der Zeit in eine gewisse Abhängigkeit von sich zu bringen.
Am 30. März 1808 war es gewesen wo dieses Verhältnis geschaffen
wurde. An diesem Tage hatten Marchese Circello und der britische
Gesandte Drummond zu Palermo einen Handels-Vertrag zwischen
England und Sicilien, eigentlich Allianz- und Subsidien-Tractat unterzeichnet der einige Monate später in London ratificirt worden und
von dort im Herbst 1808 in Sicilien wieder eingetroffen war. Im
Artikel VII dieses Vertrages hatte England die Vertheidigung der
festen Plätze von Messina und Augusta auf sich genommen; es wollte
daselbst 10000 Mann, im Falle des Bedarfs auch mehr erhalten für
deren Unterkunft König Ferdinand zu sorgen hätte. Der Artikel VIII
sicherte dem Hofe eine jährliche Beisteuer von 300000 Pfund Sterling
zu, und zwar sollte ihm diese Summe vom Herbst 1805 an, als der
Zeit der Ausschiffung der russisch-britischen Truppen in Neapel, zu
gute kommen. Anderthalb Jahre später erhöhte England den Betrag
auf 400000 Pfund Sterling. Allein auch damit war der Hof, der
nun einmal das Wirthschaften nicht verstand, weder am Ende seiner
Bedrängnisse noch das sicilische Land und Volk am Eingang zu einer
bessern Zukunft. Immer wieder ertönten Klagen unterrichteter Persönlichkeiten wie schleuderhaft man mit dem Gelde umgehe, wie man
bei Hofe Aufwand mache und Summen vergeude als befinde man
sich in den glänzendsten Verhältnissen, während für eigentliche Verbesserungen nichts geschehe. Wohl hatte man mit letztern schon 1806,
vom Parlament dazu aufgefordert, einen Anfang gemacht und zuerst
das Verkehrswesen in Angriff genommen: eine Auflage von 8000 Unzen
jährlich, auf die Grundeigenthümer umgelegt, sollte zur Herstellung
der Hauptstraßen verwendet, den Gemeinden jene der Neben- und
Verbindungsstraßen zur Pflicht gemacht werden. Im Jahre 1808
waren diese Arbeiten in vollen Gang gekommen; allein es scheint
daß sie nicht anhielten; ja es verlautete, manches von den für jenen
Zweck eingegangenen Geldern sei auf ganz andere Dinge verwendet
worden.

*   *

In den Erwartungen bezüglich der Haltung des Hofes die man
britischerseits an die Bewilligung von Subsidien für denselben geknüpft
hatte, sollte man sich bald getäuscht finden. Der Hof nahm das Geld
recht gern weil er dessen dringend bedurfte, meinte aber daneben seine
eigene Politik, die seit Jahren jene der britischen Minister und Generale
in unangenehmer Weise kreuzte, weiter führen zu können. Das gegenseitige Mistrauen welches, wie wir wissen, aus dieser Quelle ent-
sprungen war nahm von Jahr zu Jahr in solchem Grade zu daß
zuletzt ein Theil sich vor den Gewaltschritten des andern fürchtete. In
Palermo unterschob man den Engländern Herrschgier, wo nicht gar
Eroberungslust, eine Meinung die auch ostwärts vom Faro gehegt wurde
was sich in allerhand dort auftauchenden Gerüchten kundgab: Ferdinand
gehe damit um Groß-Britannien den Schutz und die Vertheidigung
Siciliens zu überlassen, den Engländern alle festen Plätze einzuräumen
oder gar den Besitz der Insel ihnen abzutreten; er werde nach Spanien,
die Königin nach Oesterreich sich zurückziehen [1]). Auf der britischen
Seite war die Voreingenommenheit noch größer weil man dort alles
was je Verläumdung über Karolinens Grausamkeit und Rachgier in
die Welt gesetzt hatte, wenn nicht für buchstäblich wahr, doch zu einem
großen Theile für wahrscheinlich nahm und auf diese Art nach und
nach bei ganz denselben Einbildungen anlangte welche vor Jahren
Saint-Cyr und dessen Officiere so furchtbare Schreckgespenster hatten
sehen lassen: Brunnenvergiftung Massenmord sicilianische Vesper! Das
geheime Einverständnis Karolinen's mit Napoleon spielte dabei fortwährend eine Hauptrolle, und da die Königin wußte daß es vor allem
ihre französische Umgebung, Saint-Clair Damas Brissac u. a. waren in
denen die Engländer die Urheber und Schürer jener vermeintlichen
Verschwörung erblickten, so wandelte Karolinen mehr als einmal die
Besorgnis an man werde von britischer Seite auf Entfernung aller
gebornen Franzosen aus ihrer Nähe dringen [2]).

---

[1]) Joseph an Napoleon 25. August 1807 Du Casse III S. 430.

[2]) Collingwood S. 436 f. wo er von seinem Erscheinen in Palermo,
14. bis um den 17. Februar 1809, spricht und zuletzt meint, die Königin sei froh

Die Spannung zu erhöhen welche den Hof von Palermo und dessen fremdländische Beschützer auseinanderhielt, trug auch das Ver= hältniß bei in welchem die letztern zu der eingebornen Bevölkerung der Insel standen. Dem National=Briten mußten allerdings die sici= lischen Zustände, mit seinen heimischen verglichen, über alle Begriffe verwahrlost erscheinen. „Dieses Königreich", hatte bei einer Gelegen= heit Collingwood an Lord Radstock geschrieben, „hat gar nichts von alle dem was die Stärke eines Reiches ausmacht, sondern uneinige Versammlungen, einen König der herrschen sollte und eine Königin die herrschen will, keine Wehrkraft zur Vertheidigung, keine Wälle und Vesten in aufrechtem Stande, Einkünfte gerade so viel als man zur Begehung von Lustbarkeiten braucht, einen Adel ohne Anhänglichkeit an den Hof von dem er sich Fremden nachgesetzt sieht, und eine Be= völkerung der es, ausschließlich auf ihren täglichen Erwerb angewiesen, einerlei ist wer über sie herrscht und die jeden Wechsel als eine Ver= besserung ihrer Lage begrüßt" [1]). Britische Reisende, die Sicilien während dieser Jahre zahlreich besuchten, fanden keine Worte ihrem Erstaunen und Mißfallen über das was sie zu sehen bekamen Luft zu machen: die Regierung sei schlecht in jeder Beziehung, vielleicht die schlechteste in Europa oder in der Welt; alle Fehler derselben zu be= schreiben würden Bände nicht hinreichen; alles sei so wie es n i c h t sein solle; die legislative Maxime scheine zu sein das Volk mehr und mehr elend zu machen indem man es sittlich verderbe 2c. [2]). Was könnte nicht, schlossen sie weiter, aus dem Lande werden wenn sich

---

gewesen ihn wieder los zu sein: „there was a great alarm and suspicion that we were come to insist on all the French leaving the court .. as most of her favourite are of this nation".

[1]) Collingwood S. 306 vgl. mit S. 279 vom 24. October 1807: „This island of Sicily is in a deplorable state of government. I am afraid its in- habitants will do little towards its preservation; they are poor, oppressed and wretched and cannot be worse off".

[2]) Cockburn II S. 83 f. Blaquiere I S. 206 f. 502: ... „instead of making any changes calculated to ameliorate their situation, it appeared as if the royal family came here, aided by the British fleet, to confirm all former evils".

England um selbes annähme, wenn es der Insel die Möglichkeit ver=
schaffte von den Gütern welche Klima und Boden ihr in so reichem
Maße spenden den gehörigen Gebrauch zu machen! Und welche
Handels= und andern Vortheile müßten nicht für Groß=Britannien
selbst daraus entspringen wenn es sich zum Meister Siciliens machte,
nicht zu gedenken der Gefahren die es nach sich zöge wenn man sich
Frankreich hierin zuvorkommen ließe! Und solle England, für all das
Geld und Blut das es in Sicilien zur Errettung von ganz Europa
von der französischen Uebermacht aufgewendet, sich keinen Lohn, keinen
Ersatz holen dürfen?! [1]) Auch schien es in der That die fremde Be=
satzung darauf abgesehen zu haben, sich die Neigung der Eingebornen
zu gewinnen und selber den Vergleich britischen Thuns und Wesens
mit dem Gebahren und der Haltung ihrer einheimischen Regierung
nahezulegen. Messina blühte unter dem soldatischen Regiment auf,
Handel und Wandel hoben sich. In der Stadt verschwanden mehr
und mehr die Spuren jener furchtbaren Verwüstung die das Erdbeben
von 1783 zurückgelassen hatte, neue Gebäude, kaum von geringerer
Größe und Pracht, erhoben sich an Stelle der damals in Schutt
gesunkenen. Dabei fiel die Garnison den Bürgern in keiner Richtung
zur Last, diese hatten nur Nutzen und Gewinn davon. Mannschaft
und Officiere waren in Klöstern, die Generalität und der Stab in
der Stadt gegen Miethzins untergebracht; alles was die Garnison
brauchte wurde baar und reichlich bezahlt, den Soldaten keinerlei
Uebermuth, keine Beleidigung des Civiles hingehen gelassen. So
rücksichtsvoll waren die britischen Commandanten daß sie selbst den
katholischen Gewohnheiten der Sicilianer Rechnung trugen, die Be=
satzung zum nicht geringen Aergernis orthodoxer Anglicaner an

---

[1]) Cockburn I Preface S. IV—VIII: „Undoubtedly she (England)
ought, and I sincerely hope she will, see her true interest and keep Sicily
as well as Malta". Der Reisebeschreiber verhehlt sich übrigens nicht daß man
ihm einwenden könne: „How can you consistendly take a country from an old
ally, and one who at least thinks himself indebted to you for the loss of
Naples?" Aber, meint er, über das Bedenken werde sich „by exchange and nego-
ciation" hinauskommen lassen, man werde Ferdinand in Italien, etwa mit Toscana oder mit Parma und Piacenza entschädigen 2c.

hohen katholischen Festtagen ausrücken, vor Processionen salutiren
ließen u. dgl. [1]).

War es dann zu verwundern daß das sicilische Volk mitunter
zu dem Glauben kam, nur die britischen Generale und Officiere
könnten ihm Abhilfe von allerhand Uebelständen, Erfüllung mancher
Wünsche verschaffen? Wie vielfach im Lande diese Meinung Eingang
gefunden zeigte sich in mehr als einem Falle. Als man im Jahre
1808 bei Hofe damit umging die Diöcese Syracus zu theilen wandte
sich der Senat der Stadt bittlich an Collingwood, er möchte Für=
sprache beim König einlegen daß dies unterbleibe, und der britische
Admiral hatte alle Mühe den Leuten begreiflich zu machen daß ein
solches Mittleramt keineswegs seine Sache sei. Einen Fall der ihm
selbst zugestoßen erzählt der Reisende John Galt von seinem Auf=
enthalte im Franciscaner=Kloster von Santa=Margarita, wo man nicht
sobald von der Ankunft eines „capitano inglese" erfahren hatte als
sich Bittsteller einfanden die seine Verwendung in einer Angelegenheit
verlangten in der er eben so wenig etwas thun konnte als Collingwood
in der Syracusaner Bisthums=Frage. „Allein der Umstand daß sich die
Leute unter Berufung auf die Uebergriffe ihrer eigenen Regierung an
mich wandten", bemerkt Galt zu dem Vorfalle, „und ihre Erwartung
ein Engländer werde sich herbeifinden ihnen beizustehen, zeigt hinlänglich
welches die politischen Begriffe der niedern Bevölkerung Siciliens seien" [2]).
Wenn nun auch die bisherigen sowohl diplomatischen als militairischen
Vertreter Groß=Britanniens jede Zumuthung solcher Art von der Hand
gewiesen, den an sie Herankommenden bedeutet hatten, gewünschte Ver=
besserungen könnten nur von ihrer eigenen Regierung in die Hand ge=
nommen werden so konnte es doch nicht ausbleiben daß die Sache am
Hofe von Palermo böses Blut machte und Mistrauen sowohl gegen
die eigenen Unterthanen als gegen die fremden Beschützer erweckte [3]).

---

[1]) Galt S. 95 beschreibt ein Marien-Fest 1810 in Catania und erzählt: „As
her image passed the guard-house, the British soldiers were turned out and pre-
sented arms to the image! I have no comment to make on this illegal iniquity".

[2]) Galt S. 73 f.

[3]) Collingwood an Sir John Stewart 29. Juni 1808: „The repre-
sentations that such amelioration could only be effected by the English, and

Im allgemeinen war es wohl vorauszusehen daß das jahrelange Weilen der Engländer auf der Insel zu mancherlei Parteiung führen mußte. Besonders trat dies in den obern Schichten der Gesellschaft zu Tage; aber auch die Masse der Bevölkerung blieb davon nicht ganz frei. Es war keineswegs aus der Luft gegriffen wenn von manchen Seiten behauptet wurde, das sicilische Landvolk wo es die Fremden in der Nähe kennen lernte, blicke auf sie mit Verehrung und Bewunderung wie auf Wesen höherer Art hinan [1]); daß dies selbst in Gegenden der Fall war wohin die britische Besatzung nicht unmittelbar reichte davon legt der eben erzählte Auftritt von Santa-Margarita Zeugnis ab. Doch andrerseits war eben so wenig zu läugnen daß das Schalten und Walten der ungebetenen Gäste mancherlei Neid und Mißgunst erzeugte und daß im östlichen Küstenstriche, trotz aller Vortheile welche dem Lande und der Bevölkerung von den Engländern zugute kamen, die nun schon jahrelang dauernde Einquartierung mitunter schwer empfunden wurde. Wie wäre auch sonst die „buonapartistische Verschwörung" in Messina 1808/9 zu erklären? Als dann bei der zähen Fortdauer des Krieges auf der pyrenäischen Halbinsel wiederholt die Rede davon war Truppen über Meer zu senden, wobei auch auf sicilische Abtheilungen gegriffen werden sollte, was weithin auf der Insel Bestürzung und Unmuth verbreitete, da war die Partei der Anti-Britannisten im starken Wachsen. Ungleich schärfer trat, wie gesagt, jener Zwiespalt in höhern Kreisen hervor. Denn Viele strebten nach Neuerungen in den öffentlichen Zuständen, nach Auffrischung derselben durch zeitgemäße Reformen, und neigten darum zu den Engländern hin, während diese von Andern als übermüthige Aufdringlinge angefeindet ja gehaßt wurden. So zählten von den

the too frequent discussion of the subject have, I believe, done much harm. It raised expectations in one classe which had no foundation, and in another caused doubts and suspicions of sinister schemes".

[1]) „Indeed", schrieb ein scharfer Beobachter um das Jahr 1812, „the ascendency of our character is so great that, where we are known, we are followed as superior beings with blind confidence and enthusiasm. These was the case two years ago", also gerade in der Zeit mit der wir uns hier beschäftigen; Castlereagh Correspondance VIII (II. Serie 4. Bd.) S. 222.

angesehensten Baronen der Fürst von Butera und Conte Caltanissetta
zu den unbedingten Anhängern des Hofes, wohin auch der Marchese
Tomari, die Fürsten Canosa Pantellaria und Cattolica, Graf Priola,
der Herzog von Ascoli gehörten. Paterno und Belmonte dagegen
nahmen eine mehr unabhängige Stellung ein und standen gleich dem
Herzog von San-Giovanni sehr merkbar unter britischem Einfluß.
Nicht daß diese letztern, die Britannisten, eine Herrschaft der Engländer
über ihre Insel wünschten; was sie verlangten war der Schutz Eng=
lands, dessen Einfluß auf die einheimische Regierung damit sich die=
selbe das Werk der Verbesserung im Sinne der modernen Ideen
eifriger angelegen sein lasse.

*　　　*　　　*

Mit dem Jahre 1809 war der vierjährige Turnus wieder ab=
gelaufen nach welchem ein neues Parlament einberufen werden mußte.
Am 25. Januar 1810 wurde dasselbe im großen Saale des könig=
lichen Palastes vom Kronprinzen feierlich eröffnet, worauf der Proto=
notarius des Königreiches Fürst von Baldina mit den Wünschen der
Krone hervortrat: außer den 250000 Unzen, die 1802 das erstemal
bewilligt 1806 verlängert worden, bedürfe man wegen der außer=
ordentlichen Zeitverhältnisse mindestens 300000 jährlich; dazu sollte
ein Geschenk (un donativo) für die Königin und eines für den Kron=
prinzen kommen welchem kurz zuvor, 12. Januar 1810, die Prinzessin
Isabella einen Thronerben geboren der in der Taufe den Namen
Ferdinand erhalten hatte. Drei Wochen später, 15. Februar, bei dem
Schlusse der Session hatte das Parlament etwas mehr als die Hälfte
des Verlangten bewilligt. Erst am 13. Juni erfolgte die königliche
Sanction, zugleich mit der Anordnung daß ein neues Parlament ein=
zuberufen und mit der Aufgabe zu betrauen sei, die Uebelstände zu
beseitigen die aus der ungleichen Vertheilung der Lasten zu Ungunsten
der ärmern Classen entsprängen; seinerseits machte der König das
Versprechen daß in Hinkunft die Ministerposten ausschließend mit
Sicilianern besetzt werden sollten.

Die letztere Zusage sollte aber gleich in dem ersten Falle der sich darnach ereignete unerfüllt bleiben. Cavaliere Medici, der lang= jährige um den Hof vielverdiente Finanz=Minister trat zurück, sei es daß er den Maßnahmen nicht zustimmte mit deren Ergreifung man sich damals trug, oder im Gegentheil daß der Hof der öffentlichen Meinung ein Zugeständnis machen wollte; denn Medici war als Nicht=Insulaner bei den Eingebornen wenig beliebt, wozu noch der Ehrgeiz mehrerer einflußreicher Barone kam, vor allem des mächtigen Fürsten Belmonte mit welchem Medici nicht verstanden hatte sich auf guten Fuß zu stellen. An seine Stelle kam jedoch kein Sicilianer sondern abermals einer vom Festland: Marchese Donato Tommasi.

Das neue Parlament trat zusammen. Es zeigte sich in Geld= bewilligungen noch schwieriger als das frühere. Es nahm die finan= zielle Frage bei der Wurzel in Angriff und überreichte nach ein= gehender Berathung dem Erbprinzen am 26. August in feierlicher Weise einen Vorschlag der Steuer=Reform, welchen der König gegen Ende October mit einigen Aenderungen genehmigte. Allein damit war den augenblicklichen Bedürfnissen nicht geholfen, so daß Tommasi dem Hofe vorschlug Geld mit Umgehung der Reichsstände herbei zu schaffen [1]). Das geschah denn auch im Januar 1811 wo die Regierung aus eigener Machtvollkommenheit zwei Maßregeln von einschneidender Wichtigkeit traf: erstens die Ausschreibung einer außerordentlichen Auflage von einem Percent von allen entgeldlichen Verträgen, und zweitens die Anordnung eine Anzahl von Stiftungsgütern im Wege öffentlicher Feilbietung zu verkaufen. Wenn die ungewöhnliche Höhe der neuen Auflage in der Handels= und Geschäftswelt, besonders unter

---

[1]) Cresceri (Bericht vom 30. April 1811 lit. G. II) schrieb die finanzielle Noth die den Hof bedrängte vorwiegend auf Rechnung der fortwährenden Kriegs= rüstungen: „Dalla Spagna la settimana scorsa arrivò un convoglio, a quest' ore il terzo, di soldati spediti ad istanza, come è probabile, d' ingaggiatore che vi sta di questa corte, al numero di cento incirca . . . Non solo con simi= glianti rinforzi, ma con altre reclutazioni ancora aumentandosi quasi giornal= mente questa truppa, e prendendosi dal Re delle altre pure dispendiose misure di difesa, siccome con tutto il, non piccolo, sussidio che ritrae dal- l' Inghilterra, Sua Maestà trovasi in grande necessità di nuovi concorsi“ . . . .

den zahlreichen englischen Firmen, von allem Anfang böses Blut machte[1]), so war es für die Barone mehr das Princip dessen Verletzung sie nicht stillschweigend konnten hingehen lassen. Die Folge davon war daß am 24. April fünfundvierzig derselben, Fürst Belmonte an ihrer Spitze, der permanenten Reichs-Deputation eine Denkschrift überreichten worin sie gegen jenen Eingriff in die parlamentarischen Gerechtsame förmliche Verwahrung einlegten.

Mit Besorgniß erwogen Amherst und Stuart die ernsten Folgen welche die Schritte des neuen sicilischen Finanz-Ministers nach sich ziehen konnten. Denn was vermochte die militairische Stellung der Engländer auf der Insel mehr zu gefährden als wenn im Volke Unzufriedenheit mit der angestammten Regierung um sich griff? wenn letztere, anstatt jeden Anlaß zu Mißverständnissen zu vermeiden, es so zu sagen darauf anlegte alle Schichten der Bevölkerung gegen sich aufzubringen? wenn dann diese etwa gar begehrliche Blicke auf das Festland hinüber würfe und, ihren Franzosen-Haß verläugnend, sich dort um Abhilfe umsähe? An der Themse, wohin die Alarm-Berichte Amherst's und Stuart's zugleich mit der Versicherung der Beiden gelangten, vergebens Vorstellungen jeder Art versucht zu haben um die Schritte des Hofes in eine andere Bahn zu lenken, nahm man die Sache in ernstester Weise auf. In der That, so sagte man sich, könne man in Sicilien länger Vertrauen zu dem britischen Namen haben wenn Dinge wie die außerordentliche Besteuerung gleichsam unter dem Schutz und mit dem Beistand Englands ausgeführt würden? Falle nicht das gehässige dieser Maßregel zum großen Theile auf die Vertreter Englands zurück, und müsse sich die Bevölkerung der Insel nicht in gleichem Grade von England abkehren als sie bisher in dieses bei jeder Gelegenheit ihre Hoffnung und ihr Vertrauen gesetzt

---

[1]) „L'imposizione . . . è di uno per cento sopra tutti li pagamenti e depositi di denaro, sia che se ne facesse pubblica fede ossia notariale, sia privata, imposizione la quale per il continuo giro del denaro si è calcolato che dovrebbe far entrare nell' erario reggio grandiose somme. Ne fù assai commossa l' intiera popolazione della Sicilia, e più di tutti lo furono i baroni parlamentarj"; Cresceri 7. September 1811.

habe?[1]) In der That traf die Steuer-Maßregel Tommasi's wahrschein=
lich die handeltreibenden Engländer noch härter als die Eingebornen,
einmal deshalb weil jene rühriger und betriebsamer waren als diese,
und dann weil der leichte Gewinn den sie bisher aus ihren Geschäften
auf der Insel gezogen hatten, ihnen dadurch nicht unbedeutend ver=
kürzt wurde. Da man übrigens die Schuld dessen was sich in solcher
Gestalt entwickelt hatte zum großen Theile jener Nachgibigkeit zuschob
die von dem Gesandten wie von dem General gegen den Hof bewiesen
worden sei, so beschloß man einen durchgreifenden Personen-Wechsel
eintreten zu lassen der zugleich mit einer Aenderung des bisher in
Sicilien befolgten Systems verbunden sein sollte. Noch im Monat
April erhielt Lord Amherst seine Abberufung worauf er sich nach
England einschiffte; seine Stelle vertraten einstweilen der Legations=
Secretair Douglas und der Consul Fagan.

Diesen Zeitpunkt gesandtschaftlicher Zwischenregierung schien sich
der Hof von Palermo ausersehen zu haben, um einen Rache-Act aus=
zuführen den man im Publicum zwar vor Wochen als bevorstehend
bezeichnet hatte, seither aber für völlig aufgegeben hielt. Am 19. Juli
1811 erschien ein königliches Decret laut dessen wider fünf der ersten
Barone, Unterzeichner des Protestes vom 24. April, als „Aufrührer
und Störer der öffentlichen Ruhe, turbolenti e disturbatori della
pubblica tranquillità", Haft und Verbannung auf entlegene Inseln
ausgesprochen wurden, und zwar die Fürsten Belmonte und Villar=
mosa in Favignana, der Fürst von Villafranca mit gleichzeitiger Ent=
hebung vom Commando des 1. Dragoner-Regiments in Pantellaria,
der Fürst Petrulla in Maritimo, der Fürst Aci, bis dahin General=
Adjutant des Königs, in Ustica ... Es soll noch ein zweites Decret
vorbereitet gewesen sein wodurch alle in Sicilien weilenden Fremden
ausgewiesen wurden und wobei es offenbar in erster Linie auf

---

[1]) „There has been no part of our conduct here which tended to alienate
the regard of the natives so much as the singular forbearance with which we
bore the above act, tantamount, in the opinion of many, to a declaration of
war; but we went still further in the way of docility to the will of the court";
Blaquiere I S. 544.

englische Reisende und Handelsleute abgesehen war; doch habe der
König, wie mehrseitig behauptet wurde, im letzten Augenblicke seine
Unterschrift verweigert[1]). Ja man raunte sich in die Ohren, es
hätten sich bei Hofe Stimmen dafür erhoben mit den fürstlichen
Rädelsführern kurzen Proceß zu machen, und einzig der Beredsamkeit
Medici's des frühern Finanz-Ministers sei es gelungen diesen Ent-
schluß aufzuhalten. Eine sicilische Corvette nahm die Verurtheilten an
Bord und führte sie, hart am Flaggenschiff des Rear-Admirals Boyle
vorbei, zum Hafen von Palermo hinaus auf die Inseln die ihnen als
Verbannungsort angewiesen waren.

Drei Tage nach diesem Acte von Willkür und Gewalt traf der
neue Vertreter Seiner groß-britannischen Majestät William Bentinck
in Palermo ein, überreichte am 25. Juli dem König und der Königin
seine Beglaubigungsschreiben und begab sich am 4. August nach Messina
um vom General Stuart das militairische Commando zu übernehmen.
Denn Bentinck war nicht blos mit der diplomatischen Vertretung
seines Hofes sondern zugleich mit dem Oberbefehl zu Land und zur
See über alle britischen Streitkräfte im mittelländischen Meere mit
alleiniger Ausnahme von Malta betraut, für welchen Zweck ihm
General Maitland zur Seite stand. Stuart schied aus Sicilien reich
beschenkt, mit den Insignien des Januarius-Ordens ausgezeichnet, und
aufrichtig betrauert vom sicilischen Königspaar dem eine Ahnung sagen
mochte daß es mit dem Nachfolger des tapfern Generals keinen so
leichten Stand haben werde.

Lord William Bentinck geboren am 4. September 1774 war
durch mehrere Jahre Gouverneur von Madras gewesen und hatte sich
daselbst nicht blos ansehnliche Reichthümer gesammelt sondern auch die
Anschauungen und Manieren eines Proconsuls von der schlimmsten
Sorte angeeignet. Er war dann, nach Europa zurückgerufen, in verschiedenen diplomatischen Missionen verwendet worden und hatte zuletzt

---

[1]) Blaquiere S. 545 Anm. wo sich auch der Wortlaut des Verbannungs-
Decretes, jedoch in englischer Uebersetzung, findet.

eine britische Brigade in Spanien commandirt. Von Natur heftig und hochfahrend, vollgesogen von allen Vorurtheilen des anglicanischen Stammes, sah er in der Verfassung seines Zwei-Insel-Reiches das Heil für alle Völker des Erdballs, ohne davon eine Ahnung zu haben daß, was sich bei ihm zu Hause genetisch aus Geschichte und Verhältnissen herausgebildet hatte, darum nicht auch jedem beliebigen andern Lande zu Nutz und Frommen gereichen müsse. Zu dem Widerwillen den ihm bei solcher Stimmung die sicilischen Verfassungs- und Verwaltungs-Zustände einflößten trat jene Voreingenommenheit gegen die Eigenschaften und das Treiben der Königin wovon sich selbst ein so wohlwollender Charakter wie Admiral Collingwood nicht gänzlich hatte losmachen können. Daß sich Karolina mit ihrem kaiserlichen Schwieger-Enkel in geheime Verhandlungen eingelassen und gegen seine Landsleute verschworen habe galt ihm und seinen Engländern als ausgemachte Sache [1]). Allerhand Unannehmlichkeiten welche das britische Interesse in der letztern Zeit erfahren, die Härte gegen ihre Handelsleute bei Eintreibung der einpercentigen Auflage, die Wegnahme einer mit englischem Licenz-Schein versehenen griechischen Polake durch sicilische Freibeuter u. dgl. m., kurz Vorfälle die selbst unter den befreundetsten Regierungen eintreten, aber im schlimmsten Falle vorübergehende Misverständnisse zur Folge haben können, erfuhren von seiner Seite die misgünstigste Auslegung, wurden als absichtliche Beleidigungen des britischen Namens und der britischen Flagge hingestellt, und es gab unter seinen Landsleuten genug Hitzköpfe die sein Feuer schürten statt es zu dämpfen. „England", sagten sie, „hat oft

---

[1]) Blaquiere I S. 490: „I am to inform you that a person of the name of Castrone seems to have been the soul which animated the system of espionage till his removal a short time since, when his friend and former coadjutor at Naples Ascoli was dismissed. It was to Castrone that the payment organization and direction of the spies were entrusted; all the vessels appointed to keep up the communication with Naples and Calabria were under him" 2c. Vgl. ebenda S. 529: „The precise period at which the first lettres between Napoleon and her Sicilian Majesty were exchanged, is only known to the British Ministry and those persons in this island who are said to have intercepted the correspondance".

an Völker um viel geringfügigerer Ursachen willen den Krieg erklärt als die Unbilden sind die wir von der sicilischen Regierung bisher ruhig dahingenommen"[1]. So weit war kurz vor Abberufung Lord Amherst's der Argwohn auf britischer Seite gediehen daß sich Minister Circello veranlaßt sah an den Vertreter Großbritanniens eine eigene Note zu richten worin er die Gerüchte einer Correspondenz der Königin mit dem französischen Kaiser in der formellsten Weise in Abrede stellte und daß Lord Stuart, dem Amherst eine Abschrift dieser Note zusandte, für gut fand davon in einem Tagesbefehl an seine Truppen Gebrauch zu machen[2]. Das half aber alles nichts, es schien im Gegentheil den Argwohn der sich einmal in gewissen Köpfen eingenistet hatte nur zu verstärken. Man sprach von den unglaublichsten Dingen: es handle sich darum die Veste von Messina, die sicilischen Forts, das britische Geschwader den Franzosen in die Hände zu spielen; sodann wolle man mit fünfzig der ersten Edelleute den Anfang machen, sich aller Parteigänger Englands, aller welche die Verwahrung gegen die neue Taxe unterzeichnet versichern. Man fabelte von einer Guillotine ganz eigener Erfindung mit der man auf einen Streich fünf Köpfe vom Rumpf trennen könne. An der Spitze des Unternehmens, hieß es, stünden der Herzog von Ascoli und der Fürst von Moliterno. Die neapolitanischen Truppen in Sicilien, die Verbrecher und Galeeren-Sträflinge welche Ascoli im geeigneten Zeitpunkte loslassen würde, sollten die einheimische Kriegsmacht bilden, zu deren Verstärkung französische Truppen aus Neapel und die Touloner Flotte herbeieilen würden. Das Siegel unter welchem der Briefwechsel zwischen den Geheimbündlern auf der Insel und jenen auf dem Festlande geführt werde, zeige eine Leyer mit der Devise: Nous sommes d'accord, „wahrlich ein Sinnbild und ein Spruch einer bessern Sache würdig" ꝛc.[3].

<hr />

[1] Blaquiere I S. 550 f.

[2] Cockburn II S. 304.

[3] Blaquiere I S. 482, 485, 487, 563 f. Der Verfasser sieht selbst ein daß er mit solchen Behauptungen seinen Lesern einen starken Glauben zumuthet: „yet there is not an individual amongst the native Sicilians who is not thoroughly convinced of its perfect veracity, indeed I have not met a single

Zu der Zeit da Lord Bentinck fern von Palermo weilte ging es mit dem Fürsten Acton, dem langjährigen Freund und Vertrauten der sicilischen Majestäten, dem einst allmächtigen Minister von Neapel, mehr und mehr zu Ende. Die Königin, eingedenk der frühern treuen Dienste, nicht des spätern Zwiespalts wo Acton die Politik Karolinens zu durchkreuzen, den König zu umgarnen und für die seinige zu ge= winnen suchte, ehrte den greisen Staatsmann in dessen letzten Tagen durch einen persönlichen Besuch. Am 12. August verschied er, einen Tag vor dem Geburtstage Karolinens welchem zu Ehren Lord Bentinck, um bei dem großen Empfange nicht zu fehlen, seinen Messineser Auf= enthalt abgekürzt hatte.

Nachdem die Trauerfeierlichkeiten für den verstorbenen General mit großem militairischen Pomp begangen worden [1]), hatte Bentinck wieder= holte Unterredungen mit dem Königspaare über deren Inhalt nichts verläßliches bekannt wurde, die aber, wie das Gerede ging und auch die folgenden Ereignisse bestätigten, sehr ernsten Tons und Charakters gewesen sein mußten [2]). Der edle Lord, so wurde erzählt und geglaubt, habe der Königin vorgestellt daß sie, um nicht die Gefahr einer Re= volution zu laufen, die letzten finanziellen Maßregeln zurücknehmen, die gefangenen Barone wieder in Freiheit setzen müsse; er habe weiter verlangt daß britische Truppen in Palermo garnisoniren, daß ihm der Oberbefehl über alle auf der Insel vorhandenen Truppen ein= geräumt werde, daß 12000 Mann sicilischen Militairs zur Verstärkung

---

countryman of our own that has ever attempted to deny any part of the above relation".

[1]) Acton's Witwe, Tochter eines seiner Brüder, begab sich mit ihren Kindern, zwei Knaben und einem Mädchen, anfangs September über Malta nach England zurück. „Lo scopo del suo viaggio", berichtete Cresceri am 7. September nach Wien, „è di mettere in salvo la pingue facoltà in Inghil= terra lasciata dal marito a detti suoi figlinoli, la quale esse teme che da un parente verrà contrastata, stante una legge di quel Regno che riguarda per non valido il matrimonio d' un zio con una nipote".

[2]) Selbst Cresceri a. a. O. scheint nichts näheres gewußt zu haben: „In= cominciò (Bentinck) a trattare colle Maestà Loro di affari che devono essere stati di grande importanza, giacchè" :c.

der britischen Streitkräfte auf den spanisch=portugiesischen Kriegsschau= platz abgehen. Ueber diese für sie unerhörten Zumuthungen, erzählte man sich weiter, sei die Königin außer sich gerathen, habe sich in den entschiedensten Ausdrücken jede Einmischung Seiner Herrlichkeit in die innern Angelegenheiten ihres Königreiches verbeten und selben in sehr ungnädiger Weise entlassen.

Offenkundig wurden nur die Folgen jener in den höchsten Kreisen gepflogenen Unterhandlungen. Denn ganz unerwartet ging ein königlich sicilischer Courier an den Fürsten Castelcicala nach London ab und gleich darauf, am 27. August, ließ Lord Bentinck selbst, nachdem er am Abend zuvor ein glänzendes Ballfest gegeben zu welchem die könig= liche Familie geladen war — es erschienen aber nur Prinz Leopold und die beiden herzoglichen Paare von Orléans und von Genua —, den „Cephalus" bereitstellen und die Schiffsmannschaft mit 36 Ruder= knechten verstärken, welch letztere im Falle widriger Winde aushelfen sollten. Daß Bentinck seinen Posten nicht zu räumen gedachte war daraus zu ersehen daß er seine Lady in Palermo zurückließ, es konnte ihm also nur darauf ankommen London vor dem Eilboten Karolinens zu erreichen. Damit hing zusammen daß General Maitland in Messina am 3. September einen Tagsbefehl erließ worin er der Armee bekannt gab: „Se. Herrlichkeit sei nach England unter Segel gegangen und habe diese Reise unternommen aus politischen Beweggründen von höchster Wichtigkeit die sowohl die Ehre Groß=Britanniens als das Wohl Siciliens berührten; in Abwesenheit des Oberbefehlshabers fühle er, General=Lieutenant, sich mehr als je veranlaßt den guten Willen und das Vertrauen seiner Waffengenossen, Officiere wie Mannschaft, wach zu erhalten, auf pünktlichste Erfüllung der ihnen obliegenden Pflichten zu dringen; er halte sich überzeugt in vollem Maße auf die erprobte Unterstützung der Generale zählen zu können und die gesammte Armee einig und zu jedem Opfer, das der Umschwung der Ereignisse ihnen etwa auferlegen könnte, bereit zu finden"[1].

---

[1] Ich kenne den Aufruf nur aus der italienischen Uebersetzung Cresceri's in dessen o. a. Bericht vom 7. September.

Die britische Politik in Sicilien war bisher offenbar im Recht, jene der Königin im Unrecht gewesen. Elliot Drummond und Am-herst, Craig Stuart und Forbes, Collingwood Thornborough und Martin stemmten sich gegen das Drängen Karolinens auf Wiedereroberung von Neapel weil sie ganz richtig schlossen: so lang der Koloß in Paris auf-recht stehe könne auf dem italischen Festland im günstigsten Falle ein vorübergehender Sieg erfochten, nie ein dauernder Erfolg gewonnen werden. Dabei hielt sich aber ihre Opposition nicht nur überhaupt in den geziemenden Formen und Schranken, sondern überschritt besonders den königlichen Majestäten gegenüber nie jene Gränzen die durch Gesetz und Uebung vorgezeichnet sind. Legten sie ausnahmsweise in innern Angelegenheiten ein Fürwort ein, so geschah es in einer Weise die ihnen nur Freunde gewinnen und niemand verletzen konnte. Mit der Ankunft des hitzköpfigen Bentinck wurde all dies anders, was den Zwiespalt der Parteien, seit Jahren wie wir gesehen im stillen vor-bereitet und genährt, rasch bis in die höchsten Kreise hinauf zu offenem Ausbruch brachte. Im Gegensatz zu dem Kronprinzen und dem Herzog von Orléans von denen es bekannt war daß sie seit langem zu eng-lischen Anschauungen hinneigten, standen in den Augen der Anti-Britannisten das Königspaar mit dem jüngern Prinzen Leopold als eine Art Märthyrer für die nationale Sache da. Man sprach in diesen Kreisen laut von „Vaterland" und „Fremdherrschaft", von „Freiheit" und „Unabhängigkeit", und meinte, müsse man schon seinen Nacken beugen so wäre es besser unter das Joch des mächtigen Franzosen-Kaisers als unter die Tyrannei der sogenannten Helfer und guten Freunde von der Themse zu kommen.

Am Hofe von Palermo herrschte um so größere Entmuthigung je weniger man einen Maßstab hatte wie weit Lord Bentinck gehen, welcher Art die Vollmachten sein würden die er sich aus London holen werde; denn das allein konnte der Zweck seiner barschen Entfernung sein[1]). Am meisten litt unter dieser Ungewißheit die Königin deren

---

[1]) „Frattanto sempre più cresce qui l'ansiosa brama che non ritorni apportare di novità dispiacevoli"; Cresceri am 11. November 1811.

Kraft und Gesundheit längst nicht mehr die alten waren. Selbst die Anwesenheit ihrer geliebten „Mimi", die sich seit einiger Zeit mit ihrem Gemahl auf Besuch in Palermo befand, war nicht im Stande sie auf= zurichten. Die andauernden Kämpfe und Aufregungen, die stets wechseln= den Besorgnisse und getäuschten Hoffnungen, das Hinsterben geliebter Töchter die ihr Stützen in ihrem Alter sein sollten, hatten seit Jahren an dem Marke ihres Lebens gezehrt. Dazu kam jetzt das brutale Auf= treten des Vertreters von England und, was ihr gewiß das schmerz= lichste war, der politische Abfall des Erbprinzen, des französischen Schwiegersohns und ihrer Amélie die bald ganz unter dem Einfluß des geliebten Mannes stand den sich ihr Herz erkoren. Karolina fühlte sich ermattet, unfähig zu längerem Widerstande. Mehr als je dachte sie daran sich allen Bedrängnissen ihrer Lage zu entziehen und irgend einen Winkel der Erde aufzusuchen um da in ungestörter Ruhe ihre Tage zu beschließen. Jedes Loos däuchte ihr besser als das unter dem verhaßten britischen Commando zu stehen; vielleicht daß sich auch ihr Gemahl entschlösse mit ihr zu gehen und sein schwer geprüftes Land mindestens für einige Zeit zu verlassen. Jetzt erst mochten ihr, obwohl sich dafür nicht der geringste Beweis er= bringen läßt, die Gedanken kommen deren man sie britischerseits so lang grundlos beschuldigt hatte. Ihr früherer Erbfeind und Wider= sacher war durch die zartesten Familienbande an das Haus Oesterreich geknüpft; ihr Tochterkind saß auf dem französischen Throne; sollte es nicht möglich sein daß Kaiser Franz eine Aussöhnung mit Napoleon zuwege bringe was mit einemmal den ganzen Stand der Dinge ändern mußte? „Ich bin fast vergessen von meinen Feinden", schrieb sie am 30. August 1811 nach Wien, „aber unterdrückt, mit Füßen getreten, fast ausgeplündert und entthront von denen die sich unsere Verbün= deten und Freunde nennen und denen wir so viel geopfert haben"; im äußersten Falle möge Er ihr ein Obdach in einem der Städte Seines Reiches gönnen, Brünn Grätz Salzburg: „pour y finir ma malheureuse vie" . . .

　　In der ersten Hälfte September starb der reiche Fürst von Trabbia, Oberst=Stallmeister Staats=Secretair der Finanzen und des

königlichen Hauses, welchem er mehr als einmal aus dringenden
Geldverlegenheiten herausgeholfen haben soll; sein Hinscheiden wirkte
um so erschütternder auf Karolinen je weniger sie darauf gefaßt
war. Da stürzte sie an einem der folgenden Tage, 16. September,
besinnungslos zu Boden und blieb eine Zeit wie in einer Erstarrung,
so daß die Aerzte das äußerste befürchteten. Alle Theater und Lustbarkeiten wurden eingestellt, öffentliche Gebete angeordnet, der Kranken
die heiligen Sterb-Sacramente verabreicht. Doch drei Tage später
befand sie sich außer Gefahr und konnte gegen Ende des Monates die
gastfreundliche Wirthin des Erzherzogs Franz von Este machen der
von Cagliari nach Sicilien gekommen war, 27. September, und seinen
Aufenthalt zu einem mehrwochentlichen Ausfluge, 8. October bis
2. November, nach den geschichtlich und alterthümlich merkwürdigsten
Punkten der Insel benützte. Bald nach dem Erzherzog war der Fürst
Koslovski, russischer Geschäftsträger am Hofe von Cagliari, in Sicilien
eingetroffen von wo er einige Wochen später auf einem türkischen
Schiffe unter Segel ging, bis 24. November in Neapel weilte und
von da seine Reise nach Wien fortsetzte. Koslovski hatte aus Palermo
ein zweites Schreiben Karolinens an Kaiser Franz, vom 2. October,
mitgenommen worin die Königin ihre frühere Bitte wiederholte. „Ich
bin von allem zurückgekommen was diese Welt bieten kann", schrieb
sie; „ich verlange nur unangefochten zu sein und meine Tage in Ruhe
beschließen zu können. Der König gibt seine volle Zustimmung zu
meinem Begehren. Er sieht ein daß es nothwendig sei um meine
Tage zu verlängern und mich zu retten von den Verfolgungen unserer
sogenannten Freunde und Verbündeten die es an Perfidie und unwür-
diger Behandlung viel ärger treiben als dies unsere ärgsten Feinde je
thun konnten" . . .

Doch ehe aus Wien ein Bescheid kommen konnte mußten Monate
vergehen. Es findet sich im kaiserlichen Haus- Hof- und Staats-
Archiv das Concept eines Antwortschreibens vom März 1812 worin die
so sehnlichst erbetene Zuflucht zwar freundlichst zugesagt, aber zugleich
ihren Befürchtungen in einer Weise entgegengetreten wird die dafür

zu sprechen scheint daß es Kaiser Franz am liebsten würde gesehen
haben wenn sie blieb wo sie war ¹).

22. Familienhader im Hause Buonaparte.
1811, 1812.

Wenn es in Sicilien Verdruß und Zerwürfnis gab zwischen
jenen die, mit Botta zu reden, „dem Namen nach" und den Andern
die „der Sache nach" regierten woraus selbst Spaltungen im Herrscher=
hause erwuchsen, so war im Wesen dasselbe, nur anders in Form und
Gestalt, auch auf der östlichen Seite des Faro der Fall.

Das Gebahren des Generals Manhès in Calabrien war mehr
als grausam, es war unmenschlich unerhört; doch es war vom Stand=
punkte der Franzosen in Neapel eine Nothwendigkeit zu nennen weil sich
unter dem Brigantenthum, das an und für sich in einem geordneten
Gemeinwesen nicht zu dulden war, überdies politische Zwecke bargen
die dem neuen Staate und Throne an die Existenz gingen. Es will
überhaupt scheinen daß in jenen südlichen Landstrichen der Aderlaß, der
bekanntlich in der Materia medica der Privatpraxis von ganz Italien
eine so große Rolle spielt, auch in der Behandlung öffentlicher Uebel
ein kaum zu umgehendes Heilmittel sei; mindestens hat sich seit langen
Jahrhunderten kaum eine Regierung ohne mehr oder minderes Blut=
vergießen in Neapel halten können. Gibt es doch ein Sprüchwort aus
alter Zeit: das Volk von Neapel müsse regiert werden durch drei f,
farina feste forca! Murat für seine Person war nicht grausam. Er
verzieh gern wo er es als Fürst glaubte thun zu können: das hatte
er erst jüngst in dem Falle Frà Giusti bewiesen. Er war stolz und
tapfer; doch er besaß jene Großmuth die der Stärke so wohl ansteht.
Er hatte ein Herz für das Land und die Leute die er jetzt seine
Unterthanen nannte. Er war leutselig, jedermann zugänglich, mit

---

¹) Der Kaiser könne die Hoffnung nicht aufgeben „que les extrémités que
vous avez l'air de prévoir seront bien loin de s'accomplir et que rien ne vous
séparera de tant d'êtres qui vous sont chers" ...

freundlichem Bescheid auf jedes Anliegen, für jeglichen Bittsteller, und wenn letztere dem andern Geschlechte angehörten und noch dazu hübsch waren, so hätte er nicht geborner Franzose sein müssen um ihnen etwas verweigern zu können. Diplomat war er nie, der Kunst Talley= rand's konnte er sich nicht rühmen, was ihm auf dem Herzen lag mußte auf die Zunge; doch das bringt ihn als Menschen uns ja nur um so näher. Er liebte Putz und bunten Flitter, und da er sich überdies gern als brillanten Reiter zeigte so hießen ihn die boshaften Pariser wohl auch „le roi Franconi“. Allein bei alle dem war er nicht ohne königliche Würde. Als Guglielmo Pepe, der längst Ansprüche auf den Obristen=Rang zu haben glaubte, das erstemal vor dem König erschien und ihm seine Papiere überreichte ging sie dieser aufmerksam durch und ernannte ihn, als Beweis wie sehr er sich dessen Verdienste zu schätzen wisse, vom Fleck weg zu seinem Ordonnanz=Officier; „und ich erinnere mich“, schrieb Pepe lange Jahrzehnte darnach, „daß ich in dem Augenblicke derart versunken war die Ritterlichkeit seiner Erschei= nung zu bewundern welche durch sein freundliches Wesen noch gehoben wurde daß ich völlig vergaß ihm zu danken. Er sagte mir viel ver= bindliches über das neapolitanische Heer und seine Worte berauschten mich in solchem Grade daß, wenn ich mich nicht gescheut hätte meine patriotische Aufregung als höfische Wohldienerei ausgelegt zu sehen, ich ihm zu Füßen gestürzt wäre ihm zu huldigen“ [1] ... Aehnlich wird es wohl auch Andern ergangen sein, ja ich bin überzeugt Joachim Murat besitzt die Sympathien meiner Leser oder wird sie sich, bei all seinen nicht geringen Fehlern und Schwächen, gewinnen, und noch mehr wird dies bei meinen Leserinnen der Fall sein: denn er war schön und ein Held.

---

[1] Pepe I S. 162: „... gli sarei caduto ai piedi per adorarlo“. Ueber seine Freundlichkeit S. 170: „Non mi avenne mai di essermi presentato a lui dopo aver eseguito un suo ordine, senza che me ne avesse graziosamente rin- graziato .. Gente di ogni classe, ed anche uffiziali dell' esercito, non avean ritegno di presentarsi al re in mezzo alla strada con una supplica ed un cala- maio in mano, e 'l buon Gioacchino concedeva facilmente i chiesti favori“. Und S. 204: „Gioacchino era Carlo XII ne' campi, Francesco I nella reggia. Il negare una grazia ad una dama di corte, sebbene non fosse sua amante, sembravagli una villania“.

Er war auch ein guter Regent. Er suchte sich mit Männern von Eifer und Einsicht zu umgeben und widmete, obwohl von Haus aus Soldat, den Geschäften des Friedens die eingehendste Aufmerksamkeit. Auch mußte man ihm die Gerechtigkeit lassen daß er trotz seiner französischen Herkunft sich ernstlich bestrebt zeigte Neapolitaner zu werden und die noch feindseligen Parteien im Lande mehr durch Milde und Güte als durch gewaltsame Mittel sich und seiner Regierung zu gewinnen. Seine Münzen, die in allen drei Metallen und in allen Abstufungen von 40 Lire Gold bis zu 2 Grana Kupfer geprägt wurden, hatten italienische Inschriften statt der lateinischen wie unter Joseph; die Randschrift an den Thalerstücken lautete: „Dio protegge il Re e il Regno" [1]). In der Armee wie im Civil waren zwar noch immer viele Franzosen angestellt, hoch und nieder, in allen Zweigen des öffentlichen Dienstes; aber es kamen mindestens keine neuen dazu, und wo ein Anlaß war füllte Joachim die Lücken gewiß lieber mit Eingebornen aus als mit Eingewanderten. Daß er seinen landsmännischen Getreuen besondere Gunst zuwandte mochte man ihm hingehen lassen; allein er überschüttete manche von ihnen überreich mit Glücksgütern was Neid und Mißgunst erregte, wie er überhaupt in der Wahl seiner nächsten Umgebung, bei allem Bestreben das wahre Verdienst herauszufinden und zu belohnen, nicht immer sehr glücklich war [2]).

In der Zeit in der wir uns jetzt bewegen bestand seine Regierung aus folgenden Personen: Aeußeres Marchese Gallo, Inneres Conte Zurlo, Justiz und Gnaden Cavaliere Fra. Ricciardi, Finanzen Conte Mosbourg, Krieg und Marine Conte d'Aure der zugleich provisorisch die Geschäfte der Polizei führte; Staats-Secretair Fürst Pignatelli-Cerchiara. Von den Ministern galt Ricciardi als der bedeutendste und tüchtigste. Giu. Zurlo war derselbe der unter Ferdinand

---

[1]) Schultheß-Rechberg Thaler-Cabinet (Wien Beck 1840) Nr. 2247—2251, Neumann Kupfermünzen (Prag 1861) Nr. 18077—18086.

[2]) „Apprezzava il merito e nondimeno vedeasi volontieri attorniato da uomini di rilasciata vita ... Noi solevamo dire tra intimi amici: egli aveva due liste di persone, l'una di prediletti" — seine „dévoués" — „che rimunerava, l'altra di quelli che stimava solamente"; Pepe I S. 171, 185.

Finanz-Minister gewesen; er war 1806 der königlichen Familie nach
Sicilien gefolgt, wo man aber keine passende Verwendung für ihn
hatte ausfindig machen können; von Ehrgeiz und Schaffenstrieb erfüllt
hatte er die aufgedrungene Unthätigkeit am Ende satt bekommen, war
auf das Festland zurückgegangen und von König Joachim mit offenen
Armen aufgenommen worden, der ihn alsbald in seinen Staatsrath
berufen, ihm dann das Portefeuille der Justiz, und später das des
Innern übertragen hatte. Im diplomatischen Corps vertraten Baron
Durand Frankreich, Baron Tassoni das italienische Königreich, Reichs-
Freiherr von Häffelin Bayern und den Rheinbund, Obrist Gomez
Spanien oder richtiger gesagt das Regiment Joseph Buonaparte's auf
der pyrenäischen Halbinsel.   Im Laufe des Jahres 1811 erschien als
russischer Gesandter Fürst Dolgoruki, und als erster Vertreter Oesterreichs bei den Napoleoniden auf dem Throne von Neapel im Juli der
k. k. Legations-Secretair Karl Menz, welchem in den ersten September-
Tagen der Gesandte Graf Mier nachfolgte.   Er hatte am 10. seine
Audienz beim Könige der sich in freundlicher Weise bei ihm entschuldigte
daß er ihn nach Capo-di-Monte, wo Murat damals weilte, bemüht
habe da er seinen Empfang nicht auf die Zeit habe hinausschieben
wollen wo er in seine Hauptstadt zurückgekehrt sein würde ¹). Joachim's

---

¹) Aus der am 11. August 1811 für den Grafen Mier ausgefertigten Instruction sind besonders zwei Punkte herauszuheben. Erstens bezüglich der italienischen Verhältnisse im allgemeinen: „Comme nous n'avons aucun autre ministre
dans toute la presqu'île de l'Italie, notre mission de Naples doit se regarder
comme appelée par les conjonctures actuelles à embrasser, dans ses rapports
avec la chancellerie d'État, tout ce qui se passe d'intéressant en Italie". Aus
diesem Grund sind die Mier'schen Berichte bezüglich der Vorgänge und Zustände
in Mittel-Italien, zumal im Römischen, von so hoher Bedeutung. Zweitens
über das Verhältnis zu Sicilien wo sich zeigt daß der kaiserliche Hof sein nahes
Interesse für den verwandten Hof von Palermo nie verläugnen wollte: „Les
doubles liens de parenté et d'affinité entre l'Empereur et Leurs Majestés Siciliennes, le Roi Ferdinand et la Reine Caroline, sont pour l'envoyé d'Autriche
à Naples un motif de réserve de plus que pour tout autre agent diplomatique.
Et cette retenue dans ce qui se rapporte à la Sicile et à la cour de Palerme
sera d'autant plus à sa place qu'elle se trouve dictée par les bienséances.
Notre ministre doit ... se tenir ... dans les bornes d'une conduite absolument
et constamment passive" 2c.

Gesandte an den genannten Höfen waren: der Herzog von Campochiaro in Paris, Pietro Questianz in Mailand, Fürst Colubrano in München, Franc. Brancia in St.-Petersburg. In Wien erschien am 27. August 1811 als außerordentlicher Gesandter und bevollmächtigter Minister des Napoleoniden-Hofes von Neapel der Fürst von Sant-Angelo; da Kaiser Franz in ungarischen Landtags-Angelegenheiten abwesend war verzog es sich bis zum 1. November wo Sant-Angelo in Presburg seine Beglaubigungsschreiben persönlich überreichen konnte [1]).

Es ging allerdings, um mit den beiden gegründetsten Vorwürfen zu beginnen die man dem Murat'schen Regimente machte, viel bei ihm auf: für seinen Hofstaat, für seine Armee. Er liebte Prunk und bunte Farben, ihm war jede Gelegenheit erwünscht wo er seine eigene Person in schimmerndem Putz, in prachtvollen malerischen, um nicht zu sagen theatralischen, Uniformen zeigen konnte, und auch seine Umgebung, seine Leibgarden waren glänzend und kostspielig. Das war Eitelkeit und Schwäche. Verzeihlicher waren die Auslagen für das Heerwesen. Denn nicht blos daß es damals eine Zeit war wo der Kriegsgott unaufhörlich gewappnet und geharnischt durch den Welttheil schritt: Neapel war ja ganz besonders bedroht da die langgestreckten Küsten den zur See übermächtigen, nimmer ruhenden Engländern Angriffspunkte von allen Seiten boten welche die Dienstpflicht von Murat's Truppen und den „guten Willen" seiner Legionaire fortwährend in Athem erhielten. Allerdings geschah in diesem Stücke des guten zu viel. Wenn man in Betracht zieht mit wie dicken Strichen republicanische Schriftsteller die 60000 Mann, welche Neapel im letzten Viertel des abgelaufenen Jahrhunderts auf den Beinen hatte, auf Acton's Sünden-Register anschrieben, so war das eine Kleinigkeit gegen die Soldatesca die Murat in seinen Listen hatte: 73113 Mann reguläre Truppen und 51767 Legionaire, also mehr als das doppelte von damals und zwar, wohlgemerkt, ohne Sicilien.

---

[1]) Am Hofe König Joseph's findet sich in dem neapolitanischen „Almanacco Reale per l' anno MDCCCXI", der mir allein zur Verfügung stand, kein Vertreter Murat's.

Und es sollten ausgewählte Leute sein! König Joseph hatte es, weil er die Abneigung seiner Neapolitaner für den Kriegsdienst wahrnahm, mit allerhand Pöbel versucht worüber er, wie wir uns erinnern, von seinem kaiserlichen Bruder mehr als einmal die Schelte bekam: mit Leuten aus den Gefängnissen, von der Galeere, durch die Polizei eingefangenen Strolchen, mit capitulirenden oder pardonirten Briganten, und diese letztern waren vergleichsweise noch die besten. Aber Murat war Soldat der auf Standesehre hielt. Er begann mit zwei Regimentern Garde-Veliten, aus besserer Leute Söhnen zusammengesetzt, und griff, als mit der freien Werbung nicht viel geholfen war, zur gezwungenen Stellung die mit Consequenz und folglich mit Härte durchgeführt wurde. Die Syndici in den Gemeinden, die Unter-Intendanten in den Bezirken, die Intendanten in der Provinz wetteiferten es bei Ausführung des königlichen Befehles einander im Eifer zuvorzuthun. Da gab es nun zahllose Flüchtlinge die verfolgt und eingefangen, oder deren Angehörige mit schweren Geldbußen heimgesucht wurden, und als all diese Maßregeln der Strenge nicht auslangten mußte man theilweise doch wieder zu dem Josephinischen Mittel von anrüchigen Aushelfern zurückgreifen, was durch die Mischung mit den achtbaren jungen Leuten, deren Familien sich dem Gesetze gefügt hatten, die Sache ärger machte als sie früher gewesen. Dabei sollte alles blank und nett sein: schöne Leute, schöne Haltung, schöne Uniformen; die Regimenter sahen aus daß es eine Freude war! Nur kostete es viel Geld. Vor allem die Garde, der kaiserlichen in Paris nachgebildet: 3129 Mann zu Fuß, 2695 Reiter, 4 Capitaine jeder zu 24000, bei einem Dutzend Flügel-Adjutanten zu 12000 Ducaten jährlich. Unter Joseph war für die große Marine wenig geschehen, man hatte meist nur Kanonenboote gebaut deren man am dringendsten bedurfte: jetzt waren zwei Linienschiffe, „Joachim" und „Capri", nebst fünf Fregatten fertig, ein drittes Linienschiff und zwei weitere Fregatten waren in den Werkstätten von Castellamare im Bau; dazu eine Corvette viele Briggs und Goeletten [1]).

---

[1]) Orlov III S. 238—241.

Die schweren Lasten die aus alle dem der Bevölkerung erwuchsen wurden dadurch empfindlicher daß der König ganz in das Interesse seines kriegerischen Schwagers hineingezogen war, ja in Bayonne bei Uebernahme der Krone sich hatte verpflichten müssen ein Contingent von 16000 Mann bereit zu halten und im Falle des Bedarfs zur großen Armee stoßen zu lassen. Dieser Bedarfsfall aber war, gerade seit König Joachim's Thronbesteigung, fast ununterbrochen vorhanden und der Neapolitaner mußte seine Haut auf auswärtige Kriegsschau=plätze zu Markte tragen und oft gegen eine Sache kämpfen die ihn durchaus nicht anfocht, ja ihm sogar, wie die des spanischen Volkes, sympathisch war. Bei dem Militair das im Lande blieb war einmal die Verschiedenheit der Nationalität von schlimmen Folgen, und auch sonst gab es manches ungleichmäßige was Neid und Eifersucht weckte. Die gebornen Franzosen und jene Truppenkörper die ursprünglich auf französischer Grundlage entstanden waren dünkten sich vornehmer als solche die der König später ganz aus Einheimischen bildete; die Garden vollends, die auf die Einen wie die Andern von oben herab=sahen, waren der helle Uebermuth, und es kam in den Straßen von Neapel zu Zusammenstößen und fielen selbst blutige Scharmützel vor, so daß sich der Monarch mehr als einmal in's Mittel legen und die Streitenden trennen mußte [1]). Außerhalb der Hauptstadt wohin das

---

[1]) Legations=Secretair Menz berichtet 19. Juli 1811 h und 21. Juli b von einem Falle wo ein neu-organisirtes Linien=Regiment, durchaus Calabresen, von den ältern Truppen und besonders von den Veliten der Garde bei jeder Begegnung gehöhnt wurde, was jene zu Erwiederungen aufstachelte so daß es an einem Tage an drei verschiedenen Punkten von Neapel zu Balgereien kam, Schüsse fielen und 15 Mann todt blieben; der König verwies sodann beide Regimenter, die Cala=bresen und die Veliten, aus der Stadt und verlegte sie in von einander entfernte Garnisonen ... Orlov II S. 248 f. vergleicht die Murat'schen Garden geradezu „au corps indiscipliné des janissaires. On vit des officiers de police assaillis à leur poste par des officiers de la garde, liés par eux, traînés à travers les rues les plus peuplées jusque sous les fenêtres du palais royal, insultés enfin, outragés d'une manière si cruelle, parce qu'ils avaient ordonné l'arrestation d'un des frères d'armes de ces officiers, lequel troublait par ses insolences une fête et le repos public" ... Einen Fall grober Verletzung der Behausung und des Personals der königlich italienischen Gesandtschaft durch die neapolitanische Bürger=wehr erzählt Graf Mier zum 25. Mai 1813 Z. 3.

Auge und der Arm des Königs nicht unmittelbar reichten, waren die militairischen Sitten wo möglich noch ungebundener, der Uebermuth und die Uebergriffe noch unerträglicher. Hier spielten die Officiere der neu errichteten Legionen die großen Herren, überließen sich allen Ausschweifungen und tollen Launen denen gegenüber dem unbewaffneten Bürger jeder Schutz fehlte. Denn an der Spitze der Provinz stand oft wieder ein Soldat bei dem seine Standesgenossen immer Recht behielten. Diese Murat'schen Militair-Commandanten waren geschaffene Despoten, ihr Wille war Gesetz, ihre Befehle galten als unverbrüchliche Norm.

In der Verwaltung, in der Gesetzgebung, in den öffentlichen Einrichtungen wurde unter Joachim im allgemeinen auf dem Wege fortgefahren den Joseph eingeschlagen hatte. Da waren es besonders zwei gehässige Maßregeln mit denen man in jener Periode den Anfang gemacht, die man aber damals nicht zu Ende geführt hatte: die Einziehung und Veräußerung oder vielmehr Verschleuderung der Klostergüter wovon dem Staat wenig, das meiste einzelnen Speculanten oder Günstlingen zugute kam [1]), und die mit den umfassendsten Vollmachten ausgerüstete sogenannte Feudal-Commission. Letztere hatte die Aufgabe die Rechtstitel des Lehensbandes und der daraus entspringenden Rechte und Lasten zu prüfen; die Gränzen zu ziehen zwischen dem was den Baronen und was davon deren gewesenen Vasallen zu gute komme, den Werth des einen wie des andern in Liegenschaften zu veranschlagen und nach diesem Maßstabe eine Theilung dessen, was die Herrschaft bisher als ihr ausschließliches Eigen angesehen und behandelt hatte, zwischen ihr und ihren Hinterfassen vorzunehmen und das den letztern zufallende Theil unter die einzelnen Ortsangehörigen zu vertheilen. Da nun die Commission den Auftrag hatte in zweifelhaften Fällen zu

---

[1]) Vorzüglich mußten die verkauften Nationalgüter nach Orlov III 229 ff. dazu herhalten einzelne Diener des großen Imperators fürstlich zu entlohnen: „c'est dans leurs mains que passèrent les plus belles propriétés du domaine". Ueber den Befehl die „Nationalgüter" an den Meistbietenden zu verkaufen siehe „Wiener Zeitung" 1808 S. 6368 f.

Gunsten der kleinen Leute zu entscheiden so wurden viele von den letztern wohlhabend während ihre bisherigen Herren an gewohntem Glanz und Reichthum einbüßten. Die königlichen Güter, sofern sie feudalen Ursprungs waren, machten davon keine Ausnahme so daß sich jetzt eine Masse neuer Ansiedlungen auf Gründen erhob die seit Jahrhunderten königlicher Forst und Jagdgebiet gewesen waren [1]). Das waren die guten Folgen welche dieses Verfahren nach sich zog. Allein von der andern Seite wurde der Commission, welche über die ihr zugewiesenen Angelegenheiten in erster und letzter Instanz ohne Berufung an den König entschied, nachgesagt daß sie dabei mit einer oft ungerechten Schärfe und Strenge, mit einer Rücksichtslosigkeit vorgegangen sei von welcher nur gewissen Bevorzugten zuliebe Ausnahmen gemacht wurden, die aber sonst die ältesten und angesehensten Familien des Landes an den Wurzeln ihres Seins und Bestandes bedrohte [2]).

Die Napoleonische Gesetzgebung die der Kaiser in allen seinen Vasallen-Staaten eingebürgert wissen wollte wurde in Neapel unter König Joachim vollends durchgeführt. Zu dem Code Civil und Pénale, die schon Joseph eingeführt hatte, kamen der Code de Commerce und jener de Procédure. Dabei unterliefen natürlich die gleichen

---

[1]) Colletta VII 38 wo er die zwischen dem König und der Gemeinde Postiglione vorgenommene Theilung des Calore-Thales, eines Nebenflüßchens des Sele, erwähnt: „Delle due pendici l' una lasciata al re è selvaggia come innanzi, parte delle regie cacce di Persano, l' altra, divisa fra' cittadini, è coltivata a campi, a vigne, ad oliveti, sparsa di nuove case, albergatrici di famiglie industriose e beate: così in quelle due convalli stavano figurate ed espresse in natura la vivente feudalità e la distrutta".

[2]) Menz 11. August 1811 in Chiffern: „On n'y rejetta pas seulement le titre de prescription basé sur des siècles qui tenait lieu de documents aux anciennes familles, on trouva même invalables les confirmations souveraines des titres originaux si ces derniers n'existaient plus, et on n'avait guère de scrupule à faire des exceptions aux documents les moins équivoques. Il en résultera quelque exception de familles qui entourent la Cour ... Les autres se trouvent dans un état de détresse plus ou moins sensible, et leur décadence totale est préparée par la suppression des anciens majorats et fidei-commis" ... Ausführliches über die früheren Lehens- und Unterthänigkeits-Verhältnisse bei Gioa. Murat II S. 21—42.

Fehler wie früher, weil man sich der Einsicht verschloß, oder richtiger
weil der herrische Imperator die Einwendung nicht gelten lassen wollte,
daß gar manches was Frankreich seinem Montesquieu oder dem Abbé
Sieyes entlehnt hatte, zu den Sitten und Anschauungen des Italieners
nicht recht passen wollte. So lobt zwar der Geschichtschreiber Colletta
die Einführung des öffentlichen Gerichtsverfahrens als einer dem
störrischen und mistrauischen Naturell seiner Landsleute durchaus an-
gemessenen Institution. Aber das Gegentheil sei mit dem Abschreckungs-
mittel des Prangers der Fall gewesen, „vielleicht eine zweckmäßige
Strafe wo unter den Bürgern das Schamgefühl heimisch ist, aber
sehr unzweckmäßig bei uns wo die Schamhaftigkeit entweder bei ver-
wilderten Sitten gleich Null oder bei verfeinerten Naturen ein über-
mäßiges ist". Er führt zwei Fälle an, den einen wo ein roher
Mensch, wegen Diebereien auf die Schandbühne gestellt, sich mit
seiner gleich gemeinen Zuschauerschaft aus der sein sollenden Strafe
einen Spaß machte, und einen andern wo die Tochter aus einem
guten Hause die sich in einer schwachen Stunde vergangen hatte, unter
den Händen des Gerichtsbüttels der ihr den verhängnisvollen Zettel
„wegen Kindesmordes" umhängte, jähen Todes dahinsank[1]). Die neuen
Hypotheken=Bücher fanden bei Einzelnen Aergernis, da sie manchen
bei dem bisherigen Mangel an Evidenz verhüllten Schuldenstand ohne
Erbarmen bloslegten; dem Privat=Credit im Großen aber gereichten
sie zu entschiedenem Nutzen und fanden darum bei der überwiegenden
Mehrzahl Billigung[2]). Auch das Mieter=System sollte in Neapel eingeführt werden und alle einsichtsvolleren Leute waren dafür; allein
die Masse wollte nichts davon wissen sondern blieb bei ihren von
Ort zu Ort wechselnden, den gegenseitigen Verkehr so ungemein be-
hindernden Maßen und Gewichten[3]). Von derlei Misgriffen abgesehen,

---

1) Colletta VI 47.
2) Ebenda VII 6: „Per le provvidenze di quel libro non più si
videro ingannevoli fallimenti, patrimoni *delotti*, amministrazioni economiche
date o chieste, *cedo bonis*, ed altre di altri nomi fraudi alla proprietà tanto
frequenti nei passati tempi".
3) Gioa. Murat II S. 56.

die jedoch, wie schon wiederholt erwähnt, mehr die Dictate aus Paris
als das einheimische Belieben verschuldeten, stand die Murat'sche Ver=
waltung in ungleich günstigerem Lichte da als jene seines Vorgängers [1]),
wobei freilich nicht zu übersehen war daß Joseph, der die alten ver=
rotteten Zustände in Pausch und Bogen übernommen hatte, sich erst
aus dem Rohen herausarbeiten mußte während König Joachim schon
vieles vorbereitet, manche Wege geebnet fand.

Ganz entschieden waren die Erfolge auf dem Gebiete der Volks=
bildung, des öffentlichen Unterrichts= und Erziehungswesens, deren
Hebung allseits wohlthuend empfunden wurde. Das Schulwesen machte
die besten Fortschritte, von einem Jahre zum andern zählte man
tausende und tausende von Kindern die nunmehr einem regelmäßigen
Unterrichte zugeführt wurden. Die „Casa Carolina", die sich der
unmittelbaren Aufsicht der Königin zu rühmen hatte, wurde von
Aversa in die Hauptstadt übertragen und im Gebäude „dei Miracoli"
untergebracht; ihr Vorbild war das St. Katharinen=Institut in der
Hauptstadt Rußlands [2]). Nach Aversa kam statt dessen eine Anstalt
für Geisteskranke. Für die Hebung der Landwirthschaft und des länd=
lichen Gewerbes sorgten die Ackerbau=Akademien deren in jeder Provinz
eine errichtet wurde; manche derselben entfalteten rasch eine nutz=
bringende Thätigkeit, gaben Instructionen über Pflege einzelner land=
wirthschaftlicher Zweige hinaus, setzten Preise auf Einführung und
Pflege neuer Pflanzenarten, auf Erzeugung schöner Producte in den

---

[1]) Auf die Josephinische Verwaltung ist Orlov sehr übel zu sprechen. Es
habe, heißt es III S. 229—234, an neuen Gesetzen, an neuen Organen und
Instituten nicht gefehlt, in der Theorie habe alles ganz harmonisch zusammen=
gestimmt, allein die Wirklichkeit, die Ausführung sei in allem zurückgeblieben;
die seit Jahrhunderten eingewurzelten Misbräuche seien in neuer Form zurück=
gekehrt, die neuen Leute hätten die abgelegten Röcke ihrer Vorgänger nur in
geändertem Zuschnitt angethan. Die löbliche Justiz=Organisation habe sogleich
durch die Kriegs= und außerordentlichen Gerichte, „qui jugeaient sans appel
non seulement des délits mais même des opinions", einen Riß bekommen. Die
Besteuerung von Grund und Boden sei nach einem billigen System geregelt
worden, aber die Entwerfung des neuen Katasters habe man „confiée à des
hommes avides qui faisaient un vil trafic de leurs devoirs les plus sacrés" ꝛc.

[2]) Orlov III S. 225.

alten, auf Mittel zur Vertilgung schädlicher Insecten u. dgl. [1]). Die Regierung selbst vertheilte Medaillen an ausgezeichnete Industrielle; am Napoleons-Tage 1811 wurde eine Kunst- und Manufactur-Ausstellung in Neapel eröffnet die besonders in Seide- und Leder-Waaren, in Porzellan und Fayence, in der Waffen-Fabrication erfreuliches aufwies. In Neapel richtete man eine Sternwarte nach den Anforderungen der fortgeschrittenen Wissenschaft ein, 1812 fand die feierliche Eröffnung der Universität statt.

Den Napoleoniden die zur Regierung gelangten war fast immer ein Sinn für weit aussehende Unternehmungen eigen, für umfassende Neugestaltungen, für Bauten und Verschönerungen im großen Styl. Das hatte Joseph in Neapel bewiesen, das gab sich in nicht minderem Grade bei seinem Nachfolger kund. Aus des Königs eigenen Mitteln wurde eine schöne Straße nach Posilipo angelegt, eine andere führte von der Strada di Toledo nach Capo-di-Monte zur prachtvollen Villa Karl III. Einen weiten Platz außerhalb Neapels schuf Joachim in ein Marsfeld (Campo di Marte) um und verband dasselbe durch eine Straße mit der Stadt; 18000 Mann Fußvolk 2000 Reiter mit entsprechender Artillerie konnten sich da aufstellen und bewegen. In der Hauptstadt selbst geschah vieles. Das Kloster und die Kirche San Francesco di Paola verschwanden um den Platz vor dem königlichen Palast zu erweitern. Mehrere Theile der Stadt, von Baracken und Schupfen entstellt, wurden von diesen Schmarotzer-Bauten befreit, wie namentlich der Quai von Santa Lucia; die

---

[1]) Menz nach Wien 21. Juli 1811 f, ebenso 26. d: „La culture du coton fait des progrès rapides, non moins en égard de la quantité que de la qualité qui est beaucoup plus préférable à celle de Macédoine et approche du coton de la Virginie ... Le gouvernement vient aussi de faire publier une instruction pratique sur la culture de la betterave et sur les moyens d'en extraire le sucre". Aus dieser letztern Mittheilung merkt man die Folgen der Continental-Sperre wo sich das gesammte europäische Festland mit allerhand Surrogaten für transatlantische Waaren behelfen mußte. In einem spätern Berichte sendet Menz über erhaltenen Auftrag ein Recept für Zucker-Erzeugung aus Kastanien, das ihm der Erzbischof von Tarent Msgr. Capecelatro von der Fürstin Monte-Mileto verschafft hatte, nach Wien.

vielen Schirmdächer welche die Straßen verengten und die Wohnungen
verdunkelten mußten fallen; eine großartige Brücke „della Sanità"
wurde gebaut ꝛc.

Die Königin wirkte in anderer Richtung. Tauſende von Armen
waren beſchäftigt um die von Karolina I. geförderten Ausgrabungen
von Pompeji weiter zu führen; Karolina II. fand Geſchmack daran,
ſo wie überhaupt an den ſchönen Künſten die ſie ermunterte und
reichlich belohnte.

*

*

So konnte man zwar nicht ſagen die Neapolitaner hätten
ſich unter der Regierung des Königs Joachim glücklich gefühlt [1]);
allein ſie mußten doch was und wen ſie hatten, und ſcheuten nach
den vielen Erfahrungen die ſie in dem Zeitraum eines ereignisvollen
Jahrzehents gemacht hatten nichts ſo ſehr als einen abermaligen
Wechſel des Regiments, und gerade jetzt drohte ihnen dieſes Mis=
geſchick von neuem. Denn das war ja die eigenthümliche Lage dieſer
gekrönten Napoleoniden daß ſie ihr neu gewonnenes Eigen nicht blos
gegen Angriffe von außen, gegen Verſchwörungen und Aufſtände im
Innern zu vertheidigen hatten, ſondern daß ſie nie ſicher waren ob
und wie lang ſie das durch des Kaiſers Gnade ihnen verliehene Land
behalten würden. Der Weltgebieter war mit der Ordnung der Dinge
die er ſchaffen wollte noch lang nicht im reinen; immer wieder kamen
ihm neue Ideen oder es wuchs ſein Gelüſte nach neuem Erwerb, und
was ihm dann im Wege ſtand, ob groß oder klein, Perſon oder Sache,
mußte Platz machen. Ferdinand von Toscana hatte nach jedem größern
Friedensſchluß Land und Herrſchaft wechſeln müſſen. Das Groß=
herzogthum Berg war wie ein bloſer Durchgangspoſten für beſſere
Stellen. Der „Roi de Pénurie" ſammt ſeinem nachgelaſſenen
Söhnchen hatten die Herrlichkeit ihres unvermutheten Königthums
kaum ein paar Jahre genießen können als ſie auf Wanderſchaft ge=
ſchickt wurden. Einer der leibhaften Brüder des Gewaltigen hatte

---

[1]) Graf Mier 17. April 1812 in Chiffern.

in Neapel eben erst angefangen sich einigermaßen zu gefallen als
von oben der Befehl kam seine Sachen zusammenzupacken und sich
drüben in Spanien neu einzurichten. Einem andern, Ludwig von
Holland, hatte Napoleon das Regieren in solchem Grade zu verleiden gewußt daß er auf und davon ging und sein Land dem
Unersättlichen zurückließ. Saß Murat fester auf seinem parthenopäischen Thron als die andern alle?

War es der Verdruß Napoleon's über den, wie er meinte, vom
König voreilig abgebrochenen Sommer-Feldzug von 1810 oder kam
etwas anderes dazwischen, genug in Pariser Hofkreisen ging stark das
Gerede der Kaiser habe Pläne mit Neapel denen Joachim Murat
werde weichen müssen. Einzelne meinten es sei geradezu auf eine Einverleibung des ganzen Gebietes in Frankreich abgesehen. Als dem
Imperator, dem alles gelingen sollte was er anstrebte und was er
sich verlangte, am 20. März 1811 ein Knäblein geboren wurde
gewann jenes Gerücht bestimmtere Fassung: aus ganz Italien werde
der Kaiser ein einziges Königreich bilden, dasselbe von Frankreich unabhängig machen und, falls er einen zweiten Prinzen bekäme, diesen
als Herrscher darüber setzen; bis dahin werde Murat die apenninische
Halbinsel in der Eigenschaft eines Vice-Königs regieren können, für
den Prinzen Eugen werde man in Deutschland Raum schaffen. König
Joachim der sich Ende Mai und Anfang Juni aus Anlaß der Tauf-
feierlichkeiten des „Königs von Rom" in Paris befand, sprach sich gegen
unsern Botschafter ohne Rückhalt über seine unerquickliche Lage aus.
„Es ist ein wahres Unglück", sagte er, „dieses ewige Wechseln in den
Dynastien und Länder-Zutheilungen! Warum will mich der Kaiser
nicht in Neapel lassen wo ich im besten Zuge bin mir Sympathien
zu schaffen? Möchte er doch endlich einmal bei dem bleiben was er
selbst eingerichtet, und jeden auf dem Platze lassen den er ihm selbst
angewiesen!" Als ein paar Wochen später sein Minister gegen den
Herzog von Bassano von jenen Gerüchten sprach, schwur dieser hoch
und theuer es sei kein wahres Wort daran, der Kaiser habe nie an
so etwas gedacht; ja wenn heute der König von Neapel stürbe würde
von einer Einverleibung seines Königreiches keine Rede sein; er, Maret,

habe den französischen Minister in Neapel angewiesen amtlich diese Erklärung abzugeben [1]).

Es ereigneten sich aber fortwährend Fälle die den Argwohn daß Napoleon mit der apenninischen Halbinsel etwas besonderes vorhabe bestärken mußten, und namentlich König Joachim erfuhr aus Paris eine Kränkung nach der andern. Was dem österreichischen General Baron Vincent wegen seiner Eigenschaft als geborner Belgier in den Tuilerien widerfahren war, wo ihm Napoleon trotz Schwarzenberg's Dazwischenkunft den Empfang verweigerte [2]), dasselbe geschah dem in Diensten Joachim's stehenden General Aimé weil er Franzose von Geburt, daher nach Napoleon's herrischer Auffassung nach wie vor sein Unterthan war und auf Einführung beim Kaiser, wie dies Fremden bei öffentlichen Audienzen seitens ihrer Gesandten zutheil zu werden pflegte, keinen Anspruch hatte. Der König von Neapel beschloß jetzt mit der Zwitterstellung der Franzosen in seinem Dienste ein Ende zu machen und erließ am 14. Juni ein Decret, laut dessen alle Civil= und Militair=Functionaire seines Staates sich entweder naturalisiren oder ihre Stellen aufgeben sollten. Er hoffte dadurch eine Anzahl Fremder loszuwerden an denen ihm nichts lag und die er durch Einheimische ersetzen konnte, weil er sich einbildete jene würden um keinen Preis auf die Ehre und die Vortheile eines .französischen Bürgers verzichten. So kam es auch, nur war der Erfolg ein anderer als ihn der König erwartet hatte. Denn nicht blos daß viele der Franzosen sich darauf steiften sie besäßen ihre Stellen unmittelbar vom Kaiser, die ihnen darum die neapolitanische Regierung nicht einfach nehmen könne; sie wandten sich auch mit ihren Klagen unmittelbar nach Paris wo Neid und Mißgunst gegen alles herrschte was vom Gebieter eine auszeichnende Gunst empfangen, und wo Murat insbesondere durch unvorsichtige Aeußerungen über

---

[1]) Oesterr. Gesandtschafts=Bulletin aus Paris zum 28. August 1811, Beil. zu Nr. 19.

[2]) S. meine „Maria Louise" S. 183 f.

Savary sich die Feindschaft dieses kaiserlichen Günstlings zugezogen hatte. Für Napoleon selbst war die Beschwerde seiner Staatsangehörigen in Neapel ein willkommener Anlaß dem König und dessen Reich den Willen des Oberherrn fühlen zu lassen. „Da Neapel", sprach er als Grundsatz aus, „durch französische Waffen erobert worden ist, Söhne Frankreichs dessen Thron bestiegen haben, so bedarf es für den Franzosen keineswegs der neapolitanischen Staatsbürgerschaft um dortige Militair= oder Civil=Posten zu bekleiden", und am 6. Juli erging ein kaiserliches Gesetz das aus zwei kurzen Artikeln bestand: „I. Alle französischen Bürger sind Bürger des Königreichs Beider Sicilien" — II. „Das königliche Decret vom 14. Juni findet auf sie keine An= wendung". Am selben Tage schickte Napoleon durch seinen Kriegs= Minister dem General Grenier den Befehl zu daß er die „Armee von Neapel" auflöse, die französischen Truppen aus Calabrien herausziehe und mit ihnen eine Beobachtungsstellung zwischen Neapel Capua und Gaëta einnehme; Clarke habe dem General zu schreiben, es sei dies der bestimmte Wille des Kaisers in dessen Ausführung sich Grenier durch keinerlei Widerstand des Königs dürfe irre machen lassen; Grenier solle gegen letztern, dem der Kaiser habe wissen lassen in wie hohem Grade sein Betragen thöricht sei, eine feste Sprache führen und ihm rund heraus erklären, wenn er nicht bald andre Saiten aufziehe werde man ihm eine strenge Lehre geben; Grenier werde ohne weiters Truppen nach Gaëta werfen und sich des Platzes ver= sichern, zugleich aber seinen Soldaten sagen, „daß sie Franzosen sind und bleiben, daß der Kaiser sie als solche ansieht, daß durch ein Gesetz des Großreiches alle Franzosen neapolitanische Bürger sind"; Clarke habe auch Miollis in Rom zu verständigen „daß der General Grenier Commandant en Chef Meiner Truppen in Neapel ist" [1]). Eine größere Demüthigung konnte König Joachim nicht erfahren, und weil er von jetzt an, hochfahrend und trotzig wie er war, nur um so schärfer gegen die Franzosen in seinem Dienste vorzugehen beschloß, die Königin aber, als Französin und um ihren allmächtigen

---

[1]) Corr. Nap. XXII Nr. 17894 S. 310 f.

Bruder nicht noch mehr aufzureizen, die Partei ihrer Landsleute ergriff, so hatte Murat zu allem andern Verdruß den Unfrieden im eigenen Hause.

Die eine Genugthuung hatte er daß der Haß gegen das Pariser Regiment nicht blos in seinem Königreiche sondern auch in allen andern Theilen der Halbinsel im Wachsen war, und zwar um so rascher und tiefgreifender je mehr gewisse Vorkommnisse auf kaiserliche Einverleibungsgelüste hinzudeuten schienen; denn man wollte sich lieber alles andre gefallen lassen als einen abseitigen Theil des französischen „Grand-Empire" zu bilden.

Um diese Zeit war der Polizei-Minister Savary versteckten Fäden auf der Spur die zwischen Italien und England hin und her gesponnen wurden; sie liefen, wie früher erzählt worden, von der Ex-Königin von Hetrurien aus die mit ihren beiden Kindern in einer Art Verbannung in Nizza lebte und von da nach Cadiz oder London zu entkommen suchte. Ihr Abgesandter Chifenti war am 13. December 1810 aus Sicilien zurückgekommen und hatte ihr nichts mitgebracht als ein Schreiben ihrer Schwester Isabella. Mittlerweile hatte Maria Louise, welcher das Ausbleiben Chifenti's zu lang gedauert, ihren Oberſthofmeiſter Saſſi della Tossa mit Instructionen und Briefen an König Georg III., an den Prinz-Regenten von England, an den spanischen Gesandten Herzog von Albuquerque und andere abgesandt der in London eine Art Geschäftsträger für sie abgeben sollte. Chifenti wurde beauftragt in Livorno ein Handelsschiff mit einigen Geschützen zu kaufen um sie und ihre Kinder nach Spanien zu schaffen; den Hof von London aber bat sie ihr seinen Schutz angedeihen zu lassen. Nun hatte sie aber dem Saſſi entweder nicht genug Geld mitgegeben oder er hatte damit nicht hauszuhalten gewußt, so daß er in Amsterdam nicht weiter konnte und dringend um Nachsendung bat. Hier aber entdeckten ihn die Agenten des Herzogs von Rovigo, hoben ihn auf und brachten ihn mit allem was er bei sich führte nach Paris, wohin unmittelbar darauf Maria Louisens Stallmeiſter Luigi Mannucci, Gaspero Chifenti und noch zwei andere im Solde der Ex-Königin stehende Personen überführt wurden. Sie standen insgesammt unter der Anklage hochverrätherischer Verschwörung. Eine Special = Commission wurde niedergesetzt; am 23. Juli 1811 begann die Verhandlung, am 25. erfloß das Urtheil das für Chifenti und Sassi auf Tod lautete; die andern wurden freigesprochen. Am 26. wurden die beiden nach dem Grenelle=Platz gebracht; Sassi, für welchen sich der Großherzog von Würzburg als seinen ehemaligen Unterthan verwendet hatte, fand im letzten Augenblick Gnade; Chifenti wurde erschossen. Aber auch Sassi, den man halbtodt vor Angst und Schrecken vom Richtplatze in sein Gefängniß zurückführte, überlebte seinen Unglücksgenossen nicht lang; er erlag am 8. September einem entzündlichen Brustleiden, „der letzte seiner alten und edlen Familie" [1]. Auch die Haupt=Person in diesem tragischen Zwischenfalle hatte bereits die imperialistische Nemesis ge= troffen. Maria Louise mußte Nizza verlassen, wurde sammt ihrem gleichnamigen Töchterchen in Begleitung eines Polizei=Commissairs und zweier Gendarmen nach Rom gebracht und dort in das Frauenkloster San Domenico e Sisto gesteckt; ihren Prinzen führte man nach Marseille und gab ihn in die Obhut seines Großvaters des Ex=Königs von Spanien. Die Behandlung welche die gestürzte Fürstin in Rom erfuhr war sehr hart, ja grausam. Die Oberin der Dominicanerinen haftete für ihre Person. Man ließ ihr nur zwei Kammerfrauen zur

---

[1] Gesandtschaftsbericht Schwarzenberg's vom 25. Juli 1811 lit. O und vom 29. Nr. 16 vgl. mit Savary V S. 51—54, welcher letztere nichts von der Hinrichtung Chifenti's, wahrscheinlich als einer zu gehässigen und ihn, Savary, compromittirenden Maßregel, erwähnt und eben so wenig jenen „fondé de pou- voirs de l'ex-reine" den der Kaiser pardonnirt habe (fit grâce) mit Namen be- zeichnet ... Dem bei ihrem Geschäftsträger aufgegriffenen Briefe Maria Louisens, erzählt Savary, habe auch ein Schreiben ihres Prinzen beigelegen: „l'écriture de cet enfant était celle d'un écolier qui n'écrit encore qu'en gros caractères sur du papier ligné au crayon" ... Ausführliches über den „Fluchtversuch der Königin von Etrurien" in Reumont's Beitr. z. ital. Gesch. VI S. 38—55. Als Maria Louise in spätern Jahren wieder zu Glanz und Ehren kam vergaß sie jene nicht die sich damals für sie geopfert hatten; „Eure Kinder", schrieb sie der Witwe Chifenti am 14. Mai 1814, „betrachte ich in jeder Hinsicht wie die meinigen und sie werden in mir immer eine liebevolle Mutter finden"; ebenda S. 57.

Bedienung. Sie durfte niemand sehen als den General Miollis oder den französischen Präfecten Grafen Camille von Tournon, dann ihre Schwägerin die Prinzessin Charlotte von Parma die sich in dasselbe Kloster zurückgezogen hatte um ihre Tage in stiller Abgeschiedenheit zuzubringen. So streng war die Abschließung der Ex-Königin daß man zweifelte ob es ihr werde gestattet werden ihrem Prinzeßchen Lehrer zu halten. Ein Spaziergang im Klostergarten war die einzige Freiheit deren sie genoß. Eines Tages erschien Miollis in Begleitung eines andern Herrn, wahrscheinlich Tournon's, und forderte die Auslieferung all ihrer Schmuckgegenstände, bis auf die Ohrgehänge die sie zu tragen pflegte, ja bis auf eine kleine Uhr die ihrem Töchterchen vom Halse hing; man wollte ihr offenbar alle Mittel der Bestechung entziehen [1]).

Maria Louise war nicht das einzige Opfer kaiserlicher Willkür und Härte in Rom. Hinter den Mauern der Engelsburg saßen fünfzig ehemals päpstliche Beamte die sich geweigert hatten der französischen Regierung den Eid zu leisten; manche davon, die nicht Weib und Kind ohne den Nährvater verderben lassen konnten, waren später mürbe geworden und bereit das verlangte zu thun. Doch man schien sich nicht mehr um sie zu kümmern, es hieß man müsse in Paris anfragen; im Juli hatte man sie eingesperrt, ein Halbjahr später war noch immer keine Antwort da und ihre Haft dauerte fort. Etliche zwanzig Beamte des Monte di Pietà büßten ihre Eidverweigerung in Civita Vecchia ab 2c. Der Kaiser hatte noch andere Wege sich die Herzen seiner neuen Unterthanen der Römer zu gewinnen. Bald nach der Einverleibung des Landes in den französischen Großstaat hatte er mehrere aus den angesehensten Geschlechtern, den Herzog von Zagarolo aus dem Hause Rospigliosi, den Fürsten Paluzzo Altieri, den Marchese Camillo Massimo und andere mehr nach Paris beordert wo sie ihre Zeit und ihr Geld verthun sollten, „um sich ein wenig zu französiren", wie Savary sagte. Man hatte sie nach Jahr und Tag allerdings wieder in ihre Heimat entlassen; allein bei dem geringsten Anlasse, wie etwa einem unvorsichtigen Tischgespräch in vertrautem Kreise, einer

---

[1]) Chiffern-Bericht Mier's zum 7. December 1811.

ungünstigen Aeußerung über den Gewaltigen an der Seine, folgte eine neue Einladung sich nach der französischen Hauptstadt zu bemühen von wo sie dann nicht mehr so leicht losgelassen wurden[1]). Aber damit hatte man nicht genug. Im Laufe des August 1811 wurden jeder der ersten Familien der Stadt kaiserliche Befehle in's Haus geschickt, mit genauer Bezeichnung und Aufzählung der Kinder welche sie nach Paris schicken müßten um sie in dortigen öffentlichen Instituten ihre Studien machen zu lassen. Man kann sich denken welcher Schrecken in den Familien, welche Erbitterung im Publicum eine Maßregel so aus= gesuchter Herzlosigkeit hervorrief. Doch gab es keinen Widerstand dagegen. Der Marchese Patrizi, der auf dreimalige Aufforderung seine Söhne noch immer bei sich behielt, wurde eines Morgens aufgehoben und nach Civita Vecchia abgeführt und nun beeilten sich alle Andern, um sich nicht gleichem Schicksale auszusetzen, dem harten Befehle nachzukommen[2]).

Alle diese Gewaltschritte hatten einen Ursprung: sie bekundeten den eisernen Willen des Imperators sich Italien zu unterwerfen und zu seinem knechtisch gehorsamen Besitzthum zu machen. Die Gefahr für Neapel in dies System einbezogen zu werden war keineswegs geschwunden; im Gegentheil die Gereiztheit zwischen den Cabineten von Neapel und Saint=Cloud wurde immer größer. Das Wohlsein des Königs litt unter dieser fortwährenden Aufregung; sein Stolz, sein Ehrgeiz hatten in den letzten Monaten eine Kränkung nach der andern erfahren; man sagte ihn krank, einige sprachen von einem Fieber, andere gar von zeitweisen Geistesstörungen[3]). Als er wieder etwas

[1]) Reumont Zeitgenossen II S. 260—262.

[2]) Mier zum 31. August und 22. December 1811: „On regarde ici ces enfants comme autant d'ôtages que l'Empereur Napoléon veut avoir à Paris pour s'assurer de la fidélité de ces familles". Die Gefangennahme Patrizi's erfolgte am 26. November: „Cet exemple de rigueur fait que les autres sei- gneurs, pour ne pas éprouver le chagrin de se voir arracher du sein de leur famille, se disposent à se conformer à une mesure qui de toutes celles qui oppriment ce pays est bien la plus cruelle".

[3]) Menz 6. August 1811 in Chiffern: „Ces chagrins et ces agitations entrent naturellement pour beaucoup dans la cause de la maladie du Roi tou-

zu Kräften kam traf er einige Personal-Aenderungen zu Ungunsten der
Franzosen. Graf d'Aure verlor sein Portefeuille; die Führung der
Polizei-Geschäfte erhielt einstweilen der Polizei-Präfect von Neapel
Maghella. Zur selben Zeit gab General Lanusse Groß-Marschall des
Palastes seine Entlassung. Noch zahlreicher waren die Fälle wo geborne Franzosen von untern Dienstesstufen entfernt und durch Neapolitaner ersetzt wurden, was begreiflicherweise eben so sehr der Beliebt-
heit des Königs bei seinem Volke zugute kam als es in Paris übel
vermerkt wurde. Auch blieb Savary die Revanche nicht schuldig. Am
24. August wurde der schon genannte General Aimé, in dem Augenblicke wo er seinen Wagen bestieg der ihn zurück nach Neapel bringen
sollte, verhaftet und nach Vincennes abgeführt. Alle neapolitanischen
Officiere, gebürtige Franzosen die unter verschiedenen Titeln der Pariser
Gesandtschaft König Joachim's zugetheilt waren, erhielten Befehl Paris
zu verlassen was diesen meist jungen Leuten, denen das Leben in der
französischen Hauptstadt zusagte, sehr ungelegen kam. Einer der Lieb-
linge Murat's Paul de La Vauguyon, der in Neapel rasch die Stufen
vom Capitain zum Divisions-General und Commandanten der königlichen Garde-Infanterie erstiegen hatte, bekam einen Wink sich schleunigst
aus Paris zu entfernen und schlug sich in das südliche Frankreich;
denn Savary hatte ihm Rache geschworen wo immer er ihn träfe.
Aimé war beschuldigt im Auftrage Murat's eine Art Polizei in Paris
organisirt zu haben um von allen Vorgängen bei Hof und in den
Ministerien unterrichtet zu werden; dazu dienten ihm, wie sich der
Herzog von Rovigo überzeugt hielt, hauptsächlich jene jungen Officiere
die Zutritt in die verschiedensten Kreise der Pariser Gesellschaft hatten[1]).

jours accompagnée de la fièvre qui avait été même suivie d'accès de délire,
à ce que m'assura hier l'archevêque de Tarente Mgr. Capecelatro".

[1]) Oesterr. Gesandtschafts-Bulletins aus Paris zum 25. September 25. October 25. November (Beilagen zu den Depeschen Nr. 19, 25) vgl. mit Savary V
S. 166 f. Letzterem zufolge hätten sich bei Aimé neunzehn Briefe gefunden, eigen-
händig von Murat geschrieben, zum großen Theil aus dem Jahre 1809 herrührend, worin dem Aimé eingebunden wurde den Verkehr mit Fouché fleißig
zu pflegen und demselben Vorwürfe zu machen warum er dem König so selten
Nachrichten zukommen lasse die diesem doch von so großem Werthe seien ꝛc. Der

Als Murat von jenen Gewaltschritten vernahm ließ er einen Courier Savary's an der neapolitanischen Gränze abfangen und demselben die Papiere abnehmen die er mit sich führte. General La Bauguyon, der inzwischen Rom erreicht aber dort den Befehl aus Paris getroffen hatte den neapolitanischen Boden nicht zu betreten, verblieb im Genusse seiner überreichen Bezüge — 60000, nach Andern gar 100000 Francs — und erhielt vom Könige die Vertröstung es werde eine Zeit kommen wo er ihn wieder werde an sich ziehen können. Es muß aber bald darauf etwas vorgefallen oder dem Könige hinterbracht worden sein was ihn gegen seinen frühern Günstling aufbrachte, so daß nun der General auch in Neapel in Ungnade fiel.

Kurz es ließ sich alles an als ob offene Feindschaft zwischen den beiden verschwägerten Höfen ausbrechen sollte. Campochiaro hatte erhitzte Unterredungen mit dem Herzog von Bassano in Paris und legte Freunden gegenüber große Niedergeschlagenheit über das was da kommen sollte an den Tag. Da machte sich die Königin am 2. October auf den Weg nach Paris; sie war die einzige Persönlichkeit die zwischen Bruder und Gatten vermitteln konnte. Kurze Zeit nach ihrer Abreise erfolgte ein neuer Gewaltstreich in Rom. General Miollis legte Be-

Hauptinhalt dieser Schreiben habe keinen Zweifel übrig gelassen „que . . . ce prince n'ent sérieusement songé à succéder à l'Empereur dans un cas donné, sa mort par exemple". Nach dem österr. Gesandtschafts-Bulletin zum 27. September (Beilage zur Depesche Nr. 19) wären es Mittheilungen an Joachim gewesen, Betrachtungen über die allgemeine Lage von Europa, über die Verwicklungen mit Rußland, über die Stellung und Rolle des Königs inmitten dieser Händel, wobei unter anderm die Phrase vorgekommen sei: „Toute l'Europe a les yeux fixés sur vous" . . . Ueber La Bauguyon soll sich Savary geäußert haben: „S'il m'a échappé cette fois-ci, il n'a qu'à prendre garde de ne pas me tomber entre les mains, car je le pincerais bien" . . . Den gesandtschaftlichen Mittheilungen zu Folge hätte die Erbitterung des Herzogs von Rovigo gegen die Anhänger Murat's daher gerührt daß sich der König bei seinem letzten Aufenthalte in Paris gegen Napoleon in derben Ausdrücken über Savary ausgelassen hatte — „un homme méchant et bête" hätte er ihn unter andern genannt — was diesem vom Kaiser wiedererzählt worden sei. Von da an habe der Polizei-Minister dem neapolitanischen General auf Schritt und Tritt aufpassen lassen bis es ihm endlich gelungen einen Anlaß zu dessen Verhaftung zu erhaschen; „cet officier était si étroitement surveillé par la police, que le Duc de Rovigo connaissait toutes les pièces dont il était porteur, même celles qui étaient cousues dans la ceinture de sa culotte".

schlag auf die Farnese'schen Besitzthümer die zur Krone von Neapel
gehörten und darum von Joachim als sein Eigenthum behandelt
wurden; der königliche Intendant Crivelli erhielt Befehl ungesäumt
die Stadt zu verlassen, im Falle einer Weigerung von seiner Seite
werde man Gewalt anwenden; Crivelli begab sich darauf nach Civita
Vecchia. Doch schon war die Königin in Paris angelangt und bald
ließen sich die Folgen ihres beredten Eingreifens wahrnehmen. In den
ersten December-Tagen erhielt Joachim einen Brief des Kaisers der
das beste hoffen ließ. Napoleon ertheilte seinem Minister des Aeußern
den Auftrag ihm über alle Streitpunkte zwischen Frankreich und Neapel
Bericht zu erstatten. Miollis mußte den Beschlag über das Farnese'sche
Besitzthum aufheben, es hieß sogar der Kaiser habe um diese ganze
Sache nichts gewußt. Aimé wurde seiner Haft entlassen; er mußte
nur das Versprechen geben sich entweder auf seine französischen Güter
zurückzuziehen oder unmittelbar nach Neapel abzugehen.

Ganz aus war es darum mit den Streitigkeiten noch lang nicht,
ja wurde es eigentlich nie. Denn kaum daß die Hauptsache geordnet
war brach unter dem Königspaare der frühere Meinungszwist für und
gegen die Franzosen von neuem aus. Karoline, einmal in Paris,
verlangte sich so bald nicht zurückzukehren; in Neapel sprach man
davon, sie werde über den Winter dort bleiben und den Kaiser im
Frühjahr auf einer Reise nach Italien begleiten. Sie wollte ihre
Kinder bei sich haben und schrieb darum wiederholt an ihren Gemahl,
der es ihr jedoch beharrlich abschlug. Dazu die Zwischenträger, die
Ränkeschmiede, die Stellenjäger. Der Kaiser der im Grunde an seiner
Familie hing war leicht versöhnt; aber da mengten sich der Ehrgeiz
und die Habsucht seiner Umgebung hinein, die durch den Zwiespalt
der beiden königlichen Gatten, durch ein Seitenstück zu der hollän-
dischen Katastrophe von 1810, durch eine Zuschlagung des Königreichs
Neapel zum Grand-Empire nur gewinnen konnten und daher nicht
müde wurden immer wieder auf diese letztere Idee, die ohnedies der
Unersättlichkeit des Eroberers nur zu sehr behagte, zurückzukommen
und sie in immer neuer Gestalt vor sein Auge treten zu lassen.

* * *

Wenn Maria Karolina von Sicilien Jahre und Jahre lang
unter dem übermüthigen französischen Protectorate hatte leiden müssen,
so kam ihr jetzt rächende Vergeltung dafür an ihrem zweiten Nach=
folger: was ihr Alquier und Gouvion Saint=Cyr gewesen waren, das
waren dem Könige Joachim Grenier und Pérignon.

Der Marschall war am 5. October, drei Tage nach Abreise
Karolinens, auf seinem Gouverneurs=Posten wieder eingetroffen; er war
im Zerwürfnis mit dem Könige von Neapel geschieden, hatte zu An=
fang September seine Familie nachkommen lassen und Joachim hätte
ihn am liebsten gar nicht wiedergesehen. Pérignon fand jetzt kalten
Empfang; man machte ihm keine Hindernisse den Befehl über die
französischen Truppen wieder zu übernehmen, allein jener über die
neapolitanischen so wie über die festen Plätze im Königreiche wurde
ihm versagt. Es schien ihn dies wenig anzufechten. Er spielte den
Beschützer des Königs in einer Weise die den hochfahrenden Sinn
Murat's, wenn er davon erfuhr, tief verletzen mußte. „Der Kaiser
Napoleon", sagte Pérignon jedem der es hören wollte, „denkt nicht
daran dem Könige ein Land zu nehmen das dieser in Ordnung ge=
bracht hat und dessen Volk an ihm hängt: was er verlangt ist
daß der König sich einzig und allein nach seiner Politik richte; daß
er nicht vergesse wem er seine Krone zu verdanken habe und daß,
der sie ihm gegeben, sie ihm auch wieder nehmen könne". „So
verletzend diese Reden für den König sind", schrieb Graf Mier
nach Wien, „so sehr gefallen sie seinen Neapolitanern; denn diese
lassen sich gern alle Demüthigungen gefallen wenn sie nur wissen
daß sie nicht französisch werden sollen". Dem Könige selbst aber
sagte Pérignon: „er werde ihm wohl eine Menge unangenehme Dinge
mitzutheilen haben, doch er werde darauf bedacht sein ihm die bittere
Pille zu versüßen" . . .

Bei dem feierlichen Neujahrs=Empfange von 1812 ereignete sich
ein Zwischenfall eigenster Art. Und weil ich in diesen Büchern gar
so viel des ernsten und traurigen, des widerlichen, ja grausamen zu
berichten hatte und noch zu berichten haben werde, wird es vielleicht
dem geneigten Leser Erholung sein wenn ich ihn einen Augenblick

mit einem Vorfalle beschäftige der eigentlich erst dadurch Humor und Komik gewann daß er an den Höfen aller europäischen Groß= mächte mit so hohem Ernst behandelt wurde. Unter den Gesandten am Hofe König Joachim's befanden sich, wie wir wissen, Durand der Franzose und Dolgoruki der Russe. Nun war in dem Vertrage von Tilsit ausgemacht worden daß Frankreich und Rußland in ihren diplo= matischen Beziehungen nach außen einander gleich gehalten werden sollten. Darauf steifte sich der russische Fürst der überdies Gesandter war, während Durand nur den Rang eines Geschäftsträgers hatte, sich aber gleichwohl als Vertreter des französischen Großreichs mehr als alle andern dünkte. So schritten an jenem 1. Januar die beiden, Dolgoruki rechts Durand links, in höflichem Gespräche miteinander durch die hohen Gemächer zu dem königlichen Empfangssaale heran. Aber hier, als der russische Fürst in gleicher Weise und Linie mit dem Franzosen eintreten wollte, schob dieser seinen Nebenmann mit einem kräftigen Ruck und mit den Worten: „O nein, so ist es nicht gemeint!" beiseite und gewann ihm den Vortritt ab. Doch der Russe hatte es auch nicht so gemeint, sprang, gleichfalls mit einer nichts weniger als gelinden Armbewegung, auf seinen vorigen Platz und machte, als Durand ihn mit blitzendem Auge ansah, einen Griff an seinen Degen der dabei halb aus der Scheide kam. Wie und in welcher Verfassung die Beiden vor dem Throne erschienen meldet die Chronik nicht; auch hatte der König nichts bemerkt, wohl aber hatten es die zahlreichen Nächststehenden, besonders die andern Diplomaten die gleichfalls im Begriff waren in den Thronsaal zu treten; von den blauen Flecken welche Dolgoruki und Durand davon trugen, denn sie hatten einander rechtschaffen gepufft, wußten nur die respectiven Kammerdiener zu erzählen, falls sie nicht schweigsame Leute waren wie bei Diplomaten= Zugehör allerdings vorauszusetzen ist. Der Auftritt war zu grell und zu offenkundig als daß er ohne Folgen hätte bleiben können [1]). Nach dem

---

[1]) Mier 2. Januar 1812 in Chiffern: „Ils ne peuvent pas ne point se battre, car il est très certain qu'ils se sont poussé et donné mutuellement des coups de poing, et une telle offense entre gens d'honneur ne peut être vidée que par un duel. Il est de l'intérêt du prince Dolgorouki de soutenir qu'il

Tedeum das auf den Neujahrs-Empfang folgte nahm Baron Durand eine lange Audienz beim Könige und unmittelbar darnach sandte er dem Fürsten seine Herausforderung zu. Dolgoruki schrieb zurück er sei zu jeder Genugthuung bereit; nur als Gesandter könne er sich nicht schlagen, er habe deshalb um seine Abberufung gebeten und stehe dann seinem Gegner zur Verfügung. Das meinte aber Durand nicht gelten lassen zu dürfen: die Beleidigung sei eine persönliche die mit dem diplomatischen Charakter nichts zu thun habe 2c. Im Grunde waren es, als Graf Mier auf Ersuchen Dolgoruki's den Vermittler machte, beide Theile zufrieden wenn der Streit einen unblutigen Ausgang nahm, wozu alle Aussicht vorhanden war als unser Gesandte im Namen des russischen die Entschuldigung vorbrachte: die anstößige Handbewegung an den Degengriff sei keineswegs eine Drohung gewesen, vielmehr habe der Fürst nur seinen Degen, der ihm bei dem raschen Gehen zwischen die Beine gerathen, in die gehörige Lage bringen wollen. Allein da kam Excelmans, Obrist-Stallmeister Joachim's und nebstbei Hitzkopf, mit der Erklärung dazwischen, er könne als „französischer General und Unterthan Seiner Majestät des Kaisers", der in seinem Gesandten tödtlich beleidigt worden, den Vorfall nicht ungeahndet hingehen lassen. Nun forderte auch Benckendorff, russischer Gesandtschafts-Secretair, den General und es wurden aus einem Duell zwei. Am 5. Januar fuhren die Vier sammt Aerzten und Secundanten zum Serapis-Tempel bei Puzzuoli hinaus. Man schlug sich auf Degen und alle wurden verwundet: Dolgoruki und Durand an den Hüften, Excelmans am Ohr, Benckendorff an Brust und Schulter, aber alles leicht. Darauf gegenseitige Umarmung und Versicherung daß man persönlich die größte Hochachtung gegen einander hege. Im letzten Augenblicke erschien General Carascosa der im Namen des Königs Einsprache thun sollte: „Seine Majestät werde nie zugeben daß man sich in seinen Staaten schlage". Allein es war einmal geschehen und man fuhr vergnügter Dinge in die Stadt zurück.

---

n'a pas porté sa main à l'épée, mais moi je l'ai vu de mes propres yeux; je puis me tromper, mais je crois qu'il l'a même tirée de quelques pouces".

Doch die Geschichte hatte ihr Nachspiel. Natürlich daß an die beiderseitigen Höfe berichtet wurde. In Paris nahm man den Vorfall leicht, Maret erklärte dem Fürsten Kurakin: „seine Regierung betrachte den Zwischenfall einzig als eine persönliche Angelegenheit der beiden Gesandten und hoffe daß das Ereignis das zwischen beiden Cabineten bestehende gute Einverständnis in nichts stören werde". Nicht so einfach lief der Zwischenfall in St. Petersburg ab, schon darum weil Joachim dem Fürsten Dolgoruki sein Misfallen zu erkennen gegeben und sich, so lang nicht vom russischen Hofe eine Antwort erfolgt sei, dessen Erscheinen bei Hofe verbeten hatte; auch sehe der König in dem Vertreter Frankreichs einen „Minister des kaiserlichen Hauses, ministre de famille" und müsse ihm als solchem den Vortritt gestatten. Im März erfolgte dann die Abberufung Dolgoruki's der durch den Grafen Leon Potocki ersetzt wurde. Allein auch der Vertreter des Königreichs Italien wurde in die Angelegenheit verwickelt, weil er eine diesfalls an ihn gerichtete Note des russischen Ministers beantwortet hatte ohne sich früher mit Baron Durand in's Einvernehmen zu setzen. Tassoni's Haltung wurde von seiner Regierung vollkommen gebilligt weil Durand als in der Sache betheiligt nicht zum Richter gemacht werden konnte; letzterer aber, der Tassoni's Benehmen als eine Verletzung seiner Würde als Vertreters des Grand-Empire ansah, führte in Paris Beschwerde von wo der Befehl kam Tassoni von seinem Posten abzuberufen. Tassoni war eine geachtete und allgemein beliebte Persönlichkeit, er war Familienvater und darum der Verlust seiner Stelle für ihn doppelt empfindlich. Der König ließ ihm sein Beileid bezeigen, Pérignon that mehr. Er hatte zuerst eine heftige Unterredung mit Durand, dem er vorwarf einen Ehrenmann in's Unglück gebracht zu haben, und ermächtigte dann Tassoni sich in Paris auf ihn, Pérignon, zu berufen; ihn habe er über das Schreiben Dolgoruki's zu Rath gezogen und er habe ihm angegeben welche Antwort dem Fürsten zu ertheilen sei; er werde auch nicht unterlassen persönlich dem Kaiser Napoleon in diesem Sinne zu schreiben [1]).

---

[1]) Nach Mier'schen Gesandtschaftsberichten. Der Graf war es auch, wie es scheint, der die Auskunft mit dem „ministre de famille" erfunden hatte,

Welchen Ausgang dieser Zwischenfall genommen gehört nicht hieher.
Aber bezeichnend für die Zustände des französischen Soldatenreichs
war es gewiß, welche Sprache und welche Schritte sich ein in einem
fremden Staate angestellter Marschall von Frankreich dem Beherrscher
dieses selben Staats und dem Gesandten seiner eigenen Regierung
gegenüber herausnehmen konnte!

Zwischen den Cabineten von Neapel und Paris waren mittler=
weile, nachdem die früheren Streitpunkte so ziemlich ausgeglichen
waren, neue hinzugekommen. Eines der ersten Opfer dieser Misver=
ständnisse war der Herzog von Campochiaro der seinen Pariser Posten
verlassen mußte. Der König bei dem er hoch in Gnaden stand dachte
ihm erst die Direction der Wasser= und Forst=Verwaltung zu und be=
traute ihn später mit dem seit d'Aure's Entfernung verwaisten Mini=
sterium der Polizei. Dieselbe hatte, wie früher erwähnt, einstweilen der
Polizei=Präfect Maghella geführt; allein dieser war von Paris aus
als Genuese, folglich jetzt Franzose, reclamirt und dahin abberufen
worden, und auch dem Minister Zurlo drohte das gleiche Schicksal,
beides Persönlichkeiten auf welche Joachim große Stücke setzte, die aber
eben deshalb von Karolinen nicht gern gesehen waren. Denn auch
das Zerwürfnis zwischen den beiden königlichen Gatten spitzte sich
immer ärger zu, und es schien überhaupt als sei es von Paris aus
darauf angelegt dem Könige das Regieren zu verleiden und ihn zu
einem Schritte zu treiben wie ihn zwei Jahre zuvor Ludwig von
Holland gethan hatte [1]). Auf den Pariser Gesandtschaftsposten kam
der Herzog von Carignano, Staatsrath und Director der neapolita=

---

worüber man in Wien durchaus nicht erfreut war; es könnte dies, besorgte
man, misliebige Folgen für die Vertreter Oesterreichs selbst haben ... Potocki
traf am 20. März 1812 in Neapel ein, das Dolgoruki am 24. verließ.

[1]) Mier 27. März 1812 in Chiffern: „Le gouvernement français fait
tout pour dégoûter le Roi de la place qu'il occupe momentanément, et il
paraît que la présence de la Reine à Paris n'a fait que différer le moment
de son rappel . . . . . . On souffle la discorde pour embrouiller les choses
davantage et trouver un prétexte apparent pour réunir ce pays au Grand
Empire".

nischen Bank, der sich aber für den neuen Posten wenig schickte; auch war Napoleon bald unzufrieden mit ihm.

Um diese Zeit war ein neuer Weltkrieg zwischen Rußland und Frankreich in Anzug. Dort waren es die fortwährenden Gebiets= erweiterungen des neuen Kaiserthums und besonders die Beraubung des Herzogs von Oldenburg, eines Verwandten des Zars, um sein Land; hier war es der russische Zoll=Tarif der Napoleon an seiner empfindlichsten Stelle, der für ihn so hochwichtigen Continental=Sperre gegen England, offen verletzte, was man sich gegenseitig mit zu= nehmender Bitterkeit vorwarf so daß ein Theil den andern des Treu= und Friedensbruchs bezichtete. Fürst Kurakin weilte noch immer in Paris, der Herzog von Vicenza in St.=Petersburg, Couriere und Depeschen wurden häufiger als je zwischen den beiden Cabineten ge= wechselt. Allein viel rühriger noch ging es hier wie dort in allen Arsenalen, auf allen Schiffswerften, auf allen Sammelplätzen von Truppen und Kriegsbedarf zu.

Von Napoleon's Seite traten nun auch an Neapel erhöhte Ansprüche heran gegen deren Erfüllung Joachim seine Einwendungen geltend machte. Für's erste drang der Kaiser auf Ergänzung des be= dungenen Contingents von 16000 Mann das in einer Reihe von Jahren durch Abdienung oder Ausreißerei, durch Krankheiten und Tod auf 6000 Mann herabgeschmolzen war. Der König dagegen meinte, er habe das Contingent einmal vollzählig gestellt, von Nach= schüben stehe nichts in der Stipulation; auch brauche er seine Truppen im Lande das unaufhörlich von den Engländern bedroht sei. Sodann verlangte Napoleon die Verproviantirung von Korfu, während von Frankreich eine ältere Ersatzforderung, die der neapolitanische Staats= schatz aus diesem Titel wiederholt gestellt hatte, noch immer nicht beglichen war. König Joachim seinerseits wollte 10000 Gewehre in den französischen Waffen=Fabriken bestellen und 3000 Pferde aus Frankreich beziehen, was ihm beides der Kaiser abschlug [1]).

---

[1]) Eine andere Maßregel die Napoleon um diese Zeit einleitete, berührte weniger den König als die zahlreichen Franzosen die sich noch immer in neapoli=

Es gab also nichts als Mishelligkeiten was den König in solchem Grade angriff daß er sich von aller Welt zurückzog und keinen Menschen sehen wollte. Es hieß er sei unwohl; allein in den Kreisen der Diplomatie wußte man sehr wohl daß es nur Aerger und üble Laune war. Zuletzt zog Napoleon, der seinen tapfern und beim Heere beliebten Schwager, wenn es wirklich zum Kriege kam, wohl brauchen konnte, mildere Saiten auf, schrieb ihm einen Brief in altgewohntem herzlichen Tone, und das Unwohlsein Joachim's war für den Augenblick mindestens geschwunden. Er sah wieder seine Minister, er empfing auch andere Personen und nahm seine gewohnten Geschäfte wieder auf. [1])

Seine Pläne auf Sicilien hatte Napoleon die ganze Zeit hindurch nicht aufgegeben, allein es wollte nichts rechtes daraus werden. Anfangs Februar 1811 hatte er seinem Kriegs-Minister ausführliche Befehle geschickt die Touloner Flotte in Bereitschaft zu halten und Vorbereitungen zu einer Ausschiffung von Mannschaft zu treffen.

---

tanischen Diensten befanden, zum Theil große Reichthümer angesammelt hatten oder solche anzusammeln auf dem besten Wege waren und die, jetzt nach Frankreich zurückberufen, gern auf ihr dortiges Bürgerrecht verzichtet haben würden wenn man es ihnen nur gestattet hätte. Am härtesten traf das kaiserliche Decret manche Militairs die in den Rang wieder zurücktreten mußten den sie in Frankreich gehabt hatten: „L'exemple récent des généraux Lanusse Excelmans et La Vauguyon ne prouve que trop la vérité de ce fait", berichtete Mier am 16. Februar 1812 nach Wien. „Ce dernier qui de capitaine au service de la France était parvenu dans l'espace de deux ans au grade de général de division, colonel de l'infanterie de la garde, et jouissant d'un revenu de 100000 fr. par ses appointements, rentré en France à la suite d'une brouillerie avec le Roi, n'a obtenu que son grade de capitaine".

[1]) Mier 22. März: „On prétend que l'indisposition du Roi n'est autre chose que mauvaise humeur causé par les dernières dépêches reçues de Paris. Depuis plusieurs jours il n'a vu aucun de ses ministres, il était même défendu de lui annoncer qui que ce soit". 27. März: „L'indisposition et la mauvaise humeur du Roi continuent toujours; depuis trois jours il n'a vu personne". 5. April: „L'arrivée d'un courrier de Paris a fait disparaître la mauvaise humeur du Roi. Depuis trois jours il voit du monde et s'occupe des affaires comme à l'ordinaire".

Dann wollte er die Sache auf das künftige Jahr verschoben wissen, kam aber in der zweiten Hälfte Mai 1811 nochmals darauf zurück; Murat sollte ein Heer von 15000 Mann bei Reggio sammeln. „Die Gelegenheit ist günstiger als je", schrieb er ihm; „die Engländer haben keine 4000 Mann auf der Insel und die Bevölkerung ist unzufrieden, wie die Engländer selbst zugestehen" [1]). Beides war nun allerdings so ziemlich richtig; nur lag die erste Schwierigkeit nicht darin in Sicilien zu landen, sondern nur aus Toulon auszulaufen. Vor dem Hafen kreuzte Sir Edward Pellew dessen Wachsamkeit nicht zu erschüttern war und der nichts anderes wünschte als sich auf die französische Flotte zu werfen und selbe zu vernichten. Im November meinte Napoleon die Sache habe keine Eile; ein Angriff auf Sicilien sei keine Angelegenheit von zwei oder drei Monaten, sondern müsse als dauernder Krieg aufgefaßt werden; König Joachim möge ein ständiges Lager bei Schlla aufschlagen, das sei das beste Mittel seine Soldaten kriegstüchtig zu machen und jeden Augenblick zur Action bereit zu sein.

Allein auch gegen diesen letztern Vorschlag erhoben sich Bedenken. Denn was sollte es mit der Aufschlagung eines ständigen Lagers an einem Punkte, während die bald hier bald dort angreifenden Siculo-Briten die Wachsamkeit auf allen nothwendig machten? Jetzt erschienen britische Kriegsschiffe vor Schlla das sie bombardirten, dann vor San-Giovanni oder Catona oder im Golf von Santa-Eufemia um eine Landung zu versuchen. Der Feind lag fortwährend auf der Lauer so daß die Murat'schen größere Unternehmungen zur See gar nicht wagen konnten. Im Spätherbst 1811 lief von dem calabrischen Gestade ein von neun Kanonen-Schaluppen escortirter Convoi aus, 32 Segel stark, der nach Neapel Bauholz Eisen Oel und anderes bringen sollte. Auf der Höhe von Salerno zeigten sich britische Kriegsschiffe, vor denen sich das neapolitanische Geschwader an der nahen Küste barg. Unter dem gewaltigen Schutze ihrer Schiffs-Kanonen

---

[1]) Corr. Nap. 9. Februar 1811 an Clarke XXI Nr. 17342 S. 391, 8. März an Decrès Nr. 17434 S. 447, 21. Mai an König Joachim XXII. Nr. 17745 S. 176 f.

gingen 400 Engländer an's Land. Da schlug mit einemmal der
Wind um, die Kriegsschiffe wurden seewärts getrieben und die Ge=
landeten sahen sich einer aus den benachbarten Garnisonen gegen sie
heranrückenden Uebermacht preisgegeben. Da wollten sie capituliren: sie
boten Freiheit des Convois an wenn man sie unbehelligt auf ihre
Schiffe zurückließe; die Murat'schen aber verlangten sie sollten sich
auf Gnade und Ungnade ergeben. Doch jetzt wendete sich abermals
der Wind, diesmal zu Gunsten der Engländer, deren Schiffe sich
näherten und den ganzen Convoi sammt sechs von den Kanonen=
Schaluppen zur Beute machten.

So waren Murat und die Seinen von der Seeseite fast wie
Gefangene. Es kam so weit daß man alles Bauholz dessen Bedarf
in Neapel und in den Schiffswerften von Castellamare besonders schwer
empfunden wurde, auf dem beschwerlichen Landweg aus Calabrien
herbeischaffte, während Kanonen Anker und überhaupt Eisenwaaren in
Frankreich angekauft wurden, von wo doch nur der Seeweg offen
blieb. Aber von fünf Convois die mit solchen Werthgegenständen
befrachtet waren, wurden mindestens zwei von den Engländern ge=
nommen oder in die See geschossen [1]).

23. Sicilische Verfassung nach britischem Muster.
1812.

Anfangs November 1811 erfuhr man in Palermo daß Lady
Bentinck ihren Gemahl um den 20. aus London erwarte; indessen
kam er nicht zur bestimmten Zeit und selbst zu Anfang December
war er noch nicht zurück. Die Unruhe am Hofe, die peinliche Ungewiß=
heit welcherlei Weisungen und Vollmachten der unerbittliche Lord mit
sich bringen werde, wuchs von einem Tage zum andern. Aber auch
im übrigen Europa, wo man Zeitungen las die nach Palermo kaum
oder nur in langen Zwischenräumen gelangten, war man darauf gefaßt

---

[1]) Mier 8. September 1812.

daß England etwas besonderes mit Sicilien vorhabe. Londoner Blätter brachten Aufsätze worin mit wenig Umschweifen von der Besitzergreifung der Insel gesprochen wurde was natürlich alle im französischen Inter-esse oder Solde stehenden Journale, so ganz besonders die neapolita-nische Regierungszeitung, eifrigst nachdruckten um die Welt über die britische Herrschgier und Anmaßung aufzuklären [1]). Unter solchen Umständen kamen auch die unausgesetzten Alarm-Berichte der Eng-länder über sicilische Verschwörungen und Rachepläne in ein schiefes Licht, indem die Gegenseite all' das als eitles Gaukelspiel und Ge-flunker auslegte, nur darauf berechnet einen Vorwand zu haben um über die Insel herzufallen und sich der Herrschaft über dieselbe zu be-mächtigen. So ganz aus der Luft gegriffen war indessen die Sache nicht, weil es nicht blos die britischen sondern auch die einheimischen Behörden waren die sich in der angeführten Richtung thätig zeigten.

Am 26. November erging nach Messina durch den Minister Circello ein königlicher Befehl: es sei fernerhin nicht zu dulden daß sich fremde Sendlinge mit gefälschten Briefen und Urkunden, wobei sie sogar den Namen der Königin mißbrauchten, in das Land schleichen um das zwischen Seiner Majestät und Deren mächtigen Alliirten be-stehende gute Einvernehmen zu stören; wer mit derlei Schriftstücken ergriffen werde sei auf diese blose Thatsache hin unnachsichtlich (irre-missibilmente) binnen 24 Stunden an den Galgen zu knüpfen, „und damit sich niemand entschuldigen könne er sei hinterlistig durch Andere zu einem solchen Unternehmen verleitet worden, wird der gegenwärtige Befehl durch ein Parlamentar-Schiff der genannten Verbündeten auch in Neapel zu wissen gethan werden". An demselben Tage da die Kundmachung dieses Erlasses in Messina stattfand, 30. November [2]),

---

[1]) Die in Messina erscheinende siculo-britische „Gazetta" wollte derlei Nachrichten als böswillige Erfindungen der napoleonischen Presse darstellen, wogegen sich der „Monitore delle Due Sicilie" höchlichst verwahrte: „noi non abbiamo fatto che copiare letteralmente ciò che era già diffuso in tutto il mondo".

[2]) Die Kundmachung vom 30. war von dem General und Governadore von Messina Giov. Danero unterzeichnet, abgedruckt im neapolitanischen „Moni-tore" Nr. 272 vom 14. December 1811 und auszugsweise im Gesandtschaftsbericht Cresceri's vom 25. December 1811: „Sua Maestà è ormai stanca di veder

erging auch vom britischen Militair-Commando ein strenges Verbot
jedweder Fischerei in den benachbarten Gewässern; das in Melazzo
stationirte calabrische Frei-Corps sei sorgsamst im Auge zu halten;
an die Mittheilung, ein Theil der Garnisonen von Zante und Kephalonia sei zur Verstärkung der sicilischen Besatzung herbeigerufen worden,
knüpfte sich die Nachricht der ehebaldigsten Rückkunft Lord Bentinck's.
Zwei Tage darauf fanden auf Maitland's Befehl zahlreiche Verhaftungen in Messina statt, meist Neapolitaner die sich, wie versichert
wurde, im geheimen Einverständnis mit den Franzosen auf dem Festlande befunden; unter anderm sei es darauf abgesehen gewesen die
im Hafen liegenden britischen Schiffe anzuzünden um jede Schwierigkeit einer Landung von der calabrischen Küste aus dem Wege zu
räumen. Im Publicum und in britischen Armeekreisen sprach man
von einem furchtbaren Complott der Hof-Partei gegen die Engländer,
von Anschlägen gegen Freiheit und Leben derselben, von der Touloner
Flotte die jeden Moment zum Auslaufen bereit sei u. dgl. m. In
einer Kundmachung vom 3. December hieß es: man habe vorderhand
nur einige der gravirtesten Individuen in Haft genommen, es gebe
aber eine viel größere Zahl von Schuldigen bezüglich deren man voll-
giltige Beweise in Händen habe; man wolle ihnen drei Tage Zeit lassen
sich freiwillig zu stellen und ihr Unrecht selbst zu bekennen [1]).

---

tendere da una bassa politica artificiose insidie per potersi dall' inimico tur-
bare quella buona armonia tra la Maestà Sua ed i potenti suoi Alleati, la
quale non sarà infranta giammai, nè può Sua Maestà ulteriormente tollerare
che frequenti emissarj continuino ad introdursi in questo Regno con carte
simulate e mentite, che si è più anche avuto l'ardire di dirigere alla rispetta-
bile Augusta Consorte della Maestà Sua" ꝛc.

[1]) Im Namen General Maitland's unterzeichnet von dem Kriegs-Secretair
Wm. Taynton.... Der „Monitore" Nr. 275 vom 18. December brachte gegen
diese Kundmachung und überhaupt gegen den ganzen Vorgang in dieser angeblichen Verschwörungsgeschichte, wo eine Handvoll Geheimbündler ganz Sicilien
und die mächtige britische Armee dem Feinde sollten in die Hände liefern
können, einen heftigen Artikel: „si spinge la perfidia e l' audacia sino ad
asserire che quelle infelici vittime così sagrificate ad un calcolo atroce erano
altrettanti assassini che aveano ricevuto l' ordine da un nostro generale di far
cadere sotto i colpi del tradimento non si sa quale uffiziale oscuro".

Am 7. December traf Lord Bentinck in Palermo ein. Bei
Hofe herrschten Aufregung und Bestürzung, man besorgte zunächst
Einstellung der britischen Subsidien; die Königin war traurig und
verschlossen. Dabei fiel die geheimnisvolle Thätigkeit auf die der Lord
in einer gewissen Richtung entfaltete, während abenteuerliche Gerüchte
umliefen wie er zur Kenntnis einer neuen fürchterlichen Verschwörung
gelangt sei [1]). An einem der folgenden Tage wurde eine Anzahl
Persönlichkeiten, insgesammt als Anhänger der Königin bekannt, in
strengen Gewahrsam genommen, darunter vom Militair Obrist Filippio,
Obrist-Lieutenant Infante, Capitain Pandolfi, vom Civil die Doctoren
Pietro Veraci und Fra. Santoro, die Abati Panucio und Minasi.
Ein Kriegsgericht wurde eingesetzt das am 4. Januar 1812 seine
Thätigkeit begann.

Um dieselbe Zeit erbat sich Bentinck eine Audienz bei der
Königin die sich in Mezzo-Monreale nächst Palermo befand, während
der König wie gewöhnlich in verschiedenen Gegenden des Landes
seinem Sport nachging. Die Unterredung zwischen Karolinen und
dem Vertreter Englands dauerte bei drei Stunden. Lord Bentinck,
so wurde in britischen Kreisen erzählt, habe der Königin gegenüber
allen amtlichen Charakters sich zu entkleiden erklärt; „nur als aufrichtiger Freund könne er Ihrer Majestät auf das dringendste rathen
sich aus der Nähe der Hauptstadt fortzubegeben, ja wo möglich die
Insel zu verlassen; es seien neuester Zeit Mittheilungen ganz unge-
wöhnlichen Charakters zu seiner Kenntnis gelangt die er seiner Regierung unmöglich vorenthalten könne, woraus für Ihre Majestät
die unangenehmsten Folgen entstehen könnten" [2]). Wohl bäumten sich

---

[1]) Im letzten Augenblicke; als schon der Losbruch erfolgen sollte, sei dem
Marchese Circello Anzeige davon gemacht worden; dieser habe sich in seine Staats-
kleider geworfen, über diese das härene Gewand eines Bettelmönches gezogen, sei
bei Lord Bentinck erschienen, habe diesen in das Geheimnis eingeweiht „and concluded by throwing off the outer garment, which instantly discovered to the
minister that he was not the dupe of an idle artifice"; Blaquiere I
S. 564 . . .

[2]) Ebenda I S. 583 f. mit der Bemerkung zum Schlusse: „If the
foregoing was not said by the ambassador in person, it was at least written

der Stolz und Trotz Karolinens gegen diese unerhörten Anträge
auf. Wohl versuchte sie dem aufdringlichen Gesandten bemerkbar zu
machen, sie und ihr Gemahl bedürften der Hilfe seiner Regierung
nicht, sie getrauten sich die Insel mit einheimischen Kräften gegen
jeden Angriff von außen zu vertheidigen. Doch in ihrem Innern
glaubte sie wohl selbst nicht was sie sagte. Wir können es uns vor=
stellen — denn an authentischen Berichten über diesen Auftritt gebricht
es uns — wie Karolina von den verschiedensten Gefühlen bestürmt
zuletzt in leidenschaftliches Weinen ausbrach, wobei sie von nichts
wußte als von ihrem Unglück, von den Leiden und Prüfungen denen
sie sich ohne Unterlaß ausgesetzt sah. Möglich auch daß sie in ihrer
Erregtheit dem Vertreter Groß=Britanniens den Gedanken hinwarf,
seine reiche Regierung möge dem Könige die Insel abkaufen oder ihn
dafür auf dem Festlande entschädigen [1]); obwohl man zugeben muß
daß Vorschläge solcher Art dem politischen Verhalten, das Karolina
über diesen Punkt bis zu ihrem letzten Athemzug beobachtet und in
hunderten von mündlichen und schriftlichen Aeußerungen bekundet hat,
schnurstracks zuwiderliefen.

Worin die Verschwörung, in welche eine Reihe dem Hofe nächst=
stehender Persönlichkeiten verflochten war, eigentlich bestanden habe,
darüber war nichts verläßliches zu erfahren. Der österreichische Vertreter
setzte sich aus Aeußerungen die einem und dem andern von der Hof=Partei
entschlüpften, aus Mittheilungen der Königin und aus hingeworfenen

---

to the high person alluded to" ... Der Verfasser ist in seinen Behauptungen
überdiemaßen ungenau, so daß man ihm eigentlich in gar nichts Glauben schenken
sollte was nicht von andrer Seite ausdrückliche oder durch das Zusammentreffen
der Umstände stillschweigende Bestätigung findet. An dieser Ungenauigkeit leiden
aber auch die meisten andern Berichte von britischer Seite wo vorgefaßte Meinungen
ein unbefangenes Urtheil nicht aufkommen ließen, während die sonderbarsten Ge=
rüchte wenn sie zu ihrem Vorurtheil paßten leichtgläubig hingenommen wurden.
Das zeigt sich selbst in diplomatischen Actenstücken.

[1]) Am 6. Februar 1814, also zwei Jahre nach den Begebenheiten die uns
hier beschäftigen, wollte Bentinck den Minister Castlereagh glauben machen
(Corr. III 1 S. 239), die Königin habe ihm „mehr als einmal" den Vorschlag
gemacht: „1st that the King would have been happy to have sold Sicily to
England, 2nly that he would give it for an equivalent on the Continent".

Andeutungen Bentinck's zusammen, daß es sich um etwas wie einen
Aufstand der Massen zur Vertreibung der Engländer von der Insel
gehandelt habe, einen Anschlag dem der König und die Königin nicht
ganz fern gestanden haben dürften. Andere sprachen von einem ge=
heimen Depeschen=Wechsel zwischen Mezzo=Monreale und Neapel, wollten
von Courieren wissen die in dieser Richtung ab= und zugegangen seien,
von nächtlichen Zusammenkünften in dem genannten Schlosse an denen
Tommasi Cattolica Saint=Clair Moliterno Artali, der Erzbischof Mor=
milli u. a. theilgenommen ¹). Bentinck war außer Rand und Band
und wollte, ausgerüstet mit den ausgedehnten Vollmachten die er
von London mitgebracht, die Zügel der Regierung und den Ober=
befehl über alle Streitkräfte der Insel unmittelbar in seine Hand
nehmen. Nur mit Mühe gelang es dem Kronprinzen mindestens den
Schein zu retten, wenn auch in Wahrheit alle Macht bei dem Ver=
treter Englands sein sollte. Vielleicht hat auch der kaiserliche Major
Graf Latour, der in diesen Tagen aus Cagliari wieder in Palermo
eintraf und von Bentinck gastfreundlich unter sein Dach genommen
wurde — man sprach sogar davon Latour solle mit höherem
militairischen Rang in Englands Dienste treten — mildernd auf den
hitzigen Lord eingewirkt. Ferdinand IV. befand sich zur selben Zeit
in Figuzza, einem romantisch und einsam in dichtem Forste am Fuße
des Bussamara gelegenen Jagdschloß wo Bentinck, da er mit der
Königin nichts ausgerichtet hatte, unerwartet erschien und so lang in
den König drang bis dieser nach Palermo zu kommen versprach.

Wirklich traf Ferdinand am 13. Januar in der lang gemiedenen
Hauptstadt ein, doch ohne wie sonst öffentlich Hof zu halten oder

---

¹) Blaquiere I S. 573 f.: „I have myself known couriers to embark
at the mole of Palermo for Naples“; ein gewisser Simoneschi habe Palermo
im Februar — ?! — verlassen mit den wichtigsten Depeschen bepackt; in der
Nähe von Cefalu sei ein anderer an's Land gestiegen den das Volk als Spion
ergriffen habe und der von da nach Messina gebracht worden sei; doch was habe
Bentinck mit ihm gethan? Ihn dem Hofe ausgeliefert der ihm kein Haar
krümmte! . . . . Nun, so darf man wohl fragen, sah eine Handlung wie diese
letztere, falls irgend etwas an der Sache gewesen wäre, dem mistrauischen und
eigenwilligen Lord gleich?!

jemanden zu empfangen, ja ohne auch nur seine Familie viel zu sehen; die Wenigen die ihn zu Gesicht bekamen fanden ihn von einer tiefen Schwermuth befallen. Am dritten Tage verlautete, auf den Rath der Aerzte werde er sich von allen Geschäften so wie von der Stadtluft fernhalten. Eine große Anzahl von Ernennungen und Auszeichnungen die gleichzeitig erfolgten (fünf Staatsräthe, zwei Staats-Secretaire, ein Großkreuz vom Orden des heil. Ferdinand, vier Ritter von jenem des heil. Januarius, neun Kämmerer 2c.) schienen Vorboten seines nahen Rücktrittes zu sein; daß er sich zur selben Zeit durch seinen Finanz-Minister einen Betrag von 18000 Unzen aus den öffent-lichen Geldern erheben lassen, erfuhr man erst später. Unmittelbar darauf schied Ferdinand aus Palermo. Aber was noch mehr auffiel und Stadt und Hof so wie das diplomatische Corps in nicht geringes Erstaunen versetzte, auch Maria Karolina, ganz gegen jahrelange Uebung, schickte sich mitten im Winter an die Nähe der Hauptstadt zu verlassen und sich zu ihrem Gemahle in die Einsamkeit zu ziehen; dem österreichischen Minister-Residenten theilte sie überdies im Ver-trauen ihre Absicht mit, mit kommendem Frühjahr außer Land zu gehen und nach Oesterreich zu übersiedeln [1]).

---

[1]) Bericht Cresceri's vom 7. Februar 1812 Absatz E: „Quali siano state precisamente le pretese di Lord Bentinck niun altro, fuori di quelli che sono del segreto, ha potuto sapere. Io era stato informato soltanto che uno dei Consiglieri di Stato della Corte arrivò ad esprimersi che sarebbe da muoversi guerra agl' Inglesi e cacciarli tutti dalla Sicilia, il quale suggerimento, se non fu effettuato, non lasciò però di farmi credere ch' esse pretese alla medesima Corte sembrarono sommamente gravose. Oltre l' informazione la quale dalla Regina era stata mandata al Re che ritrovasi nel suo casino di caccia .... le udì dalla bocca istessa del suddetto Inglese Ministro, colà portatosi a tal effetto, il quale non ne riportò che poche, e queste includenti, parole. Immerso il Sovrano nella più tetra tristezza, non volle venire in città e farsi vedere dalla nobilità e del corpo diplomatico, nemmeno nel festoso di lui giorno natalizio che fù al 12 del mese passato. Venne in vece il dì seguente e ripartì dopo tre giorni nel qual tempo non diede udienza a chicchessia, nemmeno ai più cari suoi Consiglieri, e poco persino si lasciò vedere dalla Reale sua Consorte e Figliuolanza. Annojato di tutto, e altro sollievo non ritrovando che nelle sue caccie, presa da lui, se non di abdicare, la risoluzione di più non ingerirsi in alcun affare del Governo ... in solenne forma con suo dispaccio, che fù

Nach Abreise des Königspaares wurden die Bedingungen klar zu denen sich der Kronprinz herbeigefunden, in welche der König eingewilligt und von denen es Bentinck abhängig gemacht hatte daß England seine Subsidien von 400000 Pf. St. fortfließen lasse, selbstverständlich zum Besten der jetzigen Regierung, nicht zu Handen des Königs und der Königin deren Lage von nun an eine wahrhaft beengte wurde. In den Tagen vom 18. und 19. Januar 1812 erschien nämlich eine Reihe königlicher Erlasse laut welcher der Kronprinz zum Alter=Ego des Königs, Bentinck zum General=Capitain der sicilischen Truppen, General Mac' Farlane mit gleichzeitiger Beförderung zum Maresciallo di Campo zum Stellvertreter des Ober=Commandanten ernannt, Lord Frederik Bentinck zum General=Lieutenant erhoben wurden [1]). Der königlich sicilische General=Quartiermeister Don Fardella wurde mit seinem ganzen Stabe dem britischen Ober=Commando untergeordnet, welches letztere außerdem das Recht haben sollte so viel Truppen als es für gut finde nach Palermo zu ziehen, die königliche Garnison der Hauptstadt dagegen nach Melazzo zu beordern. Von den Günstlingen des Hofes wurden Saint=Clair in seiner Stellung als Oberbefehlshaber der sicilischen Reserve, Marschall Fürst Cattolica als Garde=Inspector bestätigt, wogegen der Herzog von Ascoli die Enthebung von seinem Dienste erhielt. Letzteres geschah seitens des Königs in sehr gnädigen Ausdrücken; auch behielt Ferdinand den seiner amtlichen Macht Entkleideten persönlich in seiner Nähe. Die für den Stolz Karolinens empfindlichsten Maßregeln aber waren, daß die einpercentige außerordentliche Auflage wieder aufgehoben und daß die fünf Barone, welche den Widerstand gegen dieselbe in parlamentarische Form gebracht hatten, in Freiheit gesetzt werden mußten. In den folgenden Tagen kehrten sie aus ihren Verbannungs=orten heim. Aci kam an einem frühen Morgen in Palermo an, um nicht

poi pubblicato colla stampa, espressosi ch' era stato consigliato dai medici di starsene in campagna e di tenersi lontano da ogni seria applicazione, per il tempo in cui di salute non migliorasse nominò Vicario Generale del Regno il Principe Ereditario suo Figlio coll' *Alter Ego*" ec.

[1]) Wortlaut in englischer Uebersetzung bei Blaquiere I S. 568 *).

Aufsehen und lärmende Kundgebungen hervorzurufen; Belmonte und
Villarmosa dagegen erschienen bei hellem Tage, Volk und Edelleute
strömten zum Thore hinaus, bis Partenico ihnen entgegen, wo sie mit
lautem Zuruf begrüßt und wie im Triumph in die Stadt geleitet wurden.

Am letzten Januar wurden die vom Kriegsgericht gefällten, vom
königlichen Alter-Ego bestätigten Urtheile gegen die December-Gefan-
genen bekannt gemacht: sie lauteten bei Infante auf Entlassung aus
dem Militair-Dienst, bei Filippio auf infame Cassirung und Verbannung auf die Inseln so lang der Krieg dauern würde, bei den Geistlichen Pannicio und Minasi auf Entkleidung ihrer priesterlichen Würde
und siebenjährigen, bei Pandolfi auf infame Cassirung und fünfzehn-
jährigen Kerker, bei Santoro auf sieben Jahre Haft auf Pantellaria
und darnach lebenslängliche Verbannung, bei Veraci auf lebenslängliche
Gefangenschaft auf einer der Inseln.

Einige Tage später verließ Bentinck Palermo und unternahm
eine Amtsreise nach Messina.

*   *   *

Zur Zeit wo Lord Bentinck in so gebieterischer Weise auf Sicilien schaltete und waltete, gab der Prinz-Regent von England dem
sicilischen Gesandten Fürsten Castelcicala sein höchstes Misfallen wegen
der Schwierigkeiten zu erkennen die sein Hof den durch das Parlament
ausgesprochenen Wünschen der Bevölkerung in den Weg lege. Diese
Hemmnisse aber bestanden in den Augen der Engländer trotz der dem
König abgedrungenen Ordonnanzen ungeschwächt fort, so lang die
Leitung der Geschäfte in den Händen jener Persönlichkeiten blieb die
sie seither, mit dem vollen Vertrauen des Hofes beehrt, geleitet hatten.
Dazu kam daß die Königin sich um die Mitte Februar wieder in
Mezzo-Monreale einfand um, wie man britischerseits argwohnte, die
alte Macht zurückzugewinnen. Auf den König behielt der Herzog von
Ascoli denselben Einfluß den er früher gehabt, so daß die Lage der Dinge
eigentlich nicht viel geändert war[1]). Was der jetzige General-Capi-

---

[1]) „Mastru di cappella è novu", sagte man im Dialekt, „ma la musica
è li stissa"; Blaquiere I S. 579.

tain mehr als alles fürchtete war der Einfluß Karolinens auf ihren
Sohn den Kronprinzen, mit welchem er sonst leichtes Spiel hatte.
Am 18. März empfing die Königin ein längeres Schreiben Bentinck's
voll Anklagen und Beschwerden, und zum Schluße mit dem dringenden
Ersuchen sie möge um der Sicherheit Siciliens willen ihren Aufenthalt
von der Hauptstadt wegverlegen, sich auf eines der entfernteren könig=
lichen Schlösser zurückziehen. Karolina ließ dem Baron Cresceri das
Schriftstück lesen und äußerte, sie könne sich nicht entschließen Palermo
anders zu verlassen als um nach Wien zu gehen, so beschwerlich ihr
dies auch fiele, besonders da sie bei dem gefährdeten Verkehr über
die adriatische See durch die Länder des Großherrn zu Pferde reisen
müßte [1]. Was die Lage der Engländer noch bedenklicher machte war
die Stimmung des gemeinen Volkes die nach der Mißernte des vorigen
Jahres, bei dem Steigen der Getreidepreise und der Theuerung aller
Lebensmittel im jetzigen, eine ungemein gereizte war und von der
fanatischen Geistlichkeit ohne große Mühe gegen „die ketzerischen Fremd=
linge" ausgebeutet wurde. Am 24. März hielt ein Padre Macchia
in der Kirche San-Giovanni zu Palermo eine Predigt worin er die
Gläubigen in der eindringlichsten Weise mahnte, in der gegenwärtigen
Zeit der Noth fest an König und Königin zu halten und dieselben
bei Vermeidung einer himmelschreienden Sünde in dem Vorhaben zu
unterstützen die Engländer, dieses Volk ohne Religion und Erbarmen,
von der Insel wegzubringen u. dgl. m.

Bentinck beschloß jetzt Ernst zu machen. Der Kronprinz mußte
das Ministerium entlassen und ein neues bilden, 28. März, in welchem
drei von den früher verwiesenen Baronen ihren Sitz bekamen: Cir=
cello's Stelle, des langjährigen Ministers des Aeußern, erhielt Bel=
monte; die Verwaltung der Finanzen gab Tommasi an Villarmosa
ab, das Portefeuille für Krieg und Marine übernahm Aci aus den
Händen Castellintini's; Justiz und Gnaden (Departement des Innern)
gingen von Parisi an den Fürsten Cassaro mit Orazio Antonio Capelli
als Secretair über; nur die Angelegenheiten des königlichen Hauses

---

[1] Cresceri 26. März 1812 P.

blieben dem Cavaliere Scratti anvertraut, der gleich Caffaro zu den
entschiedenen Anhängern des Hofes zählte. Dagegen drang der Lord-
General-Capitain auf gänzliche Entfernung Ascoli's und Castrone's
aus der Nähe des Hofes und, um ganz sicher zu sein, aus dem Lande.
So scharf wurde es mit der Ausführung genommen daß man dem
Castrone, der die Oberaufsicht über die Fahrzeuge der Königin hatte,
alle dazu gehörigen Ruder aus dem Wege räumte, ihn selbst so wie
Ascoli festnahm und im Castell von Palermo in Haft hielt, bis sie
in Begleitung des britischen Vertreters in Sardinien Mr. Hill nach
Cagliari geschafft werden konnten [1]).

Die Stimmung in Sicilien, die seit geraumer Zeit zu Ungunsten
des britischen Regiments umgeschlagen hatte, wurde durch diese letzteren
Vorgänge nicht gebessert. Es war ein böses Wahrzeichen daß Neapolitaner, die jahrelang im Interesse Ferdinand's und Karolinens auf
der Insel treu ausgeharrt hatten, jetzt den Abschied verlangten und
sich nach dem Festland überschiffen ließen wo sie von König Joachim
in der leutseligsten Weise empfangen wurden. Vorzüglich war dies
bei Officieren der Fall denen der Dienst unter britischem Commando
nicht zusagte und die es vorzogen sich unter die Fahnen ihres Heimat-
landes zu stellen. Die Nothlage unter welcher die sicilische Bevölkerung litt blieb dieselbe wie früher. Der General-Capitain dem alles
daran lag sich die öffentliche Meinung geneigt zu machen, drang in
die Barone seines Anhangs auf ihre Kosten Getreide anzukaufen und
unter dem Marktpreis loszuschlagen; doch war das eine vorübergehende
Auskunft. Von einem Monat zum andern wurde das Brod kleiner,
die Theuerung größer, und wenn man sich britischerseits so anstellte
als halte man all das nur für ein neues Manoeuvre der Hofpartei,

---

[1]) Cresceri a. a. O. vgl. mit Blaquiere I S. 482 und 578, der den
König und dessen gewesenen General-Adjutanten bei ihrem Abschied von einander
heiße Thränen vergießen läßt und auch von einer Donna Flavia wissen will,
Gattin eines Officiers des Ascoli, die der Herzog mit sich nach Sardinien genommen habe ... Blaquiere verließ die Insel „just as the new ministry of
His Sicilian Majesty had been nominated“, unterhielt aber mit Landsleuten die
in Sicilien zurückblieben eine lebhafte Correspondenz deren Inhalt die „Conclusion“ seines II. Bandes (S. 397—414) zu einer sehr werthvollen Beigabe macht.

so gab es auf der Insel genug der Leute die im Gegentheil alles
Uebel einzig der Mißwirthschaft der Fremden zur Last schoben, die so
viel Lebensmittel verbrauchten oder gar von der Insel wegführten[1]).
Daneben fielen Willkür=Acte der neuen Regierung vor wie sie sich die
gestürzte nicht greller erlaubt hatte, Knebelung der Presse, Gefangen=
nahme vor gepflogenem Verhör, strafgerichtliche Untersuchung ohne
gesetzliche Grundlage[2]).

Tief gebeugt und in ihrem Innersten gebrochen räumte jetzt
Karolina zum zweitenmal das Feld, und zwar wie es schien für
bleibend. Das Schloß von Mezzo=Monreale wurde vollständig aus=
geräumt, alle Einrichtungsstücke wurden fortgeschafft, und sie zog in
eine Villa nächst Termini zu ihrem Gemahl der seinen Seelenschmerz
in gewohnter Weise mit Jagd und Fischfang übertäubte[3]). Der
Krieg zwischen dem alten Königshofe und dem Lord=General=Capitain
wurde erbitterter als je. Wer Freund der Engländer war galt eben
darum als Widersacher der Königlichen und wurde von diesen mit
allen erlaubten und unerlaubten Mitteln verfolgt, wie der Fürst
von Villadorata den man unter einer Flut von Besitzstreitigkeiten
und Eigenthumsklagen dem völligen Ruin entgegenführte[4]). Bentinck

---

[1]) „The scarcity all over Sicily in 1811 was artificial and effected by
the Government to make the English odious; for we were accused of having
exported so much corn as to have occasioned it. We had exported none, and
had even imported some"; Castlereagh a. a. O. S. 219. Siehe dagegen
Blaquiere III S. 399 nach einem vom 5. April 1812 datirten Schreiben
„from a person of talents and respectability at Palermo".

[2]) Das bekennen Engländer selbst; so Cockburn II S. 236 f.: „A free
press granted, but not allowed to be free; the duke of Anjou imprisoned for
a libel before trial; and prior to this, Sicilians tried by English officers, under
what law, I cannot understand".

[3]) Cresceri 1. Mai: „Il Re dal suo casino di caccia, dal quale dopo
d'avere trasferita tutta la sua autorità al Reale Principe Ereditario non si era
mai allontanato, si mise in giro ultimamente per fare delle caccie in altre
selve della Sicilia da li più o meno discosti. Passerà poi ad assistere per
alcune settimane ad una pesce del-tonno" ꝛc.

[4]) „The slow and perplexed process in the courts of law ruins the
greatest fortunes. Indeed the law is one of the greatest engines of oppression,
and its perplexity one chief mode by which the Court brings the obnoxious

hingegen beraubte das Königshaus seiner ganzen Kriegsmacht, indem er alles was von einheimischen Truppen verfügbar war nach Spanien beorderte, wo diese kaum ausgeschifft von den Franzosen unter Suchet so hart bedrängt wurden daß General Maitland hinter den Mauern von Alicante Schutz suchen mußte und Monate hindurch sich nicht herauswagte. Auf Sicilien selbst blieben fast nur britische Truppen — obwohl auch von diesen eine Abtheilung nach der andern auf den spanischen Kriegsschauplatz geschickt wurde — was Bentinck zum thatsächlichen Herrn und Gebieter der Insel machte. Der Prinz-Regent und sein Schwager der Herzog von Orléans, von Bentinck in jeder Weise geehrt und geschmeichelt, arbeiteten entweder eifrig mit in der von ihrem britischen Schutzherrn ihnen angegebenen Richtung oder machten, wenn sie es vielleicht innerlich anders meinten, gute Miene zum bösen Spiel. Nur der jüngere Prinz Leopold theilte mit seinen königlichen Aeltern die Verbannung; denn so konnte man ihr nunmehriges Fernsein von der Hauptstadt nennen.

Aus den Briefen die sie in ihre Heimat schrieb klang eine Verbitterung, ja eine Verzweiflung, und dann doch wieder ein Trotz, eine Unbeugsamkeit heraus wie nie. Ihre Lage sei „schrecklich", klagte sie dem Kaiser Franz, die Behandlung die sie erfahren „unerhört und unwürdig, aber auch im höchsten Grade unehrenhaft". „Der König ich und Leopold, wir haben uns ganz zurückgezogen und leben ohne alle Berührung mit der Welt. Aber dennoch komme ich nicht dazu in meinem Gemüthe beruhigt zu sein. Alles was nicht schnell genug nach seinem Willen und seiner Laune geht schiebt Lord Bentinck uns zur Last, beschuldigt mich seine Entwürfe zu kreuzen, und läßt dann wieder eine seiner Mahnungen gegen mich los ich möchte mich so rasch

under its power. The laws respecting property are in particular so contradictory that no man knows what is his own, and decision, difficult in itself, is made impossible by the knavery of the lawyers and the judges, all acting under the influence of the Court. The Prince of Villadorata, a friend of the English and therefore most obnoxious at Court, had 22 law-suits depending at once and, by lengthening the process, the Court was destroying his fortune, without incurring the odium of taking it away at once". Castlereagh S. 219 f.

als möglich aus Sicilien fortbegeben; ich habe ihrer wenigstens ein Dutzend". Sie flehte ihren kaiserlichen Neffen auf das inständigste um ein Asyl in seinen Staaten an; denn nie werde sie sich überreden lassen sich den Engländern in die Arme zu werfen, „diesen Urhebern und treulosen Förderern all unseres Unglücks; es bedürfte eines neuen Gewalt-Actes mich gegen meinen Willen nach England schleppen zu lassen". Als zur selben Zeit der lang gewünschte und erwartete Brief aus Wien eintraf worin Kaiser Franz ihr gewähren zu wollen erklärte um was sie ihn bat, kannte ihre Dankbarkeit keine Gränzen. Dennoch war sie nicht gesonnen außer dem Falle dringendster Nothwendigkeit von seinem Anerbieten Gebrauch zu machen; sie wollte ausharren und kämpfen so lang es möglich war [1]).

*   *   *

Am 17. Mai 1812 war der britische Premier Lord Perceval zu London durch Meuchlerhand gefallen, was die Auflösung des von ihm geleiteten Ministeriums zur Folge hatte. Erst am 9. Juni war Lord Liverpool im Stande mit einem neuen hervorzutreten, in welchem Addington die Geschäfte des Innern, Castlereagh die auswärtigen Angelegenheiten führte; Palmerston behielt das Departement des Krieges dem er, doch ohne Sitz im Kronrathe, seit 1809 vorstand. Lord Liverpool, den Wellesleys entschieden abhold, war um so günstiger für Bentinck gestimmt der für seine sicilischen Pläne nun vollends freien Spielraum erhielt.

Und diese Pläne waren weitgehend genug, wenn der edle Lord auf die Stimmen horchte die von seiner stolzen Heimatsinsel zu ihm

---

[1]) Karolina an Kaiser Franz 1. 10. 19. 20. Juni: „.... cela ne pourrait être qu'en commettant une violence de plus, que je puisse me laisser par force, violence traîner auprès des auteurs, exécuteurs perfides de nos malheurs ... Tout ce qui ne réussit pas assez vite au gré des souhaits de Mylord Bentinck, il m'en accuse comme celle qui empêche ses desseins, et il me décoche un ordre de prompt départ de la Sicile, j'en ai déjà au moins une douzaine qui, malgré que je les méprise, ne laissent point que d'être pénibles" ... Der Brief des Kaiser Franz datirte vom 4. März (s. oben S. 410 f.), kam jedoch erst um den 19. Juni in Palermo an.

herüberdrangen. Denn es gab britische Staatsmänner die ernstlich mit dem Gedanken umgingen den König Ferdinand seines Thrones verlustig zu erklären, die Königin hinter vier Mauern unschädlich zu machen, auch den Thronfolger zu beseitigen und dessen zweijährigen Prinzen als König zu verkünden, oder wohl gar das trinakrische Eiland bleibend an ihr Vaterland zu ketten. Sei etwa England für die unzähligen Opfer die es dem Königspaare und dem Lande Jahre hindurch gebracht und für die es nur Undank geerntet, nicht gewissermaßen berechtigt sich seinen Ersatz zu holen? „Wenn man sich nur entschließen wollte“, hieß es in einer Denkschrift die um diese Zeit dem Ministerium Liverpool-Castlereagh überreicht wurde [1]), „für Sicilien einige Auslagen zu machen, hundertfältigen Gewinn würde man daraus ziehen, ungerechnet die hohe politische Bedeutung welche der Besitz der Insel unter allen Umständen habe! Der Herr eines in bessern Zustand gebrachten Siciliens habe Aegypten in seiner Gewalt, Tunis wäre ihm zinspflichtig, den Barbaresken-Staaten würde er das Handwerk legen und sie zwingen ihre Kriegsschiffe auszuliefern. Er würde den Zusammensturz des türkischen Reiches im Auge halten, er brauchte nur die Segel seiner Schiffe schwellen zu lassen um über Griechenland herzufallen; er vermöchte mit Lemnos die Dardanellen zu schließen und der russischen Flotte den Weg in den Archipelagus zu versperren. Allerdings müßte man sich, um solche Vortheile zu erreichen und zu behaupten, vor allem in den Besitz von Elba setzen, wegen der Häfen und Eisengruben und vorzüglich wegen der Lage dieser Insel, weil sich von da aus der ganze Verkehr zwischen Ober- und Unter-Italien unterbrechen lasse. In gleicher Weise müßte Sardinien englischen Einflüssen zugänglich werden“. Andere wollten sich mit einem wenn auch nur vorübergehenden Besitz Siciliens zufrieden stellen von wo aus England, mit hinlänglichen Streitkräften ausgerüstet, das Schicksal Italiens in die Hand nehmen und das napoleonische Kaiserreich an

---

[1]) „Hints for the improvement of Sicily“, Castlereagh S. 224—232; eine zweite Denkschrift, von derselben Hand wie die andere, S. 217—224, überschrieben: „Some account of the present state of Sicily“, befaßt sich mehr mit den innern Zuständen und Verhältnissen der Insel.

einer seiner verwundbarsten Seiten angreifen könnte. „Sicilien ist es", schrieb Dumouriez an Bentinck, „von wo die Macht ausgehen muß die eines Tages Italien befreien wird. An Ihnen ist es die Waffen zu schmieden die den Tyrannen niederschmettern sollen. Ihre Flotten, einer Küstenausdehnung wie der italienischen gegenüber, können sich mehr als einen Punkt wählen wo sie unerwartet zu landen und von wo Ihre Soldaten unvermuthet in das Innere dieser endlosen Halb= insel einzudringen vermöchten". Zugleich empfahl er ihm den Herzog von Orléans der ganz der Mann sei an die Spitze eines solchen Unternehmens gestellt zu werden: „Sie kennen hinreichend seinen Charakter, ich bürge ihnen für seine Begabung, für seinen frischen Muth" [1]).

Um jene Ziele zu erreichen thue aber vor allem, so meinten Bentinck und sein Anhang, eine vollständige Umbildung der sicilischen Verwaltungs= und Verfassungszustände noth. Auch verfolgten sie für's erste ganz löbliche Zwecke, suchten veraltete Misbräuche wie z. B. die in volkswirthschaftlicher Hinsicht höchst nachtheiligen Getreide=Gesetze abzu= schaffen, eine unparteiische Justiz einzuführen, den Bildungsgrad des Volkes zu heben. Doch all das sollte so viel als möglich auf engli= schem Fuße geschehen: an die Universitäten von Palermo und Catania seien englische Gelehrte zu berufen; die französische Sprache sei zu verdrängen, dagegen die Erlernung der englischen möglichst zu befördern; in Syracus Augusta Taormina seien englische Kolonisten einzuführen. Damit hatten sie aber nicht genug. Man sollte glauben daß jeder= mann auf den ersten Blick die Unthunlichkeit einleuchten mußte, in

---

[1]) Das Schreiben, abgedruckt in Corresp. Castlereagh S. 264—267, datirt vom 12. Mai 1812, verräth eine seltene Schärfe in der Auffassung der Sachlage und eine merkwürdige Voraussicht oder doch Ahnung dessen was da in nächster Zeit kommen könnte: „Buonaparte a en ce moment des idées trop vastes pour s'assujettir aux régles de la prudence, et suivre un plan métho- dique. Il aurait certainement dû assurer la soumission entière de l'Espagne, de la Sicile et de la Sardaigne, en un mot la soumission entière du Midi et de l'Ouest, avant de se précipiter dans ses projets du Nord. Il a pu le faire très-facilement depuis deux ans. J'espère que nous pourrons un jour lui appliquer l'adage: *Quos perdere vult Jupiter prius dementat"* . . .

einem Lande und unter einer Bevölkerung wie die sicilische, die auf
ganz andere Standes- und Gesellschafts-Verhältnisse berechneten Ver-
fassungsformen Englands einführen zu wollen. Allein solcher Meinung
war Lord Bentinck keineswegs. Er besaß das Vorurtheil des Stock-
briten dem sein Ober- und Unterhaus das Alleinrichtige staatlicher
Einrichtungen für alle Völker der Erde sind. Dem Fürsten Belmonte
aber, der mit seinem Anhang den Lord vollständig umgarnt hielt[1]),
waren modern-constitutionelle Institutionen schon darum erwünscht
weil sie dem absolutistischen Gebahren der Krone Schranken setzten.
Die Geschichte der darauf folgenden Jahrzehnte hat es gezeigt daß
es schlimmer als Danaer-Gabe war was im Jahre 1812 sowohl
Spanien als Sicilien unter vorwiegend britischem Einfluß geschenkt
wurde. In beiden Ländern hat die importirte Constitution in die
aus Herkommen und Sitte auf natürlichem Wege sich entwickelnden
Zustände einen unheilbaren Riß gemacht, und fast nur dazu gedient sich
in geeigneten Zeitpunkten als Losungswort von jenen Parteien gebrauchen
zu lassen denen daran gelegen war die Fahne des Aufruhrs aufzupflanzen. Heil und Glück hat sie keinem der beiden Lande gebracht.

Wenige Tage nach Abgang der Königin wußte Bentinck den
Prinz-Regenten zu bewegen das Parlament zu einer außerordentlichen
Sitzung einzuberufen. Dieselbe wurde am 18. Juni 1812, im Beisein des Kronprinzen der auf königlichem Gestühl unter einem Thron-
himmel saß, mit einer vom Fürsten Baldina verlesenen Rede eröffnet
in welcher die Segnungen weiser Gesetze und freisinniger Verfassungszustände hervorgehoben, auf das Beispiel Groß-Britanniens, „Unseres
getreuen Alliirten", hingewiesen und die Versammelten aufgefordert
wurden dieser Angelegenheit ihre eingehendste Sorgfalt zu widmen[2]).

---

[1]) „... the thing is so palpable at Palermo, that the former (Belmonte) among his nearest confidents laughs most heartily at him and holds
him very cheap"; Blaquiere II S. 409 (aus einem Schreiben von Palermo
26. August 1812).

[2]) „Ad aumentare però la ricchezza nazionale e con ciò le risorse dello
Stato, l'agricoltura e l'industria, contribuiscono oltremodo, come ben sapete,
le savie leggi che assicurano la libertà civile non meno che la proprietà.

Nach mehreren Sonder=Berathungen welche die einzelnen Stände in der zweiten Hälfte Juni und in der ersten Juli abgehalten, fanden am 20. und 24. Juli gemeinschaftliche Sitzungen aller drei Curien statt, wo die Grundlagen der künftigen Verfassung Siciliens zur Ver=handlung, und trotz der eifrigsten Gegenbemühungen der Hof=Partei zum Abschlusse gelangten. Es waren vierzehn Punkte denen am 24. ein fünfzehnter angefügt oder vielmehr als erster vorangestellt wurde, indem die geistliche Bank darauf drang daß an der Spitze der Verfassungs=Urkunde die katholische Kirche grundsätzlich als Staats=Religion erklärt werde, was nach einigem Widerspruch von weltlicher Seite angenommen wurde. Bei den Berathungen überboten sich die Fürsten Butera, der jetzt ganz in das Horn der Britannisten stieß, Belmonte, der Herzog von Sperlenca u. a. an Freisinnigkeit, während Minister Cassaro, der junge Fürst Trabbia und noch fünf andere Pairs die Gerechtsame der Krone zu wahren und überhaupt dem rücksichtslosen Ungestüm Zügel anzulegen suchten. Ihr Mühen war vergeblich; die britische Partei behielt die Oberhand und darnach fiel jene Verfassung aus die zu Bentinck's Freude dem Königreiche Sicilien zutheil wurde. Die oberste Macht in Gesetzgebung und Besteuerung wurde dem Volke zugesprochen (Art. 1), das Volk zum alleinigen Eigenthümer der Staats=, eigentlich Kron=Güter erklärt (Art. 9), das Vorrecht des Königs, dessen Person heilig sein sollte (Art. 4), auf die ausübende

Voi già ne scorgete un felice esempio nella Gran Bretagna nostra fedele alleata, dove la saggia e ben ponderata sua Costituzione l' ha elevata a quel segno di floridezza e di potenza in cui al presente si ritrova, e le fornisce a dovizia i mezzi di sostenere con attività la gran lotta, che ha intrapresa contro il comune nemico. Applicatevi dunque a questo importantissimo oggetto, fedelissimi Siciliani" 2c. Der vollständige Wortlaut im „Periodico di Sicilia", Lunedì 22 Giugno 1812; ein Exemplar liegt dem Berichte Cresceri's vom 29. Juli bei ... Die Königin in ihren Briefen an Kaiser Franz urtheilte anders über dieses Ereignis. Das Parlament sei eröffnet worden, schrieb sie, „Dieu veuille que cela se termine au plutôt et sans d'autres horreurs et crimes ... On est à travailler, à faire accepter la constitution anglaise en Sicile ... Les Anglais animent par tous les moyens en leur pouvoir et employent tout le pays à entière révolu-tion et sont tout étonné de le trouver si peu à cela disposé ... On forme, crée une méthodique révolution"; 1. 19. 20. Juni 1812.

Gewalt beschränkt (Art. 2); das Richteramt pflegen die vom Parla=
ment genehmigten Magistrate (Art. 3, 10), die Minister sind dem
Parlament verantwortlich (Art. 5). Das Parlament soll hinfüro aus
zwei Kammern bestehen, jener der Pairs mit der Geistlichkeit und der
der Gemeinen (Art. 6), und alljährlich zusammentreten (Art. 8); jede
Steuervorlage kann nur von der untern Kammer ausgehen, bedarf
jedoch der Bestätigung seitens der obern (Art. 13). Die Oberhoheit
der Barone über ihre Vasallen, der Lehensverband mit all seinen
Ausflüssen und Vorrechten sollte abgeschafft sein (Art. 11 und 12). Es
wurde zugleich beschlossen daß das Parlament so lang beisammen bleibe
bis das Verfassungswerk zum Abschlusse gekommen sein würde.

Am 10. August erhielten zwölf von den vorgelegten fünfzehn
Artikeln die Genehmigung des Kronprinzen als königlichen Alter=Ego's
(„Placet Regiae Majestati"); über zwei, 9 und 13, wurden Auf=
klärungen abgewartet oder Zusätze verlangt, Art. 10 wurde unbedingt
abgelehnt („Vetat Regia Majestas"). Am 17. fand die öffentliche
Kundmachung im „Periodico di Sicilia" in der Form eines königlichen
Erlasses (Real dispaccio) statt, unterzeichnet von den Fürsten Castel=
nuovo und Valdina. Das Parlament welchem die weitern Ausführungen
oblagen blieb noch dritthalb Monate beisammen, und wurde am
6. November feierlich geschlossen.

Bentinck in Palermo bildete sich kaum weniger auf das so
trefflich gelungene Werk ein als Castlereagh in London. Beide er=
warteten davon einen entschiedenen Umschlag der Stimmung zu Gunsten
Englands; denn wenn sie sich bewußt waren daß ihre Landsleute in
der letzten Zeit bei den Sicilianern bedeutend in Abneigung gerathen
waren, so konnten sie sich gar nicht einbilden daß die Bevölkerung
eine Wohlthat wie die Einführung einer so freisinnigen Constitution
anders als mit dem wärmsten Danke, ja mit Begeisterung aufnehmen
würde [1]). Der Lord=General=Capitän für seine Person that alles

---

[1]) S. die zweite Denkschrift S. 221: „It must be understood that the
Sicilians are generally more disposed against the old Government than in

was in seinen Kräften lag um sich und die Regierung die er vertrat
bei allen Classen beliebt zu machen; er schmeichelte dem Kronprinzen,
dem Herzog von Orléans, er bewirthete den Adel mit glänzenden
Festen, er ließ dem Guardian der Capuziner 3000 Unzen zur Vertheilung an arme Mädchen einhändigen u. dgl. m.

Doch Liebe läßt sich nicht erzwingen und Vertrauen nicht er-
jagen. Ein mit Eisenstücken und Pulver gefülltes Behältnis, das am
12. August nachts in den Versammlungssaal des Parlaments geschleudert worden und dort geplatzt war, erschien von schlimmer Vorbedeutung. Ein neapolitanischer Herzog sollte Urheber dieses Frevels
gewesen sein, er wurde verhaftet und mit strafgerichtlicher Untersuchung
bedroht; allein wenn er durch seine Handlung dem herrschenden
Misvergnügen, der Gereiztheit über den Gang der öffentlichen Angelegenheiten Ausdruck geben wollte, so hatte er nur im Sinne und
nach dem Wunsch der ungeheuren Mehrheit des Landes gehandelt.
Wer konnte auch am Ende mit der neuen Schöpfung zufrieden sein
als etwa der hohe Clerus der sich die Prärogative seines Standes,
und die begüterten Barone die sich ihre unermeßlichen Einkünfte
gesichert hatten? Sie hatten den König seiner obersten Gewalt in
der Gesetzgebung, in der Justiz, in den Finanz-Angelegenheiten entkleidet,
sie hatten ihm die Krongüter genommen die nach einer mehrhundert-
jährigen Verfassung ihrem obersten Lehensherrn zustanden; doch ihre
eigenen Gerechtsame und Güter, die ihre Altvordern aus dem gleichen
Titel, auf der gleichen Grundlage der normannischen Eroberung und
Einwanderung unter Roger de Hauteville erworben hatten, diese sollte
nicht dasselbe Loos des Anheimfalles in das Eigenthum der „Nation"
treffen?! Aber noch mehr! Wider Recht und Gesetz, wider den Geist der
alterthümlichen Verfassung hatte sich auf den Gütern der Barone das
Monopol des Handels mit den Bodenfrüchten als Misbrauch eingenistet,

---

our favour, except where we are well known. They desire a change, and if
we accomplish that beneficial change they will serve us with fidelity and
enthusiasm". Auch Blaquiere I S. 550 schwärmt von den Vortheilen die zu
erreichen wären „in gaining the hearts of a grateful people", wenn man kein
Mittel unversucht ließe dessen Lage zu verbessern.

sei es daß sie dieselben auf eigene Rechnung an Mann brachten oder durch pachtweise Hintangabe ihres Vorrechts an Andere Gewinn zogen. Nun sahen die Barone sehr wohl ein daß sich eine so unbillige Einrichtung (dritti angarici), unter Verhältnissen wie sie sich jetzt nach dem Losungsworte constitutioneller Freiheit gestalten sollten, nicht länger halten ließ und sie erklärten sich bereit darauf zu verzichten, allein gegen Ersatz des zwanzigfachen Werthes der Nutzung eines Jahres! Also gerade das was auf der großen Masse der Bevölkerung am empfindlichsten lastete sollte trotz der vielgerühmten freisinnigen Verfassung in der alten Weise fortleben, wenn es nicht im Wege einer Landessteuer abgelöst würde die drückender ausfallen mußte als alle königlichen zusammen, inbegriffen das vielverschriene eine Percent von allen entgeltlichen Geschäften. Worüber also sollten sich die Insulaner freuen? Ueber die Ehre und Auszeichnung eine und dieselbe Staatsform zu haben mit dem Montesquieu-gepriesenen England? Aber gerade einsichtsvolle und unbefangene Briten waren es die eine solche Uebereinstimmung bei hier und dort so himmelweit verschiedenen Grundlagen und Zuständen für einen hellen Unsinn erklärten![1]

---

[1] „The idea of forcing a constitution similar to that of England on a foreign people is absurd; moreover, many parts of it are not suitable to the Continent"; Cockburn II S. 244. S. auch das sehr eingehende Schreiben eines Engländers aus Palermo 26. August 1812 das seinen Weg in Londoner Zeitungen fand, abgedruckt bei Blaquiere II S. 403—411, wo es unter anderm heißt: „To copy a law verbatim, and to apply it to a people in totally different circumstances, is to counteract and spoil the very effect we intended . . . . Here then in one moment is overturned the whole fabric of an ancient government which has existed nearly ten centuries, without opening one of its records nor examining the foundation on which it rested, and with the same precipitation it is voted that the British constitution is to be adopted". Allein eben so sehr als England sei Frankreich copirt worden, das revolutionirende, das seinen König entthronende Frankreich; denn Ferdinand IV. sei jetzt „a pensioned pageant without fonctions or influence or patronage". Und zu denken daß ein britischer Edelmann, an der Spitze einer britischen Armee, solche Einrichtungen patronisiren könnte! „And as it is impossible to conceive it to be the result of a wicked or mischievous mind, but from the best intentions, which every one here will do him the justice to allow, it follows, of course, that Lord William Bentinck, in allowing such resolutions to be formed, has proved

Was brachte ihnen sonst die neue Verfassung? Stillte sie ihren Hunger, half sie ihrer Noth ab? ...

So war denn die von gewissen Seiten so viel gepriesene sicilische Constitution am mildesten beurtheilt ein unpraktisches Phantasiestück, schärfer ausgedrückt eine burschenhafte Schwindelei. Was dabei genommen wurde waren vielhundertjährige Grundsätze und Einrichtungen ohne, wie z. B. im Punkte der richterlichen Gewalt und der Versehung des Richteramtes, etwas zu bieten was an dessen Stelle treten oder doch den Uebergang zu anderem vermitteln konnte. Was gegeben wurde waren die Einrichtungen eines durchaus fremden Landes, ohne eines von den Elementen aus deren urkräftigem, weil geschichtlich herausgewachsenen und herangebildeten Zusammenwirken sich diese Einrichtungen im Laufe von Jahrhunderten aufgebaut hatten. Kein Wunder daher wenn die Unzufriedenheit, das Unbehagen, das Bestreben aus diesen unerquicklichen Zuständen auf irgend eine Art herauszukommen, größer waren und weiter um sich griffen als in einem der vorangegangenen Jahre [1]). So wenig man Ursache hatte mit dem vorausgegangenen Schalten und Walten der einheimischen Regierung zufrieden zu sein, so sehr man über manche Acte von Willkür und Härte, vor allem über den ungewohnten Steuerdruck klagen mußte,

---

himself extremely unacquainted with two material points, viz the Sicilian Government which he has overturned with a view of reforming, and the British constitution which he thinks he has been establishing; for how can it be said that the English constitution is established where the patronages of the state belong to any body but the King?!" ...

[1]) Blaquiere II S. 399 schreibt Mitte Juli 1812 von einer Masse Briefe die er aus Sicilien erhalten „which all concurred in representing the state of Sicily if possible more deplorable than ever". Aus eigener Erfahrung gibt Blaquiere zu daß „with respect to the general popular sentiment in Sicily, as entertained by all parties from the monarch down to the peasant", niemand fremdländische Einrichtungen wünsche; er habe selbst unter den „Jacobinern" Siciliens nicht einen getroffen „who did not express the greatest horror of modern French principles, or who seemed to have the least desire of changing the form of government", I S. 613; daß Ansehen Englands habe in den Augen der Bevölkerung so viel gelitten daß der Verlust gar nicht wieder einzubringen sei, S. 616.

dennoch wob sich jetzt ein verklärender Schein um das angestammte
Herrscherhaus im Vergleich zu dem sinnlosen und dabei übermüthigen
Regiment der Fremden. Die Engländer verloren selbst in Orten wo
sie durch jahrelanges Weilen sich mächtige Sympathien gewonnen
alle Theilnahme, so vor allem bei den Messinesen die sich durch eine
oligarchische Partei in Palermo in den Hintergrund geschoben sahen und
sehr bedenkliches Interesse für die Vorgänge auf dem Festlande offen=
barten. So weit war es gekommen daß wohlmeinende Engländer es
als ein Glück priesen daß Murat um dieselbe Zeit anderweitig be=
schäftigt war weil er, wie sie meinten, wenn sich heute das Schauspiel
von 1810 wiederholte gewiß kein schweres Spiel haben würde.

Die Partei Bentinck, von Haus aus mistrauisch gegen alles
was sich am sicilischen Hofe begab, verfiel jetzt aus einem Argwohn
in den andern. Als im September der Kronprinz nicht unbedeutend
erkrankte murmelten sie von einer Vergiftung und gaben sich schaudernde
Winke daß dies nur das Werk „einer sehr hohen und dem Prinzen
nahestehenden Person" sein könne[1]). Bestürzt kamen die Königin,
obwohl selbst leidend, dann der König nach Palermo, fanden aber
den Sohn bereits im Zustand der Besserung und verließen die Stadt
wieder, ohne jemand vom Hof gesehen und empfangen zu haben.

Der Lord=General=Capitain legte, obwohl der Kronprinz that=
sächlich mit den landesfürstlichen Befugnissen ausgestattet war, aus
begreiflichen Gründen großes Gewicht darauf die Zustimmung des
Königs in Person zu dem neuen Verfassungswerk zu erlangen. Unter
den Punkten dieses letztern war auch einer: „daß der König, falls er
sein festländisches Gebiet zurückgewänne, die Verwaltung Siciliens
bleibend seinem ältesten Sohne zu überlassen habe", eine Bestimmung
auf welche die Sicilianer und, um dieser willen, aber zugleich wegen

---

[1]) Blaquiere II S. 412 Anm.*): man zweifle an seinem Aufkommen:
das Collegium der Doctoren habe sichere Anzeichen einer Vergiftung gefunden, „and
the author of his illness was of course to be found in one near his person.
if not allied in blood" (mit Initialen gedruckt). . . Wer erinnert sich hier nicht an
das Gorani'sche Märchen von dem geplanten Kronprinzen=Mord Karolinens?!

ihres eigenen politischen und commerciellen Interesses, die Engländer
großen Werth legten [1]). Allein eben so erklärlich war es daß das
Königspaar dieser Verfügung nicht zustimmen wollte, und wenn Lord
Bentinck das hartnäckige Sträuben Ferdinand's die Verfassung zu
bestätigen dem Einflusse Karolinens zuschrieb hatte er gewiß nicht
Unrecht. Mehr wie je bestand er darauf daß die Königin die Insel
verlasse. Nachdem er einen General nach Figuzza geschickt hatte der
aber nicht empfangen worden war, verfügte er sich in Person dahin
ohne glücklicher zu sein als sein früherer Abgesandter. Mismuthig
und erbost kehrte er nach Palermo zurück, wo er die Citadelle von
seinen Truppen besetzen, die verschütteten Wallgräben in Stand setzen
und Anstalten treffen ließ das Wasser der See hineinzuleiten, kurz
sich so betrug als ob jeden Augenblick ein grimmiger Aufstand oder
das Erscheinen eines äußern Feindes zu besorgen wäre.

Anfangs November kam die Königin abermals nach Palermo,
wo sich, sobald man ihre Ankunft erfahren, Herren und Damen zur
Aufwartung drängten. Erst wollte sie niemand empfangen, ließ den
Harrenden sagen daß, seit man ihren Gemahl der königlichen Macht
entkleidet, sie nicht die Verpflichtung fühle sich für Audienzen herzu-
geben. Doch änderte sie ihren Sinn und gestattete mindestens einigen
der dem Throne oder ihrem Vertrauen näher stehenden Personen
Zutritt. Sie blieb nur wenig Tage und begab sich mit ihrem Gemahl
nach Santa=Margarita, einem abgelegenen Schlosse im Gebiete von
Girgenti wohin alles was man brauchte auf dem Rücken des Maul=
thiers gebracht werden mußte. Karolina, noch von ihrem letzten Leiden
angegriffen, mußte sich in einer Sänfte fortschaffen lassen und erkrankte in Santa=Margarita neuerdings nicht ohne Lebensgefahr. Das
alternde Königspaar, auf ein Minimum von Einkünften beschränkt,
hatte bereits zwei Drittel seiner Leute verabschiedet und war genöthigt
sich Entbehrungen aufzulegen die um so härter trafen je weniger

---

1) Cresceri 12. November 1812. S. auch: Observations upon an Article
in the Sicilian Constitution concerning the Political Relation of Sicily and
Naples to each other. By Lord William Bentinck. Palermo February 17, 1813
(Castlereagh II 4 p. 322—325).

man sie gewohnt war. Dabei gab es unter der Partei Bentinck-Belmonte fortwährendes Gerede über die Ränke und geheimen Gänge des alten Hofes, über brieflichen Verkehr der Königin mit den Feinden des Landes, über die Pulver-Verschwörung deren Ziel gewesen sei das Parlament sammt und sonders in die Luft zu sprengen und wobei es nur von einem Zufall abgehangen habe daß dieser teuflische Vorsatz nicht ausgeführt wurde, und andere abgeschmackte Dinge mehr [1]). Es war ein Zustand den eine von Haus aus stolze und eigenwillige, aber durch die Erschütterungen der letzten Jahre an Kräften herabgekommene Frau wie Karolina nicht länger zu ertragen vermochte. „Zwei Dinge sind es", schrieb sie um diese Zeit an den Kaiser Franz, „um derentwillen ich mich Ihrer Güte und mir so werthen Freundschaft anempfehle, nämlich daß Sie als Kaiser den Engländern, die, ungezogen gegen Schwache, niedrig gegen Stärkere sind, zu wissen machen daß Sie diese Außerachtlassung aller Rücksichten, allen Anstandes gegen den König Ihren Schwiegervater mißbilligen, und daß Sie, wenn die persönlichen Gefahren für uns und namentlich für mich sich steigern sollten, uns unter Ihrem Schutze ein Asyl in Deutschland gewähren wollen".

Gegen Ende des Jahres 1812 finden wir Ferdinand und Karolinen in Castelvetrano sechzig Miglien von Palermo im Gebiete des altberühmten Selinunt, in den ersten Januar-Tagen 1813 wieder in dem

---

[1]) Sagt doch selbst Botta: „Queste cose si dicevano della Regina non perchè se le facesse, ma perchè la credevano capace di farle"; Ausgabe Baudry 1837, IV S. 466. Ueber die Gerüchte geheimer Correspondenz s. Pouqueville Hist. de la régénération de la Grèce III S. 212 Anm.: „Le nommé O . . ., depuis longtemps au service d'Angleterre et employé dans les ténèbres de la police, surprit une correspondance entre cette souveraine et une Cour étrangère. Ce fut cette découverte qui fit éloigner Caroline de Palerme" rc. Diese „Cour étrangère" könnte am Ende auch Oesterreich gewesen sein, weil sich von einer Correspondenz Ferdinand's oder Karolinens mit Frankreich oder gar mit Murat nirgend anders eine Spur findet als in der immer wiederkehrenden Phraseologie der siculo-britischen Partei über diesen Punkt. Das Gerücht von der Pulver-Verschwörung knüpfte ohne Frage an das nächtliche Attentat vom 12. August an, das natürlich niemand als Maria Karolina von Oesterreich angezettelt haben konnte!

einsamen Waldschlosse Figuzza. Es mochte scheinen die energische Fürstin habe vor noch ein letztes zu versuchen, ehe sie sich entschlösse ihren so oft ausgesprochenen Vorsatz auszuführen und ihrem jetzigen bittersten Feinde den Gefallen zu thun ihm vollends das Feld zu räumen ...

24. Der französisch-russische Feldzug.
1812—1813.

Wir haben uns eine Zeit lang mit den sicilischen Angelegen= heiten so ausschließend beschäftigt daß wir darüber die gleichzeitigen Vorgänge in Neapel, ja die ungleich wichtigeren Weltbegebenheiten vollständig aus den Augen verloren. Allerdings waren die Verhält= nisse auf der Insel so eigenartig, die Lage Siciliens zumal in jener Zeit so abgeschlossen, daß man daselbst von dem was sich auswärts zutrug wenig berührt wurde, was sich daraus erklärt daß alle Nach= richten dahin nur sehr spät und selbst da nicht sicher und genau ein= trafen. Weil jede Verbindung zur See, deren Gestade von Spanien bis zu den jonischen Inseln unter französischem Gebote standen, in höchstem Grade gefährdet war, so mußte der Umweg nach Wien über Malta und Constantinopel genommen werden, und auch da hatte Karolina nie die Gewißheit ob ihre Briefe an das Ziel ihrer Be= stimmung gelangten. Der österreichische Geschäftsträger hatte es sich seit dem Unfalle des Cabinets=Couriers Aichhammer — er war fran= zösischen Kapern in die Hände gefallen die ihn und seine Reisegenossen beraubt und auf der Insel Kandia an's Land gesetzt hatten, wo er dann von einem Schiffe unter britischer Flagge aufgenommen und mehr als drei Monate nach seiner Abfahrt aus Palermo in den Bos= porus gebracht worden war — zum Gesetz gemacht seine Depeschen nach Wien in zwei Exemplaren mit verschiedener Gelegenheit abzusenden damit wenigstens eines sein Ziel erreiche, und selbst das glückte nicht in allen Fällen. Indessen wuchs, was sich auf dem allgemeinen Welt= theater abspielte, zu einer solchen Macht und Bedeutung heran, gelangte zu einem solchen Einfluß auf alles was in irgend einem Theile von

Europa im Plane oder im Werke war, daß auch das streng umgränzte Sicilien zuletzt davon nicht unberührt bleiben konnte.

Die langwierigen Mißhelligkeiten und Aergernisse zwischen Rußland und Frankreich hatten in den ersten Monaten 1812 einen solchen Grad erreicht daß eine friedliche Lösung kaum mehr zu hoffen war. Schon in den ersten Tagen April hatte König Joachim ein Schreiben erhalten worin ihm sein kaiserlicher Schwager mittheilte, es werde mit den Russen zum Kriege kommen und daß er gern seinen „alten Waffengenossen" in den Reihen der großen Armee sähe[1]. Einige Tage später wurden 9000 Mann Infanterie und 2000 Reiter, denen Fürst Carascosa als Interims-Commandant vorgesetzt war, zum Marsch nach Norden bereit gehalten; es war die Ergänzung des neapolitanischen Contingents von 16000 Mann gegen die sich Murat noch ein Halbjahr früher so hartnäckig gesträubt hatte. Um die Scheidenden zu ersetzen wurde eine neue Aushebung von 18000 Mann in Aussicht genommen.

Um die Mitte April durchliefen die Stadt Neapel Gerüchte von einer bevorstehenden Abreise des Königs, und wenn er einmal fort sei, sagte man sich, dann werde er nicht wieder kommen. Es war die Einverleibung ihres Landes in das französische Kaiserreich was den Leuten noch immer als Schreckgespenst vor Augen stand, und Joachim selbst schien ähnliches zu besorgen. Da nun die Aufforderung Napoleon's nach Paris zu kommen dringend lautete und wiederholt wurde, der König aber weder sich entschließen konnte dem Rufe zu folgen noch den Kaiser durch Ungehorsam reizen wollte, gebrauchte er allerhand Ausflüchte. Erst ließ es seine Gesundheit nicht zu; dann war eine größere Landung der Engländer zu besorgen; auch sei seine

---

[1] Es war dies nach Mier's Chiffern-Bericht vom 5. April 1812 der Inhalt jenes Briefes der die trübe Laune des Königs so plötzlich verscheucht haben soll (s. oben S. 470[1]): „On prétend qu'il (Murat) a reçu une lettre très amicale de l'Empereur Napoléon dans laquelle il lui dit qu'il allait faire la guerre aux Russes, qu'il aurait désiré de l'avoir avec lui comme son ancien compagnon d'armes, mais qu'il croyait que sa présence et celle de son armée était nécessaire pour la défense contre les Anglais". Leider findet sich in der Corr. Nap. nichts von einem solchen Schreiben.

Gemahlin noch nicht zurück die während seines Fernseins seine Stelle vertreten müsse. Kurz den einen Tag war es dies, den zweiten jenes, immer aber steckte dahinter sein Schwanken zwischen dem Wunsche ein Commando in der „großen Armee" zu übernehmen, und der Furcht sein Königreich zu verlieren falls er demselben den Rücken kehrte [1]). Endlich war doch ein Entschluß zu fassen und am 26. April, nach einem, wie man behauptete, neuen sehr scharfen Befehle aus Paris, verließ der König Neapel in Begleitung seiner Adjutanten Rosetti und Rochambeau; manchen Anordnungen die er unmittelbar vor seiner Abreise getroffen wollte man es abmerken daß er selbst nicht sicher sei ob er sein Land wiedersehen werde.

Vorderhand traten diese Besorgnisse hinter dem mächtigern Interesse zurück das ganz Europa an dem Ausgang des neuen Welt= krieges nahm. Denn der russische Feldzug war nun wirklich im Gang, und König Joachim bestimmt darin eine hervorragende Rolle zu spielen. Am 15. Mai kam aus Paris in seine Hauptstadt der Befehl seine Reitpferde und Feld=Equipagen vorerst nach Verona zu schaffen; er selbst ging nach Dresden um sich von dort nach Warschau zu begeben. An der Spitze eines Heeres von Heeren, wie das neuere Europa nichts schöneres und stattlicheres gesehen, zog Napoleon mit seinen Prinzen und Marschällen gegen Rußland in's Feld; blieb er in diesem letzten Festlandskriege Sieger dann gab es, so durfte er sich sagen, nichts mehr als das meerumflossene England was ihm nicht unterthänig war.

Der Kaiser stellte seinen königlichen Schwager an die Spitze seiner gesammten Reiterei. Am 23. Juni nahm Joachim sein Haupt= Quartier einige Wegstunden herwärts vom Niemen, dem Gränzfluß zwischen Rußland und dem Herzogthum Warschau, der in den folgenden Tagen von der großen Armee überschritten wurde.

*   *   *

---

[1]) Mier 19. April Z. 12 in Chiffern: „Balotté entre ces deux craintes et les conseils différents sur le parti à prendre il change de projet d'un jour à l'autre, et ne s'arrête à aucun plan suivi".

Die Verwaltung des Königreichs leitete in der Abwesenheit Joachim's seine Gemahlin mit dem Titel und mit den Befugnissen einer Regentin. Karolina hatte Mitte Mai Paris verlassen, kleine Tagereisen gemacht und war am 2. Juni 8 Uhr abends in Neapel eingetroffen wo ihr die Bevölkerung einen glänzenden und feurigen Empfang bereitete. Der Neapolitaner sah sie, die als Begünstigerin der Franzosen bekannt war, im Grunde nicht gern; doch tröstete er sich mit dem Gedanken der König werde ihr nicht zu viel freie Hand gelassen, alles wichtigere, besonders Aenderungen im Personal-Stande sich vorbehalten haben. Joachim that aber noch mehr; denn die Verstimmung unter dem Herrscherpaare schien mit den Entfernungen zu wachsen. Um Karolinen möglichst unbeliebt zu machen verfügte ihr Gemahl in seiner Abwesenheit die Ausschreibung neuer Steuern, die Einleitung drückender und gehässiger Maßregeln, von denen man im Publicum wußte daß sie zur Zeit da der König in Person in Neapel weilte nicht hatten durchgesetzt werden können. Wohl ging Karolina, die eine schlaue und kluge Frau war, nicht immer in die Falle, sondern unterließ häufig die Ausführung.

Doch ging das nicht überall an, namentlich auf dem finanziellen Gebiete nicht wo die Anforderungen fortwährend stiegen. Es waren neapolitanische Regimenter in Spanien thätig, ein beträchtlicher Theil der Armee befand sich auf dem Marsche nach Polen und Rußland; dazu kam die Verpflegung der um Sessa angesammelten französischen Truppen, abgesehen von sonstigen Geldleistungen die Neapel gegen Frankreich oblagen[1]). Wenn schon in Friedenszeiten die Einkünfte des Landes von solchen Auslagen, im Verein mit jenen für einen glänzenden und prachtvollen Hofstaat, um ein merkliches überstiegen wurden so daß das Deficit von einem Jahre zum andern wuchs, so

---

[1]) Mier 8. September 1812: „Si l'on ajoute à tout cela les sommes très considérables que le gouvernement Napolitain est souvent dans le cas de devoir donner à la France, il paraît inconcevable comment cet État, qui depuis tant d'années est sans commerce, source de ses richesses, peut faire face à tant de dépenses. D'après cela on est porté à supposer que les revenus de ce pays doivent être bien plus considérables qu'on ne le croit".

war dies unter den jetzigen Umständen in verstärktem Grade der Fall, obwohl alle Steuern erhöht, mitunter verdoppelt wurden, so die Stempel= und Gerichts=Gebühren, in einem Lande wie Neapel wo die Proceßsucht zum Volks=Charakter gehört eine sehr erhebliche Rubrik; die verschiedenen Arten von Zöllen, die Verzehrungssteuer, die Patent= Steuer [1]). Ueberdies mußten manche dieser Abgaben, die man bisher nach Ablauf einer gewissen Frist eingefordert hatte, nunmehr in vor= hinein berichtigt werden. Im Zusammenhang damit zeigte sich ein entmuthigender Stillstand aller Geschäfte; niemand getraute sich einen Vertrag anders abzuschließen als höchstens bedingnisweise; selbst die Regierung unterbrach öffentliche Arbeiten, Bauten die im vollen Zuge der Ausführung waren, um die einfließenden Steuern für den Fall der Noth aufzusparen. Die nach Frankreich schuldigen Leistungen wurden unter dem Vorwand daß im Staatsschatz kein Geld sei auf Befehl des Königs eingestellt, was das Verhältnis zwischen den Cabineten von Neapel und Paris nicht freundlicher gestalten konnte.

Daß unter solchen Umständen das Regiment Karolinens kein Zutrauen gewann war begreiflich; aber auch sonst legte ihr der König ein Hindernis nach dem andern in den Weg. „So weit ist es ge= kommen", berichtete Graf Mier nach Wien, „daß die Königin nur etwas zu wünschen braucht um es vom Könige verweigert zu sehen, oder jemand in ihren Schutz zu nehmen damit der König gegen ihn gestimmt sei". Zuletzt hieß Joachim fast gar nichts gut was ihm zur Genehmigung zugeschickt wurde, sondern verwarf es entweder, oder

---

[1]) Mier ebenda: „Chaque ouvrier artiste marchand négociant, en un mot tout individu qui fait un certain commerce des denrées, de son talent ou de sa profession, et en retire un certain revenu, est obligé de payer au gouvernement un impôt qu'on nomme l'impôt de la patente, moyennant laquelle il peut exercer la branche de commerce ou d'industrie" ... Der erhöhte Gerichts=Stempel wurde mit königl. Decret vom 5. December eingeführt und Moralisten versprachen sich davon eine günstige Einwirkung auf die Nation, „qui par inclination et habitude est très portée aux procès. Un seigneur Napolitain a dix, douze avocats à ses gages, rien ne se fait ici sans procès ... Depuis le 5 (décembre) plusieurs procès ont été déjà arrangés à l'amiable"; Mier zum 20. December.

verschob die Erledigung bis auf die Zeit seiner Rückkunft, ein Verfahren das der Königin eben so viel Verdruß bereitete als es die
Regierung in Verlegenheit setzte.

Das Fernsein Murat's von Neapel blieb seitens der sicilischen
Regierung weder unbeachtet noch unbenützt. Wie wichtig für den
Lord-General-Capitain die inneren Angelegenheiten der Insel waren
so stand ihm die Bekämpfung der Napoleoniden gleichwohl höher; wo
sich immer ein Anlaß dazu bot und welcher Art die Wege waren auf
denen er seinem Ziele näher zu kommen glaubte, versäumt wurde
nichts. Als um die Mitte Mai drei neapolitanische Parlamentair-
Schiffe, welche Angehörige in Sicilien befindlicher Familien dahin gebracht hatten, nach dem Festland zurücksegelten wohin sie eine Anzahl
aus den Diensten Ferdinand's scheidender Neapolitaner mitnahmen,
schmuggelte Bentinck einige seiner Agenten mit ein, die aber von den
Murat'schen alsbald erkannt und festgenommen wurden. Noch schlimmer
erging es mehreren solcher Leute die, um die Mitte Juni von einem
sicilischen Schiffe an's Land gesetzt, in die Hände ihrer Gegner fielen.
Weil man bei ihnen Schriftstücke fand, von Bentinck's Hand gezeichnet, worin sie aufgefordert und ermächtigt wurden Anhänger „für
die gute Sache" zu werben, das Bandenwesen neu zu beleben, Aufstände zu erregen u. dgl. wurden sie vor Gericht gestellt, verurtheilt
und am 25. Juli ihrer fünfzehn hingerichtet.

Durch solche Mißerfolge im einzelnen ließ sich Bentinck nicht
abschrecken. Er wurde in seiner Unternehmungslust vielmehr bestärkt
als gegen Ende Sommer ein russischer Admiral nach Palermo kam
der mit ihm geheime Berathungen pflog. Um freie Hand zu haben
ließ sich bald darauf der Lord-General-Capitain seine Machtbefugnisse
vervollständigen. Auch die königliche Garde und die sicilischen Frei-
willigen sollten unter seinem Oberbefehle, oder jenem des Generals
den er damit betrauen würde, stehen; ihm wurde das Recht zu lohnen
und zu strafen, zu befördern, Urlaub zu ertheilen, Heiraten zu bewilligen eingeräumt; ihm kam auch die Organisirung, die Ausrüstung
und Einübung aller sicilischen Truppen zu, für die er sofort neue

Uniformirung nach britischem Muster anordnete. Es war jetzt keine bloße militairische Action was ihm Neapel gegenüber vor Augen schwebte, er dachte an eine politische Unternehmung in großem Styl, eine Art Staatsstreich auf Unkosten der Napoleoniden. Er und seine Landsleute waren nur darüber nicht im reinen ob sie, wie er der Freisinnige wünschte, der Bevölkerung des Festlandes Gelegenheit sich auszusprechen, wen sie sich als König verlange, geben oder ob sie, wie Castlereagh der Kluge meinte, gleich mit der Wiedereinsetzung der Bourbons vorgehen sollten; einem solchen Schritte, meinte man in London, müßten die in Sicilien angebahnten Reformen, die neue Constitution mit allen Einrichtungen die sich daran knüpften, am leichtesten den Weg bahnen da die Neapolitaner daraus wie aus einem Spiegel abnehmen könnten was auch sie zu gewärtigen hätten; ja für alle italienischen Länder würde, was in Sicilien vorgegangen, seine Anziehungskraft üben [1]).

Ließ es schon dieser Meinungszwiespalt, dazu die Entfernung zwischen Sicilien und London, zu keinem raschen Entschlusse kommen, so machten auch die Weltereignisse der nächsten Zeit einen gewaltigen Strich durch jene verfrühte Rechnung. Der russische Feldzug hatte bisher für Napoleon einen glänzenden Verlauf genommen, nichts seinem unwiderstehlichen Vordringen Einhalt gethan. In einer Reihe von Siegen hatte er sich den Weg in das Herz Rußlands gebahnt, hatte in dem altberühmten Zaren=Palast zu Moskau seinen Sitz auf=geschlagen. Wie er 1806 Preußen vernichtet, 1809 Oesterreich den letzten tödtlichen Streich versetzt hatte, so schien ihm gegen Rußland der gleiche Triumph vorbehalten zu sein. In Neapel herrschten Freude und Jubel über diese Nachrichten, schon darum weil man den König, der jetzt volksthümlicher war als je, bald heimkehren zu sehen hoffte. Die Kunde von den Schlachten an deren glänzenden Erfolgen er An=theil genommen, vorzüglich von dem großen Sieg am 6. und 7. Sep=tember den er durch geschickte Manoeuvres und seine persönliche

---

[1]) Castlereagh Corr. VIII (II 4) S. 275 an Lord Bentinck 26. Sep tember 1812.

Tapferkeit erringen geholfen, die ehrenvolle Erwähnung womit in den
Bulletins der großen Armee der Thaten und Verdienste ihres Königs
gedacht wurde, erfüllten die Neapolitaner mit stolzer Bewunderung.
Zwar liefen bald darauf unangenehmere Zeitungen ein. Mehrere
Stadttheile von Moskau waren abgebrannt; auch das Haus worin
Joachim seinen Sitz aufgeschlagen war von den Flammen ergriffen
worden, und durch diese oder bei der im Gefolge der Feuersbrunst
entstandenen Verwirrung hatte er einen großen Theil seiner Kleider
und Leibwäsche verloren. Indessen der Schaden ließ sich wieder gut
machen, die Regentin schickte anfangs November durch einen Courier
ihrem Gemahl neue Garderobe zu[1]), und da im übrigen die kaiserlichen Zeitungen dafür sorgten die Einäscherung der russischen Hauptstadt als einen bloßen Unglücksfall, nur etwa in größerer Ausdehnung,
darzustellen, die Räumung Moskaus aus Rücksichten der Schonung
für die Armee zu erklären und auch von diesem Wendepunkt an nichts
als glänzende Siegesberichte zu bringen, in welche immer wieder der
Name Joachim's mit neuen Lobpreisungen verflochten war, so konnten
es seine Unterthanen gar nicht erwarten ihren ruhmgekrönten König
in ihrer Mitte wieder erscheinen zu sehen.

In Wahrheit sah es nun allerdings mit all diesen Vorgängen
etwas anders aus. Nördlich der Alpen war es trotz aller imperialistischen Vertuschungsberichte und Lügen-Bulletins längst kein Geheimnis mehr daß der Brand von Moskau kein zufälliges Unglück
sondern ein gegen den französischen Kaiser mit Vorbedacht angelegtes
Unheil, daß der anbefohlene Rückzug unter den Bedrängnissen der
hereinbrechenden grimmigen Kälte und bei den fortwährenden Kämpfen
mit einem ausdauernden und erbitterten Feinde der großen Armee die
ungeheuersten Verluste zugeführt hatte und daß nur Trümmer derselben

---

[1]) Mier 8. November 1812: „Lors de l'incendie de Moscou, le feu
ayant aussi pris à la maison où était logé S. M. le Roi de Naples, dans cette
bagarre beaucoup de ses effets ont été volés. Aussi le dernier courrier que
la Régente a expédié pour la grande armée, a-t-il porté à S. M. du linge et
autres effets d'habillement".

diesseits jener russischen Gränze angelangt waren die sie kaum ein halbes Jahr früher, angestaunt von der Welt, im Gefühl ihrer Un= überwindlichkeit überschritten hatte. Am 5. December hatte Napoleon mit dem Herzog von Vicenza zu Smorgony einen Schlitten bestiegen und war, nachdem er den Oberbefehl über den Rest seiner Truppen dem Könige von Neapel anvertraut, in seine Hauptstadt zurückgeeilt um neue Soldaten zu werben und die fürchterlichen Lücken, die der Feldzug in seine Reihen gerissen, einigermaßen zu ergänzen. König Joachim wußte mit den Trümmern der kaiserlichen Armee nichts anzufangen als sie noch weiter zurückzuführen, wobei er die reichen Vorräthe welche die Franzosen in Vilno angehäuft hatten preis= geben mußte.

König Joachim weilte nur noch mit innerem Widerstreben bei der großen Armee. Er legte dem Kaiser die dringende Bitte vor ihn des Oberbefehls zu entheben und in sein Land zurückkehren zu lassen. Aber es erfolgte kein Bescheid aus Paris, während neuerdings Ge= rüchte auftauchten und mancherlei Thatsachen es zu bestätigen schienen daß Napoleon seine Absichten auf Neapel keineswegs aufgegeben habe [1]). Als Joachim eines Tages gegen Berthier seinem Misbehagen Ausdruck gab vom Kaiser so lang ohne Antwort gelassen zu sein, entgegnete ihm dieser: „er kenne ihn als einen zu guten Franzosen um sich nicht überzeugt zu halten daß er bereit sein würde seine Krone zu opfern wenn die Interessen Frankreichs es verlangen sollten". Daß solche Reden die Unruhe Joachim's nicht beschwichtigen konnten war be= greiflich. Er schrieb seiner Gemahlin, wenn er vom Kaiser nicht bald

---

[1]) Zwar verlieh der Kaiser das durch den Abfall Bernadotte's erledigte Fürstenthum Pontecorvo dem zweitgebornen Prinzen Murat's Lucian; allein im übrigen schaltete er mit neapolitanischem Gut durchaus zum Vortheil seiner per sönlichen Angehörigen. Mier 8. Januar 1813: „L'Empereur s'étant réservé entre autre un revenu annuel de 200 m. livres en bien fonds dans les environs de Naples, il a assigné sur cet argent 5000 livres au général Grenier, et pour le reste il vient d'en faire un cadeau à Mme Valevska et à son enfant né dans l'année 1810. Elle doit arriver ici incessamment pour prendre posses- sion de ces terres qui dans quelques années lui rapporteront plus de 200 m. livres par an".

den erbetenen Urlaub erhalte werde er ohne solchen davon gehen.
Wirklich legte er am 8. Januar 1813 den Oberbefehl nieder den er
in die Hände des Prinzen Eugen übergab, und verließ am 17. die
kaiserliche Armee gänzlich. Zwölf Tage später wurde seine Rückkunft
in Neapel bekannt von wo ihm die Königin den Finanz-Minister
Grafen Mosbourg zur Begrüßung entgegenschickte, am 2. Februar traf
er in Caserta mit seiner Familie zusammen, am 5. fuhr er mit derselben in seiner Hauptstadt ein die ihm einen stürmisch begeisterten
Empfang bereitete [1]).

Im Publicum suchte man den Glauben zu verbreiten der König
habe aus Gesundheitsrücksichten zeitweiligen Urlaub genommen. Doch
abgesehen davon daß er ganz gut aussah und aus seinem Misvergnügen gegen Napoleon kein Hehl machte [2]), deuteten allerhand Umstände auf seinen bleibenden Abschied von der großen Armee. Seine
ganze Begleitung, seine Feld-Equipagen, sein Marstall, kurz alles was
er mit sich in den Krieg genommen hatte, befand sich auf dem Rück-
weg nach Neapel. Als er auf seiner Heimreise in der Nähe von Rom
einen Theil seiner Cavalerie traf die zu den kaiserlichen Truppen
stoßen sollte, wählte er 50 Mann Eliten aus die er den Chevaux-
legers seiner Garde einverleiben wollte; doch General Miollis widersetzte sich diesem Befehle und die Regimenter mußten zum Verdruße
Joachim's ihren Marsch nach Norden fortsetzen. Jetzt rief der König
seine drei Garde-Regimenter zurück, die zwar nicht den schwersten Theil
des russischen Feldzuges mitgemacht, aber gleichwohl durch Tod und
noch mehr an erfrornen Gliedmaßen ihrer Leute Einbuße erlitten
hatten; doch diesmal war es der Vice-König Eugen der das Begehren seines Vetters abschlug und diesem dadurch neuen Mismuth

---

[1]) Derselbe 5. Februar: „Ces démonstrations d'attachement n'étaient pas
factices, un spectateur impartial voyait bien qu'elles étaient sincères et dictées
par le sentiment. On y distinguait cette joie de cœur qui ne peut ni être
payée ni commandée et qui n'est inspirée que par le vrai mérite".

[2]) Ebenda: „Ce qu'il y a de sûr c'est qu'il revint très mécontent, et
comme il ne sait pas mesurer ses paroles, il n'a pû le dissimuler devant le
peu de personnes qui l'ont approché depuis son retour".

bereitete. Joachim's eigene Gemahlin mißbilligte höchlichst seinen eigen=
mächtigen Abschied von der Armee und die Uneinigkeit zwischen beiden
Gatten, welche die Menge nur heiter und freundlich miteinander sah,
war größer als sie früher gewesen. Gleichwohl behielt Karolina Ein=
fluß auf ihn und wußte ihn durch Vorstellungen und Bitten von
manchem übereilten Schritte abzuhalten. So hatte er gleich nach
seiner Rückkunft im Sinne die Stände seines Königreichs einzu=
berufen und sich von ihnen zum König von Beiden Sicilien ausrufen
und krönen zu lassen, was geradezu eine Herausforderung Napoleon's
gewesen wäre [1]).

Ohnedies war dieser über die Haltung seines Schwagers im
höchsten Grade aufgebracht. Er wünschte zwar sich und seinem Stief=
sohne, dem er, wie er gegen denselben offen aussprach [2]), von allem
Anfang den Oberbefehl hätte anvertrauen sollen, zu dem Schritte
des Königs von Neapel nur Glück; gleichwohl sei dessen Benehmen
ohne Beispiel und es fehle nicht viel daß er ihn, um ein Exempel
zu statuiren, arretiren lasse: „er stellt tapfer seinen Mann auf dem
Schlachtfeld, aber er hat keinen Ueberblick und keinen sittlichen Muth —
il manque de combinaison et de courage moral". Er schickte ihm
die neapolitanischen Regimenter die in Spanien in Verwendung waren
zurück und erwähnte nichts davon daß sie durch andere Truppen=
körper ersetzt werden sollten. Er vermied es seinem Schwager zu
schreiben, dessen Namen bei öffentlichen Anlässen zu erwähnen; wenn
ihm der Herzog von Carignano gegenüberstand erkundigte er sich

---

[1]) Gesandtschaftsberichte Mier's vom Januar bis März 1813. In jenem vom
16. Februar heißt es unter anderm: „Il règne une grande froideur entre le Roi
et la Reine quoiqu'à l'extérieur on les croirait ensemble le mieux du monde.
La Reine a désapprouvé le départ du Roi de l'armée, et ce dernier désapprouve
à son tour tout ce qu'elle a fait, ordonné pendant son absence dans l'administration du royaume". Dann wieder zum 16. März: „Le départ de la Reine
serait . . . une vraie calamité pour ce pays, car elle empêche par ses conseils
sages et raisonnés et ses prières bien des démarches dictées par le premier
mouvement du caractère emporté du Roi".

[2]) Corr. XXIV Fontainebleau vom 22. bis 23. Januar 1813 Nr. 19474
S. 417, Nr. 19490 S. 430.

nach der Königin, doch mit keiner Sylbe nach dem Könige. Jene
erhielt auch Briefe von Napoleon, aber solche deren Empfang und
Inhalt sie vor ihrem Gemahl, um diesen nicht noch mehr in die
Hitze zu bringen, sorgsam verheimlichte. „Ihr Mann", soll es in
einem derselben gelautet haben, „ist sehr tapfer auf dem Schlacht=
felde, aber er ist schwächer als ein Weib oder ein Mönch wenn er
keinen Feind vor sich hat; er hat keinen sittlichen Muth" [1]).

König Joachim seinerseits sah und sprach den französischen Ge=
sandten nicht, außer an Hoftagen wo er auch die andern Diplomaten
empfing [2]), und ließ sich sammt denen die mit ihm aus Rußland
heimgekehrt waren in den heftigsten Ausdrücken über das Unheil aus
von welchem eine so schöne Armee betroffen worden und das man
bei einer bessern Kriegsführung hätte vermeiden können. „Alle diese

---

[1]) Beauchamp Catastrophe de Murat S. 10 f. vgl. mit Mier zum
16. März: „Depuis son arrivée à Naples le Roi n'a pas reçu un mot de la
part de l'Empereur. La Reine a eu deux lettres, mais elle a cru devoir les
dissimuler à son époux à cause de leur contenu"... Dagegen wollen einige
Schriftsteller sowohl von einem groben Briefe Napoleon's an Murat als von
einer wo möglich noch gröbern Antwort des letztern an jenen wissen. Murat, heißt
es, blieb seinem Schwager die Antwort nicht schuldig und unterließ nicht diesen
zu erinnern was Napoleon ihm, namentlich am 18. Brumaire wo Napoleon
nicht viel persönlichen Muth gezeigt, zu danken habe; er, Murat, habe den Buona=
parte Ehre erwiesen indem er die Karolina zur Ehe genommen, und er, Murat,
erkläre das alte wechselseitige Vertrauen für erschüttert. Siehe Gioa. Murat II
S. 69—71, aber dagegen Corr. Nap. Nr. 19502 S. 441 und Anm. 1, wo
bemerkt wird das Concept des kaiserlichen Schreibens befinde sich nicht mehr in
den Archiven, da es am 10. Juli 1815 vom General=Director Ludwig XVIII. mit
andern Schriftstücken, die im Cabinet des Herrn von Blacas gefälscht worden,
herausgenommen worden sei... Die innere Wahrscheinlichkeit haben übrigens
sowohl der Brief Napoleon's als die bissige Antwort Murat's für sich. S. auch
Beauchamp a. a. O. wo sich S. 79—105 Auszüge sowohl aus den Verhand=
lungen des britischen Parlaments vom 2. Mai 1815, wo Castlereagh beide Schrift=
stücke aus Anlaß einer Interpellation Horner's vorbrachte, als aus den Gegen=
bemerkungen des Pariser „Moniteur" vom 14. Mai 1815 finden. Der Verfasser
zweifelt nicht an der Aechtheit der Schriftstücke; „en effet", sagt er S. 56 f.,
„quel motif aurait pu porter les cabinets à fabriquer des pièces, uniquement
pour rendre clair ce qui l'était déjà?"

[2]) Mier 16. Februar 1813: „Mr. Durand n'a parlé S. M. pour la première fois qu'au cercle diplomatique", d. i. am 14. Februar mittags.

Reden", berichtete Graf Mier am 12. Februar nach Wien, „werden hier mit Gier aufgenommen und mit großem Eifer verbreitet; denn die Neapolitaner verwünschen das französische Regiment" ...

*   *   *

Zur selben Zeit wo das Verhältnis zwischen Napoleon und Murat in eine so eigenthümliche Phase trat, kam es in jenem zwischen dem Hofe von Palermo und dessen fremdländischen Beschützern zum vollständigen Bruche.

Mitte November hatten 8000 Mann, theils Engländer theils Sicilianer, die Insel verlassen um auf dem spanischen Kriegsschauplatz verwendet zu werden; es hatte geheißen Lord Bentinck werde nach= kommen und sie in Person gegen den Feind führen. Ein paar Wochen später waren 3000 Mann denselben Weg gegangen, von weitern 3000 wurde gesprochen. Nur der edle Lord blieb in Palermo wo er dem Adel ein glänzendes Fest nach dem andern gab. Er befand sich mit seiner Regierung in vollem Einverständnis. Als am 30. No= vember das Londoner Palament eröffnet wurde erwähnte der Prinz von Wales des neuen mit Sicilien abgeschlossenen Vertrages der den Zweck habe der dortigen Kriegsmacht ausgedehntere Verwendung für offensive Zwecke zu geben, „welche Maßregel, Hand in Hand mit den freisinnigen und erleuchteten Grundsätzen die glücklicherweise im Rathe Seiner Sicilischen Majestät vorwalten, nur dazu beitragen kann dessen Macht und Hilfsquellen zu verstärken und diese zu gleicher Zeit im Dienste der gemeinsamen Sache wirksamer zu gestalten". Von dem Leiter des auswärtigen Amtes erhielt Bentinck eine Ver= trauensbezeigung nach der andern. Lord Castlereagh billigte all seine Schritte; er lobte ihn wegen der Mäßigung die er bisher gegen die Königin beobachtet habe und ermächtigte ihn „nach eigenem Ermessen alle geeigneten Mittel in Anwendung zu bringen um die Insel der anti = napoleonischen Allianz zu erhalten und gegen die Gefahren zu schützen die von dem Einfluß der Königin droheten; er möge suchen die Pläne und Ränke der letztern zu enthüllen, das werde Karolinen vielleicht bestimmen aus eigenem Antriebe einen Schauplatz, auf dem

sie sich und der königlichen Familie so viel Verdruß und Elend ge=
schaffen, zu verlassen und sich, bis die sicilischen Angelegenheiten in
die wünschenswerthe Ordnung gebracht sein würden, auf den Continent
zurückzuziehen" [1]).

Nun sah es, wie wir wissen, mit der Stimmung in Sicilien,
welche die maßgebenden Staatsmänner Englands durch das Geschenk
einer freisinnigen Constitution völlig zu gewinnen wähnten, in ganz
andrer Weise aus, und wenn jene meinten die Hof=Partei, an der
Spitze die Königin, sei es allein die das Feuer schüre, so waren es
vielmehr die Insulaner selbst die das britische Regiment über und
über satt hatten und aus deren Schooße immer wieder Einzelne auf=
tauchten die das unerträgliche Joch abzuschütteln suchten [2]). Der ver=
bannte Hof ließ sich diese Mahnzeichen nicht entgehen und ohne
Zweifel bot die Erbitterung, welche die massenhafte Abführung sici=
lischer Soldaten außer Landes in ihrem Gefolge hatte, den Anlaß
zu einem letzten Versuche der Königlichen die Zügel der Regierung
wieder in ihre Hände zu bekommen.

Am 6. Februar 1813 kam König Ferdinand auf wenig Augen=
blicke nach Palermo und schlug dann seinen Sitz in Favorita auf,
scheinbar um sich dem Vergnügen der Jagd hinzugeben. Die Königin

---

[1]) Castlereagh a. a. O. S. 299 an Bentinck Januar 1813 wo es
von den Machinationen der Königin, von deren Verkehr mit dem Feinde heißt:
„If these intrigues affected alone the political state of the Island, and if
they did not involve in their consequence the stability of the Alliance and the
defence of the Island against the enemy, the Prince-Regent would neither feel
himself called upon, nor authorized to, interfere: but when a direct intercourse
with the enemy has existed, and when it is through the efforts of an internal
fraction that the conquest of the Island is meditated, His Royal Highness
cannot see with indifference these machinations against the common safety" . . .

[2]) Um die Mitte December 1812 kamen die Engländer einer Correspondenz
auf die Spur die ein Domherr von Palermo mit dem Murat'schen Consul in
Tunis führte: „che esistendo ora in Sicilia pocca truppa, anche un mediocre
numero dei Soldati di quel Regno basterebbe per impadronirsi di quest isola,
e che sarebbero molto bene accolti del popolo, assai disgustato non solamente degl' Inglesi ma anco dalla Reale Famiglia, nella lusinga in oltre
che cessarebbe la veramente insoffribile attuale carestia de' viveri"; Cresceri
23. December.

war fern geblieben, doch zweifelte niemand daß eigentlich sie es sei die ihren Gemahl bewogen sich in die Nähe des von ihnen Beiden jetzt gründlich verabscheuten britischen Lords zu begeben. Unerwartet erschien Ferdinand wieder in der Stadt, rief die Minister zusammen und erklärte ihnen, seine Gesundheit habe sich so weit gebessert daß er gewillt sei die königliche Gewalt wieder in Person auszuüben. Ein Te=Deum in der Domkirche feierte Genesung und Rückkehr des Königs, und Jubel herrschte in allen Schichten der Bevölkerung. Der Lord= General=Capitain machte scheinbar gute Miene zum bösen Spiel und hielt äußerlich an sich, sandte aber insgeheim nach den verschiedensten Richtungen seine Boten aus um alles was sich an britischen Truppen auftreiben ließ in Eile nach Palermo zu entbieten. Noch vor Mitter= nacht waren 12000 Mann beisammen. Lord Bentinck verfügte sich jetzt zum König, bezeugte seine Freude über den eingetretenen Umschwung und bat um die Erlaubnis das Ereignis durch eine große Revue seiner Truppen und unter dem Donner seiner Geschütze festlich zu begehen. Ferdinand verstand den Wink, wurde im Augenblick wieder krank, und von einem Wiederantritt seiner Regierung war keine Rede mehr. Er hielt sich noch einige Zeit in der Nähe der Hauptstadt auf; da aber die Königin fern blieb so war seine Gegenwart unschädlich. Ein neuer Kriegs=Minister in der Person Ruggiero Settimo's wurde ernannt. Die britischen Militair=Untersuchungs=Commissionen erhielten Befehl auf alle zu fahnden die man als Feinde der Constitution be= zeichnete. Bald verließ Ferdinand seine Hauptstadt wieder, ging auf das benachbarte Schloß Colli und später mit seiner Gemahlin nach Castelvetrano. Man befand sich da abgeschieden von allen belebteren Wohnstätten in einem ergibigen Jagdgebiet, und jetzt war es nicht blos zu seinem Vergnügen daß sich der König auf das edle Waid= werk legte: seine Büchse konnte manches Wildpret für die königliche Vorrathskammer und Küche liefern in denen es, wie überhaupt im königlichen Haushalt, um diese Zeit knapp genug bestellt war. Denn es lag im Plane der Engländer dem verwiesenen Herrscherpaar den Aufenthalt auf der Insel so gründlich als möglich zu verleiden, und besonders die Königin dahin zu bringen daß sie ihren oft

ausgesprochenen Vorsatz Sicilien zu verlassen endlich einmal aus=
führe [1]).

Lord Bentinck hatte jetzt vollständig freie Hand und trieb
sicilische Politik und verfügte über sicilische Land= und Seemacht als
ob es einen König oder einen Alter=Ego desselben gar nicht gäbe.
Noch vor Ablauf des Monats in welchem er seinen letzten Strauß
mit dem alten Regenten=Paare siegreich ausgefochten hatte sandte er
ein Geschwader mit zahlreicher Mannschaft an Bord in die tyrrhenische
See, wo in der Nacht vom 26. die Insel Ponza angegriffen und die
geringe Besatzung zur Uebergabe gezwungen wurde. Die Engländer
trafen Anstalten jeder Art sich auf der Insel festzusetzen, warfen Ver=
schanzungen auf, legten Vorräthe ein.

König Joachim schickte in Eile Verstärkungen nach Capri damit
nicht auch diese Insel, mit deren Wiedereroberung er seine neapolita=
nische Herrschaft eingeleitet hatte, in die Hände seiner Feinde zurück=
falle. Aber auch Ponza durfte er ihnen nicht lassen; denn dessen Lage
nächst Gaëta und Neapel machte sie zu einem gefährlichen Schlupf=
winkel für Aufwiegler aus Sicilien und für Landesflüchtige aus
Neapel. Das Bandenwesen griff auf dem Festlande trotz aller Gewalt=
maßregeln von neuem um sich, und ohne Zweifel hatte die feindliche
Nachbarschaft der Engländer ihren Antheil daran. Der König befahl
Beschleunigung aller Arbeiten auf den Schiffswerften um seine Flotte
so kriegstauglich als möglich zu machen; sobald die Rüstungen voll=
endet sollte die Insel den Engländern wieder entrissen werden.

Allein dazu kam es nicht. Das in britischem Besitz befindliche
Ponza sollte andern Zwecken dienen.

---

[1]) Bentinck an Castlereagh 24. Februar 1813 S. 333. Leider läßt uns über
diesen wichtigen Vorfall Cresceri im Stich, da Nr. LXXVII seiner Depeschen zwischen
8. Februar und 20. April 1813, wo er ohne Frage in gewohnter Breite darüber
berichtete, im k. k. St. A. nicht vorhanden, wahrscheinlich auf dem weitwendigen
Wege von Palermo über Constantinopel nach Wien verloren gegangen ist. In
Neapel wurde das Ereignis noch greller ausgeschmückt als es thatsächlich war,
wie aus dem Berichte Mier's zum 4. April Z. 2 zu ersehen: „. . . . le commandant anglais fit marcher une forte colonne des troupes contre le palais
royal pour arrêter le Roi et la Reine. Ils parvinrent à se sauver dans l'in-
térieur du pays".

Fünftes Buch.

Restauration.

---

25. Abfall Murat's von der Sache Napoleon's.

Es wurde früher bemerkt wie es als eine Art Nemesis erscheinen müsse daß Maria Karolinens zweiter Nachfolger den gleichen
Druck imperialistischer Proconsuln zu fühlen bekommen habe gegen
den sich der Stolz der Cäsaren-Tochter so heftig und dabei so ohnmächtig aufgebäumt hatte. Der Vergleich ihrer beiderseitigen Lage
läßt sich aber noch weiter führen. Denn wie Maria Karolina in jenen
fürchterlichen Monaten der zweiten Jahreshälfte 1805 zwischen den
Entschlüssen hin- und hergetrieben wurde: an dem aufgedrungenen
französischen Bündnisse festzuhalten an dessen Ende sie das Aufgehen
ihres Landes in dem mächtigen Kaiserreich sah, oder sich der Coalition
wider Frankreich anzuschließen deren militairische Action scheitern konnte
wo dann ihr Untergang noch weniger aufzuhalten war; so und nicht
anders stand es in der Zeit in der wir uns jetzt bewegen mit Joachim
Murat, und wenn man unbefangen genug ist um sich in seine nach
jeder Richtung von Zweifeln und Gefahren umgarnte Lage hineinzu-
versetzen, so wird man milder über seinen von der bisherigen Geschichtschreibung so viel geschmähten Wankelmuth urtheilen und es vielmehr
ein tragisches Verhängnis nennen das den Landwirthssohn von Bastide-
Fortunière nach einer glanz- und ruhmvollen Laufbahn einem schmach-
vollen Ausgang zuführte.

Was sah er am Ziele seines Bündnisses mit Frankreich an das er durch Vertrag, durch Landsmannschaft und durch Dankbarkeit gekettet war? Die Einverleibung seines Königreichs in den französischen Großstaat [1]). Der schlaue und eigensüchtige Gallo, der schon einmal der Sache der er zugeschworen untreu geworden war und den es jetzt mindere Kämpfe kostete dasselbe ein zweitesmal zu thun, war davon überzeugt; seine ganze Haltung bewies daß er, anstatt das Interesse seines derzeitigen Gebieters im Auge zu halten, nach Paris hinhorchte um sich dort beizeiten Wohlgeneigtheit zu bereiten und für den eintretenden Fall ein vortheilhaftes Loos zu sichern. War in solcher Lage für den König nicht der mächtigste Antrieb vorhanden sich nach andrer Seite Gewähr für den Besitz eines Landes zu suchen das er liebgewonnen und um das er sich unabstreitbare Verdienste erworben hatte? Gleichwohl wurmte es ihn wieder daß ihn sein Kaiser so ganz übersehen konnte. Der Wiederausbruch des Krieges stand unmittelbar bevor, und noch war kein Wort aus Paris gekommen das ihn eingeladen hätte seinen Posten in der großen Armee wieder einzunehmen. Sollte ihn Napoleon so leicht missen können? Aus diesem Zwiespalt in seinem Innern entstand ein Schwanken, ein Herumtasten nach den verschiedensten Seiten, eine Unsicherheit in allen Schritten die seine Regierung unternahm, in allen Maßregeln die sie ergriff [2]).

Schon in den letzten Februar=Tagen 1813 wurde in eingeweihten Kreisen davon gesprochen daß Fürst Cariati im Auftrage des Königs nach Wien gehen werde um daselbst anzufragen ob sich nicht, bei. der Vermittlerrolle die Oesterreich auf sich genommen und bei den allgemeinen Abmachungen welche die Folge davon sein könnten, der

---

[1]) In Mier's Gesandtschafts=Berichten kehrt diese Behauptung oftmals wieder, z. B. 25. April 1813: „Napoléon ... en toute occasion ne dissimule pas le projet qu'il a de réunir ce royaume au Grand Empire".

[2]) Mier zum 25. April: „Quoique je suis persuadé que le Roi n'irait pas à la grande armée si Napoléon le sommait de s'y rendre, avec tout cela il est au désespoir que l'Empereur ne lui ait pas jusqu'ici adressé cette demande; son amour-propre en est offensé et la pensée que Napoléon croit se passer de lui le tourmente".

politische Bestand des Königreichs Neapel gewährleisten lasse. Auch
nach Berlin wollte man einen Vertrauensmann schicken, wovon es
aber bald abkam. Als mehrere Wochen darauf die Gräfin Zichy, die
langjährige Freundin Maria Karolinens bei der sie wieder einige Zeit
zugebracht hatte, sich nach Neapel mit der Anfrage wandte ob man
ihr nicht gestatten wollte ihre Rückreise durch das Königreich zu
nehmen, wurde ihr dies in der zuvorkommensten Weise gewährt; ja
das auswärtige Amt Joachim's sandte ihr die nöthigen Reiseurkunden
nach Palermo entgegen; ein Beweis wie sehr man sich dem Wiener
Cabinet gefällig und dem Hofe von Sicilien mindestens nicht unge-
fällig erweisen wollte. Die Bevölkerung von Neapel ahnte worauf
der Sinn ihres Königs gerichtet sei und zeigte sich ihm in jeder
Hinsicht zugethan. So sehr der Nation kriegerischer Sinn abgeht so
eifrig waren, seit man wußte daß es sich um die Behauptung ihrer
Selbständigkeit gegen Frankreich handelte, Provinzen Städte Körper-
schaften Private bemüht das möglichste beizusteuern um die Landmacht und Flotte ihres Königs auf den besten Stand zu bringen [1]).
Der 25. und 26. März, die Geburtstage ihrer beiden Majestäten,
wo der König ein großartiges militairisches Fest auf seinem Marsfelde veranstaltete, waren Freudentage für die Hauptstadt die dabei
ihren vollen Glanz entfaltete, obwohl auch diesmal, wie drei Jahre
zuvor, das Wetter durchaus nicht günstig war. Drei Wochen später,
13. April, trat Joachim eine Rundreise durch Apulien das Land
Bari und das Gebiet von Otranto an von welcher er am 29. in
Portici wieder eintraf.

Der Depeschenwechsel mit Wien war durch diese ganze Zeit im
eifrigsten Zuge. Schon am 9. März hatte Graf Metternich unsern
Gesandten angewiesen von dem Cabinete von Neapel rückhaltlose
Offenheit über dessen Ansichten und Absichten zu verlangen: „Die
Aufgabe die sich Oesterreich inmitten des großen Weltkampfes gestellt

---

[1]) Mier zum 9. März 1813; „Les circonstances actuelles développent
de plus en plus l'amour l'attachement et le dévonement des Napolitains pour
la personne de leur auguste souverain. Il devancent par leurs offres volontaires les demandes que le gouvernement pourrait leur adresser".

berechtige es eben so sehr einen solchen Anspruch zu stellen als unbe=
dingtes Vertrauen zu erwarten; man sei vollkommen bereit die Rechte
des Königs von Neapel zu vertreten und den russischen Hof, wo
einige Voreingenommenheit gegen ihn obwalte, zu seinen Gunsten
umzustimmen" [1]). Um den 20. April hatte Metternich eine lange
Unterredung mit dem Fürsten Cariati. „Sein König", versicherte
dieser, „verlange sich nichts als Neapel zu behalten; er sei bereit
seine Ansprüche auf Sicilien aufzugeben; er wolle nur der Ueber=
macht Frankreichs gegenüber in seinem Besitzthum gesichert sein, die
Bürgschaft Oesterreichs für seine künftige Stellung erhalten; er sei
dafür erbötig die Politik des Kaisers Franz mit seiner ganzen Militair=
Macht zu unterstützen; er, Cariati, habe im Augenblicke keine schrift=
liche Vollmacht, allein er sei bereit durch einen Courier sich solche zu
verschaffen". So nachdrücklich es Metternich seinem Gesandten an's
Herz gelegt hatte von dem Cabinete von Neapel volle Offenheit zu
verlangen, so rückhaltend und obenhin in seinen Versicherungen war
er gegen den Fürsten Cariati, wohl hauptsächlich aus dem Grunde
weil sich der Vertreter Neapels mit keiner förmlichen Beglaubigung
ausweisen konnte. Die gleiche Reserve trug Metternich dem Grafen Mier
auf: er habe eine passive Haltung zu beobachten; er habe den König
der freundschaftlichsten Gesinnungen seines Monarchen zu versichern,
aber jeden Schein zu vermeiden als ob seinem Cabinete daran liege
daß die für Cariati gewünschten Papiere nach Wien gesandt würden.
Inzwischen war es Joachim selbst der drängte. Seine Gemahlin
scheint anfangs der Annäherung an Oesterreich abhold gewesen zu
sein oder man fand es nicht gerathen sie in das Geheimnis zu ziehen.
„X" [2]), schrieb Mier am 30. im tiefsten Geheimnis an Metternich,
„verlangt unsern freundschaftlichen Rath was er thun soll, was er
verlangen, sich ausbedingen soll; er verspricht in allem Ihren Rath=

---

[1]) Chiffern=Depesche aus Wien 9. April: „.... dans notre attitude
actuelle nous sommes autorisés à désirer connaître la manière de voir des
autres cours, nous sommes incapables de faire le moindre abus de toute confiance quelconque" ...

[2]) Offenbar König Joachim.

schlägen zu folgen. Wir sind miteinander übereingekommen was er seiner Frau zu sagen habe". Auch Minister Gallo dem Joachim nicht mehr traute, wurde bei diesen vertraulichen Einleitungen auf das sorg= fältigste umgangen.

Doch Napoleon wurde mißtrauisch; denn es konnte seiner Ge= sandtschaft in Wien nicht entgehen daß Cariati mit Personen Umgang pflog die als Feinde des französischen Kaiserreiches bekannt waren und mit ihnen Reden führte und Meinungen austauschte die ihn wie einen Gleichgesinnten erscheinen ließen. Am 3. Juni übersandte Durand dem Minister Gallo eine Note worin auf diese Vorgänge hingewiesen und das höchste Mißfallen des Kaisers darüber aus= gesprochen wurde. Gallo, um den König nicht noch mehr gegen Frankreich zu reizen, wollte ihm das Schriftstück verheimlichen. Allein Joachim kam dahinter, ließ um eilf Uhr nachts Gallo kommen und stellte ihn in Gegenwart der Königin und des Finanz=Ministers über seine Pflichtvergessenheit in einer so maßlosen Weise zu Rede daß ihn die Leute seines Hofes bis in das vierte Zimmer schreien hörten [1]).

*   *   *

Es war nicht Oesterreich allein wo Joachim Verbindungen an= zuknüpfen suchte.

In der Zeit nach dem verunglückten russischen Feldzug Napo= leon's begann die alt=königliche Partei von neuem ihr Haupt zu erheben und wieder war es Calabrien wo sich ein gefährlicher Geist zeigte. Es gab Umsturzpläne Verschwörungen geheimen Verkehr über den Faro hinüber, so daß sich Joachim genöthigt sah den großen Würger Manhès abermals dahin zu senden. Unter Manhès' auserkornen Opfern befand sich ein gewisser Capobianco der als Haupt der calabrischen

---

[1]) Chiffern-Bericht Mier's vom 13. Juni 1813. In einem frühern vom 6. heißt es: „Mr. de Gallo par attachement au gouvernement français et craignant d'indisposer le Roi encore davantage contre Napoléon en lui montrant les notes de Mr. Durand qui souvent sont écrites dans un style dictatoire, tâche de les soustraire à la connaissance de S. M. et préfère de lui parler des objets y contenus".

Carbonari galt; er gehörte einer begüterten Familie an und saß auf einem hoch und felfig gelegenen Schloffe wohin die Muratiften schwer gelangen zu können meinten. Da lud ihn eines Tages General Janetti zu einem Gaftmahle ein das aus Anlaß irgend einer Feftlich= keit den Spitzen der kirchlichen und Civil = Behörden fo wie den Officieren der „milizie urbane“, unter denen Capobianco einer der angefehenften war, gegeben werden follte. Diefer, obwohl gewarnt und felbft unfchlüffig, fand fich gleichwohl ein und nahm an dem Gelage Theil das gefellig und heiter war. Allein als er nach Beendigung des= felben zum Saale hinaustrat wurde er von aufgeftellten Gendarmen ge= packt, vor eine Unterfuchungs=Commiffion geftellt und andern Tags auf dem Hauptplatze von Cofenza, zum ftarren Entfetzen der Bevölkerung, hingerichtet. Furcht und Schrecken gingen jetzt wieder durch das Land, zahlreich flohen die Leute nach Sicilien oder auf die Infeln des adria= tifchen Meeres wo fie fich unter britifchem Schutz geborgen fühlten.

Es war aber noch eine andere Erfcheinung die fich in der Zeit wo das Geftirn Napoleon's zu erblaffen begann bemerkbar machte. In den Geheimbund der Carbonari waren zum Theil neue Elemente aus den gebildeteren Claffen gekommen denen es weniger um die Rück= kehr der Bourbons und die Wiedereinfetzung des Papftes als um den Sieg der modernen Ideen, um das Walten conftitutioneller Einrich= tungen zu thun war wie man diefe ein Jahr früher in Sicilien ein= geführt hatte. Daneben tauchte jetzt zum erftenmal in verfchiedenen Gebieten der apenninifchen Halbinfel der Gedanke einer Einigung Italiens auf, allenfalls mit der Einfchränkung bis nordwärts an den Po. Einigen war Murat der Mann diefen Plan zur Reife zu bringen, während die andern in dem Könige das größte Hinderniß zu deffen Verwirklichung erblickten und Verbindungen nach auswärts fuchten. Zu Anfang Mai kam die neapolitanifche Polizei einem Ge= heimbunde folcher Art auf die Spur, was Verhaftungen in Maffe zur Folge hatte. Die Mehrzahl waren Leute ohne Beruf und Ver= mögen, Taugenichtfe welche die Regierung geduldet oder denen fie die Rückkehr aus Sicilien geftattet hatte. Ein Beamter des Rechnungs= hofes Fra. Vetere und zwei Pfarrer der Umgegend von Neapel waren

die einzigen Personen von einiger Bedeutung welche in die Ver=
schwörung verwickelt waren. Allein die Anzeigen und in deren Folge
die Verhaftungen nahmen fortwährend zu; man entdeckte selbst Waffen=
Niederlagen an versteckten Orten. Einige der Fäden denen man nach=
ging leiteten auf die Insel Ponza hin, oder verliefen in den Ver=
ästungen der Carbonari. Aber auch im Heere Murat's, ja in seinen
Garde=Regimentern griff Parteiung um sich. Als bei einer Revue auf
dem Marsfelde bei einer General=Décharge ein Officier hart hinter
dem König getroffen niederstürzte, war die Meinung allgemein die
Kugel habe dem Könige gegolten und sei aus dem Rohre eines Car=
bonaro geflogen [1]). König Joachim erließ ein scharfes Mandat gegen
die Secte was aber, wie immer in solchen Fällen, das Uebel mehr
förderte als hindern half.

Im Grunde sagten die Vorschläge einer politischen Einigung
Italiens, die dem Könige von manchen Seiten gemacht wurden,
seinem phantastisch=abenteuernden Charakter ganz zu. Nur bedurfte
er dafür der Zustimmung einer Persönlichkeit die er nicht zum Feinde
haben durfte wenn nicht seine Plane im Keime vernichtet werden
sollten: des derzeitigen Gewaltherrschers auf Sicilien Lord William
Bentinck's. Die Angelegenheit wurde im größten Geheimnis betrieben
so daß weder Graf Mier in Neapel noch der österreichische Minister=
Resident in Palermo etwas davon erfuhren. Cresceri brachte blos
heraus daß der Lord=General=Capitain, der sich in der ersten Hälfte
Juni anstellte als ob er die Absicht habe unmittelbar auf den spanischen
Kriegsschauplatz abzugehen [2]), plötzlich nach der Insel Ponza gesteuert

---

[1]) Pepe I S. 205: „I generali che seguivano il re lo pregavano di
far cessare i fuochi, ma quegli sorridendo rispose: ,M' accorgo già che voi
sospettate quel colpo essere stato a bella posta diretto a me: voi siete in
errore, perciocchè i figli non mai desiderano la morte del padre‘; e così
dicendo si presentò a fronte di tutti i battaglioni successivamente, comman-
dando che ognuno eseguisse i fuochi. Questa generosa intrepidezza fe' cessare
i tristi sospetti concepiti su' soldati *carbonari*“.

[2]) Cresceri 12. Juni 1813: „Alla fine Lord Bentinck effettivamente è
partito, come si crede, verso la Spagna per non più ritornare“ ... Die Be=
sorgung der diplomatischen Geschäfte legte Bentinck in die Hände des Generals

habe, wohin er in den nächsten Tagen Mannschaft und Vorräthe von
Proviant aller Art, Zwieback marinirte Fische eingepöckeltes Fleisch
Wein, nachkommen ließ, so daß es den Schein gewann es sei eine
große Unternehmung gegen das italienische Festland im Werke.
Doch in aller Stille legte eines Tages ein neapolitanisches Schiff
mit der Parlamentair-Flagge an, das einen Abgesandten des Königs
Sir Robert Jones, Briten von Geburt aber durch langjährigen Aufenthalt in Neapel fast heimisch geworden, an's Land setzte um mit
Seiner Herrlichkeit in Verhandlung zu treten. Dieselbe hatte zwar
für's erste keinen Erfolg da König Joachim als Preis seines Abfalls
von Napoleon ganz Italien sammt den Inseln verlangte, Bentinck
aber Sicilien den Bourbons erhalten wissen wollte. Letzterer stellte
britisches Geld und britische Truppen in Aussicht, doch unter der
doppelten Bedingung: daß ihm als Pfand der Besitz von Gaëta
eingeräumt und daß die Führung der aus Sicilien Malta und
Gibraltar herbeizurufenden Streitkräfte in englische Hände gelegt
werde, während der Vertrauensmann Murat's die fremden Truppen
nur als Contingent ansah das unter den Oberbefehl des Königs zu
stellen wäre. Ein zweitesmal kam der Herzog von Campochiaro mit
einem gewissen Nicolas, einer geschminkten Puppe, auf die Insel; sie
waren mit der Vollmacht ausgestattet im äußersten Falle alles zu
bewilligen worauf der starrköpfige Brite bestehen würde. So kam
zuletzt eine Art vorläufigen Uebereinkommens zustande wobei Bentinck
die Forderung bezüglich der Festung Gaëta fallen ließ. Er sandte
ein Eilschiff nach London um sich Bestätigung des Verabredeten zu
holen; er selbst aber trat jetzt erst die Fahrt nach Alicante an
und ließ die Leute in Palermo sich die Köpfe zerbrechen was er
auf Ponza könne gewollt haben wenn er nun doch in entgegengesetzter
Richtung absegelte[1]).

Montgomery bis zur Ankunft des aus London erwarteten Legations-Secre-
tairs Lamb.

[1]) Cresceri 26. Juni und 1. Juli: „Conviene che nuove circostanze
abbiano indotto Lord Bentinck ad allontanarsi dall' Isola di Ponza" 2c. Allerdings scheint Cresceri, wegen seiner bekannten persönlichen Beziehungen zu dem

In London wußte man um die Sache sehr wohl, ja besprach sie, schon zu einer Zeit wo die Verhandlungen auf Ponza erst im Zuge waren, mit voller Unumwundenheit. Es ist daher an= zunehmen, das Erscheinen Bentinck's auf der kleinen Insel sei Folge vorausgegangener Abrede mit König Joachim gewesen; auf welchem Wege, durch welchen Mittelsmann und in welchem Zeitpunkte die= selbe von Neapel aus getroffen worden, habe ich nicht ergründet. Der französische Kaiser befand sich in Dresden als ihm in der zweiten Hälfte Juni die Numer des „Morning Chronicle" vom 11. in die Hände fiel worin die Beziehungen Lord Bentinck's zu König Joachim besprochen wurden. Napoleon ließ einen Auszug daraus dem Herzoge von Bassano zukommen und fügte die Bemerkung bei: „Es wäre doch eigenthümlich einen zweiten der auf Throne erhobenen Marschälle Frankreichs in die Reihen unserer Feinde treten zu sehen"; er legte Maret an's Herz eine Abschrift des Artikels dem französischen Gesandten in Neapel zu senden damit dieser den Duca di Gallo, diesen Titel führte seit kurzem der frühere Marchese, darüber zur Rede stelle [1]). Aber auch der Pariser „Moniteur" griff den Gegenstand auf und ließ sich darüber in einer Weise aus die den reizbaren König in eine wahre Wuth versetzte. „Es sei nun das zweitemal", ließ er dem Baron Durand durch Gallo schreiben, „daß französische Zeitungen es wagen ihn zu beschimpfen; falle ein drittesmal etwas ähnliches vor so werde seine Antwort die Heimschickung des französischen Gesandten sein".

Der Oeffentlichkeit gegenüber wurde die Allianz mit Frankreich bei jedem Anlasse zur Schau getragen. Am 13. Mai hatten Geschütz= salven von den Forts von Neapel den Sieg bei Lützen gefeiert; am 11. Juni, dem Frohnleichnamstage, hatte der König nach dem feier= lichen Umgange ein Tedeum absingen lassen, sowohl wegen der neuen

Hofe von Figuzza und Castelvetrans, der letzte gewesen zu sein den der Lord= General=Capitain in sein Vertrauen zog.

[1]) Das Schreiben des Kaisers, Corr. XXV Nr. 20158 S. 410 f. ist vom 21. Juni 1813.

Erfolge die der Kaiser errungen — Schlacht bei Bautzen 20. und 21. Mai — als wegen des Waffenstillstands der die Folge davon war, was den Neapolitanern als die angenehmste aller Botschaften klang weil sie hofften es werde zum Frieden kommen. Auch Gallo jubelte: „er habe das vorausgesehen; der französische Kaiser werde aus dem Kampfe größer und mächtiger hervorgehen als er je gewesen; die Verbündeten werde es bald reuen mit Rußland gemeinsame Sache gemacht zu haben".

Doch die letzten französischen Siege waren theuer erkauft und nun drohte überdies der Beitritt Oesterreichs zu den Verbündeten. Napoleon konnte das neapolitanische Contingent nicht entbehren; ja es sollte auf 20000 Mann erhöht werden und zu jener Armee stoßen die sich unter den Befehlen des Prinzen Eugen in Ober-Italien sammelte. Der Kaiser ließ darum wiederholt nach Neapel schreiben; ja er drohte mit der Abberufung seines Gesandten wenn seinem Verlangen nicht pünktlichst entsprochen würde. Aber König Joachim der zur selben Zeit mit der Königin die Ausgrabungen von Pompeji besuchte, zerriß das Papier und trat es mit Füßen: „Nicht eine Compagnie lasse ich ausmarschiren", verschwur er sich, „die nicht unter meinem unmittelbaren Befehle steht". Er eilte nach Neapel, versammelte seine Minister und sagte mit Leidenschaft: „Meine Herren, der Kaiser behandelt mich von oben herab wie einen Corporal!"[1]

Inzwischen wurden in Neapel eifrigst Rüstungen jeder Art in Gang gebracht und eben so eifrig alle Abgaben eingetrieben. Die Grundsteuer für die Monate Juli und August erfuhr eine Verdoppelung, der Beamtenstand einen Progressiv-Abzug von seinen Gehalten, 5, 10, 15 vom 100. Pferde-Requisition für Artillerie und Train, Marschbereitschaft für 30000 Mann war angeordnet. Die französische Partei am Hofe, Gallo an der Spitze, gab sich alle erdenkliche Mühe daß diese Anstrengungen i h r e r Sache zu statten kämen; allein Joachim blieb fest[2].

---

[1] Pepe I S. 208 f.

[2] Mier 16. Juli: „. . . en attendant le parti français met tout en mouvement pour engager le Roi de se conformer aux ordres de Napoléon; jusqu'à présent il tient ferme à ses résolutions".

Königin Karolina stand jetzt schon ganz auf der Seite ihres Gemahls. „Napoleon hat der Königin geschrieben daß der Krieg mit Oesterreich unvermeidlich sei", schrieb Mier am 29. Juni „très secret" dem Grafen Metternich; „Ihre Majestäten erwarten mit Ungeduld Ihre Antwort auf die Vorschläge Cariati's um darnach ihre Haltung bestimmen zu können.... Der König ist fortwährend entschlossen unsere Interessen zu vertreten".

*   *   *

Um dieselbe Zeit waren im Herzen Böhmens Verhandlungen im Zuge die scheinbar einen allgemeinen europäischen Frieden herbei= zuführen hatten, die aber im Grunde sowohl von Napoleon als von russisch=preußischer Seite nur bestimmt waren Zeit zu gewinnen um sich für künftige Schläge vorzubereiten. Es war der Congreß zu Prag, wo sich auch die Vertreter solcher Staaten einfanden die an den Berathungen keinen unmittelbaren Antheil nahmen, so von britischer Seite Lord Aberdeen, von neapolitanischer Fürst Cariati; jener war von seiner Regierung ermächtigt mit Neapel ein Uebereinkommen zu treffen, jedoch nur Hand in Hand mit Oesterreich. Unter den Ver= bündeten selbst kam es zur vorläufigen Abrede einer Theilung Italiens: Piemont für Sardinien, das übrige Ober=Italien mit Modena den Legationen und den Marken für Oesterreich, Mittel=Italien für die Erzherzoge, Neapel für Murat, Sicilien für die Bourbon's, 27. Juli.

Der Congreß zu Prag schlug fehl, Oesterreich trat an der Spitze seiner böhmischen Armee dem Bündnisse gegen Napoleon bei, der Krieg begann von neuem und zwar in den großartigsten Ver= hältnissen, auf einem Kampfplatze der von den Gestaden der Ostsee bis an die Ufer des adriatischen Meeres, von den Gränzen Rußlands bis zum Cap de San Vincente reichte. Metternich verlangte klar zu sehen wie sich Neapel zu verhalten gedenke: „Will der König, bis sich die Ereignisse entwickelt haben, Neutralität beobachten? Dann darf er selbstverständlich unsere Kriegs=Operationen nicht hindern und er müßte sich zu einem geheimen Vertrage in dieser Richtung herbeifinden. Oder will er thätigen Antheil am Kriege nehmen?

Dann würde es auf ein förmliches Bündnis Neapels mit Oesterreich und offenen Beitritt zur Coalition ankommen". Der österreichische Staatskanzler gab übrigens zu daß die Lage Joachim's eine schwierige sei, daß der König um nicht alles auf das Spiel zu setzen nach einer gewissen Seite den Schein zu wahren habe; man werde viel= leicht die diplomatischen Beziehungen äußerlich abbrechen, die Gesandten gegenseitig abberufen müssen; es werde sich dann darum handeln daß Cariati in Wien und Mier in Neapel als einfache Private bleiben oder doch an ihrer statt Agenten zurücklassen und daß eine Correspondenzlinie längs dem türkisch=adriatischen Gestade ein= gerichtet werde [1]).

Die präcise Antwort welche Graf Metternich auf seine zwei Fragen wünschte erhielt er nun vorläufig nicht, und eben so wenig traten die von ihm empfohlenen Vorsichtsmaßregeln in Wirksamkeit. Napoleon hatte bei seiner Schwester wieder einen freundlicheren Ton angestimmt, Fouché und Marschall Ney hatten im Auftrage des Kaisers an Joachim geschrieben, der sich plötzlich entschloß zur großen Armee zu gehen, 2. August, und dabei vieles was er in Gang gesetzt hatte und was nur er in Person und mit seinem Ansehen durch= führen konnte, in großer Verwirrung zurückließ. Das war besonders bei den noch unvollendeten Kriegsrüstungen der Fall, die jetzt in die Hände des Kriegs=Ministers und des General=Quartiermeisters gelegt waren die einander haßten und sich gegenseitig Hindernisse in den Weg

---

[1]) Chiffern=Depeschen Metternich's an Mier Prag 16. Juli und 3. August 1813: „es verstehe sich von selbst daß die Sache das größte Geheimnis erfordere; der König möge versichert sein daß man von Wien aus, selbst nachderhand wenn es zum Frieden kommen sollte, unverbrüchliches Stillschweigen über das was vorausgegangen beobachten werde"... Um Murat zur Coalition herüberzuziehen führte Metternich ähnliche Beweggründe in's Treffen wie solche die Russen und Engländer 1805 gegen Maria Karolina gebraucht hatten: „Nous partageons la conviction que le Roi ne peut assurer définitivement son existence qu'en la liant à la cause d'Autriche. Comment effectivement se cacher qu'il en a trop fait pour ne pas s'être attiré toute l'animadversion de l'Empereur des Français? Sollte auch die Coalition nicht obsiegen so werde es sowohl im Interesse als in der Verpflichtung der Mächte liegen, bei dem seinerzeit zu vereinbarenden Frieden den Bestand des Königreichs Neapel zu verbürgen" rc.

legten. Die Königin die von derlei Dingen nichts verstand wünschte den Marschall Pérignon herbei, dessen überragende Persönlichkeit allein im Stande war die streitenden Elemente im Zaum zu halten [1]). Das neapolitanische Contingent sollte nun zur großen Armee und zwar zum Corps des Prinzen Eugen stoßen. Unter dem Befehl ihres Königs und gegen Frankreich wären wohl alle gern ausgezogen; allein ohne ihn und in Diensten des verabscheuten Kaiserreichs zu fechten behagte keinem, und so wucherte die Ausreißerei wie nie; Berge und Schluchten füllten sich mit Fahnenflüchtigen die alle Straßen unsicher machten [2]). Die mit Oesterreich und England an= geknüpften Beziehungen geriethen zwar in's stocken; um sie doch nicht völlig erkalten zu lassen wurde vom Könige, wie es scheint, sein Obrist=Stallmeister der Herzog von Roccaromana mit der Aufgabe betraut den Verkehr mit dem Grafen Mier und, wenn es die Um= stände brächten, mit Lord Bentinck warm zu erhalten. Denn letzterer befand sich zu dieser Zeit in Spanien, wo er keine Lorbeern pflückte sondern bei Ordal trotz seines um ein Drittttheil stärkern Corps, 30000 gegen 20000, von General Suchet empfindlich geschlagen, 12./13. September, und bis Tarragona zurückgeworfen wurde, von wo er sich gegen Ende des Monats, den Oberbefehl an General Clinton überlassend, nach Sicilien einschiffte.

Große Dinge ereigneten sich jetzt auf dem deutschen Kriegs= schauplatze wo der König von Neapel mehr als eine Gelegenheit fand seinen alten Ruhm eines kühnen und tapfern Reiter=Generals zu bewähren. Ein hervorragender Antheil fiel ihm in den Tagen von

---

[1]) Mier 22. August 1813: „La Reine, peu versée dans cette branche d'administration, ne sait à qui donner raison et désire le retour du Maréchal Pérignon qui pourrait en imposer à ces Messieurs et en cas de besoin se mettre à la tête des troupes".

[2]) Ebenda: „Toutes les provinces de ce royaume sont maintenant in- festées par des brigands, la plus grande partie déserteurs échappés de leurs régiments par crainte d'être envoyés en Allemagne ou en Espagne; si l'on fait partir d'ici des troupes pour les armées françaises, comme il est à pré- voir, je suis persuadé que la moitié désertera en chemin".

Leipzig zu, vorzüglich am 18. October wo er mit der gesammten Napoleonischen Reiterei den Angriff gegen Schwarzenberg bei Wachau ausführte der das Schicksal des Tages entscheiden sollte. Er entschied es auch, aber nicht zu Gunsten Napoleon's der am 19. Leipzig zu räumen begann und die Reste seines geschlagenen Heeres gegen den Rhein zurückführte. Murat stellte sich seinem kaiserlichen Schwager noch einmal vor, um wie er sagte sich nach Neapel zu begeben und neue Truppen auszuheben die er der großen Armee zuführen wolle. Aber in Ollendorf im Weimarischen hatte er am 23. October eine Begegnung mit dem Grafen Mier der in das Haupt-Quartier der Verbündeten berufen war, und in Eisenach traf er den Herzog von Roccaromana der über Florenz Lyon Straßburg Mainz mit wichtiger Botschaft ihm entgegengeeilt kam, worauf Joachim ohne Säumnis in sein Königreich zurückreiste [1]). Auf seinem Wege durch Mittel-Italien fiel es auf daß einflußreiche Volksmänner und höhere Officiere sich an ihn herandrängten, die voll der Idee waren ihr Vaterland von der französischen Herrschaft zu befreien und unter einem gemeinsamen Scepter zu vereinigen. König Joachim, von Haus aus großsprecherisch, war mit Ermunterungen und Verheißungen nicht sparsam. Er gedachte zur „großen Armee", die es jetzt nur dem Namen nach mehr war, nicht zurückzukehren. In seiner Seele reifte der Entschluß das sinkende Schiff Napoleon's zu verlassen und im Schlepptau Oesterreichs und Englands den bergenden Hafen zu gewinnen.

Bald nach seiner Ankunft in Neapel sandte er einen der ersten Beamten seines auswärtigen Amtes Mario Schininà an Bentinck

---

[1]) Savary VI S. 187 f. vgl. mit Fouché Mémoires II S. 232 f. In Lodi beim Pferdewechsel, erzählt letzterer, hätten den König angesehene Lombarden umstanden und ihn mit der Frage bestürmt ob er wohl ihrem Vice-König zu Hilfe eilen werde: „Sans doute', répondit-il avec son air gascon, ‚avant un mois je viendrai vous secourir avec 50000 bons bougres!' Et il partit comme un éclair. J'en inférais qu'il avait dit précisément le contraire de ce qu'il méditait"... Die Worte waren offenbar italienisch gesprochen und so hat sich in der italienischen Ueberlieferung ein ungleich derberer, ja unfläthiger Ausdruck (bu . . . . . .) fortgepflanzt den Murat gebraucht und der großes Aergernis erregt haben soll.

ab. Der Sendbote legte zuerst in Ponza an wo er mit dem britischen
Commandanten eine Unterredung hatte[1]), und segelte darauf nach
Palermo woselbst Bentinck nach seinem verunglückten catalonischen Feld=
zuge am 3. October wieder eingetroffen war. Schininà hatte Vollmacht
einen Waffenstillstand, aber auch ein förmliches Bündnis mit England
abzuschließen falls der Lord von seiner Regierung hiezu ermächtigt
wäre; im entgegengesetzten Falle hatte er sich unmittelbar nach London
zu begeben und dort sein Glück zu versuchen. Um dem Unterhändler
die Wege zu ebnen und seitens seiner Regierung den besten Willen
zu bekunden, ließ König Joachim sowohl für seine eigenen Unter=
thanen als für die Flagge Groß=Britanniens die den Verkehr zur
See beengenden Schranken, die lästigen Zoll=Vorschriften aufheben,
11. November, gab den Getreidehandel frei, gewährte ohne Rücksicht
auf die von Napoleon angeordnete Continental=Sperre Erleichterungen
für die Einfuhr, vorzüglich britischer Waaren u. dgl. m. Auch mit
Oesterreich kam der Courier=Wechsel wieder in Gang, doch mit
Vermeidung allen Aufsehens; denn Joachim hielt es noch nicht an
der Zeit die Maske fallen zu lassen.

Der französische Kaiser überwachte seinen Schwager auf das
sorgsamste. Einer seiner Boten nach dem andern traf in Neapel ein
um den König bei der französischen Allianz zu erhalten: General
Lecchi, Méjean Adjutant des Vice=Königs, Fouché. Sie fanden alle
ausgezeichnete Aufnahme bei Hofe, besonders der letztgenannte der
ein langjähriger Freund, ja Vertrauter Murat's war; doch Erfolg

---

[1]) Menz 7. December 1813: „.. le Commandant de la station anglaise
à l'île de Ponza ... examina minutieusement les matelots napolitains sur
l'état de défense du golfe, du môle, des châteaux, sur celui de la marine etc.
Sur la réponse (de Mr. Schininà) que la marine se trouvait désarmée le
commandant répliqua: Ainsi vous ne seriez donc pas à même de vous
défendre si nous arrivions?" Auf diese Aeußerung hin, die Schininà nach
Neapel berichtete, erging am 6. December ein königlicher Befehl die Marine, um
mindestens gegen einen Handstreich sicher zu sein, auf das schleunigste wieder in
kriegsfähigen Stand zu setzen .... Irgendwo fand ich den Marchese de Saint=
Elie als jenen genannt den man von Neapel nach Palermo gesandt habe; allein
die Menz'schen Berichte sprechen zu deutlich und zu wiederholt von Schininà um
über die Person des Unterhändlers einen Zweifel zu lassen.

hatte keiner von ihnen. Der Herzog von Otranto sollte nach Napoleon's Auftrag den König nicht mehr aus den Augen lassen, an dessen Seite bleiben. Allein man ließ ihm merken daß seine Rolle eine sehr unerquick= liche sein müßte; er würde hinter die Absichten und Pläne des Cabinets von Neapel kommen wollen und man würde ihn absichtlich darüber im Dunkel lassen. Fouché hatte auch Anträge zu machen: der Kaiser werde seinem Schwager eine Armee von 100000 Mann zuschicken und ihm den Oberbefehl darüber einräumen; an der Spitze derselben solle er einen Kriegszug nach Deutschland unternehmen und dadurch den verbündeten Armeen — die mittlerweile im unaufgehaltenen Anmarsch gegen Frankreich waren — in der Flanke und im Rücken Verlegenheiten bereiten. So verlockend ein solcher Vorschlag für einen gebornen Soldaten wie Murat war, er verfing doch nicht bei ihm. „Ich habe hundertmal mein Leben im Dienste des Kaisers auf's Spiel gesetzt", erwiederte er, „jetzt muß ich an meine Familie, an das Wohl meines Landes denken". Auch Vergrößerung seines Reiches hatte ihm Fouché zu verheißen: der Kaiser wollte ihm Fermo und Ancona abtreten auf die jener, wie Napoleon wußte, lang sein Auge geworfen hatte. Doch was waren Joachim jetzt zwei römische Marken, ihm der Italien bis an den Po unter seinem Scepter vereinigen wollte?![1]

Duca di Gallo erwies sich, seit es mit dem Grand=Empire und seinem gepriesenen Grand=Empereur abwärts ging, eben so eifrig und

---

[1] Menz 17. December 1813. Einigermaßen anders stellt Fouché selbst a. a. O. S. 237—240 den Verlauf seiner Verhandlungen mit Joachim dar, doch am Ende gesteht auch er die Nutzlosigkeit derselben ein: „Mes autres con-férences furent tout aussi oiseuses". Er habe dem Könige die Unvereinbarkeit seines Beitrittes zur Coalition und seiner italienischen Einheits=Ideen vorgestellt, „mais en vain" ... S. 237 sagt der Herzog von Otranto, er sei sich „dans une Cour où la politique n'était que de l'astuce, la galanterie de la dissolu-tion et la représentation extérieure une pompe théâtrale" wie Platon am Hofe des Dionysios vorgekommen. Witzig und treffend heißt es S. 238 über Gallo: „qui des deux acceptions dans lesquelles son nom est pris en latin, avait tout la vigilance de l'une et rien de la franchise de l'autre" ... Noch sei erwähnt daß Fouché S. 234 den Flügel=Adjutanten Gissenga als jenen bezeichnet den der Vice=König nach Neapel abgeschickt habe.

befliſſen im Dienſte der Coalirten wie er es früher im Intereſſe des
Kaiſerreichs geweſen war. Er überfloß von Betheuerung aufrichtigſter
und unbedingteſter Ergebenheit. Er konnte dem Legations-Secretair
Menz, der in Abweſenheit Mier's die Geſchäfte der öſterreichiſchen
Geſandtſchaft führte, nicht genug verſichern wie feſt der Entſchluß
ſeines Monarchen ſei mit Frankreich zu brechen, ſich den verbündeten
Mächten anzuſchließen; nie werde es Fouché gelingen denſelben in
dieſen Geſinnungen wankend zu machen. Der König werde ſchon jetzt
marſchiren laſſen, doch nur bis an den Po den ſeine Truppen nicht
überſchreiten dürften; dort werde man die öſterreichiſche Antwort auf
Cariati's letzte Vorſchläge abwarten; der König habe ihm, Gallo, den
Auftrag ertheilt den k. k. Feldzeugmeiſter Hiller, der im Venetianiſchen
dem Vice-König gegenüber ſtand, vollſtändig über dieſen Stand der
Dinge aufzuklären damit ſich derſelbe in ſeinen Manoeuvres durch den
Aufmarſch der neapolitaniſchen Truppen nicht beirren laſſe; auch werde
General d'Ambroſio Befehl erhalten ſich mit Hiller in ununterbrochenen
Verkehr zu ſetzen [1]).

Um dieſelbe Zeit wurden dem Fürſten Cariati die nöthigen
Vollmachten überſandt um mit Lord Aberdeen unter den Auſpicien
Oeſterreichs in Verhandlung zu treten. Zugleich wurde Menz erſucht
Lord Bentinck davon ſo wie von der Geneigtheit Oeſterreichs zu
unterrichten dem Könige von Neapel, unter der Bedingung daß dieſer
für die Sache Europas eintrete und ſich der Coalition anſchließe, den
Beſitz ſeines Thrones zu gewährleiſten. Dieſe letztere Botſchaft kam
indeſſen zu ſpät, würde auch bei dem barſchen und eigenwilligen Lord
kaum viel gefruchtet haben. Um den 18. December kam Schininà
aus Palermo unverrichteter Dinge zurück. Bentinck, deſſen Sinn ſeit
den entſcheidenden Erfolgen der Alliirten ganz umgewandelt war, hatte
ihm rund heraus erklärt er werde keinen Waffenſtillſtand ſchließen,

---

[1]) Menz'ſche Berichte vom 3. 5. 6. December. Am 17. abends, wo Menz
abermals mit Gallo verhandelte, ſagte dieſer vom Könige „qu'Il s'arrangera
comme on voudra et franchement; qu'Il ferait de Sa personne tout ce qu'on
Lui demanderait; qu'Il se mettrait à la tète des troupes qu'on Lui confierait;
enfin qu'Il se vouerait aux désirs de la cour d'Autriche".

auch kein anderes Uebereinkommen treffen; ja er hatte ihm zu ver=
stehen gegeben seine Regierung sei durchaus nicht gewillt Joachim
Murat auf dem Throne von Neapel zu belassen, der vielmehr den
Bourbons gebühre; übrigens habe er mit diesen Dingen nichts zu
thun, Lord Aberdeen sei damit betraut. Auf dieses hin bekam Schininà
den Auftrag sich in das Haupt=Quartier der Verbündeten zu begeben.
Er nahm zwei Schreiben mit, eines für Cariati das andere für
Metternich; zu letzterem sollte er sich vor allem andern begeben.

Auch in militairischer Richtung mußte jetzt etwas geschehen wenn
sich Joachim nicht von den Engländern wollte den Vorsprung ab=
laufen lassen. Noch während Schininà in Palermo weilte war nämlich
eine Abtheilung von 900 im Solde Englands stehenden Italienern
aus dem Hafen von Melazzo ausgelaufen, durch einen furchtbaren
Sturm nach Viareggio im Lucchesischen verschlagen worden von wo
die Fürstin Elisa Bacciocchi eiligst zu ihrem Gemahl nach Florenz
flüchtete, hatte dann Livorno von Norden her genommen, die schwache
französische Besatzung großentheils niedergehauen und 300 Mann zu
Gefangenen, 7 Kanonen und eine Anzahl Pferde zur Beute gemacht, mit
der sie in der zweiten Hälfte December nach Sicilien zurückkamen.

War es in Toscana das unternehmungslustige Vorgehen der
Siculo=Briten, so waren es im benachbarten Römischen die inneren
Zustände des Landes die den König von Neapel zu militairischem Ein=
schreiten herausforderten. Da gab es nichts als steigende Verwirrung,
alle Bande der Ordnung waren gelöst, das Räuberwesen wucherte;
Proclamationen, aufreizende Schriften wurden verbreitet; bald hier
bald dort erhoben sich kleinere Aufstände. Einen solchen erregte ein
Priester mit Namen Battaglia in der Gegend von Viterbo; die
Meuterer bemächtigten sich der öffentlichen Cassen, expreßten von Per=
sonen die man dem französischen Regiment geneigt wußte schwere
Brandschatzungen. Miollis schickte Truppen aus; die Bande wurde
zerstreut, Battaglia gefangen und nach Rom gebracht, wobei sich
herausstellte daß der neapolitanische Consul Zuccari dabei seine Hand
im Spiele hatte. Vielleicht war letzteres irrige Angabe; denn der
Römer bedurfte keiner äußern Aufhetzung gegen die Fremd=Herrschaft

die ihm verhaßt war wie nichts auf der Welt. Die zahlreichen franzö=
sischen Beamten hausten wie in Feindesland; sie waren ohnmächtig
dem Gesetz Achtung, dem Bürger Sicherheit zu verschaffen, aber mächtig
und dreist genug die Bewohner auszusaugen, von ihnen Vortheil zu
ziehen wo sie konnten. So hoch war die Erbitterung gegen sie gestiegen
daß sie an vielen Orten fürchteten erschlagen zu werden.

Beweggründe genug für König Joachim nicht den müßigen Zu=
schauer zu machen, und so wurden denn die Anstalten zum Ausmarsch
seiner Armee getroffen. Eine Division Infanterie und eine Cavalerie=
Brigade mit 18 Geschützen sollten unter den Befehlen des Fürsten
Carascosa nach Rom vorausgehen, die Generale d'Ambrosio Millet
Pignatelli=Cerchiara theils über Ancona die Richtung von Pesaro und
Rimini, theils über Rom jene in das Toscanische einschlagen. Den
Mittelpunkt der ganzen Unternehmung sollte Bologna bilden welche
Stadt der König, um dem ober=italischen Kriegsschauplatze möglichst
nahe zu sein, zu seinem Haupt=Quartier erkor; vorläufig wurde Fürst
Pignatelli=Strongoli dahin vorausgesandt. Von den Ministern sollte
nur Gallo den König begleiten.

26. Maria Karolinens letzte Reise in ihre Heimat.
Juni 1813 bis Februar 1814.

Aus den Briefen Maria Karolinens nach Wien haben wir er=
sehen daß im Jahre 1812 eine Weile der Gedanke vorwaltete, beide
königliche Ehegatten sollten dem Lande worin ihnen eine so unwürdige
Behandlung zutheil wurde den Rücken kehren um für's erste bei ihrem
mächtigen Schwiegersohn und Neffen, dessen Ansehen durch seine jüngste
Waffengenossenschaft mit Napoleon neuen Zuwachs erhalten hatte,
Schutz und Unterkunft zu finden. Später mag die Vorstellung über=
wogen haben wie bedenklich es sein müßte den Engländern vollständig
das Feld zu räumen und beide Träger der königlichen Majestät den
Blicken der Bevölkerung zu entrücken. Ohne Zweifel kam hierbei die
angeborne Geschäftsscheu und Vergnügungssucht des Königs mit in's

Spiel. Seine Jagdbarkeit und seinen Thun-Fang hatte ihm Lord Bentinck nicht beschränkt, und wenn Karolina ihn allein zurück ließ konnte er um so ungestörter seiner Neigung zu Lucia Migliaccio, gebornen Herzogin von Floridio, nachhängen. So wurde denn zeitlich im Frühjahr 1813 der Plan gefaßt, der König solle auf der Insel bleiben, die Königin aber von ihrem Sohne Leopold begleitet die Fahrt in das Land ihrer Geburt und ihrer glücklicheren Verwandten antreten.

Am 2. April sandte Karolina durch General Mac Farlane ein Schreiben an Bentinck worin sie ihm anzeigte: „obwohl sie weit entfernt sei eine Autorität der britischen Regierung über sich anzuerkennen, der gegenüber sie vielmehr Gott durch ihre Geburt vollständig frei und unabhängig gemacht habe", erblicke sie in ihrer Entfernung von der Insel das einzige Mittel die Interessen ihrer Familie zu erhalten; sie gedenke daher gegen Ende des Monats sich auf die Reise zu begeben, müsse sich aber ausbedingen daß vorerst gewisse Punkte klar gestellt würden: Befriedigung ihrer Gläubiger; die Herausgabe ihrer in der Bank von Palermo hinterlegten Diamanten; die Festsetzung ausreichender Leibrenten für sich und den Prinzen Leopold so wie für alle Personen ihres Geleites, und zwar für die ganze Dauer ihres Fernseins von Sicilien; zur Seefahrt verlange sie eine sicilische Fregatte eine Corvette und die nöthigen Transport-Schiffe, den Commandanten der Fregatte werde sie selbst auswählen[1]). Wenn er in allen andern Punkten ihren Wünschen willfahrte, die letztere Bedingung wurde ihr von Lord Bentinck gewiß nicht zugestanden, dem vielmehr daran lag sie und ihr Gefolge mit Personen seines Vertrauens zu umgeben um sie auf das sorgfältigste überwachen zu können; selbst die Scheidende begleitete er mit seinem Argwohn.

---

[1]) Sérieys S. 86—91. Sie spricht darin auch „de ma prétendue correspondance avec l'ennemi commun (calomnie atroce que je défie qui que ce soit de prouver validement)". Dem General M'Farlane, bemerkt sie, offenbar um dem rohen Bentinck einen Seitenhieb zu versetzen, schulde sie „beaucoup de reconnaissance et de remercîments pour la manière délicate avec laquelle il s'est conduit envers moi".

Seitens der königlichen Familie wurde auch mit Wien beizeiten alles in Ordnung gebracht. Briefe vom 15. April des Königs aus dem Schlosse Colli, vom 28. und 29. des Prinzen Leopold und dessen Mutter aus Castelvetrano, vom 9. Mai der Herzogin Amélie aus Palermo gingen der Reihe nach ab um dem Kaiser Franz den gefaßten Beschluß mitzutheilen, die frühern Bitten um Gewährung von Schutz und Unterkunft in seinen Staaten zu wiederholen, die beiden Reisenden wohlwollender Aufnahme anzuempfehlen [1]). Die Stimmung in welcher die Königin ihre Zeilen zu Papier brachte zeigen sie uns gebrochen an Geist und Körper: „Inmitten namenlosen Grams und Herzeleids entschließe ich mich eine ungewohnte Reise, deren bloser Gedanke mich zittern macht, zu unternehmen. Wenn Gott mir die Gnade schenkt das gefahrvolle Unternehmen zu bestehen so behalte ich mir vor mündlich zu erzählen und zu beweisen was mich zu einem so gewagten Entschlusse hat bringen können. Ich glaube nicht zu irren daß ich bei meinem großen Feinde mehr Loyalität Edelmuth Seelengröße, mehr Rücksicht für mein Geschlecht, für meine Jahre, meine Gebrechlichkeit gefunden haben würde als bei unsern sogenannten Freunden denen ich und der König alles geopfert haben und die es jetzt darauf angelegt zu haben scheinen uns zu Tode zu quälen. Aber ich habe das nicht thun, mich an den Kaiser Napoleon nicht wenden wollen, weil man ohnedies Verläumdungen gegen mich gehäuft hat als ob ich mit den Feinden dieses Landes verbrecherischen Verkehr

---

[1]) . . . „per ragioni ben dispiacevoli essendo costretta l'amatissima mia moglie ad allontanarsi da questo Regno . . per evitare ad entrambi maggiori dispiaceri", heißt es im Briefe des Königs. Jener der Herzogin von Orléans ist französisch und empfiehlt dem Kaiser die Mutter „dont le départ me plonge dans la plus vive et plus juste affliction". Die Herzogin schildert sodann ihr häusliches Glück: „Heureuse dans mon ménage, j'ai un mari que j'aime autant qu'il me chérit, trois jolies enfants reserrent encore nos liens et je retrouve au sein de ma famille les consolations nécessaires pour supporter les peines des temps présents". Die drei Kinder deren sie gedenkt waren damals: Ferdinand nachmaliger Herzog von Orléans geb. 1810, Louise nachmalige Königin der Belgier geb. 1812, Christine, kaum vier Wochen vor dem eben erwähnten Schreiben nach Wien am 12. April 1813 zur Welt gekommen. Das Schreiben des Prinzen Leopold ist ganz unbedeutend und geistlos wie alle die er später nachfolgen ließ.

unterhielte. So begebe ich mich denn, den König meine Tochter so viel Enkelkinder, mit einem Leid und Schmerz wovon nur Gott mir Zeuge ist, zurücklassend, mit meiner tief erschütterten Gesundheit auf das Meer" ꝛc.

Gegen Ende April 1813 war zur Abreise der Königin alles vorbereitet, bis auf das Geld dessen man auf einer so weiten und möglicherweise so lang dauernden Fahrt gar sehr bedurfte [1]). Auch ein erneutes Unwohlsein der Königin führte einen Aufschub herbei so daß man erst zu Anfang Juni an die Einschiffung denken konnte. Karolina wählte für ihr Incognito den Titel einer „Gräfin von Castellamare": sie hatte ihn vor nahezu einem Vierteljahrhundert in einer schönen stolzen Zeit geführt, als sie an der Seite ihres Gemahls zwei ihrer Kinder nach der Kaiserstadt an der Donau führte und eine der dortigen Prinzessinen mit sich nach Neapel nahm; jetzt war das Reiseziel dasselbe, aber unter Mühen und Gefahren, auf weitem Umweg, nur von einem der Ihrigen begleitet, aus ihrem Lande gedrängt, um nicht zu sagen verstoßen! In ihrem Gefolge befand sich der Prinz von Hessen-Philippsthal der tapfere Vertheidiger von Gaëta, zuletzt Commandant der berittenen Leibgarde der Königin, der sich während der Fahrt als treuer Anhänger, als aufopfernder ritterlicher Beistand der vom Unglück heimgesuchten Fürstin erwies. In den ersten Juni-Tagen verließ Maria Karolina Castelvetrano, hielt sich eine kurze Zeit in Palermo auf um einigen ihrer Näherstehenden Lebewohl zu sagen, und begab sich dann nach Mazzara wohin Prinz Leopold ihr vorausgegangen war. Am 8. oder 9. wurden die Anker gelichtet [2]),

----

[1]) Cresceri am 29. April 1813: „La partenza della Regina per la via di Constantinopoli seguirà il di 10. dell' entrante mese, quando però più al lungo non si tardasse a somministrale il non poco danaro che le abbisognerebbe per intraprendere un si lungo e tanto dispendioso viaggio".

[2]) Dem Schreiben der Königin aus Lemberg vom 15. Januar 1814 liegt ein Verzeichnis der Briefe bei die von ihr seit ihrem Aufbruche aus Castelvetrano an den Kaiser Franz abgeschickt worden waren. Dasselbe beginnt mit einem Schreiben vom 7. Juni 1813 aus Palermo das sich, wenn nicht etwa das Datum verschrieben ist (statt 4), leider nicht mehr vorfindet; dagegen eines des Prinzen Leopold aus Mazzara vom 5. Juni wo es heißt: „partiremo in questi giorni da

eine britische Fregatte und zwei kleinere Fahrzeuge nahmen das Geschwader der Königin unter ihren Schutz bis zum Cap Spartivento
wo die Hauptgefahr seitens feindlicher Schiffe überwunden war und
eins der kleinern britischen Kriegsschiffe nach Sicilien zurücksteuerte.
Das nächste Ziel war die Insel Zante wo man, wie die britischen
Officiere meinten, in Erfahrung bringen werde welche weitere Richtung
einzuschlagen sei . . .

Kaiser Napoleon erfuhr das Ereignis in seinem Haupt-Quartier
zu Dresden, wie es scheint aus Londoner Blättern, und war sehr erstaunt daß seine eigenen Zeitungen aus dieser Thatsache nicht Capital
schlugen um England in den Augen der Welt und besonders in denen
seiner Verbündeten herabzusetzen. So sehr Maria Karolina von ihm
gehaßt und verfolgt war, ihr jetziges Unglück konnte ihm mitleidigen
Seelen gegenüber nur von Vortheil sein. „Ich habe Ihnen schon
aufgetragen", schrieb er am 2. Juli an Savary, „daß Sie alles in
den Moniteur setzen sollen was die englischen Zeitungen über die
Dinge in Sicilien bringen. Es sind eine Menge Artikel die Sie
unerwähnt lassen und auf die man sich berufen könnte, unter andern
die Gewaltthätigkeit gegen die Königin Karolina die sie nach Constantinopel geschickt haben, und all die Auftritte deren erkorenes Opfer
der König war" [1].

    *   *   *

In die Zeit der Abreise Karolinens aus Sicilien fiel, wie sich
der geneigte Leser erinnern wird, die Fahrt Bentinck's nach der Insel
Ponza und von da nach Catalonien.

In England war man mit diesen Seitensprüngen des edlen
Lords nichts weniger als einverstanden weil man unter den jetzigen
Umständen die italienische Frage für nicht minder wichtig hielt als
die spanische, und vom conservativen Standpunkte einem Bündnisse
mit dem revolutionairen Könige von Neapel keinen Geschmack abge-

---

qui per Zante per indi da li recarci in uno dei porti dell' Adriatico". Man
hoffte also damals noch den Umweg über Constantinopel vermeiden zu können.

[1] Corresp. XXV Nr. 20216 S. 451 f.

winnen konnte [1]). Aber die sicilischen Zustände selbst sprachen gegen
ein Fernsein des Lord-General-Capitains von der Insel. So wenig
die Verleihung der Constitution jenen Enthusiasmus, ja nur jene Zu-
friedenstellung nach sich zog die Bentinck und sein Anhang sich davon
erwartet hatten, eben so wenig war die von ihnen so eifrig betriebene
Abreise Karolinens geeignet jene innere Ruhe herzustellen deren Störung
sie allein den Ränken dieser Fürstin zuzuschreiben sich gewöhnt hatten.
Wohl trug der noch immer anhaltende Nothstand viel zu dieser Miß-
stimmung bei; im Frühjahr hatte es in Messina, also unter den
Augen der britischen Besatzung, einen Aufstand gegeben wobei ein Bäcker
vom Volke gelyncht worden war. Dazu kam die Furcht vor der Pest
die in Malta wüthete und aller Absperr zum Trotz Sicilien fortwährend bedrohte, und das um so mehr als die Engländer in ihrem
Uebermuth die letzten waren sich nach den vorgeschriebenen Verhaltungsmaßregeln zu richten. Großes Aergerniß erregte auch das bedienten-
hafte Benehmen des Palermitaner Parlaments das dem Prinzen von
Wales den Dank Siciliens „für den der Insel von Groß-Britannien
geleisteten Schutz und Beistand", und dem Lord Bentinck einen mit
Edelsteinen besetzten Degen zuerkannte, goldene und silberne Denkmünzen auf ihn zu prägen, ja ihm ein Standbild zu errichten beschloß
und jeden britischen General gegen die eigenen Landesbehörden, mochten
letztere noch so stark im Rechte sein, unter seine Obhut nahm [2]).

---

[1]) Denkschrift von Dumouriez bei Castlereagh X (III 2) S. 26 f. Er
wünschte, schrieb der berühmte französische Expatriirte am 13. Juni 1813, die
anglo-sicilische Armee wo anders zu sehen als in Alicante „où elle est peu ntile …
J'ai toujours regardé une descente partielle en Italie comme un coup décisif
facile et sans inconvénient … Le dégarnissement de troupes françaises en
Italie est assez sensible pour profiter du moment avec les moyens qu'on a" …
Drei bis vier sicilische Bataillons sollten bei Orbitello und Porto Ercole ausgeschifft werden, daselbst unter dem Schutz eines kleinen Geschwaders festen Fuß
fassen, „en huit jours ils peuvent rendre cette position imprénable"; von da
wären Proclamationen und Waffen in das innere Land zu schaffen 2c.

[2]) Als General Murray in Messina Pferde an's Land setzen wollte die
aus Malta oder sonst einer von der Pest heimgesuchten Gegend kamen, that der
Gesundheits-Ausschuß (deputazione di salute) so kräftige Einsprache daß die Pferde
wieder eingeschifft werden mußten; das Parlament aber, gleichsam um den General

Das Scheiden Karolinens, die in den Augen der Insulaner nun vollends als Opfer der verhaßten Fremdherrschaft galt, steigerte nur ihre Erbitterung. Am 18. Juli brach in Palermo ein Volksaufstand aus den die Gefangenen der Vicaria unterstützen sollten. Schon waren die Thore leck, die Eisengitter theilweise durchbrochen, selbst in die Mauern begann die Meute Oeffnungen zu machen, als zur rechten Zeit eine Abtheilung Truppen erschien und die Ordnung herstellte. Am Tage darauf wurden zwei der Rädelsführer aufgeknüpft, ihre Köpfe und Hände über dem Hauptthor der Vicaria drei Tage lang ausgestellt, eine Anzahl Gefangener nach den Straf-Inseln geschafft. Aber das Ministerium Belmonte-Villarmosa wurde bei diesem Anlasse der gefährlichen Rolle inne die es durch sein wohldienerisches Gebahren auf sich genommen hatte und dankte ab. An seine Stelle berief der Alter-Ego volksthümlichere Männer: den Herzog von Lucchesi für das Aeußere, die Marchesi Ferreri für die Finanzen und Averna für Justiz und Gnaden, den Conte Naselli für Krieg und Marine. Lord Bentinck, damals in Spanien, war außer sich als er von dieser „Schwäche des Kronprinzen" und der Personen von denen er denselben umgeben wußte erfuhr. „Die Leute sind so unfähig", schrieb er aus Tarragona an Castlereagh, „so eigensüchtig und demoralisirt daß es unmöglich ist die Insel sich selbst zu überlassen; Prinz wie Volk verlangen sich nichts besseres als britischen Schutz und Leitung und machen kein Hehl daraus daß sie ohne uns nicht auskommen"; übrigens habe er die Geschichte satt und wünsche nichts sehnlicher „als seinem militairischen Berufe zu folgen"[1]. Er ertheilte seinen Stellvertretern die strengsten Weisungen. Den König betrachtete man, seit Karolina von seiner Seite war, gleich Null. Im Staatsrath des Regenten saßen vier Engländer die laut erklärten es unter keinen Umständen zugeben zu wollen daß Ferdinand IV. wieder das Staatsruder ergreife; „wer so kühn sein sollte den König

zu besänftigen, decretirte ihm ein Geschenk von 15000 pezzi duri. — Die Denkmünzen auf Bentinck zeigten auf dem Avers Sicilien und England einander die Hände reichend, auf dem Revers die Worte: „Foedus Anno Constitutionis Primo".

[1] Castlereagh Corr. IX (III 1) S. 44 f.; das Schreiben datirt vom 31. August 1813.

zurückzurufen", sagte Lord Montgomery, „den werde ich festnehmen lassen und als Rebellen behandeln!" Bei seiner Rückkunft nach Palermo vertagte Bentinck das auf den 6. October einberufene Parlament auf eine Woche und benützte die Zwischenzeit die einflußreichsten Mitglieder in seine Wohnung zu berufen, wo er ihnen die der Insel von der Touloner Flotte drohende Gefahr vorstellte und eine Beisteuer von 180000 Unzen zur Erhaltung der Truppen verlangte. Doch kein Zureden, keine Vorstellungen wollten verfangen; am 15. wurde der Zusammentritt des Parlaments auf weitere fünf Tage verschoben, neue Verhandlungen liefen eben so fruchtlos ab. Nun mußte der Prinz-Regent sein Ministerium entlassen und durch Männer ersetzen die sich den britischen Interessen unbedingt fügten: Fürst Villafranca Aeußeres, Fürst Carini Inneres, Ruggiero Settimo Krieg, Advocat Bonanno Finanzen, 28. October. Zwei Tage darauf wurde das Parlament vollends geschlossen und am 31. an allen Straßenecken von Palermo eine Kundmachung des General-Capitains angeschlagen laut welcher er, „in so lang das vom Parlament von 1812 so glorreich eingeleitete Verfassungswerk nicht zu dauerhafter Festigkeit gediehen", sich verpflichtet fühlte „mit den ihm zu Gebot stehenden Streitkräften die Ruhe des Königreichs aufrecht zu erhalten". Daran schloß sich die Verkündigung des Standrechtes für alle Aufwiegler „Meuchel- mörder und andere Feinde der Constitution" 2c. [1]).

Der Prinz-Regent war thatsächlich beiseite gesetzt. In der Stadt herrschte ungeheure Aufregung die sich aber angesichts des angedrohten Schreckens-Systems nicht Luft zu machen getraute. Die Engländer mußten wieder von Pulver-Verschwörungen sicilianischen Vespern u. dgl. zu erzählen. Nur konnten sie jetzt nicht mehr sagen, die ränkevolle und rachgierige Königin habe ihre Hand im Spiele; denn diese war weit

---

[1]) Wortlaut in französischer Uebersetzung bei Sérieys S. 163 f.; er wolle, sagte darin der Lord-General-Capitain unter anderem, die Macht in seine Hand nehmen „jusqu'à la cessation de la confusion et du désordre actuels qui mena- cent d'une destruction totale, non seulement la conservation de l'État mais encore la liberté des sujets" ... In der That ein merkwürdiges Zeugnis für die Zustände welche die britische Militair-Herrschaft auf der Insel geschaffen hatte!

weg vom Schauplatze und für den Augenblick außer aller Verbindung mit ihren Angehörigen und Anhängern. Dafür warfen sie ihren Ver= dacht auf eine Anzahl anderer Personen die sie aus dem Lande ge= schafft wissen wollten um diesen höllischen Verschwörungen, wie sie es nannten, die Spitze abzubrechen [1]. . .

Wir müssen nun auf einige Monate zurückgehen um die Fahrten und Abenteuer unserer unglücklichen Ausgestoßenen zu verfolgen.

*   *   *

Am 19. Juni war man auf Zante angelangt. Die Königin hatte gehofft in wenig Tagen nach dem adriatischen Meere unter Segel gehen zu können; Triest Fiume oder sonst ein Punkt der dal= matinischen Küste sollten erreicht werden; Briefe ihres Sohnes vom 22. und 28., mit Kauffahrtei=Fahrern abgeschickt, hatten in Karolinens Auftrage dem Kaiser Franz davon Kunde gegeben. Allein die ersehnte Abreise verzögerte sich von einer Woche zur andern. Die Engländer scheinen dem adriatischen Meer und der französischen Flagge, der man mit dem kleinen Geschwader in den Wurf kommen konnte, nicht recht getraut zu haben und hielten der Königin einerseits ihre angegriffene Gesundheit andrerseits die vorgerückte Jahreszeit und die weite See= fahrt vor, obwohl in Wahrheit die Reise über Constantinopel nicht minder beschwerlich und gefahrvoll und ohne Frage weiter war als jene nach Triest.

Maria Karolina hat in Zante, wo sie auch mit dem auf der Reise nach Wien begriffenen jungen Ehepaar aus Sardinien Franz von Este und Maria Beatrix zusammentraf, ein gutes Andenken hinterlassen. Auch hier hatte sie eine Art Martyrthum zu bestehen da die Engländer alles mögliche thaten sie von jedem Verkehr mit den Eingebornen fern zu halten. General Campbell schien es darauf an= gelegt zu haben ihr den Aufenthalt auf der Insel so unangenehm als

---

[1] . . . „how is it possible for Sicily to prosper while such people as Pasqualina Troisi Cupani etc. are suffered to remain there unpunished?“ **Blaquiere II** S. 413.

möglich zu machen. Sie war von Aufpassern umgeben; jeder der sich
ihr nahen wollte empfing die Weisung sorgsam auf ihre Reden zu
achten und selbe zu hinterbringen, so daß viele, namentlich die Mitglieder der jonischen Regierung, es vorzogen ihr lieber gar nicht vorgestellt zu werden als Spione gegen sie abzugeben. Doch gab es
Einzelne mit denen sie trotz der Wachsamkeit ihrer sogenannten Beschützer Umgang pflog. Hugues Pouqueville, damals französischer
Consul in Janina mit dem Wirkungskreis über Hellas Makedonien
und Illyrien, an der Seite des berüchtigten Ali Pascha, hat seiner
nachmaligen „Geschichte der Wiedergeburt Griechenlands" manche Züge
aus ihrem damaligen Leben einverleibt. Man sah in ihrer Hand
häufig einen Fächer mit ihren Hauptstädten Neapel und Palermo im
kleinen Abbild, auf die sie voll Traurigkeit immer wieder ihre Blicke
richtete. In ihrem Zimmer hatte sie eine Art Heiligthum, einen
Schrank mit Familien-Portraits und Andenken, den sie manchmal vor
Andern öffnete. „Sehen Sie meine Schwester Marie Antoinette",
sagte sie eines Tages zu dem Grafen *** der ihr Vertrauen gewonnen
hatte, und schwere Thränen quollen aus ihren Augen, „und hier ihren
Gemahl Ludwig XVI.", und dabei erhob sie sich und machte vor den
Bildnissen eine andachtsvolle Verbeugung. Ein andermal kam sie auf
Politik zu sprechen und sagte: „Ich habe lange Zeit geglaubt das
Regieren zu verstehen, ich habe meinen Irrthum erst einsehen gelernt
als es zu spät war ihn zu berichtigen. Um die Menschen gut zu
regieren muß man sie studirt haben, womit ich mich nie abgeben wollte.
Wenn es mir von Gott beschieden ist auf den Thron zurückzukehren
den man mich hat herabsteigen lassen, will ich ein neues Leben anfangen". Der griechischen Bevölkerung der Insel zeigte sie Zuneigung
und Theilnahme, was ihr jene mit Zeichen von Aufmerksamkeit und
Ehrerbietung vergalt so oft sie sich in der Oeffentlichkeit zeigte; trotz
der britischen Bajonnete ließen sich's die Leute nicht nehmen ihr ein
„νὰ ζῇ Καρόλινα" zuzurufen was sie innig rührte. Als sich ihr Aufenthalt in die Länge zog ließ sie sich ein Handbüchlein der gebräuch-
lichsten Ausdrücke und Redensarten zusammenstellen. Sie schied von
den Einwohnern mit Ausdrücken des Wohlwollens und der Befriedigung

über die Theilnahme die sie bei ihnen gefunden, und mit dem Wunsche ihnen dereinst ihre Erkenntlichkeit beweisen zu können [1]).

Am 3. August verließ man Zante und warf nach einer vom Meere und den Winden begünstigten Fahrt um die Mitte des Monats auf der Rhede von Tenedos Anker, einem ziemlich armseligen Platz der auch wenig Sicherheit bot; allein man war gezwungen davon Gebrauch zu machen weil sich die Fahrt durch die Dardanellen ohne besondere Gestattung der hohen Pforte nicht unternehmen ließ. Der Fürst von Moliterno welcher der Königin nach Constantinopel vorausgegangen zu sein scheint, der kaiserliche Internuntius Baron Stürmer, Robert Liston im Namen Englands, selbst der französische Gesandte Graf Andréossi, unterließen keinen Schritt das Anliegen der „Gräfin von Castellamare“ zu unterstützen; doch war alles vergeblich. Erst verschleppte sich die Sache mit gewohnter orientalischer Lässigkeit. Die Königin zählte vierzehn Tage voll Erwartung und Unbequemlichkeit und es war nicht einmal ein Bescheid da; ihre Lage war um so unangenehmer als sich die ganze Zeit kein Kauffahrer sehen ließ den sie für die Durchfahrt durch die eifersüchtig bewachte Meerenge hätte benützen können. Stürmer bat man möchte der sicilischen Fregatte gestatten innerhalb des Bereichs der Dardanellen-Schlösser anzulegen, um mindestens das Umladen und Uebersteigen zu erleichtern; er erbot sich, man werde die Fregatte aller Merkmale eines Kriegsschiffes entkleiden, selbst die Kanonen nächst den Dardanellen an's Land setzen um sie als einfaches Transport-Schiff erscheinen zu lassen, oder es möchte, wenn schon nicht den beiden Fregatten, doch den Packet-Booten die Einfahrt gestattet werden. Am 31. August abends entschloß sich endlich der Reis-Efendi einen außerordentlichen Divan einzuberufen um die wichtige Angelegenheit zur Entscheidung zu bringen. Der allgemeine Grundsatz, kein Schiff, groß oder klein, bewaffnet oder nicht,

---

[1]) Pouqueville III S. 212 f. Anm. Den Ausspruch über das Regieren und die Menschenkenntnis findet man gewöhnlich bei den Congreß-Schriftstellern angeführt als aus den Tagen vor ihrem Hinscheiden herrührend. Möglich daß sie ihn damals, und vielleicht noch öfter und anderwärts gebraucht hat, wie ja solche „figura repetitionis“ auch von ihrem großen Gegner Napoleon berichtet wird.

das zur Kriegs-Flotte was immer für einer auswärtigen Macht gehört, in die Dardanellen einlaufen zu lassen, wurde einmüthig und unbeugsam aufrecht erhalten, dagegen mit Mehrheit der Stimmen beschlossen aus besonderer Rücksicht für die hohe Verwandte des Hauses Oesterreich eine otomanische Corvette nach Tenedos zu schicken, auf welcher die Gräfin von Castellamare mit ihrer Begleitung in das Marmora-Meer einfahren könne, was vom Groß-Sultan drei Tage später mit eigenhändiger Namensfertigung bestätigt wurde. Aber noch befanden sich die Reisenden nicht am Ziele ihrer Wünsche. Mit großer Um-ständlichkeit wurden gewisse Bedingungen festgesetzt unter denen die Abholung der Gräfin von Castellamare stattfinden sollte: die Zahl der Kanonen-Schüsse zu ihrer Begrüßung; die Art ihres Uebertritts vom Bord der sicilischen Fregatte auf jenes der türkischen Corvette; die Be-handlung ihres Gepäcks 2c., Bedingungen für deren strenge Einhaltung Stürmer sich persönlich verbürgen mußte. Sodann kam noch ein Auf-schub von acht Tagen wegen des einfallenden Ramazan, und so schleppte sich die leidige Angelegenheit bis zum 13. September hin wo endlich die sicilische Reisegesellschaft im Canal von Constantinopel einlief und in Bujukdere sich einquartierte. Man hatte vielerlei Ungemach er-duldet, eine langweilige Geduldprobe bestehen müssen, aber man war gesund und wohlauf.

Die Gräfin von Castellamare und ihre Gefährten hielten sich in Bujukdere streng abgeschlossen, von jeder Berührung mit türkischen Elementen fern; sie vermieden es die osmanische Hauptstadt zu besuchen, deren Merkwürdigkeiten zu beschen, um nur ja jeder Pest-Ansteckung aus dem Wege zu gehen. Die Herren von der kaiserlichen Internuntiatur die ab und zu in Bujukdere erschienen, waren die einzigen mit denen man Umgang pflog, und Karolina hatte sich die Aufmerksamkeit des Baron Stürmer nicht genug zu loben. Von diesem erfuhr sie auch was sich seither auf dem Continent zugetragen hatte: den Beitritt des Kaisers Franz zu dem großen Bündnisse gegen Napoleon, die Kriegserklärung Oesterreichs, die ersten Erfolge der Alliirten im Felde bei Kulm, an der Katzbach, bei Großbeeren, bei Kninitz. Von lebhaften Gefühlen wie sie war kannte sie mit ihrer

Freude keine Gränzen. „Gott möge fortfahren sie zu beschützen, diese braven Truppen", schrieb sie nach Wien, „und Euer Majestät zu dem machen was Sie zu sein verdienen: der Retter Europas!" „Jede neue Siegesnachricht", hieß es ein andermal, „ruft hier eine Freude, einen allgemeinen Wonnerausch hervor was, ich bin dessen gewiß, das Herz Euer Majestät tief rühren würde". Prinz Leopold dachte daran als Freiwilliger in die Armee seines kaiserlichen Cousins zu treten, am liebsten in das Corps des Feldzeugmeisters Hiller das nach Italien bestimmt war, „um da das Waffenhandwerk zu lernen und sich Ehre einzulegen" wie er bittend an Kaiser Franz schrieb... Minder erfreuliches vernahm sie von ihrem königlichen Gemahl. Ferdinand begann zu fürchten, wie er Karolinen schrieb, man werde ihm ihr Schicksal bereiten und ihn eben so aus dem Lande weisen wie man sie fortgeschafft hatte. „Ich weiß wohl wie man sie daran hindern könnte", schrieb die Königin voll aufflammenden Zorns ihrem Schwiegersohn, „und ich hätte mir selbst auch zu helfen gewußt; aber ich muß schweigen und mich bescheiden, besonders unter den gegenwärtigen Umständen; ich bin überzeugt sie werden selbst zur Besinnung kommen wenn Gott die kaiserlichen Waffen wie bisher segnen wird"...

Karolina hatte ursprünglich die Absicht gehabt von Constantinopel so bald als möglich weiter zu segeln um noch vor Spätherbst den Hafen von Varna oder Odessa zu erreichen und auch mit der Landreise durch Podolien und Galizien nicht zu tief in den Winter hineinzukommen. Allein die sicilische Fregatte durfte den Bosporus nicht passiren, und das Ueberfahrtschiff zu benützen das sie von den jonischen Inseln nach Constantinopel gebracht hatte gab der englische Commandant nicht zu; er erklärte das Fahrzeug selbst zu benöthigen, segelte damit fort und überließ die Fürstin unbarmherzig ihrem Schicksale die nun abermals, wie früher auf Zante, von einer Woche zur andern auf eine sich zur Reise darbietende Gelegenheit warten mußte. Als es zu Schiffe nicht zu gehen schien dachte die Königin an das Wagniß, zu Land quer durch die europäische Türkei das Gebiet des Kaiserstaates zu erreichen; sie wußte daß allenthalben die Pest wüthete, daß diese Krankheit in Städten

und Dörfern die Bevölkerung reihenweise niedermähle, daß auch die
Walachei, das nächste Reiseziel der Königin, von der Plage nicht verschont sei. Sie hatte den 6. October als Tag ihrer Abreise festgesetzt,
weil sie den 4. als den Namenstag ihres kaiserlichen Neffen und
Schwiegersohns noch in Bujukdere feierlich begehen wollte. Abermals
traten Verzögerungen ein und zuletzt wurde doch wieder beschlossen den
ersten Theil der Strecke über See zu fahren; nur der Prinz von Hessen
erbot sich mit dem Marstall der Königin und des Prinzen Leopold
über Land vorauszugehen, 13. October. Fünf Tage später fand sich
eine Polacke zur Fahrt nach Odessa bereit auf welcher sich Maria
Karolina mit den Ihrigen sogleich einschiffte. Obwohl der Wind
ungünstig und nicht vorauszusehen war wann er umschlagen würde,
beschloß sie auf dem Fahrzeug auszuharren; sie verließ es nicht
mehr und gestattete niemand von ihrem Gefolge es zu thun, um
jeden Augenblick zur Abfahrt bereit zu sein und aller Berührung
mit der Pest zu entgehen die in Constantinopel stärker als früher
um sich griff; „jeden Tag hört man von irgend einem Unglücksfall",
schrieb sie am 18. nach Wien.

Endlich am 25. änderte sich die Luftströmung und man konnte
die Reise antreten: gefahrvoll und ungewiß zu jeder Jahreszeit auf
einem so trügerischen Meere wie das schwarze, doppelt bedenklich für
eine an Behaglichkeit und Luxus gewohnte Frau die ihre Vollkraft
und Jugend längst hinter sich hatte. Die erste Zeit der Fahrt lief
ungemein günstig ab, als plötzlich das Wetter umschlug und man auf
der schlechten Rhede des Vorgebirges Kali-Akra vor Anker gehen und
fast dreimal vierundzwanzig Stunden Noth und Angst ausstehen mußte.
Am 29. wagte man sich neuerdings auf die See, hatte am 1. und
2. November heftige Stürme, lief am Abend des letztern Tages im
Hafen von Odessa ein und stieg am 3. an's Land um jetzt die
vierzigtägige Geduldprobe der Quarantaine zu bestehen. Der Herzog
von Richelieu, Gouverneur dieser jungen russischen Schöpfung deren
sichtliches Aufblühen die Bewunderung unserer Ankömmlinge erregte,
befand sich auf einer Bereisung des Landes. Seine Behörden ließen
es an Aufmerksamkeit für die „Gräfin von Castellamare" mit deren

durchsichtigem Incognito nicht fehlen; allein Nachlaß in der Zeit oder Begünstigungen in den Vorsichten, welche die strenge Maßregel gegen alle aus der Türkei kommende Personen auferlegte, konnten sie ihr nicht gewähren. Sie waren geneigt ihren Wunsch, wenigstens mit Ende November aus dem Gewahrsam entlassen zu werden, höhern Orts zu befürworten; doch aus St.-Petersburg kam der gemessene Befehl die volle Zeit einzuhalten [1]. Glücklicherweise befand sich, troz der Stürme und Schrecknisse der neuntägigen Seefahrt, troz der Unannehmlichkeiten nicht enden wollender Sanitäts-Haft, die Königin mit den Ihrigen gesund und wohlauf, ja waren guter Dinge wozu die Nachrichten aus Mittel-Europa allerdings das meiste beitrugen. Es waren die Ereignisse vom 17. 18. und 19. October, deren Kunde um dieselbe Zeit nach Odessa gelangte und die kleine sicilische Kolonie mit namenloser Freude erfüllte. Und verhießen diese Siege der Alliirten nicht auch Karolinen das Ende der unerträglichen britischen Schuzhoheit und den Wiedergewinn ihres festländischen Besitzthums?! „Wir können nichts thun als Gott danken", schrieb sie, „und Ihn beschwören daß Er fortfahren wolle Seine himmlischen Segnungen der gerechtesten der Sachen und den hochherzigsten Vertheidigern der Völker angedeihen zu lassen! Wir stimmen in unserem Verließe täglich, obwohl noch nicht auf dem glücklichen Boden Ihrer Besitzungen angelangt, jene Weise an die durch die Begeisterung die man hineinlegt so sehr das Herz rührt, jenes ‚Gott erhalte Franz den Kaiser‘ das ich bei Stürmer, einem Ihrer erlauchten Person so anhänglichen Manne, zuerst kennen lernte und mir von einem seinem Gebieter und dessen Dienst ergebenen jungen Mann abschreiben ließ . . . Doch verzeihen Sie", fügt die redselige Schreiberin entschuldigend bei,

---

[1] Die Königin hatte, wie sie am 30. November nach Wien schrieb, eine Gewährung ihres Wunsches gehofft „d'autant plus que nous et tous les gens de notre suite et domesticité personne n'est malade, que tous les effets ont été purgés épurés profumés, et que certes nous avons pris pour notre propre bien toutes les précautions possibles à Constantinople et comme gens qui connaissent les conséquences et grandeur de ce fléau, aussi nous n'avons par cette crainte rien vu à Constantinople" 2c.

„verzeihen Sie, ich bitte Sie inständigst, mein sehr geliebter Sohn, dieses mein Gewäsch und die Langeweile die Ihnen inmitten Ihrer so großen und so ernsten Beschäftigungen diese werthlosen Zeilen ver= ursachen müssen, und verübeln Sie es einer alten Tante nicht die keinen andern Trost kennt als sich an Sie zu wenden, zu Ihnen zu sprechen und sich Ihrer Güte anzuempfehlen" . . .

Am 14. December war endlich die Quarantaine=Zeit abgelaufen, am 15. wurden die Reisenden ihrer Freiheit wiedergegeben und am 17. konnte Maria Karolina ihrem „Schwiegersohn und dreifachen Neffen" mittheilen daß sie andern Morgens mit dem frühesten von Odessa aufbrechen und auf dem Landweg das österreichische Gebiet zu erreichen suchen werde. Die drei Tage ihrer Freiheit in Odessa benützte die Königin zum Besuche der öffentlichen Anstalten der jung auf= strebenden Stadt, der Kirchen, der Erziehungs=Institute, der Schau= spielhäuser „in vielerley Sprachen", wie es in einer gleichzeitigen Correspondenz aus Odessa hieß, so wie von „zwey glänzenden Bällen die der Herzog von Richelieu zur Unterhaltung derselben veranstaltet hatte . . . Die gütigsten und menschenfreundlichsten Eigenschaften be= zeichnen überall den Weg dieser erhabenen Fürstin, der noch einzig übrigen Tochter der großen Theresia, und alle Herzen huldigen ihr" [1]). Am 18. December Mittags, nachdem die Reisenden der heiligen Messe beigewohnt, erfolgte die Abfahrt. Der Herzog von Richelieu gab ihnen in Person das Geleite, und es war Befehl ertheilt daß jeder Gouverneur durch dessen Provinz die Gräfin von Castellamare ihren Weg nehmen würde dasselbe zu thun habe. Die Reise ging mit einem großen Umweg über Nikolajev, Provinz Cherson, und Human in der Ukraine nach Podolien wo sie auf den ausgedehnten Potocki'schen Besitzungen glänzende Aufnahme fand, 25. December.

Graf Felix Potocki hatte nach Verstoßung seiner ersten Gemahlin, einer gebornen Mniszech, eine Griechin von hinreißender Schönheit und liebenswürdigem Geist — im viel verbreiteten Abbild der ganzen gebildeten Welt bekannt — zum Weibe genommen, zu deren Preis

---

[1]) Wiener Ztg. 1814 Nr. 14 vom 14. Januar S. 57.

und Verherrlichung er aus der einförmigen Steppe einen Feensitz
nach dem andern hervorzauberte. Einer davon, nach seiner Gattin
Sofiovka geheißen und voll Denkmalen der Erinnerung und Huldigung für sie, lag in der Nähe von Human. Den Hauptpunkt des unermeßlichen Territoriums bildete Tulczyn mit seinem prachtvollen Park
und Schlosse, „das Eldorado von Polen", und so abgeschieden man hier
von den großen Händeln und Wirren des Zeitalters lebte, so hatte
man sich gleichwohl Sinn und rege Theilnahme für alles was auswärts vorging in vollem Maße bewahrt. Graf Felix selbst hatte
in den Ereignissen die dem politischen Untergang seines Vaterlandes
vorhergingen eine hervorragende Rolle gespielt: sein Name ist mit
der Geschichte der unglücklichen Conföderation von Targovica auf das
innigste verwebt. Er hatte sich seitdem vom öffentlichen Leben zurückgezogen; aber wo es ein großes Unglück oder ein großes Rühren
gab fand es in Tulczyn seine Zuflucht oder seinen Nachhall. In
Kovalovka stand, jenem Rousseau's in Ermonville nachgebildet, das
Grabmal des berühmten Menschenfreundes John Howard der 1790 am
20. Januar in Cherson als Opfer einer Epidemie gestorben war.
In der Nähe von Tulczyn hatte lange Jahre der Herzog von
Polignac mit seiner Familie gelebt. Oberst Grünstein, Stallmeister
des Herzogs von Enghien, führte die Aufsicht über das herrschaft-
liche Gestüt. Auch sonst gingen französische Emigrés häufig ab und zu;
Graf de La Garde hatte zwei Sommer vor der Ankunft Karolinens
mehrere Wochen in Tulczyn zugebracht und überschwängliche Schilderungen von seinem Aufenthalte hinterlassen[1]). Ueber das Erscheinen
der Königin und den Empfang den sie fand besitzen wir keine
nähern Angaben, mindestens wollte es mir nicht glücken solchen auf

---

[1]) Voyage de Moscou à Vienne 2c. S. 75—128, Fêtes et Souvenirs
du Congrès de Vienne II S. 315—328; der allerdings sehr begeisterungs-
fähige Graf wendet auf die Besitzerin von Tulczyn die Verse Linant's auf die
Marquise von Châtelet an:

Un voyageur qui ne mentit jamais
Passe à Toulchin, l'admire, le contemple,
Il crut d'abord que c'était un palais:
Mais en voyant Sophie, il dit: Ah, c'est un temple!

die Spur zu kommen; allein nach allem was vorausgegangen, nach
den Anschauungen und Empfindungen die in den Potocki'schen Kreisen
die herrschenden waren, können wir uns vorstellen daß sich alles
beeiferte der unglücklichen Fürstin, nach den Drangsalen die sie in
der letzten Zeit erdulden müssen, eine wohlthuende Erquickung zu
bereiten. Auch gedenkt sie in ihren Briefen dankbar der „Gräfin
Potocka die uns mit Aufmerksamkeiten überhäuft, so wie alle Bewohner dieser Gefilde". Von Tulczyn sandte sie einen Eilboten nach
Wien voraus und gab ihm die schriftlichen Aufträge ihres Gemahls
an den Commandeur Ruffo für ihren Empfang in der österreichischen
Hauptstadt, dann das Empfehlungschreiben desselben an Kaiser Franz
mit; letzteres hatte sie nach ihrem Eintreffen in Wien persönlich überreichen wollen, was sich aber, da ihr hoher Verwandter im Feld
abwesend war, nicht ausführen ließ. Zugleich erhielt ihr Courier die
Weisung nachzuforschen ob ihre Briefe alle an deren Adresse gelangt
oder wohin sie gekommen seien; denn mit Ausnahme eines Briefes
des Kaisers Franz vom 25. und eines Schreibens Ruffo's vom
29. Juni hatte sie keine Erwiederung auf ihre Briefe erhalten, deren
sie seit ihrer Abfahrt aus Sicilien nicht weniger als vierundzwanzig
abgesandt haben wollte.

Am 28. December schieden die Reisenden von Tulczyn, wurden
am 30. in Novi-Konstantinov vom Grafen Saint-Priest Gouverneur
der Provinz bewirthet und von diesem sodann an die Gränze von
Volhynien begleitet wo ihrer gleiche Auszeichnungen und Empfangsfeierlichkeiten warteten. Am 7. Januar 1814 betrat die Königin
das österreichische Gebiet, traf am 10. in Lemberg ein wo sie, von
den Spitzen der Behörden, von dem uniformirten Bürger-Corps und
von der Bevölkerung auf das festlichste empfangen, im erzbischöflichen
Palaste abstieg. Nach achttägigem Verweilen in der galizischen Hauptstadt wurde am 19. das letzte Stück der Reise angetreten.

Kaiser Franz hatte seiner Tante und Schwiegermutter das
Königsschloß zu Ofen einräumen lassen, womit sie anfangs zufrieden
zu sein schien. Nachdem sie aber durch die Wechselfälle ihrer Fahrt
genöthigt worden war den Weg über Lemberg zu nehmen, bat sie

den Kaiser er möchte sie doch nicht aus der Nähe ihrer geliebten Enkel und Enkelinen bringen, sondern ihr gestatten in Wien oder bei Wien ihren Wohnsitz aufzuschlagen wo sie sich durch Ruffo bereits habe ein Quartier aufsuchen lassen; „denn es liegt mir daran Euer Majestät in keiner Weise mit Auslagen zur Last zu fallen". Einer so gestellten Bitte war nicht leicht eine Weigerung entgegenzusetzen, und so fand denn die Königin, als sie nach einer fast dreiviertel= jährigen beschwerlichen und wechselvollen Fahrt am 2. Februar 1814 glücklich in Wien eintraf, das Reichskanzlei=Gebäude zu ihrem Em= pfange hergerichtet. Allerdings meinte man in maßgebenden Kreisen, sie werde da nur kurzen Aufenthalt nehmen und bald nach Ungarn übersiedeln . . .

Prinz Ludwig von Hessen=Philippsthal hatte der Königin einen großen Vorsprung abgewonnen. Er hatte den weiten Weg von Bujukdere durch die europäische Türkei in's Banat zu Pferd zurück= gelegt, war am 23. December 1813 in Ofen eingetroffen wo ihn der Erzherzog=Palatin freundlich empfing, und hatte vor Jahresschluß Ungarn verlassen um über Wien in seine von den Franzosen wieder frei gewordene hessische Heimat zurückzukehren.

27. König Joachim im Bündnisse mit Oesterreich.
Januar bis April 1814.

In den ersten Tagen des Jahres 1814 erschien in Neapel, aus dem großen Haupt=Quartier der Verbündeten mit einer besondern Sendung betraut, der k. k. Feldmarschall=Lieutenant Graf Neipperg. Er hatte mit König Joachim ein Kriegsbündnis abzuschließen was er in soldatischer Weise in kürzester Frist zustande brachte. Er erklärte dem Könige rundweg daß er, so er sich nicht den Verbündeten an= schlösse, sein ganzes Volk wider sich haben, daß Oesterreich alle seine Beziehungen zu Neapel abbrechen würde falls sich dieses nicht für die Sache Europas entschiede, und drang auf schleunigste Entschließung. Der König berieth sich einzeln mit mehrern seiner Minister und

vertrautern Generale; von den letztern sprachen sich Florestan Pepe
entschieden gegen ein Bündnis mit Oesterreich aus, Piero Colletta
eben so entschieden dafür[1]). So gab denn Joachim dem Drängen
des Grafen Neipperg nach und schloß mit ihm am 8. Januar ab;
als Gegendienst wurde dem Könige die Zusage gemacht daß der
Kaiser von Oesterreich alles aufbieten, selbst Gewalt nicht scheuen
wolle um den König Ferdinand zur vollständigen Verzichtleistung auf
seine neapolitanischen Ansprüche und zur Anerkennung Joachim's als
König von Neapel zu bringen[2]).

Drei Tage später traf Mier in Neapel wieder ein. Er war
keine Stunde in seinem Gesandtschafts=Hôtel abgestiegen als ihn der
König durch Gallo zu sich bitten ließ. „Ich habe alles gethan was
Oesterreich gewünscht", sagte er ihm; „ich habe mit geschlossenen
Augen das Bündnis unterschrieben das mir Graf Neipperg vorgelegt.
Aber Ihr Kaiser möge nun auch daran denken mir einen Ersatz zu
bieten für die Opfer die ich der Allianz bringe. Sie müssen mir eine
Vergrößerung bewilligen, mich stärker machen damit ich Ihnen nicht
zur Last falle. Von all den Kleinstaaten die Sie in Italien wieder
aufrichten wollen werden Sie keinen Nutzen ziehen. Setzen Sie mich
in die Lage eine stehende Armee von 60000 Mann zu unterhalten
und die Ruhe der Halbinsel und Ihr Einfluß sind gesichert". Graf
Mier wollte ihn auf den allgemeinen Frieden vertrösten wo man
gewiß der Dienste gedenken werde die er der Allianz geleistet. „Das

---

[1]) Colletta VII 54 f. wo er im Style des Livius die beiderlei Ansichten
in rhetorische Auseinandersetzungen kleidet, jedoch ohne Namen zu nennen; aber
VII 59 bezeichnet er sich selbst ausdrücklich als „noto instigatore di Gioacchino a
quella guerra".

[2]) Mier 1814 23. Januar: „Le Comte de Neipperg a mené cette
affaire militairement, et la crainte a fait plus que la persuasion... C'est
donc la crainte de perdre jusqu'à son existence en ne se mettant pas de
notre parti, et la nécessité de fixer en deux ou trois fois 24 heures les
déterminations définitives, ne Lui laissant pas le temps d'entamer de longues
discussions et négociations".... Bei Neumann Recueil II S. 409 f. findet
sich vom ursprünglichen Vertrage vom 8. Januar nur der „Acte séparé" be=
treffend die Verzichtleistung Ferdinand's auf Neapel.

ist alles recht schön", erwiederte Joachim, „aber es verschafft mir
keine Ruhe. Sichern Sie mir jetzt schon zu was ich bekommen werde!
Ich will das Geheimniß gewissenhaft bewahren". Die Unterredung
dauerte bis tief in die Nacht hinein, bis zuletzt unser Gesandte nach-
gab und eine Zusage machte die freilich den hochgehenden Ansprüchen
des Königs bei weitem nicht entsprach, aber denselben doch einigermaßen gerecht wurde. So einigte man sich denn über einen Vertrag
der am 11. Januar von den Grafen Neipperg und Mier einerseits,
vom Herzog von Gallo andrerseits unterzeichnet wurde und in der
Hauptsache folgende Punkte enthielt: Oesterreich und Neapel garantiren
sich gegenseitig ihre italienischen Besitzungen und Interessen; Kaiser
Franz verspricht seine guten Dienste bei den Alliirten behufs der Anerkennung König Joachim's, und beim Hofe von Palermo behufs Verzichtleistung desselben auf das neapolitanische Festland, wogegen König
Joachim für sich und seine Nachfolger allen Ansprüchen auf Sicilien
entsagt; den beiden Monarchen soll für das was sie in solcher Weise
aufgeben eine angemessene Schadloshaltung ausgemittelt werden, die
für Neapel in einem Gebiete des ehemaligen Kirchenstaates von beiläufig 400000 Seelen bestünde und wobei man besonders Ancona und
die Marken in's Auge fassen würde; Oesterreich stellt 60000 Mann
Neapel 30000 Mann auf den italienischen Kriegsschauplatz über die,
falls er persönlich in's Feld zöge, König Joachim, im andern Falle ein
österreichischer General den gemeinschaftlichen Oberbefehl führen soll [1]).

---

[1]) Neumann II Nr. 223 S. 403—409 und Mier zum 16. Januar 1814.
Von der Proclamation vom 17. Januar, womit Murat seinem Königreiche kundgegeben habe, gegründete Erwägungen hätten ihn bestimmt die Allianz der gegen
Frankreich verbündeten Mächte zu suchen „et nous avons eu le bonheur d'y être
admis", wurde in meinem Texte darum kein Gebrauch gemacht weil mir Wortlaut und Inhalt etwas anrüchig erscheinen, wie denn Schöll selbst, Hist.
abrégée X S. 461 f., einen Passus darin räthselhaft findet: „Nous avons cédé les
trois iles qui sont en face de Naples et toute notre flotte". — Im Haupt-Quartier
der Verbündeten hatte man den Abschluß des Allianz-Vertrages viel früher erwartet.
Am 5. Januar schrieb Lord Aberdeen aus Freiburg an Castlereagh: „From Murat
we have the best intelligence. His accession appears certain, which gives us
Bellegarde and a fine army of from 70 to 80000 men. I hope Neipperg will
have concluded this affair, as that we may have the treaty before you arrive".

Es kam jetzt darauf an auch mit England ein Einverständnis zu erzielen. In Neapel befanden sich um diese Zeit Sir Thomas Graham als politischer Agent, und General Wilson der die Stellung eines britischen Militair=Bevollmächtigten bei der italienischen Armee der Verbündeten einnahm. Beide hatten mit Minister Gallo bereits Beziehungen angeknüpft und standen, wie kaum gesagt zu werden braucht, mit Mier und Neipperg auf bestem Fuße. Allein es war unerläßlich sich Lord Bentinck's zu versichern der gerade in der letzten Zeit gegen Murat seine rauhe Seite herausgekehrt hatte. Gleich nach Abschluß des Allianz=Vertrages vom 11. lief eine königliche Fregatte aus dem Hafen von Neapel aus, mit einem Officier Joachim's an Bord der Bentinck von den letzten Vorgängen unterrichten und ihm die Vereinbarung eines Waffenstillstandes nahelegen sollte. Gleich= zeitig wurde Cresceri vom Grafen Mier gebeten auf Lord William in derselben Richtung einzuwirken, „da sich begreifen lasse daß der König von Neapel die zugesagten 30000 Mann nicht wirksam zu Gunsten der Alliirten werde in's Feld stellen können so lang er durch die bisherige Haltung Siciliens in seiner Flanke bedroht sei" [1]).

In der That hatte man ostwärts vom Faro Grund genug über die Vorgänge jenseits desselben einigermaßen beunruhigt zu sein. Es waren daselbst Rüstungen in großartigem Maßstabe im Zug; britische und sicilische Truppen deren Stärke angeblich auf 30000 Mann gebracht werden sollte wurden für ein großes Unternehmen bereit gehalten das, wie man auf der Insel sprach, nur gegen Neapel ge= richtet sein konnte. Auch scheint Lord Bentinck kurz zuvor [2]) dem Prinz=Regenten vertrauliche Vorschläge gemacht zu haben die auf nichts geringeres als Wiedergewinnung des neapolitanischen Festlandes ab= zielten, die aber mit den jetzigen Anschauungen des Londoner Cabinets und ganz vorzüglich mit jenen des großen Haupt=Quartiers der Ver=

---

[1]) Cresceri 24. Januar 1814 B. Die neapolitanische Fregatte traf um den 14. auf der Rhede von Palermo ein.

[2]) ... „in decembre last" ... Castlereagh an Bentinck 3. April 1814 (Corresp. III 1 p. 429), also zur Zeit der Mission Schinina's oder unmittelbar darnach.

bündeten in offenem Widerſpruche ſtanden. Auch lauteten die erſten
Nachrichten, die um die Mitte Januar aus Palermo nach Neapel
herüberkamen, ungünſtig genug. Lord Bentinck, hieß es, wolle von
einem Waffenſtillſtand nichts hören; „im Gegentheil“, habe er ſich
verlauten laſſen, „ſein Beſtreben werde dahin gerichtet ſein Murat ſo
viel böſes anzuthun als in ſeiner Macht ſtehe“, eine Aeußerung welche
mit den Reden die Schininà bei ſeiner verunglückten Miſſion im
letzten Spätherbſt vernommen hatte in vollem Einklang ſtand.

Es war daher kaum zu wundern daß König Joachim an der
Allianz die er eben erſt eingegangen plötzlich irre wurde, den Truppen
die zum Ausmarſch bereit waren Gegenbefehle gab, alle mit den öſter=
reichiſchen Bevollmächtigten über eine gemeinſame Kriegsführung ver=
abredeten Maßregeln wieder einſtellte. Die franzöſiſche Partei an
ſeinem Hofe, die in allen Zweigen des königlichen Haushaltes, bis in
das Küchen=Departement und den Marſtall, ihre Verbindungen hatte
und von den Organen Durand's fortwährend gehetzt wurde, benützte
jeden Anlaß den König in ſeinem Mistrauen zu beſtärken, ſtellte das
öſterreichiſche Bündnis als eine böſe Falle dar ihm den Untergang zu
bereiten, ſuchte ihn bei ſeinem franzöſiſchen Nationalſtolz, bei ſeiner
Ehre zu faſſen. Es koſtete den Grafen Mier eindringliche Vorſtel=
lungen um ihn auf beſſere Gedanken zu bringen, und kaum würde
ihm dies gelungen ſein wenn ihn nicht die Königin dabei unterſtützt
hätte. Karolina, die ihren Mann an Geiſt und noch mehr an Tact
und Beſonnenheit überragte, ſollte jetzt zu Ungunſten Napoleon's den
Beweis liefern daß ſie war als was er ſie vor Jahren ſeinem Schwager
gerühmt hatte: eine Frau geboren zum Regieren. Denn jetzt wo ſie
klaren Blickes erkannte daß dem Lande und dem Throne ihres Gemahls
nur von den Alliirten, vor allem von Oeſterreich, Rettung kommen
könne ſtand ſie, die langjährige Begünſtigerin der Franzoſen, die leib=
liche Schweſter des Franzoſen=Kaiſers, in erſter Reihe mit jenen die nicht
müde wurden dem Könige zu wiederholen: er möge ſich vorderhand
mit dem begnügen was ausgemacht worden; er möge ſein Beſtreben
dahin richten den Alliirten Zutrauen einzuflößen indem er ohne Rückhalt
und Seitenſprünge erfülle wozu er ſich Oeſterreich gegenüber verpflichtet

habe; es könne dann nicht ausbleiben daß man bei Abschließung des allgemeinen Friedens auf seine Wünsche Bedacht nehmen werde [1].

Um den König noch mehr zu ermuntern und zum Handeln zu bringen gestand ihm Mier in mündlicher Uebereinkunft zu: er solle alles Land wohin seine Truppen kämen militairisch besetzt halten; auf gütlichem Wege oder mit Waffen alle feindlichen Häfen und festen Plätze in seine Gewalt bringen; in den unterworfenen Gebieten provisorische Einrichtungen treffen, alle französischen Beamten heimschicken und durch Landeskinder ersetzen 2c. Joachim entschloß sich jetzt einen eigenhändigen Brief an den Kaiser Franz zu schreiben; die Antwort die er darauf erhalten und die ihm als vorläufige Ratification des Allianz-Vertrages gelten würde, erklärte der König, solle seine weitere Haltung bestimmen; bis dahin werde er nur langsam vorrücken, nichts ernstliches gegen die Franzosen unternehmen und sich darauf beschränken seinen Truppen freundliche Begegnung anzubefehlen wo sie immer auf österreichisches Militair stießen. Der Herzog von Campochiaro, den der König in das große Haupt-Quartier der Verbündeten zu senden beschloß, sollte das Schreiben des Königs mit sich nehmen, die Geschäfte der Polizei für die Zwischenzeit der Herzog von Laurenzana führen [2].

Um die Mitte Januar überschritten die Neapolitaner die Gränzen des römischen Gebietes wo die Wirrnis der öffentlichen Zustände den höchsten Grad erreicht hatte und es eben im Werke war eine aus den Fürsten Sara und Barberini und dem Signor Potenciani bestehende Deputation an den König zu senden um ihn zu bitten er möge

---

[1] Mier 23. Januar 1814. Ueber Baron Durand heißt es: „C'est lui et ses agents qui fomentaient le désordre; ils étaient parvenus à persuader même aux domestiques cochers cuisiniers et cuisinières etc. français, qu'il était de leur devoir de quitter ce pays et voler au secours de la France. Au palais du Roi, où il y a tant de la valetaille de cette nation, c'était une véritable révolution. Toutes ces tracasseries domestiques, jointes aux intrigues des Français et aux soupirs et pleurs des Françaises qui entourent en bon nombre le Roi et la Reine, n'ont pu que donner beaucoup d'embarras et d'humeur à Sa Majesté" 2c.

[2] Mier 16. 22. 23. Januar 1814.

seine Truppen einmarschiren lassen und eine provisorische Regierung einsetzen [1]).

Am 19. Januar war Rom besetzt. Der König hatte dem General Miollis den Vorschlag machen lassen ihm gutwillig die Engels=burg zu überlassen, wogegen der Abmarsch der Franzosen unbehelligt erfolgen sollte. Allein Miollis hatte nicht blos in Eile einen Theil der Garnison in die Engelsburg geworfen, sondern auch Anstalten zur Vertheidigung von Civita Vecchia getroffen. Die Truppen Murat's wurden von den Römern mit Jubel aufgenommen, worin sich die Bevölkerung für's erste selbst dadurch nicht beirren ließ daß der König sogleich einige seiner höhern Beamten nach Rom abgehen ließ um die einstweilige Leitung der Geschäfte zu übernehmen. Unter jenen die der Umschwung der Verhältnisse mit besonderem Danke erfüllte befand sich die Ex=Königin von Hetrurien die jetzt ihr Kloster verlassen durfte und, wenn auch geldlich in sehr beengter Lage, freie Luft athmen konnte. Auch ihr Vater Karl IV. von Spanien und die Königin seine Gemahlin fanden sich in Rom ein, beide gleich Maria Louisen eifrigst bemüht Beziehungen zum Kaiser von Oesterreich anzuknüpfen um durch dessen mächtigen Schutz im bevorstehenden allgemeinen Frieden das Verlorene oder doch einen Ersatz dafür zu gewinnen [2]). Fast gleich=zeitig mit Rom war auch Ancona von den Neapolitanern unter Francis Macdonald besetzt worden, und auch hier hatten sich die Franzosen in die Veste zurückgezogen für deren Vertheidigung General Barbou, trotz der geringen Mittel die ihm zur Verfügung standen, alle Anstalten traf. Zum Gouverneur von Rom bestellte Joachim den General La Bauguyon. Dieser hatte, wie wir wissen, vor Jahren die Gunst des Königs verscherzt, und auch aus Paris, wo Savary sein mächtiger Feind war, hatte man ihn ausgewiesen so daß er sich irgendwo im

---

[1]) PS. 1 zum Mier'schen Bericht vom 16. Januar.

[2]) „Caro Andreoli", klagte Marie Louise diesem, den sie wie es scheint vom Hofe ihres Vaters her kannte und den sie jetzt um Verwendung bei Kaiser Franz anging, „io ho bisogno di voi, sono disgraziata, abbandonata da tutto il mondo, non sò a chi rivolgermi, non ho per cosi dire da vivere". Schreiben Andreoli's an Mier vom 6. Februar 1814.

obern Italien hatte eine Stätte suchen müssen; leichtfertige Sitten und Uebermuth in seinen politischen Anschauungen hatten ihm in Neapel wie an der Seine Verdruß zugezogen. Jetzt wollte Joachim, der für seine weitaussehenden Pläne Leute an allen Enden brauchte, noch einmal einen Versuch mit ihm machen weil er ihm Kenntnis der italienischen Verhältnisse zutraute.

Diese Ereignisse, obwohl von Neapel der Krieg gegen Frankreich noch nicht erklärt war, sprachen zu laut als daß Baron Durand länger hätte auf seinem Posten verbleiben können; auch hatte es in der letzten Zeit an allerhand Winken nicht gefehlt daß man seine Entfernung wünsche. Am 22. verlangte er seine Pässe die man ihm ohne Säumnis ausfolgte; eine Anzahl Franzosen, die bisher im Dienst des Königs ausgeharrt und im französischen Gesandten ihre Stütze und ihren Halt gesehen hatten, nahmen gleichfalls ihren Abschied. Viele von ihnen hatten im besondern Vertrauen Joachim's gestanden, er hatte sie mit Wohlthaten überhäuft und sich bis zum letzten Augenblick geschmeichelt sie würden ihm treu bleiben; es wurmte ihn daß sie es vorzogen ihren erworbenen Schätzen nachzugehen die sie vorsichtig schon früher nach Frankreich in Sicherheit gebracht hatten. Nur Karolina blieb stark; sie erklärte offen daß sie ohne Reue Leute scheiden sehe die in Neapel nichts weiter zu suchen hätten. Sie stieg mit jedem Tage mehr in der Achtung der Neapolitaner, denen sie noch kurze Zeit früher wegen ihrer Franzosen=Freundlichkeit mißliebig gewesen war[1]).

Karolina war es auch die ihren Gemahl drängte in Person zur Armee abzugehen. Es geschah am 23. Februar 4 Uhr nachmittags; Graf Mier und Minister Gallo sollten ihm in's Haupt=Quartier nach= folgen. In der Nacht darauf verließ der französische Gesandte Neapel, während die Colonnen Murat's zu beiden Seiten der Apenninenkette sich in nördlicher Richtung weiterbewegten.

— — ·

[1]) Mier zum 23. Januar: „La Reine est parfaite. Elle a déployé dans cette occasion une fermeté de caractère qu'on ne Lui supposait pas même, les Napolitains sont bien revenus sur Son compte. C'est Elle qui a le plus contribué au renvoi de Mr. Durand et à la détermination que vient prendre le Roi de ne plus s'obstiner de vouloir garder à son service des Français qui veulent s'en aller".

Endlich hatte Lord Bentinck, durch Weisungen aus dem großen Haupt=Quartier gedrängt, seinen Gefühlen gegen „General Murat" — er nannte ihn gesprächsweise und in Briefen selten anders — Zwang angethan und sich entschlossen mit Neapel ein Abkommen zu treffen. Am 31. Januar erschien er daselbst wo die Generale Neipperg und Wilson seiner warteten, und am 3. Februar kam zwischen ihm und Gallo der so lang ersehnte Waffenstillstand zustande, der zugleich eine Art Handelsvertrag war weil für die Dauer desselben die Schiffe beider Nationen in den gegenseitigen Häfen frei ein= und auslaufen sollten [1]. Neipperg und Wilson drangen in ihn er möge sich nach dem Vorgang Oesterreichs zu einem förmlichen Kriegsbündnisse herbeifinden; doch das erklärte er ohne ausdrückliche Ermächtigung seines Cabinets nicht thun zu können. Es wurde nur im letzten Punkte (4) aus= gemacht, es solle eine Militair=Convention abgeschlossen werden um zwischen den österreichischen britischen und neapolitanischen Truppen ein übereinstimmendes Vorgehen auf dem Kriegsschauplatze zu erzielen.

Von den Interessen des Königshofes von Palermo war, was dessen Ansprüche auf das neapolitanische Festland betraf, bei all diesen Abmachungen nicht anders die Rede als daß man bedauerte daß sich derselbe um des allgemeinen Besten willen mit einer anderweitigen Schadloshaltung werde begnügen müssen. Für letzteres wolle er sich mit aller Kraft ansetzen, schrieb Castlereagh an Bentinck, „und Murat sollte um seiner eigenen Herrschaft willen sich nichts so sehr angelegen sein lassen als den Hof von Palermo zufrieden zu stellen". Andrer= seits sprachen die britischen Staatsmänner die Hoffnung aus, König Ferdinand und der Prinz=Regent würden klug genug sein von allen

---

[1] Wortlaut bei Schöll Recueil des pièces officielles VI S. 339—341. S. auch Castlereagh IX (III 1) S. 133—135, 141, wo übrigens das Schreiben Bentinck's an Castlereagh offenbar falsch datirt ist. Am „Jannary 2" konnte kein Mensch von einem Briefe „of the 12th December, received the 18 January" sprechen, so daß der Leser oder Abschreiber des Bentinck'schen Original=Schreibens das allein richtige „February 2" falsch gelesen haben oder daß Bentinck selbst in seinen Gedanken noch im Januar statt im Februar gewesen sein mußte.

Feindseligkeiten gegen Murat abzulassen [1]). Bentinck für seine Person scheint diesen Standpunkt nie recht zugegeben zu haben. Starrköpfig und eigenwillig wie er war verfolgte er in diesem Punkte seine eigene Politik, und so rauh er gegen die Personen des sicilischen Herrscher= hauses vorgegangen war, die Interessen desselben gedachte er nicht aufzugeben. „Ich kann weder meine Regierung blossstellen", schrieb er in das große Haupt=Quartier, „noch dem König und dem Erb= prinzen gegenüber wider ihre Interessen und zu Gunsten Murat's mehr thun als ich dazu ausdrücklich angewiesen bin" [2]). Er wußte sehr wohl daß im Grunde Castlereagh und Aberdeen eben so dachten und sich nur um Oesterreichs willen dem thatsächlichen Beherrscher von Neapel freundlicher erzeigten als sie es im Herzen waren.

Als Bentinck am 8. Februar wieder in Palermo eintraf begab er sich sogleich zum Könige, dann zum Alter=Ego, um sie von den letzten Abmachungen so wie von den Absichten des britischen Cabinets in Kenntnis zu setzen, dessen Zumuthungen zwar die Beiden zurück= wiesen, jedoch, wie der edle Lord sich einredete, nicht mit rechtem Ernst und Eifer. Bentinck's persönliche Beziehungen zu König Ferdinand hatten sich übrigens seit der Abreise der Königin ganz freundlich ge= staltet, und jedenfalls meinte er es mit ihm aufrichtiger als mit Murat in welch letzterem er nur ein Hindernis für seine eigenen hoch= fahrenden Pläne erblickte. Er lebte noch fortwährend in der Ein= bildung die Sicilianer liebten niemand mehr als ihn, wegen der ausgezeichneten Verfassung die er ihnen gegeben, und haßten das Königspaar wegen dessen „erniedrigender Tyrannei"; Groß=Britannien meinte er müsse Sicilien in der Hand behalten — „alle Sicilianer wünschen das!" — nicht als Eigen, aber als anvertrautes Gut um

---

[1]) Castlereagh Corresp. IX (III 1) S. 184 f. Basel 22. Januar 1814 Castlereagh an Bentinck; S. 196 Langres 27. Januar derselbe an Metternich; S. 234 f. Chatillon 4. Februar und S. 263 Troyes 15. Februar derselbe an Bentinck. Bezeichnend war es übrigens daß die britischen Staatsmänner fast aus= nahmlos nur von „Murat" reden, wenn sie nicht gar eine Umschreibung gebrauchen, wie in dem Briefe vom 22.: „The Emperor of Austria having entered into engagements with the person now exercising the Government of Naples &c.

[2]) Ebenda S. 134 f.

dem übrigen Italien zu zeigen was aus einem Stück Erde werden
könne auf das England die Sonne seiner constitutionellen Einrich=
tungen leuchten lasse: „im Falle eines neuen Krieges der, wenn
Buonaparte am Leben bleibt, nicht lang auf sich warten lassen wird,
wünschte ich daß Sicilien nicht blos das Muster sondern auch das
Werkzeug der italienischen Unabhängigkeit werde“ [1]).   Da nun aber
König Joachim das gleiche von Neapel aus und unter seinen eigenen
Auspicien anstrebte, so war leicht zu ermessen wie hoch bei unserm Lord
die Freundschaft mit „General Murat“ im Preise stand.

*   *   *

Als Maria Karolina ihre Insel verließ war der Gedanke, im
Reiche ihres mächtigen Verwandten eine Zuflucht vor den Quälereien
und Rohheiten der Engländer zu finden, nicht der einzige der sie
begleitete: es lag ihr im Sinne den österreichischen Aufenthalt zur
Betreibung jener großen Angelegenheit zu benützen die nie aufgehört
hatte das Endziel ihrer Bemühungen zu bilden.   In diesem Sinne
hatte auch König Ferdinand schreiben müssen.   „Wenn meine Ge=
mahlin und mein Sohn“, hieß es in dem Briefe worin er die Beiden
seinem kaiserlichen Schwiegersohn und Neffen anempfahl, „in Ihnen
einen mächtigen Beschützer gefunden haben werden, zweifle ich nicht
daß Sie die gleiche Theilnahme mir angedeihen lassen und meiner
gesammten Familie die Rückkehr in mein Vaterland verschaffen werden.
Sie vermögen es und ich setze meine ganze Zuversicht in Sie“.   Allein
wenn die Nachrichten die ihr Baron Stürmer in Bujukdere, der Herzog
von Richelieu in Odessa überbracht, Karolinens Seele mit stolzer Ge=
nugthuung erfüllt hatten so war, was sie nach ihrer Ankunft in
Wien erfuhr, gar sehr geeignet ihre Erwartungen herabzustimmen, die
Erfüllung derselben in unabsehbare Ferne hinauszurücken, wo nicht
völlig zu vereiteln.   Denn alle Anzeichen sprachen dafür daß Murat in
der Zwischenzeit mit den Alliirten seine Rechnung gemacht habe, was
nur auf Kosten ihres angestammten Königreichs geschehen sein konnte.

---

[1]) Castlereagh IX (III 1) S. 238—241; das Schreiben Bentinck's
datirte noch von Neapel 6. Februar.

Die „Wiener Zeitung" vom 5. Februar brachte unter der Rubrik „Italien" eine viel deutsame Nachricht von den Bewegungen der neapolitanischen Armee in den Legationen, und schon am Tage darauf sandte die landesflüchtige Fürstin dem Kaiser Franz eine umständliche Denkschrift ein. Der Brief womit sie dieselbe bittend und vertrauensvoll in seine Hände legte, war wie alle andern aus ihrer letzten Zeit etwas wirr; zwei- ja dreimalige Wiederholung schon früher erwähnter Dinge, oft mit denselben Worten; dazwischen fortwährende Betheuerung ihrer besten Wünsche und Gelöbnisse, ꝛc. Die Denkschrift selbst dagegen war wie aus ihrer besten Zeit. Das Schriftstück, entweder unmittelbar von ihr dictirt oder nach ihrem Ideengange, ihren Argumenten abgefaßt, trug ganz den Stempel jenes Geistes und jener Geschicklichkeit die selbst solche Zeitgenossen, die sonst nicht gut auf sie zu sprechen waren, nicht umhin konnten ihr rühmend zuzugestehen.

„Sie habe", begann die Königin, „erst abwarten wollen daß Ruffo ihr eine klare Einsicht in den gegenwärtigen Stand der Dinge gebe, ehe sie ihr gepreßtes Herz gegen Ihn, den Kaiser, ausschütte. Sie halte sich überzeugt daß Er zu ihren Ungunsten nie Anträge von einem Menschen annehmen werde der nur in einer für ganz Europa verhängnisvollen Zeit sich in den zeitweiligen Besitz von Neapel habe setzen können. Sie erwarte von Seinem Rechtsgefühl, von dem Hochsinn Seines erlauchten Verbündeten des russischen Kaisers, von dem Billigkeitsgefühl Englands die Erfüllung ihres gerechten Verlangens, die Rückgabe der Krone von Neapel an den König ihren Gemahl. Solle das erhebende Bündnis, das schon so schöne und große Erfolge errungen, die Bürgschaft der Dauer und Vollkommenheit in sich tragen, so müsse es Weisheit und Gerechtigkeit zur Grundlage haben, und so könne sie es ruhig abwarten wie sich die vereinigten Mächte, durch Seine verwandtschaftliche Güte beeinflußt, um ihre und ihres Hauses Interessen annehmen werden".

„Zwei Haupt-Gesichtspunkte seien es die sich aus dem Verhalten und den bisherigen Schritten der verbündeten Souveraine ergäben. Der eine: die französische Uebermacht zu brechen und für diesen Zweck von allen Seiten zusammenzuwirken. Aber sei Sicilien nicht thatsächlich mit in diesem Bunde? Seien es nicht sicilische Truppen die in Spanien unter englischer Führung kämpfen, die in diesem Augenblicke bereit seien im Verein mit den Briten auf jedem Punkte Italiens die Anstrengungen der Alliirten zu unter= stützen? Und der andere: ein neues System des europäischen Gleich= gewichts an die Stelle des bisherigen zu setzen. Der König ihr Gemahl aber verlange nichts anderes als, nachdem er wieder in den Besitz seines festländischen Erblandes getreten, zu diesem Ziele mit= zuwirken".

„Man behaupte Murat sei es gelungen die neapolitanische Armee auf einen achtunggebietenden Stand zu setzen, nun wohlan, wir werden sie darin erhalten! Oder wolle man lieber auf den Bei= stand eines Mannes bauen dessen ränkevolles wetterwendisches Wesen, dessen Ehrsucht, dessen Mangel an Hochsinn und schonender Rücksicht ihn gerade in den letzten Zeitläuften so arg blosgestellt? Sie begreife wie man zu Anfang des Weltkrieges, und so lang noch alles im unsichern gewesen, einen Werth darauf habe legen können die neapoli= tanischen Truppen nicht im Verein mit den vice=königlichen gegen die Südgränze Oesterreichs heranrücken zu sehen. Doch habe sich seither nicht alles geändert? Seien die neapolitanischen Truppen in den Reihen der Verbündeten nicht eher eine Last denn ein Vortheil? Und wenn der Kaiser dem Wunsche ihres Sohnes Leopold sich den in Italien kämpfenden Kaiserlichen anzuschließen willfahre, werde das neapolitanische Heer unter Murat nicht eben so viel an Ausreißern verlieren als die Kaiserlichen mit jedem Schritte den sie vorwärts thun an Ueberläufern gewinnen würden?"

„Nein, es sei nicht möglich daß die Verbündeten, daß insbesondere Oesterreich neben sich einen revolutionairen König nicht nur dulden sondern bestätigen und auf dem angemaßten Thron festigen! Und solle König Ferdinand der einzige sein der geopfert werde wo alle andern legitimen Monarchen in ihre Staaten zurückkehren, selbst solche die nur die Wendung des Kriegsglückes bewegen konnte sich den Ver= bündeten anzuschließen, während sie und ihr Gemahl von Anfang

und unter allen Wechselfällen gegen die französische Uebermacht gestritten, zu jeder Zeit im Geiste der Coalirten gedacht und gehandelt
hätten?!" . . .

Niemand wird die hohe Bedeutung dieses beredten Schrift-
stückes läugnen wollen. Bezeichnend für ihren Ueberredungseifer war
es auch, daß die Königin da wo sie von den Engländern sprach
jetzt alle Erinnerung an das was sie von ihnen erduldet, alle Klage
und Bitterkeit fallen ließ, und in denselben nur ihre „Verbündeten"
sah. Das entscheidende Ziel vor Augen ließ sie alle kleinlichen Rück-
erinnerungen beiseite: ihre und ihres Hauses Angelegenheit war jetzt
mit die der Briten. Nur dagegen verwahrte sie sich mit vollem Grund
daß die Briten, denen ihr Gemahl die Führung seiner Truppen überlassen, daraus Anlaß nähmen auch die Vertreter von dessen Rechten
und Interessen zu sein, „besonders wenn es sich um Verpflichtungen
handeln werde welche die verbündeten Mächte im Dienste der großen
gemeinsamen Sache ihm aufzuerlegen für gut finden sollten" . . .
Welches die unmittelbare Wirkung ihres Schreibens und der
Denkschrift gewesen läßt sich nur muthmaßen. Sehr wahrscheinlich
daß beides von Kaiser Franz, ohne davon seinen gekrönten Waffengenossen Einsicht nehmen zu lassen, einfach beiseite gelegt wurde [1]). Was
sollte er auch anders thun? Helfen konnte er ihr doch nicht! Man
mußte froh sein den König von Neapel nicht zum Feinde zu haben;
denn trotz der großen Uebermacht der verbündeten Heere machte der
Eine, der ihnen wenn auch mit geringern Hilfskräften gegenüber
stand, noch genug zu schaffen!

*   *   *

Als der König von Neapel in den letzten Januar-Tagen in
Bologna eintraf, was sein General Carascosa den Truppen in einem

---

[1]) Dafür scheint auch der Umstand zu sprechen daß sich das Schriftstück bei der Privat-Correspondenz Karolinens mit ihrem kaiserlichen Schwieger-

Aufruf „für die Sache Europas zu kämpfen" bekannt gab, bot das allgemeine Kriegs-Theater folgenden Anblick: Die Hauptmacht der Verbündeten war bereits tief in Frankreich, fast ohne den ganzen Januar hindurch etwas vom Feinde zu gewahren. Erst am 29. war Blücher, dem die vorsichtigen Bewegungen Schwarzenberg's viel zu langsam schienen, in Brienne von Napoleon überrascht und nahezu gefangen worden, bis der Oberfeldherr, der rasch herbeigekommen war und andere Heerestheile herbeigezogen hatte, in den Tagen von la Rothière, 1. und 2. Februar, die Scharte glänzend ausgewetzt und den französischen Kaiser mit großem Verluste zurückgeschlagen hatte. Von da an wurde auf französischem Boden in Einzelgefechten mit wechselnden Erfolgen, aber im großen Ganzen zum unaufhaltsamen Vortheil der Alliirten gestritten, die den Halbkreis um die Hauptstadt Frankreichs immer enger schlossen. Auf dem ober-italischen Schauplatze hatte der wackere Hiller den Oberbefehl an Feldmarschall Bellegarde abgegeben, welchem der Vice-König Prinz Eugen hinter der Etsch in einer vortheilhaften Stellung gegenüberstand; Venedig war von der Landseite eingeschlossen, zur See von britischen Kriegsschiffen blockirt; in den Legationen hatte der österreichische General Nugent Ferrara besetzt, Ravenna genommen, Forli erstürmt. Die östliche Seite der Adria war beinahe ganz im Besitz der Kaiserlichen denen der englische Capitain Hoste mit seinen Schiffen kräftigste Unterstützung leistete. General Tomasić hatte im November 1813 Spalato, die Insel Lesina genommen, anfangs December Zara zur Uebergabe gezwungen, General Milutinović zu Anfang 1814 Cattaro besetzt, am 28. und 29. Januar Ragusa erobert. Wenn jetzt der König von Neapel mit seiner frischen schönen Armee eingriff und mit gewohntem Ungestüm in's Feuer ging, mußte sich in kürzester Frist das Schicksal der apenninischen Halbinsel zu Gunsten der Alliirten entscheiden.

---

john vorfindet, was kaum der Fall sein würde, wenn es Kaiser Franz in amtliche Verhandlung genommen, also zunächst dem Fürsten Metternich übergeben hätte.

Das war nun leider nicht der Fall, und man muß billig genug sein die Beweggründe seines Zauderns in Betracht zu ziehen.

Einmal hatte er die Antwort des Kaisers Franz auf sein eigenhändiges Schreiben noch nicht in Händen; sie sollte ihm Bürgschaft dessen sein was Neipperg und Mier mit ihm ausgemacht hatten; konnte man ihm, dessen Lage eine so überaus zweifelhafte war, dieses Verlangen übelnehmen? Wohl war die Königin in besserem Rechte wenn sie darauf drang er solle durch ein rückhaltloses Vorgehen im Interesse der Alliirten sich das Vertrauen und die Geneigtheit derselben erobern; doch sie war eben nicht an seiner Seite und Graf Mier, der am 3. Februar in Bologna eintraf und den er täglich fragte ob noch kein Schreiben aus dem großen Haupt-Quartier eingetroffen sei, hatte bei aller Neigung die ihm der König zuwandte doch nicht immer den entscheidenden Einfluß[1]). Selbst die Vorstellungen Campochiaro's, der bei Joachim sehr viel galt und der aus dem Haupt-Quartier der Verbündeten fortwährend beschwichtigend schrieb, wollten nicht recht verfangen. Denn so gelichtet bereits die Reihen der Franzosen in Joachim's Umgebung waren, es gab ihrer noch immer genug die von einem baldigen Frieden der Alliirten träumten und dem Könige vorhielten wie sehr es ihm in den Augen des Kaisers zum Nutzen gereichen müsse wenn er sich dann werde darauf berufen können, nicht thatsächlich mit französischen Truppen handgemein geworden zu sein[2]).

Ungleich gegründeter war Murat's Verdacht gegen die Engländer. Nicht blos daß Bentinck's Gesinnungen, von ihm selbst bei keinem Anlasse verhehlt, dem Könige gerechtes Mistrauen einflößten,

---

[1]) Mier an Metternich Verona 11. Februar: „... Il en est toujours très inquiet et me demande chaque fois qu'il me voit si la lettre autographe de mon Souverain, qui doit servir de ratification préliminaire et que Votre Altesse avait promis de m'envoyer sous peu de jours, ne m'était pas encore parvenu".

[2]) Derselbe an denselben Bologna 13. Februar: „... le mérite comme Français de n'avoir pas tiré un coup de fusil contre ses compatriotes. C'est là la véritable raison de la lenteur que le Roi met dans toutes ses démarches et l'accomplissement de ses promesses et engagements".

auch die Haltung des britischen Haupt=Quartiers, welches verschiedene Punkte des Allianz=Vertrages vom 11. Januar geändert wünschte, machte ihn stutzig. Die Einwürfe Castlereagh's und Aberdeen's betrafen besonders die Gebietserwerbungen Joachim's auf Kosten des Kirchenstaates und die dem Könige Ferdinand zugemuthete Aufgebung seiner festländischen Ansprüche. Nicht daß die britischen Minister der Sache selbst unter allen Umständen entgegen gewesen wären, nur ausgedrückt sollte sie anders sein, nicht als nackte und schroffe Forderung in den Vertrag aufgenommen werden. Allein war es König Joachim zu verargen wenn er seinerseits gerade darauf den höchsten Werth legte daß seine Verzichtleistung auf Sicilien und jene Ferdinand's auf Neapel in einem und demselben Artikel, als einander gegenseitig bedingend, ausgesprochen würden? Gleichwohl gelang es dem Grafen Mier nach langen Unterredungen und den eindringlichsten Vorstellungen den König zur Annahme der von den Engländern gewünschten Text=Aenderungen zu bringen, worauf sogleich Baron Fröhlich nach Palermo abgeschickt wurde um Bentinck wissen zu machen daß alle Mißverständnisse beseitigt seien [1].

Endlich spielten Herrschgier und Ländersucht ihre nicht unbedeutende Rolle. Am 5. Februar zogen die Neapolitaner unter Minutolo in Florenz ein, das Elisa Bacciocchi nun wieder eilends gegen den Aufenthalt in Lucca vertauschte, während die französische Besatzung sich auf Pisa und Livorno zurückzog. General Lecchi nahm von Toscana im Namen seines Königs förmlichen Besitz, und alle Gedanken und Aussichten die apenninische Halbinsel bis an den Po unter seinen Scepter zu vereinigen drängten sich mit verstärkter Gewalt vor

[1] Mier 4. Februar: „Le Roi a accédé à tous les changements qu'a souffert la rédaction de notre traité d'alliance signé par le Cte Neipperg le 8 du mois passé". Die Beunruhigung des Königs, besonders über den Punkt der gegenseitigen Verzichtleistung, war dessenungeachtet noch lang nicht beschwichtigt; denn noch am 11. schrieb Mier: „Il appuya ce désir de raisonnements si justes et concluants que je n'ai pu rien y opposer, mais que je craignais que Lord Bentinck, qui montre tant d'éloignement pour tout arrangement avec le Roi, ne prenne cela pour prétexte à la non-conclusion d'un armistice ou d'une convention avec le gouvernement napolitain" . . .

Murat's ehrgeizige Seele. Schon der Tagesbefehl Carascoja's hatte einen Aufruf an die „Italiener" enthalten „sich unter die Fahnen des Königs von Neapel zu schaaren", was man dann am andern Tage, um die Oesterreicher nicht zu verletzen, in einen Appell an die „Völker von Süd-Italien" umwandelte. Nichts desto weniger spielte Murat den Herrn in allen von seinen Truppen besetzten Gebieten, entließ die alten Beamten und bestellte neue die sich auf ihren Posten betrugen als ob sie für immer da bleiben sollten. Ein Decret erschien nach dem andern, alle im Namen des Königs Joachim; Steuern wurden eingehoben und in seinen Staatsschatz abgeführt; selbst Sol-daten ließ er ausheben und seinen Regimentern einverleiben [1]).

Die Anschauungen der Alliirten über die künftige Gestaltung Italiens waren aber bekanntlich ganz andere, und in ihrem Geiste sprachen und handelten die österreichischen Generale. Am 5. Februar richtete Bellegarde an die Piemontesen und Toscaner die Aufforderung ihre frühern Regierungen herzustellen; denn es sei „der großmüthige Wille der verbündeten Fürsten das alte gesellschaftliche Gebäude von Europa auf den Grundlagen die so lange dessen Glück und Ruhm begründeten wieder aufzurichten". Am selben Tage überschritt der kaiserliche Feldmarschall die Etsch und schloß am 7. durch Nugent mit General Libron im Namen des Königs eine Militair-Convention, laut deren der Po die Gränze der beiderseitigen Operationen bilden, das Gebiet am rechten Ufer der neapolitanischen Armee unter Mit-wirkung des Nugent'schen Corps überlassen bleiben sollte; als Ziel war ihnen Piacenza und in weiterer Linie Alessandria vorgesteckt.

---

[1]) Mier zum 11. Februar: „Toutes les dispositions et arrangements d'administration qui s'exécutent dans les provinces occupées par les troupes napolitaines en générale, et principalement en Toscane, démontrent clairement que l'intention du Roi était de les garder sous son administration jusqu'à la paix générale". Mier rieth deshalb daß Ferdinand von Toscana und Franz von Modena nicht säumen möchten von ihren Ländern Besitz zu nehmen um den Zu-muthungen des Königs ein Ziel zu setzen und die Gebiete von der Last der neapo-litanischen Einquartierung zu befreien: „Ce pays va être ruiné pour longtemps si on le laisse entre les mains des administrateurs napolitains"; derselbe zum 13. Februar und 6. März.

Am Tage darauf schlug Bellegarde die Schlacht am Mincio die unentschieden blieb, indem beide Theile sich den Sieg zuschrieben, aber auch beide in der folgenden Nacht auf ihre frühern Stellungen zurück=gingen. Zur selben Zeit, 8. und 9. Februar, zog Graf Nugent südwärts vom Po in Modena ein und bestellte im Namen und bis auf weitere Befehle des Erzherzogs Franz IV. eine provisorische Re=gierung.

Der König von Neapel blieb noch immer unschlüssig. Er schob zwar einen Theil seiner Truppen etwas vorwärts; als aber der hitzige Nugent auf Parma losmarschiren wollte kam ihm aus Bologna der ausdrückliche Befehl zu die Enza nicht zu überschreiten. Joachim ver=drossen die Kundmachung Bellegarde's und die Maßregeln Nugent's in Modena; auch hatte er noch immer keine Antwort auf sein Schreiben an den Kaiser von Oesterreich.

Dafür kam eine aus Sicilien. Nicht durch Fröhlich dem vielmehr der Lord-General-Capitain, nachdem jener einige Tage in Palermo gewartet hatte, einfach sagen ließ er könne wieder abreisen, ohne ihm ein Wort der Höflichkeit an Mier, ja auch nur eine Bestätigung über die ihm aus dem großen Haupt-Quartier überbrachten Papiere mit=zugeben [1]. Dagegen hatte sich zur selben Zeit Feldmarschall-Lieutenant Neipperg in Palermo eingefunden von wo er in Begleitung des von Bentinck ihm beigegebenen Obrist-Lieutenants Catinelli nach Ober=Italien abging um daselbst — „avec le feld-maréchal Bellegarde et avec Murat", wie Bentinck schrieb — eine gemeinsame Kriegs=führung zu verabreden.

Neipperg und Catinelli kamen am 10. Februar in Bologna an woselbst der König, der sich zur selben Zeit in das Haupt=Quartier Bellegarde's begeben hatte, etwas später wieder eintraf. Joachim stellte sich sehr erstaunt aus dem Munde des sicilischen

---

[1] „Ce procédé impoli de sa part", bemerkt Mier PS. 3 ad n^{um} 11 zum 14. März, „vient encore à l'appui de la réputation dont il jouit et qu'il paraît grandement mériter".

Officiers zu vernehmen daß, nach einer in Palermo zwischen Bentinck und Neipperg getroffenen Uebereinkunft, siculo-britische Truppen in Livorno landen würden um das toscanische Gebiet für den Groß-herzog von Würzburg in Besitz zu nehmen. „Wie habe man“, rief er aus, „etwas so wichtiges abmachen können ohne ihn früher in Kenntnis zu setzen? Uebrigens hätten bekanntlich seine Truppen Toscana besetzt die er nicht weichen lassen werde! Lord Bentinck möge immerhin in Livorno landen, aber von dort gegen Spezia und Genua ziehen; er, der König, wolle für alles Sorge tragen was für den Unterhalt und die Weiterbeförderung seiner Truppen nöthig sei“. Damit war Catinelli nicht zufrieden; die Engländer, behauptete er, müßten in Mittel-Italien einen Punkt haben wo sie die Herren seien. Zuletzt meinte der König: „Ihr Lord soll nur kommen; wenn er ein-mal in Livorno ist werden wir uns schon miteinander verständigen! [1]

Am 12. Februar abends fand die Unterzeichnung des neuen nach dem Wunsche der Engländer geänderten Allianz-Vertrages statt, am Tage darauf ging Neipperg zur Armee der Verbündeten ab. Sowohl er als Mier benützten diesen Anlaß Metternich neuerdings zu bitten daß Kaiser Franz mit der so sehnlichst erwarteten Antwort auf das Schreiben Joachim's nicht länger zögern wolle, „weil sonst nicht zu erwarten sei daß der König thätig eingreifen werde“. Die neapoli-tanischen Truppen brannten vor Begierde gegen die verhaßten Fran-zosen in's Feld geführt zu werden, die nationalen Generale zeigten sich entschlossen dem Feinde die Stirn zu bieten. Als der in der Engelsburg eingeschlossene Miollis Rom zu bombardiren drohte dafern man ihm nicht Lebensmittel verschaffe, war die Antwort La Vauguyon's: „wenn ein Schuß auf die Stadt falle werde er die Garnison Mann für Mann über die Klinge springen lassen“. Auch in Ancona hielt sich die Veste noch immer. Als am 11. Februar die französische Besatzung einen Ausfall wagte wurde sie mit blutigen Köpfen zurückgeschlagen, worauf

---

[1] Mier PS. 3 zum 14. März: „Après une très longue discussion à ce sujet S. M. dit à Catinelli: ‚que Lord Bentinck arrive seulement avec ses troupes à Livourne, et vous verrez que nous nous arrangerons déjà pour le reste‘“.

man am 12. die Veste zu beschießen begann. General Barbou hatte nur eine geringe Mannschaft, Mangel an Munition und Proviant trat ein, und so erfolgte am 18. Februar die Uebergabe wobei der Besatzung alle militairischen Ehren gelassen wurden. Im Toscanischen erschien Minutolo am 17. vor Pisa, am 18. vor Livorno. Fouché, französischer General-Gouverneur dieser Departements, erklärte sich zu Unterhandlungen bereit, und am 24. wurde zu Lucca zwischen ihm und General Lecchi ein Uebereinkommen getroffen zufolge dessen nicht blos Toscana mit allen festen Plätzen den neapolitanischen Truppen eingeräumt wurde, sondern auch Miollis die Engelsburg in Rom und Civita Vecchia übergeben sollte; den Besatzungen sollte freier Abzug gegen das Versprechen zugesichert werden durch ein Jahr wider die Verbündeten nicht zu fechten.

Nur der König zauderte noch immer. Am 14. traf Pignatelli-Strongoli aus dem großen Haupt-Quartier der Alliirten in Bologna ein und brachte mit der Nachricht von dem großen Siege bei la Ro-thière beruhigende Botschaft für Joachim, so daß dieser erklärte, jetzt erst habe er Vertrauen zu Oesterreich gewonnen und werde seine Truppen marschiren lassen. Auch erfolgte am Tage darauf seine Kriegserklärung an Frankreich; er verlegte sein Haupt-Quartier vor-wärts nach Modena, seine Truppen kamen bis Reggio. Allein was er erhalten hatte war doch nicht die eigenhändige Antwort des Kaisers Franz, und er gerieth in neues Schwanken. Graf Nugent der sich schon den Weg nach Parma gebahnt hatte wurde von den Truppen des Königs, auf deren Mitwirkung er zählte und die auch voll Eifer waren ihn zu unterstützen, im letzten Augenblicke im Stich gelassen und mußte über den Taro und die Enza zurückgehen; die Franzosen unter Grenier ersahen ihren Vortheil und überfielen das Regiment Franz Karl von der Brigade Starhemberg das abgeschnitten und fast aufgerieben wurde, 2. März. Der kaiserliche Feldmarschall schrieb darüber einen Brief voll Bitterkeit und Vorwürfen an den König, der in einer weitläufigen Antwort seine Haltung aus strategischen Gründen zu rechtfertigen suchte. Man wollte im kaiserlichen Lager sogar wissen daß der Vice-König und dessen Generale von jeder

Bewegung welche die Alliirten gegen sie unternahmen in vorhinein unterrichtet seien; daß ein ununterbrochenes Beschicken von einer Armee zur andern stattfinde; ja daß Murat dem Prinzen Eugen, der bereits eine rückwärtige Bewegung angetreten hatte, geheime Botschaft zugesandt habe mit dem Vorschlage ihre beiderseitigen Kräfte zu ver= einigen und sich gemeinschaftlich in den Besitz der apenninischen Halbinsel zu bringen.

Da traf am 3. März Beaufremont, Adjutant Joachim's, in Modena ein und übergab diesem das Schreiben des Kaisers Franz; gleichzeitig erhielt Mier eine Depesche Metternich's worin er ange= wiesen wurde dem Könige mitzutheilen, er, Metternich, habe im Auftrage seines Kaisers die befreundeten Souveraine und Cabinete eingeladen dem österreichisch=neapolitanischen Bündnisse ihrerseits bei= zutreten und sich zu diesem Behufe mit dem Fürsten Cariati in das Einvernehmen zu setzen [1]). Das schien auf Joachim zu wirken. „Ge= stehen Sie es nur", äußerte er sich gegen den Grafen Mier, „kein anderer in meiner Lage würde gethan haben was von meiner Seite bisher geschehen ist. Ohne Ihrer Allianz sicher zu sein, eingeschüchtert durch die Nicht=Bestätigung des ersten Vertrags, durch sechs Wochen in Erwartung der eigenhändigen Antwort Ihres Kaisers die mir als Annahme des zweiten dienen sollte und mir binnen wenig Tagen verheißen war, beunruhigt durch das immer wiederkehrende Gerede Rußland und Preußen seien willens die Bourbons nach Paris zurück= zuführen, habe ich gleichwohl mit Frankreich gebrochen, habe dessen Truppen und Behörden aus dem größten Theile von Italien verjagt, mich in Ihre Reihen dem Vice=König gegenüber gestellt. Jetzt erst bin ich meiner Krone sicher weil ich das geschriebene Wort Ihres

---

[1]) Troyes 22. Februar 1814: „Cette même forme a été suivie pour tous les traités antérieurs conclus avec des puissances qui se sont jointes à la grande alliance, telle que la Bavière, le Wurttemberg etc. etc. En faisant cette communication aux Cabinets alliés je les ai prévenu que Mr. le P^{ce} Cariati se trouvait muni de pleins pouvoirs pour traiter et signer tout arrange= ment rélatif à l'alliance, et j'ai engagé ce Ministre à seconder maintenant directement mes démarches".

Kaisers in meinen Händen halte. Von nun an wo ich Ihr offener Verbündeter bin sollen Sie mit mir zufrieden sein"[1].

Rechter Ernst aber war es ihm noch immer nicht. Am 6. März setzten sich Nugent und Starhemberg neuerdings in Marsch auf Reggio und griffen am 7. unterstützt von zwei neapolitanischen Bataillons, obwohl vom Könige Gegenbefehl kam, die Franzosen unter Severoli und Gratien erfolgreich an; Joachim erschien auf dem Kampfplatze nachdem die Action schon vorbei war und veranstaltete es — so zum mindesten lautete nachmals die schwere Anklage von Nugent's Seite — daß die Franzosen möglichst leichten Kaufs davon kamen[2]. Am 9. zog Graf Starhemberg zum zweitenmal in Parma ein.

Karolina Murat in Neapel hielt sich fortwährend ausgezeichnet. Sie entwickelte sich immer mehr als eine Frau von klarem Blick und festem Entschluß. An demselben Tage wo in Bologna der neue Allianz-Vertrag zum Abschlusse gekommen war unterzeichnete sie in Neapel einen Erlaß, laut dessen sie als Regentin die bisher kaiserlichen Lehen Benevent und Pontecorvo in ihren Besitz nahm, die Beschlagnahme aller französischen Liegenschaften und Cassen, aller in neapolitanischen Häfen vor Anker liegenden oder daselbst einlaufenden französischen Kriegs- wie Handelsschiffe befahl, alle im Lande noch weilenden französischen Offi-ciere und Agenten nach Korfu oder Frankreich verwies, den Abbruch aller und jeder Verbindung zwischen Frankreich und Neapel aussprach.

Auch im Innern schaltete sie eben so klug als kräftig. Denn die bourbonische Partei glaubte sich die Abwesenheit des kriegerischen

---

[1] Mier an Metternich 6. März: „En général il a régné jusqu'à l'arrivée de Mr. de Beaufremont un tel désordre dans nos opérations militaires et une méfiance si marquée des deux côtés, qu'il est surprenant que le Viceroi n'en ait pas profité davantage".

[2] Observations par le général Cte Nugent etc. in Schoell Recueil VI S. 408 f.: (Le Roi) „finit par le" (l'ennemi) „laisser sortir, et on ne nous permit pas de le poursuivre, de sorte qu'il fit sa retraite sans danger, quoi-que nous fussions trois fois plus forts que lui. Les troupes étaient enragées de le voir échapper, et attribuèrent sa retraite à des raisons qui n'étaient pas très-honorables au Roi".

Königs und der Mehrzahl seiner Generale zu Nutzen machen zu
können um ihre Fahne aufzupflanzen und ihren zahlreichen Anhang
in die Waffen zu rufen. Etwa zu Anfang März erfolgte von der
Insel Lissa aus eine Landung von neapolitanischen Flüchtlingen im
Gebiete von Teramo das sie in der kürzesten Frist mit alleiniger Aus=
nahme des Hauptortes in ihre Gewalt bekamen, was übrigens in einer
sehr höflichen und friedsamen Art geschah. Denn auf die eifrigst aus=
gesprengte Kunde, das Regiment Murat's sei gestürzt, das Ferdinand's
von neuem erstanden, räumten die bisherigen Beamten willig ihre
Plätze die von Männern der Carbonari=Partei in Besitz genommen
wurden; alle sonstigen Einrichtungen und Gesetze blieben wie sie waren.
Die Bewegung drohte die benachbarten Bezirke von Aquila und vor=
züglich von Chieti zu ergreifen dessen Intendant Herzog von Monte=
jasi als Anhänger und eifriger Förderer der Secte galt; doch das
rechtzeitige Erscheinen einiger Abtheilungen Gendarmen hinderte den
Uebergang der Aufständischen über den Aterno. Die Regentin sandte
aus Neapel eine ausreichende Zahl Truppen, gleichzeitig aber als
Friedensstifter zwei geachtete und beliebte Abruzzesen, Cavaliere Delfico
und Baron Nolli, Staatsrath, im Departement der Finanzen in Ver=
wendung, der König aber aus seinem Haupt=Quartier, wohin Baron
Tulli als Flüchtling die erste Nachricht gebracht hatte, den wegen seiner
Mäßigung bekannten General Florestan Pepe. In der That wurde
der Aufstand eben so rasch und ohne alles Blutvergießen gestillt als
er ausgebrochen war: die Leute wurden aufgeklärt, die neuen Männer
verließen ihre Posten, die Murat'schen Beamten kehrten zurück, Delfico
und Nolli hatten nichts weiter zu thun. Der ganze Zwischenfall wäre
beigelegt gewesen wenn nicht Joachim nachderhand für nothwendig ge=
halten hätte Strenge an Stelle der Milde treten zu lassen. Montejasi
wurde abberufen, Florestan Pepe ging zur Armee zurück; statt seiner
kam General Montigny und mit ihm der ganze Apparat blutgericht=
licher Proceduren durch die sich General Manhès in Calabrien eine
so traurige Berühmtheit erworben hatte [1]).

---

[1]) Colletta VII 63 und Gioa. Murat II S. 135—137 vgl. mit Pepe I
S. 225 f. welch letzterer in der Rolle die er den Baron Nolli spielen läßt von den

28. Zusammenbruch des Napoleonischen Großstaates.

März-April 1814.

Am letzten Februar 1814 lief eine Flotte von 56 Transport-Schiffen mit britischen und sicilischen Truppen an Bord, darunter auch viele Griechen und Calabresen, mit Kriegsbedarf und Lebensmitteln reich versehen, aus dem Hafen von Palermo aus. Sie stand unter dem Befehl des Generals Montresor und ging zunächst bei der Insel Ponza vor Anker um die dortige Besatzung aufzunehmen. Bald darauf erschien Bentinck in Neapel — ob er so höflich war der Königin seine Aufwartung zu machen finde ich nicht verzeichnet und dürfte zu bezweifeln sein — und schlug von da, während seine Streit-macht in gleicher Richtung unter Segel ging, den Landweg nach Livorno ein wo er am 8. März, eine Phantasie-Fahne, zwei ver-schlungene Hände mit dem Wahlspruch: „Unabhängigkeit von Italien" an der Spitze, seinen kriegerischen Einzug hielt. Vor ihrem Aufbruch aus Sicilien hatte der königliche Alter-Ego an die Truppen seines Vaters einen Tagsbefehl gerichtet worin er in nicht sehr versteckter Weise auf die Wiedergewinnung des neapolitanischen Festlandes als ihr letztes Ziel hinwies[1]). Dieser Aufruf, so wie eine Proclamation Bentinck's an die Italiener worin mit andern Worten ungefähr das-selbe gesagt war, wurden eifrigst verbreitet und an öffentlichen Orten angeschlagen, obwohl der edle Lord nachmals behauptete um den

---

andern Berichten abweicht. Von einer genauen Zeitangabe wann dies vorgefallen, findet sich bei den italienischen Berichterstattern wie gewöhnlich keine Spur; auch aus den Mier'schen Depeschen kann man nur beiläufig schließen wann sich der Vorfall von Teramo ereignet haben mag.

[1]) „ . . . Vostro amoroso padre, che sempre tale è stato il mio augusto genitore, vi riguarda come suoi amati figli, egualmente che riguarderà sempre i Napolitani vostri fratelli". Der Aufruf war aus Palermo vom 20. Februar datirt und mochte den Sicilianern bereits vor dem Auslaufen des Kriegsgeschwaders bekannt gegeben worden sein; in Livorno aber erfolgte eine neue wohl zumeist auf die Italiener des Festlandes berechnete Kundmachung. Das Schriftstück war vom Prinz-General-Vicar unterschrieben, von Ruggiero Settimo gegengezeichnet. Ein Exemplar liegt der Mier'schen Depesche PS. ad n^{um} 12 Reggio 20. März bei.

Schritt des Kronprinzen nicht gewußt zu haben. Abenteurer aus aller Herren Länder, am meisten aus Neapel, landesflüchtige Briganten-Chefs Massenführer aus Calabrien, tauchten zahlreich auf und sprachen ganz offen von der Rückkehr ihres Königs Ferdinand in sein Land, suchten Händel mit den Truppen Murat's oder wollten sie zum Abfall verleiten.

Um die Mitte März traf Bentinck, um die weitere Kriegs-führung zu besprechen, in Reggio ein wohin der König von Neapel inzwischen sein Haupt-Quartier vorgeschoben hatte. Der hochfahrende Lord kehrte hier die barsche Ungezogenheit seines Wesens in voller Nacktheit heraus und offenbarte sich, als was ihn Mier aus einem frühern Anlasse gekennzeichnet hatte, als einen Grobian vom schwersten Caliber. Joachim überbot sich in Zuvorkommenheit gegen ihn, über-häufte ihn mit Wohlwollen, mit Aufmerksamkeiten jeder Art, ließ alle seine Künste spielen ihm zu gefallen [1]). Es half alles nichts. Nach Alquier hatte niemand der Königin Maria Karolina härtere Dinge zu vernehmen gegeben als Bentinck; allein er hatte ihr gegenüber doch die Form zu wahren, es war immer eine souveraine Fürstin die er vor sich hatte, deren angestammte Würde kein Brite aus den Augen verlieren wird. Doch wer war ihm „Murat"? Ein Emporkömmling! Daß er eine Krone trug? Die konnte er verlieren, sollte sie ver-lieren! Er behandelte ihn von oben herab, erschien vor ihm nie ohne eine riesige amaranthene Cocarde an seinem Hut, die Farbe der frühern neapolitanischen Regierung. Nie kam ein „Sire" oder eine „Majestät" über seine Lippen: „Monseigneur" war das höchste was er ihm gönnte. Gegen Andere machte Bentinck kein Hehl aus seinem Mistrauen, seiner Abneigung gegen Murat den er „ein Seitenstück zu Bernadotte" nannte. In der Sache selbst verlangte der Lord, die neapolitanischen Truppen sollten Toscana räumen und den seinigen überlassen. Der König erklärte diese Forderung aus Gründen mili-tairischer Ehre nicht zugeben zu können, meinte aber Bentinck möge

---

[1]) Mier 6. April: „ . . . il se mit en coquetterie pour lui plaire . . . ." Die treffende französische Phrase läßt sich im Deutschen nicht gut wiedergeben.

im Toscanischen den Oberbefehl auch über die neapolitanischen Truppen
übernehmen und den ganzen Küstenstrich bis Genua besetzen; nur die
Civil=Verwaltung und die Steuern, deren er dringend bedürfe, müsse
er, Joachim, in seiner Hand behalten. Als Bentinck damit nicht zu=
frieden war schlug Joachim, dem es jetzt mehr darum zu thun war
sich mit Anstand aus der Affaire zu ziehen, eine Berufung an Lord
Castlereagh vor, „der doch unzweifelhaft das britische Interesse nicht
leiden lassen werde". Aber Bentinck wies auch diesen Vorschlag zurück:
„Monseigneur wolle damit nur Zeit gewinnen"; und drohte, wenn
es nicht auf gütlichem Wege gehe, die Neapolitaner mit Waffengewalt
aus Toscana zu vertreiben, die Bevölkerung des Landes gegen sie in
Aufstand zu bringen, an der Küste von Neapel zu landen und König
Ferdinand IV. auszurufen. Jetzt riß Joachim der Faden der Geduld,
er fuhr empor und verschwur sich lieber seine Krone zu verlieren als
sich in den Augen seiner Armee, ja der ganzen Welt eine solche
Blöße zu geben.

Mier und General Wilson, welcher letztere mit dem Betragen
seines Landsmannes gar nicht einverstanden war weil es den An=
schauungen und Absichten seines Cabinets zuwiderlaufe, thaten alles
erdenkliche den starren Lord auf andere Gedanken zu bringen, was
ihnen aber nicht gelang. „Das ist mir alles gleich was daraus wird",
erwiederte Bentinck auf ihre Vorstellungen, „ich werde Murat nicht
um ein Haar nachgeben" [1].

Daß unter solchen Umständen dem ohnehin schwankenden Könige
eine Annäherung an Prinz Eugen verlockender als je erschien, dafür
sorgten die französischen Einflüsse in seiner Umgebung gegen die ihm

---

[1] Mier PS. ad n^{um} 12 Reggio 20. März: „Il est plus qu'évident
que Lord Bentinck a débarqué à Livourne avec la ferme volonté de tout
embrouiller et de perdre le Roi de Naples. Toutes ses démarches, ses propos
et ceux des avanturiers de toutes les nations qui l'accompagnent, l'ont prouvé
clairement". Am 6. April: „C'est un ennemi irréconciliable du Roi Joachim,
il fera tout pour le perdre"; Metternich möge die britische Regierung aufmerksam
machen auf Bentinck's Umtriebe: er schüre die Revolution unter den Italienern,
begünstige die Carbonari, die Errichtung von Logen nach Art der Freimaurer u. dgl.

dann und wann ein Wort entschlüpfte: „mit einemmal werde ein Um-schwung eintreten und er sich von den Oesterreichern ab und seinen alten Waffenbrüdern zuwenden". Der Tagsbefehl des Kronprinzen von Sicilien und das brutale Auftreten Bentinck's; die Misverständnisse mit Bellegarde und mit Nugent, welcher letztere in den von ihm be-setzten Landstrichen Politik auf eigene Faust trieb so daß der König nachdrücklich dessen Abberufung vom Commando verlangte [1]; Campo-chiaro's Botschaft aus dem großen Haupt-Quartier daß England den Allianz-Vertrag vorläufig nicht ratificiren werde; endlich die Nach-richten vom französischen Kriegsschauplatze wo sich das Glück neuer-dings zu Gunsten Napoleon's zu wenden schien, alles wirkte zusammen den haltlosen Murat seinem Schwager wieder in die Arme zu führen.

Napoleon hatte nacheinander bei Champeaubert, bei Montmirail, bei Vauxchamps, bei Guignes, bei Montereau, bei Mérß einzelne Corps der Verbündeten mehr oder minder empfindlich geschlagen, 10. bis 22. Februar, so daß der alte Uebermuth bei ihm wieder ein-kehrte. Von den Friedensverhandlungen, die abseits von dem Wüthen des Krieges in Chatillon-sur-Seine neuerdings betrieben wurden, wollte er nichts mehr wissen. „Mit meinen Gefangenen pflege ich nicht zu unterhandeln!" schrieb er dem Herzog von Vicenza, seinem Bevoll-mächtigten in Chatillon: „Was? Bin ich nicht näher° an München und Wien als jene an Paris?" Zwar stellte Schwarzenberg in der zweitägigen Schlacht von Bar-sur-Aube, 26. und 27. Februar, das Gleichgewicht wieder her und errangen in den Tagen darauf seine Unter-Feldherren bei la Fère-sur-Aube, bei Vandoeuvres, bei Lusigny,

---

[1] „... pour mettre fin aux commérages propos et tracasseries con-tinuelles"; Nugent setze eigenmächtig Regierungen ein, hebe einen großen Theil der Steuern auf, erlasse zahlreiche Proclamationen, „que ce général a fait dis-tribuer au nom des Alliés, et qui ne sont nullement rédigées dans le sens de nos vues politiques"; Mier PS. ad n^{um} 11 Reggio 14. März, PS. 1 ad n^{um} 13 Bologna 6. April 1814 .. Andrerseits will uns Pepe I S. 218 glauben machen, Nugent hätte ein Regiment Husaren ausgeschickt den König nächtlicher Weile auf-zuheben und in's Haupt-Quartier Bellegarde's zu bringen; „ma l' esecuzione di sì arditi disegni non è il fatto degli Austriaci" ... Nun der Neapolitaner Pepe hatte es eben nicht nöthig, was er bei jedem Anlasse thut, über die Kriegs-tüchtigkeit der Oesterreicher spöttelnde Bemerkungen zu machen!

1. bis 3. März, einen Vortheil nach dem andern über die französischen
Marschälle, ja setzte Napoleon selbst am 9. und 10. vergeblich seine
Kräfte ein die Stellung Blücher's bei Laon zu durchbrechen. Allein
noch war für ihn nicht alles verloren, besonders wenn sich die Dinge
in Ober-Italien zu seinen Gunsten änderten. „Schließen Sie den
Vertrag mit Murat in meinem Namen ab", schrieb er am 12. an
den Vice-König; „doch halten Sie ihn geheim bis die Oesterreicher
aus dem Lande gejagt sind!"

So würde sich ohne Zweifel jetzt vollzogen haben was seit
Wochen zwischen Eugen und Murat insgeheim im Werke war. Das
Kommen und Gehen der Generale Carascosa und Livron zwischen den
beiden Haupt-Quartieren war häufiger als je, so daß es selbst den
Kaiserlichen auffallen mußte. Im Haupt-Quartier der Alliirten war
man über die Haltung Murat's höchst ungehalten. „Wenn uns der
König nicht ernstlich helfen will", schrieb Metternich am 8. März
aus Chaumont an den Grafen Mier, „so wird er uns zwingen die
Ansprüche des Königs Ferdinand zu vertreten. Wir müssen klar sehen.
Bisher hat der König von Neapel mehr dem französischen Kaiser gedient
und genützt als uns. Wenn er meint alles damit gethan zu haben
daß er nicht über uns herfällt so wäre es fast besser ihn als offenen
Feind zu wissen. Auf unsere Alliirten hat das zweideutige Vorgehen
des Königs den schlimmsten Eindruck gemacht; der Herzog von Campochiaro und der Fürst Cariati können es bezeugen daß ohne diese ärger-
lichen Zwischenfälle die Verträge bereits unterzeichnet sein würden".

Um dieselbe Zeit ereignete sich im mittlern Italien ein Vorfall
der den Argwohn steigerte daß dem König von Neapel alles darauf
ankomme den Franzosen nicht zu wehe zu thun. Der von Fouché
empfangenen Weisung gemäß hatte General Miollis am 10. März
capitulirt und die Engelsburg so wie Civita Vecchia den Neapolitanern
übergeben. General La Bauguyon, ohne Zweifel nach Weisungen aus
Bologna, hatte der Garnison freien Abzug bewilligt und zwar mit
den Waffen in der Hand: sie sollten entweder zu Schiffe oder,
wenn dies nicht anginge wie es dann wirklich so kam, zu Land nach
Genua geführt werden. Unser Gesandter, der über diesen wie über

andere auffallende Vorgänge wiederholte Unterredungen mit dem Könige oder mit dessen Generalstabs-Chef Millet pflog, bemerkte mit Recht, so etwas sei in Kriegszeiten noch nicht vorgekommen; wenn man schon der Truppe ihre Waffen beließ so hätte man ihr dieselben auf Wagen nachführen sollen. Joachim wollte das nicht zugeben; ja er meinte sogar, wenn man nicht Mittel fände die Be=dingungen der Capitulation pünktlich zu erfüllen bliebe nichts übrig als den Franzosen die übergebenen Plätze wieder einzuräumen [1]).

Lord Bentinck hatte sich von Reggio nach Verona begeben um daselbst mit gleichem Ungestüm gegen Murat zu hetzen, wie er sich im großen Haupt-Quartier über die Oesterreicher beschwerte: „Belle=garde treibe dasselbe Spiel wie Murat, suche Zeit zu gewinnen, durch andere Ereignisse die Lösung herbeiführen zu lassen; Nugent ziehe mit einem aus kroatischen Söldnern und Marodeurs zusammen=gerafften Haufen den Po hinauf und verheiße, während seine Bande stehle und plündere wo sie könne, den Italienern nationale Selb=ständigkeit, Hebung des Steuerdrucks, Abschaffung der Conscription". Ueber Murat ließ er sich in der heftigsten Weise aus, klagte über dessen Falschheit und Zweideutigkeit, dessen Habsucht und Eigennutz; „denn er will nur darum seine Truppen aus dem Toscanischen nicht herausziehen weil er das Land noch nicht gehörig ausgesaugt hat, wie er dies auch in den andern Theilen Italiens die er militairisch besetzt hält zu thun pflegt". Den österreichischen Marschall, der von den gegen=seitigen Beschickungen zwischen Joachim und dem Prinzen Eugen ganz

---

[1]) Eine längere Unterredung hatte Mier in Reggio mit dem Könige selbst dem er Vorstellungen über die Unsicherheit seiner Manoeuvres machte, was dieser nicht zugeben wollte, Bericht vom 20. März Nr. 12; dann am 8. April mit Millet in Bologna über die Affaire Miollis, der gerade damals mit seinen 832 Mann in voller Ausrüstung mitten durch Feindesland herangezogen kam. „Je ne peux vous cacher tout mon étonnement", sagte der Gesandte, „d'ap=prendre que cette garnison, prisonnière de guerre, traverse ce pays tout armée, chose que je crois ne s'est jamais encore pratiquée en temps de guerre. Si telle a été la capitulation que la garnison conserve ses armes, elles auraient dû suivre la troupe disposées sur des chariots".

gut wußte, suchte er dahin zu bringen daß er mit jenem breche. Allein Bellegarde hielt seine militairischen Kräfte für zu schwach um es mit dem Vice-König und mit den Neapolitanern zugleich auf= zunehmen, er meinte vielmehr man müsse alles thun den König bei der Allianz zu erhalten, eine Ansicht worin er von Mier der sich gleichfalls in Verona einfand nur bestärkt wurde.

Im großen Haupt=Quartier der Verbündeten war man mit Bentinck's schroffer Haltung eben so wenig einverstanden als andrerseits mit dem herausfordernden Auftreten des Hofes von Palermo. In ersterer Hinsicht empfing Bentinck von Castlereagh die Weisung dem König von Neapel wissen zu lassen „daß, wenn die britische Regierung Anstand nehme den Allianz=Vertrag in limine zu unterzeichnen, dies einzig aus Rücksichten der Schonung und als Ehrenpunkt für einen langjährigen Verbündeten geschehe, den man seiner Erbstaaten nicht ohne angemessene Entschädigung berauben dürfe". In Palermo aber sollte der Lord im Namen seines Cabinets erklären: „man könne den König Ferdinand zwar nicht hindern seine Ansprüche auf Neapel als aufrechtstehend zu betrachten; nur werde man es in diesem Falle ihm überlassen müssen seine Sache allein auszukämpfen, und werde seinerseits mit König Joachim auf eigene Faust ein Ab= kommen treffen". Was Bentinck selbst betraf so suchte ihn Castlereagh zur Vernunft zu bringen, dessen unüberlegte Hitze zu dämpfen. „Er möge", schrieb er ihm in vollem Einklang mit dem Fürsten Metternich, „Zutrauen zu Murat fassen oder mindestens zeigen, dabei aber alles thun was die Wiedereinsetzung des Königs von Sardinien und des Großherzogs von Toscana herbeizuführen vermöge; für diesen Zweck ließen sich seine Truppen gar nicht besser verwenden als wenn er sie den neapolitanischen anschlösse und beide vereint am rechten Po=Ufer operiren lasse" [1]).

___

[1]) Castlereagh an Bentinck 21. Februar, Corresp. IX (III 1) S. 286; Bentinck an Castlereagh Verona 27., dieser an jenen Dijon 30. März, ebenda S. 400 f. 409 f.; Mittheilung Bentinck's an Gallo vom 1., Castlereagh an Bentinck am 3. April, ebenda S. 429—436. König Joachim heißt hier gleichfalls nur Murat oder „Marshal Murat".

Nun blieb Bentinck nichts übrig als gegen König Joachim einen andern Ton anzustimmen. Er und Mier reisten nach Bologna zurück, wo sich jetzt auch General Balašev einfand um von russischer Seite mit dem Könige ein Abkommen zu treffen. Bentinck brachte es zwar nicht über sich, Murat nicht noch einmal offen seine Meinung zu sagen und gegen ihn, wie er es selbst nachmals bezeichnete, eine Sprache zu führen „wie es dessen unentschuldbare heimtückische Haltung verdiente"[1]); allein in der Hauptsache ließ er sich durch General Wilson vertreten der, wie früher erwähnt worden, von allem Anfang dem König milder gesinnt war. Wilson verlangte für Bentinck den Hafen von Livorno und ein Gebiet um diese Stadt und um Pisa dessen Gränzen der Vertreter Oesterreichs bestimmen sollte. Der König willigte ein, nur die Forts von Livorno wollte er in seiner Hand behalten um gegen jede Feindseligkeit von britischer Seite gesichert zu sein. Aber ohne die Forts wollte Bentinck von gar nichts wissen und ging, ohne sich vom Könige auch nur verabschiedet zu haben, zu seinen Truppen ab. Er beschloß auf eigene Faust zu manoeuvriren.

*   *   *

König Joachim hatte durch diese ganze Zeit seine geheimen Beziehungen zu dem Prinzen Eugen noch immer nicht abgebrochen. Wie im Haupt-Quartier der Verbündeten so nahm man in den eingeweihten Kreisen seiner eigenen Hauptstadt an dieser doppelseitigen Haltung des Königs großes Aergernis. Das Kriegsbündnis mit Oesterreich war wochenlang unterzeichnet, aber von Neapel aus noch immer nicht amtlich kundgethan. Commandeur Andrea de Angelis, Director im auswärtigen Amte wo er den abwesenden Gallo vertrat, hatte vom König die ausdrückliche Weisung erhalten den Vertrag vom 12. Februar nicht zu veröffentlichen. Da machte im letzten Augenblicke das energische Auftreten seiner Gemahlin der Sache ein Ende.

---

[1]) Schoell Recueil VI S. 447 f.

Graf Mier hatte sich Karolinens Beistand erbeten und sie würde in Person nach Bologna gekommen sein wenn sie nicht ein ernsteres Unwohlsein in Neapel zurückgehalten hätte, wo überdies ihre Anwesenheit in diesem Augenblicke gar nicht entbehrt werden konnte. Aber sie sandte den Grafen Mosbourg und den Herzog von San Teodoro mit einem Schreiben und mit mündlichen Aufträgen die an Kraft und Deutlichkeit nichts zu wünschen übrig ließen. Die Königin drohte ihrem Gemahl „ihn zu verlassen, ihr Loos ganz und gar von dem seinigen zu scheiden und die neapolitanische Regierung jenen Weg einschlagen zu lassen den ihr die wahren Interessen des Landes vorzeichneten, falls er sich je beifallen ließe durch Wortbruch an Oesterreich seine Ehre zu beflecken, was sein Königreich unauf= haltsamem Verderben entgegenführen würde". Die entschiedene Sprache wirkte, Joachim erkannte sein Unrecht, ging in sich und brach kurzweg alle Beziehungen zu dem Vice=König ab[1]). Am 7. April fand dann eine Begegnung zwischen Murat und Bellegarde zu Revere am Po statt, sie war kurz und frostig, man einigte sich über den Gang der nächsten Kriegs=Operationen. Bald darauf wurde mit General Wilson die große Streitfrage zwischen dem Könige und Lord Bentinck aus= getragen; auch Mier Balašev und ohne Zweifel Gallo nahmen daran Theil: das Ergebnis war daß die neapolitanischen Truppen vorläufig in Toscana bleiben, die anglo=sicilischen dagegen unter Bentinck's alleinigem Befehl die Eroberung von Genua übernehmen sollten.

Nur die Einigung mit Balašev wegen eines Bündnisses mit Rußland wollte nicht zustande kommen. Gallo drang in erster Reihe auf Gewährleistung des gegenseitigen Besitzstandes, allein dazu mangelte Balašev wie er vorgab die nöthige Vollmacht; „übrigens werde er", fügte er bei, „überhaupt keinen Vertrag unterzeichnen so lang sich nicht die neapolitanische Armee mit dem Feinde gemessen haben werde".

---

[1]) „Le Roi reconnut ses torts, en fut honteux et coupa court à toutes les communications avec le Viceroi"; Mier PS. 1 ad n^um 13 Bologna 6. April 1814.

Lord Bentinck hatte mittlerweile immer mehr Truppen aus Sicilien nachkommen lassen; am 27. März war M'Farlane mit 4000 Mann, darunter die Grenadiere der königlichen Leibwache, am 3. April Spencer mit 3000 Mann von der Insel in nördlicher Richtung abgesegelt. Mit seinem dadurch ansehnlich verstärkten Corps brach Bentinck gegen Ligurien auf, wo ihn General Minutolo im Auftrage König Joachim's aufsuchte um ihn der aufrichtigsten Gesinnungen seines Monarchen zu versichern; der König sei bereit jeden Beweis dafür zu liefern: „Wünscht Lord Bentinck daß ich den geschicktesten meiner Generale unter 'sein Commando stelle? Verlangt er einen Theil meiner Truppen zu seiner Verfügung? Er sage es nur: was ihm angenehm ist oder ihm nützlich erscheint, er wird mich bereit finden ihm zu willfahren!" Minutolo fand aber den Lord weder in Livorno noch in Lerici oder Sestri wohin er nacheinander abging, und sandte ihm zuletzt aus Levanto durch einen Eilboten schriftliche Botschaft [1]).

Jetzt griff auch der König auf dem Kriegsschauplatze südwärts vom Po kräftig ein, wozu allerdings die Nachrichten aus Frankreich das ihrige beitrugen. Nach den entscheidenden Niederlagen die Napoleon am 20. und 21. März bei Arcis-sur-Aube gegen Schwarzenberg, seine Marschälle Marmont und Mortier am 25. bei la Fère-Champenoise gegen Gyulai und den Kronprinzen von Württemberg erlitten, hatten die Verbündeten am 30. Paris mit überlegenen Kräften angegriffen und waren am Tage darauf 10 Uhr vormittags als Sieger in die Hauptstadt Frankreichs eingezogen, welcher Napoleon mit rasch vereinigten Truppen vergeblich Hilfe zu bringen gesucht hatte. Die

---

[1]) Castlereagh a. a. O. S. 476—478. Hierauf bezieht sich das Schreiben Bentinck's an Castlereagh aus Genua 19. April worin er diesen beruhigt, der Minister möge ja nicht glauben daß er, Bentinck, den König von Neapel zu schroff behandelt und dadurch verletzt habe. „He resembles more the old Queen of Naples than any other person I ever saw. The result of both their characters amounts to a uselessness activity pernicious to all with whom they are concerned, and above all with themselves ... The King" — ausnahmsweise hier statt „Murat" — „is perfectly unmanageable. He is too week to direct himself, and too distrustful to be guided by another".

Kunde von diesen Ereignissen traf am 10. April in Bologna ein und Joachim mußte zuletzt einsehen daß ihm nur aus treuem Festhalten an der österreichischen Allianz Heil erblühen könne. Am 13. April erzwang General Nugent den Uebergang über den Taro; General Guglielmo Pepe mit drei Bataillons und einer Escadron der neapolitanischen Armee schloß sich den Kaiserlichen an und bestand im Verein mit diesen bei Borgo-San-Donnino am Stirone ein Gefecht, worauf am 14. die Nura überschritten und am 15. die feindliche Stellung bei San-Lazzaro erstürmt wurde [1]). Die Truppen des Vice-Königs waren jetzt auf Piacenza beschränkt, während die Kaiserlichen über Tortona mit den Siculo-Briten vor Genua Fühlung zu bekommen suchten. Allein am 16. kam auf dem Schlosse Schiarino Rizzino bei Mantua zwischen General Neipperg im Namen Bellegarde's Bentinck's und König Joachim's einerseits und den Vertretern des Vice-Königs andrerseits eine Uebereinkunft zustande die allen weitern Feindseligkeiten ein Ende machte.

Auf dem Hauptschauplatze des Kampfes war um diese Zeit längst alles vorbei. Mit dem Einmarsch der Alliirten in Paris war die Entthronung Napoleon's und seines ganzen Hauses beschlossene Sache, am 11. April ward sie durch den von ihm zu Fontainebleau unterzeichneten Vertrag vollendete Thatsache. Dem einstigen Gebieter des Welttheils wurde die kleine Insel Elba als souveraines Fürstenthum zugesprochen, Parma Piacenza und Guastalla sollten seiner Gemahlin und dem gewesenen „König von Rom" als Erbtheil zufallen. Ihre Nachfolger im Besitze Frankreichs waren die Bourbons. Die meisten derselben befanden sich bereits auf französischem Boden um ihr Haupt König Ludwig XVIII. auf den seit nahezu einem

---

[1]) In der nachmals vom Herzog von Campochiaro am Wiener Congresse überreichten Denkschrift wollte das Verdienst aller dieser Thaten, besonders der „zweitägigen Schlacht unter den Mauern von Piacenza" dem König Joachim zugeschrieben werden; doch s. dagegen die Bemerkungen Nugent's (Schoell Recueil VI S. 414 f.): „Le Roi ne se battit ni deux jours ni deux heures". Dagegen hob Nugent in seinem Berichte an Bellegarde, Fiorenzuola 14. April, die Verdienste Guglielmo Pepe's, der „Beweise seltener Unerschrockenheit und Umsicht" gegeben, rühmend hervor; Pepe I S. 229.

Vierteljahrhundert ihnen vorenthaltenen Thron zurückzuführen. An die Stelle der revolutionairen und napoleonischen Tricolore trat das Weiß des Friedens und der bourbonischen Lilie. . . .

Es war am 17. April in Parma als der österreichische Gesandte dem Könige Joachim Mittheilung von diesem Thronwechsel machte, eine Kunde die auf Murat erschütternd wirkte, besonders weil er im ersten Augenblicke meinte auch mit seiner eigenen Herrschaft sei es nun vorbei. Mier klärte ihn über diesen Punkt auf [1]), und beruhigter reiste Joachim um den 20. nach Bologna ab um von da so bald als möglich in sein Königreich zurückzukehren. Mier ging für's erste nach Verona, wo er sich aber nur einige Tage aufhielt so daß er um den 24. wieder beim Könige in Bologna war.

Auch in Ligurien war schon alles beendet. Am 18. April hatte die französische Besatzung von Genua, bei 4000 Mann, capitulirt und Bentinck war als Sieger in die Stadt eingezogen welcher er, zur sehr großen Verlegenheit seiner Regierung die ganz anderes im Sinne hatte, Wiederherstellung ihrer alten Größe und Unabhängigkeit zusagte; ein aus Mitgliedern der alten Adelsgeschlechter zusammen- gesetzter Ausschuß ergriff auf Bentinck's Geheiß die Zügel der einst- weiligen Regierung, 23. April. Er selbst aber beschloß nach Corsica zu gehen wo er den störrischen Sinn der Bewohner mit ihrer neuen Regierung, den wiederhergestellten Bourbons, auszusöhnen sich zum Ziel setzte.

*   *   *,

Mit dem Kriege war es aus, aber auch mit den Vergrößerungs- Ideen, mit denen sich König Joachim seit Monaten getragen hatte,

---

[1]) Nr. 18 zum 17. April: „Il a été frappé à la première lecture de la déclaration des Puissances alliées du 31 mars, où il est dit qu'on ne traitera plus avec Napoléon Bonaparte ni avec aucun de sa famille, croyant que cet article devait aussi le regarder; mais après avoir relu avec attention toute cette pièce et discuté avec moi son contenu, il se persuada que cet article ne pouvait pas le concerner".

mußte es von nun an sein Ende haben. Die beiden großen Losungs=
worte der siegreichen Alliirten waren: Legitimität und Restaura=
tion, und er hatte es als ein unerwartetes Glück zu betrachten daß
der erste dieser beiden Grundsätze nicht gegen ihn, der zweite nicht zu
Gunsten seines Rivalen in Palermo in Anwendung gekommen waren.
Zwar hatte er die Zusage der guten Dienste Oesterreichs ihm eine
Gebietserweiterung aus dem benachbarten Römischen, namentlich den
Marken Fermo und Ancona zu verschaffen. Aber selbst auf der
Erfüllung dieses Versprechens wollte er nicht bestehen, wie er Mier
erklärte und auch durch Campochiaro in Wien anzeigen ließ, dafern
er nur in seinem dermaligen Besitzstande von den europäischen Mächten
anerkannt würde.

Es kam jetzt auf ihn an sich durch kluge und besonnene Haltung
das Entgegenkommen der alten Dynastien zu sichern. Gegen Oester=
reich verstand sich die Nachgiebigkeit von selbst, so auch gegen die
italienischen Prinzen dieses Hauses. Mit Modena hatte Nugent schon
zu Anfang März die Hauptsache in Richtigkeit gebracht. Am 16. April,
am Tage des Uebereinkommens von Mantua, war Fürst Rospigliosi
Bevollmächtigter des Erzherzogs Ferdinand in Parma erschienen von
wo er sich weiter nach Florenz begab. König Joachim machte keine
Schwierigkeit Ferdinand dort als Landesherrn ausrufen zu lassen,
dafern nur derselbe unmittelbar aus seinen, Joachim's, Händen sein
Großherzogthum zurückerhalten wollte.

Die letzte Gebieterin des Landes Elisa Bacciocchi traf in der
Nacht vom 26. zum 27. April in Bologna ein wo sie noch ihren
königlichen Schwager traf und sprach. Sie wollte daselbst die Ankunft
Ferdinand III. abwarten und von ihm die Erlaubnis erwirken ihren
künftigen Wohnsitz im Toscanischen aufzuschlagen wo sie ein Gut
besaß. Bei den alliirten Mächten gedachte sie sich dann zu verwenden
daß ihr mindestens die Landschaft Lucca belassen werde[1]). Sie nahm

---

[1]) PS. 1 ad n^{um} 21: „Si jamais les Alliés lui accordaient cette demande, cela ferait le malheur des pauvres Lucquois qui la détestent cor-
dialement“.

vorläufig den Titel einer „Gräfin von Compignano" an, nach
einem zwischen Lucca und Biareggio am Monte Quiesa gelegenen
Besitzthum.

Ungleich verwickelter und unangenehmer gestalteten sich von allem
Anfang die Auseinandersetzungen mit dem Papste.

Pius VII., von Napoleon aus seiner Gefangenschaft entlassen,
war gegen Ende März bei den österreichischen Vorposten erschienen,
also zu einer Zeit wo Joachim's Pläne allerdings noch ziemlich hoch
gingen. Dieser hatte darum dem Papste seinen Minister Gallo nach
Parma entgegengeschickt der die Absichten des heiligen Vaters erkunden
und letzterem den Vorschlag eines Uebereinkommens machen sollte bevor
er in Rom wieder einzöge. Allein Pius hatte eben so einfach als
bestimmt erklärt: „seine Absicht sei in sein Land zu gehen und dasselbe
wieder in Besitz zu nehmen; einmal in Rom und umgeben von seinen
Cardinälen, dann erst und nicht früher wolle er von einer Verein=
barung mit sich sprechen lassen". Bei diesem Satze war der heilige
Vater auch in Bologna geblieben wo es Joachim an Höflichkeiten
gegen ihn nicht fehlen lassen, während Mier und Gallo alles ange=
wandt hatten Pius zu größerer Nachgibigkeit zu stimmen. Alles was
der König erreichen konnte war das Versprechen des Papstes daß
allsogleich nach seiner Rückkunft nach Rom die diplomatischen Be=
ziehungen zwischen den beiden Nachbarstaaten eingeleitet werden sollten.
Pius VII. war darauf nach Imola wo er die heilige Woche, 3. bis
10. April, zubringen wollte, und von da nach Ravenna gegangen
woselbst er bis in die zweite Hälfte April hinein weilte. Nach
wie vor war er zu einem weitern Zugeständnisse nicht zu bringen;
ja er ließ sich sogar verlauten auf der unverweilten Herausgabe
seines ganzen Ländergebietes bestehen zu müssen, die Marken in=
begriffen die er nicht erst aus den Händen des Königs von Neapel
empfangen wolle.

Joachim und Mier argwohnten, kaum ohne Grund, daß die
Hartnäckigkeit des Papstes die Einflüsterungen Bentinck's und Nugent's
hinter sich habe die um jeden Preis dem Könige von Neapel Verdruß

und Verlegenheiten bereiten wollten; es wurde sogar davon gesprochen, Pius wolle sich in Person in das Haupt-Quartier der Verbündeten begeben und dort wegen Vorenthaltung seines Besitzthums Klage führen. Da fand sich in den letzten April-Tagen Ritter von Lebzeltern, der für den heiligen Stuhl bestimmte österreichische Geschäftsträger, in Bologna ein und nun wurde zwischen ihm und Mier Abrede getroffen, jener solle den heiligen Vater bewegen ohne weitere Einsprache und Verwahrungen für's erste nach Rom zu gehen, dieser aber mit Neapel ein militairisches Uebereinkommen wegen Aufstellung der gegenseitigen Truppen treffen. Letzteres kam am 28. zwischen Mier und Gallo in der Weise zustande daß die Oesterreicher die Legationen, die Neapolitaner hingegen die Departements des Tronto und des Musone, also die Marken Fermo und Ancona, mit einer Demarcations-Linie nordwärts dieser letztern Stadt besetzen sollten. Ueber den Zeitpunkt der Ausführung konnte man nicht gleich einig werden weil der König den 1. Juni, wo die dreimonatliche Steuer einging, gern noch für sich gehabt hätte, während Mier vorzüglich um des Papstes willen auf einer möglichst kurzen Frist bestand. Er verlangte den 5., dann den 10., den 15. Mai, und dabei blieb es zuletzt; die kaiserlichen Truppen sollten am 10. Mai in die Legationen einrücken, die neapolitanische Verwaltung am 15. ihr Ende nehmen und an diesem Tage auch die Räumung seitens der königlichen Truppen vollzogen sein.

Am Tage nachdem dieses Geschäft zum Abschlusse gebracht worden begab sich Joachim auf den Heimweg nach Neapel, 29. April. Er kam über Cesena, die Vaterstadt Pius VII. mit dem er hier noch eine Begegnung hatte und von dem er sich das neuerliche Versprechen alsbaldiger Anknüpfung diplomatischen Verkehrs zwischen Rom und Neapel geben ließ; mindestens hat sich nachmals Joachim unserem Gesandten gegenüber auf diese Thatsache berufen.

Graf Mier blieb noch zurück, mußte aber dem Könige versprechen ihm ehestens, ohne sich in Florenz oder Rom aufzuhalten, in seine Hauptstadt nachzukommen; denn es lag Joachim daran, seinen Neapolitanern die von den verschiedensten Gerüchten beunruhigt wurden

den augenscheinlichen Beweis zu liefern daß er von der ersten unter den alliirten Großmächten nach wie vor anerkannt sei [1]).

Am 1. Mai räumten die neapolitanischen Truppen das Toscanische dem rückkehrenden Großherzog in dessen Namen Rospigliosi die Zügel der Regierung ergriff, vom 10. bis 15. Parma Modena und die Legationen den einmarschirenden Oesterreichern, am 24. die ewige Stadt in welche Papst Pius VII., von dem Vertreter Oesterreichs mit einer Ehrenbedeckung kaiserlicher Reiterei empfangen, seinen feierlichen Einzug hielt.

Sechs Tage später, 30. Mai, wurde zu Paris der Friede zwischen den verbündeten Mächten und dem jetzt wieder bourbonischen Frankreich abgeschlossen. Alle weitern Macht- und Gebietsfragen, die nichts mehr und nichts weniger als die Neugestaltung des halben Welttheils von Europa umfaßten, sollten auf einem Fürsten- und Minister-Congresse ausgetragen werden für dessen demnächsten Zusammentritt die Hauptstadt von Oesterreich ausersehen war.

29. Ausgang Maria Karolinens von Oesterreich.
Sommer 1814.

Als Joachim in den ersten Mai-Tagen in sein Königreich zurückkam hatte er zum erstenmal so recht eigentlich das Gefühl, dessen er sich unter der gebieterischen Obervormundschaft seines kaiserlichen Schwagers nie hatte erfreuen können: Herr in seinem Lande zu sein. „Mein Reich", sagte er im Staatsrath, „hat jetzt seine volle Unabhängigkeit gewonnen, sieht sich, keiner fremden Macht unterthan oder zu Dank verpflichtet, auf seine eigenen Kräfte angewiesen" [2]). Auch

---

[1]) Mier PS. 3 ad n^{um} 21 vom 29. April: „Je crois que mon arrivée dans cette ville tranquillisera les esprits effrayés du retour des Bourbons en France et qui craignent leur rentrée à Naples. On fait courir à ce sujet les bruits les plus absurdes dans la capitale du royaume".

[2]) Gioa. Murat II S. 149—155 vgl. mit M*** Vie de J. M. Paris 1815, S. III f.: „On peut même remarquer qu'il ne fut véritablement sou-

machte der König von seiner gewonnenen Selbständigkeit weisen und wohlwollenden Gebrauch. Gleich nach seiner Rückkunft wurden Commissionen für verschiedene Zweige der Verwaltung niedergesetzt, die mit Eifer an die Einführung heilsamer Reformen gingen. Die Napoleonischen Gesetzbücher wurden, an der Hand der Erfahrungen welche die Praxis der letzten Jahre mit ihnen gemacht, eingehender Prüfung unterzogen um sie den einheimischen Zuständen und dem Volks-Charakter mehr anzupassen. Die Militair-Conscription sollte abgeschafft, der unerträgliche Steuerdruck gemildert werden; einige Auflagen wurden ganz aufgehoben, der Aufwand des Hofes erfuhr heilsame Einschränkung. Nur die Armee wurde nicht vermindert, ja um ein Cavalerie-Regiment vermehrt, was allerdings in den noch immer unsichern äußern Verhältnissen seinen Grund hatte. Auch einige Beförderungen in den höhern Kreisen traten ein: Carascosa zum Garde-Capitain, d'Ambrosio und Filangieri zu Adjutanten des Königs; Colletta erhielt die Berufung in den Staatsrath, Guglielmo Pepe wurde Baron; wie man sieht, insgesammt Neapolitaner von Geburt. Es sollten die sämmtlichen Civil- und Militair-Posten hinfort nur mit Einheimischen besetzt, alle nicht-naturalisirten Franzosen ihrer Stellen enthoben werden [1]). Die letztere Zusage reute freilich den König kaum daß er sie gemacht hatte. Die trotz vorausgegangener wiederholter Ausmusterungen noch immer stattliche Anzahl seiner Landsleute, die er selbst in seiner Nähe festgehalten hatte, erhob gerechte Klage daß er sie in einem Augenblicke von sich stoße wo auch Frankreich für sie verloren sei, und er mußte vom Staatsrath Ausnahmen erwirken die bald die ganze Regel vereitelten und den guten Eindruck den die Maßregel bei den Einheimischen hervorgerufen hatte um alle Wirkung brachten. Mit besserem Erfolg

verain qu'à partir de cette époque: alors seulement il put avoir une volonté, une politique et des intérêts séparés de ceux de la France. C'est sur ce règne d'une année qu'il sera jugé par l'histoire".

[1]) Mier zum 12. August: „Tous les employés étrangers, qui en vertu du décret du 2 aôut sont renvoyés du service napolitain, recevront une qualification de cinq mois de leur solde et comme pension viagère le tiers de leurs appointements".

zeigte er sich in andern Stücken besorgt den nationalen Neigungen und Gewohnheiten gerecht zu werden. Kirchliche Festlichkeiten wurden nach früher gewohnter Weise begangen. So wohnte z. B. das könig= liche Paar mit allen Prinzen und Prinzessinen und dem gesammten Hofstaate dem Piedigrotta=Feste bei, wie dies unter dem alten Regime Gebrauch war; die ganze Garnison mußte ausrücken, ja man hatte einige Regimenter aus der Umgegend herbeigezogen die den weiten Weg entlang den der feierliche Umgang nahm Spalier machten und die Waffen präsentirten. Im Königreiche herrschte äußerlich Ruhe bis auf das unausrottbare Räuberunwesen; noch in der zweiten Hälfte Mai wurde eine Geldsendung von 50000 Stück Ducaten auf der aus Apulien nach Neapel führenden Heerstraße weggenommen.

Joachim hatte noch manches im Sinn, was ihm von Personen seiner Umgebung eingeflüstert wurde in deren Köpfen, das nahe Bei= spiel Siciliens vor Augen, constitutionelle Ideen gewaltig spukten. Schon während des letzten Feldzugs hatten mehrere Generale eine Petition solchen Inhalts, vom Fürsten Strongoli dem Guglielmo Pepe in die Feder dictirt, dem Könige überreicht der sie aber abwies: „jetzt sei die Zeit gegen den Feind zu marschiren, später wolle er auf ihre Wünsche zurückkommen". Als dann Joachim nach beendetem Kriege keine Miene machte seine halbe Zusage zu erfüllen, hatten die Generale zu conspiriren begonnen, den Filangieri nach Genua gesandt und sich die Unterstützung Bentinck's erbeten der aber die Rückführung der Bourbons zur Bedingung gemacht hatte, was natür= lich den Verschwörern das gerade Widerspiel dessen war was sie anstrebten. Pepe wollte sich jetzt mit seinen Regimentern in die Abruzzen werfen die von Carbonari wimmelten; die Besonnenern riethen jedoch den Weg der Bitte an und so traten die in Ancona anwesenden Generale zusammen die eine von d'Ambrosio entworfene, von Pepe in zwei Exemplaren in's reine geschriebene Petition an= nahmen und nach Neapel beförderten wo sie noch von andern Ge= sinnungsgenossen unterzeichnet werden sollte. Im Ganzen waren es siebzehn Generale die ihre Namen hergaben: d'Ambrosio Carascosa Filangieri, die beiden Fürsten Pignatelli=Strongoli, Florestan und

Guglielmo Pepe, Colletta d'Aquino ꝛc. Die Verleihung der Con= stitution sollte, falls der König nicht gutwillig darauf einginge, durch die Armee proclamirt und dann auf Neapel losmarschirt werden wobei Guglielmo Pepe den Vortrab zu führen hätte.

Aber auch von andrer Seite wurde dem König dieser Gedanke nahe gelegt, da Bentinck von Genua aus fortwährend in solcher Rich= tung schürte, und wo der stänkerische Lord nicht in Person war da hatte er Agenten die in seinem Sinn arbeiteten [1]). So predigte der frühere britische Consul in Palermo Fagan, jetzt angeblich für Neapel bestimmt aber noch in Rom weilend, ganz offen die Nothwendigkeit einer Con= stitution nach sicilischem Muster und legte dadurch in dem ohnedieß nach allen Richtungen aufgewühlten Boden des Kirchenstaates neue Keime der Aufregung und Wirrnis. Auch den General La Vauguyon hatte Bentinck für seine Ideen gewonnen. König Joachim hatte den General, nachdem es in Rom nichts mehr zu thun gegeben, nach Paris bestimmt wo er ihn mit verschiedenen Aufträgen betrauen wollte. La Vauguyon hatte seinen Weg über Genua genommen wo damals noch Lord William den Herrn spielte, hatte sich von diesem allerhand vorschwatzen lassen, war dann nach Mailand gegangen und erschien um den 18. Mai zu allgemeiner Ueberraschung in Neapel wo er dem Könige, so sehr man diesen vor dem überspannten Manne ge= warnt hatte und fortwährend warnte, die verschiedenartigsten Anträge und Vorschläge machte.

In der Verfassung in welcher Joachim damals war hatte La Vauguyon allerdings leichtes Spiel. Der König befand sich fort= während in einer fast fieberhaften Aufregung. Er horchte nach allen Seiten hin, las alle Zeitungen und konnte über Artikel in denen seine Stellung in Neapel angezweifelt oder angegriffen wurde tagelang

---

[1]) Mier PS. 3 ad nᵘᵐ 22 vom 20. Mai: „Je crois que pour la tran- quillité de toute l'Italie il est indispensablement nécessaire que l'Angleterre rappelle ce général et le mette dans l'impossibilité de s'immiscer dans les affaires de ce pays. Cet homme turbulent se conformera difficilement aux ordres les plus positifs de sa cour, et cabalera toujours sourdement s'il reste dans le voisinage de ce pays".

unglücklich sein [1]). Obwohl sein eigener „Monitore" ab und zu
hämische Ausfälle gegen die wiederkehrende italienische Kleinstaaterei,
also gegen die Regierungen brachte die doch der König selbst mit einsetzen geholfen, so daß von dieser Seite eine amtliche Beschwerde nach
der andern kam, zeigte er sich höchst ungehalten wenn in den Zeitungen
der andern italienischen Staaten, auch in denen der von Oesterreich wiederbesetzten Gebiete, Aufsätze erschienen die ihm ungünstig waren.
La Vauguyon fiel es daher gar nicht schwer Mistrauen gegen das
Wiener Cabinet in das Gemüth des Königs zu säen, ihn vor Oesterreich zu warnen das ganz Italien für sich und seine Satelliten haben
wolle und auch ihn nicht auf seinem Thron belassen werde. Auch
gab es in der nächsten Umgebung Joachim's Männer, wie Lechi, den
Kriegs-Minister (seit März 1814) Francis Macdonald und andere, die
in ähnlicher Weise redeten. Diese und andere Leute waren es auch die
dem Könige mit ihren Constitutions-Ideen zusetzten. Die Einen riethen
dazu als der sichersten Waffe gegen die Ränke und Aufhetzungen
Bentinck's, während La Vauguyon diesen letztern als bekehrten Freund
und Gönner Joachim's hinstellte: „Lord William habe einsehen gelernt wie mächtiger und weitverbreiteter Sympathien sich der König
auf der Halbinsel erfreue; er möge den großen Einigungs-Gedanken
festhalten, sich an die Spitze von Italien stellen; Hand in Hand mit
England würden alle Anstrengungen Oesterreichs gegen ihn ohne
Macht und Kraft sein" u. dgl. m.

Königin Karolina war trostlos als sie diesen neuen Wankelmuth ihres Gemahls wahrnahm. Sie bat den Grafen Mier zu sich,
und ihren vereinten Bemühungen gelang es dem Könige den Kopf
zurechtzusetzen so daß er La Vauguyon in gemessener Weise verabschiedete und nach Paris gehen hieß, der Königin versprach seine
unzeitigen Reform-Ideen fahren zu lassen und unsern Gesandten bat
nach Wien zu schreiben, der König wolle ernstlich an der österreichischen

---

[1]) Mier **PS.** 5 ad n^{um} 53 vom 2. September: „Cette inquiétude, cette
méfiance, ce besoin continuel d'être occupé lui est inné, et difficilement il
pourra jamais s'en corriger".

Allianz halten, sich nur nach Oesterreich richten und alle Verlockungen die ihm von andern Seiten, besonders von Lord Bentinck zukämen, von sich weisen [1]). Am 20. Mai war La Vauguyon aus Neapel wieder fort.

Auch das waghalsige Unternehmen der Generale verrann im Sand. Carascosa und d'Ambrosio verloren im letzten Augenblicke den Muth und der König, als ihm die Petition überreicht wurde, erklärte ihnen: „Es hat wenig gefehlt so würde ich euch gegeben haben um was ihr mich batet; aber ein solcher Schritt würde mir die unver= söhnliche Feindschaft Oesterreichs zuziehen" [2]).

Die Haltung welche Karolina Murat und Graf Mier dem Könige anriethen war um so mehr an der Zeit und am Platze, als noch immer das Wiener Cabinet das einzige war das ihn offen und amtlich wie eine gleichberechtigte Macht behandelte. Dabei konnte es Joachim unmöglich unbekannt sein daß Oesterreich durch die bundes= treue Gunst die es ihm, und zwar auf Kosten des dem Kaiserhause so nah verwandten sicilischen Herrscherpaares zuwandte, eine Art Odium bei mehr als einem der befreundeten Höfe auf sich geladen hatte ohne daß man sich in Wien dadurch hätte beirren lassen. Die äußern Beziehungen zwischen den beiden Regierungen waren fort= während die freundlichsten. Kaiser Franz sandte dem Könige das

---

[1]) Mier'sche Gesandtschaftsberichte vom 18. 19. 20. März: „Connaissant le caractère de la Reine, le pouvoir qu'Elle exerce sur l'esprit du Roi et de Ses ministres, et la confiance qu'Elle a su inspirer dans ces derniers temps à toute la nation napolitaine, je ne peux qu'être convaincu que nous pouvons compter entièrement sur cette Cour".

[2]) Ueber die Verschwörung der Generale f. Pepe I S. 217 f. 233 f. 238—245 ... Der hitzige Guglielmo scheint mir, wo er es mit seinem Lieblings= vorwurfe mit Verschwörungen zu thun hat, nicht ganz verläßlich zu sein, und so möchte ich stark bezweifeln daß es irgend einem der andern Generale mit einem Anmarsch auf Neapel, falls der König dem „Verlangen der Armee" nicht ent= sprechen sollte, von allem Anfang Ernst gewesen sei ... Im „Monitore delle Due Sicilie" n° 1021 soll ein königlicher Erlaß publicirt worden sein worin ein „organisches Statut" verheißen wurde; ich habe mir jedoch über diese Thatsache keine Gewißheit verschaffen können.

Großkreuz seines Leopolds=Ordens, dann zur weitern Vertheilung ein Comthur= und drei Ritterkreuze; ersteres verlieh Joachim seinem Kriegs=Minister Macdonald wodurch sich dieser, obwohl im Innern ein Widersacher Oesterreichs, nicht wenig geschmeichelt fühlte, die drei Ritterkreuze an Carascosa Livron und d'Ambrosio von denen die beiden letztern, obwohl verdiente Officiere, im beendeten Feldzuge eigentlich nichts geleistet hatten [1]). Joachim hingegen beorderte seinen Obrist=Stallmeister Herzog von Roccaromana mit einem eigenhändigen Schreiben nach Wien worin er den Kaiser zur Heimkehr aus dem Feldzuge beglückwünschte, und gab die Absicht kund den Grafen Belle= garde durch das Großkreuz seines Landes=Ordens auszuzeichnen was jedoch der Feldmarschall, zwar höflich aber sehr entschieden, ablehnte und dadurch den Grafen Mier in keine geringe Verlegenheit brachte [2]). Ueberhaupt waren die kaiserlichen Generale die mit Murat im Felde zu thun gehabt hatten auf ihn fortwährend sehr schlecht zu sprechen. Von seinen höhern Officieren genoß eigentlich nur Guglielmo Pepe bei ihnen besondere Achtung, und weil diesen der König bei der Ver= theilung der Leopolds=Ritterkreuze übergangen hatte wollte Nugent sich in Wien verwenden daß ihm unmittelbar eines zugeschickt werde, was er nur auf Pepe's eigenen Wunsch unterließ [3]).

Als Vertreter Rußlands befand sich zwar Balasev am neapoli= tanischen Hofe, der während des letzten Feldzuges die Zusage gemacht hatte einen Allianz=Vertrag abzuschließen sobald er nur den augen= scheinlichen Beweis haben werde daß es dem König mit seiner Abkehr

---

[1]) Mier Nr. 34 zum 14. Juli: „Les deux derniers ne l'ont nullement mérité, et le Roi a fait tort par ce choix à d'autres officiers subalternes de son armée qui se sont vraiment distingués".

[2]) Bellegarde an Mier 15. Mai, den er bat bei Hofe zu verstehen zu geben „qu'il ne me semble pas que le Roi ait été assez satisfait de moi dans le cours de la campagne ... et que cette distinction, ne me rappelant aucune époque où j'eusse pu être agréable à Sa Majesté, ne me causerait pas le plaisir que j'aurais éprouvé à la recevoir la devant à d'autres circonstan= ces" ... Mier berichtete am 2. Juni nach Wien, er werde die unangenehme Ge= schichte mit Stillschweigen übergehen, „si on a le bon esprit de ne pas m'en reparler ici".

[3]) Pepe I S. 236.

von Frankreich Ernst sei. Das war nun in der That geschehen: am
13. April hatte Balašev in Person den Manoeuvres beigewohnt durch
welche die Truppen des Vice-Königs aus einer Stellung nach der
andern hinausgedrängt und mit blutigen Köpfen heimgeschickt wurden.
Statt nun aber auf dieses hin seinem Wort gerecht zu werden hatte
er vorgeschützt, die neuen Pariser Ereignisse und die Kundgebungen
der Alliirten hätten die Lage der Dinge in solchem Grade geändert
daß er sich neue Weisungen seines Cabinets erbitten müsse. Diesen
letztern Vorwand ergriff Balašev dann auch in Neapel um sich, wie
er am 17. Juni erklärte, an das kaiserliche Hoflager zu begeben.
Zwar blieb für ihn General Baron Tutyll in Neapel zurück; es war
jedoch immerhin begreiflich daß Joachim und Minister Gallo das
Scheiden des Gesandten gerade in diesem Zeitpunkte sehr ungern
sahen und an den Gesinnungen des Kaisers Alexander etwas irre
wurden.

Auch mit der englischen Regierung wollte sich, trotz der abgeschlossenen freilich noch immer unratificirten Allianz, ein aufrichtiges
Verhältnis nicht herstellen. Um so mehr mußte man sich in Neapel
die britischen Reisenden zu schätzen die sich nach wieder hergestelltem
oder doch angebahntem Weltfrieden zahlreicher als je in der schönen
Hauptstadt einfanden und vom Hofe in einer Weise mit Aufmerksamkeiten überschüttet wurden welche die Angehörigen anderer Nationen
mitunter schwer verletzte. König und Königin ließen sich an Bord
der im Hafen liegenden britischen Fregatte wiederholt bewirthen, und
gaben dafür glänzende Feste wobei alle Engländer, ob bei Hofe in
Person vorgestellt oder nicht, eingeladen waren und auch sonst manches
unterlief was der strengen Etiquette entgegen war. Joachim theilte
reiche Geschenke an die Officiere der britischen Marine aus; sein
Finanz-Minister der in der vordersten Reihe der Huldiger Englands
stand bewilligte der britischen Flagge was sie beanspruchte, zählte sie
von den mancherlei Plackereien und Umständlichkeiten los denen die
Schiffe anderer Nationen unterworfen waren [1]). Der Begünstigteste

---

[1]) Mier zum 14. Juli: „Les prévenances attentions et préférances trop
marquées et même trop outrées que LL. MM. accordent sans exception à tout

unter den Begünstigten war Lord Oxford, einflußreiches Parla=
mentsglied der Opposition, der sich gegen Ende Juli auf den Wunsch
des Königspaares in seine Heimat zurückbegab um dort in dessen
Interesse zu wirken; er sollte dem Prinz=Regenten und Lord Castle=
reagh die größten Handelsvortheile versprechen falls von ihrer Seite
die Anerkennung Joachim's noch vor Zusammentritt des Wiener
Congresses erfolgte. Mit ihm ging Robert Jones, der langjährige
Vertraute des Hofes von Neapel, gerühmt als gewandter Unter=
händler. Man versprach sich bei Hofe viel von dem Wirken der
Beiden.

Das Verhältnis Neapels zum heiligen Stuhle, anstatt sich
freundlicher zu gestalten, wurde immer trüber. Nicht blos daß
Pius VII. nach der Rückkehr in seine Hauptstadt die diplomatischen
Beziehungen zu seinem Gebietsnachbar nicht eröffnete: er bestand nach=
drücklicher als je auf der unbedingten Herausgabe der von König
Joachim besetzten Marken Fermo und Ancona. Fürst Eszterhazy der
im August in außerordentlicher Mission des Wiener Hofes beim Papste
eintraf scheint letztern in seiner Haltung noch bestärkt zu haben. Auf
die Vorstellungen Mier's erklärte sich der König zur Herausgabe der
Marken bereit, aber nicht zur unbedingten: er verlangte als Gegen=
dienst daß ihn der Papst noch vor Zusammentritt des Congresses als
König anerkenne und ihm einen förmlich beglaubigten Gesandten
schicke. Als dies von Rom verweigert wurde wollte sich das Cabinet
von Neapel damit begnügen daß der Papst, ohne jetzt schon eine
öffentliche Erklärung abzugeben, sich unter der Bürgschaft Oesterreichs
verpflichte den König nach dem Congreß anzuerkennen, ohne von ihm
die Investitur zu verlangen worauf als seinem besondern Rechte der
heilige Stuhl Neapel gegenüber seit jeher gedrungen hatte. Auch

---

ce qui est anglais ne peuvent que choquer les individus des autres nations
qui ont autant de droits, et même plus, aux égards de ce gouvernement".
Und zum ? December (Tageszahl so wie Numer fehlen): „On les invite en
corps, présentés ou non présentés, il suffit d'être de cette nation pour être
sûr d'être bienvenu. Plusieurs de ces messieurs ont les chevaux de la Cour
à leur disposition".

darauf ging man an der Tiber nicht ein, und nun war man auf dem alten Flecke, obwohl Mier und auch General Tuyll auf das eindringlichste zur Nachgibigkeit riethen. „Der heilige Vater will seinerseits alles bis nach dem Congresse verschieben", sagte Gallo am 30. August zu unserem Gesandten; „dann möge er sich gedulden auch seine Marken vor diesem Zeitpunkte nicht wieder zu sehen!"

Gegen das Haus des entthronten Kaisers legte man sich am neapolitanischen Hofe um Oesterreichs willen die größte Zurückhaltung auf. Als von der Insel Elba zwei Briefe Napoleon's so wie Schreiben des Generals Bertrand an den König und die Königin, bei einer andern Gelegenheit eines aus Rom vom Cardinal Fesch an Joachim eintrafen, beeilte sich das Königspaar dieselben im Original den Grafen Mier einsehen zu lassen. Die Briefe des Kaisers waren sehr kurz und enthielten nur Redensarten der Höflichkeit. Ausführlicher schrieben Bertrand und Fesch über verschiedene Angelegenheiten des kaiserlichen Haushaltes (Meubel, einen Tapezierer, einen Koch u. dgl. die man benöthigte); über die letzten Pariser Ereignisse und die Reise des Kaisers nach Elba; dann aber auch über das Wappen und die Flagge die Napoleon für sein neues Besitzthum gewählt, mit der Aufforderung zwischen Neapel und Elba unmittelbare Beziehungen sowohl in Familiensachen als in Gegenständen des Handels anzu= knüpfen. Die Königin theilte dem Grafen Mier auch die Antwort mit die sie ihrem Bruder geben wolle: sie werde sich nämlich entschuldigen auf seine Vorschläge nicht eingehen zu können da sie dieselben mit ihrer jetzigen Stellung nicht vereinbar finde. Auch die Correspondenz Paulinens, die eine Zeit hindurch die Villa von Belvedere sul Vomero bewohnte um von da zu ihrem Bruder nach Elba zu gehen, lief durch Mier's Hände der alle diese Antwortschreiben an den Grafen Starhemberg in Florenz sandte um sie von da nach Porto Ferrajo gelangen zu lassen. Der General freilich hielt all das für eitel Spiegelfechterei, indem man unschuldige Briefe durch seine Hände nach Elba befördern

lasse während man in Neapel hundert Wege habe geheimen Ver=
kehr mit der Insel zu pflegen[1]).

* * *

Nach Oesterreich war es das sicilische Königshaus gegen welches
das Cabinet von Neapel eine ausgesuchte Zuvorkommenheit entwickelte;
denn je unsicherer sich Joachim zu fühlen begann desto mehr bot er
alles auf, mit seinem vorberechtigten Beansprucher seines Thrones
ein Einverständnis zu erzielen das seiner eigenen Anerkennung bei
den andern Mächten nur förderlich sein konnte. Doch in Palermo
kannte man die Stimmung der europäischen Höfe zu gut um sich
dieselbe nicht zu Nutzen zu machen, wußte recht wohl daß es eigentlich
nur das Wiener Cabinet sei von welchem der „Usurpator" auf dem
Throne von Neapel gestützt und gehalten werde. Schon im März
1814 hatte es der Herzog von Serra = Capriola in St.=Petersburg
geradezu etwas „fürchterliches" genannt was Oesterreich dem „Murat"
zugestanden habe, und nach Hause berichtet die Entrüstung darüber
sei in den Kreisen der russischen Hauptstadt eine allgemeine[2]). An
der Themse zeigte man ungleich mehr Rücksichten für das sicilische
Königshaus als für Joachim. Während in Wien ein Abgesandter des
Königs nach dem andern ohne Anstand empfangen wurde gerieth man
in London, als nach dem Sturze Napoleon's der neapolitanische Mi=
nister Ancilotti daselbst erschien, in die peinlichste Verlegenheit wie,
ja ob man ihn überhaupt empfangen sollte. „Fürst Castelcicala wird

---

[1]) Mier Nr. 24 zum 2. Juni und PS. ad n^{um} 50 zum 23. August 1814
vgl. mit meinem Aufsatze: „Napoleon und Maria Louise im Sommer 1814"
S. 97 f. (Dioskuren IV 1875). Dem Acte Nr. 50 liegen Abschriften bei 1. des
Schreibens Fesch' vom 28. Juni, 2. der Antwort der Königin an Fesch („Mon
cher Oncle") und 3. an General Bertrand, beide letztere ohne Datum. S. auch
Nr. 32 zum 8. Juli: „S. A. I. la Princesse Pauline m'a chargé de faire par-
venir la lettre ci-jointe à S. M. l'Impératrice Marie-Louise, Duchesse de
Parme et Plaisance".

[2]) Das vom 22. März 1814 datirte Schreiben war an den Fürsten von
Villafranca gerichtet; in englischer Uebersetzung bei Castlereagh III 1 S. 376
bis 378.

rasen und toben wenn wir jenem nur gestatten in Ruhe hier zu sitzen", schrieb man vom auswärtigen Amte nach Paris[1]). Die Stellung Crosceri's in Palermo wurde unter so bewandten Umständen immer unbehaglicher. Vordem bei der königlichen Familie gern gesehen, begegnete er jetzt einer so auffallenden Kälte und Zurückhaltung daß er die von neuem auftauchende Gefahr der Pest, die mittlerweile von Malta auf die Insel Gozzo übergesprungen war und sich auf diesem Wege Sicilien zu nähern schien, zum Vorwande nahm um wiederholt und dringend seine Abberufung zu verlangen.

Von Seite Bentinck's und der britischen Generale bekam Ferdinand IV. jetzt völlig freie Hand. Nachdem das große Ziel, der Umsturz der Napoleonischen Herrschaft, erreicht war schienen sie die Zustände auf der Insel nicht mehr zu kümmern. Um dieselbe Zeit wo die Briten in Genua schalteten erließ König Ferdinand ein Manifest worin er angesichts der Alliirten und seiner Völker feierliche Verwahrung dagegen einlegte als ob er je die Ansprüche auf sein festländisches Besitzthum aufgegeben hätte. Schon war nach Palermo die Kunde gedrungen daß Marschall Schwarzenberg die Heere der Verbündeten nach Paris geführt habe, wohin jetzt Louis Philippe von Orléans eilte, 1. Mai, um seine Familie so bald als möglich nachkommen zu lassen. England machte keine Einsprache gegen die Kundmachung des Königs oder gegen die Abreise des Herzogs. Lord Bentinck selbst war wie umgewandelt. Als er am 8. Juni vor Palermo wiedererschien, auf der „Caledonia" einem der schönsten und größten Kriegsschiffe Englands, 120 Kanonen, gab Admiral Pellew erst der Familie des Kronprinzen ein glänzendes Gastmahl und bewirthete dann den König als dieser das Schiff zu besichtigen kam mit einem Frühstück. Bentinck war von der größten Aufmerksamkeit für Ferdinand, huldigte und hofirte ihm, so daß dieser alles frühere zu vergessen, Lord William seine volle Neigung zuzuwenden schien. Von „Murat" war keine Rede zwischen ihnen, mindestens that Bentinck nichts zu dessen Schutz und Schonung. Als um die Mitte

---

[1]) Hamilton an Castlereagh Foreign Office 3. Mai 1814 III 2 S. 4.

des Monats eine neapolitanische Fregatte mit einem General an
Bord erschien um im Namen Joachim's die Anerkennung von dessen
Flagge in den Gewässern Siciliens zu verlangen, konnte Ferdinand
das Begehren unbedingt zurückweisen.

Noch größeres durfte er jetzt thun ohne daß ihn die Vertreter
Englands daran hinderten. Am 4. Juli erhob sich der König von seinem
Landsitze bei Solanto wo er in den letzten Wochen den Thun=Fang
betrieben hatte, um sich in sein von der Hauptstadt nur einige Miglien
entferntes Lustschloß Favorita zu begeben. Sein Weg führte ihn durch
Palermo wo man von seiner Ankunft erfahren hatte und ihm den
wärmsten Empfang bereitete. Nicht blos daß ihm der Adel in Kutschen
entgegenfuhr und daß ihn in der Stadt eine dichtgedrängte Volks=
menge mit jubelndem Zuruf begrüßte: eine große Anzahl lief den
Weg bis nach Favorita zu Fuß mit, fortwährend den königlichen
Wagen umringend umhüpfend umjohlend. Tags darauf am 5. Juli
ließ Ferdinand eine Staats=Acte in den Archiven des Königreichs
hinterlegen, laut deren er von diesem Tage die Zügel der Regierung
wieder in seine Hand nahm, indem er gleichzeitig unter Ausdrücken
vollster Anerkennung und Zufriedenheit den Alter=Ego von dessen
seitheriger Mühewaltung enthob. Das anglicanisch gesinnte October=
Ministerium mußte weichen; Lucchesi Ferreri Rafelli wurden wieder
auf die Posten berufen die ihnen der Kronprinz, ohne Frage im ge=
heimen Einverständnis mit seinem Vater, ein Jahr zuvor anvertraut
hatte; nur das Portefeuille für Justiz und Gnaden kam in die
Hände Gualtieri's, eines neuen Mannes. Am 6. Juli fuhr Ferdinand
neuerdings nach Palermo um daselbst seine Residenz aufzuschlagen.
Obschon es früh am Morgen war als er erschien wurde er zahlreich
und begeistert empfangen, was nur der Anfang einer dreitägigen fast
ununterbrochenen Festlichkeit war, drei Abende nacheinander Stadt=
beleuchtung 2c. 2c.

Lord Bentinck hatte inzwischen die längst erbetene Enthebung
von seinem sicilischen Posten erhalten. Auch seine Truppen, durch fort=
während Entsendungen im letzten Kriege ohnedies auf ein Minimum

herabgebracht, trafen Anstalten zum Aufbruch. Die bisherige Militair-Verwaltung, die britische Militair-Polizei lösten sich auf, die Magazine wurden geleert, Gegenstände die man nicht mitnehmen konnte unter den Hammer gebracht. Die Insulaner bezeigten über diese Zurüstungen eine ganz unartige Freude, legten sich nicht den geringsten Zwang auf die abziehenden Fremden fühlen zu lassen wie übersatt man sie bekommen; wo sich britische Truppen zeigten wurden sie ausgepfiffen und verhöhnt. Am 26. Juli schied Bentinck für immer von dem Lande das er seit seiner Ankunft im Jahre 1811, der That wenn auch nicht dem Titel nach, mit fast unumschränkter Gewalt beherrscht hatte, und dessen Regierung er jetzt gutwillig demselben Monarchen zurückgab dessen Macht er vordem auf den Nullpunkt herabgedrückt hatte. Selbst was aus seinem bisherigen Schooßkind der anglo-sicilischen Verfassung werden sollte, schien den edlen Lord nicht weiter anzufechten.

Ernster nahm es in letzterem Punkte Bentinck's Nachfolger auf dem palermitaner Gesandtschafts-Posten. William A'Court war gerade in den Tagen allgemeinen Jubels und Frohsinns in Palermo angekommen und am 11. Juli darauf in feierlicher Audienz bei Hof eingeführt worden. A'Court, wie es scheint in seinen politischen wie in seinen kirchlichen Ideen eingefleischter Anglicaner, fand sich in seiner neuen Stellung nicht sehr behaglich. Die königliche Regierung that zwar so als ob sie an den durch die neue Verfassung oder vielmehr durch die Grundlinien derselben verbürgten Formen gewissenhaft halten wollte; allein der Sache nach neigte sich alles wieder zur alten Willkür. Wenige Tage nach A'Court's Eintreffen in Palermo am 18. Juli war das sicilische Parlament feierlichst eröffnet [1]), doch schon am 23. vom Fürsten von Trabbia im Namen des Königs wieder heimgeschickt worden; man sprach von vollständiger Auflösung, die Wahlen seien verfassungswidrig vorgenommen worden, 1200000 Sicilianer seien nicht vertreten u. dgl. Gleichwohl wurde das Parlament am 25. neuerdings zusammenberufen, dann wieder vertagt,

---

[1]) Wortlaut der Thronrede bei Sérieys S. 102—105.

und so wochenlang fort. Hätte sich die Regierung nicht in finan-
ciellen Verlegenheiten befunden, sie würde sich um das Parlament
überhaupt nicht gekümmert haben; allein es handelte sich den Ausfall
zu decken den das Ausbleiben der britischen Subsidien in den königs
lichen Einkünften herbeizuführen drohte. A'Court war sehr dafür die
Subsidien wo nicht ganz einzustellen, doch von der constitutionellen
oder anti-constitutionellen Haltung des Hofes abhängig zu machen;
er schrieb darüber nach London und klagte über den russischen Minister
Grafen Mocenigo der die absolutistischen Neigungen Ferdinand's insgeheim fördere. Castlereagh befand sich in einiger Verlegenheit was
er seinem sicilischen Gesandten antworten sollte. Einerseits war es
eine harte Sache die mit so großem Aufsehen und Aufwand in's
Werk gesetzte Verfassung ohne weiters preiszugeben; aber andrerseits,
wenn sich der König den neuen Einrichtungen abhold zeigte sollte
man daraus einen Kriegsfall machen? die Constitution von 1812
mit Waffengewalt schirmen und aufrecht halten?! „Das gehe denn
doch nicht", meinte Castlereagh, „und deshalb müsse der Vertreter
Groß-Britanniens in Palermo einmal aufhören zu sein was er bisher
gewesen: Haupt einer Partei im Lande; vielmehr den König von nun
an seine Regierung allein führen lassen". Castlereagh schrieb in
diesem Sinne nach London wo man sich aber mit der Entscheidung
der Frage nicht sehr beeilte [1]).

---

[1]) A'Court an Castlereagh Palermo 6. August, Castlereagh an Liverpool München 9. September 1814, Corr. VI (II 2) S. 75, 112 f.: „The King and
the Ministres continue to make a great parade of their constitutional sentiments; but not a day passes without some flagrant violation of the very fun-
damental articles of the Constitution"; man möge ihm deshalb, meinte A'Court,
discretionaire Gewalt geben „to suspend or diminish the payments, according to
circumstances". Castlereagh wollte nicht recht einsehen wie sich A'Court letzteres
denke: „If he means, are we to support the constitution by force of arms or
by making it cause of war with the king, for his committing violations of it,
the answer seems clear—that we cannot think of it. We must let the King
now administer his own Government, and our Minister, I conceive, must try
to withdraw himself from the character he has latterly filled, of being the
head of a party".

Gegen Joachim Murat blieb Ferdinand's Haltung ausnahmslos eine feindselige, während das Cabinet von Neapel nicht ermüdete immer wieder seine Geneigtheit zu offenbaren mit der Nachbar=Insel in freundlichen Verkehr zu treten. Ein Rundschreiben Gallo's vom 26. August machte im Namen und Auftrag des Königs bekannt daß hinfüro alle fremden Flaggen, „inbegriffen die Flagge Siciliens", in allen Häfen des Königreichs Neapel zugelassen und „mit jeder Rück=sicht die man befreundeten Nationen schuldig" behandelt werden sollten.

*   *   *

Maria Karolina lebte die ganze Zeit still und außer den Hof=kreisen ziemlich unbeachtet in Wien. Für die schönen Monate hatte sie sich von Kaiser Franz die Erlaubnis erbeten nach Schönbrunn zu ziehen wo sie „auf eigene Kosten und Auslagen" hausen wolle. Da aber in Folge des unerwarteten Umschwungs der Dinge Schönbrunn eine andere Bestimmung erhalten hatte, war der Königin das Lust=schloß Hetzendorf angewiesen worden wo sie in der zweiten Hälfte Mai ihren Sommersitz aufschlug.

In das nahe Schönbrunn war fast gleichzeitig die entthronte Kaiserin Maria Louise von Frankreich mit ihrem einzigen Sohne dem dreijährigen „Prinzen von Parma" eingezogen, also das älteste der Enkelkinder Karolinens, erstgeborne Tochter ihrer unvergeßlichen Theresia, und der erste und einzige ihrer Urenkel. Obwohl Maria Louise, verstimmt und tief betrübt, bekümmert und gebeugt, gegen alle die nicht zu ihrem französischen Hofstaat gehörten, selbst gegen ihre Mutter und ihre Schwestern eine fast abwehrende Haltung ein=nahm, war das nicht so gegen ihre Großmutter. Die willensstarke entschiedene Frau scheint es bald über die zaghaft schüchterne Enkelin gewonnen, derselben Neigung und Zutrauen wie aufgenöthigt zu haben. Auch die Herren und Damen vom Hofstaat Maria Louisens wurden von der Königin angezogen und wir haben diesem Umgang mehrere Schilderungen ihres Wesens aus ihrer letzten Lebenszeit zu danken. Jahrzehentlange Kümmernisse und Beängstigungen, Krank=heiten und Leidenschaften, zuletzt die lange so sehr beschwerliche Reise hatten ihre Gesundheit untergraben, ihr Antlitz gefurcht. Ihre Gestalt beschreibt Herr von Bausset, Obersthofmeister der Kaiserin Maria Louise, als über mittelgroß, Haltung und Gang ohne königliche Würde, ihr Organ hart, ihre Haut fahl, „das einzige was an ihr auffallen konnte war die Schönheit und außerordentliche Weiße ihrer Arme"; ein geistvoller Gesichtsausdruck, ein anmuthiges Lächeln nahmen für sie ein, Inhalt und Ton ihrer lebhaften Conversation fesselten den Hörer. Sie sprach der französischen Umgebung ihrer Enkelin gegen- über häufig von Napoleon, sie hieß ihn ihren erbittertsten Feind, aber sie verkannte nicht die großen Eigenschaften die ihn auszeichneten. „Ich habe mich von früher über den Kaiser zu beklagen", sagte sie eines Tages zu Herrn von Meneval Geheimschreiber Maria Louisens, „er hat mich verfolgt und in meinen heiligsten Gefühlen verletzt, ich war damals um zehn Jahre jünger; aber jetzt da er im Unglück ist soll es vergessen sein" [1]). Von den Gesprächen die Karolina mit ihrer Enkelin selbst führte wissen wir unmittelbar nichts, doch können wir auf den Inhalt derselben aus allerhand Umständen schließen. Die Trennung Maria Louisens von Napoleon betrachtete die Frau, die sich rühmen konnte ihrem Gatten in allen Lagen des Lebens treu und hilfreich zur Seite gestanden zu haben, als ein himmelschreiendes Unrecht das man nicht dulden dürfe; „wenn man fortfährt auseinander zu halten was Gott zusammengefügt", äußerte sie zu Meneval, „bleibt meiner Enkelin nichts übrig als ihre Bettvorhänge zu einem Seil zu winden, sich daran in einer Verkleidung herabzulassen und zu ihrem Manne zu laufen. So mindestens würde ich es thun wenn ich in ihrer Lage wäre; denn wenn man verheiratet ist so ist man's für's Leben!" Was die Königin Herrn von Meneval gesagt wird sie ihrem Tochterkind selbst gewiß nicht vorenthalten haben, freilich ohne demselben etwas von ihrer eigenen Kraft und Entschlossenheit einimpfen zu können. Traute sich doch Maria Louise ihrem Vater gegenüber nicht einmal den Namen ihres

---

[1]) ... „elle ne parlait même de Napoléon qu'avec la noble franchise d'une ennemie, mais d'une ennemie qui ne fermait point ses yeux sur les grandes qualités de ce prince"; Bausset Mémoires III S. 27—29 vgl. mit Meneval Napoléon et Marie-Louise II S. 144 f.

Gemahls auszusprechen oder dessen Bildnis frei auf ihrem Schreib=
tisch stehen zu lassen! Erst die Zureden ihrer Großmutter brachten
sie dahin daß sie das Portrait aus irgend einer verborgenen Lade
hervorzog und vor aller Welt blicken ließ. Dem kleinen Prinzen
zeigte Maria Karolina die zärtlichste Neigung; sie wurde nicht müde
ihm Liebkosungen und Aufmerksamkeiten aller Art zuzuwenden, sie
sah in ihm den Sprossen ihrer geliebten Theresia und das verlassene
Kind eines vom Unglück getroffenen Vaters . . .

Karolina konnte eine Zeit lang hoffen mehrere andere ihrer
nächsten Angehörigen in ihre Nähe zu bekommen. Ihr Schwiegersohn
der Herzog von Orléans hatte, wie früher erzählt worden, Palermo
verlassen um sich nach Frankreich zu begeben; er hatte sich im Haupt=
Quartier der Verbündeten gezeigt und besonders dem Kaiser Franz
vorgestellt, von welchem er in der freundschaftlichsten Weise auf=
genommen worden war und die Einladung empfangen hatte seine
Familie nach Wien kommen zu lassen, ehe es möglich sein werde
dieselbe nach Frankreich zu führen. Der Kaiser hatte dabei den
Wunsch ausgesprochen auch die junge Prinzessin Karolina, Tochter
des Kronprinzen Franz von dessen erster Gemahlin Maria Clementine
von Oesterreich, sehen und als sein Schwesterkind begrüßen zu können.
Die Herzogin Amélie zeigte sich von der Freundlichkeit ihres kaiserlichen
Cousins tief gerührt obwohl sie, zur Zeit abermals in gesegneten
Umständen, von dessen Einladung vorerst keinen Gebrauch machen
konnte. „Sie können sich denken", schrieb sie am 26. Juni aus
Palermo, „wie süß es mir sein wird wenn ich Ihnen das Glück
schulde meine geliebte Mutter, meinen theuern Bruder wiederzusehen,
mich an den Orten wieder zu finden wo ich zwei so glückliche Jahre
meines Lebens zugebracht habe, deren Rückerinnerung so tief in mein
Herz gepflanzt ist". Am 14. Juli traf Louis Philippe in Palermo
ein, am 26. steuerte er mit seiner Familie nach Frankreich wo die
Herzogin ihre Entbindung abwarten und sich, nachdem sie wieder
gekräftigt, auf die Reise nach Oesterreich begeben sollte falls nicht,
was gleichfalls im Bereich der Möglichkeit lag, ihre Mutter früher
nach Sicilien zurückgekehrt sein würde. Denn fünf Wochen nach

dem Scheiden des herzoglichen Paares aus Palermo stachen die sicilische Fregatte „Minerva" und eine britische in die See, 19. August, und nahmen die Richtung nach Triest um dort die Königin und den Prinzen Leopold in ihre Heimat abzuholen. Ein Schreiben Ferdinand's drückte dem Kaiser Franz wärmsten Dank für die seinem französischen Schwieger= sohn und dessen Angehörigen erwiesene Freundschaft aus und knüpfte die Hoffnung daran, er werde mit gleicher Hochherzigkeit ihn den König und seine Familie an das Ziel ihrer Wünsche, die Rückkehr nach Neapel führen: „Sie können es und ich setze in Sie all mein Vertrauen — Voi lo potete ed io ripongo in Voi tutta la mia fiducia!" [1]).

Ob und in welcher mittelbaren oder unmittelbaren Beziehung Maria Karolina in der Zeit ihres Wiener Aufenthaltes zu den Ereignissen in Italien gestanden, darüber fehlt es an verläßlichen Anhaltspunkten. Verdachtsgründe und beweislosen Argwohn gab es in Fülle; wie ihre Widersacher damit in der Zeit von Karolinens Kraft nie gespart hatten so ließen sie bis an das Ende ihrer schwergeprüften Tage davon nicht ab. Gab es doch solche die alles was in Sicilien zu Ungunsten der Engländer in ihrer Abwesenheit vorgegangen war einzig und allein auf ihre Rechnung setzten! Joachim klagte dem österreichischen Gesandten mehr als einmal wie er sehr wohl wisse daß Maria Karolina und ihr Anhang alles mögliche thäten ihn in Wien und im Haupt=Quartier der Verbündeten anzuschwärzen, die Monarchen gegen ihn zu stimmen, und mit dieser Anklage war er gewiß nicht im Unrecht. Aber der König und Graf Mier, der sich in diesem Punkte eben so leichtgläubig zeigte, beschuldigten sie noch ganz anderer Dinge. Fürst Moliterno der im Juli in Rom weilte galt ihnen als das ausschließliche Werkzeug Karolinens; in ihrem Auftrage

---

[1]) „La mia mano poco sicura m' impedisce scrivervi di proprio carattere", so beginnt das Schreiben, von welchem nur Datum Anrede und Unterschrift von der zitternden Hand des Königs herrühren, so daß es tausend Schwierigkeiten hätte bieten müssen die schwankenden Schriftzüge zu enträthseln; bei dem Datum z. B. hätte man die Wahl 30. oder 3. August zu lesen, wenn man nicht aus dem Tage der Abfahrt der „Minerva" auf das letztere Datum schließen müßte.

schicke er Sendboten nach Neapel mit Briefen der Königin an ver=
schiedene einflußreiche Persönlichkeiten, namentlich an den Herzog von
Laurenzana, unterhalte Verbindungen mit den Carbonari der ganzen
Halbinsel; Sir Graham, um diese Zeit im besondern Vertrauen Lord
William's, mache den Mittelsmann zwischen der Königin und dem
Fürsten Moliterno u. dgl. m.

Ob Maria Karolina bei diesen Einzelnheiten ihre Hand im
Spiele hatte läßt sich, wie gesagt, nicht nachweisen. Es ist nicht recht
glaublich daß sie die Gastfreundschaft ihres kaiserlichen Schwieger=
sohnes dazu benützt haben sollte Complotte zu spinnen deren Ziele
mit der Politik des Kaisers Franz in geradem Widerspruche standen.
Was man hingegen, ohne eines positiven Beweises zu bedürfen, als
gewiß annehmen kann ist daß sie die große Angelegenheit, an deren
Durchsetzung die ausdauernde Fürstin selbst in den widrigsten Zeit=
läuften zu arbeiten nicht unterlassen hatte, auch jetzt keinen Augenblick
aus dem Gesichte verloren, keinen Anlaß unbenützt gelassen haben wird
wo sie dieselbe fördern konnte. Auch hatte Karolina in dieser Hinsicht
in den Monaten ihres Hetzendorfer Aufenthaltes fast nur freudiges
hoffnungsvolles wahrzunehmen. Sie konnte Zeugin des eben so herzlichen
als feierlichen Empfanges sein den die treuen Wiener ihrem aus dem
Felde heimkehrenden geliebten Kaiser Franz bereiteten; sie konnte die
Vorbereitungen sehen die ihr kaiserlicher Neffe und Schwiegersohn traf
die Monarchen und Gesandten von ganz Europa in den Mauern
seiner Residenz zu empfangen; sie konnte sich der zuversichtlichen
Erwartung hingeben während des Congresses durch persönliche Für=
sprache und Einwirkung ihrem Werke die Krone aufzusetzen. Denn
war gleich Murat förmlich und vor der Welt mit Oesterreich im
Bunde und dadurch thatsächlich ein Glied in der Kette der Alliirten,
so gab es andrerseits allerhand Anzeichen dafür daß sich das un=
natürliche Verhältnis auf die Länge nicht werde halten lassen. Karolina
kannte ohne Zweifel die Vorgänge im siculo=britischen Lager während
des letzten Krieges, wußte um die Schwierigkeiten die Murat's Aner=
kennung in St.=Petersburg, beim heiligen Stuhle noch immer fand
und war, was namentlich die bourbonischen Höfe von Frankreich und

Spanien betraf, über die dort herrschende Stimmung zu gut unterrichtet um nicht mit einer gewissen Zuversicht der Entwicklung der
Ereignisse entgegenzusehen ... Da fand man sie, ohne daß eine
Krankheit vorausgegangen wäre, am Morgen des 8. September auf
den Boden ihres Schlafzimmers dahingestreckt, den Arm in der Richtung des Glockenzuges den sie nicht mehr hatte erreichen, die Lippen
halb geöffnet wie zu einem Hilferuf den sie nicht mehr hatte ausstoßen
können! Ein Schlagfluß hatte ihrem Leben ein Ende gemacht.

Am Abend des folgenden Tages wurde die Leiche aus Hetzendorf in die kaiserliche Hofburg-Capelle überführt, daselbst am 10. von
7 Uhr morgens an feierlich ausgesetzt, und von 3 bis 5 Uhr nachmittags in üblicher Weise beerdigt: das Herz bei den Augustinern,
die Eingeweide bei St. Stephan, der übrige Leib bei den Kapuzinern.
Dort in der geräumigen stillen Kaisergruft, in der Haupt-Rotunde
deren Mittelpunkt der prachtvolle Sarkophag ihrer Aeltern bildet, rechts
zu Häupten derselben in der Ecke, steht ein einfaches kupfernes Gehäuse,
die luftdicht verlöthete Hülle welche den hölzernen Sarg mit ihren
irdischen Resten birgt. Ein Metalltäfelchen darauf faßt in kurze
Worte ihren Lebenslauf zusammen: „Geboren zu Wien 13. August
1752, ehelich verbunden Ferdinand IV. Könige von Sicilien" —
nicht „von Beiden Sicilien"! — „hat sie sich, auf den Höhepunkt
irdischer Dinge gestellt, so gehalten daß Du nicht weißt ob sie an
königlichen oder an christlichen Tugenden größer gewesen. Denn sie
war die liebreichste Gattin und Mutter, von einer bewundernswerthen
Kraft des Geistes und Charakters, großmüthig gegen jeden, mildthätig
gegen Arme, im Glück und Unglück stets sich gleich. Nach mancherlei
Wechselfällen des Geschickes dem vaterländischen Boden, dessen sie
niemals uneingedenk gewesen, endlich zurückgegeben, hat sie kaum
angefangen die ersehnte Ruhe und eine nichts weniger als müßige
Muße zu genießen, als sie durch einen jähen Tod den Lebenden entrissen wurde" [1]) ...

---

[1]) AETERNAE . MEMORIAE . MAR . CAROLINAE . LVD . FRAN-
CISCI . ET . M . THERESIAE . FILIAE . SICIL . REGINAE . ARCH .

Der Vorhang vor dem Leben und den Thaten Karolinens ist gefallen! Sie ist verschwunden von der Bühne der Ereignisse wo sie gekämpft und gerungen mit der Tapferkeit und Ausdauer eines Mannes, mit der Leidenschaft und Unerbittlichkeit eines Weibes! Die im Leben Ruhelose ist eingegangen zur Ruhe durch die Pforten des Todes, fern von ihrer Familie, fern von ihrem Königsitz! Es war ihr nicht vergönnt den Triumph ihrer Sache zu erleben, sich mit den Ihrigen an dem Ziele zu sehen das zu erreichen sie bis zum letzten Hauche ihres Lebens unermüdlich erstrebt hatte!

Tief und aufrichtig war die Trauer ihrer Kinder — freilich von der großen Anzahl von achtzehn nur vier die sie überlebten —, besonders ihrer beiden Töchter Christine von Sardinien und Amélie von Orléans, denen eben jetzt die lang ersehnte Vergeltung, der Wiedereintritt in ihre vorenthaltenen Rechte und Ansprüche zutheil geworden war. Aber auch sonst wohin die unerwartete Kunde drang, selbst bei solchen die ihr im Leben feindselig gegenüber gestanden, war die Theilnahme groß. Um den 17. September kam die Botschaft nach Triest wo mehrere im Hafen liegende sicilische Handelsschiffe so wie die Corvette „Leone", an deren Bord ein Trauergottesdienst begangen wurde, die schwarze Fahne aufhißten. In Portici wohnten der König und die Königin von Neapel eben einem glänzenden Hof-

---

AVST.|NATA .VINDOB. XIII . AVG . MDCCLII . CONNVBIO . JVNCTA .
FERDINANDO . IV . SICILIAE . REGI . | IN . EO . RERVM . HVMA-
NARVM . FASTIGIO . COLLOCATA . | ITA . SE . GESSIT . VT .
NESCIAS . REGIIS . AN . CHRISTIANIS . VIRTVTIBVS . MAJOR .
FVERIT . ERAT . ENIM . CONIVX . ET . MATER . PRONISSIMA . |
MIRO . INGENII . ATQVE . ANIMI . VIGORE . MVNIFICA . IN .
SINGVLOS . LIBERALIS . IN . EGENOS . | IN . VTRAQVE . FORTVNA .
SEMPER . SIBI . CONSTANS . | POST . VARIA . DISCRIMINA . RERVM .
PATRIO . TANDEM . SOLO . CVIVS . NVNQVAM . IMMEMOR . FVIT .
REDDITA . CVM . OPTATA . TRANQVILLITATE . | ET . OTIO .
MINIME . OTIOSO . VIX . PERFRVI . COEPISSET . REPENTINA .
MORTE . E . VIVIS . ERIPITVR . . IN . ARCE . CAES . HETZENDORF .
VIII . SEPT . MDCCCXIV . PRAESENTIS . PIISSIMI . FILII .
REGIIQVE . PRINCIPIS . LEOPOLDI . INGENTI . LVCTV . | GRAVI .
AVGVSTAE . FAMILIAE . ET . PATRIAE . MOERORE .

feste bei als der Todesfall von Hetzendorf bekannt wurde; Joachim und Karolina zogen sich augenblicklich zurück und das Fest hatte ein Ende.

Wer sie am wenigsten ehrte war derjenige der am meisten Ursache hatte ihr ein dankerfülltes Andenken zu weihen. Zwar wurden im Königreiche Sicilien, wie sich von selbst versteht, die Formen „sammt aller sonst gewohnten Art des Grams" auf das gewissen= hafteste eingehalten, Ferdinand ordnete eine halbjährige Trauer an, mit Abstufungen von zwei zu zwei Monaten; auf der ganzen Insel standen die Gerichte durch drei Tage still, in den Theatern wurde durch einen vollen Monat nicht gespielt, in allen Kirchen von Palermo und Umgebung fanden kirchliche Andachten und Feierlichkeiten für die dahingeschiedene Fürstin statt. Doch die ersten beiden Monate tiefster Trauer waren kaum abgelaufen als sich in der feinen Gesellschaft der Hauptstadt unsichere Kunde von einem in aller Stille vollzogenen frohen Acte verbreitete der bald zu einem geoffenbarten Geheimnis wurde. Am 3. December brachte das „Giornale patriottico" eine Notiz folgenden Inhalts: „Man versichert als gewiß, von einer hoch angesehenen Persönlichkeit sei mit einer verwittweten Frau eine Ge= wissensehe eingegangen worden; man will wissen die Feierlichkeit habe Sonntags am Abend des 27. des verflossenen Monates im Palaste des erlauchten Bräutigams stattgefunden". Es war niemand anderer als die langjährige Geliebte Ferdinand's, Lucia Migliaccio aus dem Geschlechte der Floridio die auf solche Art, zwar nicht auf dem Throne, aber im Haus und Herzen des vergnügungssüchtigen Fürsten die Stelle einnahm welche die abgeschiedene Königin leer gelassen, und die nun vom Könige zur Fürstin von Partanna erhoben wurde [1]).

---

[1]) Cresceri's Berichte nach Wien vom 23. December 1814 und 2. Januar 1815. Noch um diese Zeit war die Thatsache selbst in ministeriellen Kreisen nichts weniger als ausgemacht. „Io nel mio particolare", schrieb unser Baron, „non crederò mai che il buon Sovrano sia passato a seconde nozze, mentre ora in una chiesa ora in un' altra si celebravano solenni esequie per la morte della Regina". Um sich Gewißheit zu verschaffen erbat sich der Minister des Aeußern vom Könige die Erlaubnis dem diplomatischen Corps gegenüber, von

Wie sehr hatte es Maria Karolina einst dem Kaiser Franz verübelt daß er so schnell ihre Theresia vergessen konnte! Doch waren drei Vierteljahre vergangen ehe ihr Schwiegersohn zu einer neuen Ehe schritt, während ihr eigener Gemahl keine drei Monate wartete um ein anderes Bündnis einzugehen. Nur in einem Punkte war es der Geist seiner dahingeschiedenen Gemahlin der Ferdinand bei diesem Acte umschwebt zu haben scheint; denn bevor er mit seiner Lucia vor den Altar trat mußte sie ihm das feierliche Versprechen ablegen sich nie in die Regierungsgeschäfte zu mischen.

30. Wiedereinsetzung der Bourbons auf den Thron von Neapel.
October 1814 bis Mai 1815.

Zu den vielen Fabeln durch welche die bisherige Geschichte Maria Karolinens entstellt wurde gehört auch die von sonst ganz achtbaren Schriftstellern behauptete Veranlassung ihres unerwarteten Todes: eine heftige Gemüthsbewegung sei es gewesen weil ihr am Tage zuvor der russische Kaiser, dessen Beistand zur Wiedergewinnung des Thrones von Neapel sie angerufen, die Erfüllung ihrer Bitte rund abgeschlagen habe [1]). Allein Alexander war am 7. September noch in seinem fernen Rußland, ganz abgesehen davon daß er das Verlangen der Königin kaum für so unbegründet würde gefunden haben um sie das Leid einer schonungslosen Verweigerung empfinden zu lassen. Eben so unrichtig ist was man fast überall liest: der Tod Karolinens sei mitten in die Congreß=Zeit gefallen deren geräusch= und prunkvolle

welchem fortwährend Anfragen kämen, das Gerücht von der angeblichen Heirat in Abrede zu stellen: „The King, as the minister observed, coloured expressively upon the subject being mentioned, and ordered him to be silent respecting it. You must, therefore, said the Duke Lucchesi-Palli, draw Your own conclusions"; A'Court an Castlereagh 5. Januar 1815; Corresp. III 2, S. 237.

[1]) Andere knüpfen die barsche Abfertigung Alexander's nicht an ein persönliches Zusammentreffen mit der Beistand suchenden Königin, sondern an einen Auftritt des Kaisers mit einem Dritten was Karolinen hinterbracht worden sei. So wollen Colletta VII 73 und Reuchlin Geschichte v. Italien I S. 53 wissen, Kaiser Alexander habe sich über den sicilischen Bourbon, über diesen „Schlächter

Lustbarkeiten dies Ereignis zu stören gedroht, daher man dasselbe von
Hof aus fast mit Stillschweigen übergangen habe [1]). In den Tagen
wo die schwergeprüfte Königin ihre irdische Pilgerschaft schloß, waren
erst wenige der Theilnehmer an dem bevorstehenden großen Friedens=
werke in Wien eingetroffen: Syndicus Gries aus Hamburg, Cardinal
Consalvi, Graf Joachim Bernstorff. Erst allmählig, und bald freilich
in einer Tag für Tag steigenden Zunahme, langten die erwarteten
Gäste an, Monarchen wie Gesandte und höhere Würdenträger, bis
am 25. September die beiden mächtigen Waffenbrüder unseres Kaisers,
Alexander von Rußland und Friedrich Wilhelm von Preußen, wenn
nicht als die der Zeit nach letzten, doch als die ohne Frage an Rang
und Ansehen bedeutendsten, den Reigen schlossen. Dessenungeachtet ver=
gingen noch viele Wochen ehe der Congreß seinen Anfang nahm.

von König — un re carnefice" sehr misfällig geäußert und hinzugefügt: „man
müsse doch etwas mehr an das Wohl der Völker und etwas weniger an die Fortune der Königs=Familie denken". „An diesen Worten", meint Reuchlin, „unmittelbar nach ihrer Mittheilung soll Königin Karolina gestorben sein"... Noch
Andere endlich suchen die Todesursache vielmehr in einer freudigen Nachricht,
nämlich der von der Wiedereinsetzung ihres Gemahls in den Vollgenuß seiner
königlichen Gewalt und Rechte; siehe z. B. Münster Politische Stizzen S. 182
der dabei bemerkt, „dies Ereignis werde die Furcht vermindern welche sonst die
Neapolitaner vor der Rache der zurückkehrenden Königs=Familie wie das erstemal
gehabt hätten; die Sympathien für den König würden wachsen". Allein die
Kunde von den Palermitaner Ereignissen des 4. bis 8. Juli wird wohl, jetzt bei
dem allseits unbehinderten Verkehr, nicht zwei volle Monate gebraucht haben um
nach Hetzendorf zu gelangen?!

[1]) Bei A. de La Garde Fêtes et souvenirs ꝛc. 1 S. 60 findet sich die
Behauptung, es sei vom Hofe um die Freuden des Congresses nicht zu stören
keine öffentliche Bekanntmachung des Todes der Königin gemacht, keine Trauer
angelegt worden; ersteres sei wohl auch wegen der Schwierigkeit des officiellen
Titels vermieden worden. Diese Angabe ist dann in alle seitherigen Schriften
über den Congreß übergegangen — so auch bei Colletta a. a. O.: „e la
fortuna negò alla sua memoria per fino le apparenze del dolore" — obwohl
ein einfacher Blick in die „Wiener Zeitung" oder in den „Oesterreichischen Beob=
achter" vom Gegentheil überzeugen mußte. Beide nennen die Verstorbene ohne
Bedenken „Königin von Sicilien"; als Kleiderordnung wurde in herkömmlicher
Weise für den gesammten Hofstaat vom 10. September bis 2. October ganze,
vom 3. bis 22. October halbe Trauer angesagt, und ich habe nirgends gefunden
daß dieselbe nachträglich abgekürzt oder gar aufgehoben worden wäre.

Die Geschichte des Wiener Congresses und was sich gleichzeitig in Neapel und Sicilien begab fällt außer den Rahmen der vorliegen= den Erzählung; es wird sich ein anderer Ort finden darüber ein= gehend zu berichten. Hier soll nur in flüchtigen Umrissen angedeutet werden wie zuletzt das Ziel erreicht wurde das die nimmermüde Strei= terin seit dem Verluste ihres festländischen Königreichs angestrebt hatte, dessen Erreichung aber zu erleben ihr nicht beschieden war.

Am 1. November 1814 fand eine Art förmlicher Eröffnung des Congresses statt, ohne daß auch nur eine der tiefgreifenden Fragen die da zur Entscheidung kommen sollten spruchreif gewesen wäre. Unter diese Fragen gehörte die neapolitanische, und wenn aus diesem Grunde die Bevollmächtigten Joachim's Cariati und Campochiaro zu dem Congreß nicht zugelassen wurden, so konnte der österreichische Staatskanzler, der es fortwährend mit ihm gut meinte, den König wohl trösten daß seine Angelegenheit hierin nur dieselbe Behandlung erfahren habe die andern in ähnlicher Weise schwebenden zutheil ge= worden sei. Andrerseits war es nur zu begreiflich daß Joachim sich mit dieser Erklärung nicht zufrieden gab, daß er von einem Zweifel in den andern geworfen wurde und daß in seinem Gemüthe die Entschlüsse eben so wechselten wie die Aufregungen die ihn bald hoffen bald fürchten ließen. Königin Karolina, Graf Mier und Duca di Gallo ließen nichts unversucht ihn von übereilten Schritten abzuhalten, was ihnen mehr als einmal gelang.

Von erfreulichen Wahrzeichen kam mitunter eine Botschaft des Kaisers Franz was den sanguinischen Fürsten in einen Zustand höchsten Entzückens versetzte. Aber dann trafen wieder andre Nachrichten ein, aus Wien oder aus Paris, von der kühlen Haltung der britischen, von der unverhohlenen Feindseligkeit der französischen Congreß=Ge= sandtschaft, von den unausgesetzten Bemühungen des Prinzen Leopold und Alvaro Ruffo's, von den Gesinnungen Ludwig XVIII., von den Umtrieben der bourbonischen Höfe. Mit seinem unmittelbaren Gränznachbar dem Papste, der sich fortwährend weigerte ihm einen Gesandten zu schicken, stand Joachim von einem Monat zum andern schlechter, und als nun auch Baron Tuyll, freilich mit der Erklärung daß sein Fernsein nur ein zeitweiliges sein solle, aus Neapel nach Wien berufen wurde, da schien es dem König außer Frage zu sein daß auch Rußland sich von ihm abwenden wolle.

Zu den Besorgnissen über seine Lage und die schließliche Entscheidung derselben auf dem Congresse traten aber, wie dies schon während des Feldzuges von 1814 der Fall gewesen war, immer neue Aufstachelungen seines Ehrgeizes die ihm ein künftiges Königreich Italien und dessen Krone auf seinem Haupte vorgaukelten. Nicht wenige Officiere der Armee des frühern Königreichs Italien fanden in der seinigen Aufnahme denen es um nichts anderes zu thun war als einen Umschwung der Dinge herbeizuführen der sie wieder in ihre Heimat brächte. Sie malten es mit den grellsten Farben aus wie über die ganze Halbinsel ein Geist der Unzufriedenheit mit den waltenden Zuständen verbreitet sei, wie ihre alten Kameraden nur darauf warteten ihre Waffen hervorzusuchen und, sobald König Joachim den Fuß über seine Gränzen setze, in hellen Haufen sich zu ihm zu schlagen und wie er dann in einem Siegeslauf bis an den Po, bis an den Fuß der Alpen seine ruhmvollen Waffen tragen werde. Auch in seiner unmittelbaren Umgebung, unter seinen Räthen und Generalen hatte der König nicht wenige die ihn zu diesem Unternehmen anfeuerten und ihm dasselbe als ein solches darstellten das nur eines kühnen Entschlusses bedürfe um die Bürgschaft des Gelingens für sich zu haben.

Solches war die Lage der Dinge in Neapel, solches die wechselvolle Stimmung des Königs als ihm am Abend des 4. März 1815 die Nachricht zukam: sein kaiserlicher Schwager habe die Insel Elba verlassen um sich den französischen Kaiserthron zurückzuerobern. Jetzt gab es für Joachim keinen Halt mehr. Unter dem Vorwand sein Königreich gegen einen von außen zu befürchtenden Angriff wahren zu müssen ließ er seine Armee aufbrechen und in zwei Colonnen, die eine längs des adriatischen Meeres gegen den Po, die andere über Rom und Florenz nach Norden marschiren. Seine Gesandten in Wien überflossen von Betheuerungen daß der König durchaus nichts feindseliges gegen Oesterreich im Schilde führe, was aber zu laut gegen die offenen Thatsachen sprach um von einiger Wirkung zu sein. Das österreichische Cabinet und mit ihm der gesammte Congreß nahmen den Ausmarsch Joachim's als Friedensbruch; seine Wiener Gesandt=schaft erhielt ihre Pässe zugesandt, Graf Mier bekam Befehl Neapel zu verlassen.

Was ihm die Officiere der ehemaligen italienischen Armee und die Sanguiniker unter seinen Generalen vorgespiegelt hatten, es schien sich verwirklichen zu wollen; sein Marsch durch Italien glich in der That einem Siegeszuge, denn nirgends stellte sich ein Widerstand entgegen. Der Papst mit seinen Cardinälen verließ Rom, der Groß=herzog Ferdinand Toscana, die Oesterreicher wichen überall vor seinen anrückenden Truppen zurück. Auch der erste Waffengang den er mit dem kaiserlichen Feldmarschall=Lieutenant Bianchi am Panaro hatte, 4. April, fiel zu seinen Gunsten aus und schon rüstete er sich den Uebergang über den Po zu erzwingen. Doch hier stand der Markstein seines Glückes. Dreitägige Anstrengungen gegen den Brücken=kopf von Occhiobello, 7. bis 9. April, hatten keinen Erfolg, und nun ging Bianchi, dem inzwischen die erwarteten Verstärkungen zu=gekommen waren, von der Vertheidigung zum Angriff über. Am 10. und 11. drängte er die neapolitanischen Truppen über den Panaro wieder zurück, am 12. bahnte sich Feldmarschall=Lieutenant Mohr aus Occhiobello den Weg nach Ferrara. Schon hatte Joachim den all=gemeinen Rückzug seiner Streitkräfte angeordnet, ihm begann um das Schicksal seines Reiches zu bangen und er glaubte an Kräften zu ge=winnen wenn er sich den Gränzen desselben wieder näherte. Feld=marschall=Lieutenant Neipperg mit einem Theile der österreichischen Heereskräfte zog ihm längs der adriatischen Westküste nach, während Bianchi mit einem andern Corps westlich vom Apennin vordrang, die neapolitanischen Truppen durch das Toscanische vor sich hertrieb und Graf Nugent mit einer kleinen Abtheilung voranging und durch das Römische den Gränzen Neapels zueilte. Zweimal, bei Cesena und Bertinoro am 22. und bei Cattolica am 26. April, schien Joachim dem Grafen Neipperg eine Schlacht anbieten zu wollen, brach aber beidemal sein Lager wieder ab und setzte seinen Rückzug fort. Am 1. Mai erschien Bianchi von Westen her in der Nähe von Tolentino

und ſtieß hier auf den König der den Haupttheil ſeiner Truppen bei
Macerata ſammelte, durch einen kleinern den Grafen Neipperg beobachten und feſthalten ließ. Am 2. Mai fand der erſte Zuſammenſtoß
ſtatt der für die neapolitaniſchen Waffen nicht unrühmlich ablief obwohl Joachim nicht im Stande war die Stellung des viel ſchwächern
Bianchi zu erſchüttern. Aber am 3. erlitten die Königlichen einen Unfall nach dem andern, und als nun auch Nachrichten aus der Hauptſtadt wo es gährte, und von den Abruzzen wo Nugent bereits feſten
Fuß gefaßt hatte, im Haupt-Quartier Joachim's eintrafen, zog er
ſeine Truppen aus dem Gefecht was für dieſe zum Signal einer an
vollſtändige Auflöſung gränzenden Flucht ward. Bald war keine Divi-
ſion, kein Regiment mehr beiſammen, je näher man dem Tronto
kam deſto zahlreicher wurde die Ausreißerei, nicht ohne lebhaftes Mit-
thun der Carbonari die bereits offen die Rückkehr Ferdinand's ver-
kündeten und die Soldaten zum Abfall von der verlornen Sache ihres
Feldherrn aufforderten.

Als ein Flüchtling, nur von ein paar Reitern begleitet, kam
Murat — denn ſo, und nicht mehr König Joachim, hieß er fortan —
in ſeiner Hauptſtadt an, 18. Mai, überließ den Oberbefehl über die
Reſte ſeines geſchlagenen und auseinandergelaufenen Heeres dem Fürſten
Caraſcoſa und verließ am 20. ſeine Hauptſtadt um ſich nach Frankreich einzuſchiffen. Am ſelben Tage kam in Caſa Lanza in der Nähe von
Capua eine Militair-Convention zuſtande die allen weitern Feindſelig-
keiten ein Ende machte. Schon befand ſich Prinz Leopold im kaiſerlichen Haupt-Quartier während Karolina Murat, durch die drohende
Haltung der Bevölkerung Neapels geſchreckt, ſich unter britiſchen
Schutz begab und mit ihren Kindern und wenigen Getreuen an Bord
des Linienſchiffes Tremendous Zuflucht fand. Sowohl Lord Exmouth
als Bianchi mußten, von den ſtädtiſchen Behörden um Hilfe angerufen, Truppen in die gährende Hauptſtadt ſenden in welche am
23. Mai der kaiſerliche Oberfeldherr Bianchi, den Prinzen Leopold
an ſeiner Seite, ſeinen feierlichen Einzug hielt.

Am 3. Juni ſtieg König Ferdinand in der Bucht von Baja an
das Land das er ſeit Januar 1806 nicht betreten hatte und ſchlug

vorerst sein Hoflager in Portici auf wohin aus der Hauptstadt und aus allen Gegenden des Landes Deputationen seiner nun wieder gewonnenen Unterthanen strömten. Am 9. fand zu Wien die Unter=zeichnung der Schluß=Acte des Wiener Congresses statt: im Artikel CIV derselben wurden Ferdinand und sein Haus im erblichen Besitze des Königreichs Neapel und Sicilien völkerrechtlich anerkannt. Erst nach=dem der König diese Gewißheit erhalten erhob er sich von Portici und erschien am 17. zum erstenmal wieder in seiner festländischen Hauptstadt die ihm einen enthusiastischen Empfang bereitete.

Karolina Murat, oder die Gräfin von Lipona wie sie sich jetzt nannte, befand sich mit den Ihrigen bereits in Triest wo ihr Kaiser Franz ein Asyl eröffnete. Ihr unglücklicher Gemahl, aus seinem Königreiche vertrieben, von seinem kaiserlichen Schwager nicht wieder anerkannt und aufgenommen, von der jetzt bourbonisch gesinnten Be=völkerung des südlichen Frankreich in seiner Freiheit, ja an seinem Leben bedroht, entkam zuletzt unter vielen Gefahren nach Corsica. Hier ließ sich der leichtblütige Mann, von einigen Schmeichlern und Phantasten umgeben, zu dem Wahne bethören an der Spitze eines Häufleins Bewaffneter nach Calabrien zu schiffen und sich von da aus durch den, wie er sich einbildete, von allen Seiten ihm zuström=en den Anhang verstärkt seinen verlornen Thron zurückzuerobern. Allein es fand sich kein Anhang, er mit seiner geringen Begleitung wurde umzingelt gefangen und auf das Schloß Pizzo geschleppt, 8. October, wo ihn ein im Namen König Ferdinand's niedergesetztes Kriegsgericht wegen Hochverrathes und Aufwiegelung zum Tode verurtheilte. Er starb am 13. October tapfer wie er gelebt.

Register.

Druck von Adolf Holzhausen in Wien
k. k. Universitäts-Buchdruckerei.